סדר התפלות

DAS JÜDISCHE GEBETBUCH

Herausgegeben von Jonathan Magonet
in Zusammenarbeit mit Walter Homolka

Übersetzung aus dem Hebräischen: Annette Böckler

I

GEBETE FÜR SCHABBAT, WOCHENTAGE
UND PILGERFESTE

5758 – 1997

תשנ"ח

Gütersloher Verlagshaus

Deutsche Erstausgabe

Die Deutsche Bibliothek – CIP-Einheitsaufnahme
Seder hat-tefillôt: das jüdische Gebetbuch/hrsg. von Jonathan Magonet.
In Zusammenarbeit mit Walter Homolka. Aus dem Hebr. von
Annette Böckler. Gütersloh: Gütersloher Verl.–Haus
ISBN 3-579-02216-4

Bd. 1. (1997)

ISBN 3-579-02216-4

Satz und Druckvorlage: Annette Böckler, Wuppertal
Filmbelichtung: DIGITAL PRINT, Wuppertal
Druck und Bindung: Clausen & Bosse, Leck
Printed in Germany

HERAUSGEBER

Rabbiner Prof. Dr. Dr. Jonathan Magonet

HERAUSGEBER-AUSSCHUSS

Rabbiner Dr. Dr. Walter Homolka
Rabbiner Lionel Blue O.B.E.
Oberrabbiner Prof. Dr. Dr. Walter Jacob

Dr. Hans Lamm ז"ל

in Dankbarkeit
für Toleranz und Tatkraft beim Aufbau jüdischen Lebens
in Deutschland nach 1945

G. Nikolaj Kiessling *Walter Feuchtwanger*

INHALT

EINFÜGUNGEN FÜR BESONDERE TAGE

MEDITATIONEN UND GEBETE FÜR DIE DREI PILGERFESTE

GEBETE FÜR BESONDERE GELEGENHEITEN

VORWORT

Ein Gebetbuch ist in gleicher Weise der öffentlichste und der intimste Ausdruck jüdischer Wertvorstellungen und Erfahrungen. Es ist der beste Zugang, um einen Einblick in die Seele des jüdischen Glaubens zu erhalten, aber in gleicher Weise auch ein Zeugnis der täglichen Kämpfe, die in dieser Seele stattfinden. Als Ergebnis einer jahrhundertelangen Entwicklung finden sich in einer Liturgie die höchsten Ziele eines Volkes oder einer Glaubensgemeinschaft, aber in gleicher Weise auch die gespenstischen Spuren vergangener Streitigkeiten und Spaltungen. Gerade weil eine Liturgie eine öffentliche Bekundung und ein öffentliches Bekenntnis ist, bündelt sie das Selbstverständnis einer bestimmen Gemeinde zu einer bestimmten Zeit. Sie bestärkt die Verbundenheit derer, die sich selbst als Teil der jeweiligen Gemeinde fühlen. Gleichzeitig aber – sei es mit oder ohne Absicht – schließt sie andere aus, die sich dieser bestimmten Gemeinde oder dieser bestimmten Form des Gottesdienstes nicht anschließen können.

Weil sie aber die Einsichten vergangener Generationen widerspiegelt, die diese bestimmte Gemeinde geprägt haben, ist sie auch der Boden und manchmal das – allerdings oft gut getarnte – Schlachtfeld, auf dem neue Erfahrungen, Ansichten und Einstellungen durchdacht, erprobt oder in der Öffentlichkeit durchgesetzt werden. Dies ist der Grund, warum eine Liturgie vereint und trennt. Sie ist definierender Text, ein definierendes Geschehen.

In gleicher Weise, wie eine Liturgie gemeinsame Erfahrungen und Bekenntnisse möglich macht, so gibt sie auch den Rahmen für private Freiräume und persönliche Andacht. Die Stille zwischen den Worten ist so wichtig wie die Worte selbst.

Eine Liturgie – welchen Inhalts auch immer – kann Menschen von Kindheit an begleiten und zu bestimmten Zeiten eine besondere Bedeutung bekommen. Dadurch prägt sie sich tief in unser Herz und unser Bewusstsein ein. Sie symbolisiert für uns etwas Ewiges, Verlässliches und Sicheres, selbst wenn wir uns dessen nicht immer bewusst sind. Dies ist sogar dann der Fall, wenn die Texte an sich der Person, die sie spricht oder hört, wenig bedeuten, sei es, weil sie vor so langer Zeit entstanden sind, oder weil sie eine unbekannte Sprache verwenden oder weil der Rhythmus und die Sprachmelodie sie mit der Zeit zu einer Art Mantra werden ließen. Und doch: Verändert man ein Wort oder eine

Silbe, eine Melodie oder die Reihenfolge bestimmter Gebete, dann wird man die heftigsten Gefühle auslösen. Da ist das Wissen wenig tröstlich, dass selbst die radikalsten Änderungen in einigen Jahren so vertraut sein werden, als hätten sie schon „seit Ewigkeiten" bestanden. In dem Moment, in dem etwas verändert wird, empfindet man es trotzdem nur als bedrohlich und betrüblich. Wir unterschätzen die Macht von Ritual und Liturgie auf eigene Gefahr.

Mit dem Gesagten soll eine neue Liturgie für das deutsche Judentum vorgestellt werden. Sie ist nicht gänzlich neu, denn die Versionen der traditionellen Gebete, die hier verwendet werden, sind die, die zur Zeit auch in den Reformsynagogen Großbritanniens in Gebrauch sind. Diese wiederum sind durch eine ganze Anzahl von Entwicklungen beeinflusst worden, deren Ursprung sich bis zu den Anfängen der Reformbewegung in Deutschland vor fast zwei Jahrhunderten zurückverfolgen lässt. Man findet die Spuren des letzten und des Beginns dieses Jahrhunderts, in denen man etliche traditionelle Texte radikal verwarf, ebenso wie diejenigen der Zeit nach dem Krieg, als der starke Wunsch nach Re-Integration dieser Texte entstand.

Die Geschichte des liberalen Judentums ist aufs engste mit der Arbeit an einer Liturgiereform verbunden. Jüdinnen und Juden, die die Gettos verlassen hatten, sahen die Notwendigkeit, ihre Gottesdienste an die neuen Umstände anzupassen: Der Gottesdienst selbst sollte mit Ästhetik gestaltet sein. Musik, Orgel und Chor sollten die Schönheit der Gebete stärker zum Ausdruck bringen. Männer und Frauen sollten gleichberechtigt sein und nebeneinander sitzen. Die Texte, die gebetet werden, sollten verständlich sein, von daher konnten sie auch in der Landessprache gelesen werden (etwas, das bereits die rabbinischen Quellen erlaubt hatten [Sota 32a], das aber nur selten zur Kenntnis gekommen wird.) Einige theologische Ideen, wie die Auferstehung der Toten, die Wiedererrichtung des Tempels und seines Opferkultes und der Glaube an Engel erschienen nicht mehr zeitgemäß. Die Gefühle von Optimismus und Universalismus, die das 19. Jahrhundert weitgehend prägten, weckten bei emanzipierten Jüdinnen und Juden ein Unbehagen über den engen Nationalismus und Partikularismus in vielen Gebeten. Außerdem führte die Entwicklung der wissenschaftlichen Beschäftigung mit den jüdischen Quellen zu dem Wunsch, die originalen, „reinen" Formen zu finden und die vermeintlichen Anreicherungen, die aufgrund der langen Erfahrung von Exil und Leid entstanden waren, zu entfernen.

Unter den buchstäblich Hunderten von neuen Gebetbüchern, die seit Beginn des 19. Jahrhunderts bis in die dreißiger Jahre dieses Jahrhunderts in Deutschland erschienen sind, bildeten sich zwei Grundtypen heraus: In einigen wurde versucht, das traditionelle Gebetbuch durch Kürzungen und Überarbeitungen zu verändern, dabei aber Form und weite Teile des Inhalts zu bewahren. Andere waren radikaler und eher Anthologien jüdischer Gebete, in der Regel in Deutsch zitiert, mit einigen „klassischen" Abschnitten wie das *Sch'ma* in Hebräisch. Diese deutschen Neuerungen verbreiteten sich im ganzen westlichen Europa und in Amerika und bewirkten auch dort einen Ausbruch liturgischer Kreativität. Obwohl das deutsche liberale Judentum, wie so vieles andere, von den Nationalsozialisten vernichtet worden ist, schuf es sich weiterhin Audrucksmöglichkeiten, wo immer die Flüchtenden eine neue Heimat fanden. In Großbritannien wurde die Tradition der Gebetbuchreform in zwei religiösen Strömungen fortgesetzt: der Reformbewegung und der liberalen Bewegung. Die Gebetbücher der ersteren, die drei Bände der *Forms of Prayer for Jewish Worship* der *Reform Synagogues of Great Britain* (RSGB) bilden die Grundlage für diese beiden neuen deutschen Gebetbücher. Der erste Band enthält die *Daily, Sabbath and Occasional Prayers* (5737 – 1977) und die *Prayers for the Pilgrim Festivals* (5755 – 1995). Der zugehörige zweite Band beinhaltet die *Prayers for the High Holydays* (5745 – 1985). Aus Platzgründen konnten die umfangreichen Anthologien mit Studientexten und Kommentaren zur Thora nicht mit aufgenommen werden. Das britischen Original ist von Rabbiner Lionel Blue und Rabbiner Jonathan Magonet unter Leitung der *Assembly of Rabbis of the RSGB* herausgegeben worden. Wir danken den RSGB, dass wir den hebräischen Text sowie Ideen der englischen Übersetzung und die neuen englischen Gebete in dieser deutschen Ausgabe verwenden konnten.

Die deutsche Übersetzung wurde von Annette Böckler erstellt, unterstützt von Gesine Popp und Lydia Lusch, unter Aufsicht von Rabbiner Prof. Dr. Jonathan Magonet. Das Prinzip der Übersetzung war, eine möglichst genaue Übertragung der hebräischen, aramäischen und englischen Texte mit einer liturgisch angemessenen deutschen Sprache zu verbinden. Die Übersetzerin ging von den hebräischen und aramäischen Originalen der Gebete aus. Wo es jedoch das Verständnis der Texte deutlicher zum Ausdruck brachte, folgte sie den Interpretationen der englischen Übersetzungen der *Forms of Prayer*. Es wurde durchgängig versucht, die Übersetzung in einem nicht-exklusiven Sprachstil zu gestalten. Der Name Gottes, das Tetragramm, ist deswegen an den meisten Stellen mit dem Wort „Gott" wiedergeben, das für verschiedene Gottesvorstellungen offen ist, an einigen Stellen wird – der von Moses Mendelsohn begründeten Tradition folgend – „der Ewige" verwendet, oder er wurde, je nach Kontext, durch andere Begriffe ersetzt, die besondere Eigenschaften Gottes ausdrücken. Die Initiative zu einem solch großen Projekt, das erste vollständige neue Gebetbuch in Deutschland erscheinen zu lassen, kam von Rabbiner Dr. Dr. Walter Homolka. In seiner Hand lag die Organisation der Veröffentlichung. Wir danken dem Gütersloher Verlagshaus, insbesondere Ulrike von Essen, für die Bereitschaft zu diesem komplizierten verlegerischen Projekt.Wir danken den Mitarbeitern und Mitarbeiterinnen von Digital Print, Wuppertal, für die freundliche Zusammenarbeit während der Erstellung der Druckvorlage.

Wenn wir diese besondere Form des jüdischen Gottesdienstes anbieten, dann wollen wir damit nicht die Legitimität anderer Formen in Frage stellen, weder die sehr traditionellen noch die ganz radikalen. Die jüdische Welt ist zur Zeit so vielfältig wie nie zuvor, und wir haben die Freiheit, die Form der Worte zu wählen, die unserem Glauben und unserer Wesensart am meisten entspricht. Aber es ist hilfreich, einen Ausgangspunkt zu haben, vor allem in der sich so schnell verändernden Situation der Gemeinden in Deutschland. In diesem Gebetbuch finden wir die Gebete aus unserer Tradition, die auf eine bestimmte Art und Weise an die heutige Zeit angepasst wurden. Sie können von den verschiedenen Gemeinden auf verschiedene Weise benützt und verändert werden – und gerade dies sollte auch so sein!

Es wurde einmal gefragt, warum der traditionelle erste Abschnitt der Amida von dem „Gott Abraham, Gott Isaaks und Gott Jakobs“ spricht und nicht einfach von dem „Gott Abrahams, Isaaks und Jakobs“. Die Antwort ist: Jeder der Patriarchen musste Gott auf seine eigene Weise finden, auf der Grundlage seiner Erfahrungen und seiner Zeit. Dies ist heute unsere Herausforderung – und gleichermaßen die Suche nach dem Gott Saras, Gott Rebekkas, Gott Rahels und Gott Leas.

Rabbiner Prof. Dr. Jonathan Magonet

תפלת ערבית לשבת

ABENDGEBET FÜR SCHABBAT

תפלת ערבית לשבת

מַה־טֹּבוּ אֹהָלֶיךָ יַעֲקֹב מִשְׁכְּנֹתֶיךָ יִשְׂרָאֵל׃
וַאֲנִי בְּרֹב חַסְדְּךָ אָבוֹא בֵיתֶךָ
אֶשְׁתַּחֲוֶה אֶל־הֵיכַל־קָדְשְׁךָ בְּיִרְאָתֶךָ׃
יְהוָה אָהַבְתִּי מְעוֹן בֵּיתֶךָ וּמְקוֹם מִשְׁכַּן כְּבוֹדֶךָ׃
וַאֲנִי אֶשְׁתַּחֲוֶה וְאֶכְרָעָה אֶבְרְכָה לִפְנֵי־יְהוָה עֹשִׂי׃
וַאֲנִי תְפִלָּתִי־לְךָ יְהוָה עֵת רָצוֹן
אֱלֹהִים בְּרָב־חַסְדֶּךָ עֲנֵנִי בֶּאֱמֶת יִשְׁעֶךָ׃

Eines der folgenden Eingangsgebete:

Unser Gott und Gott unserer Vorfahren, wir sind Israel. Durch den Dienst für dich sind wir an Erfahrung reich wie Greise und voller Lebenskraft wie Jugendliche. Dies hat das Innerste unseres Wesens geprägt. An diesem Schabbattag wenden wir uns nun dir zu. Wir sind bereit, Neues zu entdecken und wieder Mut zu fassen, um auf dich zu hoffen. Wir streifen die Besorgnis und den Zweifel, die unser Denken gefangen halten, von uns ab. *I*

Wir sind Israel, geschaffen durch dein Bundesversprechen, aufgewachsen mit deinen Segnungen, befriedigt am Dienst für dich, erfrischt durch den Schabbat, den du liebst.

Wir sind Israel, geheiligt durch dein Wort, gelehrt durch deine Weisung, gerechtfertigt durch deine Gebote, erneuert durch den Schabbat, der an deine Ruhe erinnert.

An diesem Schabbattag bewahre uns. An diesem Schabbattag erinnere dich an uns. Denn wir beachten dein Gebot „Bewahre" und „Erinnere dich", damit wir den Schabbattag heilig halten. Amen.

ABENDGEBET FÜR SCHABBAT

EIN-GANGS-GEBETE

Wie schön sind deine Zelte, Jakob,
wie schön deine Wohnstätten, Israel! *(Num 24,5)*
Durch deine große Liebe, Gott, betrete ich dein Haus
und werfe mich voll Ehrfurcht
vor deiner heil'gen Lade nieder. *(Ps 5,8)*
Gott, wie ich den Ort liebte, an dem dein Tempel stand,
und die Stätte, wo deine Herrlichkeit wohnte, *(Ps 26,8)*
so falle ich nieder, verneige mich,
knie nieder vor Gott, meinem Schöpfer. *(Ps 95,6)*
Ich bete zu dir, Gott, zur Zeit der Gnade.
Erhöre mich in deiner großen Liebe, Gott,
hilf mir in deiner Treue! *(Ps 69,14)*

Eines der folgenden Eingangsgebete:

II

Ursprung alles Erbarmens und Quelle alles Segens, höre uns, wenn wir an diesem Schabbatabend zu dir beten. Nach sechs arbeitsreichen Werktagen kommen wir in den Genuss eines Ruhetages. Unser beschäftigtes Denken stößt auf Gelassenheit und Ruhe. Um für uns diesen Tag zu heiligen, suchen wir dich in unseren Gebeten und in unserem Lob. In deinem Erbarmen wasche unsere Sünde von uns ab und stärke unseren Einsatz für das Gute. Reinige unser Denken von unserer Selbstsucht und gib, dass wir nach Gutem und Wahrem streben. Erhelle die Dunkelheit, die sich in uns befindet. Segne unsere Familien und alle, die wir lieben. So wollen wir mit deiner Hilfe rechnen und deinen Bund stets bewahren.

Möge der Segen, den der Schabbat in uns bewirkt, nicht nur auf uns kommen, sondern mögen wir alle Geschöpfe der Erde daran teilhaben lassen. Denn wenn wir abgeben, werden wir beschenkt; wenn wir dienen, werden wir frei und wenn wir anderen Gutes wünschen, werden wir selbst Gutes erfahren. Durch uns werde dein Wort erfüllt, das da heißt: „Durch dich sollen alle Geschlechter der Erde Segen erlangen." Amen.

III

Gott aller Kreatur, du hast uns zu Herrschern gemacht über deine Welt, damit wir ihr dienen, uns an ihr erfreuen und sie genießen. An sechs Werktagen haben wir Dinge gekauft und verkauft oder hergestellt; wir haben die Summe unserer berechtigten und auch unserer unnötigen Sorgen vergrößert; wir haben aber auch Erfolge erlebt und sie genossen. Nun, an diesem Schabbat, lass uns Ruhe finden.

An sechs Werktagen haben wir uns abgemüht oder sind an der Last des Lebens fast zerbrochen. Wir haben vorgegeben, größer zu sein, als wir wirklich sind oder wir haben anderen Schmerzen zugefügt. Wir hatten keine Zeit zur Besinnung und keine Ruhe, um zu erkennen, was wir zum wahren Leben wirklich brauchen.

Nun, an diesem Schabbat, lass uns Zeit finden.

An sechs Werktagen waren wir hin- und hergerissen zwischen dem, was wir wollten, und dem, was andere von uns erwartet haben, zwischen den vielen nebensächlichen Geräuschen, die in unsere Ohren drangen, und dem Gebet unserer Seele in einem Augenblick der Stille.

Nun, an diesem Schabbat, lass uns Verständnis finden und Frieden.

Hilf uns, Gott, den Ertrag von dieser Ruhe, von dieser Zeit, von diesem Verständnis und von diesem Frieden mit hineinzunehmen in die kommenden sechs Werktage und in alle unsere Arbeitstage, damit unsere Lebenszeit von dir gesegnet werde. Amen.

זמירות לשבת

א **יוֹם זֶה לְיִשְׂרָאֵל** אוֹרָה וְשִׂמְחָה. שַׁבַּת מְנוּחָה:

צִוִּיתָ פִּקּוּדִים בְּמַעֲמַד סִינַי. שַׁבָּת וּמוֹעֲדִים לִשְׁמוֹר בְּכָל־
שָׁנַי. לַעֲרוֹךְ לְפָנַי מַשְׂאֵת וַאֲרוּחָה. שַׁבַּת מְנוּחָה:
יוֹם זֶה לְיִשְׂרָאֵל אוֹרָה וְשִׂמְחָה. שַׁבַּת מְנוּחָה:

חֶמְדַּת הַלְּבָבוֹת לְאֻמָּה שְׁבוּרָה. לִנְפָשׁוֹת נִכְאָבוֹת נְשָׁמָה
יְתֵרָה. לְנֶפֶשׁ מְצֵרָה יָסִיר אֲנָחָה. שַׁבַּת מְנוּחָה:
יוֹם זֶה לְיִשְׂרָאֵל אוֹרָה וְשִׂמְחָה. שַׁבַּת מְנוּחָה:

IV

Wir preisen dich, Gott, du schlichtest Streit, du überwindest Hass und du schaffst Harmonie zwischen allen Geschöpfen der Erde. Wir loben dich, unsichtbarer Gott, du bindest alle Menschen durch das unsichtbare Band der Hilfsbereitschaft und der Liebe zusammen. Wir ehren dich, Ursprung des Lebens, du hast uns von einem Lebensstil befreit, der von Grausamkeit bestimmt war und hast uns eine Lebensweise gelehrt, die durch Freundlichkeit geprägt ist. Wir beten dich an, du hast uns Bescheidenheit gelehrt und Achtung selbst vor den allerkleinsten Geschöpfen. Wir preisen dich, Quelle des Friedens, lobenswert und prachtvoll ist dein Name, denn Friede ist das Tor zu unserer Vollkommenheit, und Vollkommenheit ist unsere Ruhe.

Gott, öffne unsere Augen für die Schönheit der Welt und ihren Wert. Mache uns zu Wegbereiterinnen und Wegbereitern deines Friedens, der alle Lebewesen zusammenbindet: die Eltern und ihre Kinder durch Liebe, Freundinnen und Freunde durch Treue, Menschen und Tiere durch Freundschaft. Heute, an diesem Schabbat, Gott, der an deine Ruhe erinnert, erkennen wir diese Harmonie wieder neu. Deine Gegenwart liegt in ihr verborgen. Gemeinsam mit allen Geschöpfen preisen wir dich, Gott, und rühmen die Einzigkeit deines Namens. Amen.

LIEDER ZUM SCHABBAT

I

JOM ZE LE-JISRAEL

Heute ist für Israel ein Tag des Lichts, ein Tag der Freude,
ein Schabbat der Ruhe.
Du hast einst das Volk am Sinai gemahnt,
den Schabbat und alle Feste zu bewahren,
damit unser Tisch stets reichlich gedeckt sei
am Schabbat der Ruhe.
Heute ist für Israel ein Tag des Lichts, ein Tag der Freude,
ein Schabbat der Ruhe.
Er ist die Freude des verwundeten Volkes,
die neue Seele für die Seelen, die schmerzen;
es weicht die Klage des bedrückten Gemüts
am Schabbat der Ruhe.
Heute ist für Israel ein Tag des Lichts, ein Tag der Freude,
ein Schabbat der Ruhe.

קִדַּשְׁתָּ בֵּרַכְתָּ אוֹתוֹ מִכָּל־יָמִים. בְּשֵׁשֶׁת כִּלִּיתָ מְלֶאכֶת עוֹלָמִים. בּוֹ מָצְאוּ עֲגוּמִים הַשְׁקֵט וּבִטְחָה. שַׁבָּת מְנוּחָה:

יוֹם זֶה לְיִשְׂרָאֵל אוֹרָה וְשִׂמְחָה. שַׁבַּת מְנוּחָה:

ב **יָהּ רִבּוֹן** עָלַם וְעָלְמַיָּא. אַנְתְּ הוּא מַלְכָּא מֶלֶךְ מַלְכַיָּא:

עוֹבַד גְּבוּרְתֵּךְ וְתִמְהַיָּא. שְׁפַר קֳדָמָךְ לְהַחֲוָיָה:

יָהּ רִבּוֹן עָלַם וְעָלְמַיָּא. אַנְתְּ הוּא מַלְכָּא מֶלֶךְ מַלְכַיָּא:

שְׁבָחִין אֲסַדֵּר צַפְרָא וְרַמְשָׁא. לָךְ אֱלָהָא קַדִּישָׁא דִּי בְרָא כָל־נַפְשָׁא. עִירִין קַדִּישִׁין וּבְנֵי אֱנָשָׁא. חֵיוַת בָּרָא וְעוֹפֵי שְׁמַיָּא:

יָהּ רִבּוֹן עָלַם וְעָלְמַיָּא. אַנְתְּ הוּא מַלְכָּא מֶלֶךְ מַלְכַיָּא:

רַבְרְבִין עוֹבְדָיךְ וְתַקִּיפִין. מָכֵךְ רָמַיָּא זָקֵף כְּפִיפִין. לוּ יְחֵא גְבַר שְׁנִין אַלְפִין. לָא יֵעֹל גְּבוּרְתֵּךְ בְּחֻשְׁבְּנַיָּא:

יָהּ רִבּוֹן עָלַם וְעָלְמַיָּא. אַנְתְּ הוּא מַלְכָּא מֶלֶךְ מַלְכַיָּא:

ג **שָׁלוֹם עֲלֵיכֶם** מַלְאֲכֵי הַשָּׁרֵת מַלְאֲכֵי עֶלְיוֹן מֶלֶךְ מַלְכֵי הַמְּלָכִים הַקָּדוֹשׁ בָּרוּךְ הוּא:

בּוֹאֲכֶם לְשָׁלוֹם מַלְאֲכֵי הַשָּׁלוֹם מַלְאֲכֵי עֶלְיוֹן מֶלֶךְ מַלְכֵי הַמְּלָכִים הַקָּדוֹשׁ בָּרוּךְ הוּא:

Du hast ihn gesegnet, den heiligsten der Tage,
in sechs Tagen war deine Schöpfung vollendet;
wer trauert, findet Trost und Zuflucht
am Schabbat der Ruhe.
Heute ist für Israel ein Tag des Lichts, ein Tag der Freude,
ein Schabbat der Ruhe.

(Jizchak Luria)

II
JAH RIBON

Gott, bis in Ewigkeit herrschst du über die Welt.
Die Regierenden aller Länder stehen unter deiner Macht.
Es gefällt dir, uns Zeichen deiner Stärke
und deiner Wunder zu zeigen.
Gott, du bist ewig. Du herrschst über die Welt.
Die Regierenden aller Länder stehen unter deiner Macht.

Mein Lob bringe ich am Morgen und am Abend,
dir, heiliger Gott, Ursprung von allem, was lebt:
von den heiligen Engeln, jedem Menschenkind,
den Tieren der Erde und den Vögeln in der Luft.
Gott, du bist ewig. Du herrschst über die Welt.
Die Regierenden aller Länder stehen unter deiner Macht.

Zahlreich sind deine Taten und machtvoll,
du richtest die Gebeugten auf und erniedrigst die Stolzen.
Wären der Menschen Jahre auch tausend,
nie könnten unsere Gedanken deine Macht erfassen.
Gott, du bist ewig. Du herrschst über die Welt.
Die Regierenden aller Länder stehen unter deiner Macht.

(Israel Najara)

III
SCHALOM ALECHEM

Seid mir gegrüßet, Engel des Dienstes,
des Höchsten aller Herrschenden.
Gesandte Gottes, der überall regiert
und dessen Heiligkeit man lobt.

Kehrt ein zum Frieden, Engel des Friedens,
des Höchsten aller Herrschenden.
Gesandte Gottes, der überall regiert
und dessen Heiligkeit man lobt.

בָּרְכוּנִי לְשָׁלוֹם מַלְאֲכֵי הַשָּׁלוֹם מַלְאֲכֵי עֶלְיוֹן מֶלֶךְ מַלְכֵי הַמְּלָכִים הַקָּדוֹשׁ בָּרוּךְ הוּא׃

צֵאתְכֶם לְשָׁלוֹם מַלְאֲכֵי הַשָּׁלוֹם מַלְאֲכֵי עֶלְיוֹן מֶלֶךְ מַלְכֵי הַמְּלָכִים הַקָּדוֹשׁ בָּרוּךְ הוּא׃

ד הַחַמָּה מֵרֹאשׁ הָאִילָנוֹת נִסְתַּלְּקָה·
בֹּאוּ וְנֵצֵא לִקְרַאת שַׁבָּת הַמַּלְכָּה׃
הִנֵּה הִיא יוֹרֶדֶת· הַקְּדוֹשָׁה הַבְּרוּכָה·
וְעִמָּהּ מַלְאָכִים· צְבָא שָׁלוֹם וּמְנוּחָה׃
בֹּאִי בֹּאִי הַמַּלְכָּה׃
בֹּאִי בֹּאִי הַכַּלָּה׃
שָׁלוֹם עֲלֵיכֶם מַלְאֲכֵי הַשָּׁלוֹם׃

קִבַּלְנוּ פְּנֵי שַׁבָּת בִּרְנָנָה וּתְפִלָּה·
הַבַּיְתָה נָשׁוּבָה בְּלֵב מָלֵא גִילָה׃
שָׁם עָרוּךְ הַשֻּׁלְחָן· הַנֵּרוֹת יָאִירוּ·
כָּל־פִּנּוֹת הַבַּיִת יִזְרְחוּ· יַזְהִירוּ׃
שַׁבַּת שָׁלוֹם וּבְרָכָה·
שַׁבַּת שָׁלוֹם וּמְנוּחָה׃
בֹּאֲכֶם לְשָׁלוֹם מַלְאֲכֵי הַשָּׁלוֹם׃

ה יְדִיד נֶפֶשׁ אָב הָרַחֲמָן מְשׁוֹךְ עַבְדְּךָ אֶל רְצוֹנְךָ·
יָרוּץ עַבְדְּךָ כְּמוֹ אַיָּל יִשְׁתַּחֲוֶה אֶל מוּל הֲדָרְךָ·
יֶעֱרַב לוֹ יְדִידוֹתֶיךָ מִנֹּפֶת צוּף וְכָל־טָעַם׃

הָדוּר נָאֶה זִיו הָעוֹלָם נַפְשִׁי חוֹלַת אַהֲבָתְךָ·
אָנָּא אֵל נָא רְפָא נָא לָהּ בְּהַרְאוֹת לָהּ נֹעַם זִיוְךָ·
אָז תִּתְחַזֵּק וְתִתְרַפֵּא וְהָיְתָה לָהּ שִׂמְחַת עוֹלָם׃

Schenkt mir den Frieden, Engel des Friedens,
des Höchsten aller Herrschenden.
Gesandte Gottes, der überall regiert
und dessen Heiligkeit man lobt.

Zieht aus in Frieden, Engel des Friedens,
des Höchsten aller Herrschenden.
Gesandte Gottes, der überall regiert
und dessen Heiligkeit man lobt.

(Kommentar zu „Schalom alechem" im Glossar.)

IV HA-CHAMA

Die Sonne ist über den Baumwipfeln nicht mehr zu sehn,
drum auf, dem Schabbat, der Königin, lasst uns entgegengehn.
Siehe, sie naht; sie ist heilig und gepriesen,
mit ihr nahen die Engel der Ruhe und des Friedens.
Komme, ja komme, du Königin,
Komme, ja komme, du Braut,
seid mir gegrüßet, ihr Engel des Friedens!

Wir empfingen den Schabbat mit Jubel und Gebet,
auf, fröhlich nun nach Hause geht!
Dort ist der Tisch gedeckt, die Kerzen brennen,
in allen Ecken ist das Licht zu erkennen.
Schabbat zum Frieden und zum Segen,
Schabbat zum Frieden und zur Ruh,
kommt zum Frieden, ihr Engel des Friedens!

(Chaim Nachman Bialik)

V JEDID NEFESCH

Geliebter meiner Seele, barmherziger Vater, erziehe deinen Diener dazu, dass er entsprechend deinem Willen lebe, dass er zu dir hinlaufe wie ein Hirsch und angesichts deiner Pracht anbetend niederfalle, dass deine Freundschaft ihm angenehmer sei als Honig und alle Köstlichkeiten.

Der Glanz der Welt ist prächtig und schön – ich aber sehne mich nach deiner Liebe. Bitte, Gott, schaffe mir Heil, indem du mir die Schönheit deines Glanzes zeigst. Denn dann werde ich Kraft gewinnen und geheilt werden und ewige Freude wird mir zuteil.

וָתִיק יֶהֱמוּ נָא רַחֲמֶיךָ וְחוּסָה נָא עַל בֵּן אֲהוּבְךָ׃
כִּי זֶה כַּמָּה נִכְסוֹף נִכְסַפְתִּי לִרְאוֹת בְּתִפְאֶרֶת עֻזָּךְ׃
אֵלֶּה חָמְדָה לִבִּי וְחוּסָה נָא וְאַל תִּתְעַלָּם:

הִגָּלֵה נָא וּפְרוֹס חֲבִיבִי עָלַי אֶת־סֻכַּת שְׁלוֹמָךְ׃
תָּאִיר אֶרֶץ מִכְּבוֹדָךְ נָגִילָה וְנִשְׂמְחָה בָּךְ׃
מַהֵר אֱהוֹב כִּי בָא מוֹעֵד וְחָנֵּנוּ כִּימֵי עוֹלָם:

תהלים צה

לְכוּ נְרַנְּנָה לַיהוָה נָרִיעָה לְצוּר יִשְׁעֵנוּ׃
נְקַדְּמָה פָנָיו בְּתוֹדָה בִּזְמִרוֹת נָרִיעַ לוֹ׃
כִּי אֵל גָּדוֹל יְהוָה וּמֶלֶךְ גָּדוֹל עַל־כָּל־אֱלֹהִים׃
אֲשֶׁר בְּיָדוֹ מֶחְקְרֵי־אָרֶץ וְתוֹעֲפוֹת הָרִים לוֹ׃
אֲשֶׁר־לוֹ הַיָּם וְהוּא עָשָׂהוּ וְיַבֶּשֶׁת יָדָיו יָצָרוּ׃
בֹּאוּ נִשְׁתַּחֲוֶה וְנִכְרָעָה נִבְרְכָה לִפְנֵי־יְהוָה עֹשֵׂנוּ׃
כִּי הוּא אֱלֹהֵינוּ וַאֲנַחְנוּ עַם מַרְעִיתוֹ וְצֹאן יָדוֹ
הַיּוֹם אִם־בְּקֹלוֹ תִשְׁמָעוּ׃

תהלים צו

שִׁירוּ לַיהוָה שִׁיר חָדָשׁ שִׁירוּ לַיהוָה כָּל־הָאָרֶץ׃
שִׁירוּ לַיהוָה בָּרְכוּ שְׁמוֹ בַּשְּׂרוּ מִיּוֹם לְיוֹם יְשׁוּעָתוֹ׃
סַפְּרוּ בַגּוֹיִם כְּבוֹדוֹ בְּכָל־הָעַמִּים נִפְלְאוֹתָיו׃
כִּי גָדוֹל יְהוָה וּמְהֻלָּל מְאֹד נוֹרָא הוּא עַל־כָּל־אֱ
כִּי כָּל־אֱלֹהֵי הָעַמִּים אֱלִילִים וַיהוָה שָׁמַיִם עָשָׂה׃

Erhabener Gott, lass deine Barmherzigkeit strömen und erbarme dich über dein geliebtes Kind. Wie sehr habe ich mich danach gesehnt, die Herrlichkeit deiner Macht zu schauen! Dies ist es, was mein Herz begehrt: Erbarme dich, verbirg dich nicht.

Offenbare dich, mein Geliebter, und breite deinen Frieden über mir aus wie ein Zelt. Lass die Erde deine Gegenwart widerspiegeln, dann werden wir jubeln und uns an dir freuen. Eile, deine Liebe zu zeigen, denn jetzt ist der richtige Zeitpunkt dafür. Erbarme dich über uns wie in den Tagen der Vorzeit.

(Eliëzer Azikri)

Einer oder mehrere der folgenden Psalmen:

PSALM 95

Auf, lasst uns Gott zujubeln,
zujauchzen dem Fels unseres Heils!
Lasst uns mit Lob Gottes Angesicht nahen,
vor Gott jauchzen mit Liedern!
Denn der Ewige ist ein großer Gott,
Gott regiert und ist
erhaben über alle Götter.
In Gottes Hand sind die Tiefen der Erde,
die Gipfel der Berge sind Gottes Eigentum.
Gott gehört das Meer, Gott hat es gemacht,
das trockene Land haben die Hände Gottes gebildet.
Kommt, lasst uns niederfallen, uns vor Gott verneigen,
lasst uns niederknien vor dem Ewigen, unserem Schöpfer!
Denn der Ewige ist unser Gott,
wir sind das Volk, das Gott weidet,
die Herde, die Gottes Hand führt.
Würdet ihr doch heute auf Gottes Stimme hören!

PSALM 96

Singt für Gott ein neues Lied,
singt für Gott, alle Länder der Erde!
Singt für Gott, preist Gottes Namen!
Verkündet Gottes Hilfe von Tag zu Tag!
Erzählt unter allen Völkern von Gottes Herrlichkeit,
unter allen Nationen von Gottes Wundern!
Denn Gott ist groß und sehr zu loben,
mehr zu fürchten als alle Götter.
Alle Götter der Völker sind Götzen,
der Ewige aber hat den Himmel geschaffen.

הוֹד־וְהָדָר לְפָנָיו עֹז וְתִפְאֶרֶת בְּמִקְדָּשׁוֹ׃

הָבוּ לַיהוָה מִשְׁפְּחוֹת עַמִּים הָבוּ לַיהוָה כָּבוֹד וָעֹז׃

הָבוּ לַיהוָה כְּבוֹד שְׁמוֹ שְׂאוּ מִנְחָה וּבֹאוּ לְחַצְרוֹתָיו׃

הִשְׁתַּחֲווּ לַיהוָה בְּהַדְרַת־קֹדֶשׁ חִילוּ מִפָּנָיו כָּל־הָאָרֶץ׃

אִמְרוּ בַגּוֹיִם יְהוָה מָלָךְ אַף־תִּכּוֹן תֵּבֵל בַּל־תִּמּוֹט
יָדִין עַמִּים בְּמֵישָׁרִים׃

יִשְׂמְחוּ הַשָּׁמַיִם וְתָגֵל הָאָרֶץ יִרְעַם הַיָּם וּמְלֹאוֹ׃

יַעֲלֹז שָׂדַי וְכָל־אֲשֶׁר־בּוֹ אָז יְרַנְּנוּ כָּל־עֲצֵי־יָעַר׃

לִפְנֵי יְהוָה כִּי בָא כִּי בָא לִשְׁפֹּט הָאָרֶץ יִשְׁפֹּט־תֵּבֵל בְּצֶדֶק
וְעַמִּים בֶּאֱמוּנָתוֹ׃

תהלים צז

יְהוָה מָלָךְ תָּגֵל הָאָרֶץ יִשְׂמְחוּ אִיִּים רַבִּים׃

עָנָן וַעֲרָפֶל סְבִיבָיו צֶדֶק וּמִשְׁפָּט מְכוֹן כִּסְאוֹ׃

אֵשׁ לְפָנָיו תֵּלֵךְ וּתְלַהֵט סָבִיב צָרָיו׃

הֵאִירוּ בְרָקָיו תֵּבֵל רָאֲתָה וַתָּחֵל הָאָרֶץ׃

הָרִים כַּדּוֹנַג נָמַסּוּ מִלִּפְנֵי יְהוָה מִלִּפְנֵי אֲדוֹן כָּל־הָאָרֶץ׃

הִגִּידוּ הַשָּׁמַיִם צִדְקוֹ וְרָאוּ כָל־הָעַמִּים כְּבוֹדוֹ׃

יֵבֹשׁוּ כָּל־עֹבְדֵי פֶסֶל הַמִּתְהַלְלִים בָּאֱלִילִים
הִשְׁתַּחֲווּ־לוֹ כָּל־אֱלֹהִים׃

Hoheit und Pracht sind vor dem Angesicht Gottes,
Macht und Glanz in Gottes Heiligtum.
Bringt dar dem Ewigen, ihr Stämme der Völker,
bringt dar dem Ewigen Lob und Ehre!
Bringt dar dem Ewigen die Ehre,
die dem göttlichen Namen gebührt,
spendet Opfergaben und tretet ein in Gottes Heiligtum!
In heiligem Schmuck werft euch vor dem Ewigen nieder,
vor Gott mögen alle Länder der Erde erbeben!
Verkündet unter den Völkern: Gott regiert.
Gott hat den Erdkreis gegründet, so dass er nicht wankt.
Gott richtet die Nationen so, wie es recht ist.
Der Himmel freue sich, die Erde frohlocke,
es brause das Meer und alles, was es erfüllt.
Es jauchze die Flur und was auf ihr wächst.
Jubeln sollen alle Bäume des Waldes
vor Gott, wenn er kommt,
wenn Gott kommt, um die Erde zu richten.
Gott richtet den Erdkreis mit Gerechtigkeit
und die Nationen mit Treue.

PSALM 97

Gott regiert. Jubeln soll die Erde!
Freuen sollen sich die Inseln weit und breit.
Gewölk und Dunkel umgibt Gott,
Gerechtigkeit und Recht sind die Stützen des göttlichen Thrones.
Feuer läuft vor Gott her
und verzehrt alles, was sich gegen Gott richtet.
Gottes Blitze lassen die Erde aufleuchten;
die Erde sieht es und bebt.
Berge schmelzen wie Wachs vor Gott,
angesichts der Gegenwart Gottes, die die ganze Welt beherrscht.
Die Himmel verkünden die Gerechtigkeit Gottes,
alle Völker schauen Gottes Herrlichkeit.
Zuschanden werden alle, die Bildern dienen,

שָׁמְעָה וַתִּשְׂמַח צִיּוֹן וַתָּגֵלְנָה בְּנוֹת יְהוּדָה
לְמַעַן מִשְׁפָּטֶיךָ יְהוָה:
כִּי־אַתָּה יְהוָה עֶלְיוֹן עַל־כָּל־הָאָרֶץ
מְאֹד נַעֲלֵיתָ עַל־כָּל־אֱלֹהִים:
אֹהֲבֵי יְהוָה שִׂנְאוּ רָע שֹׁמֵר נַפְשׁוֹת חֲסִידָיו
מִיַּד רְשָׁעִים יַצִּילֵם:
אוֹר־זָרֻעַ לַצַּדִּיק וּלְיִשְׁרֵי־לֵב שִׂמְחָה:
שִׂמְחוּ צַדִּיקִים בַּיהוָה וְהוֹדוּ לְזֵכֶר קָדְשׁוֹ:

תהלים צח

מִזְמוֹר

שִׁירוּ לַיהוָה שִׁיר חָדָשׁ כִּי־נִפְלָאוֹת עָשָׂה
הוֹשִׁיעָה־לּוֹ יְמִינוֹ וּזְרוֹעַ קָדְשׁוֹ:
הוֹדִיעַ יְהוָה יְשׁוּעָתוֹ לְעֵינֵי הַגּוֹיִם גִּלָּה צִדְקָתוֹ:
זָכַר חַסְדּוֹ וֶאֱמוּנָתוֹ לְבֵית יִשְׂרָאֵל
רָאוּ כָל־אַפְסֵי־אָרֶץ אֵת יְשׁוּעַת אֱלֹקֵינוּ:
הָרִיעוּ לַיהוָה כָּל־הָאָרֶץ פִּצְחוּ וְרַנְּנוּ וְזַמֵּרוּ:
זַמְּרוּ לַיהוָה בְּכִנּוֹר בְּכִנּוֹר וְקוֹל זִמְרָה:
בַּחֲצֹצְרוֹת וְקוֹל שׁוֹפָר הָרִיעוּ לִפְנֵי הַמֶּלֶךְ יְהוָה:
יִרְעַם הַיָּם וּמְלֹאוֹ תֵּבֵל וְיֹשְׁבֵי בָהּ:
נְהָרוֹת יִמְחֲאוּ־כָף יַחַד הָרִים יְרַנֵּנוּ:
לִפְנֵי יְהוָה כִּי בָא לִשְׁפֹּט הָאָרֶץ
יִשְׁפֹּט־תֵּבֵל בְּצֶדֶק וְעַמִּים בְּמֵישָׁרִים:

Zion hört es und freut sich,
Judas Töchter jubeln, Gott, über deine Rechtssprüche.
Denn du, Gott, bist hoch erhaben über die ganze Erde,
hoch erhaben über alle Götter.
Ihr, die ihr Gott liebt, hasst das Böse!
Gott behütet die Seelen derer, die an ihn glauben,
Gott entreißt sie allem Bösen.
Licht ist für die Gerechten ausgesät
und Freude für die Menschen mit redlichem Herzen.
Ihr Gerechten, freut euch an Gott,
und lobt Gottes heiligen Namen!

PSALM 98

Singt für Gott ein neues Lied;
denn Gott tat staunenswerte Taten.
Gottes rechte Hand hat dabei geholfen
und Gottes heiliger Arm.
Gott hat seine Hilfe bekannt gemacht,
und Gottes gerechtes Wirken
ist offenbart vor den Augen der Völker.
Gott dachte an die Huld
und an die Treue zur Familie Israels.
Alle Enden der Erde sahen
die Hilfe unsres Gottes.
Jauchzt vor Gott, alle Länder der Erde,
freut euch und singt!
Spielt für Gott auf der Harfe,
auf der Harfe und mit lautem Gesang!
Mit Trompeten und dem Ton des Schofar
macht Musik für Gott, Gott regiert die Welt!
Das Meer soll brausen und alles, was es erfüllt,
die Erde und die auf ihr wohnen.
Die Ströme sollen in die Hände klatschen,
die Berge sollen jubeln im Chor
vor Gott, denn Gott kommt,
um die Erde zu richten.
Gott richtet den Erdkreis gerecht.

תהלים
צט

יְהוָה מָלָךְ יִרְגְּזוּ עַמִּים יֹשֵׁב כְּרוּבִים תָּנוּט הָאָרֶץ:
יְהוָה בְּצִיּוֹן גָּדוֹל וְרָם הוּא עַל־כָּל־הָעַמִּים:

יוֹדוּ שִׁמְךָ גָּדוֹל וְנוֹרָא קָדוֹשׁ הוּא:

וְעֹז מֶלֶךְ מִשְׁפָּט אָהֵב אַתָּה כּוֹנַנְתָּ מֵישָׁרִים מִשְׁפָּט וּצְדָקָה
בְּיַעֲקֹב אַתָּה עָשִׂיתָ:

רוֹמְמוּ יְהוָה אֱלֹהֵינוּ וְהִשְׁתַּחֲווּ לַהֲדֹם רַגְלָיו קָדוֹשׁ הוּא:

מֹשֶׁה וְאַהֲרֹן בְּכֹהֲנָיו וּשְׁמוּאֵל בְּקֹרְאֵי שְׁמוֹ
קֹרְאִים אֶל־יְהוָה וְהוּא יַעֲנֵם:

בְּעַמּוּד עָנָן יְדַבֵּר אֲלֵיהֶם שָׁמְרוּ עֵדֹתָיו וְחֹק נָתַן־לָמוֹ:

יְהוָה אֱלֹהֵינוּ אַתָּה עֲנִיתָם אֵל נֹשֵׂא הָיִיתָ לָהֶם
וְנֹקֵם עַל־עֲלִילוֹתָם:

רוֹמְמוּ יְהוָה אֱלֹהֵינוּ וְהִשְׁתַּחֲווּ לְהַר קָדְשׁוֹ
כִּי־קָדוֹשׁ יְהוָה אֱלֹהֵינוּ:

Amsterdam, portugiesische Synagoge, erbaut 1671-1672
(Außenansicht im 18. Jh., Zeichnung von Jan Spaan)

PSALM
99

Gott trat die Herrschaft an,
die Völker geraten in Unruhe.
Gott sitzt über den Keruben,
die Erde gerät ins Wanken.
Der Ewige ist Gott in Zion,
erhaben über alle Völker.
Sie loben deinen großen und furchtgebietenden Namen,
– heilig ist er! –
und sie loben deine Herrschermacht, denn du liebst das Recht.
Du hast die Rechtschaffenheit geschaffen,
du hast Recht und Gerechtigkeit in Jakob gegründet.
Rühmt den Ewigen, unseren Gott!
Werft euch am Schemel der Füße Gottes nieder!
Denn Gott ist heilig.

Mose und Aaron gehörten zu Gottes Priestern,
Samuel zu denen, die Gottes Namen anriefen.
Sie riefen zu Gott
und Gott antwortete ihnen.

Gott redete aus einer Wolkensäule,
sie bewahrten die Bezeugungen Gottes
und die Satzungen, die Gott ihnen gegeben hatte.

Ewiger, unser Gott, du hast ihnen geantwortet.
ein verzeihender Gott bist du ihnen gewesen,
obwohl du ihre bösen Taten bestraft hast.

Rühmt den Ewigen, unseren Gott,
werft euch nieder an Gottes heiligem Berge!
Denn heilig ist der Ewige, unser Gott.

Amsterdam, liberale Synagoge

תהלים
כט

מִזְמוֹר לְדָוִד

הָבוּ לַיהוָה בְּנֵי אֵלִים הָבוּ לַיהוָה כָּבוֹד וָעֹז :
הָבוּ לַיהוָה כְּבוֹד שְׁמוֹ הִשְׁתַּחֲווּ לַיהוָה בְּהַדְרַת־קֹדֶשׁ :

קוֹל יְהוָה עַל־הַמָּיִם אֵל־הַכָּבוֹד הִרְעִים יְהוָה עַל־מַיִם רַבִּים :
קוֹל־יְהוָה בַּכֹּחַ קוֹל יְהוָה בֶּהָדָר :

קוֹל יְהוָה שֹׁבֵר אֲרָזִים וַיְשַׁבֵּר יְהוָה אֶת־אַרְזֵי הַלְּבָנוֹן :
וַיַּרְקִידֵם כְּמוֹ־עֵגֶל לְבָנוֹן וְשִׂרְיוֹן כְּמוֹ בֶן־רְאֵמִים :
קוֹל־יְהוָה חֹצֵב לַהֲבוֹת אֵשׁ :
קוֹל יְהוָה יָחִיל מִדְבָּר יָחִיל יְהוָה מִדְבַּר קָדֵשׁ :

קוֹל יְהוָה יְחוֹלֵל אַיָּלוֹת וַיֶּחֱשֹׂף יְעָרוֹת וּבְהֵיכָלוֹ כֻּלּוֹ אֹמֵר כָּבוֹד :
יְהוָה לַמַּבּוּל יָשָׁב וַיֵּשֶׁב יְהוָה מֶלֶךְ לְעוֹלָם :

יְהוָה עֹז לְעַמּוֹ יִתֵּן יְהוָה יְבָרֵךְ אֶת־עַמּוֹ בַשָּׁלוֹם :

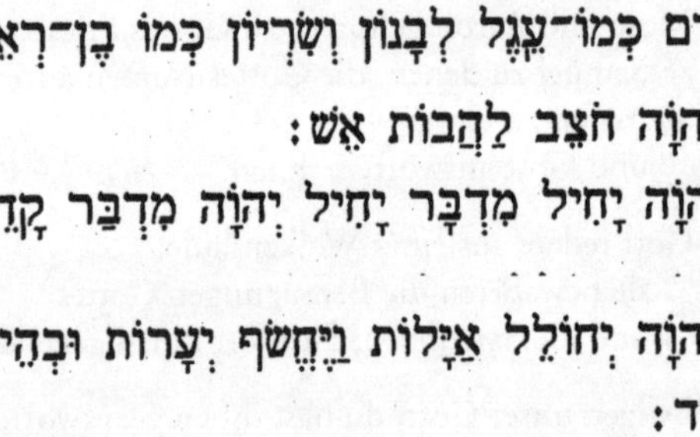

Berlin-Charlottenburg, Synagoge der liberalen Gemeinde, Fasanenstraße (1912-1938/1957)

PSALM
29

Ein Psalm Davids.

Bringt dar dem Ewigen, ihr Himmlischen,
bringt dar dem Ewigen Lob und Ehre!
Bringt dar dem Ewigen die Ehre seines Namens,
werft euch vor Gott nieder in heiligem Schmuck!

Die Stimme Gottes erschallt über den Wassern.
Der Gott der Herrlichkeit donnert,
der Ewige über gewaltigen Wassern.
Die Stimme Gottes ertönt mit Macht,
die Stimme des Ewigen voll Majestät.

Die Stimme Gottes zerbricht die Zedern,
der Ewige zerschmettert die Zedern des Libanon.
Gott lässt den Libanon hüpfen wie ein Kalb,
wie einen Wildstier den Hermon.
Die Stimme Gottes sprüht flammendes Feuer,
die Stimme Gottes lässt die Wüste beben,
beben lässt Gott die Wüste von Kadesch.

Die Stimme Gottes wirbelt Eichen empor,
ganze Wälder reißt sie kahl.
In Gottes Palast rufen alle: O herrlicher Gott!

Der Ewige thront über der Flut,
Gott thront königlich bis in Ewigkeit.

Gott gebe dem Gottesvolk Kraft,
Gott segne das Gottesvolk mit Frieden.

Berlin-Charlottenburg, Gemeindezentrum Fasanenstraße (seit 1958)

ל **לְכָה דוֹדִי** לִקְרַאת כַּלָּה. פְּנֵי שַׁבָּת נְקַבְּלָה:

ש שָׁמוֹר וְזָכוֹר בְּדִבּוּר אֶחָד· הִשְׁמִיעָנוּ אֵל הַמְיֻחָד·
יְיָ אֶחָד וּשְׁמוֹ אֶחָד· לְשֵׁם וּלְתִפְאֶרֶת וְלִתְהִלָּה:
לְכָה דוֹדִי לִקְרַאת כַּלָּה· פְּנֵי שַׁבָּת נְקַבְּלָה:

ל לִקְרַאת שַׁבָּת לְכוּ וְנֵלְכָה· כִּי הִיא מְקוֹר הַבְּרָכָה·
מֵרֹאשׁ מִקֶּדֶם נְסוּכָה· סוֹף מַעֲשֶׂה בְּמַחֲשָׁבָה תְּחִלָּה:
לְכָה דוֹדִי לִקְרַאת כַּלָּה· פְּנֵי שַׁבָּת נְקַבְּלָה:

מ מִקְדַּשׁ מֶלֶךְ עִיר מְלוּכָה· קוּמִי צְאִי מִתּוֹךְ הַהֲפֵכָה·
רַב לָךְ שֶׁבֶת בְּעֵמֶק הַבָּכָא· וְהוּא יַחֲמֹל עָלַיִךְ חֶמְלָה:
לְכָה דוֹדִי לִקְרַאת כַּלָּה· פְּנֵי שַׁבָּת נְקַבְּלָה:

ה הִתְנַעֲרִי מֵעָפָר קוּמִי· לִבְשִׁי בִּגְדֵי תִפְאַרְתֵּךְ עַמִּי·
עַל־יַד בֶּן־יִשַׁי בֵּית הַלַּחְמִי· קָרְבָה אֶל נַפְשִׁי גְּאָלָהּ:
לְכָה דוֹדִי לִקְרַאת כַּלָּה· פְּנֵי שַׁבָּת נְקַבְּלָה:

ה הִתְעוֹרְרִי הִתְעוֹרְרִי· כִּי בָא אוֹרֵךְ קוּמִי אוֹרִי·
עוּרִי עוּרִי שִׁיר דַּבֵּרִי· כְּבוֹד יְיָ עָלַיִךְ נִגְלָה:
לְכָה דוֹדִי לִקְרַאת כַּלָּה· פְּנֵי שַׁבָּת נְקַבְּלָה:

ל לֹא תֵבוֹשִׁי וְלֹא תִכָּלְמִי· מַה־תִּשְׁתּוֹחֲחִי וּמַה־תֶּהֱמִי·
בָּךְ יֶחֱסוּ עֲנִיֵּי עַמִּי· וְנִבְנְתָה עִיר עַל־תִּלָּהּ:
לְכָה דוֹדִי לִקְרַאת כַּלָּה· פְּנֵי שַׁבָּת נְקַבְּלָה:

LECHA DODI „Auf, auf, mein Freund“ *(Hld 7,12)*,
lasst uns der Braut entgegengehn, lasst uns den Schabbat empfangen!

1. „Bewahre…!“ *(Dtn 5,12)* und „Gedenke…!“ (*Ex 20,8)*,
so ließ der eine Gott in einem Wort es uns vernehmen.
„Der Ewige ist einzig, einzig ist sein Name“ *(Sach 14,9)*,
einzigartig „an Ruhm, Pracht“ *(1. Chron 22,5)* und an Herrlichkeit.
Auf, auf, mein Freund, …

2. Auf, auf, der Braut entgegen „lasst uns laufen“ *(Jes 2,5)*,
denn sie ist die Quelle allen Segens.
Seit uralten Zeiten ist diese Königin gesalbt.
Sie steht zwar am Ende der Schöpfung,
war in Gottes Gedanken jedoch von Anfang an geplant.
Auf, auf, mein Freund, …

3. „Heiligtum des Königs“ *(Am 7,3)*, du „königliche Stadt“ *(2. Sam 12,26)*,
steh auf, erhebe dich „aus der Zerstörung“ *(Gen 19,29)*!
Denn lang genug hast du „im Tränental“ *(Ps 84,7)* gesessen.
Jetzt wird Gott seine Barmherzigkeit über dir ausgießen.
Auf, auf, mein Freund, …

4. „Schüttle den Staub von dir ab, steh auf!“ *(Jes 52,2)*
„Zieht eure schönsten Kleider an“ *(Jes 52,1)*, mein Volk!
Durch einen Sohn „Isais aus Bethlehem“ *(1. Sam 16,1)*
„sei meiner Seele nah, erlöse sie!“ *(Ps 69,19)*
Auf, auf, mein Freund, …

5. „Erwache, erwache,“ *(Jes 51,17)* „denn gekommen ist dein Licht“ *(Jes 60,1)*.
„Steh auf und leuchte!“ *(ebd.)*
„Wach auf, wach auf, singe ein Lied!“ *(Ri 5,12)*
„Gottes Herrlichkeit wird sich an dir offenbaren.“ *(Jes 40,5)*
Auf, auf, mein Freund, …

6. „Du wirst nicht beschämt werden
und wirst nicht zu Schanden kommen!“ *(Jes 45,17)*
„Was jammerst du, warum klagst du?“ *(Ps 42,6.12)*
„Die Schutzbedürftigen meines Volkes werden sich bei dir bergen“ *(Jes 14,32)*.
Auf, auf, mein Freund, …

ו וְהָיוּ לִמְשִׁסָּה שֹׁאסָיִךְ · וְרָחֲקוּ כָּל־מְבַלְּעָיִךְ ·
יָשִׂישׂ עָלַיִךְ אֱלֹהָיִךְ · כִּמְשׂוֹשׂ חָתָן עַל כַּלָּה:

לְכָה דוֹדִי לִקְרַאת כַּלָּה · פְּנֵי שַׁבָּת נְקַבְּלָה:

י יָמִין וּשְׂמֹאל תִּפְרוֹצִי · וְאֶת־יְיָ תַּעֲרִיצִי ·
עַל יַד אִישׁ בֶּן־פַּרְצִי · וְנִשְׂמְחָה וְנָגִילָה:

לְכָה דוֹדִי לִקְרַאת כַּלָּה · פְּנֵי שַׁבָּת נְקַבְּלָה:

בּוֹאִי בְשָׁלוֹם עֲטֶרֶת בַּעְלָהּ · גַּם בְּשִׂמְחָה וּבְצָהֳלָה ·
תּוֹךְ אֱמוּנֵי עַם סְגֻלָּה · בּוֹאִי כַלָּה בּוֹאִי כַלָּה:
לְכָה דוֹדִי לִקְרַאת כַּלָּה · פְּנֵי שַׁבָּת נְקַבְּלָה:

Altneuschul, Prag (erbaut ca. 1270)

7. „Die, die dich beraubten, werden selbst zum Raub" *(Jer 30,16)* .
„Die, die dich zerstörten, sie sind weit entfernt" *(Jes 49,19).*
„Gott wird sich an dir erfreuen, so wie ein Bräutigam sich freut an seiner Braut" *(Jes 62,5).*
Auf, auf, mein Freund, ...

8. „In alle Himmelsrichtungen wirst du dich verbreiten" *(Jes 54,3)*
und deinen Gott verherrlichen,
durch einen Mann, den Sohn des Perez *(Num 26,20).*
Auf, laßt uns fröhlich sein und jubeln!
Auf, auf, mein Freund, ...

9. Komme, bring uns Frieden, du „Krone deines Gatten" *(Spr 12,4)* !
Und bring auch Freude und Gelingen!
Tritt ein in die Mitte des „auserwählten Volkes" *(Dtn 7,6)* !
Komm herein, Braut, komm herein!
Auf, auf, mein Freund, ...

(Sch'lomo ha-Levi Alkabez)

„Raschi-Haus", Worms (erbaut 1174)

תהלים
צב

מִזְמוֹר שִׁיר לְיוֹם הַשַּׁבָּת:

טוֹב לְהוֹדוֹת לַיהוָה וּלְזַמֵּר לְשִׁמְךָ עֶלְיוֹן:
לְהַגִּיד בַּבֹּקֶר חַסְדֶּךָ וֶאֱמוּנָתְךָ בַּלֵּילוֹת:
עֲלֵי־עָשׂוֹר וַעֲלֵי־נָבֶל עֲלֵי הִגָּיוֹן בְּכִנּוֹר:
כִּי שִׂמַּחְתַּנִי יְהוָה בְּפָעֳלֶךָ בְּמַעֲשֵׂי יָדֶיךָ אֲרַנֵּן:

מַה־גָּדְלוּ מַעֲשֶׂיךָ יְהוָה מְאֹד עָמְקוּ מַחְשְׁבֹתֶיךָ:
אִישׁ־בַּעַר לֹא יֵדָע וּכְסִיל לֹא־יָבִין אֶת־זֹאת:
בִּפְרֹחַ רְשָׁעִים כְּמוֹ־עֵשֶׂב וַיָּצִיצוּ כָּל־פֹּעֲלֵי אָוֶן
לְהִשָּׁמְדָם עֲדֵי־עַד:

וְאַתָּה מָרוֹם לְעֹלָם יְהוָה:

כִּי הִנֵּה אֹיְבֶיךָ יְהוָה כִּי־הִנֵּה אֹיְבֶיךָ יֹאבֵדוּ
יִתְפָּרְדוּ כָּל־פֹּעֲלֵי אָוֶן:
וַתָּרֶם כִּרְאֵים קַרְנִי בַּלֹּתִי בְּשֶׁמֶן רַעֲנָן:
וַתַּבֵּט עֵינִי בְּשׁוּרָי בַּקָּמִים עָלַי מְרֵעִים
תִּשְׁמַעְנָה אָזְנָי:

צַדִּיק כַּתָּמָר יִפְרָח כְּאֶרֶז בַּלְּבָנוֹן יִשְׂגֶּה:
שְׁתוּלִים בְּבֵית יְהוָה בְּחַצְרוֹת אֱלֹהֵינוּ יַפְרִיחוּ:
עוֹד יְנוּבוּן בְּשֵׂיבָה דְּשֵׁנִים וְרַעֲנַנִּים יִהְיוּ:
לְהַגִּיד כִּי־יָשָׁר יְהוָה צוּרִי וְלֹא־עַוְלָתָה בּוֹ:

PSALM
92

Ein Psalm. Ein Lied für den Schabbattag.

Es ist schön, dem Ewigen zu danken,
deinem Namen, du Höchster, zu singen,
am Morgen deine Huld zu verkünden
und in den Nächten deine Treue,
zur zehnsaitigen Laute, zur Zither,
zum Klang der Harfe.
Denn du hast mich durch deine Taten froh gemacht;
Gott, ich will jubeln über die Werke deiner Hände.

Wie groß sind deine Werke, o Gott,
wie tief sind deine Gedanken!
Ein Mensch ohne Einsicht erkennt das nicht,
ein Tor kann es nicht verstehen.
Wenn auch das Böse gedeiht
und das Unrecht wächst,
so nur, damit du es für immer vernichtest.

Doch du bist bis in alle Ewigkeit erhöht, mein Gott!

Deine Feinde, Gott, wahrhaftig, deine Feinde vergehen;
auseinandergetrieben werden alle, die Unrecht tun.
Du hast mich stark gemacht wie einen Stier,
du hast mich mit frischem Öl gesalbt.
Mein Auge blickt herab auf meine Verfolger
und auf alle, die sich gegen mich erheben;
mein Ohr hört vom Geschick der Bösen.

Alle, die gerecht sind, werden gedeihen wie die Palme
und wachsen wie die Zedern des Libanon.
Gepflanzt im Hause Gottes
gedeihen sie in den Vorhöfen unseres Gottes.
Sie tragen Frucht noch im Alter
und bleiben voll Saft und Frische;
sie verkünden: Gerecht ist der Ewige;
Gott ist mein Fels, an dem kein Unrecht ist.

תהלים צג

יְהֹוָה מָלָךְ גֵּאוּת לָבֵשׁ לָבֵשׁ יְהֹוָה עֹז הִתְאַזָּר
אַף־תִּכּוֹן תֵּבֵל בַּל־תִּמּוֹט׃
נָכוֹן כִּסְאֲךָ מֵאָז מֵעוֹלָם אָתָּה׃
נָשְׂאוּ נְהָרוֹת יְהֹוָה נָשְׂאוּ נְהָרוֹת קוֹלָם
יִשְׂאוּ נְהָרוֹת דָּכְיָם׃
מִקֹּלוֹת מַיִם רַבִּים אַדִּירִים מִשְׁבְּרֵי־יָם
אַדִּיר בַּמָּרוֹם יְהֹוָה׃
עֵדֹתֶיךָ נֶאֶמְנוּ מְאֹד לְבֵיתְךָ נַאֲוָה־קֹּדֶשׁ
יְהֹוָה לְאֹרֶךְ יָמִים׃

ברכו

בָּרְכוּ אֶת־יְיָ הַמְבֹרָךְ׃

בָּרוּךְ יְיָ הַמְבֹרָךְ לְעוֹלָם וָעֶד׃

מעריב ערבים

בָּרוּךְ אַתָּה יְיָ אֱלֹהֵינוּ מֶלֶךְ הָעוֹלָם. אֲשֶׁר בִּדְבָרוֹ מַעֲרִיב עֲרָבִים. בְּחָכְמָה פּוֹתֵחַ שְׁעָרִים. וּבִתְבוּנָה מְשַׁנֶּה עִתִּים. וּמַחֲלִיף אֶת־הַזְּמַנִּים. וּמְסַדֵּר אֶת־הַכּוֹכָבִים בְּמִשְׁמְרוֹתֵיהֶם בָּרָקִיעַ כִּרְצוֹנוֹ: בּוֹרֵא יוֹם וָלָיְלָה. גּוֹלֵל אוֹר מִפְּנֵי חֹשֶׁךְ וְחֹשֶׁךְ מִפְּנֵי אוֹר: הַמַּעֲבִיר יוֹם וּמֵבִיא לָיְלָה. וּמַבְדִּיל בֵּין יוֹם וּבֵין לָיְלָה. יְיָ צְבָאוֹת שְׁמוֹ: בָּרוּךְ אַתָּה יְיָ. הַמַּעֲרִיב עֲרָבִים:

אהבת עולם

אַהֲבַת עוֹלָם בֵּית יִשְׂרָאֵל עַמְּךָ אָהָבְתָּ· תּוֹרָה וּמִצְוֹת חֻקִּים וּמִשְׁפָּטִים אוֹתָנוּ לִמַּדְתָּ: עַל־כֵּן יְיָ אֱלֹהֵינוּ· בְּשָׁכְבֵנוּ וּבְקוּמֵנוּ נָשִׂיחַ בְּחֻקֶּיךָ· וְנִשְׂמַח וְנַעֲלוֹז בְּדִבְרֵי תוֹרָתֶךָ וּמִצְוֹתֶיךָ וְחֻקּוֹתֶיךָ לְעוֹלָם וָעֶד: כִּי הֵם חַיֵּינוּ וְאֹרֶךְ יָמֵינוּ· וּבָהֶם

PSALM
93

Der Ewige ist König,
bekleidet mit Hoheit;
Gott hat sich bekleidet
und mit Macht umgürtet.

Der Erdkreis ist fest gegründet,
nie wird er wanken.
Dein Thron steht fest von Anbeginn,
du bist seit Ewigkeit.

Fluten erheben sich, Gott,
Fluten erheben ihr Brausen,
Fluten erheben ihr Tosen.

Gewaltiger als das Tosen vieler Wasser,
gewaltiger als die Brandung des Meeres
ist Gott in der Höhe.

Deine Gesetze sind fest und verlässlich;
Gott, deinem Haus gebührt Heiligkeit für alle Zeiten.

AUFRUF ZUM LOB

Lasst uns Gott preisen, Gott gebührt unsere Ehre!

Gepriesen sei Gott! Gott gebührt unsere Ehre auf immer und ewig!

GOTT SCHAFFT UND ERHÄLT

Gepriesen seist du, Ewiger, unser Gott; du regierst die Welt. Du lässt es durch dein Wort Abend werden, du führst die Dämmerung herbei und lässt voller Einsicht die Augenblicke verstreichen und die Zeit voranschreiten. Gemäß deines Wohlgefallens erscheinen am Himmel die Sterne in ihren Sternbildern. Schöpfer von Tag und Nacht, du lässt das Licht vor der Finsternis weichen und die Finsternis vor dem Licht. Du lässt den Tag vorübergehen und führst die Nacht herbei. Du trennst den Tag von der Nacht. Schöpfer aller Geschöpfe – das ist dein Name. Gepriesen seist du, Ewiger. Du lässt es Abend werden.

GOTT LIEBT ISRAEL

Mit unzerstörbarer Liebe liebst du Israel, dein Volk. Die Thora, Gebote, Satzungen und Rechtssprüche hast du uns gelehrt. Deshalb bist du, Ewiger, unser Gott. Wenn wir uns niederlegen und wenn wir aufstehen, denken wir über deine Satzungen nach. Und wir freuen uns und sind allezeit fröhlich über die Worte deiner Weisung, deiner Gebote und deiner Satzungen, denn sie sind unser Leben und unsere Lebenszeit. Wir

נֶהְגֶּה יוֹמָם וָלָיְלָה· וְאַהֲבָתְךָ אַל־תָּסִיר מִמֶּנּוּ לְעוֹלָמִים:
בָּרוּךְ אַתָּה יְיָ· אוֹהֵב אֶת־עַמּוֹ יִשְׂרָאֵל:

שמע ישראל

שְׁמַ**ע** יִשְׂרָאֵל. יְהוָֹה אֱלֹהֵינוּ יְהוָֹה אֶחָ**ד**:

בָּרוּךְ שֵׁם כְּבוֹד מַלְכוּתוֹ לְעוֹלָם וָעֶד:

וְאָהַבְתָּ אֵת יְהוָֹה אֱלֹהֶיךָ. בְּכָל־לְבָבְךָ וּבְכָל־נַפְשְׁךָ וּבְכָל־מְאֹדֶךָ: וְהָיוּ הַדְּבָרִים הָאֵלֶּה אֲשֶׁר אָנֹכִי מְצַוְּךָ הַיּוֹם עַל־לְבָבֶךָ: וְשִׁנַּנְתָּם לְבָנֶיךָ וְדִבַּרְתָּ בָּם. בְּשִׁבְתְּךָ בְּבֵיתֶךָ וּבְלֶכְתְּךָ בַדֶּרֶךְ וּבְשָׁכְבְּךָ וּבְקוּמֶךָ: וּקְשַׁרְתָּם לְאוֹת עַל־יָדֶךָ. וְהָיוּ לְטֹטָפֹת בֵּין עֵינֶיךָ: וּכְתַבְתָּם עַל־מְזֻזוֹת בֵּיתֶךָ וּבִשְׁעָרֶיךָ:

In Stille:

והיה אם שמע

וְהָיָה אִם־שָׁמֹעַ תִּשְׁמְעוּ אֶל־מִצְוֹתַי אֲשֶׁר אָנֹכִי מְצַוֶּה אֶתְכֶם הַיּוֹם. לְאַהֲבָה אֶת־יְהוָֹה אֱלֹהֵיכֶם וּלְעָבְדוֹ בְּכָל־לְבַבְכֶם וּבְכָל־נַפְשְׁכֶם: וְנָתַתִּי מְטַר־אַרְצְכֶם בְּעִתּוֹ יוֹרֶה וּמַלְקוֹשׁ. וְאָסַפְתָּ דְגָנֶךָ וְתִירֹשְׁךָ וְיִצְהָרֶךָ: וְנָתַתִּי עֵשֶׂב בְּשָׂדְךָ לִבְהֶמְתֶּךָ. וְאָכַלְתָּ וְשָׂבָעְתָּ: הִשָּׁמְרוּ לָכֶם פֶּן־יִפְתֶּה לְבַבְכֶם. וְסַרְתֶּם וַעֲבַדְתֶּם אֱלֹהִים אֲחֵרִים וְהִשְׁתַּחֲוִיתֶם לָהֶם: וְחָרָה אַף־יְהוָֹה בָּכֶם וְעָצַר אֶת־הַשָּׁמַיִם וְלֹא־יִהְיֶה מָטָר וְהָאֲדָמָה לֹא תִתֵּן אֶת־יְבוּלָהּ. וַאֲבַדְתֶּם מְהֵרָה מֵעַל הָאָרֶץ הַטֹּבָה אֲשֶׁר יְהוָֹה נֹתֵן לָכֶם: וְשַׂמְתֶּם אֶת־דְּבָרַי אֵלֶּה עַל־לְבַבְכֶם וְעַל־נַפְשְׁכֶם. וּקְשַׁרְתֶּם אֹתָם לְאוֹת עַל־יֶדְכֶם וְהָיוּ לְטוֹטָפֹת בֵּין עֵינֵיכֶם: וְלִמַּדְתֶּם אֹתָם אֶת־בְּנֵיכֶם לְדַבֵּר בָּם. בְּשִׁבְתְּךָ בְּבֵיתֶךָ וּבְלֶכְתְּךָ בַדֶּרֶךְ וּבְשָׁכְבְּךָ וּבְקוּמֶךָ: וּכְתַבְתָּם עַל־מְזוּזוֹת בֵּיתֶךָ וּבִשְׁעָרֶיךָ: לְמַעַן יִרְבּוּ יְמֵיכֶם וִימֵי בְנֵיכֶם עַל הָאֲדָמָה אֲשֶׁר נִשְׁבַּע יְהוָֹה לַאֲבֹתֵיכֶם לָתֵת לָהֶם. כִּימֵי הַשָּׁמַיִם עַל־הָאָרֶץ:

sinnen darüber nach Tag und Nacht. Lass niemals deine Liebe von uns weichen. Gepriesen seist du, Ewiger. Du liebst Israel, dein Volk.

ISRAELS GOTT

Höre Israel, der Ewige ist Gott, der Ewige ist einzig. *(Dtn 6,4)*

Gepriesen sei Gottes ruhmreiche Herrschaft immer und ewig! *(mJoma 6,2)*

Darum sollst du den Ewigen, deinen Gott, lieben mit ganzem Herzen, mit ganzer Seele und mit ganzer Kraft. Diese Worte, auf die ich dich heute verpflichte, sollen auf deinem Herzen geschrieben stehen. Du sollst sie deinen Kindern erzählen. Du sollst von ihnen reden, wenn du zu Hause sitzt und wenn du auf der Straße gehst, wenn du dich schlafen legst und wenn du aufstehst. Du sollst sie als Zeichen um dein Handgelenk binden. Sie sollen als Merkzeichen auf deiner Stirn sein. Du sollst sie auf die Türpfosten deines Hauses und in deine Tore schreiben.
(Dtn 6,5-9)

In Stille:

Und wenn ihr auf meine Gebote hört, auf die ich euch heute verpflichte, wenn ihr also den Ewigen, euren Gott, liebt und ihm mit ganzem Herzen und mit ganzer Seele dient, dann gebe ich eurem Land seinen Regen zur rechten Zeit, den Frühregen im Herbst und den Spätregen im Frühjahr, und du kannst Korn, Most und Öl ernten; dann gebe ich deinem Vieh sein Gras auf dem Feld, und du kannst essen und satt werden. Aber nehmt euch in Acht! Lasst euer Herz nicht verführt werden, weicht nicht vom Weg ab, dient nicht anderen Göttern und werft euch nicht vor ihnen nieder! Sonst wird der Zorn des Ewigen gegen euch entbrennen; er wird den Himmel zuschließen, es wird kein Regen fallen, der Acker wird keinen Ertrag bringen, und ihr werdet unverzüglich aus dem prächtigen Land getilgt sein, das der Ewige euch geben will. Diese meine Worte sollt ihr auf euer Herz und eure Seele schreiben. Ihr sollt sie als Zeichen um das Handgelenk binden. Sie sollen zum Schmuck auf eurer Stirn werden. Ihr sollt sie eure Kinder lehren und ihnen davon erzählen, wenn du zu Hause sitzt und wenn du auf der Straße gehst, wenn du dich hinlegst und wenn du aufstehst. Du sollst sie auf die Türpfosten deines Hauses und in deine Tore schreiben. Damit ihr und eure Kinder lange in dem Land lebt, das der Ewige euren Vorfahren geschworen hat zu geben; so zahlreich sollen eure Tage darin sein wie die Tage, die sich der Himmel über der Erde wölbt.
(Dtn 11,13-21)

ויאמר יהוה

וַיֹּ֣אמֶר יְהֹוָ֔ה אֶל־מֹשֶׁ֖ה לֵּאמֹֽר׃ דַּבֵּ֞ר אֶל־בְּנֵ֤י יִשְׂרָאֵל֙ וְאָמַרְתָּ֣ אֲלֵהֶ֔ם וְעָשׂ֨וּ לָהֶ֥ם צִיצִ֛ת עַל־כַּנְפֵ֥י בִגְדֵיהֶ֖ם לְדֹרֹתָ֑ם. וְנָֽתְנ֛וּ עַל־צִיצִ֥ת הַכָּנָ֖ף פְּתִ֥יל תְּכֵֽלֶת׃ וְהָיָ֣ה לָכֶם֮ לְצִיצִת֒ וּרְאִיתֶ֣ם אֹת֗וֹ וּזְכַרְתֶּם֙ אֶת־כָּל־מִצְוֺ֣ת יְהֹוָ֔ה וַעֲשִׂיתֶ֖ם אֹתָ֑ם. וְלֹֽא־תָת֜וּרוּ אַחֲרֵ֤י לְבַבְכֶם֙ וְאַחֲרֵ֣י עֵֽינֵיכֶ֔ם אֲשֶׁר־אַתֶּ֥ם זֹנִ֖ים אַחֲרֵיהֶֽם׃ לְמַ֣עַן תִּזְכְּר֔וּ וַעֲשִׂיתֶ֖ם אֶת־כָּל־מִצְוֺתָ֑י. וִהְיִיתֶ֥ם קְדֹשִׁ֖ים לֵאלֹהֵיכֶֽם׃ אֲנִ֞י יְהֹוָ֣ה אֱלֹהֵיכֶ֗ם אֲשֶׁ֨ר הוֹצֵ֤אתִי אֶתְכֶם֙ מֵאֶ֣רֶץ מִצְרַ֔יִם לִהְי֥וֹת לָכֶ֖ם לֵאלֹהִ֑ים. **אֲנִ֖י יְהֹוָ֥ה אֱלֹהֵיכֶֽם׃**

גאולה

אֱמֶת וֶאֱמוּנָה כָּל־זֹאת וְקַיָּם עָלֵינוּ כִּי הוּא יְיָ אֱלֹהֵינוּ וְאֵין זוּלָתוֹ וַאֲנַחְנוּ יִשְׂרָאֵל עַמּוֹ· הָעֹשֶׂה גְדֹלוֹת עַד־אֵין חֵקֶר וְנִפְלָאוֹת עַד־אֵין מִסְפָּר· וְרָאוּ בָנָיו גְּבוּרָתוֹ שִׁבְּחוּ וְהוֹדוּ לִשְׁמוֹ וּמַלְכוּתוֹ בְּרָצוֹן קִבְּלוּ עֲלֵיהֶם· מֹשֶׁה וּבְנֵי יִשְׂרָאֵל לְךָ עָנוּ שִׁירָה בְּשִׂמְחָה רַבָּה· וְאָמְרוּ כֻלָּם·

מִי־כָמֹכָה בָּאֵלִם יְהֹוָה מִי כָּמֹכָה נֶאְדָּר בַּקֹּדֶשׁ נוֹרָא תְהִלֹּת עֹשֵׂה פֶלֶא׃

מַלְכוּתְךָ יְיָ אֱלֹהֵינוּ רָאוּ בָנֶיךָ עַל הַיָּם· יַחַד כֻּלָּם הוֹדוּ וְהִמְלִיכוּ וְאָמְרוּ· יְהֹוָה יִמְלֹךְ לְעֹלָם וָעֶד׃

וְנֶאֱמַר כִּי־פָדָה יְיָ אֶת־יַעֲקֹב וּגְאָלוֹ מִיַּד חָזָק מִמֶּנּוּ· בָּרוּךְ אַתָּה יְיָ· גָּאַל יִשְׂרָאֵל׃

Der Ewige sprach zu Mose: Rede zu den Kindern Israels und sage ihnen, sie sollen sich Quasten an die Enden ihrer Gewänder nähen, von Generation zu Generation. An den Quasten sollen sie einen blauen Faden anbringen. Es sollen Merkquasten für euch sein: Wenn ihr sie seht, dann sollt ihr euch an alle Gebote des Ewigen erinnern und sie tun. Ihr sollt eurem Herzen und euren Augen nicht nachgeben, wenn sie euch zur Untreue verleiten wollen. Durch sie erinnert ihr euch an alle meine Gebote und werdet sie beachten und so eurem Gott heilig sein. Ich bin der Ewige, euer Gott; ich habe euch aus Ägypten herausgeführt, um für euch Gott zu sein; Ich, der Ewige, bin euer Gott.

(Num 15, 37-41)

GOTT ERLÖST UNS

Wahr und wahrhaftig ist dies alles, und es wird von uns gehalten, denn du bist der Ewige, unser Gott. Es gibt keinen Gott außer dir, und wir sind Israel, dein Volk. Große Dinge vollbringst du, die über unseren Verstand hinausgehen und Wunder in unzählbarer Zahl. Deine Kinder sahen deine Stärke, sie priesen und lobten deinen Namen und nahmen deine Herrschaft willig an. Mose und die Kinder Israels antworteten dir in großer Freude mit einem Lied. Sie sangen gemeinsam:
Wer ist wie du unter den Göttern, o Gott?
Wer ist wie du – so heilig, so gewaltig?
Wem sonst erzeigen Loblieder Ehrfurcht?
Wer sonst kann deine Wunder tun? *(Ex 15,11)*
Deine Herrschaft, Ewiger, unser Gott, sahen deine Kinder am Meer, gemeinsam priesen und lobten sie deine Herrschaft und sangen:
Gott regiert für immer und ewig. *(Ex 15,18)*
Und es ist gesagt: Gott wird Jakob erlösen
und ihn befreien aus der Hand des Stärkeren. *(Jer 31,11)*
Gepriesen seist du, Ewiger. Du erlöst Israel.

השכיבנו

הַשְׁכִּיבֵנוּ אָבִינוּ לְשָׁלוֹם וְהַעֲמִידֵנוּ מַלְכֵּנוּ לְחַיִּים · וּפְרוֹשׂ עָלֵינוּ סֻכַּת שְׁלוֹמֶךָ וְתַקְּנֵנוּ בְּעֵצָה טוֹבָה מִלְּפָנֶיךָ וְהוֹשִׁיעֵנוּ לְמַעַן שְׁמֶךָ · וְהָגֵן בַּעֲדֵנוּ וְהָסֵר מֵעָלֵינוּ אוֹיֵב דֶּבֶר וְחֶרֶב וְרָעָב וְיָגוֹן · וּבְצֵל כְּנָפֶיךָ תַּסְתִּירֵנוּ כִּי אֵל שׁוֹמְרֵנוּ וּמַצִּילֵנוּ אָתָּה כִּי אֵל מֶלֶךְ חַנּוּן וְרַחוּם אָתָּה · וּשְׁמוֹר צֵאתֵנוּ וּבוֹאֵנוּ לְחַיִּים וּלְשָׁלוֹם מֵעַתָּה וְעַד עוֹלָם · וּפְרוֹשׂ עָלֵינוּ סֻכַּת שְׁלוֹמֶךָ · בָּרוּךְ אַתָּה יְיָ · הַפּוֹרֵשׂ סֻכַּת שָׁלוֹם עָלֵינוּ וְעַל־עַמּוֹ יִשְׂרָאֵל וְעַל־כָּל־הָעוֹלָם:

ושמרו

וְשָׁמְרוּ בְנֵי־יִשְׂרָאֵל אֶת־הַשַּׁבָּת לַעֲשׂוֹת אֶת־הַשַּׁבָּת לְדֹרֹתָם בְּרִית עוֹלָם: בֵּינִי וּבֵין בְּנֵי יִשְׂרָאֵל אוֹת הִוא לְעֹלָם כִּי־שֵׁשֶׁת יָמִים עָשָׂה יְהוָה אֶת־הַשָּׁמַיִם וְאֶת־הָאָרֶץ וּבַיּוֹם הַשְּׁבִיעִי שָׁבַת וַיִּנָּפַשׁ:

Hier kann das חצי קדיש *gebetet werden.*

אֲדֹנָי שְׂפָתַי תִּפְתָּח · וּפִי יַגִּיד תְּהִלָּתֶךָ:

Einer der beiden folgenden Abschnitte:

אבות ואמהות

בָּרוּךְ אַתָּה יְיָ אֱלֹהֵינוּ וֵאלֹהֵי אֲבוֹתֵינוּ · אֱלֹהֵי אַבְרָהָם · אֱלֹהֵי יִצְחָק · וֵאלֹהֵי יַעֲקֹב · הָאֵל הַגָּדוֹל הַגִּבּוֹר וְהַנּוֹרָא · אֵל עֶלְיוֹן · גּוֹמֵל חֲסָדִים טוֹבִים קוֹנֵה הַכֹּל וְזוֹכֵר חַסְדֵי אָבוֹת וּמֵבִיא גוֹאֵל לִבְנֵי בְנֵיהֶם לְמַעַן שְׁמוֹ בְּאַהֲבָה: מֶלֶךְ עוֹזֵר וּמוֹשִׁיעַ וּמָגֵן · בָּרוּךְ אַתָּה יְיָ · מָגֵן אַבְרָהָם:

בָּרוּךְ אַתָּה יְיָ אֱלֹהֵינוּ וֵאלֹהֵי אֲבוֹתֵינוּ וְאִמּוֹתֵינוּ · אֱלֹהֵי אַבְרָהָם וֵאלֹהֵי שָׂרָה · אֱלֹהֵי יִצְחָק וֵאלֹהֵי רִבְקָה · אֱלֹהֵי יַעֲקֹב אֱלֹהֵי רָחֵל וֵאלֹהֵי לֵאָה · הָאֵל הַגָּדוֹל הַגִּבּוֹר וְהַנּוֹרָא · אֵל עֶלְיוֹן · גּוֹמֵל חֲסָדִים טוֹבִים קוֹנֵה הַכֹּל וְזוֹכֵר חַסְדֵי אָבוֹת וְאִמָּהוֹת וּמֵבִיא גוֹאֵל לִבְנֵי בְנֵיהֶם לְמַעַן שְׁמוֹ בְּאַהֲבָה: מֶלֶךְ עוֹזֵר וּמוֹשִׁיעַ וּמָגֵן · בָּרוּךְ אַתָּה יְיָ · מָגֵן אַבְרָהָם וְשָׂרָה:

GOTT SCHENKT FRIEDE, FREUDE UND RUHE

Gib, Quelle unseres Lebens, dass wir uns zufrieden zur Ruhe legen und lass uns, Ursprung unsrer Stärke, mit neuer Lebenskraft wieder aufstehen. Breite deinen Frieden über uns aus wie ein Zelt, leite uns durch deine guten Ratschläge und hilf uns um deines Namens willen. Beschütze uns und halte Feinde und Krankheiten, Krieg, Hungersnot und Kummer von uns fern. Im Schatten deiner Flügel birg uns, denn du bist Gott, du beschützt und rettest uns; denn du bist Gott, du regierst in Gnade und Barmherzigkeit. Behüte unseren Ausgang und Eingang, unser Schlafen und unser Wachen von nun an bis in Ewigkeit. Breite deinen Frieden über uns aus wie ein Zelt. Gepriesen seist du, Ewiger. Du breitest deinen Frieden wie ein Zelt über uns aus, über dein Volk Israel und über die ganze Welt.

Die Kinder Israels sollen den Schabbat halten und ihn von Generation zu Generation als einen ewigen Bund bewahren. Für alle Zeiten wird er ein Zeichen zwischen mir und den Kindern Israels sein. Denn in sechs Tagen hat Gott Himmel und Erde gemacht; am siebten Tag aber ruhte Gott und atmete auf. *(Ex 31,16-17)*

Hier kann das Chazi-Kaddisch gebetet werden.

Gott, öffne meine Lippen, dass mein Mund deinen Ruhm verkünde! *(Ps 51,17)*

Einer der beiden folgenden Abschnitte:

GOTT ALLER GENERATIONEN

Gepriesen seist du, Ewiger, unser Gott und Gott unserer Väter, Gott Abrahams, Gott Isaaks und Gott Jakobs. Du bist groß und mächtig. Dir gebührt unsere Ehrfurcht. Du bist über alles erhaben. Du vollbringst Wohltaten. Alles hältst du in deiner Hand. Du erinnerst dich an die Frömmigkeit unserer Vorfahren und bringst deshalb liebevoll ihren Enkeln Erlösung um deines Namens willen. Du regierst und hilfst, du bist Rettung und Schutzschild. Gepriesen seist du, Ewiger, unser Gott, Schutzschild Abrahams.

Gepriesen seist du, Ewiger, unser Gott und Gott unserer Väter und Mütter, Gott Abrahams und Gott Saras, Gott Isaaks und Gott Rebekkas, Gott Jakobs, Gott Rahels und Gott Leas. Du bist groß und mächtig. Dir gebührt unsere Ehrfurcht. Du bist über alles erhaben. Du vollbringst Wohltaten. Alles hältst du in deiner Hand. Du erinnerst dich an die Frömmigkeit unserer Vorfahren und bringst deshalb liebevoll ihren Enkeln Erlösung um deines Namens willen. Du regierst und hilfst, du bist Rettung und Schutzschild. Gepriesen seist du, Ewiger, unser Gott, Schutzschild Abrahams und Saras.

גבורות

אַתָּה גִּבּוֹר לְעוֹלָם יְיָ· מְחַיֵּה מֵתִים אַתָּה רַב לְהוֹשִׁיעַ·
[מַשִּׁיב הָרוּחַ וּמוֹרִיד הַגָּשֶׁם:] [מוֹרִיד הַטָּל:]
מְכַלְכֵּל חַיִּים בְּחֶסֶד· מְחַיֵּה מֵתִים בְּרַחֲמִים רַבִּים·
סוֹמֵךְ נוֹפְלִים· וְרוֹפֵא חוֹלִים· וּמַתִּיר אֲסוּרִים· וּמְקַיֵּם אֱמוּנָתוֹ
לִישֵׁנֵי עָפָר: מִי כָמוֹךָ בַּעַל גְּבוּרוֹת וּמִי דוֹמֶה לָּךְ· מֶלֶךְ
מֵמִית וּמְחַיֶּה· וּמַצְמִיחַ יְשׁוּעָה: וְנֶאֱמָן אַתָּה לְהַחֲיוֹת מֵתִים·
בָּרוּךְ אַתָּה יְיָ· מְחַיֵּה הַמֵּתִים:

קדושת השם

וְאַתָּה קָדוֹשׁ יוֹשֵׁב תְּהִלּוֹת
יִשְׂרָאֵל:
קָדוֹשׁ קָדוֹשׁ קָדוֹשׁ יְהוָה צְבָאוֹת·
מְלֹא כָל־הָאָרֶץ כְּבוֹדוֹ:
בָּרוּךְ כְּבוֹד־יְהוָה מִמְּקוֹמוֹ:
יִמְלֹךְ יְהוָה לְעוֹלָם· אֱלֹהַיִךְ צִיּוֹן
לְדֹר וָדֹר הַלְלוּיָהּ:

אַתָּה קָדוֹשׁ וְשִׁמְךָ
קָדוֹשׁ וּקְדוֹשִׁים
בְּכָל־יוֹם יְהַלְלוּךָ
סֶּלָה·
בָּרוּךְ אַתָּה יְיָ· הָאֵל
הַקָּדוֹשׁ:

בָּרוּךְ אַתָּה יְיָ· הָאֵל הַקָּדוֹשׁ:

קדושת היום

אַתָּה קִדַּשְׁתָּ אֶת־יוֹם הַשְּׁבִיעִי לִשְׁמֶךָ. תַּכְלִית מַעֲשֵׂה
שָׁמַיִם וָאָרֶץ. וּבֵרַכְתּוֹ מִכָּל־הַיָּמִים וְקִדַּשְׁתּוֹ
מִכָּל־הַזְּמַנִּים וְכֵן כָּתוּב בְּתוֹרָתֶךָ:

וַיְכֻלּוּ הַשָּׁמַיִם וְהָאָרֶץ וְכָל־צְבָאָם: וַיְכַל אֱלֹהִים בַּיּוֹם
הַשְּׁבִיעִי מְלַאכְתּוֹ אֲשֶׁר עָשָׂה· וַיִּשְׁבֹּת בַּיּוֹם הַשְּׁבִיעִי מִכָּל־
מְלַאכְתּוֹ אֲשֶׁר עָשָׂה: וַיְבָרֶךְ אֱלֹהִים אֶת־יוֹם הַשְּׁבִיעִי וַיְקַדֵּשׁ
אֹתוֹ· כִּי בוֹ שָׁבַת מִכָּל־מְלַאכְתּוֹ אֲשֶׁר בָּרָא אֱלֹהִים
לַעֲשׂוֹת:

GOTT IST MÄCHTIG

Du bist die nie erschöpfende Kraft, du schenkst Leben angesichts des Todes. Vielfältig sind deine Wege zu helfen.

Pessach bis Schemini Azeret: Du lässt den Tau entstehen.

Schemini Azeret bis Pessach: Du lässt die Winde wehen und den Regen fallen.

Die Lebenden ernährst du in Güte. In großem Erbarmen schaffst du Leben angesichts des Todes. Du stützt die Fallenden. Du heilst die Kranken. Du machst die Gebundenen los und hältst die Treue denen, die im Staube schlafen. Wer ist wie du, der solche Kraft hätte, und wer ist dir gleich? – Du, Gott, hast Macht über Tod und Leben, und du lässt Hilfe sprossen. Du bist treu, Leben angesichts des Todes zu schaffen. Gepriesen seist du, Ewiger. Du schenkst Leben angesichts des Todes.

GOTT IST HEILIG

Heilig bist du, deine Gegenwart ist in den Lobliedern Israels. *(Ps 22,4)*

Heilig, heilig, heilig ist der Schöpfer aller Kreatur. Die ganze Welt ist mit Gottes Gegenwart erfüllt. *(Jes 6,3)*

Gepriesen sei die Gegenwart Gottes an jedem Ort. *(Ez 3,12)*

Gott herrscht allezeit, dein Gott, Zion, regiert bis in Ewigkeit. Halleluja! *(Ps 146,10)*

Gepriesen seist du, Ewiger, heiliger Gott!

Heilig bist du,
heilig ist dein Name,
Heilige preisen dich
Tag für Tag.

Gepriesen seist du, Ewiger, heiliger Gott.

DER SCHABBAT IST HEILIG

Du hast den siebten Tag für deinen Namen geheiligt. Mit ihm wurde die Schöpfung von Himmel und Erde vollendet. Er trägt einen Segen, der alle anderen Tage übertrifft, und eine Heiligkeit über alle anderen Zeiten. Denn so steht es in der Thora geschrieben:

So wurden Himmel und Erde vollendet und ihr ganzes Gefüge. Am siebten Tag vollendete Gott das Werk, das Gott geschaffen hatte, und ruhte am siebten Tag, nachdem das ganze Werk vollbracht worden war. Und Gott segnete den siebten Tag und erklärte ihn für heilig, denn an ihm ruhte Gott, nachdem das ganze Werk der Schöpfung vollendet war. *(Gen 2,1-3)*

אֱלֹהֵינוּ וֵאלֹהֵי אֲבוֹתֵינוּ · רְצֵה־נָא בִמְנוּחָתֵנוּ · קַדְּשֵׁנוּ בְּמִצְוֹתֶיךָ · שִׂים חֶלְקֵנוּ בְּתוֹרָתֶךָ · שַׂבְּעֵנוּ מִטּוּבֶךָ · שַׂמַּח נַפְשֵׁנוּ בִּישׁוּעָתֶךָ · וְטַהֵר לִבֵּנוּ לְעָבְדְּךָ בֶּאֱמֶת · וְהַנְחִילֵנוּ יְיָ אֱלֹהֵינוּ בְּאַהֲבָה וּבְרָצוֹן שַׁבַּת קָדְשֶׁךָ · וְיָנוּחוּ בָהּ כָּל־יִשְׂרָאֵל מְקַדְּשֵׁי שְׁמֶךָ : בָּרוּךְ אַתָּה יְיָ · מְקַדֵּשׁ הַשַּׁבָּת :

עבודה רְצֵה יְיָ אֱלֹהֵינוּ בְּעַמְּךָ יִשְׂרָאֵל · וְלִתְפִלָּתָם שְׁעֵה · וּבְרַחֲמֶיךָ הָרַבִּים תַּחְפֹּץ בָּנוּ וְתַשְׁרֶה שְׁכִינָתְךָ עַל צִיּוֹן · וְתֶחֱזֶינָה עֵינֵינוּ בְּשׁוּבְךָ לְצִיּוֹן בְּרַחֲמִים · בָּרוּךְ אַתָּה יְיָ · הַמַּחֲזִיר שְׁכִינָתוֹ לְצִיּוֹן :

הודאה מוֹדִים אֲנַחְנוּ לָךְ שָׁאַתָּה הוּא יְיָ אֱלֹהֵינוּ וֵאלֹהֵי אֲבוֹתֵינוּ לְעוֹלָם וָעֶד · צוּרֵנוּ צוּר חַיֵּינוּ וּמָגֵן יִשְׁעֵנוּ אַתָּה הוּא לְדוֹר וָדוֹר : נוֹדֶה לְךָ וּנְסַפֵּר תְּהִלָּתֶךָ עַל חַיֵּינוּ הַמְּסוּרִים בְּיָדֶךָ · וְעַל נִשְׁמוֹתֵינוּ הַפְּקוּדוֹת לָךְ · וְעַל נִסֶּיךָ שֶׁבְּכָל־יוֹם עִמָּנוּ · וְעַל נִפְלְאוֹתֶיךָ וְטוֹבוֹתֶיךָ שֶׁבְּכָל־עֵת עֶרֶב וָבֹקֶר וְצָהֳרָיִם : הַטּוֹב כִּי לֹא כָלוּ רַחֲמֶיךָ · הַמְרַחֵם כִּי לֹא תַמּוּ חֲסָדֶיךָ · כִּי מֵעוֹלָם קִוִּינוּ לָךְ :

An Chanukka wird hier das Chanukka-Gebet „Al ha-Nissim“ (S. 199) eingefügt.

וְעַל כֻּלָּם יִתְבָּרַךְ וְיִתְרוֹמַם וְיִתְנַשֵּׂא תָּמִיד שִׁמְךָ מַלְכֵּנוּ לְעוֹלָם וָעֶד : וְכָל־הַחַיִּים יוֹדוּךָ סֶּלָה · וִיהַלְלוּ וִיבָרְכוּ אֶת־שִׁמְךָ הַגָּדוֹל בֶּאֱמֶת · הָאֵל יְשׁוּעָתֵנוּ וְעֶזְרָתֵנוּ סֶלָה : בָּרוּךְ אַתָּה יְיָ · הַטּוֹב שִׁמְךָ וּלְךָ נָאֶה לְהוֹדוֹת :

Unser Gott und Gott unserer Vorfahren, habe Gefallen an unserer Ruhe. Lass unser Leben auf dich ausgerichtet sein und hilf uns, deine Gebote zu beachten. Lass deine Weisung zu unserem eigenen Anliegen werden. Sättige uns mit deiner Güte. Erfreue uns mit deiner Hilfe und reinige unsere Herzen, dass sie dir in Wahrhaftigkeit dienen. In Liebe und in Wohlgefallen lass uns, Gott, den Schabbat zu eigen machen, und lass an ihm ganz Israel, das dich sucht, zur Ruhe kommen. Gepriesen seist du, Ewiger. Du hast den Schabbat geheiligt.

DANK UND FRIEDENSBITTE

Habe Gefallen an deinem Volk Israel und höre seine Gebete. In großem Erbarmen finde Gefallen an uns und lass deine Gegenwart über Zion ruhen. Lass unsere Augen Ausschau halten nach deiner Rückkehr zum Zion in Erbarmen. Gepriesen seist du, Ewiger. Du lässt deine Gegenwart nach Zion zurückkehren.

Wir danken dir, denn du bist der Ewige, unser Gott und der Gott unserer Vorfahren, seit eh und je. Wir danken dir, denn du bist unser Fels und das Fundament, auf dem unser Leben ruht. Deine Hilfe haben wir zum Schutzschild – Fels und Schutzschild bist du uns seit jeher. Wir loben dich und erzählen von deinem Ruhm. Wir loben dich für unser Leben, das in deine Hand gegeben ist, und für unsere Seele, die dir anvertraut ist; für die Zeichen deiner Gegenwart, die uns täglich umgeben, für die Wunder und Wohltaten zu jeder Zeit, abends, morgens und mittags. Du bist gut, denn dein Erbarmen wird niemals aufhören. Du bist barmherzig, denn deine Gnade wird niemals versiegen. Von jeher hofften wir auf dich!

An Chanukka wird hier das Chanukka-Gebet „Al ha-Nissim“ (S. 199) eingefügt.

Für all dies preisen wir dich und erheben und rühmen deinen Namen, unser Herrscher, allezeit. Alles, was lebt, möge dir danken. Und man soll deinen großen Namen loben und preisen in Wahrhaftigkeit. Preisen soll man dich, Gott, unsere Hilfe und unsere Rettung. Gepriesen seist du, Ewiger. „Guter Gott“ – das ist dein Name. Schön ist es, dich zu loben.

ברכת שלום

שָׁלוֹם רָב עַל יִשְׂרָאֵל עַמְּךָ תָּשִׂים לְעוֹלָם · כִּי אַתָּה הוּא מֶלֶךְ אָדוֹן לְכָל־הַשָּׁלוֹם · וְטוֹב בְּעֵינֶיךָ לְבָרֵךְ אֶת־עַמְּךָ יִשְׂרָאֵל בְּכָל־עֵת וּבְכָל־שָׁעָה בִּשְׁלוֹמֶךָ: בָּרוּךְ אַתָּה יְיָ · הַמְבָרֵךְ אֶת־עַמּוֹ יִשְׂרָאֵל בַּשָּׁלוֹם:

אלהי נצור

אֱלֹהַי נְצוֹר לְשׁוֹנִי מֵרָע · וּשְׂפָתוֹתַי מִדַּבֵּר מִרְמָה · וְלִמְקַלְלַי נַפְשִׁי תִדּוֹם · וְנַפְשִׁי כֶּעָפָר לַכֹּל תִּהְיֶה: פְּתַח לִבִּי בְּתוֹרָתֶךָ · וְאַחֲרֵי מִצְוֹתֶיךָ תִּרְדּוֹף נַפְשִׁי · וְכָל־הַקָּמִים עָלַי לְרָעָה מְהֵרָה הָפֵר עֲצָתָם וְקַלְקֵל מַחְשְׁבוֹתָם: יִהְיוּ לְרָצוֹן אִמְרֵי־פִי · וְהֶגְיוֹן לִבִּי לְפָנֶיךָ · יְהוָֹה צוּרִי וְגוֹאֲלִי:

עֹשֶׂה שָׁלוֹם בִּמְרוֹמָיו הוּא יַעֲשֶׂה שָׁלוֹם עָלֵינוּ וְעַל־כָּל־יִשְׂרָאֵל · וְאִמְרוּ אָמֵן:

עָלֵינוּ לְשַׁבֵּחַ לַאֲדוֹן הַכֹּל לָתֵת גְּדֻלָּה לְיוֹצֵר בְּרֵאשִׁית · אֲשֶׁר בָּחַר־בָּנוּ מִכָּל־הָעַמִּים · וְנָתַן־לָנוּ אֶת־תּוֹרָתוֹ · וַאֲנַחְנוּ כּוֹרְעִים וּמִשְׁתַּחֲוִים וּמוֹדִים לִפְנֵי מֶלֶךְ מַלְכֵי הַמְּלָכִים הַקָּדוֹשׁ בָּרוּךְ הוּא · שֶׁהוּא נוֹטֶה שָׁמַיִם וְיוֹסֵד אָרֶץ · וּמוֹשַׁב יְקָרוֹ בַּשָּׁמַיִם מִמַּעַל וּשְׁכִינַת עֻזּוֹ בְּגָבְהֵי מְרוֹמִים: הוּא אֱלֹהֵינוּ · אֵין עוֹד · אֱמֶת מַלְכֵּנוּ · אֶפֶס זוּלָתוֹ · כַּכָּתוּב בְּתוֹרָתוֹ · וְיָדַעְתָּ הַיּוֹם וַהֲשֵׁבֹתָ אֶל־לְבָבֶךָ כִּי יְיָ הוּא הָאֱלֹהִים בַּשָּׁמַיִם מִמַּעַל וְעַל־הָאָרֶץ מִתָּחַת אֵין עוֹד:

עַל־כֵּן נְקַוֶּה לְּךָ יְיָ אֱלֹהֵינוּ לִרְאוֹת מְהֵרָה בְּתִפְאֶרֶת עֻזֶּךָ · לְהַעֲבִיר גִּלּוּלִים מִן הָאָרֶץ וְהָאֱלִילִים כָּרוֹת יִכָּרֵתוּן · לְתַקֵּן עוֹלָם בְּמַלְכוּת שַׁדַּי וְכָל־בְּנֵי בָשָׂר יִקְרְאוּ בִשְׁמֶךָ · לְהַפְנוֹת

Frieden in Fülle verleihe deinem Volk Israel zu jeder Zeit, denn du hast die Macht, du bist der Ursprung des Friedens. Du mögest Freude daran haben, dein Volk Israel mit deinem Frieden zu segnen, zu jeder Zeit und zu jeder Stunde.
Gepriesen seist du, Ewiger. Du segnest dein Volk Israel mit Frieden.

MEDITATION

Mein Gott, bewahre meine Zunge vor böser Rede und meine Lippen vor Lüge. Denen gegenüber, die mir Böses wollen, lass mich angemessen reagieren, und meine Seele möge gelassen bleiben, was auch geschieht. Mache mich bereit für deine Weisung. Nach deinen Geboten will ich leben. Eilig aber zerbrich die Pläne derer, die Böses gegen mich ersinnen, und vernichte ihre Gedanken. „Die Worte meines Mundes und meine Gedanken mögen dir angenehm sein, Ewiger, mein Fels und mein Heil.“ *(Ps 19,15)* *(bBer 17a)*

Gott schafft Frieden in der Höhe. Möge Gott uns und ganz Israel Frieden geben. Darauf sprecht: Amen.

UNSERE AUFGABE

Es ist unsere Aufgabe, den Ewigen, der alles in seinen Händen hält, zu preisen und die Größe des Schöpfers aller Anfänge anzuerkennen. Gott hat uns aus allen Völkern erwählt um uns die Thora zu geben. Wir knien nieder; wir verneigen uns und danken in der Gegenwart des allmächtigen Gottes, Gott regiert über alle Herrschenden in der Welt, Gottes Heiligkeit sei gepriesen! Denn Gott hat die Weite des Himmels geschaffen und die Erde gegründet. Gottes Ehre ist so umfassend wie der Himmel über uns, und Gottes Kraft reicht bis in die fernsten Höhen. Der lebendige Gott ist unser Gott – niemand sonst. Gott ist unser Leben anvertraut – niemandem außer Gott! So wie es geschrieben ist in der Thora: Heute sollst du erkennen und dir zu Herzen nehmen: Der Ewige ist der Gott im Himmel droben und auf der Erde unten, niemand sonst. (Dtn 4,39)

UNSERE HOFFNUNG FÜR DIE MENSCHHEIT

Darum hoffen wir darauf, Ewiger, unser Gott, dass deine Stärke bald für uns sichtbar wird, dass die Anbetung des Geldes von der Erde verschwinden und dass Vorurteile und Aberglaube ausgerottet werden; dass die Welt von deiner Herrschaft geprägt ist und alle Menschen deinen Namen anrufen; dass alle Ungerechten der Welt sich dir zuwenden.

אֵלֶיךָ כָּל־רִשְׁעֵי אָרֶץ: יַכִּירוּ וְיֵדְעוּ כָּל־יוֹשְׁבֵי תֵבֵל כִּי לְךָ תִּכְרַע כָּל־בֶּרֶךְ תִּשָּׁבַע כָּל־לָשׁוֹן: לְפָנֶיךָ יְיָ אֱלֹהֵינוּ יִכְרְעוּ וְיִפּוֹלוּ· וְלִכְבוֹד שִׁמְךָ יְקָר יִתֵּנוּ· וִיקַבְּלוּ כֻלָּם אֶת־עֹל מַלְכוּתֶךָ· וְתִמְלוֹךְ עֲלֵיהֶם מְהֵרָה לְעוֹלָם וָעֶד· כִּי הַמַּלְכוּת שֶׁלְּךָ הִיא וּלְעוֹלְמֵי עַד תִּמְלֹךְ בְּכָבוֹד· כַּכָּתוּב בְּתוֹרָתֶךָ· יְהוָה יִמְלֹךְ לְעוֹלָם וָעֶד: וְנֶאֱמַר· וְהָיָה יְהוָה לְמֶלֶךְ עַל־כָּל־הָאָרֶץ בַּיּוֹם הַהוּא יִהְיֶה יְהוָה אֶחָד וּשְׁמוֹ אֶחָד:

קדיש שלם

יִתְגַּדַּל וְיִתְקַדַּשׁ שְׁמֵהּ רַבָּא בְּעָלְמָא דִּי־בְרָא כִרְעוּתֵהּ· וְיַמְלִיךְ מַלְכוּתֵהּ בְּחַיֵּיכוֹן וּבְיוֹמֵיכוֹן וּבְחַיֵּי דִי־כָל־בֵּית יִשְׂרָאֵל בַּעֲגָלָא וּבִזְמַן קָרִיב· וְאִמְרוּ אָמֵן:

יְהֵא שְׁמֵהּ רַבָּא מְבָרַךְ לְעָלַם וּלְעָלְמֵי עָלְמַיָּא·

יִתְבָּרַךְ וְיִשְׁתַּבַּח וְיִתְפָּאַר וְיִתְרוֹמַם וְיִתְנַשֵּׂא וְיִתְהַדַּר וְיִתְעַלֶּה וְיִתְהַלַּל שְׁמֵהּ דִּי־קֻדְשָׁא· בְּרִיךְ הוּא· לְעֵלָּא מִן־כָּל־בִּרְכָתָא וְשִׁירָתָא תֻּשְׁבְּחָתָא וְנֶחֱמָתָא דִּי־אֲמִירָן בְּעָלְמָא· וְאִמְרוּ אָמֵן:

יְהֵא שְׁלָמָא רַבָּא מִן־שְׁמַיָּא וְחַיִּים עָלֵינוּ וְעַל־כָּל־יִשְׂרָאֵל· וְאִמְרוּ אָמֵן:

עֹשֶׂה שָׁלוֹם בִּמְרוֹמָיו הוּא יַעֲשֶׂה שָׁלוֹם עָלֵינוּ וְעַל־כָּל־יִשְׂרָאֵל· וְאִמְרוּ אָמֵן:

Alle Bewohner der Erde sollen erkennen und wissen, dass sich vor dir jedes Knie beugt und jede Zunge bei dir schwört. Vor dir, Ewiger, unser Gott, wird man sich beugen und niederfallen, und man wird der Herrlichkeit deines Namens Achtung erweisen. Alle werden deine Herrschaft anerkennen, und du wirst bald über alle herrschen, von nun an bis in Ewigkeit. Denn dir allein gebührt die Herrschaft, und du herrschst bis in alle Ewigkeit in Herrlichkeit, wie es geschrieben steht in deiner Thora: Gott regiert für immer und ewig. *(Ex 15,18)*
Und es ist gesagt: Dann wird Gott über die ganze Erde herrschen. An jenem Tag wird Gott einzig sein und sein Name einzig. *(Sach 14,9)*

Verherrlicht und geheiligt werde Gottes großer Name
in der Welt, die Gott nach eig'nem Ratschluss schuf.
Gottes Reich erstehe in eurem Leben und zu euren Zeiten
und im Leben ganz Israels schnell und bald.
Darauf sprecht: Amen.

Gottes großer Name sei gepriesen,
immerzu und bis in Ewigkeit!

Gottes Name sei gepriesen und gelobt,
Gottes Name sei verherrlicht und erhoben.
Gottes Name sei verehrt und gerühmt,
Gottes Name sei gefeiert und besungen.
Gepriesen sei er über allem Lob und jedem Lied,
hoch über allem Preis und jedem Trost der Welt.
Darauf sprecht: Amen.

Frieden in Fülle komme vom Himmel,
Leben für uns und ganz Israel.
Darauf sprecht: Amen.

Gott schafft Frieden in der Höhe.
Möge Gott uns und ganz Israel Frieden geben.
Darauf sprecht: Amen.

יִגְדַּל אֱלֹהִים חַי וְיִשְׁתַּבַּח · נִמְצָא וְאֵין עֵת אֶל־מְצִיאוּתוֹ:

אֶחָד וְאֵין יָחִיד כְּיִחוּדוֹ · נֶעְלָם וְגַם אֵין סוֹף לְאַחְדּוּתוֹ:

אֵין לוֹ דְמוּת הַגּוּף וְאֵינוֹ גוּף · לֹא נַעֲרוֹךְ אֵלָיו קְדֻשָּׁתוֹ:

קַדְמוֹן לְכָל־דָּבָר אֲשֶׁר נִבְרָא · רִאשׁוֹן וְאֵין רֵאשִׁית לְרֵאשִׁיתוֹ:

הִנּוֹ אֲדוֹן עוֹלָם · לְכָל־נוֹצָר יוֹרֶה גְדֻלָּתוֹ וּמַלְכוּתוֹ:

שֶׁפַע נְבוּאָתוֹ נְתָנוֹ אֶל־אַנְשֵׁי סְגֻלָּתוֹ וְתִפְאַרְתּוֹ:

לֹא קָם בְּיִשְׂרָאֵל כְּמֹשֶׁה עוֹד נָבִיא · וּמַבִּיט אֶל־תְּמוּנָתוֹ:

תּוֹרַת אֱמֶת נָתַן לְעַמּוֹ אֵל · עַל יַד נְבִיאוֹ נֶאֱמַן בֵּיתוֹ:

לֹא יַחֲלִיף הָאֵל וְלֹא יָמִיר־דָּתוֹ לְעוֹלָמִים לְזוּלָתוֹ:

צוֹפֶה וְיוֹדֵעַ סְתָרֵינוּ · מַבִּיט לְסוֹף דָּבָר בְּקַדְמוּתוֹ:

גּוֹמֵל לְאִישׁ חָסִיד כְּמִפְעָלוֹ · נוֹתֵן לְרָשָׁע רָע כְּרִשְׁעָתוֹ:

יִשְׁלַח לְקֵץ יָמִים מְשִׁיחֵנוּ · לִפְדּוֹת מְחַכֵּי קֵץ יְשׁוּעָתוֹ:

מֵתִים יְחַיֶּה אֵל בְּרֹב חַסְדּוֹ · בָּרוּךְ עֲדֵי עַד שֵׁם תְּהִלָּתוֹ:

יְבָרֶכְךָ יְיָ וְיִשְׁמְרֶךָ ·
יָאֵר יְיָ פָּנָיו אֵלֶיךָ וִיחֻנֶּךָּ ·
יִשָּׂא יְיָ פָּנָיו אֵלֶיךָ וְיָשֵׂם לְךָ שָׁלוֹם:

JIGDAL

Gepriesen sei der lebendige Gott,
  Gott ist, und keine Zeit begrenzt Gottes Sein.
Einzig ist Gott, nichts ist Gott gleich.
  Uns verborgen und ohn' End' ist Gottes Einzigkeit.
Kein Körper ist Gott, ohne körperlich' Gestalt,
  niemals erahnen wir Gottes Heiligkeit.
Gott war vor allem da, vor einem jeden Geschöpf,
  war da von Angang an, doch selbst ohne Beginn.
Gott herrscht über die Welt, und alles, was Gott schafft,
  offenbart Gottes Größe, Gottes Macht.
Fülle an Prophetie gab Gott für die,
  die Gottes Eigentum sind und Gottes Ruhm.
Niemals in Israel war wie Mose ein Prophet,
  der Gott von Angesicht zu Angesicht geschaut.
Die gute Lebensweisung gab Gott seinem Volk
  durch Mose, Gottes treuen Prophet.
Diese Lebensweise wird Gott niemals gereu'n,
  niemals durch eine andere revidier'n.
Gott sieht und kennt, was verborgen in uns ist.
  Das Ende einer Sach' ist vorab Gott bekannt.
Die Frommen belohnt Gott ihren Taten gemäß,
  den Bösen zahlt Gott ihre Bosheit zurück.
Am Ende aller Zeit sendet Gott uns das Heil,
  um zu erlösen die, die Gottes Hilfe erharrt.
Gott wird durch seine Gnad' Tote beleben;
  Gepriesen sei Gottes Name bis in Ewigkeit.

Gott segne dich und behüte dich;
Gottes Angesicht leuchte über dir; Gott sei dir gnädig;
Gottes Angesicht sei über dir erhoben; Gott gebe dir Frieden.

(Num 6,24-26)

Gottesdienst in der West London Synagogue

תפלת שחרית לשבת

MORGENGEBET FÜR SCHABBAT

תפלת שחרית לשבת

מַה־טֹּבוּ אֹהָלֶיךָ יַעֲקֹב מִשְׁכְּנֹתֶיךָ יִשְׂרָאֵל׃
וַאֲנִי בְּרֹב חַסְדְּךָ אָבוֹא בֵיתֶךָ
אֶשְׁתַּחֲוֶה אֶל־הֵיכַל־קָדְשְׁךָ בְּיִרְאָתֶךָ׃
יְהוָה אָהַבְתִּי מְעוֹן בֵּיתֶךָ וּמְקוֹם מִשְׁכַּן כְּבוֹדֶךָ׃
וַאֲנִי אֶשְׁתַּחֲוֶה וְאֶכְרָעָה אֶבְרְכָה לִפְנֵי־יְהוָה עֹשִׂי׃
וַאֲנִי תְפִלָּתִי־לְךָ יְהוָה עֵת רָצוֹן
אֱלֹהִים בְּרָב־חַסְדֶּךָ עֲנֵנִי בֶּאֱמֶת יִשְׁעֶךָ׃

Eines der folgenden Eingangsgebete:

I DIE GERECHTE GESELLSCHAFT

Unser Gott und Gott unserer Vorfahren, wir danken dir dafür, dass du uns lehrst, wie wir das Leben unseres Nächsten und unser eigenes Leben bewahren; dass du uns lehrst zu geben und zu empfangen und uns im Leben gegenseitig zu stützen. Es gibt kein Ende für unseren Aufstieg zu dir, denn das Gute, das wir tun können, ist unbeschränkt. Es gibt keine Freude, die wir nicht erlangen könnten, denn unserer Fähigkeit zu geben, ist keine Grenze gesetzt. Es gibt keine Herausforderung, zu der wir keine Kraft hätten, denn wir wurden so geschaffen, dass wir auf die Liebe und das Verständnis des anderen angewiesen sind.

Die Tore des Himmels sind offen für alle Menschen. Deshalb kommt, lasst uns unseren Segen teilen und durch sie hindurchgehen! In der vergangenen Woche haben wir diesen Segen vielleicht anderen vorenthalten, denn die Sünde der Selbstsucht lauert ständig als Hindernis auf unserem Weg, und wir sind oft selbst die Feinde unseres eigenen Glücks. Dein Schabbat jedoch führt uns zurück zur Wahrheit. Wir lernen von neuem, Hass in Liebe zu verwandeln und die Bitterkeit aus unserem Herzen zu vertreiben. Wir erkennen von neuem, dass wir in uns die Kraft haben, Gutes zu tun. Wir sehen von neuem, dass unsere Seele rein ist und dass dein Abbild in uns leuchtet.Gepriesen seist du, Ewiger. Du lehrst uns, einander nötig zu haben. Amen.

MORGENGEBET FÜR SCHABBAT

EIN-GANGS-GEBETE

Wie schön sind deine Zelte, Jakob,
wie schön deine Wohnstätten, Israel! *(Num 24,5)*
Durch deine große Liebe, Gott, betrete ich dein Haus
und werfe mich voll Ehrfurcht
vor deiner heil'gen Lade nieder. *(Ps 5,8)*
Gott, wie ich den Ort liebte, an dem dein Tempel stand,
und die Stätte, wo deine Herrlichkeit wohnte, *(Ps 26,8)*
so falle ich nieder, verneige mich,
knie nieder vor Gott, meinem Schöpfer. *(Ps 95,6)*
Ich bete zu dir, Gott, zur Zeit der Gnade.
Erhöre mich in deiner großen Liebe, Gott,
hilf mir in deiner Treue! *(Ps 69,14)*

Eines der folgenden Eingangsgebete:

II
WIR SIND ISRAEL

Wir sind nur ein kleiner Teil der großen Familie Israels, aber gemeinsam mit allen anderen Gemeinden wenden wir uns Gott zu, dem wir vertrauen. Du bist die Gerechtigkeit derer, die uns prophezeiten, und die Weisheit derer, die uns lehrten. Du bist die Wahrheit und der Ruhm der Geschichte, unsere Stärke und Kraft in den schnelllebigen Entwicklungen unserer Zeit. So, wie du unsere Vorfahren zu ihrer Größe führtest, so weise auch uns und den kommenden Generationen den Weg. Vor dir allein beugen wir uns, vor unseren Mitmenschen aber stehen wir aufrecht. Wenn wir dir dienen, sind wir frei, den Menschen zu dienen. Deine Gerechtigkeit eint die Familie Israels, obwohl sie über den ganzen Erdkreis zerstreut ist. Deine Gerechtigkeit vernehmen wir in jeder Sprache und an jedem Ort. Sie ermutigt uns, Werkzeuge deines Friedens zu sein. Hüter Israels, du schläfst und schlummerst nicht. Der du Frieden schaffst in der Höhe, gib auch uns Frieden und durch dein Volk Israel allen Menschen der Erde. Amen.

III LEBEN UND TOD

Gott, ein Geheimnis umgibt mein Leben. Was vor meinem Leben war und was nach ihm sein wird, ist mir verborgen. Mein Leben ist sehr kurz, deine Ewigkeit aber unendlich. Aber in der Dunkelheit ist deine Gegenwart und im Geheimnis deine Liebe. Meine Vorfahren haben ihre Hoffnung auf dich gesetzt, und du hast Güte in ihre Herzen gelegt und Frieden in ihren Verstand. Möge ich ihnen gleichen; möge mein Lohn sein wie der ihre.

Überall und jederzeit spricht deine Stimme in mir. Sie führt mich den Weg der Aufrichtigkeit und der Nächstenliebe. Sie zeigt mir Wahrheit und Güte. Es gibt Zeiten, in denen es schwer ist, dich zu hören und es gibt Zeiten, in denen es schwer ist, dir zu folgen. Ich weiß: Dies ist ein Verlust für mich.

In der Stille dieses Schabbats richte ich meine Gedanken auf dich. Hilf mir, deine Stimme zu hören, dein Bild in meiner Seele zu finden und Frieden zu haben. Amen.

Eines der folgenden Lieder:

א
שחקי שחקי

שַׂחֲקִי שַׂחֲקִי עַל הַחֲלוֹמוֹת·
זוּ אֲנִי הַחוֹלֵם שָׂח·
שַׂחֲקִי כִּי בָאָדָם אַאֲמִין·
כִּי עוֹדֶנִּי מַאֲמִין בָּךְ׃

כִּי עוֹד נַפְשִׁי דְּרוֹר שׁוֹאֶפֶת·
לֹא מְכַרְתִּיהָ לְעֵגֶל־פָּז·
כִּי עוֹד אַאֲמִין גַּם בָּאָדָם·
גַּם בְּרוּחוֹ· רוּחַ עָז׃

שַׂחֲקִי כִּי גַם בְּרֵעוּת אַאֲמִין·
אַאֲמִין כִּי עוֹד אֶמְצָא לֵב·
לֵב תִּקְווֹתַי גַּם תִּקְווֹתָיו·
יָחוּשׁ אֲשֶׁר יָבִין כְּאֵב׃

IV DIE GEMEINDE

Gott, ich komme zu dir, gemeinsam mit den Gliedern der Gemeinde, in der ich lebe. Mit ihnen geteilte Freude ist größere Freude; mit ihnen geteiltes Leid ist kleineres Leid. Lass mich niemals zu geizig sein zu teilen, oder zu stolz zu empfangen, denn im Geben und im Nehmen kann ich dich entdecken und den Sinn des Lebens verstehen.

Hilf mir, dass ich mich niemals selbst von der wahren Kraft meiner Gemeinde absondere, von den Erfahrungen und der Weisheit der Alten, von den Hoffnungen der Jungen; von den Beispielen an Fürsorge und Mut, die mich ermutigen. Mach mich bereit und willig, jene anzunehmen, die mich brauchen, und deine Gegenwart im täglichen Leben zu erleben.

Ich denke an das, was wir sein könnten, an die Harmonie und Freundschaft, die uns vereinen könnte. Ich denke an unsere Einsamkeit und an die Freundschaften, die unser Leben ausfüllen könnten. Ich denke an das Gute, das wir tun könnten, wenn wir eines Sinnes wären. Ich weiß, dass dies deinem Willen entspricht, deshalb bitte ich dich: Hilf uns. Lass mich zusammen mit den Menschen, die um mich sind, zu einer gemeinsamen Freude finden. Lass uns dich dafür preisen, dass du uns Kraft gegeben hast, einander zu helfen. Amen.

Eines der folgenden Lieder:

I SACHQI SACHQI

Lach nur, ja, lach nur über die Träume,
die ich träumend erzähle.
Lach nur, denn ich glaube an den Menschen,
immer noch glaube ich an dich.

Immer noch strebt meine Seele nach Freiheit,
ich habe sie noch nicht an das goldene Kalb verkauft.
Immer noch glaube ich an den Menschen,
an seinen Geist, seinen starken Verstand.

Lach nur, denn ich glaube an die Freundschaft,
ich glaube immer noch, dass ich ein Herz finden kann,
ein Herz, das meine Hoffnung zu seiner Hoffnung macht,
das Glück mitempfindet und Schmerzen versteht.

אַאֲמִינָה גַם בְּעָתִיד·
אַף אִם יִרְחַק זֶה הַיּוֹם·
אַךְ בֹּא יָבֹא — יִשְׂאוּ שָׁלוֹם
אָז וּבְרָכָה לְאֹם מִלְּאֹם:

יָשׁוּב יִפְרַח אָז גַּם עַמִּי·
וּבָאָרֶץ יָקוּם דּוֹר·
בַּרְזֶל־כְּבָלָיו יוּסַר מֶנּוּ·
עַיִן־בְּעַיִן יִרְאֶה אוֹר:

ב אנעים זמירות

אַנְעִים זְמִירוֹת וְשִׁירִים אֶאֱרוֹג· כִּי אֵלֶיךָ נַפְשִׁי תַעֲרוֹג:

נַפְשִׁי חִמְּדָה בְּצֵל יָדֶךָ· לָדַעַת כָּל־רָז סוֹדֶךָ:

מִדֵּי דַבְּרִי בִּכְבוֹדֶךָ· הוֹמֶה לִבִּי אֶל דּוֹדֶיךָ:

עַל כֵּן אֲדַבֵּר בְּךָ נִכְבָּדוֹת· וְשִׁמְךָ אֲכַבֵּד בְּשִׁירֵי יְדִידוֹת:

אֲסַפְּרָה כְבוֹדְךָ וְלֹא רְאִיתִיךָ· אֲדַמְּךָ אֲכַנְּךָ וְלֹא יְדַעְתִּיךָ:

בְּיַד נְבִיאֶיךָ בְּסוֹד עֲבָדֶיךָ· דִּמִּיתָ הֲדַר כְּבוֹד הוֹדֶךָ:

גְּדֻלָּתְךָ וּגְבוּרָתֶךָ· כִּנּוּ לְתֹקֶף פְּעֻלָּתֶךָ:

רֹאשׁ דְּבָרְךָ אֱמֶת· קוֹרֵא מֵרֹאשׁ דּוֹר וָדוֹר עַם דּוֹרֶשְׁךָ
דְּרוֹשׁ:

מִי יְמַלֵּל גְּבוּרוֹת יְיָ יַשְׁמִיעַ כָּל־תְּהִלָּתוֹ:

Auch an die Zukunft glaube ich. – Sei er auch noch so fern,
der Tag wird doch kommen,
an dem man nach Frieden strebt
und eine Nation die andere segnet.

Dann wird auch mein Volk wieder blühen
und eine neue Generation wird im Lande erstehen.
Die Eisenketten wird man von ihr nehmen
und ein Auge sieht im anderen das Licht.

(Saul Tschernikowsky)

II
AN'IM
Z'MIROT

Ich singe Lieder, schreibe Gedichte,
denn meine Seele sehnt sich nach dir.
Im Schatten deiner Hände versuche ich,
deine Geheimnisse zu verstehn.
Immer wenn ich von dir rede
verlangt mein Herz nach deiner Liebe.
Deshalb erzähle ich von deiner Ehre
und rühme deinen Namen im Lied.
Ich erzähle von dir, Gott, doch sehe dich nicht,
ich beschreibe dich, Gott, doch erfasse dich nicht.
Durch deine Propheten, die Schar deiner Knechte,
hast du deine Herrlichkeit gezeigt,
deine Ehre, deinen Ruhm, deine Größe, deine Macht.
Sie erzählten von der Macht deiner Taten.
Dein Wort, die Wahrheit, spricht zu den Menschen aller Zeit,
Gott, suche das Volk, das dich sucht,
Wer kann die großen Taten Gottes erzählen,
wer kann Gottes Ruhm verkünden?

(Jehuda he-Chasid)

ג
תהלים
קכא

קכא שִׁיר לַמַּעֲלוֹת

אֶשָּׂא עֵינַי אֶל־הֶהָרִים מֵאַיִן יָבֹא עֶזְרִי:

עֶזְרִי מֵעִם יְהוָה עֹשֵׂה שָׁמַיִם וָאָרֶץ:

אַל־יִתֵּן לַמּוֹט רַגְלֶךָ אַל־יָנוּם שֹׁמְרֶךָ:

הִנֵּה לֹא־יָנוּם וְלֹא יִישָׁן שׁוֹמֵר יִשְׂרָאֵל:

יְהוָה שֹׁמְרֶךָ יְהוָה צִלְּךָ עַל־יַד יְמִינֶךָ:

יוֹמָם הַשֶּׁמֶשׁ לֹא־יַכֶּכָּה וְיָרֵחַ בַּלָּיְלָה:

יְהוָה יִשְׁמָרְךָ מִכָּל־רָע יִשְׁמֹר אֶת־נַפְשֶׁךָ:

יְהוָה יִשְׁמָר־צֵאתְךָ וּבוֹאֶךָ מֵעַתָּה וְעַד־עוֹלָם:

ד
שחר
אבקשך

שַׁחַר אֲבַקֶּשְׁךָ. צוּרִי וּמִשְׂגַּבִּי.
אֶעֱרֹךְ לְפָנֶיךָ שַׁחְרִי וְגַם עַרְבִּי:

לִפְנֵי גְדוּלָּתְךָ אֶעֱמֹד וְאֶבָּהֵל.
כִּי עֵינְךָ תִרְאֶה כָּל־מַחְשְׁבוֹת לִבִּי:

מַה־זֶּה אֲשֶׁר יוּכַל הַלֵּב וְהַלָּשׁוֹן לַעֲשׂוֹת·
וּמַה כֹּחַ־רוּחִי בְּתוֹךְ קִרְבִּי:

הִנֵּה לְךָ תִּיטַב זִמְרַת אֱנוֹשׁ· עַל כֵּן
אוֹדְךָ בְּעוֹד תִּהְיֶה נִשְׁמַת אֱלֹהַּ בִּי:

III
PSALM
121

Ich hebe meine Augen auf zu den Bergen,
woher kommt Hilfe für mich?
Meine Hilfe kommt von Gott.
Gott hat Himmel und Erde gemacht.
Gott lässt deinen Fuß nicht gleiten,
der dich behütet, schläft nicht.
Siehe, Gott behütet Israel.
Gott schläft und schlummert nicht.
Gott behütet dich. Gott gibt dir Schatten.
Gott steht dir zur Seite.
Am Tage wird dir die Sonne nicht schaden
noch der Mond in der Nacht.
Gott behüte dich vor allem Bösen.
Gott behüte deine Seele.
Gott behüte deinen Ausgang und Eingang
von nun an bis in Ewigkeit.

IV
SCHA-
CHAR
ÄWA-
QESCH'-
CHA

Ich such' dich in der Frühe,
mein Schutz und meine Zuflucht;
am Morgen und am Abend,
mein Gott, bet' ich zu dir.

Vor deiner Größe steh' ich,
ich stehe voller Furcht,
denn alles was ich denke,
ist dir, mein Gott, bekannt.

Die Zunge, der Verstand,
was können sie vollbringen?
Was ist schon meine Kraft,
mein Geist in meinem Innern?

Des Menschen Lied gefällt dir;
ich danke dir dafür,
solange ich Leben habe,
das du mir schenkst, o Gott.

(Ibn Gawirol)

בָּרוּךְ אַתָּה יְיָ אֱלֹהֵינוּ מֶלֶךְ הָעוֹלָם. שֶׁלֹּא עָשַׂנִי נָכְרִי (נָכְרִיָּה):

בָּרוּךְ אַתָּה יְיָ אֱלֹהֵינוּ מֶלֶךְ הָעוֹלָם. שֶׁלֹּא עָשַׂנִי עָבֶד (שִׁפְחָה):

בָּרוּךְ אַתָּה יְיָ אֱלֹהֵינוּ מֶלֶךְ הָעוֹלָם. שֶׁעָשַׂנִי כִּרְצוֹנוֹ:

בָּרוּךְ אַתָּה יְיָ אֱלֹהֵינוּ מֶלֶךְ הָעוֹלָם. פּוֹקֵחַ עִוְרִים:

בָּרוּךְ אַתָּה יְיָ אֱלֹהֵינוּ מֶלֶךְ הָעוֹלָם. מַלְבִּישׁ עֲרֻמִּים:

בָּרוּךְ אַתָּה יְיָ אֱלֹהֵינוּ מֶלֶךְ הָעוֹלָם. מַתִּיר אֲסוּרִים:

בָּרוּךְ אַתָּה יְיָ אֱלֹהֵינוּ מֶלֶךְ הָעוֹלָם. זוֹקֵף כְּפוּפִים:

בָּרוּךְ אַתָּה יְיָ אֱלֹהֵינוּ מֶלֶךְ הָעוֹלָם. שֶׁעָשָׂה-לִּי כָּל-צָרְכִּי:

בָּרוּךְ אַתָּה יְיָ אֱלֹהֵינוּ מֶלֶךְ הָעוֹלָם. אֲשֶׁר הֵכִין מִצְעֲדֵי־גָבֶר:

בָּרוּךְ אַתָּה יְיָ אֱלֹהֵינוּ מֶלֶךְ הָעוֹלָם. עוֹטֵר יִשְׂרָאֵל בְּתִפְאָרָה:

בָּרוּךְ אַתָּה יְיָ אֱלֹהֵינוּ מֶלֶךְ הָעוֹלָם. הַנּוֹתֵן לַיָּעֵף כֹּחַ:

בָּרוּךְ אַתָּה יְיָ אֱלֹהֵינוּ מֶלֶךְ הָעוֹלָם. הַמַּעֲבִיר שֵׁנָה מֵעֵינַי וּתְנוּמָה מֵעַפְעַפָּי:

Gepriesen seist du, Ewiger, unser Gott; du regierst die Welt.
Du hast mich nicht geschaffen als jemand, der dir fremd ist.

Gepriesen seist du, Ewiger, unser Gott; du regierst die Welt.
Du hast mich nicht geschaffen als jemand, der von anderen versklavt wird.

Gepriesen seist du, Ewiger, unser Gott; du regierst die Welt.
Du hast mich nach deinem Willen geschaffen.

Gepriesen seist du, Ewiger, unser Gott; du regierst die Welt.
Du machst Blinde sehend.

Gepriesen seist du, Ewiger, unser Gott; du regierst die Welt.
Du bekleidest Nackte.

Gepriesen seist du, Ewiger, unser Gott; du regierst die Welt.
Du machst Gebundene frei.

Gepriesen seist du, Ewiger, unser Gott; du regierst die Welt.
Du richtest Erniedrigte auf.

Gepriesen seist du, Ewiger, unser Gott; du regierst die Welt.
Du gibst mir all das, was ich zum Leben brauche.

Gepriesen seist du, Ewiger, unser Gott; du regierst die Welt.
Du machst die Schritte eines Menschen sicher.

Gepriesen seist du, Ewiger, unser Gott; du regierst die Welt.
Du krönst Israel mit Ehre.

Gepriesen seist du, Ewiger, unser Gott; du regierst die Welt.
Du gibst den Müden Kraft.

Gepriesen seist du, Ewiger, unser Gott; du regierst die Welt.
Du nimmst den Schlaf aus meinen Augen
und den Schlummer von meinen Wimpern.

אלהי נשמה

אֱלֹהַי. נְשָׁמָה שֶׁנָּתַתָּ־בִּי טְהוֹרָה. אַתָּה בְרָאתָהּ. אַתָּה יְצַרְתָּהּ. אַתָּה נְפַחְתָּהּ בִּי. וְאַתָּה מְשַׁמְּרָהּ בְּקִרְבִּי. וְאַתָּה עָתִיד לִטְּלָהּ מִמֶּנִּי לְחַיֵּי עוֹלָם: כָּל־זְמַן שֶׁהַנְּשָׁמָה בְּקִרְבִּי מוֹדֶה/מוֹדָה אֲנִי לְפָנֶיךָ יְיָ אֱלֹהַי וֵאלֹהֵי אֲבוֹתַי. שֶׁאַתָּה הוּא רִבּוֹן כָּל־הַמַּעֲשִׂים. מוֹשֵׁל בְּכָל־הַבְּרִיּוֹת. אֲדוֹן כָּל־הַנְּשָׁמוֹת: בָּרוּךְ אַתָּה יְיָ. הַמַּחֲזִיר נְשָׁמוֹת לַמֵּתִים:

לְעוֹלָם יְהֵא אָדָם יְרֵא שָׁמַיִם בַּסֵּתֶר כְּבַגָּלוּי. וּמוֹדֶה עַל־הָאֱמֶת וְדוֹבֵר אֱמֶת בִּלְבָבוֹ:

תורה ומצוות

יְהִי רָצוֹן מִלְּפָנֶיךָ יְיָ אֱלֹהֵינוּ וֵאלֹהֵי אֲבוֹתֵינוּ. שֶׁתַּרְגִּילֵנוּ בְּתוֹרָתֶךָ וְדַבְּקֵנוּ בְּמִצְוֹתֶיךָ. וְאַל תְּבִיאֵנוּ לֹא לִידֵי חֵטְא וְלֹא לִידֵי עֲבֵרָה וְלֹא לִידֵי נִסָּיוֹן וְלֹא לִידֵי בִזָּיוֹן. וְאַל תַּשְׁלֶט־בָּנוּ יֵצֶר הָרָע. וְהַרְחִיקֵנוּ מֵאָדָם רָע וּמֵחָבֵר רָע. וְדַבְּקֵנוּ בְּיֵצֶר הַטּוֹב וּבְמַעֲשִׂים טוֹבִים. וְכֹף אֶת־יִצְרֵנוּ לְהִשְׁתַּעְבֶּד־לָךְ. וּתְנֵנוּ הַיּוֹם וּבְכָל־יוֹם לְחֵן וּלְחֶסֶד וּלְרַחֲמִים בְּעֵינֶיךָ וּבְעֵינֵי כָל־רוֹאֵינוּ. וְתִגְמְלֵנוּ חֲסָדִים טוֹבִים: בָּרוּךְ אַתָּה יְיָ. גּוֹמֵל חֲסָדִים טוֹבִים לְעַמּוֹ יִשְׂרָאֵל:

רִבּוֹן הָעוֹלָמִים וַאֲדֹנֵי הָאֲדֹנִים. לֹא עַל־צִדְקוֹתֵינוּ אֲנַחְנוּ מַפִּילִים תַּחֲנוּנֵינוּ לְפָנֶיךָ. כִּי עַל־רַחֲמֶיךָ הָרַבִּים: אֲדֹנָי שְׁמָעָה. אֲדֹנָי סְלָחָה. אֲדֹנָי הַקְשִׁיבָה וַעֲשֵׂה. מָה־אָנוּ. מֶה־חַיֵּינוּ. מֶה־חַסְדֵּנוּ. מַה־צִּדְקוֹתֵינוּ. מַה־יְּשׁוּעָתֵנוּ. מַה־כֹּחֵנוּ. מַה־גְּבוּרָתֵנוּ. מַה־נֹּאמַר לְפָנֶיךָ יְיָ אֱלֹהֵינוּ וֵאלֹהֵי אֲבוֹתֵינוּ. הֲלֹא הַגִּבּוֹרִים כְּאַיִן לְפָנֶיךָ. וְאַנְשֵׁי הַשֵּׁם כְּלֹא הָיוּ. וַחֲכָמִים כִּבְלִי מַדָּע. וּנְבוֹנִים כִּבְלִי הַשְׂכֵּל. כִּי רֹב מַעֲשֵׂינוּ תֹהוּ. וִימֵי חַיֵּינוּ הֶבֶל לְפָנֶיךָ. וּמוֹתַר הָאָדָם מִן הַבְּהֵמָה אָיִן. כִּי הַכֹּל הָבֶל לְבַד הַנְּשָׁמָה הַטְּהוֹרָה. שֶׁהִיא עֲתִידָה לִתֵּן דִּין וְחֶשְׁבּוֹן לִפְנֵי כִסֵּא כְבוֹדֶךָ.

DER MENSCH IST GUT

Mein Gott, die Seele, die du mir geschenkt hast, ist rein. Du hast sie geschaffen. Du hast sie sich entwickeln lassen. Du hast sie mir eingehaucht. Du behütest sie in mir. Du wirst sie mir eines Tages nehmen und in ewiges Leben verwandeln. Mein Gott und Gott meiner Vorfahren, solange die Seele in mir ist, will ich dir danken, denn du waltest über alle Geschöpfe, du herrschst über alle Kreatur. Alles Leben ist in deiner Hand. Gepriesen seist du, Ewiger. Du bringst den Toten ihre Seelen zurück. *(bBer 60b)*

Stets sei der Mensch gottesfürchtig, sowohl im privaten als auch im öffentlichen Bereich. Stets bekenne er sich zur Wahrheit, und die Wahrheit bestimme auch seine Gedanken.

Hilf uns, Ewiger, unser Gott und Gott unserer Vorfahren, dass deine Weisung unsere Entscheidungen prägt und wir gemäß deiner Gebote leben. Hilf, dass die Verfehlung keine Macht über uns gewinnt und lass uns nicht zur Übertretung verleitet werden. Führe uns nicht in Versuchung und nicht in Situationen, für die wir uns schämen müssen. Lass uns nicht vom bösen Trieb beherrscht sein. Halte böse Menschen und falsche Freundinnen und Freunde von uns fern. Lass uns von unserem guten Trieb und von guten Taten bestimmt sein. Dränge unsere Triebe, dass sie sich dir unterwerfen. Lass uns Güte, Liebe und Barmherzigkeit finden in deinen Augen und in den Augen aller Menschen, denen wir heute begegnen. Heute und an jedem Tag lass uns deine Freundlichkeit spüren. Gepriesen seist du, Ewiger. Du erweist deinem Volk Israel Gutes.

(bBer 60b)

DER MENSCH IST SCHWACH

Ursprung aller menschlichen Stärke und Macht, dem allein unsere Ehre gebührt, „nicht im Vertrauen auf unsere gerechten Taten legen wir dir unsere Bitten vor, sondern im Vertrauen auf dein großes Erbarmen. Gott, höre! Gott, verzeih! Gott, vernimm unser Gebet und handle!“ *(Dan 9,18f)* Was sind wir? Was ist unser Leben? Was ist unsere Liebe? Was ist unsere Gerechtigkeit? Was sind unsere Erfolge? Was ist unsere Kraft? Was ist unsere Macht? Ewiger, unser Gott und Gott unserer Vorfahren, was könnten wir in deiner Gegenwart sagen? Ist nicht unsere Kraft wie nichts vor dir? Und sind nicht ruhmreiche Menschen so, als wären sie nie gewesen? Sind nicht Kluge vor dir wie solche ohne Wissen, und Intelligente wie solche ohne Einsicht? Ja, die meisten unserer Werke sind vor dir wie Nichtigkeiten, und die Tage unseres Lebens sind wie nichts vor dir. Sogar „der Vorrang des Menschen vor den Tieren wird bedeutungslos.“ *(Koh 3,19)* Ja, alles ist wie nichts vor dir – außer einer reinen Seele. Denn diese wird eines Tages in ihrer Verantwortlichkeit ernst genommen werden vor dem Thron deiner Herrlichkeit.

Einer der folgenden Studienabschnitte kann hier im Wechsel gelesen werden:

I

Lehre uns, Gott, die Gesetze des Lebens und die Wege des Friedens.

Es ist dir gesagt, Mensch, was gut ist. Was anderes erwartet Gott von dir, außer dass du Recht und solidarische Liebe übst und in Bescheidenheit mit deinem Gott mitgehst? *(Micha 6,8)*

Lehre uns, Gott, zu verstehen: Je mehr wir geben, desto mehr werden wir haben.

Das Geben verwandelt den Drang eines Menschen, grausam zu sein, in herzliche Güte. Dies ist der wichtigste Dienst des Gebens.

(Nachman von Braclaw)

Lehre uns, Gott, zu verstehen: Wenn wir die Welt verändern wollen, müssen wir auch uns selbst verändern.

Der Mensch, den du in seinem Dienst für Gott stärkst, wird dich lieben. Du stärkst ihn am besten, indem du ihn liebst.

(Nachman von Braclaw)

Lehre uns Gott, unsere menschlichen Grenzen anzunehmen.

Es ist von großen Vorteil, dass ein Mensch seinen konkreten Platz kennt und nicht glaubt, das ganze Universum sei nur für ihn da.

(Maimonides)

Lehre uns Gott, unsere menschliche Verantwortung wahrzunehmen.

Jeder Mensch in Israel sollte wissen und begreifen, dass er einzigartig auf der Welt ist, … und dass er zu einer ganz bestimmten Aufgabe berufen ist. *(Chassidisch)*

Lehre uns, Gott, zu verstehen: In jedes Problem, dem wir begegnen, hast du eine Antwort gelegt.

Es gibt kein Hindernis, das man nicht zerbrechen kann, denn das Hindernis ist nur des Willens wegen da, und in Wahrheit sind keine Hindernisse als nur im Geist. *(Nachman von Braclaw)*

Lehre uns, Gott, zu verstehen: Liebe ist Geben, nicht Nehmen.

Wenn Liebe zweckgebunden ist, endet sie mit dem Zweck. Wenn aber Liebe nicht zweckgebunden ist, wird sie niemals enden.

(Sprüche der Väter 5,19)

II

Lehre uns, Gott, mehr als nur die äußerlichen Dinge wahrzunehmen und deiner Stimme in uns zu vertrauen.

> Bevorzuge die Wahrheit und das Recht, die dir zum Nachteil scheinen, vor einer Lüge und Ungerechtigkeit, die dir zu nützen scheint. *(Maimonides)*

Lehre uns, Gott, den Mut zu haben, allein zu stehen und mit dir zu leben.

> Ein Mensch tue gute Werke und suche dann die Weisung Gottes. Ein Mensch tue gerechte und gute Werke und suche dann die Weisheit Gottes. Ein Mensch wähle den Weg der Demut und suche dann nach Gottes Verständnis. *(Seder Elijahu Rabba 5)*

Lehre uns, Gott, zu verstehen: Wir haben das Recht, das Werk zu vollbringen, aber die Ergebnisse liegen in deiner Hand.

> Ein Mensch mag viel oder wenig tun – wichtig ist, dass sein Herz zu Gott gerichtet ist. *(bBerachot 17a)*

Lehre uns, Gott, zu verstehen: Es liegt nicht an uns, das Werk zu vollenden, wir dürfen uns ihm aber auch nicht entziehen.

> Erfülle den Willen Gottes, als ob es dein Wille sei, damit Gott deinen Willen erfülle, als ob es Gottes Wille sei. *(Sprüche der Väter 2,4)*

Lehre uns, Gott, zu verstehen: Diese Welt ist nicht das Maß aller Dinge.

> Stelle dich auf diese Welt ein, als ob du ewig leben würdest. Stelle dich auf die kommende Welt ein, als ob du morgen sterben würdest. *(Ibn Gawirol)*

Lehre uns, Gott, zu verstehen: Jedes Ende ist ein neuer Anfang.

> Diese Welt gleicht einem Vorzimmer zur kommenden Welt. Bereite dich im Vorzimmer vor, damit du den Speisesaal betreten kannst. *(Sprüche der Väter 4,21)*

Lehre uns, Gott, das Geheimnis von Leben und Sterben zu bedenken.

> Eine Stunde mit Umkehr und guten Werken in dieser Welt ist mehr wert als ein ganzes Leben in der kommenden Welt. Und eine Stunde der Zufriedenheit in der kommenden Welt ist mehr wert als ein ganzes Leben in dieser Welt. *(Sprüche der Väter 4,22)*

III

Dies sind die Verheißungen Gottes und die Verpflichtungen, die Gott den Menschen auferlegt, um sein Reich zu bauen:

Ich bin der Gott aller Macht. Lebe in meiner Gegenwart und sei vollkommen. *(Gen 17,1)*

> Denke nicht gering über dich selbst und verzweifle nicht an der Vollkommenheit. *(Maimonides)*

Ich werde die Lippen der Völker in reine Lippen verwandeln, damit sie alle den Namen Gottes anrufen und gemeinsam Gott dienen. *(Zef 3,9)*

> Ich bezeuge bei Himmel und Erde: Sei ein Mensch jüdisch oder nichtjüdisch, Mann oder Frau, versklavt oder frei – auf allen Menschen ruht der Geist Gottes allein nach dem Maß ihrer guten Werke. *(Seder Elijahu Rabbah)*

Es wird nicht mehr ein Mensch den anderen lehren müssen: „Erkennt Gott!", denn alle werden mich kennen. *(Jer 31,34)*

> Kümmere dich um deine eigene Seele und um den Körper deines Nächsten, nicht um deinen eigenen Körper und die Seele eines anderen. *(Mendel von Kotzk)*

In jener Zeit bringe ich euch zurück; in jener Zeit werde ich euch wieder sammeln. Ja, ich werde euch Ansehen und Ruhm bei allen Völkern geben, wenn ich vor euren Augen euer Geschick wende – Ausspruch Gottes. *(Zef 3,20)*

> Die Welt ist freier durch unsere Freiheit, reicher durch unseren Reichtum, größer durch unsere Größe. *(Theodor Herzl)*

Kein Volk wird mehr gegen das andere die Waffen erheben, und man wird sich nicht mehr auf Krieg vorbereiten. *(Micha 4,3)*

> In Gottes Augen ist der Mensch hoch geachtet, der Frieden stiftet zwischen Menschen – zwischen Mann und Frau, zwischen Eltern und Kindern, zwischen Arbeitgebern und Arbeitnehmern, zwischen Nachbarn. Doch am höchsten steht derjenige, der Frieden stiftet zwischen Nationen. *(Aus dem Talmud)*

IV

Ewiger, unser Gott und Gott unserer Vorfahren, hilf uns, dass wir nach deinen Weisungen leben und an deinen Geboten festhalten.

Gott erwartet von uns, dass wir unsere Vorurteile überwinden, denn wir selbst waren und sind das Opfer von Vorurteilen.

> Seid ihr nicht wie die Äthiopier, ihr Kinder Israel? – Ausspruch Gottes. *(Am 9,7)*

Gott erwartet von uns, dass wir die Kranken besuchen, denn auch unsere eigenen Körper sind zerbrechlich.

> Bei einem Krankenbesuch kommt es darauf an zu sehen, was die Kranken brauchen, wie man ihnen Freude bereitet, dass man auf sie Acht gibt und dass man für sie um Barmherzigkeit betet. *(Kizzur Schulchan Aruch § 193,3)*

Gott erwartet von uns, dass wir Feindschaft überwinden, denn sind wir nicht Feinde unserer selbst?

> Wer ist mächtig unter den Mächtigen? Wer seine Leidenschaften kontrolliert und sich den Feind zum Freund macht. *(Awot de Rabbi Nathan)*

Gott erwartet von uns, dass wir die Behinderten unterstützen, denn wir leben alle mit Behinderungen, sei es am Körper oder am Geist.

> Du sollst einen Menschen, der taub ist, nicht verfluchen und einem Menschen, der blind ist, kein Hindernis in den Weg legen. *(Lev 19,14)*

Gott erwartet von uns, dass wir für die psychisch Kranken Verständnis aufbringen, denn wer von uns begreift die ganze Wirklichkeit?

> Verachte keinen Menschen und halte keine Sache für fern liegend, denn es gibt keinen Menschen, der nicht seine Stunde und keine Sache, die nicht ihren Ort hat. *(Sprüche der Väter 4,3)*

Gott erwartet von uns, dass wir die Einsamen aufsuchen, denn darin liegt der Sinn von Gemeinschaft.

> An diesem Tag steht ihr alle vor Gott und seid einander verpflichtet, ein Mensch dem anderen. *(Midrasch Tanchuma)*

Gott erwartet von uns, dass wir uns selbst stärken, denn die Aufgabe, vor die Gott uns gestellt hat, verlangt unsere gesamte Kraft.

> Du sollst den Ewigen, deinen Gott, lieben mit ganzem Herzen, mit ganzer Seele und mit ganzer Kraft. *(Dtn 6,5)*

V

Frei sind die, die Gott dienen, indem sie Menschen dienen.

Andere werden Macht über dich bekommen, wenn dein Wille sich von Gottes Willen unterscheidet. *(Nachman von Braclaw)*

Glücklich sind die, die in Frieden mit sich selbst leben.

…bei sich selbst anfangen, aber nicht bei sich selbst enden; von sich selbst ausgehen, aber nicht sich selbst zum Ziel haben; sich selbst verstehen, aber nicht zu stark mit sich selbst beschäftigt sein. *(Martin Buber)*

Stark sind die, die ihr Zuhause mit Geduld und Liebe errichten.

Im Leben eines jeden Menschen gibt es den schönen Tag, an dem man Liebe findet ohne Sorge und Schwierigkeit. Wenn aber dieser Tag vergangen ist, muss man die Liebe verdienen wie man sich sein Brot verdient im Schweiße seines Angesichts. *(Ludwig Boerne)*

Geachtet sind die, die ihre Eltern achten.

Was versteht man unter der Ehrung der Eltern? Man gebe ihnen zu essen und zu trinken, kleide und bedecke sie, führe sie herein und heraus und gebe ihnen was sie brauchen mit einem freundlichen Gesichtsausdruck. *(Kizzur Schulchan Aruch § 143,3)*

Zufrieden sind die, die ihre Kinder mit Sorgfalt erziehen.

Ein Mensch, der ein gerechtes Kind aufzieht, ist wie einer, der nicht stirbt. *(Raschi)*

Gesegnet sind die, die Frieden stiften, wo immer sie sind.

Setze dich für den Frieden ein, in deinem Haushalt, dann in deiner Straße, dann in deiner Stadt. *(Der Berschider Rebbe)*

Geehrt sind die, die der Gesellschaft, in der sie leben, Hoffnung bringen.

Strebt nach Frieden für die Stadt, in der ihr im Exil lebt, und betet für sie zu Gott. Denn durch ihren Frieden habt auch ihr Frieden. *(Jer 29,7)*

VI

Geliebt sind die, die Freundschaft geben und annehmen.

> Ein treuer Freund und eine treue Freundin sind eine lebensspendende Arznei, und die, die Gott achten, werden solche Freundschaft finden. Wer Gott achtet, hält rechte Freundschaft, denn wie man selbst, so sind auch die Menschen, die einem nahe stehen.
>
> *(Sirach 6,16 u. 17)*

Großzügig sind die, die sich am Glück ihres Mitmenschen freuen.

> Es ist berechtigt, dass ein Mensch das Wohlergehen seines Mitmenschen wünschen soll, dass er das Glück seines Mitmenschen wohlwollend betrachten soll und dass ihm die Ehre seines Mitmenschen so wichtig sein soll wie seine eigene. Denn ein Mensch und sein Mitmensch sind eins. *(Moses Cordovero)*

Gerecht sind die, die den Verpflichtungen der Macht nachkommen.

> Ein Mensch wird für die Sünden seiner Familie, seiner Gemeinde, ja sogar der ganzen Menschheit verantwortlich gemacht, wenn er seinen Einfluss nicht genutzt hat, um das Übel zu ändern.
>
> *(bSchabbat)*

Demütig sind die, die der Gemeinschaft dienen, in der sie beten.

> Gebete für die Gemeinschaft kommen vor den Gebeten für uns selbst, und wer ihre Ansprüche über seine eigenen Interessen stellt, ist Gott besonders angenehm. *(Josephus)*

Gestärkt werden die, die ihren Platz innerhalb der Familie Israels annehmen.

> Nimm das Joch des Himmelreiches auf dich, ermahnt einander in der Furcht Gottes, nehmt einander an in Barmherzigkeit.
>
> *(Sifre)*

Weise sind die, die ihre volle Verantwortung in der Welt wahrnehmen.

> Wann ist ein Mensch nützlich für die Welt? … Wenn er sich Zeit nimmt für öffentliche Belange und für das allgemeine Wohlergehen. *(Wajjiqra Rabba)*

Heilig sind die, die ihre Segnungen mit der ganzen Schöpfung teilen.

> Du sollst ein Segen sein … und durch dich sollen alle Familien der Erde gesegnet sein. *(Gen 12,2-3)*

יְיָ מֶֽלֶךְ. יְיָ מָלָךְ. יְיָ יִמְלֹךְ לְעוֹלָם וָעֶד:

וְהָיָה יְיָ לְמֶֽלֶךְ עַל־כָּל־הָאָֽרֶץ. בַּיּוֹם הַהוּא יִהְיֶה יְיָ אֶחָד וּשְׁמוֹ אֶחָד: הוֹשִׁיעֵֽנוּ יְיָ אֱלֹהֵֽינוּ. לְהוֹדוֹת לְשֵׁם קָדְשֶֽׁךָ לְהִשְׁתַּבֵּֽחַ בִּתְהִלָּתֶֽךָ: בָּרוּךְ יְהוָה אֱלֹהֵי יִשְׂרָאֵל מִן־הָעוֹלָם וְעַד הָעוֹלָם. וְאָמַר כָּל־הָעָם אָמֵן. הַלְלוּיָהּ: כֹּל הַנְּשָׁמָה תְּהַלֵּל יָהּ. הַלְלוּיָהּ:

Eines der beiden folgenden Gebete:

ב
ברוך
שאמר

בָּרוּךְ שֶׁאָמַר וְהָיָה הָעוֹלָם.
בָּרוּךְ אוֹמֵר וְעֹשֶׂה.
בָּרוּךְ גּוֹזֵר וּמְקַיֵּם.
בָּרוּךְ עֹשֶׂה בְרֵאשִׁית.
בָּרוּךְ מְרַחֵם עַל הָאָֽרֶץ.
בָּרוּךְ מְרַחֵם עַל הַבְּרִיּוֹת.
בָּרוּךְ מְשַׁלֵּם שָׂכָר טוֹב לִירֵאָיו.
בָּרוּךְ מַעֲבִיר אֲפֵלָה וּמֵבִיא אוֹרָה.
בָּרוּךְ שֶׁאֵין לְפָנָיו עַוְלָה וְלֹא שִׁכְחָה
וְלֹא מַשּׂוֹא פָנִים וְלֹא מִקַּח שֹֽׁחַד.
צַדִּיק הוּא בְּכָל־דְּרָכָיו וְחָסִיד בְּכָל־מַעֲשָׂיו
בָּרוּךְ פּוֹדֶה וּמַצִּיל:
בָּרוּךְ שֶׁנָּתַן לְעַמּוֹ יִשְׂרָאֵל אֶת־יוֹם הַשַּׁבָּת הַזֶּה
בָּרוּךְ הוּא וּבָרוּךְ שְׁמוֹ. וּבָרוּךְ זִכְרוֹ לְעוֹלְמֵי עַד.

בָּרוּךְ אַתָּה יְיָ אֱלֹהֵֽינוּ מֶֽלֶךְ הָעוֹלָם. הַמֶּֽלֶךְ הַגָּדוֹל וְהַקָּדוֹשׁ. אָב הָרַחֲמָן. מְהֻלָּל בְּפִי עַמּוֹ. מְשֻׁבָּח וּמְפֹאָר בִּלְשׁוֹן כָּל־חֲסִידָיו וַעֲבָדָיו: וּבְשִׁירֵי דָוִד עַבְדְּךָ נְהַלֶּלְךָ יְיָ אֱלֹהֵֽינוּ. בִּשְׁבָחוֹת וּבִזְמִירוֹת נְהוֹדְךָ נְגַדֶּלְךָ נְפָאֶרְךָ וְנַמְלִיכְךָ וְנַזְכִּיר שִׁמְךָ מַלְכֵּֽנוּ אֱלֹהֵֽינוּ. יָחִיד חֵי הָעוֹלָמִים. מְשֻׁבָּח וּמְפֹאָר שְׁמוֹ עֲדֵי־עַד: בָּרוּךְ אַתָּה יְיָ. מֶֽלֶךְ מְהֻלָּל בַּתִּשְׁבָּחוֹת:

Gott regiert, Gott hat regiert, und regieren wird Gott bis in Ewigkeit.

Dann wird Gott über die ganze Erde regieren. An jenem Tag wird Gott einzig sein und Gottes Name der Einzige. *(Sach 14,9)*
Hilf uns, Ewiger, unser Gott, dass wir deinen heiligen Namen preisen und gepriesen werden, weil wir dich loben.
Gepriesen sei der Ewige, Israels Gott, vom Anfang bis ans Ende der Zeiten. Alles Volk soll sprechen: Amen. Halleluja! *(Ps 106,47-48)*
Alles, was Atem hat, singe Lob unserm Gott! Halleluja! *(Ps 150,6)*

Eines der beiden folgenden Gebete:

I Gepriesen sei Gott; durch Gottes Wort besteht die Welt.
Gepriesen sei Gott; Gottes Wort geschieht.
Gepriesen sei Gott; Gott trifft Entscheidungen und führt sie aus.
Gepriesen sei Gott; Gott hat alles geschaffen.
Gepriesen sei Gott; Gott nimmt sich der Erde an.
Gepriesen sei Gott; Gott nimmt sich der Geschöpfe an.
Gepriesen sei Gott; Gott zahlt guten Lohn denen, die Gott lieben.
Gepriesen sei Gott; Gott lässt die Dunkelheit vergehen und bringt Licht.
Gepriesen sei Gott; Gott ist ohne Verkehrtheit und Vergesslichkeit, Gott ist unparteilich und unbestechbar. Gott ist in jeder Hinsicht gerecht und treu in allen Taten.
Gepriesen sei Gott; Gott befreit und rettet.
Gepriesen sei Gott; Gott gewährt Israel, dem Gottesvolk, diesen Schabbattag.

Gepriesen sei Gott; gepriesen sei Gottes Name; gepriesen sei die Anrufung des Namens immer und ewig.

Gepriesen seist du, Ewiger, unser Gott; du regierst die Welt in Größe und Heiligkeit. Du bist der Ursprung allen Erbarmens. Du wirst gepriesen durch dein Volk. Du wirst gelobt und verherrlicht im Munde aller, die an dich glauben und dir dienen. Wir wollen dich loben mit den Liedern, die David, dein Knecht, schrieb. Mit Gebeten und Liedern wollen wir dir danken, deine Größe und deine Ehre bekannt machen, deine Herrschaft verkünden und deinen Namen in Erinnerung bringen, unser Gott. Du, unser Gott, regierst über uns. Du allein bist das Leben der ganzen Welt – gepriesen und verherrlicht sei dein Name bis in Ewigkeit. Gepriesen seist du, Ewiger. Du regierst; alle unsere Lobsprüche preisen dich.

ב וַיְבָֽרֶךְ דָּוִד אֶת־יְהוָֹה לְעֵינֵי כָּל־הַקָּהָל· וַיֹּֽאמֶר דָּוִד·
בָּרוּךְ אַתָּה יְהוָֹה אֱלֹהֵי יִשְׂרָאֵל אָבִֽינוּ מֵעוֹלָם
וְעַד־עוֹלָם: לְךָ יְהוָֹה הַגְּדֻלָּה וְהַגְּבוּרָה וְהַתִּפְאֶֽרֶת וְהַנֵּֽצַח
וְהַהוֹד· כִּי־כֹל בַּשָּׁמַֽיִם וּבָאָֽרֶץ לְךָ יְהוָֹה הַמַּמְלָכָה
וְהַמִּתְנַשֵּׂא לְכֹל לְרֹאשׁ: וְהָעֹֽשֶׁר וְהַכָּבוֹד מִלְּפָנֶֽיךָ· וְאַתָּה
מוֹשֵׁל בַּכֹּל· וּבְיָדְךָ כֹּֽחַ וּגְבוּרָה· וּבְיָֽדְךָ לְגַדֵּל וּלְחַזֵּק
לַכֹּל: וְעַתָּה אֱלֹהֵֽינוּ מוֹדִים אֲנַֽחְנוּ לָךְ· וּמְהַלְלִים לְשֵׁם
תִּפְאַרְתֶּֽךָ· וִיבָֽרְכוּ שֵׁם כְּבֹדֶֽךָ· וּמְרוֹמַם עַל־כָּל־בְּרָכָה
וּתְהִלָּה: אַתָּה־הוּא יְהוָֹה לְבַדֶּֽךָ· אַתָּה עָשִֽׂיתָ אֶת־הַשָּׁמַֽיִם
שְׁמֵי הַשָּׁמַֽיִם וְכָל־צְבָאָם· הָאָֽרֶץ וְכָל־אֲשֶׁר עָלֶֽיהָ·
הַיַּמִּים וְכָל־אֲשֶׁר בָּהֶם· וְאַתָּה מְחַיֶּה אֶת־כֻּלָּם· וּצְבָא
הַשָּׁמַֽיִם לְךָ מִשְׁתַּחֲוִים:

בָּרוּךְ יְהוָֹה לְעוֹלָם· אָמֵן וְאָמֵן:
בָּרוּךְ יְהוָֹה אֱלֹהִים אֱלֹהֵי יִשְׂרָאֵל· עֹשֵׂה נִפְלָאוֹת לְבַדּוֹ:
וּבָרוּךְ שֵׁם כְּבוֹדוֹ לְעוֹלָם· וְיִמָּלֵא כְבוֹדוֹ אֶת־כָּל־הָאָֽרֶץ·
אָמֵן וְאָמֵן:

לעסוק בדברי תורה

בָּרוּךְ אַתָּה יְיָ אֱלֹהֵֽינוּ מֶֽלֶךְ הָעוֹלָם· אֲשֶׁר קִדְּשָֽׁנוּ
בְּמִצְוֹתָיו וְצִוָּֽנוּ לַעֲסוֹק בְּדִבְרֵי תוֹרָה:

Hier kann ein Studientext eingefügt werden.

II

Da pries David Gott vor der ganzen Versammlung und rief: Gepriesen seist du, Ewiger, Gott unseres Vaters Israel, von Ewigkeit zu Ewigkeit. Dein Eigen, Gott, sind Größe und Macht, Ruhm, Pracht und Hoheit. Dir gehört alles im Himmel und auf Erden. Dein, Gott, ist die Herrschaft und du erhebst dich als Haupt über alles. Reichtum und Ehre kommen von dir. Du herrschst über alles. In deiner Hand liegen Kraft und Macht. Durch deine Hand kommt alle Größe und Kraft. Darum danken wir dir, unser Gott, und rühmen deinen herrlichen Namen. *(1. Chron 29,10-13)* Erhebt euch und preist den Ewigen, euren Gott, von Ewigkeit zu Ewigkeit! Man preise deinen herrlichen Namen, obwohl er erhaben ist über allen Preis und Ruhm. Du, Gott, bist der Einzige. Du hast den Himmel geschaffen und die unzählbaren Sterne, die Erde und alles, was auf ihr ist, die Meere und alles, was darin lebt. Ihnen allen gibst du das Leben. Das ganze Universum betet dich an. *(Neh 9,5-6)*

Gepriesen sei Gott bis in Ewigkeit. Amen, so sei es!
Gepriesen sei Israels Gott, Gott allein tut Wunder.
Gepriesen sei der Ruhm der Gegenwart Gottes.
Gottes Gegenwart erfüllt die ganze Erde. Amen, so sei es!

DIE PFLICHT ZU LERNEN

Gepriesen seist du, Ewiger, unser Gott; du regierst die Welt. Du hast uns durch deine Gebote geheiligt und hast uns aufgetragen, uns mit den Worten deiner Thora zu beschäftigen. *(bBer 11b)*

Hier kann ein Studientext eingefügt werden.

Einer der beiden folgenden Texte:

א
נִשְׁמַת כָּל־חַי תְּבָרֵךְ אֶת־שִׁמְךָ יְיָ אֱלֹהֵינוּ · וְרוּחַ כָּל־בָּשָׂר תְּפָאֵר וּתְרוֹמֵם זִכְרְךָ מַלְכֵּנוּ תָּמִיד : מִן הָעוֹלָם וְעַד הָעוֹלָם אַתָּה אֵל · וּמִבַּלְעָדֶיךָ אֵין לָנוּ מֶלֶךְ גּוֹאֵל וּמוֹשִׁיעַ פּוֹדֶה וּמַצִּיל וְעוֹנֶה וּמְרַחֵם · בְּכָל־עֵת צָרָה וְצוּקָה אֵין לָנוּ מֶלֶךְ עוֹזֵר וְסוֹמֵךְ זוּלָתֶךָ : אֱלֹהֵי הָרִאשׁוֹנִים וְהָאַחֲרוֹנִים · אֱלוֹהַּ כָּל־בְּרִיּוֹת · אֲדוֹן כָּל־תּוֹלָדוֹת הַמְהֻלָּל בְּכָל־הַתִּשְׁבָּחוֹת · הַמְנַהֵג עוֹלָמוֹ בְּחֶסֶד וּבְרִיּוֹתָיו בְּרַחֲמִים : וַיְיָ לֹא יָנוּם וְלֹא יִישָׁן · הַמְעוֹרֵר יְשֵׁנִים וְהַמֵּקִיץ נִרְדָּמִים · מְחַיֶּה מֵתִים וְרוֹפֵא חוֹלִים · פּוֹקֵחַ עִוְרִים וְזוֹקֵף כְּפוּפִים · לְךָ לְבַדְּךָ אֲנַחְנוּ מוֹדִים :

ב
וְאִלּוּ פִינוּ מָלֵא שִׁירָה כַּיָּם ·
וּלְשׁוֹנֵנוּ רִנָּה כַּהֲמוֹן גַּלָּיו ·
וְשִׂפְתוֹתֵינוּ שֶׁבַח כְּמֶרְחֲבֵי רָקִיעַ ·
וְעֵינֵינוּ מְאִירוֹת כַּשֶּׁמֶשׁ וְכַיָּרֵחַ ·
וְיָדֵינוּ פְרוּשׂוֹת כְּנִשְׁרֵי שָׁמָיִם ·
וְרַגְלֵינוּ קַלּוֹת כָּאַיָּלוֹת ·
אֵין אֲנוּ מַסְפִּיקִים לְהוֹדוֹת לְךָ יְיָ אֱלֹהֵינוּ ·
וּלְבָרֵךְ אֶת־שִׁמְךָ מַלְכֵּנוּ ·
עַל אַחַת מֵאֶלֶף אַלְפֵי אֲלָפִים
וְרִבֵּי רְבָבוֹת פְּעָמִים הַטּוֹבוֹת ·
שֶׁעָשִׂיתָ עִם־אֲבוֹתֵינוּ וְעִמָּנוּ :
מִמִּצְרַיִם גְּאַלְתָּנוּ יְיָ אֱלֹהֵינוּ ·
מִבֵּית עֲבָדִים פְּדִיתָנוּ ·
בְּרָעָב זַנְתָּנוּ ·
וּבְשָׂבָע כִּלְכַּלְתָּנוּ ·
מֵחֶרֶב הִצַּלְתָּנוּ ·
מִדֶּבֶר מִלַּטְתָּנוּ ·
וּמֵחֳלָיִם רָעִים וְרַבִּים דִּלִּיתָנוּ :

Einer der beiden folgenden Texte:

I
DAS GEBET DER SCHÖPFUNG

Alles, was atmet und lebt, preise deinen Namen, Ewiger, unser Gott; jedes Wesen aus Körper und Geist verherrliche und erhebe deinen Ruhm. Du bist Gott von Ewigkeit zu Ewigkeit. Außer dir haben wir niemanden, der über uns regiert, der uns erlöst und hilft, rettet und befreit, der uns antwortet und sich unser erbarmt. Zur Zeit der Not und der Angst haben wir niemanden, der sich für uns verantwortlich weiß, als dich, niemanden, der uns hilft und uns stützt, außer dir, du Gott der ersten und der letzten Dinge, Gott aller Geschöpfe, Gott aller Generationen, dir wird auf vielfältige Weise Lob gesungen, du lenkst den Lauf der Welt in Güte und deine Geschöpfe in Erbarmen. Ja, du, Gott, schläfst und schlummerst nicht. Vielmehr lässt du die Schlafenden erwachen und weckst die Eingeschlafenen auf. Du schenkst Leben angesichts des Todes und heilst die Kranken. Du öffnest den Blinden die Augen und richtest die Gebeugten auf. Dir allein gebührt unser Dank.

II

Wenn unsere Münder des Brausens voll wären wie das Meer,
unsere Zunge jubelte wie Wellen tosen,
unsere Lippen so breit wären, dass der Himmel hineinpasste,

wenn unsere Augen leuchteten wie Sonne und Mond,
die Spannweite unserer Arme den Adlerflügeln gleichkäme,
unsere Füße leicht wären wie die der Hirsche,

selbst dann wäre es noch nicht ausreichend,
um dir zu danken, Ewiger, unser Gott,
und um deinen Namen zu preisen,
Gott, du sorgst für uns,

nicht einmal für eine der vielen tausend
und abertausend guten Taten,
die du unseren Vorfahren
und uns erwiesen hast.

Aus Ägypten hast du uns befreit, unser Gott,
aus dem Hause der Knechtschaft uns erlöst,
zur Zeit der Hungersnot hast du uns ernährt,
in Zeiten des Wohlstands uns versorgt.

Wenn uns Gewalt widerfuhr, hast du uns gerettet,
wenn wir krank waren, hast du uns geheilt.
Von zahlreichen schlimmen Krankheiten
hast du uns genesen lassen.

עַד־הֵנָּה עֲזָרוּנוּ רַחֲמֶיךָ. וְלֹא עֲזָבוּנוּ חֲסָדֶיךָ. עַל־כֵּן אֵבָרִים שֶׁפִּלַּגְתָּ בָּנוּ. וְרוּחַ וּנְשָׁמָה שֶׁנָּפַחְתָּ בְּאַפֵּינוּ. וְלָשׁוֹן אֲשֶׁר שַׂמְתָּ בְּפִינוּ. הֵן הֵם יוֹדוּ וִיבָרְכוּ. וִישַׁבְּחוּ. וִיפָאֲרוּ. וִישׁוֹרְרוּ אֶת־שִׁמְךָ מַלְכֵּנוּ תָּמִיד: כִּי כָל־פֶּה לְךָ יוֹדֶה. וְכָל־לָשׁוֹן לְךָ תְשַׁבֵּחַ. וְכָל־עַיִן לְךָ תְצַפֶּה. וְכָל־בֶּרֶךְ לְךָ תִכְרַע. וְכָל־קוֹמָה לְפָנֶיךָ תִשְׁתַּחֲוֶה: וְכָל־הַלְּבָבוֹת יִירָאוּךָ. וְכָל־קֶרֶב וּכְלָיוֹת יְזַמְּרוּ לִשְׁמֶךָ. כַּדָּבָר שֶׁנֶּאֱמַר. כָּל־עַצְמוֹתַי תֹּאמַרְנָה. יְיָ מִי כָמוֹךָ: מַצִּיל עָנִי מֵחָזָק מִמֶּנּוּ. וְעָנִי וְאֶבְיוֹן מִגֹּזְלוֹ: מִי יִדְמֶה־לָּךְ. וּמִי יִשְׁוֶה־לָּךְ. וּמִי יַעֲרָךְ־לָךְ. הָאֵל הַגָּדוֹל הַגִּבּוֹר וְהַנּוֹרָא אֵל עֶלְיוֹן קוֹנֵה שָׁמַיִם וָאָרֶץ:

שׁוֹכֵן עַד. מָרוֹם וְקָדוֹשׁ שְׁמוֹ.

וְכָתוּב. רַנְּנוּ צַדִּיקִים בַּייָ לַיְשָׁרִים נָאוָה תְהִלָּה:

בְּפִי יְשָׁרִים תִּתְרוֹמָם

וּבְדִבְרֵי צַדִּיקִים תִּתְבָּרַךְ

וּבִלְשׁוֹן חֲסִידִים תִּתְקַדָּשׁ

וּבְקֶרֶב קְדוֹשִׁים תִּתְהַלָּל:

יִשְׁתַּבַּח שִׁמְךָ לָעַד מַלְכֵּנוּ. הָאֵל הַמֶּלֶךְ הַגָּדוֹל וְהַקָּדוֹשׁ בַּשָּׁמַיִם וּבָאָרֶץ. כִּי לְךָ נָאֶה יְיָ אֱלֹהֵינוּ וֵאלֹהֵי אֲבוֹתֵינוּ לְעוֹלָם וָעֶד שִׁיר וּשְׁבָחָה. קְדֻשָּׁה וּמַלְכוּת. בְּרָכוֹת וְהוֹדָאוֹת לְשִׁמְךָ הַגָּדוֹל וְהַקָּדוֹשׁ. וּמֵעוֹלָם וְעַד־עוֹלָם אַתָּה אֵל: בָּרוּךְ אַתָּה יְיָ. בּוֹרֵא כָל־הַנְּשָׁמוֹת. רִבּוֹן כָּל־הַמַּעֲשִׂים. מֶלֶךְ חַי הָעוֹלָמִים:

Bis jetzt hat uns deine Barmherzigkeit geholfen und deine Güte nicht im Stich gelassen. Deshalb preisen dich die Körperteile, die du uns geschaffen hast, der Geist und die Seele, die du in unsere Nase eingehaucht hast, die Zunge, die du in unseren Mund gelegt hast, sie alle loben, preisen, rühmen, verherrlichen und besingen deinen Namen, unser Schöpfer, ewiglich. Denn jeder Mund soll dich loben, jede Zunge soll dich rühmen, jedes Auge soll zu dir schauen, jedes Knie sich vor dir beugen und jede aufrechte Gestalt sich vor dir verneigen, jeder Verstand soll dich fürchten und jedes Gefühl und jedes Gewissen deinem Namen zujubeln. Denn so steht es geschrieben: „Mein ganzer Körper sagt: Gott, wer ist wie du? Du entreißt den Schwachen dem, der stärker ist, den Schwachen und Armen dem, der ihn ausbeutet.“ *(Ps 35,10)* Wer gleicht dir, wer ist dir ähnlich, wer dir gleichwertig? Du bist groß und mächtig. Dir gebührt unsere Ehrfurcht. Du bist über alles erhaben. Du hast Himmel und Erde geschaffen. – Ja, wer ist wie du?

Gott bewohnt die Ewigkeit; erhaben und geheiligt sei Gottes Name!

Es steht geschrieben:
Jubelt Gott zu, ihr Gerechten.
Für die Frommen ist es angenehm, Gott zu loben. *(Ps 33,1)*

Durch den Mund der Ehrlichen wird Gott gerühmt,

durch die Worte der Gerechten wird Gott gepriesen,

durch die Zunge der Frommen wird Gott geheiligt,

inmitten der Heiligen wird Gott gelobt.

DIE PFLICHT ZU LOBEN

Gepriesen sei dein Name bis in Ewigkeit, Gott. Du bist groß und heilig, du regierst im Himmel und auf Erden. Ja, du bist würdig, dass man dich, unseren Gott und Gott unserer Vorfahren, immer und ewig in Lied und Lob preise. Heiligkeit und Herrschaft, Preis und Dank gebühren deinem großen und heiligen Namen. Von jeher bis in alle Ewigkeit warst und bist du Gott. Gepriesen seist du, Ewiger. Alles, was lebt, hast du geschaffen. Alle Geschöpfe sind dein. Du herrschst über das Leben.

ברכו

בָּרְכוּ אֶת־יְיָ הַמְבֹרָךְ׃

בָּרוּךְ יְיָ הַמְבֹרָךְ לְעוֹלָם וָעֶד׃

יוצר

בָּרוּךְ אַתָּה יְיָ אֱלֹהֵינוּ מֶלֶךְ הָעוֹלָם· יוֹצֵר אוֹר וּבוֹרֵא חֹשֶׁךְ· עֹשֶׂה שָׁלוֹם וּבוֹרֵא אֶת־הַכֹּל׃ הַכֹּל יוֹדוּךָ· וְהַכֹּל יְשַׁבְּחוּךָ· וְהַכֹּל יֹאמְרוּ אֵין קָדוֹשׁ כַּיְיָ׃ הַמֵּאִיר לָעוֹלָם כֻּלּוֹ וּלְיוֹשְׁבָיו וּבְטוּבוֹ מְחַדֵּשׁ בְּכָל־יוֹם תָּמִיד מַעֲשֵׂה בְרֵאשִׁית׃ מָה רַבּוּ מַעֲשֶׂיךָ יְיָ· כֻּלָּם בְּחָכְמָה עָשִׂיתָ· מָלְאָה הָאָרֶץ קִנְיָנֶךָ׃ הַמֶּלֶךְ הַמְרוֹמָם לְבַדּוֹ מֵאָז· הַמְשֻׁבָּח וְהַמְפֹאָר וְהַמִּתְנַשֵּׂא מִימוֹת עוֹלָם׃ אֱלֹהֵי עוֹלָם· בְּרַחֲמֶיךָ הָרַבִּים רַחֵם עָלֵינוּ· אֲדוֹן עֻזֵּנוּ· צוּר מִשְׂגַּבֵּנוּ· מָגֵן יִשְׁעֵנוּ· מִשְׂגָּב בַּעֲדֵנוּ׃ בָּרוּךְ אַתָּה יְיָ· יוֹצֵר הַמְּאוֹרוֹת׃

אהבה רבה

אַהֲבָה רַבָּה אֲהַבְתָּנוּ יְיָ אֱלֹהֵינוּ חֶמְלָה גְדוֹלָה וִיתֵרָה חָמַלְתָּ עָלֵינוּ׃ אָבִינוּ מַלְכֵּנוּ· בַּעֲבוּר שִׁמְךָ הַגָּדוֹל וּבַעֲבוּר אֲבוֹתֵינוּ שֶׁבָּטְחוּ בָךְ· וַתְּלַמְּדֵם חֻקֵּי חַיִּים לַעֲשׂוֹת רְצוֹנְךָ בְּלֵבָב שָׁלֵם· כֵּן תְּחָנֵּנוּ· הָאֵר עֵינֵינוּ בְּתוֹרָתֶךָ· וְדַבֵּק לִבֵּנוּ בְּמִצְוֹתֶיךָ· וְיַחֵד לְבָבֵנוּ לְאַהֲבָה וּלְיִרְאָה אֶת־שְׁמֶךָ. לְמַעַן לֹא נֵבוֹשׁ וְלֹא נִכָּלֵם· כִּי אֵל פּוֹעֵל יְשׁוּעוֹת אָתָּה. וּבָנוּ בָחַרְתָּ מִכָּל־עַם וְלָשׁוֹן. וְקֵרַבְתָּנוּ מַלְכֵּנוּ לְשִׁמְךָ הַגָּדוֹל בְּאַהֲבָה. לְהוֹדוֹת לְךָ וּלְיַחֶדְךָ וּלְאַהֲבָה אֶת־שְׁמֶךָ׃ בָּרוּךְ אַתָּה יְיָ. הַבּוֹחֵר בְּעַמּוֹ יִשְׂרָאֵל בְּאַהֲבָה׃

שמע ישראל

שְׁמַע יִשְׂרָאֵל. יְהוָה אֱלֹהֵינוּ יְהוָה אֶחָ**ד**׃

בָּרוּךְ שֵׁם כְּבוֹד מַלְכוּתוֹ לְעוֹלָם וָעֶד׃

AUFRUF ZUM LOB

Lasst uns Gott preisen; Gott gebührt unsere Ehre!

Gepriesen sei Gott; Gott gebührt unsere Ehre auf immer und ewig!

GOTT SCHAFFT UND ERHÄLT

Gepriesen seist du, Ewiger, unser Gott; du regierst die Welt. Du lässt das Licht scheinen, aber schaffst auch die Finsternis, du bringst Frieden, du schaffst alles. Alles lobt dich und alles preist dich, alles sagt: Nichts ist heilig wie der lebendige Gott! Du gibst der ganzen Welt und all ihren Bewohnern Licht, und durch deine Güte erneuerst du deine Schöpfung Tag für Tag. Wie zahlreich sind deine Werke, Gott. Sie alle hast du in Weisheit gemacht. Die Erde ist erfüllt mit deinem Eigentum. Gott, du allein bist erhöht seit jeher. Du wirst gepriesen und verherrlicht und erhoben seit den Tagen der Vorzeit. Ewiger Gott, in deinem großen Erbarmen erbarme dich über uns. Gott, du bist unsere Kraft. Du bist der Fels, den wir als Zufluchtsort haben. Du bist der Schutzschild zu unserem Heil. Du allein bist unsere Zuflucht! Gepriesen seist du, Ewiger. Du schaffst das Licht.

GOTT LIEBT ISRAEL

Mit großer Liebe hast du uns geliebt; mit großer und überreichlicher Sanftmut hast du uns angenommen – um deines Namens willen und wegen unserer Vorfahren, die auf dich vertrauten. Du hast sie die lebenserhaltenden Satzungen gelehrt, damit sie deinen Willen tun sollten mit ungeteiltem Herzen, so erweise uns deine Gnade. Erleuchte unsere Augen durch deine Thora. Binde unser Herz an deine Gebote. Lass unser Leben von Liebe und von der Achtung vor Gott geprägt sein, damit wir niemals unsere Selbstachtung verlieren noch je beschämt sein müssen, denn du bist Gott, der uns Hilfe zuteil werden lässt. Uns hast du erwählt aus allen Völkern und Nationen, und aufgrund deiner Liebe hast du es uns ermöglicht, uns dir zu nahen, um dich zu loben, deine Einzigartigkeit zu bezeugen und dich zu lieben, Ewiger, unser Gott. Gepriesen seist du, Ewiger. Du hast dein Volk Israel in Liebe erwählt.

ISRAELS GOTT

Höre Israel, der Ewige ist Gott, der Ewige ist einzig. *(Dtn 6,4)*

Gepriesen sei Gottes ruhmreiche Herrschaft immer und ewig! *(mJoma 6,2)*

וְאָהַבְתָּ אֵת יְהוָֹה אֱלֹהֶיךָ · בְּכָל־לְבָבְךָ וּבְכָל־נַפְשְׁךָ
וּבְכָל־מְאֹדֶךָ: וְהָיוּ הַדְּבָרִים הָאֵלֶּה אֲשֶׁר אָנֹכִי מְצַוְּךָ הַיּוֹם
עַל־לְבָבֶךָ: וְשִׁנַּנְתָּם לְבָנֶיךָ וְדִבַּרְתָּ בָּם · בְּשִׁבְתְּךָ בְּבֵיתֶךָ
וּבְלֶכְתְּךָ בַדֶּרֶךְ וּבְשָׁכְבְּךָ וּבְקוּמֶךָ: וּקְשַׁרְתָּם לְאוֹת עַל־יָדֶךָ ·
וְהָיוּ לְטֹטָפֹת בֵּין עֵינֶיךָ: וּכְתַבְתָּם עַל־מְזֻזוֹת בֵּיתֶךָ וּבִשְׁעָרֶיךָ:

In Stille:

והיה אם שמע

וְהָיָה אִם־שָׁמֹעַ תִּשְׁמְעוּ אֶל־מִצְוֹתַי אֲשֶׁר אָנֹכִי מְצַוֶּה אֶתְכֶם
הַיּוֹם · לְאַהֲבָה אֶת־יְהוָֹה אֱלֹהֵיכֶם וּלְעָבְדוֹ בְּכָל־לְבַבְכֶם
וּבְכָל־נַפְשְׁכֶם: וְנָתַתִּי מְטַר־אַרְצְכֶם בְּעִתּוֹ יוֹרֶה וּמַלְקוֹשׁ ·
וְאָסַפְתָּ דְגָנֶךָ וְתִירֹשְׁךָ וְיִצְהָרֶךָ: וְנָתַתִּי עֵשֶׂב בְּשָׂדְךָ לִבְהֶמְתֶּךָ ·
וְאָכַלְתָּ וְשָׂבָעְתָּ: הִשָּׁמְרוּ לָכֶם פֶּן־יִפְתֶּה לְבַבְכֶם · וְסַרְתֶּם
וַעֲבַדְתֶּם אֱלֹהִים אֲחֵרִים וְהִשְׁתַּחֲוִיתֶם לָהֶם: וְחָרָה אַף־יְהוָֹה
בָּכֶם וְעָצַר אֶת־הַשָּׁמַיִם וְלֹא־יִהְיֶה מָטָר וְהָאֲדָמָה לֹא תִתֵּן
אֶת־יְבוּלָהּ · וַאֲבַדְתֶּם מְהֵרָה מֵעַל הָאָרֶץ הַטֹּבָה אֲשֶׁר יְהוָֹה
נֹתֵן לָכֶם: וְשַׂמְתֶּם אֶת־דְּבָרַי אֵלֶּה עַל־לְבַבְכֶם וְעַל־
נַפְשְׁכֶם · וּקְשַׁרְתֶּם אֹתָם לְאוֹת עַל־יֶדְכֶם וְהָיוּ לְטוֹטָפֹת בֵּין
עֵינֵיכֶם: וְלִמַּדְתֶּם אֹתָם אֶת־בְּנֵיכֶם לְדַבֵּר בָּם · בְּשִׁבְתְּךָ
בְּבֵיתֶךָ וּבְלֶכְתְּךָ בַדֶּרֶךְ וּבְשָׁכְבְּךָ וּבְקוּמֶךָ: וּכְתַבְתָּם עַל־
מְזוּזוֹת בֵּיתֶךָ וּבִשְׁעָרֶיךָ: לְמַעַן יִרְבּוּ יְמֵיכֶם וִימֵי בְנֵיכֶם עַל
הָאֲדָמָה אֲשֶׁר נִשְׁבַּע יְהוָֹה לַאֲבֹתֵיכֶם לָתֵת לָהֶם · כִּימֵי
הַשָּׁמַיִם עַל־הָאָרֶץ:

ויאמר יהוה

וַיֹּאמֶר יְהוָֹה אֶל־מֹשֶׁה לֵּאמֹר: דַּבֵּר אֶל־בְּנֵי יִשְׂרָאֵל
וְאָמַרְתָּ אֲלֵהֶם וְעָשׂוּ לָהֶם צִיצִת עַל־כַּנְפֵי בִגְדֵיהֶם לְדֹרֹתָם ·
וְנָתְנוּ עַל־צִיצִת הַכָּנָף פְּתִיל תְּכֵלֶת: וְהָיָה לָכֶם לְצִיצִת
וּרְאִיתֶם אֹתוֹ וּזְכַרְתֶּם אֶת־כָּל־מִצְוֹת יְהוָֹה וַעֲשִׂיתֶם אֹתָם ·

Darum sollst du den Ewigen, deinen Gott, lieben mit ganzem Herzen, mit ganzer Seele und mit ganzer Kraft.
Diese Worte, auf die ich dich heute verpflichte, sollen auf deinem Herzen geschrieben stehen. Du sollst sie deinen Kindern erzählen. Du sollst von ihnen reden, wenn du zu Hause sitzt und wenn du auf der Straße gehst, wenn du dich schlafen legst und wenn du aufstehst. Du sollst sie als Zeichen um dein Handgelenk binden. Sie sollen als Merkzeichen auf deiner Stirn sein. Du sollst sie auf die Türpfosten deines Hauses und in deine Tore schreiben.

(Dtn 6,5-9)

In Stille:

Und wenn ihr auf meine Gebote hört, auf die ich euch heute verpflichte, wenn ihr also den Ewigen, euren Gott, liebt und ihm mit ganzem Herzen und mit ganzer Seele dient, dann gebe ich eurem Land seinen Regen zur rechten Zeit, den Frühregen im Herbst und den Spätregen im Frühjahr, und du kannst Korn, Most und Öl ernten; dann gebe ich deinem Vieh sein Gras auf dem Feld, und du kannst essen und satt werden. Aber nehmt euch in Acht! Lasst euer Herz nicht verführt werden, weicht nicht vom Weg ab, dient nicht anderen Göttern und werft euch nicht vor ihnen nieder! Sonst wird der Zorn des Ewigen gegen euch entbrennen; er wird den Himmel zuschließen, es wird kein Regen fallen, der Acker wird keinen Ertrag bringen, und ihr werdet unverzüglich aus dem prächtigen Land getilgt sein, das der Ewige euch geben will. Diese meine Worte sollt ihr auf euer Herz und eure Seele schreiben. Ihr sollt sie als Zeichen um das Handgelenk binden. Sie sollen zum Schmuck auf eurer Stirn werden. Ihr sollt sie eure Kinder lehren und ihnen davon erzählen, wenn du zu Hause sitzt und wenn du auf der Straße gehst, wenn du dich hinlegst und wenn du aufstehst. Du sollst sie auf die Türpfosten deines Hauses und in deine Tore schreiben. Damit ihr und eure Kinder lange in dem Land lebt, das der Ewige euren Vorfahren geschworen hat zu geben; so zahlreich sollen eure Tage darin sein wie die Tage, die sich der Himmel über der Erde wölbt.

(Dtn 11,13-21)

Der Ewige sprach zu Mose: Rede zu den Kindern Israels und sage ihnen, sie sollen sich Quasten an die Enden ihrer Gewänder nähen, von Generation zu Generation. An den Quasten sollen sie einen blauen Faden anbringen. Es sollen Merkquasten für euch sein: Wenn ihr sie seht, dann sollt ihr euch an alle Gebote des Ewigen erinnern und sie tun. Ihr

וְלֹא־תָתֻורוּ אַחֲרֵי לְבַבְכֶם וְאַחֲרֵי עֵינֵיכֶם אֲשֶׁר־אַתֶּם זֹנִים
אַחֲרֵיהֶם׃ לְמַעַן תִּזְכְּרוּ וַעֲשִׂיתֶם אֶת־כָּל־מִצְוֹתָי · וִהְיִיתֶם
קְדֹשִׁים לֵאלֹהֵיכֶם׃ אֲנִי יְהוָֹה אֱלֹהֵיכֶם אֲשֶׁר הוֹצֵאתִי אֶתְכֶם
מֵאֶרֶץ מִצְרַיִם לִהְיוֹת לָכֶם לֵאלֹהִים · אֲנִי יְהוָֹה אֱלֹהֵיכֶם׃

Nach einer kurzen Zeit der Stille wird der Gottesdienst fortgesetzt mit:

גאולה

אֱמֶת וְיַצִּיב וְקַיָּם וּמְקֻבָּל וְטוֹב הַדָּבָר הַזֶּה עָלֵינוּ
לְעוֹלָם וָעֶד׃ אֱמֶת אֱלֹהֵי עוֹלָם מַלְכֵּנוּ · צוּר
יַעֲקֹב מָגֵן יִשְׁעֵנוּ · לְדוֹר וָדוֹר הוּא קַיָּם · וּמַלְכוּתוֹ וֶאֱמוּנָתוֹ
לָעַד קַיָּמֶת׃ אֱמֶת שֶׁאַתָּה הוּא יְיָ אֱלֹהֵינוּ וֵאלֹהֵי אֲבוֹתֵינוּ ·
פּוֹדֵנוּ וּמַצִּילֵנוּ · מֵעוֹלָם הוּא שְׁמֶךָ · אֵין אֱלֹהִים זוּלָתֶךָ׃

עֶזְרַת אֲבוֹתֵינוּ אַתָּה הוּא מֵעוֹלָם · מָגֵן וּמוֹשִׁיעַ לָהֶם
וְלִבְנֵיהֶם אַחֲרֵיהֶם בְּכָל־דּוֹר וָדוֹר׃ אַשְׁרֵי אִישׁ שֶׁיִּשְׁמַע
לְמִצְוֹתֶיךָ · וְתוֹרָתְךָ וּדְבָרְךָ יָשִׂים עַל־לִבּוֹ׃ אֱמֶת אַתָּה
הוּא רִאשׁוֹן · וְאַתָּה הוּא אַחֲרוֹן · וּמִבַּלְעָדֶיךָ אֵין לָנוּ מֶלֶךְ
גּוֹאֵל וּמוֹשִׁיעַ׃

צוּר יִשְׂרָאֵל · קוּמָה בְּעֶזְרַת יִשְׂרָאֵל · גֹּאֲלֵנוּ יְיָ צְבָאוֹת
שְׁמוֹ קְדוֹשׁ יִשְׂרָאֵל · בָּרוּךְ אַתָּה יְיָ · גָּאַל יִשְׂרָאֵל׃

Der Wochentagsgottesdienst wird mit der Amida für Wochentage auf S. 174, der Schabbatgottesdienst auf der folgenden Seite fortgesetzt.

sollt eurem Herzen und euren Augen nicht nachgeben, wenn sie euch zur Untreue verleiten wollen. Durch sie erinnert ihr euch an alle meine Gebote und werdet sie beachten und so eurem Gott heilig sein. Ich bin der Ewige, euer Gott; ich habe euch aus Ägypten herausgeführt, um für euch Gott zu sein; Ich, der Ewige, bin euer Gott.

(Num 15, 37-41)

Nach einer kurzen Zeit der Stille wird der Gottesdienst fortgesetzt mit:

DIE WAHRHEIT UND DIE ERLÖSUNG

Dieses Wort ist die Wahrheit. Allezeit ist es für uns gültig, anerkannt und gut. Es ist wahr, dass du bis in Ewigkeit Gott bist und über uns regierst. Du bist der Fels Jakobs, der Schutzschild zu unserem Heil. Beständig bist du von Generation zu Generation. Deine Herrschaft und deine Treue haben immerwährenden Bestand. Du, Ewiger, bist in Wahrheit unser Gott und der Gott unserer Vorfahren. Unser Erlöser und unser Erretter – das ist von jeher dein Name. Es gibt keinen anderen Gott außer dir.

Die Hilfe unserer Vorfahren warst du seit eh und je. Du warst für sie ein Schutzschild. Du warst ihre Hilfe – für sie und für ihre Kinder und ihre Enkel in jeder Generation. Glücklich ist der Mensch, der sich nach deinen Geboten richtet und sich deine Weisung und dein Wort zu Herzen nimmt. Dies ist wahr: Du bist der Anfang und du bist das Ende. Und außer dir gibt es für uns nichts, das uns erlösen und helfen kann.

Fels Israels, erhebe dich, um Israel zu helfen! Unser Erlöser, der alle Kreatur versorgt, Heiliger Israels, das ist sein Name. Gepriesen seist du, Ewiger. Du erlöst Israel .

Der Wochentagsgottesdienst wird mit der Amida für Wochentage auf S. 175, der Schabbatgottesdienst auf der folgenden Seite fortgesetzt.

אֲדֹנָי שְׂפָתַי תִּפְתָּח. וּפִי יַגִּיד תְּהִלָּתֶךָ:

Einer der beiden folgenden Abschnitte:

אבות ואמהות

בָּרוּךְ אַתָּה יְיָ אֱלֹהֵינוּ וֵאלֹהֵי אֲבוֹתֵינוּ. אֱלֹהֵי אַבְרָהָם. אֱלֹהֵי יִצְחָק. וֵאלֹהֵי יַעֲקֹב. הָאֵל הַגָּדוֹל הַגִּבּוֹר וְהַנּוֹרָא. אֵל עֶלְיוֹן. גּוֹמֵל חֲסָדִים טוֹבִים קוֹנֵה הַכֹּל וְזוֹכֵר חַסְדֵי אָבוֹת וּמֵבִיא גוֹאֵל לִבְנֵי בְנֵיהֶם לְמַעַן שְׁמוֹ בְּאַהֲבָה: מֶלֶךְ עוֹזֵר וּמוֹשִׁיעַ וּמָגֵן. בָּרוּךְ אַתָּה יְיָ. מָגֵן אַבְרָהָם:

בָּרוּךְ אַתָּה יְיָ אֱלֹהֵינוּ וֵאלֹהֵי אֲבוֹתֵינוּ וְאִמּוֹתֵינוּ. אֱלֹהֵי אַבְרָהָם וֵאלֹהֵי שָׂרָה. אֱלֹהֵי יִצְחָק וֵאלֹהֵי רִבְקָה. אֱלֹהֵי יַעֲקֹב אֱלֹהֵי רָחֵל וֵאלֹהֵי לֵאָה. הָאֵל הַגָּדוֹל הַגִּבּוֹר וְהַנּוֹרָא. אֵל עֶלְיוֹן. גּוֹמֵל חֲסָדִים טוֹבִים קוֹנֵה הַכֹּל וְזוֹכֵר חַסְדֵי אָבוֹת וְאִמָּהוֹת וּמֵבִיא גוֹאֵל לִבְנֵי בְנֵיהֶם לְמַעַן שְׁמוֹ בְּאַהֲבָה: מֶלֶךְ עוֹזֵר וּמוֹשִׁיעַ וּמָגֵן. בָּרוּךְ אַתָּה יְיָ. מָגֵן אַבְרָהָם וְשָׂרָה:

גבורות

אַתָּה גִּבּוֹר לְעוֹלָם יְיָ. מְחַיֵּה מֵתִים אַתָּה רַב לְהוֹשִׁיעַ.
[מַשִּׁיב הָרוּחַ וּמוֹרִיד הַגֶּשֶׁם:] [מוֹרִיד הַטָּל:]

מְכַלְכֵּל חַיִּים בְּחֶסֶד. מְחַיֵּה מֵתִים בְּרַחֲמִים רַבִּים. סוֹמֵךְ נוֹפְלִים. וְרוֹפֵא חוֹלִים. וּמַתִּיר אֲסוּרִים. וּמְקַיֵּם אֱמוּנָתוֹ לִישֵׁנֵי עָפָר: מִי כָמוֹךָ בַּעַל גְּבוּרוֹת וּמִי דּוֹמֶה לָּךְ. מֶלֶךְ מֵמִית וּמְחַיֶּה. וּמַצְמִיחַ יְשׁוּעָה: וְנֶאֱמָן אַתָּה לְהַחֲיוֹת מֵתִים. בָּרוּךְ אַתָּה יְיָ. מְחַיֵּה הַמֵּתִים:

קדושת השם

נַעֲרִיצְךָ וְנַקְדִּישְׁךָ כְּשֵׁם שֶׁמַּקְדִּישִׁים אוֹתוֹ בִּשְׁמֵי מָרוֹם

וְאַתָּה קָדוֹשׁ. יוֹשֵׁב תְּהִלּוֹת יִשְׂרָאֵל.

כַּכָּתוּב עַל יַד נְבִיאֶךָ. וְקָרָא זֶה אֶל זֶה וְאָמַר.

קָדוֹשׁ קָדוֹשׁ קָדוֹשׁ יְהוָה צְבָאוֹת. מְלֹא כָל־הָאָרֶץ כְּבוֹדוֹ:

Gott, öffne meine Lippen, dass mein Mund deinen Ruhm verkünde!

(Ps 51,17)

Einer der beiden folgenden Abschnitte:

GOTT ALLER GENERATIONEN

Gepriesen seist du, Ewiger, unser Gott und Gott unserer Väter, Gott Abrahams, Gott Isaaks und Gott Jakobs. Du bist groß und mächtig. Dir gebührt unsere Ehrfurcht. Du bist über alles erhaben. Du vollbringst Wohltaten. Alles hältst du in deiner Hand. Du erinnerst dich an die Frömmigkeit unserer Vorfahren und bringst deshalb liebevoll ihren Enkeln Erlösung um deines Namens willen. Du regierst und hilfst, du bist Rettung und Schutzschild. Gepriesen seist du, Ewiger, unser Gott, Schutzschild Abrahams.

Gepriesen seist du, Ewiger, unser Gott und Gott unserer Väter und Mütter, Gott Abrahams und Gott Saras, Gott Isaaks und Gott Rebekkas, Gott Jakobs, Gott Rahels und Gott Leas. Du bist groß und mächtig. Dir gebührt unsere Ehrfurcht. Du bist über alles erhaben. Du vollbringst Wohltaten. Alles hältst du in deiner Hand. Du erinnerst dich an die Frömmigkeit unserer Vorfahren und bringst deshalb liebevoll ihren Enkeln Erlösung um deines Namens willen. Du regierst und hilfst, du bist Rettung und Schutzschild. Gepriesen seist du, Ewiger, unser Gott, Schutzschild Abrahams und Saras.

GOTT IST MÄCHTIG

Du bist die nie erschöpfende Kraft, du schenkst Leben angesichts des Todes. Vielfältig sind deine Wege zu helfen.

Pessach bis Schemini Azeret: Du lässt den Tau entstehen.

Schemini Azeret bis Pessach: Du lässt die Winde wehen und den Regen fallen.

Die Lebenden ernährst du in Güte. In großem Erbarmen schaffst du Leben angesichts des Todes. Du stützt die Fallenden. Du heilst die Kranken. Du machst die Gebundenen los und hältst die Treue denen, die im Staube schlafen. Wer ist wie du, der solche Kraft hätte, und wer ist dir gleich? – Du, Gott, hast Macht über Tod und Leben, und du lässt Hilfe sprossen. Du bist treu, Leben angesichts des Todes zu schaffen. Gepriesen seist du, Ewiger. Du schenkst Leben angesichts des Todes.

GOTT IST HEILIG

Wir wollen dich verehren und heiligen und deinen Ruhm auf der Erde so groß machen wie im Himmel, denn es heißt bei dem Propheten: Sie riefen einander zu:

Heilig bist du, deine Gegenwart ist in den Lobliedern Israels.

(Ps 22,4)

Heilig, heilig, heilig ist der Schöpfer aller Kreatur. Die ganze Welt ist mit Gottes Gegenwart erfüllt. *(Jes 6,3)*

קָדוֹשׁ קָדוֹשׁ קָדוֹשׁ יְהוָה צְבָאוֹת. מְלֹא כָל־הָאָרֶץ כְּבוֹדוֹ:

בָּרוּךְ כְּבוֹד יְהוָה מִמְּקוֹמוֹ.

יִמְלֹךְ יְהוָה לְעוֹלָם. אֱלֹהַיִךְ צִיּוֹן לְדֹר וָדֹר הַלְלוּיָהּ:

כְּבוֹדוֹ מָלֵא עוֹלָם מְשָׁרְתָיו שׁוֹאֲלִים זֶה לָזֶה אַיֵּה מְקוֹם כְּבוֹדוֹ. לְעֻמָּתָם בָּרוּךְ יֹאמֵרוּ.

בָּרוּךְ אַתָּה יְהוָה. הָאֵל הַקָּדוֹשׁ:

בָּרוּךְ כְּבוֹד יְהוָה מִמְּקוֹמוֹ:

מִמְּקוֹמוֹ הוּא יִפֶן בְּרַחֲמִים וְיָחוֹן עַם הַמְיַחֲדִים שְׁמוֹ עֶרֶב וָבֹקֶר בְּכָל־יוֹם תָּמִיד פַּעֲמַיִם בְּאַהֲבָה שְׁמַע אוֹמְרִים:

שְׁמַע יִשְׂרָאֵל יְיָ אֱלֹהֵינוּ יְיָ אֶחָד:

אֶחָד הוּא אֱלֹהֵינוּ הוּא אָבִינוּ הוּא מַלְכֵּנוּ הוּא מוֹשִׁיעֵנוּ. וְהוּא יַשְׁמִיעֵנוּ בְּרַחֲמָיו שֵׁנִית לְעֵינֵי כָּל־חַי לִהְיוֹת לָכֶם לֵאלֹהִים:

אֲנִי יְיָ אֱלֹהֵיכֶם:

וּבְדִבְרֵי קָדְשְׁךָ כָּתוּב לֵאמֹר.

יִמְלֹךְ יְיָ לְעוֹלָם אֱלֹהַיִךְ צִיּוֹן לְדֹר וָדֹר. הַלְלוּיָהּ:

לְדוֹר וָדוֹר נַגִּיד גָּדְלֶךָ. וּלְנֵצַח נְצָחִים קְדֻשָּׁתְךָ נַקְדִּישׁ. וְשִׁבְחֲךָ אֱלֹהֵינוּ מִפִּינוּ לֹא יָמוּשׁ לְעוֹלָם וָעֶד. כִּי אֵל מֶלֶךְ גָּדוֹל וְקָדוֹשׁ אָתָּה. בָּרוּךְ אַתָּה יְיָ. הָאֵל הַקָּדוֹשׁ:

Heilig, heilig, heilig ist der Schöpfer aller Kreatur. Die ganze Welt ist mit Gottes Gegenwart erfüllt. *(Jes 6,3)*

Gottes Gegenwart erfüllt die Erde. Die, die dir dienen, fragen einander: „Wo ist der Ort der Gegenwart Gottes?“ Als Antwort rufen sie: „Gepriesen!“

Gepriesen sei die Gegenwart Gottes an jedem Ort. *(Ez 3,12)*

Gott herrscht allezeit, dein Gott, Zion, regiert bis in Ewigkeit. Halleluja! *(Ps 146,10)*

Gepriesen seist du, Ewiger, heiliger Gott!

Gepriesen sei die Gegenwart Gottes an jedem Ort. *(Ez 3,12)*

Mögest du dich zu uns wenden und Gnade erweisen dem Volk, das die Einheit deines Namens morgens und abends verkündet, das täglich zweimal in Liebe zu dir das Sch'ma rezitiert.

Höre Israel, der Ewige ist unser Gott, der Ewige ist einzig! *(Dtn 6,4)*

Einzig ist unser Gott. Einzig ist Gott – Gott hat uns geschaffen und sorgt für uns. Einzig ist Gott – Gott regiert über uns. Einzig ist Gott – Gott hilft uns. Gott, du lässt es uns neu hören, in Gegenwart aller lebendigen Wesen, dass du unser Gott bist:

Ich, der Ewige, bin euer Gott. *(Num 15,41)*

Und in deinen heiligen Worten steht geschrieben:

Gott herrscht allezeit, dein Gott, Zion, regiert bis in Ewigkeit. Halleluja! *(Ps 146,10)*

Von Generation zu Generation wollen wir deine Größe erzählen und von Ewigkeit zu Ewigkeit deine Heiligkeit verkünden. Das Lob, das wir dir, unserem Gott, bringen, soll niemals aus unseren Mündern weichen, denn du bist Gott, du regierst in Größe und Heiligkeit. Gepriesen seist du, Ewiger, heiliger Gott.

ושמרו

וְשָׁמְרוּ בְנֵי־יִשְׂרָאֵל אֶת־הַשַּׁבָּת לַעֲשׂוֹת אֶת־הַשַּׁבָּת לְדֹרֹתָם בְּרִית עוֹלָם · בֵּינִי וּבֵין בְּנֵי יִשְׂרָאֵל אוֹת הִוא לְעֹלָם · כִּי־שֵׁשֶׁת יָמִים עָשָׂה יְהוָה אֶת־הַשָּׁמַיִם וְאֶת־הָאָרֶץ · וּבַיּוֹם הַשְּׁבִיעִי שָׁבַת וַיִּנָּפַשׁ׃

אֱלֹהֵינוּ וֵאלֹהֵי אֲבוֹתֵינוּ · רְצֵה־נָא בִמְנוּחָתֵנוּ · קַדְּשֵׁנוּ בְּמִצְוֹתֶיךָ · שִׂים חֶלְקֵנוּ בְּתוֹרָתֶךָ · שַׂבְּעֵנוּ מִטּוּבֶךָ · שַׂמַּח נַפְשֵׁנוּ בִּישׁוּעָתֶךָ · וְטַהֵר לִבֵּנוּ לְעָבְדְּךָ בֶּאֱמֶת · וְהַנְחִילֵנוּ יְיָ אֱלֹהֵינוּ בְּאַהֲבָה וּבְרָצוֹן שַׁבַּת קָדְשֶׁךָ · וְיָנוּחוּ בָהּ כָּל־יִשְׂרָאֵל מְקַדְּשֵׁי שְׁמֶךָ׃ בָּרוּךְ אַתָּה יְיָ · מְקַדֵּשׁ הַשַּׁבָּת׃

עבודה

רְצֵה יְיָ אֱלֹהֵינוּ בְּעַמְּךָ יִשְׂרָאֵל · וְלִתְפִלָּתָם שְׁעֵה · וּבְרַחֲמֶיךָ הָרַבִּים תַּחְפֹּץ בָּנוּ וְתַשְׁרֶה שְׁכִינָתְךָ עַל צִיּוֹן ·

Am Neumond und an Halbfeiertagen wird eingefügt:

יעלה ויבא

אֱלֹהֵינוּ וֵאלֹהֵי אֲבוֹתֵינוּ יַעֲלֶה וְיָבֹא · יַגִּיעַ וְיֵרָאֶה · זִכְרוֹנֵנוּ וּפִקְדוֹנֵנוּ · וְזִכְרוֹן אֲבוֹתֵינוּ · וְזִכְרוֹן מָשִׁיחַ בֶּן־דָּוִד עַבְדֶּךָ · וְזִכְרוֹן יְרוּשָׁלַיִם עִיר קָדְשֶׁךָ · וְזִכְרוֹן כָּל־עַמְּךָ בֵּית יִשְׂרָאֵל לְפָנֶיךָ · לִפְלֵיטָה וּלְטוֹבָה · לְחֵן וּלְחֶסֶד וּלְרַחֲמִים · בְּיוֹם

בראש החדש׃ רֹאשׁ הַחֹדֶשׁ הַזֶּה ·

בפסח׃ חַג הַמַּצּוֹת הַזֶּה ·

בסכות׃ חַג הַסֻּכּוֹת הַזֶּה ·

זָכְרֵנוּ יְיָ אֱלֹהֵינוּ בּוֹ לְטוֹבָה · אָמֵן׃

וּפָקְדֵנוּ בוֹ לִבְרָכָה · אָמֵן׃

וְהוֹשִׁיעֵנוּ בוֹ לְחַיִּים טוֹבִים׃ אָמֵן׃

וּבִדְבַר יְשׁוּעָה וְרַחֲמִים חוּס וְחָנֵּנוּ · כִּי אֵלֶיךָ עֵינֵינוּ · כִּי אֵל מֶלֶךְ חַנּוּן וְרַחוּם אָתָּה׃

וְתֶחֱזֶינָה עֵינֵינוּ בְּשׁוּבְךָ לְצִיּוֹן בְּרַחֲמִים · בָּרוּךְ אַתָּה יְיָ · הַמַּחֲזִיר שְׁכִינָתוֹ לְצִיּוֹן׃

DER SCHABBAT IST HEILIG

Die Kinder Israels sollen den Schabbat halten und ihn von Generation zu Generation als einen ewigen Bund bewahren. Für alle Zeiten wird er ein Zeichen zwischen mir und den Kindern Israels sein. Denn in sechs Tagen hat Gott Himmel und Erde gemacht; am siebten Tag aber ruhte Gott und atmete auf. *(Ex 31,16-17)*

Unser Gott und Gott unserer Vorfahren, habe Gefallen an unserer Ruhe. Lass unser Leben auf dich ausgerichtet sein und hilf uns, deine Gebote zu beachten. Lass deine Weisung zu unserem eigenen Anliegen werden. Sättige uns mit deiner Güte. Erfreue uns mit deiner Hilfe und reinige unsere Herzen, dass sie dir in Wahrhaftigkeit dienen. In Liebe und in Wohlgefallen lass uns, Gott, den Schabbat zu eigen machen, und lass an ihm ganz Israel, das dich sucht, zur Ruhe kommen. Gepriesen seist du, Ewiger. Du hast den Schabbat geheiligt.

DANK UND FRIEDENSBITTE

Habe Gefallen an deinem Volk Israel und höre seine Gebete. In großem Erbarmen finde Gefallen an uns und lass deine Gegenwart über Zion ruhen.

Am Neumond und an Halbfeiertagen wird eingefügt:

Unser Gott und Gott unserer Vorfahren, das Gedenken an uns und die Verantwortung für uns, das Gedenken an unsere Vorfahren und an die messianische Zeit, das Gedenken an Jerusalem, die Stadt deiner Heiligkeit, und an die ganze Familie Israels mögen zu dir gelangen und vor dich kommen; sie mögen dich erreichen und wahrgenommen werden. Es geschehe, damit wir deine Rettung und Güte erfahren, damit uns deine Gnade und Liebe zuteil werden. Ewiger, unser Gott, heute,

Am Neumond: zu Beginn eines neuen Monats,
An Pessach: am Fest der ungesäuerten Brote,
An Sukkot: am Laubhüttenfest,

denke an uns, damit wir Gutes erfahren – Amen.
Schenke uns deinen Segen – Amen.
Hilf uns zu einem guten Leben – Amen.

Du hast uns Hilfe und Erbarmen versprochen, deshalb erbarme dich über uns und zeige uns deine Gnade. Denn auf dich richtet sich unser Blick, du bist die Quelle aller Gnade und allen Erbarmens.

Lass unsere Augen Ausschau halten nach deiner Rückkehr zum Zion in Erbarmen. Gepriesen seist du, Ewiger. Du lässt deine Gegenwart nach Zion zurückkehren.

הודאה

מוֹדִים אֲנַחְנוּ לָךְ שָׁאַתָּה הוּא יְיָ אֱלֹהֵינוּ וֵאלֹהֵי אֲבוֹתֵינוּ לְעוֹלָם וָעֶד· צוּרֵנוּ צוּר חַיֵּינוּ וּמָגֵן יִשְׁעֵנוּ אַתָּה הוּא לְדוֹר וָדוֹר: נוֹדֶה לְּךָ וּנְסַפֵּר תְּהִלָּתֶךָ עַל חַיֵּינוּ הַמְּסוּרִים בְּיָדֶךָ· וְעַל נִשְׁמוֹתֵינוּ הַפְּקוּדוֹת לָךְ· וְעַל נִסֶּיךָ שֶׁבְּכָל־יוֹם עִמָּנוּ· וְעַל נִפְלְאוֹתֶיךָ וְטוֹבוֹתֶיךָ שֶׁבְּכָל־עֵת עֶרֶב וָבֹקֶר וְצָהֳרָיִם: הַטּוֹב כִּי לֹא כָלוּ רַחֲמֶיךָ· הַמְרַחֵם כִּי לֹא תַמּוּ חֲסָדֶיךָ· כִּי מֵעוֹלָם קִוִּינוּ לָךְ:

An Chanukka wird hier das Chanukka-Gebet ועל הנסים *(S. 199) eingefügt.*

וְעַל כֻּלָּם יִתְבָּרַךְ וְיִתְרוֹמַם וְיִתְנַשֵּׂא תָּמִיד שִׁמְךָ מַלְכֵּנוּ לְעוֹלָם וָעֶד: וְכָל־הַחַיִּים יוֹדוּךָ סֶּלָה· וִיהַלְלוּ וִיבָרְכוּ אֶת־שִׁמְךָ הַגָּדוֹל בֶּאֱמֶת· הָאֵל יְשׁוּעָתֵנוּ וְעֶזְרָתֵנוּ סֶלָה: בָּרוּךְ אַתָּה יְהוָה· הַטּוֹב שִׁמְךָ וּלְךָ נָאֶה לְהוֹדוֹת:

אֱלֹהֵינוּ וֵאלֹהֵי אֲבוֹתֵינוּ בָּרְכֵנוּ בַּבְּרָכָה הַמְשֻׁלֶּשֶׁת בַּתּוֹרָה הַכְּתוּבָה עַל יְדֵי מֹשֶׁה עַבְדֶּךָ הָאֲמוּרָה מִפִּי אַהֲרֹן וּבָנָיו כֹּהֲנִים עַם קְדוֹשֶׁךָ כָּאָמוּר·

יְבָרֶכְךָ יְהוָה וְיִשְׁמְרֶךָ:	כֵּן יְהִי רָצוֹן:
יָאֵר יְהוָה פָּנָיו אֵלֶיךָ וִיחֻנֶּךָּ:	כֵּן יְהִי רָצוֹן:
יִשָּׂא יְהוָה פָּנָיו אֵלֶיךָ וְיָשֵׂם לְךָ שָׁלוֹם:	כֵּן יְהִי רָצוֹן:

ברכת שלום

שִׂים שָׁלוֹם טוֹבָה וּבְרָכָה חַיִּים חֵן וָחֶסֶד צְדָקָה וְרַחֲמִים עָלֵינוּ· וּבָרְכֵנוּ אָבִינוּ כֻּלָּנוּ יַחַד בְּאוֹר פָּנֶיךָ· כִּי בְאוֹר פָּנֶיךָ נָתַתָּ לָּנוּ יְהוָה אֱלֹהֵינוּ תּוֹרָה וְחַיִּים· אַהֲבָה וָחֶסֶד· צְדָקָה וְרַחֲמִים· בְּרָכָה וְשָׁלוֹם· וְטוֹב בְּעֵינֶיךָ לְבָרֵךְ אֶת־עַמְּךָ יִשְׂרָאֵל בְּרָב־עֹז וּבְשָׁלוֹם: בָּרוּךְ אַתָּה יְהוָה· הַמְבָרֵךְ אֶת־עַמּוֹ יִשְׂרָאֵל בַּשָּׁלוֹם:

Wir danken dir, denn du bist der Ewige, unser Gott und der Gott unserer Vorfahren, seit eh und je. Wir danken dir, denn du bist unser Fels und das Fundament, auf dem unser Leben ruht. Deine Hilfe haben wir zum Schutzschild – Fels und Schutzschild bist du uns seit jeher. Wir loben dich und erzählen von deinem Ruhm. Wir loben dich für unser Leben, das in deine Hand gegeben ist, und für unsere Seele, die dir anvertraut ist; für die Zeichen deiner Gegenwart, die uns täglich umgeben, für die Wunder und Wohltaten zu jeder Zeit, abends, morgens und mittags. Du bist gut, denn dein Erbarmen wird niemals aufhören. Du bist barmherzig, denn deine Gnade wird niemals versiegen. Von jeher hofften wir auf dich!

An Chanukka wird hier das Chanukka-Gebet „Al ha-Nissim" (S. 199) eingefügt.

Für all dies preisen wir dich und erheben und rühmen deinen Namen, unser Herrscher, allezeit. Alles, was lebt, möge dir danken. Und man soll deinen großen Namen loben und preisen in Wahrhaftigkeit. Preisen soll man dich, Gott, unsere Hilfe und unsere Rettung. Gepriesen seist du, Ewiger. „Guter Gott" – das ist dein Name. Schön ist es, dich zu loben.

Gott und Gott unserer Vorfahren, segne uns durch den dreifachen Segen, überliefert in der Thora durch Mose, deinen Knecht, gesprochen durch den Mund Aarons und seiner Nachfolger, der Priester deines heiligen Volkes. Er lautet:

Gott segne dich und behüte dich.

Möge dies Gottes Wille sein!

Gottes Angesicht leuchte über dir;
Gott sei dir gnädig.

Möge dies Gottes Wille sein!

Gottes Angesicht sei über dir erhoben;
Gott gebe dir Frieden.

Möge dies Gottes Wille sein!

Schenke uns Frieden und Gutes. Segne uns und schütze unser Leben. Lass deine Gnade und Güte über uns walten. Deine Gerechtigkeit und dein Erbarmen mögen uns stets begleiten. Quelle allen Erbarmens, sei unter uns gegenwärtig. Denn deine Gegenwart gab uns die Thora und sie gab uns unser Leben, die Liebe und Güte, die Gerechtigkeit und das Erbarmen, sie gab uns Segen und Frieden. Ja, es gefällt dir, dein Volk Israel mit Stärke und Frieden zu segnen. Gepriesen seist du, Ewiger. Du segnest dein Volk Israel mit Frieden.

אלהי נצור

אֱלֹהַי נְצוֹר לְשׁוֹנִי מֵרָע. וּשְׂפָתוֹתַי מִדַּבֵּר מִרְמָה. וְלִמְקַלְלַי נַפְשִׁי תִדּוֹם. וְנַפְשִׁי כֶּעָפָר לַכֹּל תִּהְיֶה: פְּתַח לִבִּי בְּתוֹרָתֶךָ. וְאַחֲרֵי מִצְוֹתֶיךָ תִּרְדּוֹף נַפְשִׁי. וְכָל־הַקָּמִים עָלַי לְרָעָה מְהֵרָה הָפֵר עֲצָתָם וְקַלְקֵל מַחְשְׁבוֹתָם: יִהְיוּ לְרָצוֹן אִמְרֵי־פִי. וְהֶגְיוֹן לִבִּי לְפָנֶיךָ. יְהוָה צוּרִי וְגֹאֲלִי:

עֹשֶׂה שָׁלוֹם בִּמְרוֹמָיו הוּא יַעֲשֶׂה שָׁלוֹם עָלֵינוּ וְעַל־כָּל־יִשְׂרָאֵל. וְאִמְרוּ אָמֵן:

סדר קריאת התורה

אֵין כָּמוֹךָ בָאֱלֹהִים אֲדֹנָי וְאֵין כְּמַעֲשֶׂיךָ:
מַלְכוּתְךָ מַלְכוּת כָּל־עֹלָמִים וּמֶמְשַׁלְתְּךָ בְּכָל־דּוֹר וָדֹר:
יְהוָה מֶלֶךְ יְהוָה מָלָךְ יְהוָה יִמְלֹךְ לְעוֹלָם וָעֶד:
יְהוָה עֹז לְעַמּוֹ יִתֵּן יְהוָה יְבָרֵךְ אֶת־עַמּוֹ בַשָּׁלוֹם:
אַב־הָרַחֲמִים הֵיטִיבָה בִרְצוֹנְךָ אֶת־צִיּוֹן תִּבְנֶה חוֹמוֹת יְרוּשָׁלָיִם. כִּי בְךָ לְבַד בָּטָחְנוּ מֶלֶךְ אֵל רָם וְנִשָּׂא אֲדוֹן עוֹלָמִים:

Hier kann folgendes eingefügt werden:

עשרת הדברות

וַיְדַבֵּר אֱלֹהִים אֵת כָּל־הַדְּבָרִים הָאֵלֶּה לֵאמֹר:

א אָנֹכִי יְהוָה אֱלֹהֶיךָ אֲשֶׁר הוֹצֵאתִיךָ מֵאֶרֶץ מִצְרַיִם מִבֵּית עֲבָדִים:

ב לֹא־יִהְיֶה לְךָ אֱלֹהִים אֲחֵרִים עַל־פָּנָי: לֹא־תַעֲשֶׂה לְךָ פֶסֶל וְכָל־תְּמוּנָה אֲשֶׁר בַּשָּׁמַיִם מִמַּעַל וַאֲשֶׁר בָּאָרֶץ מִתַּחַת

MEDITATION Mein Gott, bewahre meine Zunge vor böser Rede und meine Lippen vor Lüge. Denen gegenüber, die mir Böses wollen, lass mich angemessen reagieren, und meine Seele möge gelassen bleiben, was auch geschieht. Mache mich bereit für deine Weisung. Nach deinen Geboten will ich leben. Eilig aber zerbrich die Pläne derer, die Böses gegen mich ersinnen, und vernichte ihre Gedanken. „Die Worte meines Mundes und meine Gedanken mögen dir angenehm sein, Ewiger, mein Fels und mein Heil." *(Ps 19,15)* *(bBer 17a)*

Gott schafft Frieden in der Höhe. Möge Gott uns und ganz Israel Frieden geben. Darauf sprecht: Amen.

ORDNUNG DER THORALESUNG

Ewiger, unter den Göttern ist keiner wie du,
und nichts gleicht den Werken, die du geschaffen hast. *(Ps 86,8)*
Dein Königtum ist ein Königtum für ewige Zeiten,
deine Herrschaft währt von Generation zu Generation. *(Ps 145,13)*

Gott regiert, Gott hat regiert, und regieren wird Gott bis in Ewigkeit.

Gott gebe dem Gottesvolk Kraft,
Gott segne das Gottesvolk mit Frieden. *(Ps 29,11)*
Ursprung allen Erbarmens, erweise Zion Gutes
und erbaue Jerusalems Mauern, denn auf dich allein vertrauen wir.
Du herrschst über alles. Du bist groß und mächtig.
Du regierst über die ganze Welt.

Hier kann folgendes eingefügt werden:

DIE ZEHN WORTE Dann sprach Gott die folgenden Worte:

1. Ich bin der Ewige, dein Gott, ich habe dich aus Ägypten geführt, aus dem Sklavenhaus.

2. Du sollst keine anderen Götter haben vor mir. Du sollst dir kein Bild machen und keine Darstellung von irgendetwas, das oben im

וַאֲשֶׁר בַּמַּיִם מִתַּחַת לָאָרֶץ: לֹא־תִשְׁתַּחֲוֶה לָהֶם וְלֹא
תָעָבְדֵם כִּי אָנֹכִי יְהוָה אֱלֹהֶיךָ אֵל קַנָּא פֹּקֵד עֲוֹן אָבֹת
עַל־בָּנִים עַל־שִׁלֵּשִׁים וְעַל־רִבֵּעִים לְשֹׂנְאָי: וְעֹשֶׂה חֶסֶד
לַאֲלָפִים לְאֹהֲבַי וּלְשֹׁמְרֵי מִצְוֹתָי:

ג לֹא תִשָּׂא אֶת־שֵׁם־יְהוָה אֱלֹהֶיךָ לַשָּׁוְא כִּי לֹא יְנַקֶּה יְהוָה
אֵת אֲשֶׁר־יִשָּׂא אֶת־שְׁמוֹ לַשָּׁוְא:

ד זָכוֹר אֶת־יוֹם הַשַּׁבָּת לְקַדְּשׁוֹ: שֵׁשֶׁת יָמִים תַּעֲבֹד
וְעָשִׂיתָ כָּל־מְלַאכְתֶּךָ: וְיוֹם הַשְּׁבִיעִי שַׁבָּת לַיהוָה אֱלֹהֶיךָ
לֹא־תַעֲשֶׂה כָל־מְלָאכָה אַתָּה וּבִנְךָ וּבִתֶּךָ עַבְדְּךָ וַאֲמָתְךָ
וּבְהֶמְתֶּךָ וְגֵרְךָ אֲשֶׁר בִּשְׁעָרֶיךָ: כִּי שֵׁשֶׁת־יָמִים עָשָׂה יְהוָה
אֶת־הַשָּׁמַיִם וְאֶת־הָאָרֶץ אֶת־הַיָּם וְאֶת־כָּל־אֲשֶׁר־בָּם וַיָּנַח
בַּיּוֹם הַשְּׁבִיעִי· עַל־כֵּן בֵּרַךְ יְהוָה אֶת־יוֹם הַשַּׁבָּת וַיְקַדְּשֵׁהוּ:

ה כַּבֵּד אֶת־אָבִיךָ וְאֶת־אִמֶּךָ לְמַעַן יַאֲרִכוּן יָמֶיךָ עַל
הָאֲדָמָה אֲשֶׁר־יְהוָה אֱלֹהֶיךָ נֹתֵן לָךְ:

ו לֹא תִרְצָח:

ז לֹא תִנְאָף:

ח לֹא תִגְנֹב:

ט לֹא־תַעֲנֶה בְרֵעֲךָ עֵד שָׁקֶר:

י לֹא תַחְמֹד בֵּית רֵעֶךָ לֹא תַחְמֹד· אֵשֶׁת רֵעֶךָ וְעַבְדּוֹ
וַאֲמָתוֹ וְשׁוֹרוֹ וַחֲמֹרוֹ וְכֹל אֲשֶׁר לְרֵעֶךָ:

Himmel ist, das unten auf der Erde ist und das unter der Erde im Wasser ist. Du sollst dich nicht vor ihnen niederwerfen und ihnen nicht dienen. Denn ich, der Ewige, dein Gott, bin ein eifersüchtiger Gott. Ich suche die Schuld der Eltern an den Kindern heim, an der dritten und vierten Generation derer, die mich hassen. Aber ich erweise meine Gnade an tausenden von Generationen derer, die mich lieben und meine Gebote halten.

3. Du sollst den Namen des Ewigen, deines Gottes, nicht missbrauchen, denn Gott wird den nicht ungestraft lassen, der den Namen Gottes missbraucht.

4. Gedenke des Schabbattages, um ihn heilig zu halten! Sechs Tage sollst du arbeiten und dein Werk verrichten. Der siebte Tag aber ist ein Ruhetag, dem Ewigen, deinem Gott, geweiht. An ihm sollst du keine Arbeit tun, weder du selbst, noch dein Sohn, deine Tochter, dein Knecht, deine Magd, dein Vieh und deine Fremden. Denn in sechs Tagen hat Gott den Himmel und die Erde gemacht, und das Meer und alles, was darin ist, am siebten Tag aber hat Gott geruht. Darum hat der Ewige den Schabbat gesegnet und ihn für heilig erklärt.

5. Ehre deinen Vater und deine Mutter, damit du lange lebst in dem Land, das der Ewige, dein Gott, dir gibt.

6. Du sollst nicht morden.

7. Du sollst nicht die Ehe brechen.

8. Du sollst nicht stehlen.

9. Du sollst nicht falsch gegen deinen Nächsten aussagen.

10. Du sollst nicht nach dem Haus deines Nächsten verlangen. Du sollst nicht nach der Frau deines Nächsten verlangen, nach seinem Sklaven oder seiner Sklavin, seinem Rind oder seinem Esel oder nach irgendetwas, das deinem Nächsten gehört.

וַיְהִי בִּנְסֹעַ הָאָרֹן· וַיֹּאמֶר מֹשֶׁה: קוּמָה יְהוָה· וְיָפֻצוּ אֹיְבֶיךָ·
וְיָנֻסוּ מְשַׂנְאֶיךָ מִפָּנֶיךָ:
כִּי מִצִּיּוֹן תֵּצֵא תוֹרָה· וּדְבַר־יְהוָה מִירוּשָׁלָיִם:

בָּרוּךְ שֶׁנָּתַן תּוֹרָה לְעַמּוֹ יִשְׂרָאֵל בִּקְדֻשָּׁתוֹ:

שְׁמַע יִשְׂרָאֵל יְהוָה אֱלֹהֵינוּ יְהוָה אֶחָד:

אֶחָד אֱלֹהֵינוּ גָּדוֹל אֲדוֹנֵינוּ קָדוֹשׁ וְנוֹרָא שְׁמוֹ:

גַּדְּלוּ לַיהוָה אִתִּי וּנְרוֹמְמָה שְׁמוֹ יַחְדָּו:

לְךָ יְהוָה הַגְּדֻלָּה וְהַגְּבוּרָה וְהַתִּפְאֶרֶת וְהַנֵּצַח וְהַהוֹד כִּי־כֹל בַּשָּׁמַיִם וּבָאָרֶץ לְךָ יְהוָה הַמַּמְלָכָה וְהַמִּתְנַשֵּׂא לְכֹל לְרֹאשׁ: רוֹמְמוּ יְהוָה אֱלֹהֵינוּ· וְהִשְׁתַּחֲווּ לַהֲדֹם רַגְלָיו· קָדוֹשׁ הוּא: רוֹמְמוּ יְהוָה אֱלֹהֵינוּ· וְהִשְׁתַּחֲווּ לְהַר קָדְשׁוֹ· כִּי קָדוֹשׁ יְהוָה אֱלֹהֵינוּ:

אֵין קָדוֹשׁ כַּיהוָה כִּי־אֵין בִּלְתֶּךָ· וְאֵין צוּר כֵּאלֹהֵינוּ: כִּי מִי אֱלוֹהַּ מִבַּלְעֲדֵי יְהוָה· וּמִי צוּר זוּלָתִי אֱלֹהֵינוּ: תּוֹרָה צִוָּה־לָנוּ מֹשֶׁה· מוֹרָשָׁה קְהִלַּת יַעֲקֹב: עֵץ־חַיִּים הִיא לַמַּחֲזִיקִים בָּהּ· וְתֹמְכֶיהָ מְאֻשָּׁר: דְּרָכֶיהָ דַרְכֵי־נֹעַם· וְכָל־נְתִיבֹתֶיהָ שָׁלוֹם: שָׁלוֹם רָב לְאֹהֲבֵי תוֹרָתֶךָ· וְאֵין־לָמוֹ מִכְשׁוֹל: יְהוָה עֹז לְעַמּוֹ יִתֵּן· יְהוָה יְבָרֵךְ אֶת־עַמּוֹ בַשָּׁלוֹם: כִּי שֵׁם יְהוָה אֶקְרָא· הָבוּ גֹדֶל לֵאלֹהֵינוּ: הַכֹּל תְּנוּ עֹז לֵאלֹהִים· וּתְנוּ כָבוֹד לַתּוֹרָה:

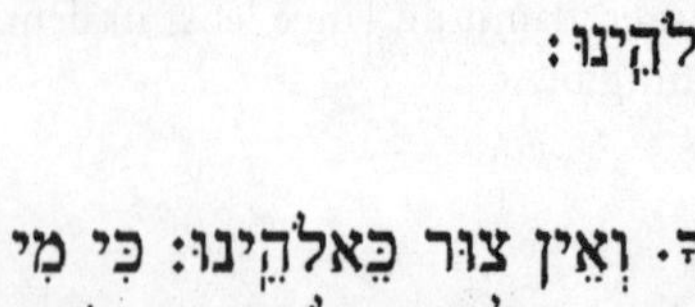

Berditschew

Wenn die Lade aufbrach, sagte Mose:
Erhebe dich, Gott, dann zerstreuen sich deine Feinde,
dann fliehen deine Gegner vor dir, *(Num 10,35)*
denn die Thora wird von Zion herkommen
und Gottes Wort von Jerusalem. *(Jes 2,3)*

Gepriesen sei Gott; Gott gab Israel in göttlicher Heiligkeit die Thora.
Höre Israel, der Ewige ist Gott, der Ewige ist einzig! *(Dtn 6,4)*
Einzigartig ist unser Gott. Gott ist groß und Gott herrscht.
Heilig ist Gottes Name und furchtgebietend! *(Ps 147,5)*
Preiset mit mir den lebendigen Gott
und lasst uns miteinander den Namen Gottes erhöhen! *(Ps 34,4)*

Dein Eigen, Gott, sind Größe und Macht, Ruhm, Pracht und Hoheit.
Dir gehört alles im Himmel und auf Erden.
Dein, Gott, ist die Herrschaft
und du erhebst dich als Haupt über alles. *(1. Chron 29,11)*
Rühmt den Ewigen, unsern Gott;
werft euch am Schemel der Füße Gottes nieder!
Denn Gott ist heilig. *(Ps 99,5)*
Rühmt den Ewigen, unsern Gott,
werft euch nieder an Gottes heiligem Berge!
Denn heilig ist der Ewige, unser Gott. *(Ps 99,9)*

Niemand ist heilig, nur der Ewige;
denn außer dem Ewigen gibt es keinen Gott;
niemand ist ein Fels wie unser Gott. *(1. Sam 2,2)*
Ja, wer ist Gott, als allein der Ewige,
wer ist ein Fels, wenn nicht unser Gott? *(Ps 18,32)*
Mose hat uns die Thora übergeben,
den Erbbesitz der Gemeinde Jakobs. *(Dtn 33,4)*
Wer nach ihr greift, dem ist sie ein Lebensbaum,
wer sie festhält, ist glücklich zu preisen. *(Spr 3,18)*
Ihre Wege sind Wege der Freude,
all ihre Pfade führen zum Glück. *(Spr 3,17)*
Alle, die deine Weisung lieben, empfangen Heil in Fülle;
es trifft sie kein Unheil. *(Ps 119,165)*
Gott gebe dem Gottesvolk Kraft,
Gott segne das Gottesvolk mit Frieden. *(Ps 29,11)*
Alles verkünde die Kraft Gottes
und die Herrlichkeit der göttlichen Weisung!

וְזֹאת הַתּוֹרָה אֲשֶׁר־שָׂם מֹשֶׁה · לִפְנֵי בְּנֵי יִשְׂרָאֵל : תּוֹרָה צִוָּה־לָנוּ מֹשֶׁה · מוֹרָשָׁה קְהִלַּת יַעֲקֹב : הָאֵל תָּמִים דַּרְכּוֹ · אִמְרַת יְהֹוָה צְרוּפָה · מָגֵן הוּא לְכֹל הַחוֹסִים בּוֹ :

Vor der Thoralesung:

בָּרְכוּ אֶת־יְיָ הַמְבֹרָךְ :

בָּרוּךְ יְיָ הַמְבֹרָךְ לְעוֹלָם וָעֶד :

בָּרוּךְ אַתָּה יְיָ אֱלֹהֵינוּ מֶלֶךְ הָעוֹלָם · אֲשֶׁר בָּחַר־בָּנוּ מִכָּל־הָעַמִּים · וְנָתַן־לָנוּ אֶת־תּוֹרָתוֹ · בָּרוּךְ אַתָּה יְיָ · נוֹתֵן הַתּוֹרָה :

THORALESUNG

Nach der Thoralesung:

בָּרוּךְ אַתָּה יְיָ אֱלֹהֵינוּ מֶלֶךְ הָעוֹלָם · אֲשֶׁר נָתַן־לָנוּ תּוֹרַת אֱמֶת · וְחַיֵּי עוֹלָם נָטַע בְּתוֹכֵנוּ · בָּרוּךְ אַתָּה יְיָ · נוֹתֵן הַתּוֹרָה :

Vor der Haftara:

בָּרוּךְ אַתָּה יְיָ אֱלֹהֵינוּ מֶלֶךְ הָעוֹלָם · אֲשֶׁר בָּחַר בִּנְבִיאִים טוֹבִים וְרָצָה בְדִבְרֵיהֶם הַנֶּאֱמָרִים בֶּאֱמֶת : בָּרוּךְ אַתָּה יְיָ · הַבּוֹחֵר בַּתּוֹרָה וּבְמֹשֶׁה עַבְדּוֹ וּבְיִשְׂרָאֵל עַמּוֹ וּבִנְבִיאֵי הָאֱמֶת וָצֶדֶק :

Nach der Haftara:

עַל־הַתּוֹרָה וְעַל־הָעֲבוֹדָה וְעַל־הַנְּבִיאִים וְעַל־יוֹם הַשַּׁבָּת הַזֶּה שֶׁנָּתַתָּ־לָנוּ יְיָ אֱלֹהֵינוּ לִקְדֻשָּׁה וְלִמְנוּחָה לְכָבוֹד וּלְתִפְאָרֶת · עַל־הַכֹּל יְיָ אֱלֹהֵינוּ אֲנַחְנוּ מוֹדִים לָךְ וּמְבָרְכִים אוֹתָךְ · יִתְבָּרַךְ שִׁמְךָ בְּפִי כָל־חַי תָּמִיד לְעוֹלָם וָעֶד · בָּרוּךְ אַתָּה יְיָ · מְקַדֵּשׁ הַשַּׁבָּת :

Dies ist die Thora, die Mose den Kindern Israels gegeben hat. *(Dtn 4,44)* Mose hat uns die Thora übergeben, der Erbbesitz der Gemeinde Jakobs. *(Dtn 33,4)* Vollkommen ist Gottes Weg, das Wort des Ewigen ist im Feuer geläutert. Gott ist ein Schutzschild für alle, die sich bei ihm bergen. *(Ps 18,31)*

Vor der Thoralesung:

Lasst uns Gott preisen; Gott gebührt unsere Ehre!
Gepriesen sei Gott; Gott gebührt unsere Ehre auf immer und ewig!
Gepriesen seist du, Ewiger, unser Gott, du regierst die Welt. Aus allen Völkern hast du uns erwählt um uns deine Thora zu geben. Gepriesen seist du, Ewiger. Du gibst die Thora.

THORALESUNG

Nach der Thoralesung:

Gepriesen seist du, Ewiger, unser Gott; du regierst die Welt. Du hast uns die Weisung zur Wahrheit gegeben und ewiges Leben in uns eingepflanzt. Gepriesen seist du, Ewiger. Du gibst die Thora.

Vor der Haftara:

Gepriesen seist du, Ewiger, unser Gott; du regierst die Welt. Du hast gute Propheten erwählt. Du hattest Gefallen an ihren Worten, weil sie der Wahrheit entsprachen. Gepriesen seist du, Ewiger, unser Gott. Du hast die Thora, deinen Knecht Mose, dein Volk Israel und die wahren und gerechten Propheten erwählt.

Nach der Haftara:

Für die Thora, für den Gottesdienst, für die Worte der Propheten, für diesen Schabbattag, den du uns zur Besinnung auf die Heiligkeit, Ruhe, Herrlichkeit und Pracht gewährst, dafür danken wir dir und preisen dich, Ewiger, unser Gott. Dein Name möge durch jeden Mund stets gepriesen werden, immer und ewig. Gepriesen seist du, Ewiger. Du hast den Schabbat geheiligt.

Das folgende Gebet oder das Gebet auf der gegenüberliegenden Seite: I

GEBET FÜR DIE REGIERUNG

Gott, schenke der Regierung dieses Landes deine Weisheit; sei mit denen, die unser Land leiten und mit allen, die für die Sicherheit und das Wohlergehen unseres Landes Verantwortung tragen.

Gib uns allen die Kraft, unseren Verpflichtungen in Liebe nachzukommen, damit Gerechtigkeit und Güte in unserem Land wohnen. Lass unsere Herzen mit Frieden erfüllt sein. Lass die Verantwortlichen unseres Landes einander in Achtung begegnen. Lass sie sich einig sein in der Liebe zum Guten und in dem Willen, Gewalt und Streit abzuwehren.

Gemeinsam mit allen Nationen dieser Welt lass uns nach Frieden und Gerechtigkeit streben, damit wir und die kommenden Generationen in Frieden leben.

Darin möge unser Land seine Ehre finden und seinen Ruhm darin, dass es mitwirkt an der Erlösung und an der Verwirklichung der Herrschaft Gottes auf der Erde. Amen.

אֱלֹהֵינוּ וֵאלֹהֵי אֲבוֹתֵינוּ שְׁלַח־נָא בִּרְכָתְךָ עַל־מְדִינַת־יִשְׂרָאֵל וְעַל־כָּל־יוֹשְׁבֶיהָ · שְׁלַח־נָא אוֹרְךָ וַאֲמִתְּךָ לְמַנְהִיגֵי־הָעָם וְהַדְרִיכֵם בְּחָכְמָה וּבִתְבוּנָה כְּדֵי שֶׁיִּשְׂרוֹר שָׁלוֹם בִּגְבוּלוֹתֶיהָ וְשַׁלְוָה בְּבָתֶּיהָ · רוּחַ־אַחֲוָה וַהֲבָנָה הֲדָדִית תְּרַפֵּא כָּל־פֶּצַע וְחַבּוּרָה · תִּקְוַת־עַמָּהּ וַעֲבוֹדַת־בָּנֶיהָ תַּגְשֵׁמְנָה אֶת־חֲזוֹן־הַנְּבִיאִים : כִּי מִצִּיּוֹן תֵּצֵא תוֹרָה וּדְבַר־יְהוָֹה מִירוּשָׁלָיִם · אָמֵן :

אַב הָרַחֲמִים חֲמָל־נָא וְחוּס־נָא עַל אָבוֹת וּבָנִים הָאֲבֵלִים בְּקִרְבֵּנוּ : נַחֵם אוֹתָם בְּחַסְדְּךָ הַגָּדוֹל חַזְּקֵם בְּתִקְוַת אַלְמָוֶת לַחֲזוֹת בְּנֹעַם בִּרְכוֹתֶיךָ בְּחַיֵּי־הַנֶּצַח : יְקַבְּלוּ בְּהַכְנָעָה אֶת־מוּסָרְךָ וְיַעֲשׂוּ רְצוֹנְךָ כִּרְצוֹנָם · אָמֵן :

אֵל מֶלֶךְ נֶאֱמָן הָרוֹפֵא לִשְׁבוּרֵי לֵב וּמְחַבֵּשׁ לְעַצְּבוֹתָם שְׁלַח רְפוּאָה שְׁלֵמָה לְחוֹלֵי עַמֶּךָ : יֵדְעוּ כֻלָּם כִּי זִכְרוֹנָם לְפָנֶיךָ תָּמִיד וְאַתָּה הוּא מָגֵן וּמוֹשִׁיעַ לְכֹל הַחוֹסִים בָּךְ · אָמֵן :

II *Das folgende Gebet oder das Gebet auf der gegenüberliegenden Seite:*

GEBET FÜR INTERNATIONALE VERSTÄNDIGUNG

Gott, Quelle des Friedens, sei mit denjenigen, die die Geschicke der Welt lenken, damit Stolz und Prahlerei ein Ende nehmen und die Herrschaft der Arroganz aus unserer Zeit verschwindet. Gib ihnen den Mut, die Wahrheit zu sagen, und die Demut, anderen zuhören zu können. Hilf uns allen, dass uns das Wohl unserer Mitmenschen wichtiger ist als unsere eigenen ehrgeizigen Ziele. Hilf uns, dass uns mehr an der Wahrheit liegt, auch wenn sie uns schadet, als an einer Lüge, die uns nützt. Dadurch können wir aufrecht stehen, frei und unbelastet von Furcht und Verdächtigungen und bereit, einander zu vertrauen.

Hilf jedem und jeder von uns, den eigenen Beitrag zur Verständigung und das eigene Opfer für den Frieden zu geben, damit wir in Frieden mit uns selbst und in Frieden mit unseren Mitmenschen leben. Dann können wir in Gelassenheit beginnen, dein Reich in dieser Welt zu bauen, bis die Erde erfüllt ist von der Erkenntnis Gottes, wie das Meer mit Wasser gefüllt ist. Amen.

GEBET FÜR DEN STAAT ISRAEL

Unser Gott und Gott unserer Vorfahren, wir bitten dich um deinen Segen für den Staat Israel und für alle, die in ihm wohnen. Sende seinen Verantwortlichen dein Licht und deine Wahrheit, lass sie in Weisheit und Einsicht regieren, so dass Friede an den Grenzen des Landes herrscht und Sicherheit in den Häusern aller, die dort wohnen. Der Geist der Verbundenheit und gegenseitiges Verständnis mögen alle Wunden und Verletzungen heilen. Lass allen, die dort leben, Barmherzigkeit und Wahrhaftigkeit zuteil werden, so dass erfüllt werde, was die Propheten schauten: Die Thora wird von Zion herkommen und Gottes Wort von Jerusalem. *(Jes 2,3)*

GEBETE FÜR DIE GEMEINDE

Quelle allen Erbarmens, erbarme dich über diejenigen unter uns, die trauern, und nimm Anteil an ihrem Leid. Kümmere dich um sie in deiner großen Güte. Stärke sie durch die Hoffnung, dass du Leben gibst, selbst angesichts des Todes. Lass sie die Wohltat deiner Segnungen spüren. Schenke ihnen Mut und Glauben. Amen.

Gott, du wachst in Treue über alles Leben. Du kannst verletzte Gefühle heilen und Wunden verbinden. Sende vollständige Heilung allen denen unter uns, die krank sind. Hilf, dass sie nicht vergessen, dass du stets an sie denkst. Du bist ein Schutzschild zum Heil für alle, die auf dich vertrauen. Amen.

מִי שֶׁבֵּרַךְ אֲבוֹתֵינוּ אַבְרָהָם יִצְחָק וְיַעֲקֹב וְאִמּוֹתֵינוּ שָׂרָה רִבְקָה רָחֵל וְלֵאָה הוּא יְבָרֵךְ אֶת־כָּל־הַקָּהָל הַקָּדוֹשׁ הַזֶּה עִם כָּל־קְהִלּוֹת הַקֹּדֶשׁ. הֵם וּנְשֵׁיהֶם וּבְנֵיהֶם וּבְנוֹתֵיהֶם וְכֹל אֲשֶׁר לָהֶם. וּמִי שֶׁמְּיַחֲדִים בָּתֵּי כְנֵסִיּוֹת לִתְפִלָּה. וּמִי שֶׁבָּאִים בְּתוֹכָם לְהִתְפַּלֵּל. וּמִי שֶׁנּוֹתְנִים נֵר לַמָּאוֹר וְיַיִן לְקִדּוּשׁ וּלְהַבְדָּלָה וּפַת לָאוֹרְחִים וּצְדָקָה לָעֲנִיִּים. וְכָל־מִי שֶׁעוֹסְקִים בְּצָרְכֵי צִבּוּר בֶּאֱמוּנָה.

מֶלֶךְ עוֹלָמִים יְבָרֵךְ אֶתְכֶם וִיזַכֶּה אֶתְכֶם. וְיִשְׁמַע קוֹל תְּפִלּוֹתֵיכֶם. וְיִפְדֶּה וְיַצִּיל אֶתְכֶם מִכָּל־צָרָה וְצוּקָה. וְחֶסֶד יְהוָֹה יְהִי בְּסַעְדְּכֶם וְיָגֵן בַּעַדְכֶם. וְיִפְרוֹשׂ סֻכַּת שְׁלוֹמוֹ עֲלֵיכֶם וְיִטַּע בֵּינֵיכֶם אַהֲבָה וְאַחֲוָה שָׁלוֹם וְרֵעוּת לְעוֹלָם.

יְהוָֹה אֱלֹהֵי אֲבוֹתֵיכֶם וְאִמּוֹתֵיכֶם יֹסֵף עֲלֵיכֶם כָּכֶם אֶלֶף פְּעָמִים וִיבָרֵךְ אֶתְכֶם כַּאֲשֶׁר דִּבֶּר־לָכֶם. וְכֵן יְהִי רָצוֹן. אָמֵן:

Wenn in der kommenden Woche Neumond ist, wird folgendes hier eingefügt:

יְהִי רָצוֹן מִלְּפָנֶיךָ יְיָ אֱלֹהֵינוּ וֵאלֹהֵי אֲבוֹתֵינוּ שֶׁתְּחַדֵּשׁ עָלֵינוּ אֶת־הַחֹדֶשׁ הַזֶּה לְטוֹבָה וְלִבְרָכָה. וְתִתֶּן־לָנוּ חַיִּים אֲרֻכִּים חַיִּים שֶׁל־שָׁלוֹם חַיִּים שֶׁל־טוֹבָה חַיִּים שֶׁל־בְּרָכָה חַיִּים שֶׁיֵּשׁ בָּהֶם יִרְאַת שָׁמַיִם וְיִרְאַת חֵטְא חַיִּים שֶׁאֵין בָּהֶם בּוּשָׁה וּכְלִמָּה. חַיִּים שֶׁל אַהֲבַת תּוֹרָה חַיִּים שֶׁיִּמָּלְאוּ מִשְׁאֲלוֹת לִבֵּנוּ לְטוֹבָה. אָמֵן:

רֹאשׁ חֹדֶשׁ ... יִהְיֶה בְּיוֹם ...

הַבָּא עָלֵינוּ וְעַל כָּל־יִשְׂרָאֵל לְטוֹבָה:

יְחַדְּשֵׁהוּ הַקָּדוֹשׁ בָּרוּךְ הוּא עָלֵינוּ וְעַל כָּל־עַמּוֹ בֵּית יִשְׂרָאֵל לְחַיִּים וּלְשָׁלוֹם. לְשָׂשׂוֹן וּלְשִׂמְחָה. לִישׁוּעָה וּלְנֶחָמָה. וְנֹאמַר אָמֵן:

Gott hat unsere Väter Abraham, Isaak und Jakob und unsere Mütter Sara, Rebekka, Lea und Rahel gesegnet. Möge Gott auch unsere Gemeinde segnen, zusammen mit allen anderen Gemeinden. Gottes Segen sei mit ihnen, ihren Familien und mit allem, was zu ihnen gehört. Gottes Segen sei mit allen, die Synagogen als Orte des Gebets unterhalten, und mit denen, die dort hineinkommen, um zu beten. Gottes Segen sei mit allen, die den Schabbatkerzen ihr Licht geben und den Wein für den Kiddusch und die Hawdala bereiten. Gottes Segen sei mit allen, die Fremde bewirten und den Randgruppen unserer Gesellschaft Hilfe und Anerkennung zuteil werden lassen. Gottes Segen sei mit allen, die zum Wohle der Gemeinschaft mit Aufrichtigkeit tätig sind.

Gott, dem die ganze Welt untertan ist, segne euch und schätze euch. Gott möge eure Gebete hören und euch befreien und erretten aus aller Bedrängnis und Not. Die Güte Gottes sei mit euch, sie stärke und schütze euch. Sie breite ihren Frieden über euch aus wie ein Zelt. Sie lasse Liebe, Geschwisterlichkeit, Friede und Freundschaft tief in euch verwurzelt sein.
Möge der Gott unserer Väter und Mütter euch vielfältig vermehren und euch segnen, seinem Versprechen gemäß. Möge dies Gottes Wille sein! Amen.

Wenn in der kommenden Woche Neumond ist, wird folgendes hier eingefügt:
Ewiger, unser Gott und Gott unserer Vorfahren, lass uns in dem kommenden Monat Gutes und Segen erfahren. Hilf, dass der neue Monat uns eine erfüllte und friedvolle Zeit bringt, eine gute und gesegnete Zeit, eine Zeit, in der wir dich achten und die Sünde meiden, eine Zeit, in der wir nicht an Minderwertigkeitsgefühlen leiden oder beschämt werden, eine Zeit, die durch die Liebe zu deiner Weisung geprägt ist, eine Zeit, in der unser Denken und Fühlen bestimmt sind von dem Streben nach Gutem. Amen.
Der Monat … beginnt am ….
Möge er uns und ganz Israel Gutes bringen.
Der heilige Gott – Gottes Heiligkeit sei gepriesen – gewähre uns und seinem ganzen Volk Israel in dem kommenden Monat Leben und Frieden, Freude und Ausgeglichenheit, Erfolge und Trost. Darauf sprecht: Amen.

יְהַלְלוּ אֶת־שֵׁם יְהוָה כִּי־נִשְׂגָּב שְׁמוֹ לְבַדּוֹ ׃
הוֹדוֹ עַל־אֶרֶץ וְשָׁמָיִם ׃ וַיָּרֶם קֶרֶן לְעַמּוֹ תְּהִלָּה
לְכָל־חֲסִידָיו לִבְנֵי יִשְׂרָאֵל עַם־קְרֹבוֹ ׃ הַלְלוּיָהּ ׃

לְדָוִד מִזְמוֹר

תהלים כד

א לַיהוָה הָאָרֶץ וּמְלוֹאָהּ תֵּבֵל וְיֹשְׁבֵי בָהּ ׃

כִּי־הוּא עַל־יַמִּים יְסָדָהּ וְעַל־נְהָרוֹת יְכוֹנְנֶהָ ׃

מִי־יַעֲלֶה בְהַר־יְהוָה וּמִי־יָקוּם בִּמְקוֹם קָדְשׁוֹ ׃

נְקִי כַפַּיִם וּבַר־לֵבָב אֲשֶׁר לֹא־נָשָׂא לַשָּׁוְא נַפְשִׁי וְלֹא נִשְׁבַּע לְמִרְמָה ׃

יִשָּׂא בְרָכָה מֵאֵת יְהוָה וּצְדָקָה מֵאֱלֹהֵי יִשְׁעוֹ ׃

זֶה דּוֹר דֹּרְשָׁיו מְבַקְשֵׁי פָנֶיךָ יַעֲקֹב סֶלָה ׃

שְׂאוּ שְׁעָרִים רָאשֵׁיכֶם וְהִנָּשְׂאוּ פִּתְחֵי עוֹלָם וְיָבוֹא מֶלֶךְ הַכָּבוֹד ׃

מִי זֶה מֶלֶךְ הַכָּבוֹד יְהוָה עִזּוּז וְגִבּוֹר יְהוָה גִּבּוֹר מִלְחָמָה ׃

שְׂאוּ שְׁעָרִים רָאשֵׁיכֶם וּשְׂאוּ פִּתְחֵי עוֹלָם וְיָבֹא מֶלֶךְ הַכָּבוֹד ׃

מִי הוּא זֶה מֶלֶךְ הַכָּבוֹד יְהוָה צְבָאוֹת הוּא מֶלֶךְ הַכָּבוֹד סֶלָה ׃

DIE ROLLE WIRD ZURÜCKGEBRACHT

Loben soll man den Namen Gottes,
denn Gottes Name allein ist erhaben,
Gottes Hoheit strahlt über Erde und Himmel.
Dem Gottesvolk verleiht Gott Macht,
das ist ein Ruhm für alle, die an Gott glauben,
für Israels Kinder, das Volk, das sich Gott nahen darf.
Halleluja – Lobet Gott! *(Ps 148,13 u. 14)*

I PSALM 24

Ein Psalm Davids.

Gott gehört die Erde und was sie erfüllt,
das Festland und die darauf wohnen.
Denn Gott hat es auf den Meeren gegründet,
es über den Strömen befestigt.

Wer darf zu Gottes Berg hinaufziehen?
Wer darf an heiliger Stätte stehen?
Wer reine Hände hat
und ein lauteres Herz,
wer nicht betrügt
und keine falschen Eide schwört.

Ein solcher Mensch wird Segen von Gott empfangen
und Wohltaten von Gott; Gott ist seine Hilfe.
Dies sind die Menschen, die nach Gott fragen,
die deine Gegenwart suchen, Gott Jakobs.

Ihr Tore, hebt euch nach oben,
hebt euch, ihr uralten Pforten,
denn es kommt der König der Ehre.
Wer ist der König der Ehre?
Gott, stark und gewaltig,
Gott, mächtig im Kampf.

Ihr Tore, hebt euch nach oben,
hebt euch, ihr uralten Pforten,
denn es kommt der König der Ehre.
Wer ist der König der Ehre?
Gott, der alles geschaffen hat,
das ist der König der Ehre.

ב **מִזְמוֹר לְדָוִד**

תהלים כט

הָבוּ לַיהוָֹה בְּנֵי אֵלִים הָבוּ לַיהוָֹה כָּבוֹד וָעֹז:
הָבוּ לַיהוָֹה כְּבוֹד שְׁמוֹ הִשְׁתַּחֲווּ לַיהוָֹה בְּהַדְרַת־קֹדֶשׁ:

קוֹל יְהוָֹה עַל־הַמָּיִם אֵל־הַכָּבוֹד הִרְעִים יְהוָֹה עַל־מַיִם רַבִּים:
קוֹל־יְהוָֹה בַּכֹּחַ קוֹל יְהוָֹה בֶּהָדָר:

קוֹל יְהוָֹה שֹׁבֵר אֲרָזִים וַיְשַׁבֵּר יְהוָֹה אֶת־אַרְזֵי הַלְּבָנוֹן:
וַיַּרְקִידֵם כְּמוֹ־עֵגֶל לְבָנוֹן וְשִׂרְיוֹן כְּמוֹ בֶן־רְאֵמִים:

קוֹל־יְהוָֹה חֹצֵב לַהֲבוֹת אֵשׁ:
קוֹל יְהוָֹה יָחִיל מִדְבָּר יָחִיל יְהוָֹה מִדְבַּר קָדֵשׁ:

קוֹל יְהוָֹה יְחוֹלֵל אַיָּלוֹת וַיֶּחֱשֹׂף יְעָרוֹת וּבְהֵיכָלוֹ כֻּלּוֹ אֹמֵר כָּבוֹד:
יְהוָֹה לַמַּבּוּל יָשָׁב וַיֵּשֶׁב יְהוָֹה מֶלֶךְ לְעוֹלָם:

יְהוָֹה עֹז לְעַמּוֹ יִתֵּן יְהוָֹה יְבָרֵךְ אֶת־עַמּוֹ בַשָּׁלוֹם:

II
PSALM
29

Ein Psalm Davids.

Bringt dar dem Ewigen, ihr Himmlischen,
bringt dar dem Ewigen Lob und Ehre!
Bringt dar dem Ewigen die Ehre seines Namens,
werft euch vor Gott nieder in heiligem Schmuck!

Die Stimme Gottes erschallt über den Wassern.
Der Gott der Herrlichkeit donnert,
der Ewige über gewaltigen Wassern.
Die Stimme Gottes ertönt mit Macht,
die Stimme des Ewigen voll Majestät.

Die Stimme Gottes zerbricht die Zedern,
der Ewige zerschmettert die Zedern des Libanon.
Gott lässt den Libanon hüpfen wie ein Kalb,
wie einen Wildstier den Hermon.
Die Stimme Gottes sprüht flammendes Feuer,
die Stimme Gottes lässt die Wüste beben,
beben lässt Gott die Wüste von Kadesch.

Die Stimme Gottes wirbelt Eichen empor,
ganze Wälder reißt sie kahl.
In Gottes Palast rufen alle: O herrlicher Gott!

Der Ewige thront über der Flut,
Gott thront königlich bis in Ewigkeit.

Gott gebe dem Gottesvolk Kraft,
Gott segne das Gottesvolk mit Frieden.

I

שְׁכֹן יְהוָה בְּתוֹךְ
עַמֶּךָ וְתָנוּחַ רוּחֲךָ
בְּבֵית תְּפִלָּתֶךָ כִּי
כָל־פֶּה וְכָל־לָשׁוֹן
יִתְּנוּ הוֹד וְהָדָר
לְמַלְכוּתֶךָ: כִּי לֶקַח
טוֹב נָתַתִּי לָכֶם
תּוֹרָתִי אַל־תַּעֲזֹבוּ:
הֲשִׁיבֵנוּ יְהוָה אֵלֶיךָ

II

וּבְנֻחֹה יֹאמַר: שׁוּבָה יְיָ רִבְבוֹת
אַלְפֵי יִשְׂרָאֵל: קוּמָה יְיָ לִמְנוּחָתֶךָ
אַתָּה וַאֲרוֹן עֻזֶּךָ: כֹּהֲנֶיךָ יִלְבְּשׁוּ־צֶדֶק
וַחֲסִידֶיךָ יְרַנֵּנוּ: בַּעֲבוּר דָּוִד עַבְדֶּךָ
אַל־תָּשֵׁב פְּנֵי מְשִׁיחֶךָ: כִּי לֶקַח טוֹב
נָתַתִּי לָכֶם תּוֹרָתִי אַל־תַּעֲזֹבוּ: עֵץ
חַיִּים הִיא לַמַּחֲזִיקִים בָּהּ וְתֹמְכֶיהָ
מְאֻשָּׁר: דְּרָכֶיהָ דַרְכֵי־נֹעַם וְכָל־
נְתִיבוֹתֶיהָ שָׁלוֹם:

הֲשִׁיבֵנוּ יְהוָה אֵלֶיךָ וְנָשׁוּבָה חַדֵּשׁ יָמֵינוּ כְּקֶדֶם:

אין כאלהינו

אֵין כֵּאלֹהֵינוּ. אֵין כַּאדוֹנֵינוּ. אֵין כְּמַלְכֵּנוּ. אֵין כְּמוֹשִׁיעֵנוּ:
מִי כֵאלֹהֵינוּ. מִי כַאדוֹנֵינוּ. מִי כְמַלְכֵּנוּ. מִי כְמוֹשִׁיעֵנוּ:
נוֹדֶה לֵאלֹהֵינוּ. נוֹדֶה לַאדוֹנֵינוּ. נוֹדֶה לְמַלְכֵּנוּ. נוֹדֶה לְמוֹשִׁיעֵנוּ:
בָּרוּךְ אֱלֹהֵינוּ. בָּרוּךְ אֲדוֹנֵינוּ. בָּרוּךְ מַלְכֵּנוּ. בָּרוּךְ מוֹשִׁיעֵנוּ:
אַתָּה הוּא אֱלֹהֵינוּ. אַתָּה הוּא אֲדוֹנֵינוּ. אַתָּה הוּא מַלְכֵּנוּ. אַתָּה הוּא מוֹשִׁיעֵנוּ:

ISRAEL KEHRT ZURÜCK

I

Gott, sei in deinem Volk gegenwärtig und lass deinen Geist wohnen im Haus deines Lobes, denn jeder Mund und jede Zunge sollen dir Lob singen und deine Herrschaft preisen. Denn du hast gesagt: Eine gute Lehre gebe ich euch. Lasst nicht ab von meiner Thora! *(Spr 4,2)* Gott, bring uns zu dir zurück, dann können wir zu dir zurückkehren.

II

Wenn man haltmachte, sagte man: Lass dich nieder, Gott, bei den zehntausendmal Tausenden Israels! *(Num 10,36)* Erhebe dich, Gott, komm an den Ort deiner Ruhe, du und deine machtvolle Lade! Deine Priester sollen sich mit Gerechtigkeit bekleiden, und deine Frommen sollen jubeln. Weil David dein Knecht ist, weise deinen Gesalbten nicht ab! *(Ps 132,8-10)* Denn eine gute Lehre gebe ich euch. Lasst nicht ab von meiner Thora! *(Spr 4,2)* Wer nach ihr greift, dem ist sie ein Lebensbaum, wer sie festhält, ist glücklich zu preisen. *(Spr 3,18)* Ihre Wege sind Wege der Freude, all ihre Pfade führen zum Glück. *(Spr 3,17)* Gott, bring uns zu dir zurück, dann können wir zu dir zurückkehren.

Gott, bringe uns zu dir zurück, dann können wir zu dir zurückkehren. Erneuere unsere Tage, damit sie werden wie früher. *(Kld 5,21)*

EN KELO-HENU

Niemand ist wie unser Gott,
niemand ist wie unser Herr,
niemand wie unser König,
niemand wie unser Helfer!

Wer ist wie unser Gott,
wer ist wie unser Herr,
wer wie unser König,
wer wie unser Helfer?

Dank sei dir, unser Gott,
dank sei dir, unser Herr,
dank dir, unser König,
dank dir, unser Helfer.

Lob sei dir, unser Gott,
Lob sei dir, unser Herr,
Lob dir, unser König,
Lob dir, unser Helfer!

Du, Gott, bist unser Gott,
du, Gott, bist unser Herr,
du bist unser König,
du bist unser Helfer.

עָלֵינוּ לְשַׁבֵּחַ לַאֲדוֹן הַכֹּל לָתֵת גְּדֻלָּה לְיוֹצֵר בְּרֵאשִׁית. אֲשֶׁר בָּחַר־בָּנוּ מִכָּל־הָעַמִּים. וְנָתַן־לָנוּ אֶת־תּוֹרָתוֹ. וַאֲנַחְנוּ כֹּרְעִים וּמִשְׁתַּחֲוִים וּמוֹדִים לִפְנֵי מֶלֶךְ מַלְכֵי הַמְּלָכִים הַקָּדוֹשׁ בָּרוּךְ הוּא. שֶׁהוּא נוֹטֶה שָׁמַיִם וְיוֹסֵד אָרֶץ. וּמוֹשַׁב יְקָרוֹ בַּשָּׁמַיִם מִמַּעַל וּשְׁכִינַת עֻזּוֹ בְּגָבְהֵי מְרוֹמִים: הוּא אֱלֹהֵינוּ. אֵין עוֹד. אֱמֶת מַלְכֵּנוּ. אֶפֶס זוּלָתוֹ. כַּכָּתוּב בְּתוֹרָתוֹ. וְיָדַעְתָּ הַיּוֹם וַהֲשֵׁבֹתָ אֶל־לְבָבֶךָ כִּי יְיָ הוּא הָאֱלֹהִים בַּשָּׁמַיִם מִמַּעַל וְעַל־הָאָרֶץ מִתָּחַת אֵין עוֹד:

עַל־כֵּן נְקַוֶּה לְךָ יְיָ אֱלֹהֵינוּ לִרְאוֹת מְהֵרָה בְּתִפְאֶרֶת עֻזֶּךָ. לְהַעֲבִיר גִּלּוּלִים מִן הָאָרֶץ וְהָאֱלִילִים כָּרוֹת יִכָּרֵתוּן. לְתַקֵּן עוֹלָם בְּמַלְכוּת שַׁדַּי וְכָל־בְּנֵי בָשָׂר יִקְרְאוּ בִשְׁמֶךָ. לְהַפְנוֹת אֵלֶיךָ כָּל־רִשְׁעֵי אָרֶץ: יַכִּירוּ וְיֵדְעוּ כָּל־יוֹשְׁבֵי תֵבֵל כִּי לְךָ תִּכְרַע כָּל־בֶּרֶךְ תִּשָּׁבַע כָּל־לָשׁוֹן: לְפָנֶיךָ יְיָ אֱלֹהֵינוּ יִכְרְעוּ וְיִפֹּלוּ. וְלִכְבוֹד שִׁמְךָ יְקָר יִתֵּנוּ. וִיקַבְּלוּ כֻלָּם אֶת־עֹל מַלְכוּתֶךָ. וְתִמְלוֹךְ עֲלֵיהֶם מְהֵרָה לְעוֹלָם וָעֶד. כִּי הַמַּלְכוּת שֶׁלְּךָ הִיא וּלְעוֹלְמֵי עַד תִּמְלוֹךְ בְּכָבוֹד. כַּכָּתוּב בְּתוֹרָתֶךָ. יְיָ יִמְלֹךְ לְעוֹלָם וָעֶד: וְנֶאֱמַר. וְהָיָה יְיָ לְמֶלֶךְ עַל־כָּל־הָאָרֶץ בַּיּוֹם הַהוּא יִהְיֶה יְיָ אֶחָד וּשְׁמוֹ אֶחָד:

Pressburg, Heydukova-Straße (erbaut 1923)
[Längsschnitt]

UNSERE AUFGABE

Es ist unsere Aufgabe, den Ewigen, der alles in seinen Händen hält, zu preisen und die Größe des Schöpfers aller Anfänge anzuerkennen. Gott hat uns aus allen Völkern erwählt um uns die Thora zu geben. Wir knien nieder; wir verneigen uns und danken in der Gegenwart des allmächtigen Gottes, Gott regiert über alle Herrschenden in der Welt, Gottes Heiligkeit sei gepriesen! Denn Gott hat die Weite des Himmels geschaffen und die Erde gegründet. Gottes Ehre ist so umfassend wie der Himmel über uns, und Gottes Kraft reicht bis in die fernsten Höhen. Der lebendige Gott ist unser Gott – niemand sonst. Gott ist unser Leben anvertraut – niemandem außer Gott! So wie es geschrieben ist in der Thora: Heute sollst du erkennen und dir zu Herzen nehmen: Der Ewige ist der Gott im Himmel droben und auf der Erde unten, niemand sonst. (Dtn 4,39)

UNSERE HOFFNUNG FÜR DIE MENSCHHEIT

Darum hoffen wir darauf, Ewiger, unser Gott, dass deine Stärke bald für uns sichtbar wird, dass die Anbetung des Geldes von der Erde verschwinden und dass Vorurteile und Aberglaube ausgerottet werden; dass die Welt von deiner Herrschaft geprägt ist und alle Menschen deinen Namen anrufen; dass alle Ungerechten der Welt sich dir zuwenden.

Alle Bewohner der Erde sollen erkennen und wissen, dass sich vor dir jedes Knie beugt und jede Zunge bei dir schwört. Vor dir, Ewiger, unser Gott, wird man sich beugen und niederfallen, und man wird der Herrlichkeit deines Namens Achtung erweisen. Alle werden deine Herrschaft anerkennen, und du wirst bald über alle herrschen, von nun an bis in Ewigkeit. Denn dir allein gebührt die Herrschaft, und du herrschst bis in alle Ewigkeit in Herrlichkeit, wie es geschrieben steht in deiner Thora:

Gott regiert für immer und ewig. *(Ex 15,18)*

Und es ist gesagt: Dann wird Gott über die ganze Erde herrschen. An jenem Tag wird Gott einzig sein und sein Name einzig. *(Sach 14,9)*

קדיש שלם

יִתְגַּדַּל וְיִתְקַדַּשׁ שְׁמֵהּ רַבָּא בְּעָלְמָא דִּי־בְרָא כִרְעוּתֵהּ · וְיַמְלִיךְ מַלְכוּתֵהּ בְּחַיֵּיכוֹן וּבְיוֹמֵיכוֹן וּבְחַיֵּי דִי־כָל־בֵּית יִשְׂרָאֵל בַּעֲגָלָא וּבִזְמַן קָרִיב · וְאִמְרוּ אָמֵן :

יְהֵא שְׁמֵהּ רַבָּא מְבָרַךְ לְעָלַם וּלְעָלְמֵי עָלְמַיָּא ·

יִתְבָּרַךְ וְיִשְׁתַּבַּח וְיִתְפָּאַר וְיִתְרוֹמַם וְיִתְנַשֵּׂא וְיִתְהַדַּר וְיִתְעַלֶּה וְיִתְהַלַּל שְׁמֵהּ דִּי־קֻדְשָׁא · בְּרִיךְ הוּא · לְעֵלָּא מִן־כָּל־בִּרְכָתָא וְשִׁירָתָא תֻּשְׁבְּחָתָא וְנֶחֱמָתָא דִּי־אֲמִירָן בְּעָלְמָא · וְאִמְרוּ אָמֵן :

יְהֵא שְׁלָמָא רַבָּא מִן־שְׁמַיָּא וְחַיִּים עָלֵינוּ וְעַל־כָּל־יִשְׂרָאֵל · וְאִמְרוּ אָמֵן :

עֹשֶׂה שָׁלוֹם בִּמְרוֹמָיו הוּא יַעֲשֶׂה שָׁלוֹם עָלֵינוּ וְעַל־כָּל־יִשְׂרָאֵל · וְאִמְרוּ אָמֵן :

Dresden, „Semper-Synagoge" (1840-1938)

Verherrlicht und geheiligt werde Gottes großer Name
in der Welt, die Gott nach eig'nem Ratschluss schuf.
Gottes Reich erstehe in eurem Leben und zu euren Zeiten
und im Leben ganz Israels schnell und bald.
Darauf sprecht: Amen.

Gottes großer Name sei gepriesen,
immerzu und bis in Ewigkeit!

Gottes Name sei gepriesen und gelobt,
Gottes Name sei verherrlicht und erhoben.
Gottes Name sei verehrt und gerühmt,
Gottes Name sei gefeiert und besungen.
Gepriesen sei er über allem Lob und jedem Lied,
hoch über allem Preis und jedem Trost der Welt.
Darauf sprecht: Amen.

Frieden in Fülle komme vom Himmel,
Leben für uns und ganz Israel.
Darauf sprecht: Amen.

Gott schafft Frieden in der Höhe.
Möge Gott uns und ganz Israel Frieden geben.
Darauf sprecht: Amen.

Leipzig (erbaut 1855)

אֲדוֹן עוֹלָם אֲשֶׁר מָלַךְ. בְּטֶרֶם כָּל־יְצִיר נִבְרָא:
לְעֵת נַעֲשָׂה בְחֶפְצוֹ כֹּל. אֲזַי מֶלֶךְ שְׁמוֹ נִקְרָא:
וְאַחֲרֵי כִּכְלוֹת הַכֹּל. לְבַדּוֹ יִמְלוֹךְ נוֹרָא:
וְהוּא הָיָה. וְהוּא הֹוֶה. וְהוּא יִהְיֶה בְּתִפְאָרָה:
וְהוּא אֶחָד וְאֵין שֵׁנִי. לְהַמְשִׁילוֹ לְהַחְבִּירָה:
בְּלִי רֵאשִׁית בְּלִי תַכְלִית. וְלוֹ הָעֹז וְהַמִּשְׂרָה:
וְהוּא אֵלִי וְחַי גּוֹאֲלִי. וְצוּר חֶבְלִי בְּיוֹם צָרָה:
וְהוּא נִסִּי וּמָנוּסִי. מְנָת כּוֹסִי בְּיוֹם אֶקְרָא:
בְּיָדוֹ אַפְקִיד רוּחִי. בְּעֵת אִישַׁן וְאָעִירָה:
וְעִם רוּחִי גְּוִיָּתִי. אֲדֹנָי לִי וְלֹא אִירָא:

יְבָרֶכְךָ יְהוָה וְיִשְׁמְרֶךָ:
יָאֵר יְהוָה פָּנָיו אֵלֶיךָ וִיחֻנֶּךָּ:
יִשָּׂא יְהוָה פָּנָיו אֵלֶיךָ וְיָשֵׂם לְךָ שָׁלוֹם:

Gott aller Welt, du hast regiert,
eh' ein Geschöpf geschaffen ward.
Als einst durch dich das All entstand,
da ward dein Nam' „König" genannt.

Und einst am Ende aller Zeit
wirst du allein regier'n in Macht.
Du warst, du bist, und du wirst sein,
die Herrlichkeit ist dir allein.

Einzig bist du, und keiner ist
vergleichbar dir, Gott aller Welt.
Du bist ohn' Anfang und ohn' End',
du hast die Macht, bist der Regent.

Du bist mein Gott, du rettest mich,
du bist mein Fels, bin ich in Not.
Du bist mein Schutz, mein Zufluchtsort,
versorgest mich, wenn ich dich ruf.

Mein Geist birgt sich in deiner Hand,
stets, sei ich schla- fend oder wach.
Und auch mein Leib birgt sich in dir.
ich fürcht mich nicht, du bist bei mir.

Gott segne dich und behüte dich;
Gottes Angesicht leuchte über dir; Gott sei dir gnädig;
Gottes Angesicht sei über dir erhoben; Gott gebe dir Frieden.

(Num 6,24-26)

Berlin-Mitte, Tucholsky-Straße, Gebäude der ehemaligen Hochschule für die Wissenschaft des Judentums (erbaut 1907)

תפלת מנחה לשבת

NACHMITTAGSGEBET FÜR SCHABBAT

תְּפִלַּת מִנְחָה לְשַׁבָּת

אַשְׁרֵי יוֹשְׁבֵי בֵיתֶךָ עוֹד יְהַלְלוּךָ סֶּלָה:
אַשְׁרֵי הָעָם שֶׁכָּכָה לּוֹ אַשְׁרֵי הָעָם שֱׁיְיָ אֱלֹהָיו:

וּבָא לְצִיּוֹן גּוֹאֵל וּלְשָׁבֵי פֶשַׁע בְּיַעֲקֹב נְאֻם יְהֹוָה: וַאֲנִי זֹאת בְּרִיתִי אוֹתָם אָמַר יְהֹוָה רוּחִי אֲשֶׁר עָלֶיךָ וּדְבָרַי אֲשֶׁר־שַׂמְתִּי בְּפִיךָ לֹא־יָמוּשׁוּ מִפִּיךָ וּמִפִּי זַרְעֲךָ וּמִפִּי זֶרַע זַרְעֲךָ:

בָּרוּךְ אֱלֹהֵינוּ שֶׁבְּרָאָנוּ לִכְבוֹדוֹ וְהִבְדִּילָנוּ מִן־הַתּוֹעִים: הוּא יִפְתַּח לִבֵּנוּ בְּתוֹרָתוֹ וְיָשֵׂם בְּלִבֵּנוּ אַהֲבָתוֹ וְיִרְאָתוֹ לְמַעַן לֹא נִיגַע לָרִיק וְלֹא נֵלֵד לַבֶּהָלָה: יְהִי רָצוֹן מִלְּפָנֶיךָ יְיָ אֱלֹהֵינוּ וֵאלֹהֵי אֲבוֹתֵינוּ· שֶׁנִּשְׁמוֹר חֻקֶּיךָ בָּעוֹלָם הַזֶּה· וְנִזְכֶּה וְנִחְיֶה וְנִרְאֶה וְנִירַשׁ טוֹבָה וּבְרָכָה לִשְׁנֵי יְמוֹת הַמָּשִׁיחַ וּלְחַיֵּי הָעוֹלָם הַבָּא: וְיִבְטְחוּ בְךָ יוֹדְעֵי שְׁמֶךָ כִּי לֹא־עָזַבְתָּ דֹּרְשֶׁיךָ יְיָ: יְיָ חָפֵץ לְמַעַן צִדְקוֹ יַגְדִּיל תּוֹרָה וְיַאְדִּיר:

וַאֲנִי תְפִלָּתִי־לְךָ יְהֹוָה עֵת רָצוֹן
אֱלֹהִים בְּרָב־חַסְדֶּךָ עֲנֵנִי בֶּאֱמֶת יִשְׁעֶךָ:

NACHMITTAGSGEBET FÜR SCHABBAT

DIE FREUDE ÜBER GOTT

Glücklich sind die, die in deinem Haus wohnen,
die dich allezeit loben! *(Ps 84,5)*
Glücklich ist das Volk, von dem dies gilt:
Glücklich ist das Volk, dessen Gott der Ewige ist! *(Ps 144,15)*

Erlösung wird für Zion kommen,
für die in Jakob, die sich von Eigensucht abwenden,
Ausspruch Gottes.
Und ich: Dies ist mein Bund mit ihnen, spricht Gott:
Mein Geist, der auf dir ruht,
und meine Worte, die ich in deinen Mund legte,
sie sollen nicht aus deinem Mund verschwinden,
und aus dem Mund deiner Nachkommen,
und aus dem Mund der Kinder deiner Nachkommen,
von jetzt an bis in Ewigkeit, spricht Gott. *(Jes 59,20-21)*

DAS VERTRAUEN ZU GOTT

Gepriesen sei unser Gott; zu Gottes Ehre wurden wir von Gott geschaffen und von denen ausgesondert, die ziellos umherirren. Möge Gott unsere Herzen öffnen für die Thora und sie erfüllen mit der Liebe zu Gott und mit dem Glauben an den Ewigen, damit wir nicht umsonst leben oder in grundloser Angst. Möge es dein Wille sein, Ewiger, unser Gott und Gott unserer Vorfahren, dass wir deine Satzungen in dieser Welt beachten. Denn dann werden wir für würdig befunden, Gutes zu erleben, Segen zu erfahren und Teil zu haben an der messianischen Zeit und am Leben der kommenden Welt. Wer dich kennt, Gott, vertraut dir, denn niemals verlässt du die, die dich suchen. *(Ps 9,11)*
Um der göttlichen Gerechtigkeit willen hat es Gott gefallen, die Thora groß und prächtig zu machen. *(Jes 42,21)*

Ich bete zu dir, Gott, zur Zeit der Gnade. Erhöre mich in deiner großen Güte, Gott, hilf mir in deiner Treue! *(Ps 69,14)*

אֲדֹנָי שְׂפָתַי תִּפְתָּח. וּפִי יַגִּיד תְּהִלָּתֶךָ:

Einer der beiden folgenden Abschnitte:

אבות ואמהות

בָּרוּךְ אַתָּה יְיָ אֱלֹהֵינוּ וֵאלֹהֵי אֲבוֹתֵינוּ. אֱלֹהֵי אַבְרָהָם. אֱלֹהֵי יִצְחָק. וֵאלֹהֵי יַעֲקֹב. הָאֵל הַגָּדוֹל הַגִּבּוֹר וְהַנּוֹרָא. אֵל עֶלְיוֹן. גּוֹמֵל חֲסָדִים טוֹבִים קוֹנֵה הַכֹּל וְזוֹכֵר חַסְדֵי אָבוֹת וּמֵבִיא גוֹאֵל לִבְנֵי בְנֵיהֶם לְמַעַן שְׁמוֹ בְּאַהֲבָה: מֶלֶךְ עוֹזֵר וּמוֹשִׁיעַ וּמָגֵן. בָּרוּךְ אַתָּה יְיָ. מָגֵן אַבְרָהָם:

בָּרוּךְ אַתָּה יְיָ אֱלֹהֵינוּ וֵאלֹהֵי אֲבוֹתֵינוּ וְאִמּוֹתֵינוּ. אֱלֹהֵי אַבְרָהָם וֵאלֹהֵי שָׂרָה. אֱלֹהֵי יִצְחָק וֵאלֹהֵי רִבְקָה. אֱלֹהֵי יַעֲקֹב אֱלֹהֵי רָחֵל וֵאלֹהֵי לֵאָה. הָאֵל הַגָּדוֹל הַגִּבּוֹר וְהַנּוֹרָא. אֵל עֶלְיוֹן. גּוֹמֵל חֲסָדִים טוֹבִים קוֹנֵה הַכֹּל וְזוֹכֵר חַסְדֵי אָבוֹת וְאִמָּהוֹת וּמֵבִיא גוֹאֵל לִבְנֵי בְנֵיהֶם לְמַעַן שְׁמוֹ בְּאַהֲבָה: מֶלֶךְ עוֹזֵר וּמוֹשִׁיעַ וּמָגֵן. בָּרוּךְ אַתָּה יְיָ. מָגֵן אַבְרָהָם וְשָׂרָה:

גבורות

אַתָּה גִּבּוֹר לְעוֹלָם יְיָ. מְחַיֵּה מֵתִים אַתָּה רַב לְהוֹשִׁיעַ. [מַשִּׁיב הָרוּחַ וּמוֹרִיד הַגֶּשֶׁם:] [מוֹרִיד הַטָּל:] מְכַלְכֵּל חַיִּים בְּחֶסֶד. מְחַיֵּה מֵתִים בְּרַחֲמִים רַבִּים. סוֹמֵךְ נוֹפְלִים. וְרוֹפֵא חוֹלִים. וּמַתִּיר אֲסוּרִים. וּמְקַיֵּם אֱמוּנָתוֹ לִישֵׁנֵי עָפָר: מִי כָמוֹךָ בַּעַל גְּבוּרוֹת וּמִי דּוֹמֶה לָּךְ. מֶלֶךְ מֵמִית וּמְחַיֶּה. וּמַצְמִיחַ יְשׁוּעָה: וְנֶאֱמָן אַתָּה לְהַחֲיוֹת מֵתִים. בָּרוּךְ אַתָּה יְיָ. מְחַיֵּה הַמֵּתִים:

קדושת השם

נְקַדֵּשׁ אֶת־שִׁמְךָ בָּעוֹלָם כְּשֵׁם שֶׁמַּקְדִּישִׁים אוֹתוֹ בִּשְׁמֵי מָרוֹם כַּכָּתוּב עַל יַד נְבִיאֶךָ. וְקָרָא זֶה אֶל זֶה וְאָמַר.

קָדוֹשׁ קָדוֹשׁ קָדוֹשׁ יְיָ צְבָאוֹת. מְלֹא כָל־הָאָרֶץ כְּבוֹדוֹ:

לְעֻמָּתָם בָּרוּךְ יֹאמֵרוּ.

Gott, öffne meine Lippen, dass mein Mund deinen Ruhm verkünde!
(Ps 51,17)

Einer der beiden folgenden Abschnitte:

GOTT ALLER GENERATIONEN

Gepriesen seist du, Ewiger, unser Gott und Gott unserer Väter, Gott Abrahams, Gott Isaaks und Gott Jakobs. Du bist groß und mächtig. Dir gebührt unsere Ehrfurcht. Du bist über alles erhaben. Du vollbringst Wohltaten. Alles hältst du in deiner Hand. Du erinnerst dich an die Frömmigkeit unserer Vorfahren und bringst deshalb liebevoll ihren Enkeln Erlösung um deines Namens willen. Du regierst und hilfst, du bist Rettung und Schutzschild. Gepriesen seist du, Ewiger, unser Gott, Schutzschild Abrahams.

Gepriesen seist du, Ewiger, unser Gott und Gott unserer Väter und Mütter, Gott Abrahams und Gott Saras, Gott Isaaks und Gott Rebekkas, Gott Jakobs, Gott Rahels und Gott Leas. Du bist groß und mächtig. Dir gebührt unsere Ehrfurcht. Du bist über alles erhaben. Du vollbringst Wohltaten. Alles hältst du in deiner Hand. Du erinnerst dich an die Frömmigkeit unserer Vorfahren und bringst deshalb liebevoll ihren Enkeln Erlösung um deines Namens willen. Du regierst und hilfst, du bist Rettung und Schutzschild. Gepriesen seist du, Ewiger, unser Gott, Schutzschild Abrahams und Saras.

GOTT IST MÄCHTIG

Du bist die nie erschöpfende Kraft, du schenkst Leben angesichts des Todes. Vielfältig sind deine Wege zu helfen.

Pessach bis Schemini Azeret: Du lässt den Tau entstehen.

Schemini Azeret bis Pessach: Du lässt die Winde wehen und den Regen fallen.

Die Lebenden ernährst du in Güte. In großem Erbarmen schaffst du Leben angesichts des Todes. Du stützt die Fallenden. Du heilst die Kranken. Du machst die Gebundenen los und hältst die Treue denen, die im Staube schlafen. Wer ist wie du, der solche Kraft hätte, und wer ist dir gleich? – Du, Gott, hast Macht über Tod und Leben, und du lässt Hilfe sprossen. Du bist treu, Leben angesichts des Todes zu schaffen. Gepriesen seist du, Ewiger. Du schenkst Leben angesichts des Todes.

GOTT IST HEILIG

Wir wollen dich verehren und heiligen und deinen Ruhm auf der Erde so groß machen wie im Himmel, denn es heißt bei dem Propheten: Sie riefen einander zu:

Heilig, heilig, heilig ist der Schöpfer aller Kreatur. Die ganze Welt ist mit Gottes Gegenwart erfüllt. *(Jes 6,3)*

Sie riefen einander zu: „Gepriesen!“

בָּרוּךְ כְּבוֹד יְיָ מִמְּקוֹמוֹ׃

וּבְדִבְרֵי קָדְשְׁךָ כָּתוּב לֵאמֹר·

יִמְלֹךְ יְיָ לְעוֹלָם אֱלֹהַיִךְ צִיּוֹן לְדֹר וָדֹר. הַלְלוּיָהּ׃

לְדוֹר וָדוֹר נַגִּיד גָּדְלֶךָ· וּלְנֵצַח נְצָחִים קְדֻשָּׁתְךָ נַקְדִּישׁ· וְשִׁבְחֲךָ אֱלֹהֵינוּ מִפִּינוּ לֹא יָמוּשׁ לְעוֹלָם וָעֶד· כִּי אֵל מֶלֶךְ גָּדוֹל וְקָדוֹשׁ אָתָּה· בָּרוּךְ אַתָּה יְיָ· הָאֵל הַקָּדוֹשׁ׃

קדושת היום

אַתָּה אֶחָד וְשִׁמְךָ אֶחָד· וּמִי כְּעַמְּךָ יִשְׂרָאֵל גּוֹי אֶחָד בָּאָרֶץ׃ תִּפְאֶרֶת גְּדֻלָּה· וַעֲטֶרֶת יְשׁוּעָה· יוֹם מְנוּחָה וּקְדֻשָּׁה לְעַמְּךָ נָתָתָּ׃ אַבְרָהָם יָגֵל· יִצְחָק יְרַנֵּן· יַעֲקֹב וּבָנָיו יָנוּחוּ בוֹ׃ מְנוּחַת אַהֲבָה וּנְדָבָה· מְנוּחַת אֱמֶת וֶאֱמוּנָה· מְנוּחַת שָׁלוֹם וְשַׁלְוָה וְהַשְׁקֵט וָבֶטַח· מְנוּחָה שְׁלֵמָה שָׁאַתָּה רוֹצֶה בָּהּ· יַכִּירוּ בָנֶיךָ וְיֵדְעוּ כִּי מֵאִתְּךָ הִיא מְנוּחָתָם וְעַל מְנוּחָתָם יַקְדִּישׁוּ אֶת־שְׁמֶךָ׃

אֱלֹהֵינוּ וֵאלֹהֵי אֲבוֹתֵינוּ· רְצֵה־נָא בִמְנוּחָתֵנוּ· קַדְּשֵׁנוּ בְּמִצְוֹתֶיךָ· שִׂים חֶלְקֵנוּ בְּתוֹרָתֶךָ· שַׂבְּעֵנוּ מִטּוּבֶךָ· שַׂמַּח נַפְשֵׁנוּ בִּישׁוּעָתֶךָ· וְטַהֵר לִבֵּנוּ לְעָבְדְּךָ בֶּאֱמֶת· וְהַנְחִילֵנוּ יְיָ אֱלֹהֵינוּ בְּאַהֲבָה וּבְרָצוֹן שַׁבַּת קָדְשֶׁךָ· וְיָנוּחוּ בָהּ כָּל־יִשְׂרָאֵל מְקַדְּשֵׁי שְׁמֶךָ׃ בָּרוּךְ אַתָּה יְיָ· מְקַדֵּשׁ הַשַּׁבָּת׃

עבודה

רְצֵה יְיָ אֱלֹהֵינוּ בְּעַמְּךָ יִשְׂרָאֵל· וְלִתְפִלָּתָם שְׁעֵה· וּבְרַחֲמֶיךָ הָרַבִּים תַּחְפֹּץ בָּנוּ וְתַשְׁרֶה שְׁכִינָתְךָ עַל צִיּוֹן·

Gepriesen sei die Gegenwart Gottes an jedem Ort. *(Ez 3,12)*

Und in deiner Heiligen Schrift steht geschrieben:

Gott herrscht allezeit, dein Gott, o Zion, bis in Ewigkeit. Halleluja! *(Ps 146,10)*

Von Generation zu Generation wollen wir deine Größe erzählen. Von Ewigkeit zu Ewigkeit wollen wir deine Heiligkeit verkünden. Das Lob, das wir dir, unser Gott, bringen, soll niemals in unseren Mündern verstummen. Denn du bist Gott, du regierst in Größe und Heiligkeit. Gepriesen seist du, Ewiger, heiliger Gott.

DER SCHABBAT IST HEILIG

Du bist einzig; einzigartig ist dein Ruhm. Und wer ist wie dein Volk Israel ein einzigartiges Volk auf der Erde? Du hast deinem Volk eine erhabene Pracht und eine Krone des Heils, ja, einen Tag zur Ruhe und Heiligung gegeben. Abraham jubelt. Isaak jauchzt. Jakob und seine Kinder ruhen an diesem Tag. An ihm haben wir Ruhe für Liebe und Freigebigkeit. An ihm haben wir Ruhe für Wahrhaftigkeit und Treue. An ihm haben wir Ruhe für Frieden und Gelassenheit, Sicherheit und Entspannung. Es ist eine vollkommene Ruhe, die dir an diesem Tag gefällt. Deine Kinder haben dies erkannt. Sie wissen, dass diese Ruhe von dir kommt, und durch ihre Ruhe heiligen sie deinen Namen.

Unser Gott und Gott unserer Vorfahren, habe Gefallen an unserer Ruhe. Lass unser Leben auf dich ausgerichtet sein und hilf uns, deine Gebote zu beachten. Lass deine Weisung zu unserem eigenen Anliegen werden. Sättige uns mit deiner Güte. Erfreue uns mit deiner Hilfe und reinige unsere Herzen, dass sie dir in Wahrhaftigkeit dienen. In Liebe und in Wohlgefallen lass uns, Gott, den Schabbat zu eigen machen, und lass an ihm ganz Israel, das dich sucht, zur Ruhe kommen. Gepriesen seist du, Ewiger. Du hast den Schabbat geheiligt.

DANK UND FRIEDENSBITTE

Habe Gefallen an deinem Volk Israel und höre seine Gebete. In großem Erbarmen finde Gefallen an uns und lass deine Gegenwart über Zion ruhen.

Am Neumond und an Halbfeiertagen wird eingefügt:

יעלה ויבא

אֱלֹהֵינוּ וֵאלֹהֵי אֲבוֹתֵינוּ יַעֲלֶה וְיָבֹא · יַגִּיעַ וְיֵרָאֶה · זִכְרוֹנֵנוּ וּפִקְדוֹנֵנוּ · וְזִכְרוֹן אֲבוֹתֵינוּ · וְזִכְרוֹן מָשִׁיחַ בֶּן־דָּוִד עַבְדֶּךָ · וְזִכְרוֹן יְרוּשָׁלַיִם עִיר קָדְשֶׁךָ · וְזִכְרוֹן כָּל־עַמְּךָ בֵּית יִשְׂרָאֵל לְפָנֶיךָ · לִפְלֵיטָה וּלְטוֹבָה · לְחֵן וּלְחֶסֶד · וּלְרַחֲמִים · בְּיוֹם

בראש החדש: רֹאשׁ הַחֹדֶשׁ הַזֶּה ·

בפסח: חַג הַמַּצּוֹת הַזֶּה ·

בסכות: חַג הַסֻּכּוֹת הַזֶּה ·

זָכְרֵנוּ יְיָ אֱלֹהֵינוּ בּוֹ לְטוֹבָה · אָמֵן:

וּפָקְדֵנוּ בוֹ לִבְרָכָה · אָמֵן:

וְהוֹשִׁיעֵנוּ בוֹ לְחַיִּים טוֹבִים: אָמֵן:

וּבִדְבַר יְשׁוּעָה וְרַחֲמִים חוּס וְחָנֵּנוּ · כִּי אֵלֶיךָ עֵינֵינוּ · כִּי אֵל מֶלֶךְ חַנּוּן וְרַחוּם אָתָּה:

וְתֶחֱזֶינָה עֵינֵינוּ בְּשׁוּבְךָ לְצִיּוֹן בְּרַחֲמִים · בָּרוּךְ אַתָּה יְיָ · הַמַּחֲזִיר שְׁכִינָתוֹ לְצִיּוֹן:

הודאה

מוֹדִים אֲנַחְנוּ לָךְ שָׁאַתָּה הוּא יְיָ אֱלֹהֵינוּ וֵאלֹהֵי אֲבוֹתֵינוּ לְעוֹלָם וָעֶד · צוּרֵנוּ צוּר חַיֵּינוּ וּמָגֵן יִשְׁעֵנוּ אַתָּה הוּא לְדוֹר וָדוֹר: נוֹדֶה לְּךָ וּנְסַפֵּר תְּהִלָּתֶךָ עַל חַיֵּינוּ הַמְּסוּרִים בְּיָדֶךָ · וְעַל נִשְׁמוֹתֵינוּ הַפְּקוּדוֹת לָךְ · וְעַל נִסֶּיךָ שֶׁבְּכָל־יוֹם עִמָּנוּ · וְעַל נִפְלְאוֹתֶיךָ וְטוֹבוֹתֶיךָ שֶׁבְּכָל־עֵת עֶרֶב וָבֹקֶר וְצָהֳרָיִם: הַטּוֹב כִּי לֹא כָלוּ רַחֲמֶיךָ · הַמְרַחֵם כִּי לֹא תַמּוּ חֲסָדֶיךָ · כִּי מֵעוֹלָם קִוִּינוּ לָךְ:

An Chanukka wird hier das Chanukka-Gebet על הנסים *(S. 199) eingefügt.*

וְעַל כֻּלָּם יִתְבָּרַךְ וְיִתְרוֹמַם וְיִתְנַשֵּׂא תָּמִיד שִׁמְךָ מַלְכֵּנוּ לְעוֹלָם וָעֶד: (וּכְתוֹב לְחַיִּים טוֹבִים כָּל־בְּנֵי בְרִיתֶךָ:) וְכָל־הַחַיִּים יוֹדוּךָ סֶּלָה · וִיהַלְלוּ וִיבָרְכוּ אֶת־שִׁמְךָ הַגָּדוֹל בֶּאֱמֶת · הָאֵל יְשׁוּעָתֵנוּ וְעֶזְרָתֵנוּ סֶלָה: בָּרוּךְ אַתָּה יְיָ · הַטּוֹב שִׁמְךָ וּלְךָ נָאֶה לְהוֹדוֹת:

Am Neumond und an Halbfeiertagen wird eingefügt:

Unser Gott und Gott unserer Vorfahren, das Gedenken an uns und die Verantwortung für uns, das Gedenken an unsere Vorfahren und an die messianische Zeit, das Gedenken an Jerusalem, die Stadt deiner Heiligkeit, und an die ganze Familie Israels mögen zu dir gelangen und vor dich kommen; sie mögen dich erreichen und wahrgenommen werden. Es geschehe, damit wir deine Rettung und Güte erfahren, damit uns deine Gnade und Liebe zuteil werden. Ewiger, unser Gott, heute,

Am Neumond: zu Beginn eines neuen Monats,
An Pessach: am Fest der ungesäuerten Brote,
An Sukkot: am Laubhüttenfest,

denke an uns, damit wir Gutes erfahren – Amen.
Schenke uns deinen Segen – Amen.
Hilf uns zu einem guten Leben – Amen.

Du hast uns Hilfe und Erbarmen versprochen, deshalb erbarme dich über uns und zeige uns deine Gnade. Denn auf dich richtet sich unser Blick, du bist die Quelle aller Gnade und allen Erbarmens.

Lass unsere Augen Ausschau halten nach deiner Rückkehr zum Zion in Erbarmen. Gepriesen seist du, Ewiger. Du lässt deine Gegenwart nach Zion zurückkehren.

Wir danken dir, denn du bist der Ewige, unser Gott und der Gott unserer Vorfahren, seit eh und je. Wir danken dir, denn du bist unser Fels und das Fundament, auf dem unser Leben ruht. Deine Hilfe haben wir zum Schutzschild – Fels und Schutzschild bist du uns seit jeher. Wir loben dich und erzählen von deinem Ruhm. Wir loben dich für unser Leben, das in deine Hand gegeben ist, und für unsere Seele, die dir anvertraut ist; für die Zeichen deiner Gegenwart, die uns täglich umgeben, für die Wunder und Wohltaten zu jeder Zeit, abends, morgens und mittags. Du bist gut, denn dein Erbarmen wird niemals aufhören. Du bist barmherzig, denn deine Gnade wird niemals versiegen. Von jeher hofften wir auf dich!

An Chanukka wird hier das Chanukka-Gebet „Al ha-Nissim" (S. 199) eingefügt.

Für all dies preisen wir dich und erheben und rühmen deinen Namen, unser Herrscher, allezeit. Alles, was lebt, möge dir danken. Und man soll deinen großen Namen loben und preisen in Wahrhaftigkeit. Preisen soll man dich, Gott, unsere Hilfe und unsere Rettung. Gepriesen seist du, Ewiger. „Guter Gott" – das ist dein Name. Schön ist es, dich zu loben.

ברכת שלום

שָׁלוֹם רָב עַל יִשְׂרָאֵל עַמְּךָ תָּשִׂים לְעוֹלָם· כִּי אַתָּה הוּא מֶלֶךְ אָדוֹן לְכָל־הַשָּׁלוֹם· וְטוֹב בְּעֵינֶיךָ לְבָרֵךְ אֶת־עַמְּךָ יִשְׂרָאֵל בְּכָל־עֵת וּבְכָל־שָׁעָה בִּשְׁלוֹמֶךָ: בָּרוּךְ אַתָּה יְיָ· הַמְבָרֵךְ אֶת־עַמּוֹ יִשְׂרָאֵל בַּשָּׁלוֹם:

אלהי נצור

אֱלֹהַי נְצוֹר לְשׁוֹנִי מֵרָע· וּשְׂפְתוֹתַי מִדַּבֵּר מִרְמָה· וְלִמְקַלְלַי נַפְשִׁי תִדּוֹם· וְנַפְשִׁי כֶּעָפָר לַכֹּל תִּהְיֶה: פְּתַח לִבִּי בְּתוֹרָתֶךָ· וְאַחֲרֵי מִצְוֹתֶיךָ תִּרְדּוֹף נַפְשִׁי· וְכָל־הַקָּמִים עָלַי לְרָעָה מְהֵרָה הָפֵר עֲצָתָם וְקַלְקֵל מַחְשְׁבוֹתָם: יִהְיוּ לְרָצוֹן אִמְרֵי־פִי· וְהֶגְיוֹן לִבִּי לְפָנֶיךָ· יְהוָה צוּרִי וְגֹאֲלִי:
עֹשֶׂה שָׁלוֹם בִּמְרוֹמָיו הוּא יַעֲשֶׂה שָׁלוֹם עָלֵינוּ וְעַל כָּל־יִשְׂרָאֵל· וְאִמְרוּ אָמֵן:

Der Gottesdienst wird mit עלינו *und* קדיש *(S. 118ff) fortgesetzt.*

Anschließend kann ein Abschnitt aus פרקי אבות *gelesen werden.*

Hannover (erbaut 1862-1870)

Frieden in Fülle verleihe deinem Volk Israel zu jeder Zeit, denn du hast die Macht, du bist der Ursprung des Friedens. Du mögest Freude daran haben, dein Volk Israel mit deinem Frieden zu segnen, zu jeder Zeit und zu jeder Stunde. Gepriesen seist du, Ewiger. Du segnest dein Volk Israel mit Frieden.

MEDITATION Mein Gott, bewahre meine Zunge vor böser Rede und meine Lippen vor Lüge. Denen gegenüber, die mir Böses wollen, lass mich angemessen reagieren, und meine Seele möge gelassen bleiben, was auch geschieht. Mache mich bereit für deine Weisung. Nach deinen Geboten will ich leben. Eilig aber zerbrich die Pläne derer, die Böses gegen mich ersinnen, und vernichte ihre Gedanken. „Die Worte meines Mundes und meine Gedanken mögen dir angenehm sein, Ewiger, mein Fels und mein Heil.“ *(Ps 19,15)* *(bBer 17a)*

Gott schafft Frieden in der Höhe.
Möge Gott uns und ganz Israel Frieden geben.
Darauf sprecht: Amen.

Der Gottesdienst wird mit Alenu und Kaddisch (S. 119ff) fortgesetzt.

Anschließend kann ein Abschnitt aus den Sprüchen der Väter gelesen werden.

Seesen, Tempel der Jacobson-Schule (erbaut 1805-1810)

קידוש והבדלה

BEGRÜSSUNG UND VERABSCHIEDUNG DES SCHABBAT

הדלקת נרות

הִנְנִי מוּכָן וּמְזֻמָּן לְכַבֵּד אֶת־הַשַּׁבָּת בְּנֶאֱמָנוּת אֵלֶיךָ וְאֶל־הַדּוֹרוֹת שֶׁקָּדְמוּ לִי· הִנְנִי מַשְׁלִיךְ מִלִּבִּי כָּל־שִׂנְאָה וְכָל־מְרִירוּת שֶׁנִּשְׁתַּיְּרוּ מֵהַשָּׁבוּעַ שֶׁעָבַר לְמַעַן תִּהְיֶה רוּחִי שְׁלֵוָה וְאֶקְרָא בְּשִׁמְךָ בֶּאֱמֶת: לְאוֹר־נֵרוֹת־הַשַּׁבָּת רוֹאֶה אֲנִי אֶת־הַמְּסוּבִּים בְּבֵיתִי כְּצַוּוֹךָ אוֹתִי לִרְאוֹתָם· וּמוֹדֶה אֲנִי לְפָנֶיךָ עַל־מִשְׁפָּחָה וִידִידוּת· עַל־נֶאֱמָנוּת וְאַהֲבָה· בְּקַדְּשִׁי עַל־הַיַּיִן אַבִּיעַ לַשָּׁלוֹם הַשּׁוֹפֵעַ מִקְּדֻשָּׁה וְלַשִּׂמְחָה הַנּוֹבַעַת מִנִּדְבַת־הַלֵּב· בְּאָכְלִי אֶת־פִּתִּי אַכִּיר בְּחוֹבָתִי לַאֲחֵרִים וַאֲצַפֶּה לְיוֹם שֶׁכֻּלּוֹ שַׁבָּת וְשִׂמְחָה וְשָׁלוֹם לַכֹּל:

Nach dem Anzünden der Kerzen:

בָּרוּךְ אַתָּה יְיָ אֱלֹהֵינוּ מֶלֶךְ הָעוֹלָם· אֲשֶׁר קִדְּשָׁנוּ בְּמִצְוֹתָיו וְצִוָּנוּ לְהַדְלִיק נֵר שֶׁל שַׁבָּת:

אֵל שַׁדַּי אוֹר־הָעוֹלָם· בָּרְכֵנוּ בִּבְרָכָה שְׁלֵמָה מִלְּפָנֶיךָ: רְצֵה־נָא בָּנוּ וְהָאֵר אֶת־עֵינֵינוּ בְּאוֹרְךָ וּבַאֲמִתֶּךָ כְּמוֹ שֶׁהִדְלַקְנוּ לְפָנֶיךָ אֶת־נֵרוֹת הַשַּׁבָּת· וְהַשְׁכֵּן בְּנְאוֹתֵינוּ רוּחַ אֱמוּנִים וְאַהֲבָה: הַדְרִיכֵנוּ בְּאוֹר פָּנֶיךָ וּבְאוֹרְךָ נִרְאֶה אוֹר: שְׁלַח־נָא אֶת־בִּרְכָתְךָ לְכָל־בַּיִת בְּיִשְׂרָאֵל וּבָעוֹלָם כֻּלּוֹ וְתֵן שָׁלוֹם וְשִׂמְחַת עוֹלָם עַל רֹאשָׁם· אָמֵן:

ANZÜNDEN DER KERZEN

Meditation

Gott, ich bereite mich darauf vor, den Schabbat zu ehren – in Treue zu dir und zu den Generationen vor mir. Ich lege alle Gefühle des Hasses und der Bitterkeit, die aus der vergangenen Woche zurückgeblieben sind, ab, damit ich aufrichtig deinen Namen anrufen kann. Ich sehe die Menschen um mich herum im Licht der Schabbatkerzen, so wie du möchtest, dass ich sie sehe. Und ich danke dir für Familie und Freundschaft, für Treue und Liebe. Ich mache Kiddusch und empfange das Geschenk des Glücks: den Frieden, den diese Heiligkeit bringt und die Freude, die aus dem Geben entspringt. Während ich das Brot esse, denke ich an alles, was ich anderen verdanke. Ich freue mich auf den Großen Schabbat, an dem alle Freude und Frieden finden werden.

Nach dem Anzünden der Kerzen:

Gepriesen seist du, Ewiger, unser Gott; du regierst die Welt. Du hast uns durch deine Gebote geheiligt und uns aufgetragen, die Schabbatkerzen anzuzünden.

Allmächtiger Gott, Licht der Welt, segne uns mit deinem vollkommenen Segen. Habe Gefallen an uns und lass in unseren Augen das Licht deiner Wahrheit strahlen, so wie das Licht dieser Schabbatkerzen jetzt vor uns leuchtet. Lass den Geist der Wahrheit und der Liebe in unseren Häusern wohnen. Das Licht deiner Gegenwart erhelle unseren Lebensweg, denn in deinem Lichte sehen wir das Licht. Dein Segen komme auch über jede Familie in Israel und über die ganze Welt. Amen.

Segnung der Kinder

Für Jungen:

יְשִׂמְךָ אֱלֹהִים כְּאֶפְרַיִם וְכִמְנַשֶּׁה:

Für Mädchen:

יְשִׂמֵךְ אֱלֹהִים כְּשָׂרָה רִבְקָה רָחֵל וְלֵאָה:

יְבָרֶכְךָ יְהוָה וְיִשְׁמְרֶךָ ·
יָאֵר יְהוָה פָּנָיו אֵלֶיךָ וִיחֻנֶּךָּ ·
יִשָּׂא יְהוָה פָּנָיו אֵלֶיךָ וְיָשֵׂם לְךָ שָׁלוֹם:

שָׁלוֹם עֲלֵיכֶם

מַלְאֲכֵי הַשָּׁרֵת מַלְאֲכֵי עֶלְיוֹן מֶלֶךְ
מַלְכֵי הַמְּלָכִים הַקָּדוֹשׁ בָּרוּךְ הוּא:

בּוֹאֲכֶם לְשָׁלוֹם מַלְאֲכֵי הַשָּׁלוֹם מַלְאֲכֵי עֶלְיוֹן מֶלֶךְ מַלְכֵי הַמְּלָכִים הַקָּדוֹשׁ בָּרוּךְ הוּא:

בָּרְכוּנִי לְשָׁלוֹם מַלְאֲכֵי הַשָּׁלוֹם מַלְאֲכֵי עֶלְיוֹן מֶלֶךְ מַלְכֵי הַמְּלָכִים הַקָּדוֹשׁ בָּרוּךְ הוּא:

צֵאתְכֶם לְשָׁלוֹם מַלְאֲכֵי הַשָּׁלוֹם מַלְאֲכֵי עֶלְיוֹן מֶלֶךְ מַלְכֵי הַמְּלָכִים הַקָּדוֹשׁ בָּרוּךְ הוּא:

Segnung der Kinder

Für Jungen:

Möge Gott dich segnen
wie Ephraim und Manasse.

Für Mädchen:

Möge Gott dich segnen
wie Sara, Rebekka, Rahel und Lea.

Gott segne dich und behüte dich;
Gottes Angesicht leuchte über dir;
Gott sei dir gnädig;
Gottes Angesicht sei über dir erhoben;
Gott gebe dir Frieden.

(Num 6,24-26)

Seid mir gegrüßet, Engel des Dienstes,
des Höchsten aller Herrschenden.
Gesandte Gottes, der überall regiert
und dessen Heiligkeit man lobt.

Kehrt ein zum Frieden, Engel des Friedens,
des Höchsten aller Herrschenden.
Gesandte Gottes, der überall regiert
und dessen Heiligkeit man lobt.

Schenkt mir den Frieden, Engel des Friedens,
des Höchsten aller Herrschenden.
Gesandte Gottes, der überall regiert
und dessen Heiligkeit man lobt.

Zieht aus in Frieden, Engel des Friedens,
des Höchsten aller Herrschenden.
Gesandte Gottes, der überall regiert
und dessen Heiligkeit man lobt.

(Kommentar zu „Schalom alechem" im Glossar.)

קידוש לערב שבת

וַיְהִי־עֶרֶב וַיְהִי־בֹקֶר יוֹם הַשִּׁשִּׁי. וַיְכֻלּוּ הַשָּׁמַיִם וְהָאָרֶץ וְכָל־צְבָאָם: וַיְכַל אֱלֹהִים בַּיּוֹם הַשְּׁבִיעִי מְלַאכְתּוֹ אֲשֶׁר עָשָׂה. וַיִּשְׁבֹּת בַּיּוֹם הַשְּׁבִיעִי מִכָּל־מְלַאכְתּוֹ אֲשֶׁר עָשָׂה: וַיְבָרֶךְ אֱלֹהִים אֶת־יוֹם הַשְּׁבִיעִי וַיְקַדֵּשׁ אֹתוֹ. כִּי בוֹ שָׁבַת מִכָּל־מְלַאכְתּוֹ אֲשֶׁר בָּרָא אֱלֹהִים לַעֲשׂוֹת:

Lobspruch über den Wein:

בָּרוּךְ אַתָּה יְיָ אֱלֹהֵינוּ מֶלֶךְ הָעוֹלָם· בּוֹרֵא פְּרִי הַגָּפֶן:

Lobspruch über den Tag:

בָּרוּךְ אַתָּה יְיָ אֱלֹהֵינוּ מֶלֶךְ הָעוֹלָם· אֲשֶׁר קִדְּשָׁנוּ בְּמִצְוֹתָיו· וְרָצָה בָנוּ· וְשַׁבַּת קָדְשׁוֹ בְּאַהֲבָה וּבְרָצוֹן הִנְחִילָנוּ· זִכָּרוֹן לְמַעֲשֵׂה בְרֵאשִׁית· כִּי הוּא יוֹם תְּחִלָּה לְמִקְרָאֵי קֹדֶשׁ· זֵכֶר לִיצִיאַת מִצְרָיִם: כִּי־בָנוּ בָחַרְתָּ וְאוֹתָנוּ קִדַּשְׁתָּ מִכָּל־הָעַמִּים· וְשַׁבַּת קָדְשְׁךָ בְּאַהֲבָה וּבְרָצוֹן הִנְחַלְתָּנוּ: בָּרוּךְ אַתָּה יְיָ· מְקַדֵּשׁ הַשַּׁבָּת:

Lobspruch über das Brot:

בָּרוּךְ אַתָּה יְיָ אֱלֹהֵינוּ מֶלֶךְ הָעוֹלָם· הַמּוֹצִיא לֶחֶם מִן הָאָרֶץ:

KIDDUSCH FÜR EREW SCHABBAT

DER SCHABBAT IST HEILIG

Und es wurde Abend und Morgen, der sechste Tag. So wurden Himmel und Erde vollendet und alles, was dort lebt. Am siebten Tag vollendete Gott das Schöpfungswerk und ruhte am siebten Tage, nachdem das ganze Werk vollbracht worden war. Und Gott segnete den siebten Tag und erklärte ihn für heilig; denn an ihm ruhte Gott, nachdem die ganze Schöpfung vollendet worden war. *(Gen 2,1-3)*

Lobspruch über den Wein:

Gepriesen seist du, Ewiger, unser Gott; du regierst die Welt. Du hast die Frucht des Weinstocks geschaffen.

Lobspruch über den Tag:

Gepriesen seist du, Ewiger, unser Gott; du regierst die Welt. Du hast uns durch deine Gebote geheiligt. Du hast Gefallen an uns. Du lässt uns teilhaben an deinem heiligen Ruhetag, der daran erinnert, dass du alles geschaffen hast. Er ist der erste Tag der „Tage heiliger Versammlung", eine Erinnerung an den Auszug aus Ägypten. Du hast uns dazu erwählt, heilig zu sein unter allen Völkern. Du lässt uns in Liebe und Wohlgefallen teilhaben an deinem heiligen Ruhetag. Gepriesen seist du, Ewiger. Du hast den Schabbat geheiligt.

Lobspruch über das Brot:

Gepriesen seist du, Ewiger, unser Gott; du regierst die Welt. Du lässt die Erde Nahrung hervorbringen.

קידוש ליום שבת

וְשָׁמְרוּ בְנֵי־יִשְׂרָאֵל אֶת־הַשַּׁבָּת לַעֲשׂוֹת אֶת־הַשַּׁבָּת לְדֹרֹתָם בְּרִית עוֹלָם׃ בֵּינִי וּבֵין בְּנֵי יִשְׂרָאֵל אוֹת הִוא לְעֹלָם כִּי־שֵׁשֶׁת יָמִים עָשָׂה יְהוָה אֶת־הַשָּׁמַיִם וְאֶת־הָאָרֶץ וּבַיּוֹם הַשְּׁבִיעִי שָׁבַת וַיִּנָּפַשׁ׃

זָכוֹר אֶת־יוֹם הַשַּׁבָּת לְקַדְּשׁוֹ׃ שֵׁשֶׁת יָמִים תַּעֲבֹד וְעָשִׂיתָ כָּל־מְלַאכְתֶּךָ׃ וְיוֹם הַשְּׁבִיעִי שַׁבָּת לַיהוָה אֱלֹהֶיךָ לֹא־תַעֲשֶׂה כָל־מְלָאכָה אַתָּה וּבִנְךָ וּבִתֶּךָ עַבְדְּךָ וַאֲמָתְךָ וּבְהֶמְתֶּךָ וְגֵרְךָ אֲשֶׁר בִּשְׁעָרֶיךָ׃ כִּי שֵׁשֶׁת־יָמִים עָשָׂה יְהוָה אֶת־הַשָּׁמַיִם וְאֶת־הָאָרֶץ אֶת־הַיָּם וְאֶת־כָּל־אֲשֶׁר־בָּם וַיָּנַח בַּיּוֹם הַשְּׁבִיעִי· עַל־כֵּן בֵּרַךְ יְהוָה אֶת־יוֹם הַשַּׁבָּת וַיְקַדְּשֵׁהוּ׃

Lobspruch über den Wein:

בָּרוּךְ אַתָּה יְיָ אֱלֹהֵינוּ מֶלֶךְ הָעוֹלָם· בּוֹרֵא פְּרִי הַגָּפֶן׃

Lobspruch über das Brot:

בָּרוּךְ אַתָּה יְיָ אֱלֹהֵינוּ מֶלֶךְ הָעוֹלָם· הַמּוֹצִיא לֶחֶם מִן הָאָרֶץ׃

Berlin-Mitte, „Alte Synagoge" Heidereutergasse (1714-1942)
(Radierung von F.A. Calau, um 1795)

KIDDUSCH FÜR SCHABBATMORGEN

Die Kinder Israels sollen den Schabbat halten und ihn von Generation zu Generation als einen ewigen Bund bewahren. Für alle Zeiten wird er ein Zeichen zwischen mir und den Kindern Israels sein. Denn in sechs Tagen hat Gott Himmel und Erde gemacht; am siebten Tag aber ruhte Gott und atmete auf. *(Ex 31,16-17)*

Gedenke des Schabbattages: Halte ihn heilig! Sechs Tage darfst du schaffen und jede Arbeit tun. Der siebte Tag aber ist ein Ruhetag, dem Ewigen, deinem Gott, geweiht. An ihm sollst du keine Arbeit tun, du, dein Sohn und deine Tochter, dein Sklave und deine Sklavin, dein Vieh, und die Fremden, die in deinen Stadtbereichen Wohnrecht haben. Denn in sechs Tagen hat Gott Himmel, Erde und Meer gemacht und alles, was dazugehört; am siebten Tag aber ruhte Gott. Darum hat Gott den Schabbattag gesegnet und ihn für heilig erklärt. *(Ex 20,8-11)*

Segensspruch über den Wein:

Gepriesen seist du, Ewiger, unser Gott; du regierst die Welt. Du hast die Frucht des Weinstocks geschaffen.

Segensspruch über das Brot:

Gepriesen seist du, Ewiger, unser Gott; du regierst die Welt. Du lässt die Erde Nahrung hervorbringen.

Berlin-Mitte, Tempel der Reformgemeinde, Johannisstraße (1854-1942)

הבדלה

הִנֵּה אֵל יְשׁוּעָתִי אֶבְטַח וְלֹא אֶפְחָד · כִּי עָזִּי וְזִמְרָת יָהּ יְיָ וַיְהִי־לִי לִישׁוּעָה : וּשְׁאַבְתֶּם מַיִם בְּשָׂשׂוֹן מִמַּעַיְנֵי הַיְשׁוּעָה : לַייָ הַיְשׁוּעָה עַל־עַמְּךָ בִרְכָתֶךָ סֶּלָה : יְיָ צְבָאוֹת עִמָּנוּ מִשְׂגָּב־לָנוּ אֱלֹהֵי יַעֲקֹב סֶלָה : לַיְּהוּדִים הָיְתָה אוֹרָה וְשִׂמְחָה וְשָׂשׂוֹן וִיקָר · כֵּן תִּהְיֶה לָּנוּ : כּוֹס־יְשׁוּעוֹת אֶשָּׂא וּבְשֵׁם יְיָ אֶקְרָא :

Man hebt den Becher mit Wein und sagt:

בָּרוּךְ אַתָּה יְיָ אֱלֹהֵינוּ מֶלֶךְ הָעוֹלָם · בּוֹרֵא פְּרִי הַגָּפֶן :

Man nimmt den Behälter mit den Gewürzen und sagt, bevor man daran riecht:

בָּרוּךְ אַתָּה יְיָ אֱלֹהֵינוּ מֶלֶךְ הָעוֹלָם · בּוֹרֵא מִינֵי בְשָׂמִים :

Man hält die Hände gegen das Licht und sagt:

בָּרוּךְ אַתָּה יְיָ אֱלֹהֵינוּ מֶלֶךְ הָעוֹלָם · בּוֹרֵא מְאוֹרֵי הָאֵשׁ :

Man nimmt den Becher mit Wein wieder in die Hand und sagt:

בָּרוּךְ אַתָּה יְיָ אֱלֹהֵינוּ מֶלֶךְ הָעוֹלָם · הַמַּבְדִּיל בֵּין קֹדֶשׁ לְחוֹל וּבֵין אוֹר לְחֹשֶׁךְ וּבֵין יִשְׂרָאֵל לָעַמִּים · וּבֵין יוֹם הַשְּׁבִיעִי לְשֵׁשֶׁת יְמֵי הַמַּעֲשֶׂה · בָּרוּךְ אַתָּה יְיָ · הַמַּבְדִּיל בֵּין קֹדֶשׁ לְחוֹל :

Man trinkt den größten Teil des Bechers und schüttet den Rest aus, um damit das Licht zu löschen.

HAWDALA

Gott ist meine Rettung; ich will Gott vertrauen und niemals verzagen. Denn Gott ist meine Stärke und mein Loblied. Gott wurde meine Hilfe. Ihr werdet Wasser schöpfen voller Freude aus den Quellen des Heils. *(Jes 12,2)* Bei Gott findet man Hilfe; auf dein Volk komme Segen. *(Ps 3,9)* Der Gott aller Geschöpfe ist bei uns, der Gott Jakobs ist unser Schutz. *(Ps 46, 8.12)* Die Juden waren glücklich, sie jauchzten vor Freude und waren wieder geehrt. *(Est 8,16)* – So geschehe es auch uns! Ich will den Kelch des Heils erheben und den Namen Gottes anrufen. *(Ps 116,13)*

Man hebt den Becher mit Wein und sagt:

Gepriesen seist du, Ewiger, unser Gott; du regierst die Welt. Du hast die Frucht des Weinstocks geschaffen.

Man nimmt den Behälter mit den Gewürzen und sagt, bevor man daran riecht:

Gepriesen seist du, Ewiger, unser Gott; du regierst die Welt. Du hast verschiedene Arten von Gewürzen geschaffen.

Man hält die Hände gegen das Licht und sagt:

Gepriesen seist du, Ewiger, unser Gott; du regierst die Welt. Du hast das Licht des Feuers geschaffen.

Man nimmt den Becher mit Wein wieder in die Hand und sagt:

Gepriesen seist du, Ewiger, unser Gott; du regierst die Welt. Du trennst das Heilige vom Profanen, das Licht von der Finsternis, Israel von den Völkern, den siebten Tag von den übrigen sechs Werktagen. Gepriesen seist du, Ewiger. Du trennst das Heilige vom Profanen.

Man trinkt den größten Teil des Bechers und schüttet den Rest aus, um damit das Licht zu löschen.

זמירות למוצאי שבת

א הַמַּבְדִּיל

בֵּין קֹדֶשׁ לְחוֹל · חַטֹּאתֵינוּ יִמְחֹל ·
זַרְעֵנוּ יַרְבֶּה כַּחוֹל · וְכַכּוֹכָבִים בַּלָּיְלָה:

יוֹם פָּנָה כְּצֵל תֹּמֶר · אֶקְרָא לָאֵל עָלַי גֹּמֵר ·
אָמַר שׁוֹמֵר · אָתָא בֹקֶר וְגַם־לָיְלָה:

הָעֲתֵר נוֹרָא וְאָיוֹם · אֲשַׁוֵּעַ תְּנָה פִדְיוֹם ·
בְּנֶשֶׁף בְּעֶרֶב יוֹם · בְּאִישׁוֹן לָיְלָה:

נְחֵנוּ בְיָדְךָ כַּחֹמֶר · סְלַח נָא עַל קַל וָחֹמֶר ·
יוֹם לְיוֹם יַבִּיעַ אֹמֶר · וְלַיְלָה לְלָיְלָה:

הַמַּבְדִּיל בֵּין קֹדֶשׁ לְחוֹל · חַטֹּאתֵינוּ יִמְחֹל ·
זַרְעֵנוּ יַרְבֶּה כַּחוֹל · וְכַכּוֹכָבִים בַּלָּיְלָה:

ב אֵלִיָּהוּ הַנָּבִיא.

אֵלִיָּהוּ הַתִּשְׁבִּי ·
אֵלִיָּהוּ הַגִּלְעָדִי ·
בִּמְהֵרָה יָבֹא אֵלֵינוּ
עִם מָשִׁיחַ בֶּן־דָּוִד:

ג שָׁבוּעַ טוֹב:

LIEDER ZUR VERABSCHIEDUNG DES SCHABBATS

I

Gott, du trennst

zwischen heilig und profan,
vergib die Schuld, die wir getan.
Uns're Nachkommen mach wie den Sand am Meer,
und wie des Nachts der Sterne Heer.

Wie ein Schatten zieht der Tag vorbei,
„Vollende das Wort“, zu Gott ich schrei,
„das Wort, das der Wächter uns kund macht:
‚Es kommt der Morgen, und doch ist's noch Nacht.‘“

Hör zu, du starker und zu fürchtender Gott,
ich flehe: Sprich ein Erlösungswort!
Zur Dämmrungszeit, zur Abendstund,
und in der Nacht, tu es uns kund!

Wie Ton in deiner Hand sind wir,
vergib uns're Schuld, sei sie noch so schwer,
ein Tag künde dies dem anderen,
und die Nacht mach's der Nacht bekannt.

Gott, du trennst zwischen heilig und profan,
vergib die Schuld, die wir getan.
Uns're Nachkommen mach wie den Sand am Meer,
und wie des Nachts der Sterne Heer.

II

Elia, der Prophet,

Elia aus Tisbi,
Elia, aus dem Stamme Gilead,
er komme bald zu uns,
mit dem Messias, Davids Sohn.

III

Eine gute Woche!

תיקון קריאת שמע

רבונו של עולם הריני מוחל לכל מי שהכעיס והקניט אותי או שחטא כנגדי בין בגופי בין בממוני בין בכבודי · בין בכל אשר לי בין באונס בין ברצון בין בשוגג בין במזיד בין בדבור בין במעשה בין בגלגול זה בין בגלגול אחר לכל בר ישרא׳ ולא יענש· שום אדם בסבתי ; יהי רצון מלפניך יי׳ אוא שלא אחטא ומה ש שחטאתי מחוק ברחמיך הרבים ולא על יסורין ; יהיו לרצון אמרי פי והגיון לבי לפניך יי׳ צורי וגואלי ✝

תפלת שחרית לחול

MORGENGEBET FÜR WOCHENTAGE

תְּפִלַּת שַׁחֲרִית לְחוֹל

Wenn Tallit und Teffilin getragen werden, wird folgendes gesagt:

Meditation vor dem Anziehen des Tallit:

טלית

בָּרְכִי נַפְשִׁי אֶת־יְהוָֹה יְהוָֹה אֱלֹהַי גָּדַלְתָּ מְּאֹד הוֹד וְהָדָר לָבָשְׁתָּ: עֹטֶה־אוֹר כַּשַּׂלְמָה נוֹטֶה שָׁמַיִם כַּיְרִיעָה:

הִנְנִי מִתְעַטֵּף בְּטַלִּית שֶׁל־צִיצִת כְּדֵי לְקַיֵּם מִצְוַת בּוֹרְאִי. כַּכָּתוּב בַּתּוֹרָה. וְעָשׂוּ לָהֶם צִיצִת עַל־כַּנְפֵי בִגְדֵיהֶם לְדֹרֹתָם. וּכְשֵׁם שֶׁאֲנִי מִתְכַּסֶּה בְטַלִּית בָּעוֹלָם הַזֶּה כֵּן תִּזְכֶּה נִשְׁמָתִי לְהִתְלַבֵּשׁ בְּטַלִּית נָאָה לָעוֹלָם הַבָּא בְּגַן עֵדֶן. אָמֵן:

Während man den Tallit anzieht:

בָּרוּךְ אַתָּה יְיָ אֱלֹהֵינוּ מֶלֶךְ הָעוֹלָם. אֲשֶׁר קִדְּשָׁנוּ בְּמִצְוֹתָיו וְצִוָּנוּ לְהִתְעַטֵּף בַּצִּיצִת:

Meditation vor dem Anlegen der Tefillin:

הנחת תפילין

הִנְנִי מְכַוֵּן בְּהַנָּחַת תְּפִלִּין לְקַיֵּם מִצְוַת בּוֹרְאִי שֶׁצִּוָּנוּ לְהָנִיחַ תְּפִלִּין. כַּכָּתוּב בַּתּוֹרָה. וּקְשַׁרְתָּם לְאוֹת עַל־יָדֶךָ וְהָיוּ לְטֹטָפֹת בֵּין עֵינֶיךָ. וְהֵם אַרְבַּע פָּרָשׁוֹת אֵלּוּ. שְׁמַע. וְהָיָה אִם־שָׁמֹעַ. קַדֶּשׁ. וְהָיָה כִּי יְבִאֲךָ. שֶׁיֵּשׁ בָּהֶם יִחוּדוֹ וְאַחְדוּתוֹ יִתְבָּרַךְ שְׁמוֹ. וְשֶׁנִּזְכֹּר נִסִּים וְנִפְלָאוֹת שֶׁעָשָׂה עִמָּנוּ בְּהוֹצִיאוֹ אֹתָנוּ מִמִּצְרָיִם. וַאֲשֶׁר לוֹ הַכֹּחַ וְהַמֶּמְשָׁלָה בָּעֶלְיוֹנִים וּבַתַּחְתּוֹנִים לַעֲשׂוֹת בָּהֶם כִּרְצוֹנוֹ. וְצִוָּנוּ לְהָנִיחַ עַל־הַיָּד לְזִכְרוֹן זְרֹעוֹ הַנְּטוּיָה. וְשֶׁהִיא נֶגֶד הַלֵּב לְשַׁעְבֵּד בָּזֶה תַּאֲוַת וּמַחְשְׁבוֹת לִבֵּנוּ לַעֲבֹדָתוֹ יִתְבָּרַךְ שְׁמוֹ. וְעַל־הָרֹאשׁ נֶגֶד הַמֹּחַ שֶׁהַנְּשָׁמָה שֶׁבְּמֹחִי עִם־חוּשַׁי וְכוֹחוֹתַי כֻּלָּם יִהְיוּ מְשֻׁעְבָּדִים לַעֲבֹדָתוֹ יִתְבָּרַךְ שְׁמוֹ. וּמִשֶּׁפַע מִצְוַת תְּפִלִּין יִתְמַשֵּׁךְ עָלַי לִהְיוֹת לִי

MORGENGEBET FÜR WOCHENTAGE

Wenn Tallit und Teffilin getragen werden, wird folgendes gesagt:

Meditation vor dem Anziehen des Tallit:

Meine Seele, preise den Ewigen. Ewiger, mein Gott, du bist gewaltig groß, du bist mit Pracht und Herrlichkeit bekleidet, du bist in Licht gehüllt wie in einen Mantel. Den Himmel hast du aufgespannt wie ein Zelttuch. *(Ps 104,1-4)*
Ich lege mir jetzt den mit Zizit gewobenen Gebetsschal um, um das Gebot meines Schöpfers zu erfüllen. In der Thora heißt es: „Man soll sich Quasten an die Kleiderzipfel nähen, von Generation zu Generation." *(Num 15,38)* So wie ich mich in dieser Welt mit dem Tallit bedecke, so möge meiner Seele in der kommenden Welt das Recht verliehen werden, den schönen Tallit anzuziehen im Garten Eden. Amen.

Während man den Tallit anzieht:

Gepriesen seist du, Ewiger, unser Gott; du regierst die Welt. Du hast uns durch deine Gebote geheiligt und hast uns aufgetragen, uns in ein mit Zizit gewebtes Kleidungsstück zu hüllen.

Meditation vor dem Anlegen der Tefillin:

Ich binde mir jetzt die Gebetsriemen um, um das Gebot meines Schöpfers zu erfüllen, denn es ist uns aufgetragen, uns die Gebetsriemen umzubinden. In der Thora heißt es: „Du sollst sie als Zeichen um dein Handgelenk binden. Sie sollen als Merkzeichen auf deiner Stirn sein" *(Dtn 6, 8)*. In vier Abschnitten der Thora steht über die Tefillin geschrieben: In den Abschnitten *Sch'ma (Dtn 6,4-9)*, *We-haja im schamo'a (Dtn 11,13-21)*, *Kadesch (Ex 13,1-10)* und *We-haja ki jewi'acha (Ex 13,11-16)*. Diese Abschnitte bezeugen die Einzigkeit und die Einheit Gottes, Gottes Name sei gepriesen! Und sie erinnern an die Zeichen und Wunder, die Gott uns beim Auszug aus Ägypten erwiesen hat. Sie zeigen, dass Gott über Himmel und Erde Kraft und Macht hat und nach göttlichem Willen an ihnen handelt. Gott hat uns aufgetragen, die Tefillin um den Arm zu binden, damit wir uns an Gottes ausgestreckten Arm erinnern. Gott hat uns aufgetragen, sie in die Nähe des Herzens zu binden, damit wir die Leidenschaften und Sehnsüchte des Herzens dem Dienst für Gott unterordnen, gepriesen sei Gottes Name. Gott hat uns aufgetragen, sie an den Kopf in die Nähe des Gehirns zu binden, damit mein Verstand, der im Gehirn ist, sich zusammen mit meinen Gefühlen und Willenskräf-

חַיִּים אֲרֻכִּים וְשֶׁפַע קֹדֶשׁ וּמַחֲשָׁבוֹת קְדֹשׁוֹת בְּלִי הִרְהוּר חֵטְא וְעָוֹן כְּלָל. וְשֶׁלֹּא יְפַתֵּנוּ וְלֹא יִתְגָּרֶה בָּנוּ יֵצֶר הָרַע וְיַנִּיחֵנוּ לַעֲבֹד אֶת־יְיָ כַּאֲשֶׁר עִם־לְבָבֵנוּ. אָמֵן:

Während man die Tefillin um den Arm bindet:

בָּרוּךְ אַתָּה יְיָ אֱלֹהֵינוּ מֶלֶךְ הָעוֹלָם. אֲשֶׁר קִדְּשָׁנוּ בְּמִצְוֹתָיו וְצִוָּנוּ לְהָנִיחַ תְּפִלִּין:

Während man die Tefillin an den Kopf bindet:

בָּרוּךְ אַתָּה יְיָ אֱלֹהֵינוּ מֶלֶךְ הָעוֹלָם. אֲשֶׁר קִדְּשָׁנוּ בְּמִצְוֹתָיו וְצִוָּנוּ עַל־מִצְוַת תְּפִלִּין:
בָּרוּךְ שֵׁם כְּבוֹד מַלְכוּתוֹ לְעוֹלָם וָעֶד:

Während der Riemen dreimal um den Mittelfinger gewunden wird:

וְאֵרַשְׂתִּיךְ לִי לְעוֹלָם.
וְאֵרַשְׂתִּיךְ לִי בְּצֶדֶק וּבְמִשְׁפָּט וּבְחֶסֶד וּבְרַחֲמִים.
וְאֵרַשְׂתִּיךְ לִי בֶּאֱמוּנָה וְיָדַעַתְּ אֶת־יְיָ:

יגדל *(S. 56) oder* אדון עולם *(S. 122) kann hier gesungen werden.*

אלהי נשמה

אֱלֹהַי. נְשָׁמָה שֶׁנָּתַתָּ־בִּי טְהוֹרָה. אַתָּה בְרָאתָהּ. אַתָּה יְצַרְתָּהּ. אַתָּה נְפַחְתָּהּ בִּי. וְאַתָּה מְשַׁמְּרָהּ בְּקִרְבִּי. וְאַתָּה עָתִיד לִטְּלָהּ מִמֶּנִּי לְחַיֵּי עוֹלָם: כָּל־זְמַן שֶׁהַנְּשָׁמָה בְּקִרְבִּי מוֹדֶה אֲנִי לְפָנֶיךָ יְיָ אֱלֹהַי וֵאלֹהֵי אֲבוֹתַי. שֶׁאַתָּה הוּא רִבּוֹן כָּל־הַמַּעֲשִׂים. מוֹשֵׁל בְּכָל־הַבְּרִיּוֹת. אֲדוֹן כָּל־הַנְּשָׁמוֹת: בָּרוּךְ אַתָּה יְיָ. הַמַּחֲזִיר נְשָׁמוֹת לַמֵּתִים:

בָּרוּךְ אַתָּה יְיָ אֱלֹהֵינוּ מֶלֶךְ הָעוֹלָם. מַתִּיר אֲסוּרִים:
בָּרוּךְ אַתָּה יְיָ אֱלֹהֵינוּ מֶלֶךְ הָעוֹלָם. זוֹקֵף כְּפוּפִים:

ten in den Dienst für Gott stellt, gepriesen sei Gottes Name. Weil ich die Tefillin anlege, möge mein Leben reich sein an der Erfüllung von Geboten. Möge ich die Fülle der Heiligkeit und reine Gedanken ohne Verfehlung und Verkehrung haben. Möge der böse Trieb uns nicht verführen oder reizen. Mögen wir Gott von Herzen dienen. Amen.

Während man die Tefillin um den Arm bindet:

Gepriesen seist du, Ewiger, unser Gott; du regierst die Welt. Du hast uns durch deine Gebote geheiligt und hast uns aufgetragen, uns Tefillin umzubinden.

Während man die Tefillin an den Kopf bindet:

Gepriesen seist du, Ewiger, unser Gott; du regierst die Welt. Du hast uns durch deine Gebote geheiligt und hast uns das Gebot über die Tefillin gegeben.

Während der Riemen dreimal um den Mittelfinger gewunden wird:

Ich verlobe mich mit dir für ewige Zeiten.
Ich verlobe mich mit dir in Gerechtigkeit und Recht,
in Liebe und Erbarmen.
Ich verlobe mich mit dir in Treue
– und du wirst den Ewigen erkennen.

(Hos 2,21-22)

Jigdal (S. 57) oder Adon Olam (S. 123) kann hier gesungen werden.

DER MENSCH IST GUT

Mein Gott, die Seele, die du mir geschenkt hast, ist rein. Du hast sie geschaffen. Du hast sie sich entwickeln lassen. Du hast sie mir eingehaucht. Du behütest sie in mir. Du wirst sie mir eines Tages nehmen und in ewiges Leben verwandeln. Mein Gott und Gott meiner Vorfahren, solange die Seele in mir ist, will ich dir danken, denn du waltest über alle Geschöpfe, du herrschst über alle Kreatur. Alles Leben ist in deiner Hand. Gepriesen seist du, Ewiger. Du bringst den Toten ihre Seelen zurück. *(bBer 60b)*

Gepriesen seist du, Ewiger, unser Gott; du regierst die Welt. Du machst Gebundene frei.

Gepriesen seist du, Ewiger, unser Gott; du regierst die Welt. Du richtest Erniedrigte auf.

בָּרוּךְ אַתָּה יְיָ אֱלֹהֵינוּ מֶלֶךְ הָעוֹלָם. שֶׁעָשָׂה־לִּי כָּל־צָרְכִּי:

בָּרוּךְ אַתָּה יְיָ אֱלֹהֵינוּ מֶלֶךְ הָעוֹלָם. אֲשֶׁר הֵכִין מִצְעֲדֵי־גָבֶר:

בָּרוּךְ אַתָּה יְיָ אֱלֹהֵינוּ מֶלֶךְ הָעוֹלָם. עוֹטֵר יִשְׂרָאֵל בְּתִפְאָרָה:

בָּרוּךְ אַתָּה יְיָ אֱלֹהֵינוּ מֶלֶךְ הָעוֹלָם. הַנּוֹתֵן לַיָּעֵף כֹּחַ:

בָּרוּךְ אַתָּה יְיָ אֱלֹהֵינוּ מֶלֶךְ הָעוֹלָם. הַמַּעֲבִיר שֵׁנָה מֵעֵינַי וּתְנוּמָה מֵעַפְעַפָּי:

לְעוֹלָם יְהֵא אָדָם יְרֵא שָׁמַיִם בַּסֵּתֶר כְּבַגָּלוּי. וּמוֹדֶה עַל־הָאֱמֶת וְדוֹבֵר אֱמֶת בִּלְבָבוֹ:

תורה ומצוות

יְהִי רָצוֹן מִלְּפָנֶיךָ יְיָ אֱלֹהֵינוּ וֵאלֹהֵי אֲבוֹתֵינוּ: שֶׁתַּרְגִּילֵנוּ בְּתוֹרָתֶךָ וְדַבְּקֵנוּ בְּמִצְוֹתֶיךָ. וְאַל תְּבִיאֵנוּ לֹא לִידֵי חֵטְא וְלֹא לִידֵי עֲבֵרָה וְלֹא לִידֵי נִסָּיוֹן וְלֹא לִידֵי בִזָּיוֹן. וְאַל תַּשְׁלֶט־בָּנוּ יֵצֶר הָרָע. וְהַרְחִיקֵנוּ מֵאָדָם רָע וּמֵחָבֵר רָע. וְדַבְּקֵנוּ בְּיֵצֶר הַטּוֹב וּבְמַעֲשִׂים טוֹבִים. וְכֹף אֶת־יִצְרֵנוּ לְהִשְׁתַּעְבֶּד־לָךְ. וּתְנֵנוּ הַיּוֹם וּבְכָל־יוֹם לְחֵן וּלְחֶסֶד וּלְרַחֲמִים בְּעֵינֶיךָ וּבְעֵינֵי כָל־רוֹאֵינוּ. וְתִגְמְלֵנוּ חֲסָדִים טוֹבִים: בָּרוּךְ אַתָּה יְיָ. גּוֹמֵל חֲסָדִים טוֹבִים לְעַמּוֹ יִשְׂרָאֵל:

רִבּוֹן הָעוֹלָמִים וַאֲדֹנֵי הָאֲדֹנִים. לֹא עַל־צִדְקֹתֵינוּ אֲנַחְנוּ מַפִּילִים תַּחֲנוּנֵינוּ לְפָנֶיךָ. כִּי עַל־רַחֲמֶיךָ הָרַבִּים: אֲדֹנָי שְׁמָעָה. אֲדֹנָי סְלָחָה. אֲדֹנָי הַקְשִׁיבָה וַעֲשֵׂה. מָה־אָנוּ. מֶה־חַיֵּינוּ. מֶה־חַסְדֵּנוּ. מַה־צִּדְקוֹתֵינוּ. מַה־יְּשׁוּעָתֵנוּ. מַה־כֹּחֵנוּ. מַה־גְּבוּרָתֵנוּ. מַה־נֹּאמַר לְפָנֶיךָ יְיָ אֱלֹהֵינוּ וֵאלֹהֵי אֲבוֹתֵינוּ. הֲלֹא הַגִּבּוֹרִים כְּאַיִן לְפָנֶיךָ. וְאַנְשֵׁי הַשֵּׁם כְּלֹא הָיוּ. וַחֲכָמִים כִּבְלִי מַדָּע. וּנְבוֹנִים כִּבְלִי הַשְׂכֵּל. כִּי רֹב מַעֲשֵׂינוּ תֹּהוּ. וִימֵי

Gepriesen seist du, Ewiger, unser Gott; du regierst die Welt. Du gibst mir all das, was ich zum Leben brauche.

Gepriesen seist du, Ewiger, unser Gott; du regierst die Welt. Du machst die Schritte eines Menschen sicher.

Gepriesen seist du, Ewiger, unser Gott; du regierst die Welt. Du krönst Israel mit Ehre.

Gepriesen seist du, Ewiger, unser Gott; du regierst die Welt. Du gibst den Müden Kraft.

Gepriesen seist du, Ewiger, unser Gott; du regierst die Welt. Du nimmst den Schlaf aus meinen Augen und den Schlummer von meinen Wimpern.

Stets sei der Mensch gottesfürchtig, sowohl im privaten als auch im öffentlichen Bereich. Stets bekenne er sich zur Wahrheit, und die Wahrheit bestimme auch seine Gedanken.

Hilf uns, Ewiger, unser Gott und Gott unserer Vorfahren, dass deine Weisung unsere Entscheidungen prägt und wir gemäß deiner Gebote leben. Hilf, dass die Verfehlung keine Macht über uns gewinnt, und lass uns nicht zur Übertretung verleitet werden. Führe uns nicht in Versuchung und nicht in Situationen, für die wir uns schämen müssen. Lass uns nicht vom bösen Trieb beherrscht sein. Halte böse Menschen und falsche Freundinnen und Freunde von uns fern. Lass uns von unserem guten Trieb und von guten Taten bestimmt sein. Dränge unsere Triebe, dass sie sich dir unterwerfen. Lass uns Güte, Liebe und Barmherzigkeit finden in deinen Augen und in den Augen aller Menschen, denen wir heute begegnen. Heute und an jedem Tag lass uns deine Freundlichkeit spüren. Gepriesen seist du, Ewiger. Du erweist deinem Volk Israel Gutes.

(bBer 60b)

DER MENSCH IST SCHWACH

Ursprung aller menschlichen Stärke und Macht, dem allein unsere Ehre gebührt, „nicht im Vertrauen auf unsere gerechten Taten legen wir dir unsere Bitten vor, sondern im Vertrauen auf dein großes Erbarmen. Gott, höre! Gott, verzeih! Gott, vernimm unser Gebet und handle!“ *(Dan 9,18f)* Was sind wir? Was ist unser Leben? Was ist unsere Liebe? Was ist unsere Gerechtigkeit? Was sind unsere Erfolge? Was ist unsere Kraft? Was ist unsere Macht? Ewiger, unser Gott und Gott unserer Vorfahren, was könnten wir in deiner Gegenwart sagen? Ist nicht unsere Kraft wie nichts vor dir? Und sind nicht ruhmreiche Menschen so, als wären sie nie gewesen? Sind nicht Kluge vor dir wie solche ohne Wissen, und Intelligente wie solche ohne Einsicht? Ja, die meisten unserer Werke sind vor dir wie Nichtigkeiten, und die Tage unseres Lebens sind wie nichts vor

חַיֵּינוּ הֶבֶל לְפָנֶיךָ. וּמוֹתַר הָאָדָם מִן הַבְּהֵמָה אָיִן. כִּי הַכֹּל הָבֶל לְבַד הַנְּשָׁמָה הַטְּהוֹרָה. שֶׁהִיא עֲתִידָה לִתֵּן דִּין וְחֶשְׁבּוֹן לִפְנֵי כִּסֵּא כְבוֹדֶךָ:

לעסוק בדברי תורה

בָּרוּךְ אַתָּה יְיָ אֱלֹהֵינוּ מֶלֶךְ הָעוֹלָם. אֲשֶׁר קִדְּשָׁנוּ בְּמִצְוֹתָיו וְצִוָּנוּ לַעֲסוֹק בְּדִבְרֵי תוֹרָה:

An dieser Stelle kann ein Studientext eingefügt werden.

וַיְבָרֶךְ דָּוִיד אֶת־יְהֹוָה לְעֵינֵי כָּל־הַקָּהָל. וַיֹּאמֶר דָּוִיד. בָּרוּךְ אַתָּה יְהֹוָה אֱלֹהֵי יִשְׂרָאֵל אָבִינוּ מֵעוֹלָם וְעַד־עוֹלָם: לְךָ יְהֹוָה הַגְּדֻלָּה וְהַגְּבוּרָה וְהַתִּפְאֶרֶת וְהַנֵּצַח וְהַהוֹד. כִּי־כֹל בַּשָּׁמַיִם וּבָאָרֶץ לְךָ יְהֹוָה הַמַּמְלָכָה וְהַמִּתְנַשֵּׂא לְכֹל לְרֹאשׁ: וְהָעֹשֶׁר וְהַכָּבוֹד מִלְּפָנֶיךָ. וְאַתָּה מוֹשֵׁל בַּכֹּל. וּבְיָדְךָ כֹּחַ וּגְבוּרָה. וּבְיָדְךָ לְגַדֵּל וּלְחַזֵּק לַכֹּל: וְעַתָּה אֱלֹהֵינוּ מוֹדִים אֲנַחְנוּ לָךְ. וּמְהַלְלִים לְשֵׁם תִּפְאַרְתֶּךָ: וִיבָרְכוּ שֵׁם כְּבֹדֶךָ. וּמְרוֹמַם עַל־כָּל־בְּרָכָה וּתְהִלָּה: אַתָּה־הוּא יְהֹוָה לְבַדֶּךָ. אַתָּה עָשִׂיתָ אֶת־הַשָּׁמַיִם שְׁמֵי הַשָּׁמַיִם וְכָל־צְבָאָם. הָאָרֶץ וְכָל־אֲשֶׁר עָלֶיהָ. הַיַּמִּים וְכָל־אֲשֶׁר בָּהֶם. וְאַתָּה מְחַיֶּה אֶת־כֻּלָּם. וּצְבָא הַשָּׁמַיִם לְךָ מִשְׁתַּחֲוִים:

יְיָ מֶלֶךְ. יְיָ מָלָךְ. יְיָ יִמְלֹךְ לְעוֹלָם וָעֶד:

וְהָיָה יְיָ לְמֶלֶךְ עַל־כָּל־הָאָרֶץ. בַּיּוֹם הַהוּא יִהְיֶה יְיָ אֶחָד וּשְׁמוֹ אֶחָד: הוֹשִׁיעֵנוּ יְיָ אֱלֹהֵינוּ. לְהוֹדוֹת לְשֵׁם קָדְשֶׁךָ לְהִשְׁתַּבֵּחַ בִּתְהִלָּתֶךָ: בָּרוּךְ יְיָ אֱלֹהֵי יִשְׂרָאֵל מִן־הָעוֹלָם וְעַד הָעוֹלָם. וְאָמַר כָּל־הָעָם אָמֵן. הַלְלוּיָהּ: כֹּל הַנְּשָׁמָה תְּהַלֵּל יָהּ. הַלְלוּיָהּ:

Hier kann ein Psalm eingefügt werden.

Es folgen ישתבח*,* ברכו *und das* שמע ישראל *mit seinen morgendlichen Lobsprüchen, S. 84-90.*

Anschließend wird der Gottesdienst mit der Amida für Wochentage auf S. 174 fortgesetzt.

dir. Sogar „der Vorrang des Menschen vor den Tieren wird bedeutungslos.“ *(Koh 3,19)* Ja, alles ist wie nichts vor dir – außer einer reinen Seele. Denn diese wird eines Tages in ihrer Verantwortlichkeit ernst genommen werden vor dem Thron deiner Herrlichkeit.

DIE PFLICHT ZU LERNEN

Gepriesen seist du, Ewiger, unser Gott; du regierst die Welt. Du hast uns durch deine Gebote geheiligt und hast uns aufgetragen, uns mit den Worten deiner Thora zu beschäftigen. *(bBer 11b)*

An dieser Stelle kann ein Studientext eingefügt werden.

Da pries David Gott vor der ganzen Versammlung und rief: Gepriesen seist du, Ewiger, Gott unseres Vaters Israel, von Ewigkeit zu Ewigkeit. Dein Eigen, Gott, sind Größe und Macht, Ruhm, Pracht und Hoheit. Dir gehört alles im Himmel und auf Erden. Dein, Gott, ist die Herrschaft und du erhebst dich als Haupt über alles. Reichtum und Ehre kommen von dir. Du herrschst über alles. In deiner Hand liegen Kraft und Macht. Durch deine Hand kommt alle Größe und Kraft. Darum danken wir dir, unser Gott, und rühmen deinen herrlichen Namen. *(1. Chron 29,10-13)* Erhebt euch und preist den Ewigen, euren Gott, von Ewigkeit zu Ewigkeit! Man preise deinen herrlichen Namen, obwohl er erhaben ist über allen Preis und Ruhm. Du, Gott, bist der Einzige. Du hast den Himmel geschaffen und die unzählbaren Sterne, die Erde und alles, was auf ihr ist, die Meere und alles, was darin lebt. Ihnen allen gibst du das Leben. Das ganze Universum betet dich an. *(Neh 9,5-6)*

Gott regiert, Gott hat regiert, und regieren wird Gott bis in Ewigkeit.

GOTT HAT MACHT

Dann wird Gott über die ganze Erde regieren. An jenem Tag wird Gott einzig sein und Gottes Name der Einzige. *(Sach 14,9)*
Hilf uns, Ewiger, unser Gott, dass wir deinen heiligen Namen preisen und gepriesen werden, weil wir dich loben.
Gepriesen sei der Ewige, Israels Gott, vom Anfang bis ans Ende der Zeiten. Alles Volk soll sprechen: Amen. Halleluja! *(Ps 106,47-48)*
Alles, was Atem hat, singe Lob unserm Gott! Halleluja! *(Ps 150,6)*

Hier kann ein Psalm eingefügt werden.

Es folgen Jischtabach, Bar'chu *und das „Höre Israel“ mit seinen morgendlichen Lobsprüchen,* *S. 85-91.*

Anschließend wird der Gottesdienst mit der Amida für Wochentage auf S. 175 fortgesetzt.

תפלת מנחה לחול

NACHMITTAGSGEBET FÜR WOCHENTAGE

תפלת מנחה להול

אשרי

אַשְׁרֵי

יוֹשְׁבֵי בֵיתֶךָ עוֹד יְהַלְלוּךָ סֶּלָה:
אַשְׁרֵי הָעָם שֶׁכָּכָה לּוֹ
אַשְׁרֵי הָעָם שֶׁיְהוָֹה אֱלֹהָיו:

תהלים קמה

תְּהִלָּה לְדָוִד

אֲרוֹמִמְךָ אֱלוֹהַי הַמֶּלֶךְ וַאֲבָרְכָה שִׁמְךָ לְעוֹלָם וָעֶד:
בְּכָל־יוֹם אֲבָרְכֶךָּ וַאֲהַלְלָה שִׁמְךָ לְעוֹלָם וָעֶד:
גָּדוֹל יְהוָֹה וּמְהֻלָּל מְאֹד וְלִגְדֻלָּתוֹ אֵין חֵקֶר:
דּוֹר לְדוֹר יְשַׁבַּח מַעֲשֶׂיךָ וּגְבוּרֹתֶיךָ יַגִּידוּ:
הֲדַר כְּבוֹד הוֹדֶךָ וְדִבְרֵי נִפְלְאֹתֶיךָ אָשִׂיחָה:
וֶעֱזוּז נוֹרְאוֹתֶיךָ יֹאמֵרוּ וּגְדוּלָּתְךָ אֲסַפְּרֶנָּה:
זֵכֶר רַב־טוּבְךָ יַבִּיעוּ וְצִדְקָתְךָ יְרַנֵּנוּ:
חַנּוּן וְרַחוּם יְהוָֹה אֶרֶךְ אַפַּיִם וּגְדָל־חָסֶד:
טוֹב־יְהוָֹה לַכֹּל וְרַחֲמָיו עַל־כָּל־מַעֲשָׂיו:
יוֹדוּךָ יְהוָֹה כָּל־מַעֲשֶׂיךָ וַחֲסִידֶיךָ יְבָרְכוּכָה:
כְּבוֹד מַלְכוּתְךָ יֹאמֵרוּ וּגְבוּרָתְךָ יְדַבֵּרוּ:
לְהוֹדִיעַ לִבְנֵי הָאָדָם גְּבוּרֹתָיו וּכְבוֹד הֲדַר מַלְכוּתוֹ:
מַלְכוּתְךָ מַלְכוּת כָּל־עֹלָמִים וּמֶמְשַׁלְתְּךָ בְּכָל־דּוֹר וָדֹר:

NACHMITTAGSGEBET FÜR WOCHENTAGE

DAS VERTRAUEN ZU GOTT

Glücklich
sind die, die in deinem Haus wohnen,
die dich allezeit loben! *(Ps 84,5)*
Glücklich ist das Volk, von dem dies gilt:
Glücklich ist das Volk, dessen Gott der Ewige ist. *(Ps 144,15)*

PSALM 145

Ein Loblied Davids.

Allezeit will ich meinen Gott rühmen, Gott regiert,
und den Namen Gottes preisen.
Betend preise ich dich täglich
und lobe deinen Namen immer und ewig.
Creatürliches kann deine Größe nicht erforschen,
der Ewige ist groß und hoch zu loben!

Deine Werke werden von einer Generation zur anderen gerühmt,
deine großartigen Taten verkünden sie.
Erzählen will ich vom herrlichen Glanz deiner Hoheit,
von deinen wunderbaren Werken will ich reden.
Für deine glaubenweckenden Taten preist man dich,
von deiner Größe will ich berichten.
Groß ist deine Güte, an die sie erinnern,
sie singen von deiner Gerechtigkeit.

Huldvoll und gnädig ist Gott,
nachsichtig und unendlich liebevoll.
Ja, Gott ist gut zu allen,
Gottes Barmherzigkeit gilt allen Geschöpfen.

Kein Werk gibt es, das dich, Gott, nicht lobt,
alle, die an dich glauben, preisen dich.

Lobend erzählen sie von deiner Herrschaft
und reden von deiner Macht.
Mögen alle Menschen die Macht Gottes erfahren
und die herrliche Pracht der Herrschaft Gottes.
Nicht endend ist deine Herrschaft,
deine Macht erstreckt sich über alle Generationen.

סוֹמֵךְ יְהֹוָה לְכׇל־הַנֹּפְלִים וְזוֹקֵף לְכׇל־הַכְּפוּפִים׃

עֵינֵי־כֹל אֵלֶיךָ יְשַׂבֵּרוּ וְאַתָּה נוֹתֵן־לָהֶם אֶת־אׇכְלָם בְּעִתּוֹ׃

פּוֹתֵחַ אֶת־יָדֶךָ וּמַשְׂבִּיעַ לְכׇל־חַי רָצוֹן׃

צַדִּיק יְהֹוָה בְּכׇל־דְּרָכָיו וְחָסִיד בְּכׇל־מַעֲשָׂיו׃

קָרוֹב יְהֹוָה לְכׇל־קֹרְאָיו לְכֹל אֲשֶׁר יִקְרָאֻהוּ בֶאֱמֶת׃

רְצוֹן־יְרֵאָיו יַעֲשֶׂה וְאֶת־שַׁוְעָתָם יִשְׁמַע וְיוֹשִׁיעֵם׃

שׁוֹמֵר יְהֹוָה אֶת־כׇּל־אֹהֲבָיו וְאֵת כׇּל־הָרְשָׁעִים יַשְׁמִיד׃

תְּהִלַּת יְהֹוָה יְדַבֶּר־פִּי וִיבָרֵךְ כׇּל־בָּשָׂר שֵׁם קׇדְשׁוֹ לְעוֹלָם וָעֶד׃

וַאֲנַחְנוּ נְבָרֵךְ יָהּ מֵעַתָּה וְעַד־עוֹלָם. הַלְלוּיָהּ׃

Der Gottesdienst wird mit der Amida für Wochentage auf S. 174 fortgesetzt.

Fürth, 1617-1938 (rechtes Gebäude)
und 1697-1928 (linkes Gebäude)

O Ewiger, du stützt alle, die fallen,
und richtest alle Gedemütigten auf.
Rastlos richten sich die Augen aller auf dich,
und du gibst ihnen ihre Nahrung zur rechten Zeit.
Sanft tust du ihnen deine Hand auf
und machst alle Lebewesen zu ihrem Wohlgefallen satt.

Treu und gerecht ist der Ewige in allen seinen Wegen,
liebevoll in allen seinen Taten.

Unser Gott ist all denen nahe, die zu Gott rufen,
allen, die Gott in Aufrichtigkeit anrufen.
Vollbringen wird Gott den Willen derer, die auf Gott vertrauen.
Gott hört ihr Schreien und hilft ihnen.
Wachend gibt Gott Acht auf alle, die Gott lieben,
alle Ungerechtigkeit aber vertilgt Gott.

Zu allen Zeiten preise alles Fleisch Gottes heiligen Namen,
und mein Mund erzähle von Gottes Lob!

Lasst uns den Ewigen preisen, von nun an bis in Ewigkeit. Halleluja.

Der Gottesdienst wird mit der Amida für Wochentage auf S. 175fortgesetzt.

Fürth, Innenansicht der Synagoge von 1617
im Jahre 1832 (Radierung von G.C. Wilder)

ברוך יי ביום ברוך יי בלילה

תפלת ערבית לחול

ABENDGEBET FÜR WOCHENTAGE

תפלת ערבית לחול

שִׁיר הַמַּעֲלוֹת

תהלים קלד

הִנֵּה בָּרְכוּ אֶת־יְהוָה כָּל־עַבְדֵי יְהוָה
הָעֹמְדִים בְּבֵית־יְהוָה בַּלֵּילוֹת:
שְׂאוּ־יְדֵכֶם קֹדֶשׁ וּבָרְכוּ אֶת־יְהוָה:
יְבָרֶכְךָ יְהוָה מִצִּיּוֹן עֹשֵׂה שָׁמַיִם וָאָרֶץ:

וְהוּא רַחוּם יְכַפֵּר עָוֹן וְלֹא
יַשְׁחִית וְהִרְבָּה לְהָשִׁיב אַפּוֹ
וְלֹא יָעִיר כָּל־חֲמָתוֹ:

ברכו

בָּרְכוּ אֶת־יְיָ הַמְבֹרָךְ:
בָּרוּךְ יְיָ הַמְבֹרָךְ לְעוֹלָם וָעֶד:

מעריב ערבים

בָּרוּךְ אַתָּה יְיָ אֱלֹהֵינוּ מֶלֶךְ הָעוֹלָם· אֲשֶׁר בִּדְבָרוֹ מַעֲרִיב עֲרָבִים· בְּחָכְמָה פּוֹתֵחַ שְׁעָרִים· וּבִתְבוּנָה מְשַׁנֶּה עִתִּים· וּמַחֲלִיף אֶת־הַזְּמַנִּים· וּמְסַדֵּר אֶת־הַכּוֹכָבִים בְּמִשְׁמְרוֹתֵיהֶם בָּרָקִיעַ כִּרְצוֹנוֹ: בּוֹרֵא יוֹם וָלָיְלָה· גּוֹלֵל אוֹר מִפְּנֵי חֹשֶׁךְ וְחֹשֶׁךְ מִפְּנֵי אוֹר: הַמַּעֲבִיר יוֹם וּמֵבִיא לָיְלָה· וּמַבְדִּיל בֵּין יוֹם וּבֵין לָיְלָה· יְיָ צְבָאוֹת שְׁמוֹ: בָּרוּךְ אַתָּה יְיָ· הַמַּעֲרִיב עֲרָבִים:

ABENDGEBET FÜR WOCHENTAGE

PSALM
134

Ein Pilgerlied.

Wohlan, preist Gott, ihr alle, die ihr Gott dient,
die ihr in den Nächten im Hause Gottes steht.
Hebt in Heiligung eure Hände und preist Gott!
Gott segne dich von Zion aus,
Gott hat Himmel und Erde geschaffen!

Gott ist barmherzig, vergibt die Schuld und vertilgt nicht.
Immer wieder lässt Gott von seinem Zorn ab
und unterdrückt seinen Grimm. *(Ps 78,38)*

AUFRUF ZUM LOB

Lasst uns Gott preisen; Gott gebührt unsere Ehre!

Gepriesen sei Gott; Gott gebührt unsere Ehre auf immer und ewig!

GOTT SCHAFFT UND ERHÄLT

Gepriesen seist du, Ewiger, unser Gott; du regierst die Welt. Du lässt es durch dein Wort Abend werden, du führst die Dämmerung herbei und lässt voller Einsicht die Augenblicke verstreichen und die Zeit voranschreiten. Gemäß deines Wohlgefallens erscheinen am Himmel die Sterne in ihren Sternbildern. Schöpfer von Tag und Nacht, du lässt das Licht vor der Finsternis weichen und die Finsternis vor dem Licht. Du lässt den Tag vorübergehen und führst die Nacht herbei. Du trennst den Tag von der Nacht – Schöpfer aller Geschöpfe – das ist dein Name. Gepriesen seist du, Ewiger. Du lässt es Abend werden.

אהבת עולם

אַהֲבַת עוֹלָם בֵּית יִשְׂרָאֵל עַמְּךָ אָהָבְתָּ · תּוֹרָה וּמִצְוֹת חֻקִּים וּמִשְׁפָּטִים אוֹתָנוּ לִמַּדְתָּ: עַל־כֵּן יְיָ אֱלֹהֵינוּ · בְּשָׁכְבֵנוּ וּבְקוּמֵנוּ נָשִׂיחַ בְּחֻקֶּיךָ · וְנִשְׂמַח וְנַעֲלוֹז בְּדִבְרֵי תוֹרָתֶךָ וּמִצְוֹתֶיךָ וְחֻקּוֹתֶיךָ לְעוֹלָם וָעֶד: כִּי הֵם חַיֵּינוּ וְאֹרֶךְ יָמֵינוּ · וּבָהֶם נֶהְגֶּה יוֹמָם וָלָיְלָה · וְאַהֲבָתְךָ אַל־תָּסִיר מִמֶּנּוּ לְעוֹלָמִים: בָּרוּךְ אַתָּה יְיָ · אוֹהֵב אֶת־עַמּוֹ יִשְׂרָאֵל:

שמע ישראל

שְׁמַע יִשְׂרָאֵל. יְהוָֹה אֱלֹהֵינוּ יְהוָֹה **אֶחָד**:

בָּרוּךְ שֵׁם כְּבוֹד מַלְכוּתוֹ לְעוֹלָם וָעֶד:

וְאָהַבְתָּ אֵת יְהוָֹה אֱלֹהֶיךָ. בְּכָל־לְבָבְךָ וּבְכָל־נַפְשְׁךָ וּבְכָל־מְאֹדֶךָ: וְהָיוּ הַדְּבָרִים הָאֵלֶּה אֲשֶׁר אָנֹכִי מְצַוְּךָ הַיּוֹם עַל־לְבָבֶךָ: וְשִׁנַּנְתָּם לְבָנֶיךָ וְדִבַּרְתָּ בָּם. בְּשִׁבְתְּךָ בְּבֵיתֶךָ וּבְלֶכְתְּךָ בַדֶּרֶךְ וּבְשָׁכְבְּךָ וּבְקוּמֶךָ: וּקְשַׁרְתָּם לְאוֹת עַל־יָדֶךָ. וְהָיוּ לְטֹטָפֹת בֵּין עֵינֶיךָ: וּכְתַבְתָּם עַל־מְזֻזוֹת בֵּיתֶךָ וּבִשְׁעָרֶיךָ:

(Die traditionellen Abschnitte des Sch'ma sind auf S. 88-90.)

גאולה

אֱמֶת וֶאֱמוּנָה כָּל־זֹאת וְקַיָּם עָלֵינוּ כִּי הוּא יְיָ אֱלֹהֵינוּ וְאֵין זוּלָתוֹ וַאֲנַחְנוּ יִשְׂרָאֵל עַמּוֹ · הָעֹשֶׂה גְדֹלוֹת עַד־אֵין חֵקֶר וְנִפְלָאוֹת עַד־אֵין מִסְפָּר · וְרָאוּ בָנָיו גְּבוּרָתוֹ שִׁבְּחוּ וְהוֹדוּ לִשְׁמוֹ וּמַלְכוּתוֹ בְּרָצוֹן קִבְּלוּ עֲלֵיהֶם · מֹשֶׁה וּבְנֵי יִשְׂרָאֵל לְךָ עָנוּ שִׁירָה בְּשִׂמְחָה רַבָּה · וְאָמְרוּ כֻלָּם ·

מִי־כָמֹכָה בָּאֵלִם יְהוָֹה מִי כָּמֹכָה נֶאְדָּר בַּקֹּדֶשׁ נוֹרָא תְהִלֹּת עֹשֵׂה פֶלֶא:

מַלְכוּתְךָ יְיָ אֱלֹהֵינוּ רָאוּ בָנֶיךָ עַל הַיָּם · יַחַד כֻּלָּם הוֹדוּ וְהִמְלִיכוּ וְאָמְרוּ · יְהוָֹה יִמְלֹךְ לְעֹלָם וָעֶד:

GOTT LIEBT ISRAEL

Mit unzerstörbarer Liebe liebst du Israel, dein Volk. Die Thora, Gebote, Satzungen und Rechtssprüche hast du uns gelehrt. Deshalb bist du, Ewiger, unser Gott. Wenn wir uns niederlegen und wenn wir aufstehen, denken wir über deine Satzungen nach. Und wir freuen uns und sind allezeit fröhlich über die Worte deiner Weisung, deiner Gebote und deiner Satzungen, denn sie sind unser Leben und unsere Lebenszeit. Wir sinnen darüber nach Tag und Nacht. Lass niemals deine Liebe von uns weichen. Gepriesen seist du, Ewiger. Du liebst Israel, dein Volk.

ISRAELS GOTT

Höre Israel, der Ewige ist Gott, der Ewige ist einzig. *(Dtn 6,4)*

Gepriesen sei Gottes ruhmreiche Herrschaft immer und ewig! *(mJoma 6,2)*

Darum sollst du den Ewigen, deinen Gott, lieben mit ganzem Herzen, mit ganzer Seele und mit ganzer Kraft. Diese Worte, auf die ich dich heute verpflichte, sollen auf deinem Herzen geschrieben stehen. Du sollst sie deinen Kindern erzählen. Du sollst von ihnen reden, wenn du zu Hause sitzt und wenn du auf der Straße gehst, wenn du dich schlafen legst und wenn du aufstehst. Du sollst sie als Zeichen um dein Handgelenk binden. Sie sollen als Merkzeichen auf deiner Stirn sein. Du sollst sie auf die Türpfosten deines Hauses und in deine Tore schreiben. *(Dtn 6,5-9)*

(Die beiden traditionellen Abschnitte des Sch'ma sind auf S. 89-91.)

GOTT ERLÖST UNS

Wahr und wahrhaftig ist dies alles, und es wird von uns gehalten, denn du bist der Ewige, unser Gott. Es gibt keinen Gott außer dir, und wir sind Israel, dein Volk. Große Dinge vollbringst du, die über unseren Verstand hinausgehen und Wunder in unzählbarer Zahl. Deine Kinder sahen deine Stärke, sie priesen und lobten deinen Namen und nahmen deine Herrschaft willig an. Mose und die Kinder Israels antworteten dir in großer Freude mit einem Lied. Sie sangen gemeinsam:
Wer ist wie du unter den Göttern, o Gott?
Wer ist wie du – so heilig, so gewaltig?
Wem sonst erzeigen Loblieder Ehrfurcht?
Wer sonst kann deine Wunder tun? *(Ex 15,11)*
Deine Herrschaft, Ewiger, unser Gott, sahen deine Kinder am Meer, gemeinsam priesen und lobten sie deine Herrschaft und sangen:
Gott regiert für immer und ewig. *(Ex 15,18)*

וְנֶאֱמַר כִּי־פָדָה יְיָ אֶת־יַעֲקֹב וּגְאָלוֹ מִיַּד חָזָק מִמֶּנּוּ׃
בָּרוּךְ אַתָּה יְיָ׃ גָּאַל יִשְׂרָאֵל׃

השכיבנו הַשְׁכִּיבֵנוּ אָבִינוּ לְשָׁלוֹם וְהַעֲמִידֵנוּ מַלְכֵּנוּ לְחַיִּים׃ וּפְרוֹשׂ עָלֵינוּ סֻכַּת שְׁלוֹמֶךָ וְתַקְּנֵנוּ בְּעֵצָה טוֹבָה מִלְּפָנֶיךָ וְהוֹשִׁיעֵנוּ לְמַעַן שְׁמֶךָ׃ וְהָגֵן בַּעֲדֵנוּ וְהָסֵר מֵעָלֵינוּ אוֹיֵב דֶּבֶר וְחֶרֶב וְרָעָב וְיָגוֹן׃ וּבְצֵל כְּנָפֶיךָ תַּסְתִּירֵנוּ כִּי אֵל שׁוֹמְרֵנוּ וּמַצִּילֵנוּ אָתָּה כִּי אֵל מֶלֶךְ חַנּוּן וְרַחוּם אָתָּה׃ וּשְׁמוֹר צֵאתֵנוּ וּבוֹאֵנוּ לְחַיִּים וּלְשָׁלוֹם מֵעַתָּה וְעַד עוֹלָם׃ בָּרוּךְ אַתָּה יְיָ׃ שׁוֹמֵר עַמּוֹ יִשְׂרָאֵל לָעַד׃

בָּרוּךְ יְיָ בַּיּוֹם׃ בָּרוּךְ יְיָ בַּלָּיְלָה׃ בָּרוּךְ יְיָ בְּשָׁכְבֵנוּ׃ בָּרוּךְ יְיָ בְּקוּמֵנוּ׃ כִּי בְיָדְךָ נַפְשׁוֹת הַחַיִּים וְהַמֵּתִים׃ אֲשֶׁר בְּיָדוֹ נֶפֶשׁ כָּל־חָי וְרוּחַ כָּל־בְּשַׂר־אִישׁ׃ בְּיָדְךָ אַפְקִיד רוּחִי פָּדִיתָה אוֹתִי יְיָ אֵל אֱמֶת׃ אֱלֹהֵינוּ שֶׁבַּשָּׁמַיִם יַחֵד שִׁמְךָ וְקַיֵּם מַלְכוּתְךָ תָּמִיד וּמְלוֹךְ עָלֵינוּ לְעוֹלָם וָעֶד׃

Das חצי קדיש *kann hier eingefügt werden.*

Der Gottesdienst wird auf der folgenden Seite mit der עמידה לחול *fortgesetzt.*

Und es ist gesagt:
Gott wird Jakob erlösen
und ihn befreien aus der Hand des Stärkeren. *(Jer 31,11)*
Gepriesen seist du, Ewiger. Du erlöst Israel.

GOTT SCHENKT FRIEDE, FREUDE UND RUHE

Gib, Quelle unseres Lebens, dass wir uns zufrieden zur Ruhe legen und lass uns, Ursprung unsrer Stärke, mit neuer Lebenskraft wieder aufstehen. Breite deinen Frieden über uns aus wie ein Zelt, leite uns durch deine guten Ratschläge und hilf uns um deines Namens willen. Beschütze uns und halte Feinde und Krankheiten, Krieg, Hungersnot und Kummer von uns fern. Im Schatten deiner Flügel birg uns, denn du bist Gott, du beschützt und rettest uns; denn du bist Gott, du regierst in Gnade und Barmherzigkeit. Behüte unseren Ausgang und Eingang, unser Schlafen und unser Wachen von nun an bis in Ewigkeit. Breite deinen Frieden über uns aus wie ein Zelt. Gepriesen seist du, Ewiger. Du breitest deinen Frieden wie ein Zelt über uns aus, über dein Volk Israel und über die ganze Welt.

Gepriesen sei Gott am Tage. Gepriesen sei Gott in der Nacht. Gepriesen sei Gott, wenn wir uns hinlegen. Gepriesen sei Gott, wenn wir aufstehen. Denn in deiner Hand, Gott, sind die Seelen aller Lebendigen und Toten. Deine Hand birgt die Seele eines jeden lebendigen Wesens und den Geist allen Fleisches. *(Hiob 12,10)* Deiner Hand vertraue ich meinen Geist an, denn du, Ewiger, hast mich errettet; du bist in Wahrheit Gott! *(Ps 31,6)* Unser Gott im Himmel, offenbare die Einheit deines Namens, errichte deine ewige Herrschaft und regiere über uns bis in Ewigkeit.

Hier kann das Chazi-Kaddisch eingefügt werden.

Der Gottesdienst wird auf der folgenden Seite mit der Amida für Wochentage fortgesetzt.

עמידה לחול

אֲדֹנָי שְׂפָתַי תִּפְתָּח. וּפִי יַגִּיד תְּהִלָּתֶךָ:

Einer der beiden folgenden Abschnitte:

אבות
ואמהות

בָּרוּךְ אַתָּה יְיָ אֱלֹהֵינוּ וֵאלֹהֵי אֲבוֹתֵינוּ. אֱלֹהֵי אַבְרָהָם. אֱלֹהֵי יִצְחָק. וֵאלֹהֵי יַעֲקֹב. הָאֵל הַגָּדוֹל הַגִּבּוֹר וְהַנּוֹרָא. אֵל עֶלְיוֹן. גּוֹמֵל חֲסָדִים טוֹבִים קוֹנֵה הַכֹּל וְזוֹכֵר חַסְדֵי אָבוֹת וּמֵבִיא גוֹאֵל לִבְנֵי בְנֵיהֶם לְמַעַן שְׁמוֹ בְּאַהֲבָה: מֶלֶךְ עוֹזֵר וּמוֹשִׁיעַ וּמָגֵן. בָּרוּךְ אַתָּה יְיָ. מָגֵן אַבְרָהָם:

בָּרוּךְ אַתָּה יְיָ אֱלֹהֵינוּ וֵאלֹהֵי אֲבוֹתֵינוּ וְאִמּוֹתֵינוּ. אֱלֹהֵי אַבְרָהָם וֵאלֹהֵי שָׂרָה. אֱלֹהֵי יִצְחָק וֵאלֹהֵי רִבְקָה. אֱלֹהֵי יַעֲקֹב אֱלֹהֵי רָחֵל וֵאלֹהֵי לֵאָה. הָאֵל הַגָּדוֹל הַגִּבּוֹר וְהַנּוֹרָא. אֵל עֶלְיוֹן. גּוֹמֵל חֲסָדִים טוֹבִים קוֹנֵה הַכֹּל וְזוֹכֵר חַסְדֵי אָבוֹת וְאִמָּהוֹת וּמֵבִיא גוֹאֵל לִבְנֵי בְנֵיהֶם לְמַעַן שְׁמוֹ בְּאַהֲבָה: מֶלֶךְ עוֹזֵר וּמוֹשִׁיעַ וּמָגֵן. בָּרוּךְ אַתָּה יְיָ. מָגֵן אַבְרָהָם וְשָׂרָה:

גבורות

אַתָּה גִּבּוֹר לְעוֹלָם יְיָ · מְחַיֵּה מֵתִים אַתָּה רַב לְהוֹשִׁיעַ ·
[מַשִּׁיב הָרוּחַ וּמוֹרִיד הַגֶּשֶׁם:] [מוֹרִיד הַטָּל:]

מְכַלְכֵּל חַיִּים בְּחֶסֶד · מְחַיֵּה מֵתִים בְּרַחֲמִים רַבִּים · סוֹמֵךְ נוֹפְלִים · וְרוֹפֵא חוֹלִים · וּמַתִּיר אֲסוּרִים · וּמְקַיֵּם אֱמוּנָתוֹ לִישֵׁנֵי עָפָר : מִי כָמוֹךָ בַּעַל גְּבוּרוֹת וּמִי דּוֹמֶה לָּךְ · מֶלֶךְ מֵמִית וּמְחַיֶּה · וּמַצְמִיחַ יְשׁוּעָה : וְנֶאֱמָן אַתָּה לְהַחֲיוֹת מֵתִים · בָּרוּךְ אַתָּה יְיָ · מְחַיֵּה הַמֵּתִים :

AMIDA FÜR WOCHENTAGE

Gott, öffne meine Lippen, dass mein Mund deinen Ruhm verkünde!

(Ps 51,17)

Einer der beiden folgenden Abschnitte:

GOTT ALLER GENERATIONEN

Gepriesen seist du, Ewiger, unser Gott und Gott unserer Väter, Gott Abrahams, Gott Isaaks und Gott Jakobs. Du bist groß und mächtig. Dir gebührt unsere Ehrfurcht. Du bist über alles erhaben. Du vollbringst Wohltaten. Alles hältst du in deiner Hand. Du erinnerst dich an die Frömmigkeit unserer Vorfahren und bringst deshalb liebevoll ihren Enkeln Erlösung um deines Namens willen. Du regierst und hilfst, du bist Rettung und Schutzschild. Gepriesen seist du, Ewiger, unser Gott, Schutzschild Abrahams.

Gepriesen seist du, Ewiger, unser Gott und Gott unserer Väter und Mütter, Gott Abrahams und Gott Saras, Gott Isaaks und Gott Rebekkas, Gott Jakobs, Gott Rahels und Gott Leas. Du bist groß und mächtig. Dir gebührt unsere Ehrfurcht. Du bist über alles erhaben. Du vollbringst Wohltaten. Alles hältst du in deiner Hand. Du erinnerst dich an die Frömmigkeit unserer Vorfahren und bringst deshalb liebevoll ihren Enkeln Erlösung um deines Namens willen. Du regierst und hilfst, du bist Rettung und Schutzschild. Gepriesen seist du, Ewiger, unser Gott, Schutzschild Abrahams und Saras.

GOTT IST MÄCHTIG

Du bist die nie erschöpfende Kraft, du schenkst Leben angesichts des Todes. Vielfältig sind deine Wege zu helfen.

Pessach bis Schemini Azeret: Du lässt den Tau entstehen.

Schemini Azeret bis Pessach: Du lässt die Winde wehen und den Regen fallen.

Die Lebenden ernährst du in Güte. In großem Erbarmen schaffst du Leben angesichts des Todes. Du stützt die Fallenden. Du heilst die Kranken. Du machst die Gebundenen los und hältst die Treue denen, die im Staube schlafen. Wer ist wie du, der solche Kraft hätte, und wer ist dir gleich? – Du, Gott, hast Macht über Tod und Leben, und du lässt Hilfe sprossen. Du bist treu, Leben angesichts des Todes zu schaffen. Gepriesen seist du, Ewiger. Du schenkst Leben angesichts des Todes.

קדושת השם

Am Morgen und Nachmittag:

נְקַדֵּשׁ אֶת־שִׁמְךָ בָּעוֹלָם
כְּשֵׁם שֶׁמַּקְדִּישִׁים אוֹתוֹ בִּשְׁמֵי
מָרוֹם כַּכָּתוּב עַל יַד נְבִיאֶךָ·
וְקָרָא זֶה אֶל זֶה וְאָמַר·

Am Abend:

אַתָּה קָדוֹשׁ וְשִׁמְךָ קָדוֹשׁ
וּקְדוֹשִׁים בְּכָל־יוֹם יְהַלְלוּךָ
סֶּלָה· בָּרוּךְ אַתָּה יְיָ· הָאֵל
הַקָּדוֹשׁ:

קָדוֹשׁ קָדוֹשׁ קָדוֹשׁ יְיָ צְבָאוֹת. מְלֹא כָל־הָאָרֶץ כְּבוֹדוֹ:
לְעֻמָּתָם בָּרוּךְ יֹאמֵרוּ·
בָּרוּךְ כְּבוֹד יְיָ מִמְּקוֹמוֹ:
וּבְדִבְרֵי קָדְשְׁךָ כָּתוּב לֵאמֹר·
יִמְלֹךְ יְיָ לְעוֹלָם אֱלֹהַיִךְ צִיּוֹן לְדֹר וָדֹר. הַלְלוּיָהּ:

לְדוֹר וָדוֹר נַגִּיד גָּדְלֶךָ· וּלְנֵצַח נְצָחִים קְדֻשָּׁתְךָ נַקְדִּישׁ· וְשִׁבְחֲךָ אֱלֹהֵינוּ מִפִּינוּ לֹא יָמוּשׁ לְעוֹלָם וָעֶד· כִּי אֵל מֶלֶךְ גָּדוֹל וְקָדוֹשׁ אָתָּה· בָּרוּךְ אַתָּה יְיָ· הָאֵל הַקָּדוֹשׁ:

Krefeld, Petersstraße (1853-1938)

GOTT IST HEILIG

Am Morgen und Nachmittag:

Wir wollen dich verehren und heiligen und deinen Ruhm auf der Erde so groß machen wie im Himmel, denn es heißt bei dem Propheten: Sie riefen einander zu:

Am Abend:

Heilig bist du, heilig ist dein Name, Heilige preisen dich Tag für Tag. Gepriesen seist du, Ewiger, heiliger Gott.

Heilig, heilig, heilig ist der Schöpfer aller Kreatur. Die ganze Welt ist mit Gottes Gegenwart erfüllt. *(Jes 6,3)*

Sie riefen einander zu: Gepriesen!

Gepriesen sei die Gegenwart Gottes an jedem Ort. *(Ez 3,12)*

Und in deiner Heiligen Schrift steht geschrieben:

Gott herrscht allezeit, dein Gott, o Zion, bis in Ewigkeit. Halleluja! *(Ps 146,10)*

Von Generation zu Generation wollen wir deine Größe erzählen. Von Ewigkeit zu Ewigkeit wollen wir deine Heiligkeit verkünden. Das Lob, das wir dir, unser Gott, bringen, soll niemals in unseren Mündern verstummen. Denn du bist Gott, du regierst in Größe und Heiligkeit. Gepriesen seist du, Ewiger, heiliger Gott.

Solingen, Malteserstraße (1872-1938)

Alle Wochentags-Gottesdienste werden hier fortgesetzt:

בינה אַתָּה חוֹנֵן לְאָדָם דַּעַת. וּמְלַמֵּד לֶאֱנוֹשׁ בִּינָה. חָנֵּנוּ מֵאִתְּךָ דֵּעָה וּבִינָה וְהַשְׂכֵּל. בָּרוּךְ אַתָּה יְיָ. חוֹנֵן הַדָּעַת:

תשובה הֲשִׁיבֵנוּ אָבִינוּ לְתוֹרָתֶךָ. וְקָרְבֵנוּ מַלְכֵּנוּ לַעֲבוֹדָתֶךָ. וְהַחֲזִירֵנוּ בִּתְשׁוּבָה שְׁלֵמָה לְפָנֶיךָ. בָּרוּךְ אַתָּה יְיָ. הָרוֹצֶה בִּתְשׁוּבָה:

סליחה סְלַח־לָנוּ אָבִינוּ כִּי חָטָאנוּ. מְחַל־לָנוּ מַלְכֵּנוּ כִּי פָשָׁעְנוּ. כִּי אֵל טוֹב וְסַלָּח אָתָּה. בָּרוּךְ אַתָּה יְיָ. חַנּוּן הַמַּרְבֶּה לִסְלוֹחַ:

גאולה רְאֵה בְעָנְיֵנוּ וְרִיבָה רִיבֵנוּ. וּגְאָלֵנוּ מְהֵרָה לְמַעַן שְׁמֶךָ. כִּי גוֹאֵל חָזָק אָתָּה. בָּרוּךְ אַתָּה יְיָ. גּוֹאֵל יִשְׂרָאֵל:

רפואה רְפָאֵנוּ יְיָ וְנֵרָפֵא. הוֹשִׁיעֵנוּ וְנִוָּשֵׁעָה. כִּי תְהִלָּתֵנוּ אָתָּה. וְהַעֲלֵה אֲרֻכָה וּמַרְפֵּא לְכָל־תַּחֲלוּאֵינוּ וּלְכָל־מַכְאוֹבֵינוּ וּלְכָל־מַכּוֹתֵינוּ. כִּי אֵל רוֹפֵא רַחֲמָן וְנֶאֱמָן אָתָּה. בָּרוּךְ אַתָּה יְיָ. רוֹפֵא הַחוֹלִים:

ברכת השנים בָּרֵךְ עָלֵינוּ יְיָ אֱלֹהֵינוּ אֶת־הַשָּׁנָה הַזֹּאת וְאֶת־כָּל־מִינֵי תְבוּאָתָהּ לְטוֹבָה. וְתֵן בְּרָכָה עַל פְּנֵי הָאֲדָמָה. וְשַׂבְּעֵנוּ מִטּוּבֶךָ. וּבָרֵךְ שְׁנוֹתֵינוּ כַּשָּׁנִים הַטּוֹבוֹת. בָּרוּךְ אַתָּה יְיָ. מְבָרֵךְ הַשָּׁנִים:

חרות תְּקַע בְּשׁוֹפָר גָּדוֹל לְחֵרוּתֵנוּ. וְתִשָּׁמַע מְהֵרָה פְּדוּת בְּעָרֵי־אַרְצוֹתֵינוּ כִּי אֵל פּוֹדֶה וְגוֹאֵל אָתָּה. בָּרוּךְ אַתָּה יְיָ. הַפּוֹדֶה עַמּוֹ יִשְׂרָאֵל בְּרַחֲמִים:

משפט הָשֵׁב מִשְׁפַּט־צִדְקָתְךָ בָּעוֹלָם וְהָסֵר מִמֶּנּוּ יָגוֹן וַאֲנָחָה. וּמְלוֹךְ עָלֵינוּ אַתָּה יְיָ לְבַדְּךָ בְּחֶסֶד וּבְרַחֲמִים. וְצַדְּקֵנוּ בַמִּשְׁפָּט. בָּרוּךְ אַתָּה יְיָ. מֶלֶךְ אוֹהֵב צְדָקָה וּמִשְׁפָּט:

Alle Wochentags-Gottesdienste werden hier fortgesetzt:

VERNUNFT Du begabst den Menschen mit Verstand, das menschliche Wesen lehrst du Vernunft. Lass uns begabt sein mit Verstand, Vernunft und Klugheit. Gepriesen seist du, Ewiger. Du begabst den Menschen mit Verstand.

UMKEHR Quelle allen Erbarmens, rufe uns immer wieder deine Weisung ins Gedächtnis. Ursprung aller Stärke, nimm uns in deinen Dienst. Lass uns durch eine vollständige Umkehr zu dir zurückkehren. Gepriesen seist du, Gott. Dir gefällt es, wenn Menschen zu dir umkehren.

VERGEBUNG Quelle allen Erbarmens, vergib uns, denn wir haben gesündigt. Ursprung aller Kraft, verzeih uns, denn wir haben Unrecht getan. Du bist doch ein Gott der Güte und der Vergebung. Gepriesen seist du, Ewiger. Du bist gnädig, und deine Geduld zu vergeben ist unendlich.

ERLÖSUG Sieh unsere Betrübnis und kämpfe unsere Kämpfe. Errette uns bald um deines Namens willen, denn deine Macht zur Rettung ist groß. Gepriesen seist du, Ewiger. Du errettest Israel.

HEILUNG Heile uns, Gott, dann sind wir geheilt! Hilf uns, dann ist uns geholfen! Denn dich preisen alle unsere Loblieder. Lass uns von Krankheiten genesen, lindere unsere Schmerzen und heile unsere Wunden. Denn du bist Gott, du heilst und erbarmst dich, du hältst uns die Treue. Gepriesen seist du, Ewiger. Du heilst Krankheiten.

WOHLSTAND Segne dieses Jahr, und lass alles, was es uns bringt, zum Guten beitragen. Gib dem Erdboden Fruchtbarkeit. Sättige uns mit deinen Gütern. Segne dieses Jahr wie die besten Jahre. Gepriesen seist du, Ewiger. Du segnest die Jahre.

FREIHEIT Lass zu unserer Freiheit das große Widderhorn ertönen und lass die Botschaft von der Befreiung in allen Orten unseres Landes laut werden. Du bist doch Gott, du befreist und erlöst. Gepriesen seist du, Ewiger. Durch dein Erbarmen befreist du dein Volk Israel.

RECHT Lass die Welt wieder von deiner Gerechtigkeit beherrscht sein, so dass alle Trauer und jeder Kummer aus der Welt verschwinden. Herrsche du allein über uns in Güte und Erbarmen. Gott, sorge du für unser Recht! Gepriesen seist du, Ewiger. Du liebst Gerechtigkeit und Recht.

על המלשינות

וְלַמַּלְשִׁינוּת אַל תְּהִי תִקְוָה וְכָל־הָרִשְׁעָה הָפֵר. כִּי אַתָּה יוֹדֵעַ אֶת־עֲצַת־אָדָם. בָּרוּךְ אַתָּה יְיָ. הַמַּעֲבִיר רִשְׁעָה מִן־הָאָרֶץ:

על הצדיקים

עַל־הַצַּדִּיקִים וְעַל־הַחֲסִידִים וְעַל־הַתְּמִימִים וְעַל גֵּרֵי הַצֶּדֶק וְעָלֵינוּ יֶהֱמוּ רַחֲמֶיךָ יְיָ אֱלֹהֵינוּ. וְתֵן שָׂכָר טוֹב לְכֹל הַבּוֹטְחִים בְּשִׁמְךָ בֶּאֱמֶת. בָּרוּךְ אַתָּה יְיָ. מִשְׁעָן וּמִבְטָח לַצַּדִּיקִים:

בונה ירושלים

וְלִירוּשָׁלַיִם עִירְךָ בְּרַחֲמִים תָּשׁוּב. וְתִשְׁכּוֹן בְּתוֹכָהּ וּבְנֵה עִיר־צִדְקָתְךָ בִּמְהֵרָה בְּיָמֵינוּ וְתָכִין בְּתוֹכָהּ מְכוֹן־תְּפִלָּה לְכָל־הָעַמִּים. בָּרוּךְ אַתָּה יְיָ. בּוֹנֵה יְרוּשָׁלָיִם:

ישועה

מַלֵּא בְיָמֵינוּ דִּבְרֵי־דָוִד עַבְדֶּךָ כְּמוֹ שֶׁהִבְטַחְתָּ שֶׁאַתָּה תִּמְשֹׁל בְּעוֹלָמְךָ בְּצֶדֶק וּבְרַחֲמִים. מְהֵרָה תָּאִיר לָעוֹלָם בְּאוֹרְךָ הַטּוֹב כִּי לִישׁוּעָתְךָ קִוִּינוּ. בָּרוּךְ אַתָּה יְיָ. מַצְמִיחַ קֶרֶן־יְשׁוּעָה:

שומע תפלה

שְׁמַע קוֹלֵנוּ יְיָ אֱלֹהֵינוּ אָב הָרַחֲמָן. חוּס וְרַחֵם עָלֵינוּ. וְקַבֵּל בְּרַחֲמִים וּבְרָצוֹן אֶת־תְּפִלָּתֵנוּ. כִּי אֵל שׁוֹמֵעַ תְּפִלּוֹת וְתַחֲנוּנִים אָתָּה. וּמִלְּפָנֶיךָ מַלְכֵּנוּ רֵיקָם אַל־תְּשִׁיבֵנוּ. כִּי אַתָּה שׁוֹמֵעַ תְּפִלַּת כָּל־פֶּה. בָּרוּךְ אַתָּה יְיָ. שׁוֹמֵעַ תְּפִלָּה:

עבודה

רְצֵה יְיָ אֱלֹהֵינוּ בְּעַמְּךָ יִשְׂרָאֵל. וְלִתְפִלָּתָם שְׁעֵה. וּבְרַחֲמֶיךָ הָרַבִּים תַּחְפֹּץ בָּנוּ וְתַשְׁרֶה שְׁכִינָתְךָ עַל צִיּוֹן.

GEGEN DIE VERLEUMDUNG

Lass die Verleumdung keine Hoffnung auf Bestand haben und lass das Unrecht aus der Welt verschwinden. Du, Gott, kennst doch die Pläne der Menschen. Gepriesen seist du, Ewiger. Du entfernst die Ungerechtigkeit aus der Welt.

FÜR DIE GERECHTEN

Lass deine Barmherzigkeit walten über allen Gerechten, Ewiger, unser Gott, über allen Frommen und über allen Unschuldigen, über all denen, die sich uns aus Überzeugung zugesellt haben und über uns. Gib allen, die fest auf dich vertrauen, guten Lohn. Gepriesen seist du, Ewiger. Du bist Stütze und Zuflucht für die Gerechten.

JERUSALEM

Habe Acht auf Jerusalem, deine Stadt. Lass deine Gegenwart in ihr wohnen und lass es bald und noch in unseren Tagen eine Stadt sein, in der deine Gerechtigkeit wohnt. Möge sie ein Zentrum des Gebets sein für alle Völker. Gepriesen seist du, Ewiger. Du baust Jerusalem.

HEIL

Erfülle in unseren Tagen die Verheißungen, die du David, deinem Knecht, gegeben hast, dass du über die Welt herrschst in Gerechtigkeit und in Erbarmen. Eilend erleuchte die Welt mit deinem Licht, guter Gott, denn auf deine Hilfe hoffen wir. Gepriesen seist du, Ewiger. Du lässt die Kräfte zum Heil wachsen.

DU ERHÖRST GEBET

Höre unsere Stimme, unser Gott, Ursprung allen Erbarmens. Habe Mitleid und erbarme dich über uns. In Erbarmen und in Wohlwollen höre unser Gebet. Du bist doch Gott, der Gebete und Bitten hört. Gott, Ursprung unserer Kraft, von dir kehren wir nie leer zurück, denn du hörst das Gebet eines jeden Menschen. Gepriesen seist du, Ewiger. Du erhörst Gebet.

DANK UND FRIEDENSBITTE

Habe Gefallen an deinem Volk Israel und höre seine Gebete. In großem Erbarmen finde Gefallen an uns und lass deine Gegenwart über Zion ruhen. Lass unsere Augen Ausschau halten nach deiner Rückkehr zum Zion in Erbarmen.

Am Neumond und an Halbfeiertagen wird eingefügt:

יעלה ויבא אֱלֹהֵינוּ וֵאלֹהֵי אֲבוֹתֵינוּ יַעֲלֶה וְיָבֹא · יַגִּיעַ וְיֵרָאֶה · זִכְרוֹנֵנוּ וּפִקְדוֹנֵנוּ · וְזִכְרוֹן אֲבוֹתֵינוּ · וְזִכְרוֹן מָשִׁיחַ בֶּן־דָּוִד עַבְדֶּךָ · וְזִכְרוֹן יְרוּשָׁלַיִם עִיר קָדְשֶׁךָ · וְזִכְרוֹן כָּל־עַמְּךָ בֵּית יִשְׂרָאֵל לְפָנֶיךָ · לִפְלֵיטָה וּלְטוֹבָה · לְחֵן וּלְחֶסֶד · וּלְרַחֲמִים · בְּיוֹם

בראש החדש: רֹאשׁ הַחֹדֶשׁ הַזֶּה ·

בפסח: חַג הַמַּצּוֹת הַזֶּה ·

בסכות: חַג הַסֻּכּוֹת הַזֶּה ·

זָכְרֵנוּ יְיָ אֱלֹהֵינוּ בּוֹ לְטוֹבָה · אָמֵן:
וּפָקְדֵנוּ בוֹ לִבְרָכָה · אָמֵן:
וְהוֹשִׁיעֵנוּ בוֹ לְחַיִּים טוֹבִים: אָמֵן:

וּבִדְבַר יְשׁוּעָה וְרַחֲמִים חוּס וְחָנֵּנוּ · כִּי אֵלֶיךָ עֵינֵינוּ · כִּי אֵל מֶלֶךְ חַנּוּן וְרַחוּם אָתָּה:

וְתֶחֱזֶינָה עֵינֵינוּ בְּשׁוּבְךָ לְצִיּוֹן בְּרַחֲמִים · בָּרוּךְ אַתָּה יְיָ · הַמַּחֲזִיר שְׁכִינָתוֹ לְצִיּוֹן:

הודאה מוֹדִים אֲנַחְנוּ לָךְ שָׁאַתָּה הוּא יְיָ אֱלֹהֵינוּ וֵאלֹהֵי אֲבוֹתֵינוּ לְעוֹלָם וָעֶד · צוּרֵנוּ צוּר חַיֵּינוּ וּמָגֵן יִשְׁעֵנוּ אַתָּה הוּא לְדוֹר וָדוֹר: נוֹדֶה לְּךָ וּנְסַפֵּר תְּהִלָּתֶךָ עַל חַיֵּינוּ הַמְּסוּרִים בְּיָדֶךָ · וְעַל נִשְׁמוֹתֵינוּ הַפְּקוּדוֹת לָךְ · וְעַל נִסֶּיךָ שֶׁבְּכָל־יוֹם עִמָּנוּ · וְעַל נִפְלְאוֹתֶיךָ וְטוֹבוֹתֶיךָ שֶׁבְּכָל־עֵת עֶרֶב וָבֹקֶר וְצָהֳרָיִם: הַטּוֹב כִּי לֹא כָלוּ רַחֲמֶיךָ · הַמְרַחֵם כִּי לֹא תַמּוּ חֲסָדֶיךָ · כִּי מֵעוֹלָם קִוִּינוּ לָךְ:

An Chanukka wird hier das Chanukka-Gebet „Al ha-Nissim“ (S. 199) eingefügt.
An Purim wird hier das Purim-Gebet „Al ha-Nissim“ (S. 196) eingefügt.

וְעַל כֻּלָּם יִתְבָּרַךְ וְיִתְרוֹמַם וְיִתְנַשֵּׂא תָּמִיד שִׁמְךָ מַלְכֵּנוּ לְעוֹלָם וָעֶד: וְכָל־הַחַיִּים יוֹדוּךָ סֶּלָה · וִיהַלְלוּ וִיבָרְכוּ אֶת־שִׁמְךָ הַגָּדוֹל בֶּאֱמֶת · הָאֵל יְשׁוּעָתֵנוּ וְעֶזְרָתֵנוּ סֶלָה: בָּרוּךְ אַתָּה יְיָ · הַטּוֹב שִׁמְךָ וּלְךָ נָאֶה לְהוֹדוֹת:

Am Neumond und an Halbfeiertagen wird eingefügt:

Unser Gott und Gott unserer Vorfahren, das Gedenken an uns und die Verantwortung für uns, das Gedenken an unsere Vorfahren und an die messianische Zeit, das Gedenken an Jerusalem, die Stadt deiner Heiligkeit, und an die ganze Familie Israels mögen zu dir gelangen und vor dich kommen; sie mögen dich erreichen und wahrgenommen werden. Es geschehe, damit wir deine Rettung und Güte erfahren, damit uns deine Gnade und Liebe zuteil werden. Ewiger, unser Gott, heute,

am Neumond: zu Beginn eines neuen Monats,
an Pessach: am Fest der ungesäuerten Brote,
an Sukkot: am Laubhüttenfest,

denke an uns, damit wir Gutes erfahren – Amen.
Schenke uns deinen Segen – Amen.
Hilf uns zu einem guten Leben – Amen.

Du hast uns Hilfe und Erbarmen versprochen, deshalb erbarme dich über uns und zeige uns deine Gnade. Denn auf dich richtet sich unser Blick, du bist die Quelle aller Gnade und allen Erbarmens.

Lass unsere Augen Ausschau halten nach deiner Rückkehr zum Zion in Erbarmen. Gepriesen seist du, Ewiger. Du lässt deine Gegenwart nach Zion zurückkehren.

Wir danken dir, denn du bist der Ewige, unser Gott und der Gott unserer Vorfahren, seit eh und je. Wir danken dir, denn du bist unser Fels und das Fundament, auf dem unser Leben ruht. Deine Hilfe haben wir zum Schutzschild – Fels und Schutzschild bist du uns seit jeher. Wir loben dich und erzählen von deinem Ruhm. Wir loben dich für unser Leben, das in deine Hand gegeben ist, und für unsere Seele, die dir anvertraut ist; für die Zeichen deiner Gegenwart, die uns täglich umgeben, für die Wunder und Wohltaten zu jeder Zeit, abends, morgens und mittags. Du bist gut, denn dein Erbarmen wird niemals aufhören. Du bist barmherzig, denn deine Gnade wird niemals versiegen. Von jeher hofften wir auf dich!

An Chanukka wird hier das Chanukka-Gebet „Al ha-Nissim“ (S. 199) eingefügt.
An Purim wird hier das Purim-Gebet „Al ha-Nissim“ (S. 196) eingefügt.

Für all dies preisen wir dich und erheben und rühmen deinen Namen, unser Herrscher, allezeit. Alles, was lebt, möge dir danken. Und man soll deinen großen Namen loben und preisen in Wahrhaftigkeit. Preisen soll man dich, Gott, unsere Hilfe und unsere Rettung. Gepriesen seist du, Ewiger. „Guter Gott“ – das ist dein Name. Schön ist es, dich zu loben.

Am Morgen:

ברכת שלום

שִׂים שָׁלוֹם טוֹבָה וּבְרָכָה חַיִּים חֵן
וָחֶסֶד צְדָקָה וְרַחֲמִים עָלֵינוּ · וּבָרְכֵנוּ
אָבִינוּ כֻּלָּנוּ יַחַד בְּאוֹר פָּנֶיךָ · כִּי
בְאוֹר פָּנֶיךָ נָתַתָּ לָנוּ יְיָ אֱלֹהֵינוּ תּוֹרָה
וְחַיִּים · אַהֲבָה וָחֶסֶד · צְדָקָה וְרַחֲמִים ·
בְּרָכָה וְשָׁלוֹם · וְטוֹב בְּעֵינֶיךָ לְבָרֵךְ
אֶת־עַמְּךָ יִשְׂרָאֵל בְּרָב־עֹז וּבְשָׁלוֹם :
בָּרוּךְ אַתָּה יְיָ · הַמְבָרֵךְ אֶת־עַמּוֹ
יִשְׂרָאֵל בַּשָּׁלוֹם :

Am Nachmittag und Abend:

שָׁלוֹם רָב עַל
יִשְׂרָאֵל עַמְּךָ תָּשִׂים
לְעוֹלָם · כִּי אַתָּה הוּא
מֶלֶךְ אָדוֹן לְכָל־
הַשָּׁלוֹם · וְטוֹב בְּעֵינֶיךָ
לְבָרֵךְ אֶת־עַמְּךָ
יִשְׂרָאֵל בְּכָל־עֵת
וּבְכָל־שָׁעָה בִּשְׁלוֹמֶךָ :
בָּרוּךְ אַתָּה יְיָ ·
הַמְבָרֵךְ אֶת־עַמּוֹ
יִשְׂרָאֵל בַּשָּׁלוֹם :

אלהי נצור

אֱלֹהַי נְצוֹר לְשׁוֹנִי מֵרָע · וּשְׂפָתוֹתַי מִדַּבֵּר מִרְמָה ·
וְלִמְקַלְלַי נַפְשִׁי תִדּוֹם · וְנַפְשִׁי כֶּעָפָר לַכֹּל תִּהְיֶה : פְּתַח
לִבִּי בְּתוֹרָתֶךָ · וְאַחֲרֵי מִצְוֹתֶיךָ תִּרְדּוֹף נַפְשִׁי · וְכָל־הַקָּמִים
עָלַי לְרָעָה מְהֵרָה הָפֵר עֲצָתָם וְקַלְקֵל מַחְשְׁבוֹתָם : יִהְיוּ
לְרָצוֹן אִמְרֵי־פִי · וְהֶגְיוֹן לִבִּי לְפָנֶיךָ · יְהוָֹה צוּרִי וְגֹאֲלִי :

עֹשֶׂה שָׁלוֹם בִּמְרוֹמָיו · הוּא יַעֲשֶׂה שָׁלוֹם עָלֵינוּ וְעַל כָּל־
יִשְׂרָאֵל · וְאִמְרוּ אָמֵן :

Es folgen קדיש, עלינו *und* אדון עולם *auf S. 118-122.*

Am Morgen:

Schenke uns Frieden und Gutes. Segne uns und schütze unser Leben. Lass deine Gnade und Güte über uns walten. Deine Gerechtigkeit und dein Erbarmen mögen uns stets begleiten. Quelle allen Erbarmens, sei unter uns gegenwärtig. Denn deine Gegenwart gab uns die Thora, und sie gab uns unser Leben, die Liebe und Güte, die Gerechtigkeit und das Erbarmen, sie gab uns Segen und Frieden. Ja, es gefällt dir, dein Volk Israel mit Stärke und Frieden zu segnen. Gepriesen seist du, Ewiger. Du segnest dein Volk Israel mit Frieden.

Am Nachmittag und Abend:

Frieden in Fülle verleihe deinem Volk Israel zu jeder Zeit, denn du hast die Macht, du bist der Ursprung des Friedens. Du mögest Freude daran haben, dein Volk Israel mit deinem Frieden zu segnen, zu jeder Zeit und zu jeder Stunde. Gepriesen seist du, Ewiger. Du segnest dein Volk Israel mit Frieden.

MEDITATION

Mein Gott, bewahre meine Zunge vor böser Rede und meine Lippen vor Lüge. Denen gegenüber, die mir Böses wollen, lass mich angemessen reagieren, und meine Seele möge gelassen bleiben, was auch geschieht. Mache mich bereit für deine Weisung. Nach deinen Geboten will ich leben. Eilig aber zerbrich die Pläne derer, die Böses gegen mich ersinnen, und vernichte ihre Gedanken. „Die Worte meines Mundes und meine Gedanken mögen dir angenehm sein, Ewiger, mein Fels und mein Heil.“ *(Ps 19,15)* *(bBer 17a)*

Gott schafft Frieden in der Höhe. Möge Gott uns und ganz Israel Frieden geben. Darauf sprecht: Amen.

Es folgen Alenu, Kaddisch und Adon Olam auf S. 119-123.

EINFÜGUNGEN FÜR BESONDERE TAGE

GEDENKEN AN DIE SCHO'A

GEBET

Wir gedenken der sechs Millionen Toten und aller, die starben, als Wahnsinn die Welt regierte und das Böse in der Welt wohnte. Wir gedenken derer, die wir gekannt haben und derer, von denen selbst der Name verloren ist.

Wir trauern um alle, die mit ihnen starben, um ihre Güte und um ihre Weisheit, die die Welt hätten retten und so viele Wunden hätten heilen können. Wir trauern um den Geist und den Humor, der starb, um das Lernen und das Lachen, das für immer verloren ist. Die Welt ist ärmer geworden, und unsere Herzen werden kalt, wenn wir an die großen Dinge denken, die hätten sein können.

Wir sind dankbar für ihr Beispiel an Anstand und Güte. Wie Kerzen leuchten sie aus der Dunkelheit jener Jahre heraus, und in ihrem Licht erkennen wir, was gut ist – und was böse.

Wir gedenken jener nichtjüdischen Männer und Frauen, die den Mut hatten, außerhalb der Masse zu stehen und mit uns zu leiden. Auch sie sind deine Zeuginnen und Zeugen, eine Quelle der Hoffnung, wenn wir zu verzweifeln drohen.

Um des Leids unseres Volkes willen möge eine solche Zeit nie wieder kommen. Möge ihr Opfer nicht umsonst gewesen sein. In unserem täglichen Kampf gegen Grausamkeit und Vorurteile, gegen Tyrannei und Verfolgung gibt uns die Erinnerung an sie Kraft und leitet uns.

In der Stille gedenken wir derer, die Gottes Namen auf der Erde geheiligt haben.

STUDIENTEXTE

Mit dem vollen Gewicht meiner Autorität als euer Rabbiner befehle ich euch, mich hier zu verlassen. Ihr müsst fliehen und euch retten. Gebt Acht auf eure Körper und auf eure Seelen. Bringt euer Leben nicht unnötig in Gefahr wegen des Blitzstrahls, der von außen einschlägt, aber denkt auch nicht nur einen flüchtigen Moment lang, dass ihr euer Leben opfern müsstet um innerer, geistlicher Werte willen. Ich bitte euch und beschwöre euch, dass ihr stets all jener aus unserem Volk gedenkt, die der Hand der Mörder zum Opfer fielen. Es ist nicht Sache von Menschen, darüber zu urteilen, wer von ihnen heilig ist und wer nicht. Jeder Mensch, der von den Bösen abgeschlachtet wurde, ist als heilig anzusehen. Meine lieben Studierenden, behaltet das Nehardea Litauens, die Jeschiwe von Slabodka, stets in Erinnerung. Und wenn wieder Sicherheit und Ruhe in der Welt eingekehrt sind, werdet nicht müde, den Ruhm, die Weisheit, die Thora und die litauischen Lehren weiterzugeben, dieses schöne und ethische Leben, das die Juden hier lebten. Werdet nicht verbittert durch die Klagen und Tränen. Redet mit Ruhe und Gelassenheit über diese Dinge, so wie es unsere Weisen in dem Midrasch *Echa Rabbati* getan haben und handelt so, wie es unsere heiligen Gelehrten getan haben: Lasst eure Worte strömen und druckt sie als Buchstaben ab. Das ist die größte Vergeltung, die ihr an diesen bösen Menschen üben könnt. Trotz des wütenden Zorns unserer Feinde werden die heiligen Seelen unserer Brüder und Schwestern dann lebendig bleiben. Diese Bösen planten, ihre Namen von der Erdoberfläche zu vertilgen, aber Menschen können Buchstaben nicht vernichten. Denn Worte haben Flügel. Sie erheben sich zur himmlischen Höhe und bleiben bis in Ewigkeit.

(Rabbi Nahum Janchiker – die letzte Mahnpredigt in der Musar-Jeschiwe in Slabodka, Kovno, wenige Augenblicke vor der deutschen Invasion.)

… Wir sind sehr stark daran erinnert worden, daß wir uns verstecken, daß wir gefesselte Juden sind, gefesselt an einen Fleck, ohne Rechte, mit Tausenden Pflichten. Wir Juden dürfen unser Gefühl nicht gelten lassen, müssen mutig sein und stark, müssen alle Beschwerlichkeiten auf uns nehmen und nicht murren, müssen tun was in unserer Macht liegt und auf Gott vertrauen.

Einmal wird dieser schreckliche Krieg doch wohl vorbeigehen, einmal werden wir doch wieder Menschen und nicht nur Juden sein.

Wer hat uns das auferlegt? Wer hat uns Juden zu einer Ausnahme unter allen Völkern gemacht? Wer hat uns bis jetzt so leiden lassen? Es ist Gott gewesen, der uns so gemacht hat, aber es wird auch Gott sein, der uns aufhebt. Wenn wir all dieses Leid ertragen und doch noch immer Juden übrig bleiben dann werden die Juden einmal von Verdammten zu Vorbildern werden. Wer weiß darf es unser Glaube noch mal sein der die Welt und alle Völker das Gute lehrt und dafür, dafür allein müssen wir auch leiden. …

Seid mutig! Wollen wir uns unserer Aufgabe bewußt bleiben, und nicht murren, es wir ein Ausweg kommen, Gott hat unser Volk nie im Stich gelassen; durch alle Jahrhunderte hin sind Juden am Leben geblieben, durch alle Jahrhunderte hin mußten Juden leiden, aber durch alle Jahrhunderte hin sind sie auch stark geworden, die Schwachen werden ausgesucht und die Starken werden übrig bleiben und niemals untergehen! …

Wenn Gott mich leben läßt, werde ich mehr erreichen als Mutter es je tat, ich werde nicht unbedeutend bleiben, ich werde in der Welt und für die Menschen arbeiten!

Und nun weiß ich daß Mut und Fröhlichkeit, das zuerst notwendige sind!

(Anne Frank, Tagebuch, Dienstag, 11. April 1944)

GEBET ZUM GEDENKEN

אֵל מָלֵא רַחֲמִים שׁוֹכֵן בַּמְּרוֹמִים · הַמְצֵא מְנוּחָה נְכוֹנָה
תַּחַת כַּנְפֵי הַשְּׁכִינָה בְּמַעֲלוֹת קְדוֹשִׁים וּטְהוֹרִים · כְּזֹוהַר
הָרָקִיעַ מַזְהִירִים · לְנִשְׁמוֹת שִׁשָּׁה מִלְיוֹן אַחֵינוּ וְאַחְיוֹתֵינוּ
שֶׁמֵּתוּ עַל־קִדּוּשׁ הַשֵּׁם · יָנוּחוּ בְּשַׁלְוָה וּבְשָׁלוֹם שֶׁלֹּא יָדְעוּ
בְּחַיֵּיהֶם · בַּעַל הָרַחֲמִים הַסְתִּירֵם בְּסֵתֶר כְּנָפֶיךָ לְעוֹלָמִים ·
וּצְרוֹר בִּצְרוֹר הַחַיִּים אֶת־נִשְׁמָתָם · יְיָ הוּא נַחֲלָתָם וְיָנוּחוּ
בְּשָׁלוֹם עַל מִשְׁכָּבָם · וְנֹאמַר אָמֵן׃

Gott in der Höhe, bei dir ist Barmherzigkeit in Fülle. Lass die sechs Millionen Seelen unserer Brüder und Schwestern, die im Martyrium starben, ungestört in deiner Gegenwart ruhen. Lass sie die Ruhe und Sicherheit finden, die ihnen im Leben verwehrt war. Lass sie wie die Lichter am Himmel leuchten, zusammen mit den Heiligen und Reinen in der Höhe. Gott voller Barmherzigkeit, lass ihre Seelen bis in Ewigkeit in deiner Gegenwart geborgen sein. Ihr Leben möge eingebunden sein in den Bund des Lebens. Gott, du bist ihr Schicksal. Lass sie an ihren Ruhestätten in Frieden ruhen. Darauf sprecht: Amen.

ISRAELISCHER UNABHÄNGIGKEITSTAG

GEBET

אֱלֹהֵינוּ וֵאלֹהֵי־אֲבוֹתֵינוּ בְּיָדְךָ גּוֹרַל־עַמֵּנוּ וַעֲתִיד־כָּל־אוּמָּה וְלָשׁוֹן: אַתָּה הוּא הַמְפַזְּרֵנוּ בְּאַרְצוֹת־תֵּבֵל וְאַתָּה הוּא הַמְקַבְּצֵנוּ: אַתָּה מַנְחֵינוּ מֵעַבְדוּת לְחֵרוּת. מִצָּרָה לְשִׂמְחָה. וְאָנוּ עֵדֶיךָ נָאִיר אוֹרְךָ בֵּין־הָעַמִּים: חַזְּקֵנוּ־נָא לַעֲשׂוֹת רְצוֹנֶךָ:

כַּאֲבוֹתֵינוּ לְפָנֵינוּ לְצִיּוֹן בְּאַהֲבָה נִפְנֶה: זִכְרוֹנוֹתֶיהָ מְקָרְבִים אוֹתָנוּ זֶה לָזֶה. חֶזְיוֹנָהּ מְקָרֵב אוֹתָנוּ אֵלֶיךָ: זַכֵּנוּ לִרְאוֹת בְּבִנְיַן־יְרוּשָׁלַיִם בְּיָמֵינוּ: יְהִיוּ־נָא חָזְקָהּ בְּמִשְׁפָּט הֲגַנָּתָהּ בִּצְדָקָה וּשְׂכָרָהּ שָׁלוֹם:

לְשִׁמְךָ נִתֵּן כָּבוֹד עַל־הַנִּפְלָאוֹת שֶׁרָאוּ עֵינֵינוּ כִּי תִקְוָה קָמָה מִשּׁוֹאָה. מַעְיָנוֹת בְּתוֹךְ בִּקְעוֹת־צִיָּה נִפְתְּחוּ וַעֲרָבָה תִּפְרַח כַּחֲבַצֶּלֶת:

מִבַּעַד לְצָרוֹת־זְמַנֵּנוּ שָׁמַעְנוּ דִּבְרֵי־נְבִיאֶיךָ וְרָאִינוּ קִיּוּם־דְּבָרֶךָ: שׁוּב פְּדִיתָנוּ אֲדוֹן־הָאֱמֶת: חַזְּקֵנוּ וְאַמְּצֵנוּ לְכַלּוֹת מְלַאכְתְּךָ וְלִפְתּוֹחַ שַׁעֲרֵי־פְדוּת לְיִשְׂרָאֵל וְלָעַמִּים. אָמֵן:

Gott und Gott unserer Vorfahren, in deiner Hand liegt das Geschick unseres Volkes und die Zukunft aller Nationen jeder Sprache. Du hast uns über die ganze Erde zerstreut, und du sammelst uns wieder. Du führst uns aus der Knechtschaft zur Freiheit, aus Zeiten der Not zur Freude. Als deine Zeugen lassen wir dein Licht unter den Völkern leuchten. Stärke uns, damit wir deinen Willen erfüllen.

Wir wenden uns nach Zion wie unsere Vorfahren vor uns. Die Erinnerungen daran bringen uns einander näher. Die Visionen darüber bringen uns dir näher. Erweise uns die Gnade, dass wir den Bau Jerusalems in unseren Tagen sehen. Seine Stärke möge darin liegen, dass Recht in ihm wohnt und seine Sicherheit darin, dass sich gerechte Taten in ihm finden. Friede sei Jerusalems Lohn.

Deinem Namen erweisen wir die Ehre für die Wunder, die unsere Augen gesehen haben. Aus der Vernichtung wuchs Hoffnung, in der Dürre entsprang eine Quelle, „die Steppe blühte wie die Lilie" *(Jes 35,1)*.

Mitten in der Zeit der Not haben wir die Worte deiner Propheten gehört und die Erfüllung deiner Worte gesehen. Wahrhaftiger Gott, von neuem hast du uns erlöst. Stärke uns nun und gib uns Mut, dein Werk zu vollenden. Öffne die Pforten zum Heil für Israel und für alle Völker. Amen.

STUDIENTEXTE

Ich gehöre zu einer Gruppe von Menschen, die seit der Eroberung Palästinas durch die Briten nicht aufgehört hat, für einen wirklichen Frieden zwischen der jüdischen und der arabischen Bevölkerung zu kämpfen.

Unter einem wirklichen Frieden verstanden wir und verstehen immer noch, dass beide Völker gemeinsam das Land entwickeln, ohne dass eins dem anderen seinen Willen aufzwingt. Im Blick auf die internationalen Gepflogenheiten unserer Generation schien uns dies schwierig, aber nicht unmöglich zu sein. Wir waren und sind uns dessen bewusst, dass dieser unübliche, ja beispiellose Fall, von uns verlangt, neue Wege zu suchen, neue Wege der Verständigung und des herzlichen Einvernehmens zwischen den Nationen. Auch hier standen und stehen wir unter der Macht eines Gebotes.

Wir sahen einen wesentlichen Punkt darin, dass sich hier zwei berechtigte Ansprüche gegenüberstehen, zwei Ansprüche von ganz unterschiedlichem Charakter und unterschiedlicher Herkunft, die man nicht objektiv gegeneinander ausspielen kann. Man wird keine objektive Entscheidung darüber fällen können, welcher der beiden Ansprüche berechtigt ist und welcher nicht. Wir sahen und sehen unsere Aufgabe darin, den Anspruch, der sich unserem entgegenstellt, zu verstehen und zu achten und uns darum zu bemühen, beide Ansprüche miteinander zu versöhnen. Wir konnten und können den jüdischen Anspruch nicht verleugnen. Etwas, das sogar über unserem Leben steht, ist untrennbar an dieses Land gebunden: sein Werk, seine göttliche Sendung. Dennoch waren und sind wir davon überzeugt, dass es einen Kompromiss geben muss zwischen diesem Anspruch und dem anderen. Wir lieben dieses Land und wir glauben an seine Zukunft. Da eine solche Liebe und ein solcher Glaube mit Sicherheit auch auf der anderen Seite vorhanden sind, muss eine Vereinigung zu einem gemeinsamen Dienst an diesem Land im Bereich des Möglichen liegen. Wo Glaube und Liebe ist, mag eine Lösung gefunden werden, sogar für das, was ein verhängnisvoller Gegensatz zu sein scheint.

... Ich denke, dass Gott nicht einen Teil der Erde abgibt, damit jemand wie Gott in der Bibel sagen könnte: „Das ganze Land ist mein!" *(Ex 19,5)* Das eroberte Land ist meiner Meinung nach auch den Eroberern nur geliehen, die sich darauf niedergelassen hat. Und Gott wartet nun ab, was sie daraus machen werden.

(Martin Buber)

Wir, die Mitglieder des Nationalrats als die Repräsentanz der jüdischen Bevölkerung im Land Israel und der Zionistischen Bewegung, haben uns an diesem Tag versammelt, an dem das britische Mandat über Palästina abläuft. Kraft unseres natürlichen und historischen Rechts und gestützt auf die Resolution der Vollversammlung der Vereinten Nationen proklamieren wir hiermit die Errichtung eines Jüdischen Staates im Land Israel: den Staat Israel.

Der Staat Israel wird offen sein für die jüdische Immigration und die Sammlung der in der Diaspora Lebenden. Er widmet sich der Aufgabe, das Land zum Wohl für alle seine Bewohner zu entwickeln. Er gründet sich auf Freiheit, Gerechtigkeit und Frieden gemäß der Verkündigung der Propheten Israels. Er wird allen seinen Bürgerinnen und Bürgern die gleichen sozialen und politischen Rechte garantieren, unabhängig von Glaube, Rasse oder Geschlecht. Er garantiert Glaubens- und Gewissensfreiheit und freie Wahl der Sprache, Ausbildung und Kultur. Er wird die heiligen Orte aller Religionen schützen. Er wird sich an die Prinzipien der Charta der Vereinten Nationen halten.

Selbst unter dem unmittelbaren Eindruck der gewalttätigen Attacken, die in den vergangenen Monaten gegen uns gerichtet waren, rufen wir die arabische Bevölkerung in Israel auf, den Frieden zu wahren und sich bei der Bildung des Staates Israel zu beteiligen, auf der Basis einer vollen und gleichberechtigten Staatsbürgerschaft und einer angemessenen Vertretung in allen seinen vorübergehenden und dauerhaften Institutionen.

Wir reichen allen uns umgebenden Staaten und ihren Völkern die Hand zu Frieden und guter Nachbarschaft und bitten sie, mit der unabhängigen jüdischen Nation in dem ihr gehörenden Land in gegenseitiger Hilfsbereitschaft zu kooperieren. Der Staat Israel ist bereit, seinen Beitrag zu leisten zu einer gemeinsamen Bemühung um die Entwicklung des gesamten Nahen Ostens.

Wir bitten die jüdische Bevölkerung in der Diaspora, uns bei Einwanderung und Aufbau des Landes zu unterstützen und uns in dem Bemühen zur Seite zu stehen, die jahrtausendealte Sehnsucht nach der Erlösung Israels zu erfüllen.

Im Vertrauen auf den allmächtigen Gott unterzeichnen wir diese Proklamation in dieser Sitzung der vorläufigen Regierung auf dem Boden unseres Heimatlandes in der Stadt Tel Aviv, diesen Schabbat-Abend, den fünften Ijjar 5708, den 14. März 1948.

(Aus der israelischen Unabhängigkeitserklärung)

תהלים
קכב

שִׁיר הַמַּעֲלוֹת לְדָוִד
שָׂמַחְתִּי בְּאֹמְרִים לִי בֵּית יְהוָה נֵלֵךְ :
עֹמְדוֹת הָיוּ רַגְלֵינוּ בִּשְׁעָרַיִךְ יְרוּשָׁלָיִם :
יְרוּשָׁלַיִם הַבְּנוּיָה כְּעִיר שֶׁחֻבְּרָה־לָּהּ יַחְדָּו :
שֶׁשָּׁם עָלוּ שְׁבָטִים שִׁבְטֵי־יָהּ
עֵדוּת לְיִשְׂרָאֵל לְהוֹדוֹת לְשֵׁם יְהוָה :
כִּי שָׁמָּה יָשְׁבוּ כִסְאוֹת לְמִשְׁפָּט כִּסְאוֹת לְבֵית דָּוִד :
שַׁאֲלוּ שְׁלוֹם יְרוּשָׁלָיִם יִשְׁלָיוּ אֹהֲבָיִךְ :
יְהִי־שָׁלוֹם בְּחֵילֵךְ שַׁלְוָה בְּאַרְמְנוֹתָיִךְ :
לְמַעַן אַחַי וְרֵעָי אֲדַבְּרָה־נָּא שָׁלוֹם בָּךְ :
לְמַעַן בֵּית־יְהוָה אֱלֹהֵינוּ אֲבַקְשָׁה טוֹב לָךְ :

PSALM
122

Ein Pilgerlied. Von David.

Ich freute mich, als man zu mir sagte:
„Lasst uns zum Hause Gottes gehen!"
Unsere Füße standen
in deinen Toren, Jerusalem.
Jerusalem ist gebaut
als eine Stadt, die alle vereint.
Die Stämme zogen zu ihr hinauf,
die Stämme Gottes,

denn es ist Israels Auftrag,
den Namen Gottes zu loben.
Dort saß man zu Gericht,
dort sind die Richterstühle des Hauses Davids.

Trachtet nach Frieden für Jerusalems
allen, die dich lieben, soll es gut gehen.
Friede sei in deinen Mauern
und Geborgenheit in deinen Palästen.

Um meiner Familie und meiner Freunde willen sage ich:
Friede sei mit dir!
Um des Hauses unseres Gottes willen, bitte ich:
Dir geschehe Gutes!

GEBET ZUM GEDENKEN

אֵל מָלֵא רַחֲמִים שׁוֹכֵן בַּמְּרוֹמִים · הַמְצֵא מְנוּחָה נְכוֹנָה
תַּחַת כַּנְפֵי הַשְּׁכִינָה בְּמַעֲלוֹת קְדוֹשִׁים וּטְהוֹרִים · כְּזֹהַר
הָרָקִיעַ מַזְהִירִים · לְנִשְׁמוֹת אֵלֶּה שֶׁהִקְרִיבוּ אֶת־חַיֵּיהֶם עַל
הֲקָמַת־הַמְּדִינָה וּבְעֵת צָרָה נָטְעוּ תִקְוָה חֲדָשָׁה בְּלֵב עַמְּךָ
יִשְׂרָאֵל · בַּעַל הָרַחֲמִים הַסְתִּירֵם בְּסֵתֶר כְּנָפֶיךָ לְעוֹלָמִים ·
וּצְרוֹר בִּצְרוֹר הַחַיִּים אֶת־נִשְׁמָתָם · יְיָ הוּא נַחֲלָתָם וְיָנוּחוּ
בְּשָׁלוֹם עַל מִשְׁכָּבָם · וְנֹאמַר אָמֵן:

Gott in der Höhe, bei dir ist Barmherzigkeit in Fülle. Lass die Seelen derer, die Israel in Zeiten der Not eine neue Hoffnung gaben und die für die Bildung des Staates ihr Leben ließen, ungestört in deiner Gegenwart ruhen. Lass sie wie die Lichter am Himmel leuchten, zusammen mit den Heiligen und Reinen in der Höhe. Gott voller Barmherzigkeit, lass ihre Seelen bis in Ewigkeit in deiner Gegenwart geborgen sein. Ihr Leben möge eingebunden sein in den Bund des Lebens. Gott, du bist ihr Schicksal. Lass sie an ihren Ruhestätten in Frieden ruhen. Darauf sprecht: Amen.

PURIM

PURIM-GEBET (AL HA-NISSIM)

על הנסים

עַל הַנִּסִּים · וְעַל הַגְּבוּרוֹת · וְעַל הַתְּשׁוּעוֹת · וְעַל
הַנִּפְלָאוֹת וְעַל הַנֶּחָמוֹת שֶׁעָשִׂיתָ לַאֲבוֹתֵינוּ בַּיָּמִים הָהֵם
וּבַזְּמַן הַזֶּה: בִּימֵי מָרְדְּכַי וְאֶסְתֵּר בְּשׁוּשַׁן הַבִּירָה · כְּשֶׁעָמַד
עֲלֵיהֶם הָמָן הָרָשָׁע בִּקֵּשׁ לְהַשְׁמִיד לַהֲרוֹג וּלְאַבֵּד אֶת־כָּל־
הַיְּהוּדִים · מִנַּעַר וְעַד־זָקֵן טַף וְנָשִׁים בְּיוֹם אֶחָד · בִּשְׁלשָׁה
עָשָׂר לְחֹדֶשׁ שְׁנֵים־עָשָׂר הוּא חֹדֶשׁ אֲדָר · וּשְׁלָלָם לָבוֹז:
וְאַתָּה בְּרַחֲמֶיךָ הָרַבִּים הֵפַרְתָּ אֶת־עֲצָתוֹ · וְקִלְקַלְתָּ אֶת־
מַחֲשַׁבְתּוֹ · וַהֲשֵׁבוֹתָ לּוֹ גְּמוּלוֹ בְרֹאשׁוֹ: וְעָשִׂיתָ עִמָּהֶם נֵס
וָפֶלֶא · וְנוֹדֶה לְשִׁמְךָ הַגָּדוֹל:

Wir danken für die Zeichen deiner Treue und Stärke, für die Hilfe und für die Wunder, die du damals zu dieser Zeit für unsere Vorfahren getan hast – zur Zeit von Mardochai und Esther in der Hauptstadt Susa. Als sich der böse Haman gegen sie erhob und plante, alle Juden, jung und alt, Kinder und Frauen, am gleichen Tag, dem dreizehnten Tag im zwölften Monat, dem Monat Adar, zu erschlagen und zu ermorden, auszurotten und ihren Besitz zu plündern. *(Est 3,13)* Da hast du in deinem großen Erbarmen seinen Plan vereitelt und sein Vorhaben verhindert. Du hast an ihm selbst getan, was er ihnen antun wollte. Damit hast du sie ein Zeichen deiner Treue und ein Wunder erfahren lassen. Wir danken deinem großen Namen!

Vor der Vorlesung der Estherrolle:

בָּרוּךְ אַתָּה יְיָ אֱלֹהֵינוּ מֶלֶךְ הָעוֹלָם · אֲשֶׁר קִדְּשָׁנוּ
בְּמִצְוֹתָיו וְצִוָּנוּ עַל מִקְרָא מְגִלָּה:
בָּרוּךְ אַתָּה יְיָ אֱלֹהֵינוּ מֶלֶךְ הָעוֹלָם · שֶׁעָשָׂה נִסִּים
לַאֲבוֹתֵינוּ בַּיָּמִים הָהֵם וּבַזְּמַן הַזֶּה:

שהחינו

בָּרוּךְ אַתָּה יְיָ אֱלֹהֵינוּ מֶלֶךְ הָעוֹלָם · שֶׁהֶחֱיָנוּ וְקִיְּמָנוּ
וְהִגִּיעָנוּ לַזְּמַן הַזֶּה:

Gepriesen seist du, Ewiger, unser Gott; du regierst die Welt. Du hast uns durch deine Gebote geheiligt und hast uns aufgetragen, die Festrolle zu lesen.

Gepriesen seist du, Ewiger, unser Gott; du regierst die Welt. Damals zu dieser Zeit hast du für unsere Vorfahren Wunder getan.

Gepriesen seist du, Ewiger, unser Gott; du regierst die Welt. Du hast uns am Leben erhalten und bewahrt. Und nun hast du uns diese Zeit erreichen lassen.

Nach dem Vorlesen der Estherrolle:

בָּרוּךְ אַתָּה יְיָ אֱלֹהֵינוּ מֶלֶךְ הָעוֹלָם · הָרָב אֶת־רִיבֵנוּ
וְהַדָּן אֶת־דִּינֵנוּ · תְּשׁוּעָתֵנוּ הָיִיתָ לָנֶצַח וְתִקְוָתֵנוּ בְּכָל־דּוֹר
וָדוֹר · לֹא־יֵבֹשׁוּ וְלֹא־יִכָּלְמוּ לָנֶצַח כָּל־הַחוֹסִים בָּךְ ·
בָּרוּךְ אַתָּה יְיָ · הָאֵל הַמּוֹשִׁיעַ:

Gepriesen seist du, Ewiger, unser Gott; du regierst die Welt. Du führst unseren Kampf und trittst für unser Recht ein. Unsere Hilfe bist du seit eh und je, unsere Hoffnung von Generation zu Generation. Lass alle, die bei dir Schutz suchen, niemals beschämt oder gedemütigt werden. Gepriesen seist du, Ewiger, du bist Gott und du hilfst.

PURIM LIED

שושנת יעקב

שׁוֹשַׁנַּת יַעֲקֹב צָהֲלָה וְשָׂמֵחָה בִּרְאוֹתָם יַחַד תְּכֵלֶת מָרְדְּכָי:
תְּשׁוּעָתָם הָיִיתָ לָנֶצַח וְתִקְוָתָם בְּכָל־דּוֹר וָדוֹר: לְהוֹדִיעַ
שֶׁכָּל־קֹוֶיךָ לֹא יֵבֹשׁוּ וְלֹא יִכָּלְמוּ לָנֶצַח כָּל־הַחוֹסִים בָּךְ:

Als die „Rose Jakobs“ Mardochai in Pupurkleidern sah,
war sie glücklich und fröhlich.
Ja, du warst und bist ihre Hilfe seit jeher
und ihre Hoffnung von Generation zu Generation.
Das gibt uns die Gewissheit:
Wer auf dich hofft, wird niemals beschämt werden;
wer bei dir Schutz sucht, wird seine Würde nie verlieren.

(Kommentar zu „Schoschanat Ja'akow“ im Glossar.)

CHANUKKA

Vor dem Anzünden der Chanukka-Lichter:

בָּרוּךְ אַתָּה יְיָ אֱלֹהֵינוּ מֶלֶךְ הָעוֹלָם · אֲשֶׁר קִדְּשָׁנוּ בְּמִצְוֹתָיו וְצִוָּנוּ לְהַדְלִיק נֵר שֶׁל חֲנֻכָּה׃

בָּרוּךְ אַתָּה יְיָ אֱלֹהֵינוּ מֶלֶךְ הָעוֹלָם · שֶׁעָשָׂה נִסִּים לַאֲבוֹתֵינוּ בַּיָּמִים הָהֵם וּבִזְּמַן הַזֶּה׃

Gepriesen seist du, Ewiger, unser Gott; du regierst die Welt. Du hast uns durch deine Gebote geheiligt und hast uns aufgetragen, die Chanukka-Lichter anzuzünden.

Gepriesen seist du, Ewiger, unser Gott; du regierst die Welt. Damals zu dieser Zeit hast du für unsere Vorfahren Wunder getan.

Am ersten Abend fügt man „Sche-hechejanu" hinzu:

בָּרוּךְ אַתָּה יְיָ אֱלֹהֵינוּ מֶלֶךְ הָעוֹלָם · שֶׁהֶחֱיָנוּ וְקִיְּמָנוּ וְהִגִּיעָנוּ לַזְּמַן הַזֶּה׃ שהחינו

Gepriesen seist du, Ewiger, unser Gott; du regierst die Welt. Du hast uns am Leben erhalten und bewahrt. Und nun hast du uns diese Zeit erreichen lassen.

Nach dem Anzünden der Chanukka-Lichter:

הַנֵּרוֹת הַלָּלוּ אָנוּ מַדְלִיקִים עַל הַנִּסִּים וְעַל הַגְּבוּרוֹת וְעַל הַתְּשׁוּעוֹת וְעַל הַנִּפְלָאוֹת וְעַל הַנֶּחָמוֹת · שֶׁעָשִׂיתָ לַאֲבוֹתֵינוּ בַּיָּמִים הָהֵם וּבִזְּמַן הַזֶּה עַל יְדֵי כֹּהֲנֶיךָ הַקְּדוֹשִׁים · וְכָל־שְׁמֹנַת יְמֵי הַחֲנֻכָּה הַנֵּרוֹת הַלָּלוּ קֹדֶשׁ וְאֵין לָנוּ רְשׁוּת לְהִשְׁתַּמֵּשׁ בָּהֶם אֶלָּא לִרְאוֹתָם בִּלְבַד · כְּדֵי לְהוֹדוֹת לְשִׁמְךָ עַל־נִסֶּיךָ וְעַל־יְשׁוּעָתֶךָ וְעַל־נִפְלְאוֹתֶיךָ׃

Wenn wir diese Lichter anzünden, denken wir an die Zeichen deiner Treue und Macht und erinnern uns an deine Hilfe. Wir denken an die wunderbaren und trostvollen Taten, die du damals zu dieser Zeit durch deine heiligen Priester für unsere Vorfahren getan hast. Deshalb sind diese Lichter während der acht Tage des Chanukka-Festes heilige Lichter. Sie sollen uns nicht zum alltäglichen Gebrauch dienen, sondern nur angeschaut werden, damit wir dir danken für die Zeichen deiner Treue, für deine Hilfe und für deine Wunder.

CHANUKKA-GEBET (AL HA-NISSIM)

על הנסים

עַל הַנִּסִּים · וְעַל הַגְּבוּרוֹת · וְעַל הַתְּשׁוּעוֹת · וְעַל הַנִּפְלָאוֹת
שֶׁעָשִׂיתָ לַאֲבוֹתֵינוּ בַּיָּמִים הָהֵם וּבַזְּמַן הַזֶּה : בִּימֵי מַתִּתְיָהוּ
בֶּן־יוֹחָנָן הַכֹּהֵן הַחַשְׁמוֹנָאִי וּבָנָיו · כְּשֶׁעָמְדָה מַלְכוּת אַנְטִיוֹכוֹס
עַל עַמְּךָ יִשְׂרָאֵל לְהַשְׁכִּיחָם תּוֹרָתֶךָ : וְאַתָּה בְּרַחֲמֶיךָ
הָרַבִּים עָמַדְתָּ לָהֶם בְּעֵת צָרָתָם · רַבְתָּ אֶת־רִיבָם · דַּנְתָּ
אֶת־דִּינָם · מָסַרְתָּ גִּבּוֹרִים בְּיַד חַלָּשִׁים · וְרַבִּים בְּיַד מְעַטִּים ·
וּלְךָ עָשִׂיתָ שֵׁם גָּדוֹל וְקָדוֹשׁ בְּעוֹלָמֶךָ · וּלְעַמְּךָ יִשְׂרָאֵל
עָשִׂיתָ תְּשׁוּעָה גְדוֹלָה כְּהַיּוֹם הַזֶּה : וְאַחַר־כֵּן בָּאוּ בָנֶיךָ
לִדְבִיר בֵּיתֶךָ · וּפִנּוּ אֶת־הֵיכָלֶךָ · וְהִדְלִיקוּ נֵרוֹת בְּחַצְרוֹת
קָדְשֶׁךָ · וְקָבְעוּ שְׁמוֹנַת יְמֵי חֲנֻכָּה לְהוֹדוֹת וּלְהַלֵּל לְשִׁמְךָ
הַגָּדוֹל :

Wir danken dir für die Zeichen deiner Treue und Stärke, für die Hilfe und für die Wunder, die du damals zu dieser Zeit für unsere Vorfahren getan hast – zur Zeit des hasmonäischen Priesters Mattatias, des Sohnes Jochanans, und zur Zeit seiner Kinder.

Als sich die Herrschaft des Antigonos gegen dein Volk Israel gewendet hatte, um es deine Thora vergessen zu lassen, da hast du dich in deinem großen Erbarmen für dein Volk eingesetzt, das in Not war.

Du hast seinen Kampf geführt, du bist für sein Recht eingetreten. Du hast die Starken in die Hände der Schwachen gegeben und die Menge in die Hände der Minderheit. Du hast dir in deiner Welt einen großen und heiligen Namen gemacht.

Damals zu dieser Zeit hast du deinem Volk Israel große Hilfe erwiesen. Danach konnten deine Kinder das Allerheiligste deines Hauses wieder betreten. Sie säuberten das Heiligtum. Und sie entzündeten Lichter in deinen heiligen Vorhöfen. Man ordnete ein Einweihungsfest an, das acht Tage lang dauern sollte, damit man deinen großen Namen preise und rühme.

CHANUKKA-LIED (MAOS ZUR)

מָעוֹז צוּר יְשׁוּעָתִי · לְךָ נָאֶה לְשַׁבֵּחַ · תִּכּוֹן בֵּית
תְּפִלָּתִי · וְשָׁם תּוֹדָה נְזַבֵּחַ · לְעֵת תָּכִין
מַטְבֵּחַ מִצָּר הַמְנַבֵּחַ · אָז אֶגְמוֹר · בְּשִׁיר מִזְמוֹר · חֲנֻכַּת
הַמִּזְבֵּחַ:

רָעוֹת שָׂבְעָה נַפְשִׁי · בְּיָגוֹן כֹּחִי כָּלָה · חַיַּי מֵרְרוּ בְּקֹשִׁי ·
בְּשִׁעְבּוּד מַלְכוּת עֶגְלָה · וּבְיָדוֹ הַגְּדוֹלָה · הוֹצִיא אֶת־
הַסְּגֻלָּה · חֵיל פַּרְעֹה · וְכָל־זַרְעוֹ · יָרְדוּ כְּאֶבֶן מְצוּלָה:

דְּבִיר קָדְשׁוֹ הֱבִיאַנִי · וְגַם שָׁם לֹא שָׁקַטְתִּי · וּבָא נוֹגֵשׂ
וְהִגְלַנִי · כִּי זָרִים עָבַדְתִּי · וְיֵין רַעַל מָסַכְתִּי · כִּמְעַט
שֶׁעָבַרְתִּי · קֵץ בָּבֶל · זְרֻבָּבֶל · לְקֵץ שִׁבְעִים נוֹשַׁעְתִּי:

יְוָנִים נִקְבְּצוּ עָלַי · אֲזַי בִּימֵי חַשְׁמַנִּים · וּפָרְצוּ חוֹמוֹת
מִגְדָּלַי · וְטִמְּאוּ כָּל־הַשְּׁמָנִים · וּמִנּוֹתַר קַנְקַנִּים · נַעֲשָׂה נֵס
לְשׁוֹשַׁנִּים · בְּנֵי בִינָה · יְמֵי שְׁמוֹנָה · קָבְעוּ שִׁיר וּרְנָנִים:

Zufluchtsort – Fels, der meine Hilfe ist,– von Herzen singe ich dir Lob. Stelle das Haus für mein Gebet wieder her, damit wir dort ein Dankopfer darbringen können.
Wenn du dem Schlachten der kläffenden Feinde ein Ende bereitet hast, dann will ich mit einem Psalmlied die Weihe deines Altars vollenden.

Meine Seele war mit Bösem gesättigt, meine Kraft verzehrte sich vor Kummer. Während der Versklavung durch das Reich des „Kalbes" *(Jer 46,20)* verbitterte man mir mein Leben sehr. Aber mit seiner machtvollen Hand hat Gott sein Eigentum herausgeführt. Das Heer des Pharaos und alle seine Leute versanken wie ein Stein im Meer.

Gott ließ mich das Allerheiligste seines Tempels betreten, aber auch dort kam ich nicht zur Ruhe, denn es kam der Feind und brachte mich ins Exil, weil ich anderen Göttern gedient hatte. Er mischte mir vergifteten Wein.
Doch nicht lange, nachdem ich dort hingekommen war, kam mit Zerubbabel das Ende des neubabylonischen Reichs, und ich wurde nach 70 Jahren gerettet.

Die Griechen rotteten sich gegen mich zusammen, damals zur Zeit der Hasmonäer. Sie durchbrachen die Mauern meiner Türme, sie verunreinigten fast alles Öl.
Aber mit dem Rest der Ölkännchen erlebte die „Rose" ein Wunder. Deine weisen Kinder ordneten acht Tage für Gesang und Jubel an.

(Kommentar zu „Maos Zur" im Glossar.)

GEBET FÜR CHANUKKA

Gott, du Schöpfer und Herrscher aller Dinge, auf dein Wort hin entsteht Licht aus der Dunkelheit und Ordnung aus dem Chaos. In deiner Weisheit hast du uns die Kraft gegeben, gegen Unwahrheit und Unterdrückung zu kämpfen und durch diesen Kampf Freiheit und Wahrheit zu gewinnen.

Du hast Israel zum Verfechter der Gerechtigkeit und zum Wächter über deine Lehre berufen. Heute erinnern wir uns in Freude und Dankbarkeit an den Mut der Makkabäer und an ihren Sieg über die Tyrannei. Deine Dienerinnen und Diener bewahrten dein Haus vor der Zerstörung und deine Thora vor der Schändung. Sie weihten den Tempel in Jerusalem wieder neu und zeigten dadurch vor der ganzen Menschheit, dass ihr Glaube an dich den letzten Sieg davongetragen hatte. Mit Ehrerbietung rufen wir uns ihre Treue ins Gedächtnis und danken dir für die Wunder, die du durch sie für uns getan hast. Mögen ihr Beispiel und ihr Opfer in der vor uns liegenden Zeit niemals in Vergessenheit geraten.

Während die Chanukka-Lichter ihren Schein in unseren Häusern verbreiten, mögen sie in uns selbst die Flamme der Treue entzünden. Mögen sie uns helfen, uns tapferer für Gerechtigkeit und Wahrheit einzusetzen, und mögen sie uns hinführen zu dir, dem immerwährenden Licht. Amen.

סדר
תפלות הדרך וקידוש
לבנה ואחרי תפלות
הצריכים נעים כי ת'
תמארם · עם ציורים
כאשר במישרים
תחזנה
לפרט
כי מלאכיו יצוה
לך לשמרך בכל
דרכיך
יברכך ה' וישמרך

שלוש רגלים

GOTTESDIENSTE FÜR DIE PILGERFESTE

MEDITATIONEN UND GEBETE FÜR DIE DREI PILGERFESTE

MEDITATION ZU BEGINN

Es ist wichtig, die Rahmenbedingungen vor Augen zu haben: Wir sind auf einer Reise aus einem Land der Versklavung in ein Land der Verheißung. Was immer wir auch unter der Versklavung verstehen, in jedem Fall ist sie ein Ort oder ein Zeitraum, in dem unser Leben von anderen fremdbestimmt wird, vielleicht auch von unbekannten Mächten oder Kräften. Unsere Versklavung ist so, dass wir sie nicht als solche erkennen. Wir leiden unter ihr und fürchten uns vor ihr, aber wir haben noch größere Angst vor Veränderungen. Widerwillig, unmutig und ängstlich lassen wir uns in die Wüste ziehen.

Da gibt es ein Land der Verheißung – ein Traum, eine Vision, eine Phantasie. In manchen Zeiten ist es unsere Kraftquelle, in anderen haben wir den Eindruck, es sei ein schlechter Scherz. Die Wüste ist unsere Wirklichkeit. Es ist wichtig, die Rahmenbedingungen vor Augen zu haben.

Wir sind nicht allein in der Wüste. Wir können einander dort helfen oder uns gegenseitig behindern. Wir sind vernünftige und lernfähige Menschen. Wir schlagen unser Lager auf. Wir lassen unsere Familien, unsere Stämme, unsere Völker Aufstellung nehmen. Wir legen eine Marschroute fest. Wir bestimmen und benennen die Stationen – da gibt es einen Ort, der „Bitterkeit“ genannt ist, da gibt es die „Wasser der Zwietracht“ und da ist der „Berg Gottes“.

Im Zentrum des Lagers ruht unser Geheimnis. Es ist jene Kraft, die uns aus der Sklaverei gezogen hat, die uns unerbittlich vorantreibt. Weil sie uns befreit hat, bereitet sie uns Angst: Wir haben Angst vor ihrer Dringlichkeit und vor dem Preis, den sie fordert. Wir haben die Sicherheit von Sklaven verloren, aber die endgültige Freiheit noch nicht erlangt.

Wir hüten unser Geheimnis mit Sorgfalt. Es ist die Quelle unserer Kraft. Wenn wir es in unserer Kontrolle haben, kann es uns in unser Land führen. Wenn es uns misslingt, es unter Kontrolle zu halten, kann es uns vernichten. Wir feiern und wir besänftigen. Wir freuen uns und warten beobachtend ab.

Wir bauen ein Heiligtum. Sorgfältig, genau und mit Geschick tragen wir unseren Teil zu dieser Arbeit bei. Unser Verstand, unsere schöpferischen Kräfte, unsere finanziellen Mittel, unsere Hände – jedes Handwerk, das wir beherrschen, leistet seinen Beitrag zu dieser Arbeit. Denn die Reise ist wahrhaftig weit, und das Land der Verheißung liegt fern. Wir verschenken unser Herz, um einen Ort für Gott, den Strom der Liebe, zu gründen. Welch ein überfließender Eifer ist da am Werk, wieviele Gaben kommen da zusammen – mehr, als für die Arbeit nötig gewesen wäre! Und der Bau wächst, Stück für Stück, jedes Teil wird fein und freudig geschmiedet. Und wir sind nicht so töricht, die Teile für mehr zu halten, als sie sind. Wir feiern unser schöpferisches Können, aber wir verehren Gott, unseren Schöpfer. Und wir benennen die Teile und tragen Stück für Stück unsere hervorragenden Arbeiten zusammen. Wir bauen unsere Stiftshütte für Gott mit Genauigkeit, denn sie ist so greifbar, so begrenzt. Sie ist die Struktur, die Form, die Klarheit. Sie ist Ritual, Gewohnheit, Verantwortung. Sie ist Neigung, Erziehung und Selbstaufopferung. Sie ist Symbol, Beispiel und Ausdrucksform. Sie ist das, was uns formt und prägt und unsere Identität in der Wüste ausmacht. Sie erinnert uns an das, was wir waren, und daran, wohin wir gehen. Doch ist sie manchmal auch Gefängnis, Unterdrückung oder Tod.

„Wann immer die Wolke sich von der Stiftshütte erhob, brachen die Kinder Israels auf, solange ihre Reise andauerte". *(Ex 40,36)*

Jedesmal bauen wir unsere Stiftshütte wieder auseinander, ordnen die Teile, reparieren und erneuern und setzen unsere Reise fort. Wir bewahren und wir verändern. Wenn die Wolke sich bewegt, müssen wir folgen, oder wir werden in der Wüste sterben.

Denn wir sind ein Haufen ehemaliger Sklaven, aneinander gebunden, gegen unseren Willen unterwegs auf dem Weg in ein Land der Verheißung. Wir murren und streiten, und dennoch haben wir gemeinsam ein Heiligtum gebaut. Und gemeinsam halten wir Ausschau, ängstlich, staunend, ungeduldig, und warten darauf, dass die Wolke sich bewegt.

(Jonathan Magonet)

ABENDGEBET
תפלת ערבית
ליום ראשון של פסח
FÜR DEN ERSTEN TAG PESSACH

MEDITATIONEN *VOR DEM ABENDGEBET FÜR DEN 1. TAG PESSACH*

Warum ist das Fest allgemein als *„Pessach"* bekannt, und nicht, wie es in der Thora genannt wird, als „das Fest der ungesäuerten Brote"? Ein Vers aus *Schir ha-Schirim* deutet die Antwort auf diese Frage an.
„Ich gehöre meinem Geliebten und mein Geliebter gehört mir." *(Hld 6,3)* …

Gott nannte diesen Tag „das Fest der ungesäuerten Brote", um Israel zu preisen, das ihm in die Wüste gefolgt war, ohne zu warten, bis der Teig aufgegangen war, und ohne zu fragen, wohin es geführt werden würde.

Israel nannte diesen Tag *„Pessach"*, um Gott zu preisen – Gottes Heiligkeit sei gepriesen – denn Gott zog an den Häusern der Kinder Israels vorüber und verschonte uns, während er die Ägypter schlug.

(Levi Jitzchaq von Berditschew)

Was ist wahre Liebe zu Gott? Wahre Liebe zu Gott ist, wenn man Gott mit solch einer überwältigenden Leidenschaft liebt und die Liebe zu Gott einen so gefangen nimmt, dass man krank wird vor Liebe, so wie ein verliebter Mensch ununterbrochen an den geliebten Menschen denkt, im Sitzen und im Stehen, beim Essen und beim Trinken. Noch mehr als das sollte die Liebe zu Gott das Herz eines Menschen zu jeder Zeit erfüllen, denn es ist gesagt: „mit ganzem Herzen und mit ganzer Seele." *(Dtn 6,5)* Dies ist es, was Salomo meinte, als er im Hohen Lied bildhaft sagte: „Ich bin krank vor Liebe." *(Hld 2,5)* Und das ganze Hohe Lied ist ein Bild für diese Liebe zu Gott.

(Maimonides, Hilchot Teschuwa 10,3)

Die wahre Liebe ist die, die jemand für einen geliebten Menschen empfindet, allein um seiner selbst willen.… Solche Liebe wird andauern, solange der geliebte Mensch lebt. Da Gott ewig lebt, hört die Liebe zu Gott niemals auf.

(Maimonides, Sefer ha-Ikkarim 3,36)

Im Hohen Lied begehren sich der Mensch, der liebt, und der Mensch, der geliebt wird, bis in alle Ewigkeit. Sie rufen einander zu, verlieren sich und suchen einander, finden und fallen sich in die Arme. So stehen in einer Welt ohne jegliche Götter, frei von Mythen, zauberfrei, befreit von der Kraft der Magie, Mann und Frau allein in der Gegenwart der Liebe. Die Beziehung eines jeden Menschen zu Gott ist die der Liebe: Jeder begehrt den anderen und ruft den anderen, verliert ihn und sucht nach ihm, findet ihn und umarmt ihn, denn ihre Liebe hat kein Ende. „Mit ewiger Liebe habe ich dich geliebt". … Der allgemeine Charakter der Themen, die dem Hohen Lied zugrunde liegen – Schöpfung, Exil und der Triumph der Liebe – erlaubt oder unterstützt zumindest die vielfältigen Interpretationen, die verschiedene Ausleger diesem Text gegeben haben. Er wurde einerseits in seiner offenkundigen Bedeutung als profanes menschliches Liebeslied gelesen. Andererseits deutete man ihn als ein Bild für das Verhältnis zwischen Gott und seiner Schöpfung, bzw. Israel oder der Kirche. Schließlich konnte man ihn als eine mystische Hymne verstehen, die die Hochzeit der Seele mit Gott feiert. Diese drei unterschiedlichen Deutungen stehen auch uns noch immer offen. Töricht wäre, wer versuchen würde, einige von ihnen auszuschließen. Es wäre aber ebenso töricht, das Hohe Lied zu lesen, ohne sich das Bild der Liebe, das es enthält, selbst anzueignen, auf welcher Bewusstseinsebene auch immer; das Bild einer Liebe voller kosmischer Dimensionen und der ewigen Süße ihres göttlichen Wesens.

(André Chouraqui)

Unsere Thora besteht aus drei Elementen: der Ehrfurcht, der Liebe und der Freude. Jedes von ihnen bringt dich in die Nähe Gottes.

(Jehuda ha-Levi, Kuzari 2,50)

Die Liebe zu Gott bleibt … nie ein Empfinden allein, sie gehört zum sittlichen Handeln des Menschen hin.

(Leo Baeck)

תפלת ערבית ליום ראשון של פסח

In einigen Gemeinden ist es üblich, zu Beginn des Gottesdienstes die Festtagskerzen anzuzünden:

בָּרוּךְ אַתָּה יְהוָֹה אֱלֹהֵינוּ מֶלֶךְ הָעוֹלָם. אֲשֶׁר קִדְּשָׁנוּ
בְּמִצְוֹתָיו וְצִוָּנוּ לְהַדְלִיק נֵר שֶׁל [שַׁבָּת וְ] יוֹם טוֹב:

בָּרוּךְ אַתָּה יְהוָֹה אֱלֹהֵינוּ מֶלֶךְ הָעוֹלָם. שֶׁהֶחֱיָנוּ וְקִיְּמָנוּ
וְהִגִּיעָנוּ לַזְּמַן הַזֶּה: שהחינו

זָכַרְתִּי לָךְ חֶסֶד נְעוּרַיִךְ אַהֲבַת כְּלוּלֹתָיִךְ.
לֶכְתֵּךְ אַחֲרַי בַּמִּדְבָּר בְּאֶרֶץ לֹא זְרוּעָה:

יְדִיד נֶפֶשׁ אָב הָרַחֲמָן מְשׁוֹךְ עַבְדְּךָ אֶל רְצוֹנְךָ.
יָרוּץ עַבְדְּךָ כְּמוֹ אַיָּל יִשְׁתַּחֲוֶה אֶל מוּל הֲדָרְךָ.
יֶעֱרַב לוֹ יְדִידוֹתֶיךָ מִנֹּפֶת צוּף וְכָל־טָעַם:

הָדוּר נָאֶה זִיו הָעוֹלָם נַפְשִׁי חוֹלַת אַהֲבָתֶךָ.
אָנָּא אֵל נָא רְפָא נָא לָהּ בְּהַרְאוֹת לָהּ נֹעַם זִיוֶךָ.
אָז תִּתְחַזֵּק וְתִתְרַפֵּא וְהָיְתָה לָהּ שִׂמְחַת עוֹלָם:

וָתִיק יֶהֱמוּ נָא רַחֲמֶיךָ וְחוּסָה נָא עַל בֵּן אֲהוּבְךָ.
כִּי זֶה כַּמָּה נִכְסוֹף נִכְסַפְתִּי לִרְאוֹת בְּתִפְאֶרֶת עֻזָּךְ.
אֵלֶּה חָמְדָה לִבִּי וְחוּסָה נָא וְאַל תִּתְעַלָּם:

הִגָּלֶה נָא וּפְרוֹס חֲבִיבִי עָלַי אֶת־סֻכַּת שְׁלוֹמָךְ.
תָּאִיר אֶרֶץ מִכְּבוֹדְךָ נָגִילָה וְנִשְׂמְחָה בָּךְ.
מַהֵר אֱהוֹב כִּי בָא מוֹעֵד וְחָנֵּנוּ כִּימֵי עוֹלָם:

ABENDGEBET FÜR DEN 1. TAG PESSACH

In einigen Gemeinden ist es üblich, zu Beginn des Gottesdienstes die Festtagskerzen anzuzünden:

Gepriesen seist du, Ewiger, unser Gott; du regierst die Welt. Du hast uns durch deine Gebote geheiligt und hast uns aufgetragen, (die Schabbatkerzen und) die Festtagskerzen anzuzünden.

Gepriesen seist du, Ewiger, unser Gott; du regierst die Welt. Du hast uns am Leben erhalten und bewahrt. Und nun hast du uns diese Zeit erreichen lassen.

Ich gedenke der Treue deiner Jugendzeit, der Liebe deiner Brautzeit, als du mir in die Wüste gefolgt bist, in eine Gegend, in der man nicht säen kann. *(Jer 2,2)*

JEDID NEFESCH

Geliebter meiner Seele, barmherziger Vater, erziehe deinen Diener dazu, dass er entsprechend deinem Willen lebe, dass er zu dir hinlaufe wie ein Hirsch und angesichts deiner Pracht anbetend niederfalle, dass deine Freundschaft ihm angenehmer sei als Honig und alle Köstlichkeiten.

Der Glanz der Welt ist prächtig und schön – ich aber sehne mich nach deiner Liebe. Bitte, Gott, schaffe mir Heil, indem du mir die Schönheit deines Glanzes zeigst. Denn dann werde ich Kraft gewinnen und geheilt werden und ewige Freude wird mir zuteil.

Erhabener Gott, lass deine Barmherzigkeit strömen und erbarme dich über dein geliebtes Kind. Wie sehr habe ich mich danach gesehnt, die Herrlichkeit deiner Macht zu schauen! Dies ist es, was mein Herz begehrt: Erbarme dich, verbirg dich nicht.

Offenbare dich, mein Geliebter, und breite deinen Frieden über mir aus wie ein Zelt. Lass die Erde deine Gegenwart widerspiegeln, dann werden wir jubeln und uns an dir freuen. Eile, deine Liebe zu zeigen, denn jetzt ist der richtige Zeitpunkt dafür. Erbarme dich über uns wie in den Tagen der Vorzeit.

(Eliëzer Azikri)

הודו לַיהוָה כִּי־טוב כִּי לְעוֹלָם חַסְדּוֹ:

Wären wir nur aus den Sklavenlagern befreit worden,
דַּיֵּנוּ

Wären wir nur aus Schande und Hohn gerettet worden,
דַּיֵּנוּ

Wären wir nur dazu hierher geführt worden,
um Gott in Freiheit zu dienen,
דַּיֵּנוּ

Wäre uns nur die Möglichkeit gegeben worden,
uns für die Freiheit anderer einzusetzen,
דַּיֵּנוּ

Wäre uns nur die Gemeinschaft
dieser Gemeinde geschenkt worden,
דַּיֵּנוּ

Wäre uns nur ein ehrbares Auskommen gegeben worden,
דַּיֵּנוּ

Wäre uns nur für dieses Fest Nahrung gegeben worden,
דַּיֵּנוּ

Wäre uns nur die Gelegenheit gegeben worden,
unser Brot mit anderen zu teilen,
דַּיֵּנוּ

Hätte uns Gott nur am Leben erhalten,
für uns gesorgt
und uns dazu veranlasst,
heute Abend den Sederabend zu feiern,
דַּיֵּנוּ

הודו לַיהוָה כִּי־טוב כִּי לְעוֹלָם חַסְדּוֹ:

Danket dem Ewigen, denn er ist gütig.
Ja, Gottes Güte währt ewig! *(Ps 118,1)*

Wären wir nur aus den Sklavenlagern befreit worden,
– hätte es uns genügt.

Wären wir nur aus Schande und Hohn gerettet worden,
– hätte es uns genügt.

Wären wir nur dazu hierher geführt worden,
um Gott in Freiheit zu dienen,
– hätte es uns genügt.

Wäre uns nur die Möglichkeit gegeben worden, uns für die Freiheit anderer einzusetzen,
– hätte es uns genügt.

Wäre uns nur die Gemeinschaft dieser Gemeinde geschenkt worden,
– hätte es uns genügt.

Wäre uns nur ein ehrbares Auskommen gegeben worden,
– hätte es uns genügt.

Wäre uns nur für dieses Fest Nahrung gegeben worden,
– hätte es uns genügt.

Wäre uns nur die Gelegenheit gegeben worden,
unser Brot mit anderen zu teilen,
– hätte es uns genügt.

Hätte uns Gott nur am Leben erhalten,
für uns gesorgt
und uns dazu veranlasst,
heute Abend den Sederabend zu feiern,
– hätte es uns genügt.

Danket dem Ewigen, denn er ist gütig.
Ja, Gottes Güte währt ewig! *(Ps 118,1)*

Folgendes kann im Wechsel gelesen werden:

DIE LIEBE GOTTES

Der Winter ist vergangen,
die Regenzeit ist nun vorbei.
Überall brechen Knospen auf.
Die Zeit des Singens ist gekommen,
und man kann das Gurren der Turteltaube
in unserem Land wieder hören.

(Hoheslied 2,11-12)

Liebe ist die Stimme Gottes.
Liebe ist das Gesetz des Himmels.

(Grace Aguilar)

Ich habe den gefunden, den meine Seele liebt.
Ich habe ihn ergriffen und will nie mehr von ihm lassen.

(Hoheslied 3,4)

Gott gefunden haben ist kein Abschluß,
sondern selber ein Anfang.

(Franz Rosenzweig)

Wieviel schöner ist deine Freundin, meine Schwester,
die Braut, – wieviel lieblicher ist deine Freundin als Wein!

(Hoheslied 4,10)

Wer liebt, bringt Gott und die Welt zusammen.

(Martin Buber)

Ich habe meinem Freund die Türe geöffnet,
doch mein Geliebter ist verschwunden.
Ich suchte ihn. – Aber ich fand ihn nicht.
Ich rief ihn. – Aber er antwortete mir nicht.

(Hoheslied 5,6)

Die Güte Gottes wird kein Ende haben,
ja, Gottes Erbarmen hört niemals auf.

(Klagelieder 3,22)

Fortsetzung auf der gegenüberliegenden Seite.

Forsetzung von der vorhergehenden Seite:

Ich beschwöre euch, ihr Töchter Jerusalems,
wenn ihr meinen Geliebten findet,
was werdet ihr ihm dann sagen?
Sagt ihm, dass ich krank bin vor Liebe.

(Hoheslied 5,8)

Gott, du bist mein Gott,
ich suche dich
– im trockenen, dürren Lande,
wo kein Wasser ist.

(Psalm 63,2)

Mache mich wie ein Siegel an deinem Herzen,
wie ein Siegel an deinem Arm.
Denn Liebe ist schmerzhaft wie der Tod
und Leidenschaft erbarmungslos wie die Hölle.

(Hoheslied 8,6)

Einen anderen Menschen zu lieben,
ist nicht nur ein heftiges Gefühl –
es ist eine bewusste Entscheidung,
ein Werturteil,
ein Versprechen.

(Erich Fromm)

Ich gehöre meinem Geliebten,
seine Leidenschaft gilt mir.

(Hoheslied 7,11)

Geliebt ist der Mensch,
denn nach Gottes Bild ist er erschaffen worden.

(Sprüche der Väter 3,18)

תהלים
מו

לַמְנַצֵּחַ לִבְנֵי־קֹרַח עַל־עֲלָמוֹת שִׁיר׃

אֱלֹהִים לָנוּ מַחֲסֶה וָעֹז עֶזְרָה בְצָרוֹת נִמְצָא מְאֹד׃
עַל־כֵּן לֹא־נִירָא בְּהָמִיר אָרֶץ וּבְמוֹט הָרִים בְּלֵב יַמִּים׃
יֶהֱמוּ יֶחְמְרוּ מֵימָיו יִרְעֲשׁוּ־הָרִים בְּגַאֲוָתוֹ סֶלָה׃

נָהָר פְּלָגָיו יְשַׂמְּחוּ עִיר־אֱלֹהִים קְדֹשׁ מִשְׁכְּנֵי עֶלְיוֹן׃
אֱלֹהִים בְּקִרְבָּהּ בַּל־תִּמּוֹט יַעְזְרֶהָ אֱלֹהִים לִפְנוֹת בֹּקֶר׃
הָמוּ גוֹיִם מָטוּ מַמְלָכוֹת נָתַן בְּקוֹלוֹ תָּמוּג אָרֶץ׃

יְהֹוָה צְבָאוֹת עִמָּנוּ מִשְׂגָּב־לָנוּ אֱלֹהֵי יַעֲקֹב סֶלָה׃

לְכוּ־חֲזוּ מִפְעֲלוֹת יְהֹוָה אֲשֶׁר־שָׂם שַׁמּוֹת בָּאָרֶץ׃
מַשְׁבִּית מִלְחָמוֹת עַד־קְצֵה הָאָרֶץ קֶשֶׁת יְשַׁבֵּר וְקִצֵּץ חֲנִית
עֲגָלוֹת יִשְׂרֹף בָּאֵשׁ׃
הַרְפּוּ וּדְעוּ כִּי־אָנֹכִי אֱלֹהִים אָרוּם בַּגּוֹיִם אָרוּם בָּאָרֶץ׃

יְהֹוָה צְבָאוֹת עִמָּנוּ מִשְׂגָּב־לָנוּ אֱלֹהֵי יַעֲקֹב סֶלָה׃

Am Schabbat wird der Gottesdienst mit Ps 92 auf S. 274 fortgesetzt, an Wochentagen mit Ps 122 auf S. 278.

PSALM
46
GOTTES FÜRSORGE

Dem Chorleiter. Von den Söhnen Korachs.
Zu singen nach der Weise „Alamot". Ein Lied.

Gott ist der Ort unserer Zuflucht und unsere Kraft,
eine bewährte Hilfe in den Zeiten der Not.
Deshalb fürchten wir uns nicht, wenn auch die Erde ins Wanken gerät
und wenn Berge im Meer versinken,
wenn Wellen toben und aufschäumen,
und wenn vor ihrer Gewalt die Gebirge erzittern.

Ein erquickender Bach soll die Stadt Gottes erfreuen,
den heiligen Wohnort des Höchsten.
Weil Gott in ihrer Mitte ist, deshalb kann sie nicht wanken.
Gott hilft ihr schon im Morgengrauen.
Völker können toben, Regierungen wanken,
wenn aber Gottes Stimme erschallt, bebt die Erde.

Der Gott aller Geschöpfe ist bei uns,
der Gott Jakobs ist unser Schutz.

Kommt her und seht die wunderbaren Taten Gottes,
Gott hat ungeheure Dinge auf der Erde bewirkt.
Gott setzt den Kriegen in der ganzen Welt ein Ende,
Gott zerbricht die Bogen, zerschlägt die Lanzen,
verbrennt die Kriegswagen.
„Besinnt euch und erkennt, dass ich Gott bin,
erhaben über die Völker,
erhaben über die Erde."

Der Gott aller Geschöpfe ist bei uns,
der Gott Jakobs ist unser Schutz.

Am Schabbat wird der Gottesdienst mit Ps 92 auf S. 275 fortgesetzt, an Wochentagen mit Ps 122 auf S. 279.

לשנה הבאה בירושלים

ABENDGEBET

תפלת ערבית

ליום שביעי של פסח

FÜR DEN SIEBTEN TAG PESSACH

MEDITATIONEN VOR DEM ABENDGEBET FÜR DEN 7. TAG PESSACH

„Wenn du einen hebräischen Sklaven erworben hast, so soll dieser dir sechs Jahre lang dienen, aber im siebten Jahr sollst du ihn unentgeltlich frei lassen. … Wenn der Sklave jedoch ausdrücklich sagt: Ich habe meinen Herrn, meine Frau und meine Kinder liebgewonnen, dann sollst du ihn nicht freilassen. Vielmehr soll ihn sein Herr zu Gott bringen und ihn zum Türflügel oder zum Torpfosten bringen und ihm das Ohr mit einem Pfriem durchbohren, und er soll ihm für immer dienen."

(Ex 21,2.5-6)

Warum wird das Ohr durchbohrt? …Weil das Ohr am Berg Sinai gehört hat: „Denn mir gehören die Kinder Israels als Sklaven" *(Lev 25,55)*, und dennoch ging sein Besitzer hin und erwarb sich einen anderen, menschlichen Herrn, deshalb soll dieses Ohr durchbohrt werden.

(Raschi; Kommentar zu Ex 21,6)

Eine andere Auslegung: Warum muss der Herr selbst das Ohr durchbohren? Weil der Herr den Geist des Sklaven so gebrochen hat, dass er nicht bereit war die Freiheit zu riskieren, deshalb muss der Herr selbst diese Handlung durchführen.

(Jonathan Magonet)

Sie befreiten den Sklaven, entfernten seine Ketten…
Danach war er genauso Sklave wie vorher.
Noch immer war er an seine Unterwürfigkeit gekettet,
noch immer durch seine Trägheit und Faulheit in Ketten gelegt,
noch immer durch seine Ängste und seinen Aberglauben gebunden,
durch Unwissenheit, Argwohn und Grausamkeit…
Seine Knechtschaft lag nicht in den Ketten,
sie lag in ihm selbst…
Sie können nur freie Menschen befreien…
Und das ist nicht nötig:
Freie Menschen befreien sich selbst.

(James Oppenheim)

Der versklavte Mensch hat keine Vorstellung von der Freiheit – gleichzeitig kann er aber auch nicht frei werden, bevor er eine Vorstellung von der Freiheit hat. Die biblischen Geschichten geben uns eine Antwort auf dieses Paradoxon. Der Anfang der Befreiung liegt in der Fähigkeit des Menschen zu leiden. Und er leidet, wenn er unterdrückt wird, körperlich oder geistig. Das Leiden drängt ihn, gegen seine Unterdrücker vorzugehen, das Ende der Unterdrückung zu suchen. Und doch kann er keine Freiheit suchen, von der er nichts weiß. Wenn ein Mensch diese Leidensfähigkeit verloren hat, hat er auch die Fähigkeit verloren, Dinge zu ändern. In der ersten Phase der Revolution jedoch entwickelt er neue Kräfte, die er nicht haben konnte, während er als Sklave lebte, und diese neuen Kräfte machen es ihm mit der Zeit möglich, Freiheit zu erlangen. Im Prozess der Befreiung jedoch ist er in der Gefahr, in die alten Muster der Sklaverei zurückzufallen.

Ermöglicht es Gott einem Menschen frei zu werden, indem er sein Herz ändert? Greift Gott in den geschichtlichen Prozess ein? Nein. Der Mensch ist auf sich selbst gestellt und macht seine eigene Geschichte. Gott hilft, aber niemals, indem Gott die menschliche Natur verändert, indem Gott das tut, was nur der Mensch selbst für sich tun kann. Um es in meinen eigenen, nicht-theistischen Worten zu sagen: Der Mensch ist auf sich selbst gestellt und niemand kann das für ihn tun, was er selbst von sich aus und für sich selbst tun kann.

(Erich Fromm)

Dieses Gebot, die Versklavung, der man entronnen ist, nicht zu vergessen, erscheint mir aus psychologischer Perspektive sehr beachtenswert. Nur ein freier Mensch kann es sich leisten, sich daran zu erinnern, dass er einst Sklave war; tatsächlich verliert die Freiheit ihre Bedeutung, wenn sie von der Erfahrung der ursprünglichen Dunkelheit der Versklavung getrennt wird.

(Riwka Schärf Kluger)

תפלת ערבית ליום שביעי של פסח

In einigen Gemeinden ist es üblich, zu Beginn des Gottesdienstes die Festtagskerzen anzuzünden:

בָּרוּךְ אַתָּה יְהוָֹה אֱלֹהֵינוּ מֶלֶךְ הָעוֹלָם. אֲשֶׁר קִדְּשָׁנוּ בְּמִצְוֹתָיו וְצִוָּנוּ לְהַדְלִיק נֵר שֶׁל [שַׁבָּת וְ] יוֹם טוֹב:

כִּי בִי חָשַׁק וַאֲפַלְּטֵהוּ אֲשַׂגְּבֵהוּ כִּי־יָדַע שְׁמִי:
יִקְרָאֵנִי וְאֶעֱנֵהוּ:
עִמּוֹ־אָנֹכִי בְצָרָה אֲחַלְּצֵהוּ וַאֲכַבְּדֵהוּ:
אֹרֶךְ יָמִים אַשְׂבִּיעֵהוּ וְאַרְאֵהוּ בִּישׁוּעָתִי:

ABENDGEBET FÜR DEN 7. TAG PESSACH

In einigen Gemeinden ist es üblich, zu Beginn des Gottesdienstes die Festtagskerzen anzuzünden:

Gepriesen seist du, Ewiger, unser Gott; du regierst die Welt. Du hast uns durch deine Gebote geheiligt und hast uns aufgetragen, (die Schabbatkerzen und) die Festtagskerzen anzuzünden.

Ich rette sie, weil sie sich völlig auf mich verlassen.
Ich schütze sie, denn sie kennen meinen Namen.
Wenn sie mich anrufen, antworte ich ihnen.
Ich bin mit ihnen zur Zeit der Not.
Ich rette sie und bringe sie zu Ehren.
Ihr Leben lang will ich für sie sorgen
und sie meine Hilfe erfahren lassen.

(Ps 91,14-16)

Die Kinder Israels standen am Ufer des Schilfmeeres, das ägyptische Heer, das sie verfolgte, im Nacken, das Wasser, das ihnen den Weg versperrte, vor Augen. Unsere Meister lehrten: Einige sagten: „Wir wollen uns in das Meer stürzen." Andere sagten: „Lasst uns nach Ägypten zurückkehren." Wieder andere sagten: „Lasst uns gegen sie kämpfen." Und einige sagten: „Wir wollen unsere Stimme gegen sie erheben!"

(Mechilta, Beschalach 3)

In unserer Geschichte standen wir schon oft vor einem solchen Meer, Gefahr im Nacken und Gefahr vor Augen. Nicht alle unsere Gebete wurden erhört. Nicht alle unsere Hoffnungen wurden erfüllt. Aber Israels Wanderung dauert immer noch an.

Wir alle stehen vor einem solchen Meer, Ungewissheit im Nacken und Ungewissheit vor Augen. Mögen wir in Gott die Kraft finden, durch die Fluten hindurch zu ziehen, die vor uns liegen. Mögen wir Gottes Absicht erkennen, wenn das Wasser uns zu überfluten droht.

אַתָּה אָדוֹן וַאֲנִי עֶבֶד.
וּמִי יְרַחֵם עַל עֶבֶד
הֲלֹא אָדוֹן.
אַתָּה בּוֹרֵא וַאֲנִי בּוֹלֶה.
וּמִי יְרַחֵם עַל בּוֹלֶה
הֲלֹא בּוֹרֵא.
אַתָּה דַּיָּן וַאֲנִי נִדּוֹן.
וּמִי יְרַחֵם עַל נִדּוֹן
הֲלֹא דַּיָּן.
אַתָּה וָעֵד וַאֲנִי לָבוּד.
וּמִי יְרַחֵם עַל לָבוּד
הֲלֹא וָעֵד.
אַתָּה חַי וַאֲנִי מֵת.
וּמִי יְרַחֵם עַל מֵת
הֲלֹא חַי.
אַתָּה יוֹצֵר וַאֲנִי חֹמֶר.
וּמִי יְרַחֵם עַל חֹמֶר
הֲלֹא יוֹצֵר.
אַתָּה לַהַב וַאֲנִי קַשׁ.
וּמִי יְרַחֵם עַל קַשׁ
הֲלֹא לַהַב.
אַתָּה שׁוֹמֵעַ וַאֲנִי קוֹרֵא.
וּמִי יְרַחֵם עַל קוֹרֵא
הֲלֹא שׁוֹמֵעַ.
אַתָּה תְּחִלָּה וַאֲנִי סוֹף.
וּמִי יְרַחֵם עַל סוֹף
הֲלֹא תְּחִלָּה.

Du gebietest,
ich aber diene.
Wer könnte sich der Dienenden erbarmen,
  als nur jemand, der gebietet?
Du erschaffst,
ich aber vergehe.
Wer könnte sich der Vergänglichen erbarmen,
  als nur jemand, der erschafft?
Du sprichst Recht,
ich aber bin angeklagt.
Wer könnte sich der Angeklagten erbarmen,
  als nur jemand, der Recht spricht?
Du bist ewig,
ich aber bin unvollkommen.
Wer könnte sich der Unvollkommenen erbarmen,
  als nur jemand, der ewig ist?
Du bist lebendig,
ich aber bin sterblich.
Wer könnte sich der Sterblichen erbarmen,
  als nur jemand, der lebendig ist?
Du bist der Töpfer,
ich aber bin der Ton.
Wer könnte sich des Tons erbarmen,
  als nur der Töpfer?
Du bist die Flamme,
ich aber bin das Stroh.
Wer könnte sich des Strohs erbarmen,
  als nur die Flamme?
Du hörst,
ich aber rufe.
Wer könnte sich der Rufenden erbarmen,
  als nur jemand, der hört?
Du bist der Anfang,
ich aber bin das Ende.
Wer könnte sich des Endes erbarmen,
  als nur der Anfang?

(unbekannter, mittelalterlicher Verfasser)

זְכָר־דָּבָר לְעַבְדֶּךָ עַל אֲשֶׁר יִחַלְתָּנִי:
זֹאת נֶחָמָתִי בְעָנְיִי כִּי אִמְרָתְךָ חִיָּתְנִי:
זֵדִים הֱלִיצֻנִי עַד־מְאֹד מִתּוֹרָתְךָ לֹא נָטִיתִי:

תהלים קמג

מִזְמוֹר לְדָוִד

יְהוָה שְׁמַע תְּפִלָּתִי הַאֲזִינָה אֶל־תַּחֲנוּנַי
בֶּאֱמֻנָתְךָ עֲנֵנִי בְּצִדְקָתֶךָ:
וְאַל־תָּבוֹא בְמִשְׁפָּט אֶת־עַבְדֶּךָ
כִּי לֹא־יִצְדַּק לְפָנֶיךָ כָל־חָי:

כִּי רָדַף אוֹיֵב נַפְשִׁי דִּכָּא לָאָרֶץ חַיָּתִי
הוֹשִׁיבַנִי בְמַחֲשַׁכִּים כְּמֵתֵי עוֹלָם:
וַתִּתְעַטֵּף עָלַי רוּחִי בְּתוֹכִי יִשְׁתּוֹמֵם לִבִּי:

זָכַרְתִּי יָמִים מִקֶּדֶם הָגִיתִי בְכָל־פָּעֳלֶךָ
בְּמַעֲשֵׂה יָדֶיךָ אֲשׂוֹחֵחַ:
פֵּרַשְׂתִּי יָדַי אֵלֶיךָ נַפְשִׁי כְּאֶרֶץ־עֲיֵפָה לְךָ סֶלָה:

מַהֵר עֲנֵנִי יְהוָה כָּלְתָה רוּחִי
אַל־תַּסְתֵּר פָּנֶיךָ מִמֶּנִּי וְנִמְשַׁלְתִּי עִם־יֹרְדֵי בוֹר:

הַשְׁמִיעֵנִי בַבֹּקֶר חַסְדֶּךָ כִּי־בְךָ בָטָחְתִּי
הוֹדִיעֵנִי דֶּרֶךְ־זוּ אֵלֵךְ כִּי־אֵלֶיךָ נָשָׂאתִי נַפְשִׁי:

Denke an das Wort, das du denen sagtest, die dir dienen,
das neue Hoffnung in mir weckt.
Es tröstet mich, wenn ich verzweifelt bin:
dein Wort schenkt mir Lebensmut.
Wenn auch Stolze über mich lästern,
ich lasse von deiner Thora nicht ab.

(Ps 119,49-51)

PSALM 143

Ein Psalm Davids.

Gott, höre mein Gebet,
vernimm mein Flehen!
Erhöre mich in deiner Treue und Gerechtigkeit!
Geh nicht ins Gericht mit dem Menschen, der dir dient,
denn kein lebendiges Wesen ist vor dir gerecht.

Ich werde verfolgt,
man tritt mein Leben mit Füßen.
Ich wohne in Finsternis
wie die, die längst tot sind.
Mein Geist ist müde geworden in mir,
und das Herz in mir ist wie betäubt.

Ich erinnere mich an vergangene Tage,
ich denke über alle deine Taten nach,
das Werk deiner Hände kommt mir in den Sinn.
Ich erhebe meine Hände zu dir.
Meine Seele dürstet nach dir
wie trockenes Land nach Wasser.

Gott, antworte mir bald!
Denn ich bin müde geworden!
Verbirg doch dein Angesicht nicht vor mir,
damit ich nicht denen gleiche, die längst begraben sind.

Lass mich am Morgen deine Güte erfahren,
denn auf dich setze ich mein ganzes Vertrauen.
Zeige mir den Weg, den ich gehen soll,
denn auf dich setze ich all meine Hoffnung.

הַצִּילֵנִי מֵאֹיְבַי יְהֹוָה אֵלֶיךָ כִסִּתִי:
לַמְּדֵנִי לַעֲשׂוֹת רְצוֹנֶךָ כִּי־אַתָּה אֱלוֹהָי
רוּחֲךָ טוֹבָה תַּנְחֵנִי בְּאֶרֶץ מִישׁוֹר:

Dieser Text oder die beiden auf der gegenüberliegenden Seite:

I ANGST VOR DEM LEBEN

Schatten liegen über unserem Leben: Bomben – Krebs – krebserregenden Substanzen – Krankheit – Arbeitslosigkeit – Impotenz – Angst vor der Angst – Schwarze – Weiße – Polizei – Gebühren – Einkommenssteuer – Parkscheine – den roten Faden zu verlieren – Geld zu verlieren – zu viel Geld zu verdienen – Haarausfall – zuzunehmen – hässlich zu werden – dumm zu sein – humorlos zu sein – schüchtern zu sein – trottelig zu sein – welchen Stereo-Lautsprecher man nimmt – wie man ein Auto repariert – ein Fahrrad – Klavierspielen lernen zu müssen – die Furcht zu versagen – nicht rechtzeitig zur Arbeit zu kommen – keine Rente zu bekommen – Sicherheit – Alter – Sterben – Krieg – Verletzte bei Verkehrsunfällen – Angst vor Blindheit – Taubheit – den Witz nicht zu verstehen – Furcht vor starken Menschen – Angst vor Ansteckung – Angst vor dem Umzug – Angst, etwas zu verkaufen – Angst, etwas zu kaufen – zwanghafte Ängste – Spinnen – dunkle Schränke – Messer – Räuber – Angst vor Menschen – Partys – Massen – schlauen Leuten – Angst, das zu sagen, was man denkt – Angst vor Frauen – Angst vor Männern – Angst vor der Polizei – Angst vor der Ängstlichkeit …

Wir sind umgeben von einer stattlichen Anzahl von Problemen, die nicht immer brav in Reih und Glied sitzen und warten, bis sie an der Reihe sind, gelöst zu werden. Vielmehr neigen sie dazu, plötzlich aufzuspringen und deine ganze Aufmerksamkeit zu verlangen. … Es sind vernachlässigte Kinder irgendeiner fernen Angst. Du wünschst dir vielleicht, dass sie verschwinden. Du schreist sie an. Du erzählst sie deinem Therapeuten oder ertränkst sie in Drogen, sobald sie entstehen. Aber sie werden immer wieder in der einen oder anderen Form zurückkehren. …

Wir sind wie Eisberge, die langsam durch das Leben treiben. Selten, wenn überhaupt, zeigen und enthüllen wir, was unter der Oberfläche liegt.

(Steven Berkoff)

כָּל הָעוֹלָם כֻּלּוֹ גֶּשֶׁר צַר מְאֹד.
וְהָעִקָּר לֹא לְפַחֵד כְּלָל:

Errette mich von allem, was mein Leben bedroht,
denn bei dir suche ich Zuflucht.
Lehre mich, deinen Willen zu tun,
denn du bist mein Gott.
Dein guter Geist möge mich leiten
in einem ebenen Land.

Diese Texte oder der Text auf der gegenüberliegenden Seite:

II

ANGST VOR DER FREIHEIT

Es ist gegen die menschliche Natur, die religiösen Traditionen und Bräuche, mit denen man aufgewachsen ist, ganz plötzlich aufzugeben. Das wäre genauso, als sollten Menschen, die nichts anderes gewöhnt sind als Sklavenarbeit mit Ziegel und Mörtel, nun plötzlich ihre Arbeit unterbrechen, um mit Riesen zu kämpfen. Es war weise von Gott, die Kinder Israels erst solange in der Wüste wandern zu lassen, bis sie Mut gefasst hatten.

(Maimonides, Moreh Nebuchim 3,32)

Inzwischen ist es schon viele Jahre her, dass ich das Tagebuch von Dreyfus gelesen habe, aber ein Abschnitt daraus hat sich meinem Gedächtnis seit über 20 Jahren eingeprägt. Es ist jene Stelle, an der erzählt wird, wie die Anordnung seiner Freilassung von der Teufelsinsel kam. Der ruhmreiche Kampf für Gerechtigkeit, den er all die Jahre so tapfer geführt hatte, war nun gewonnen. Seine Zellentür wird geöffnet, er tritt hinaus in die Freiheit, nach der seine Seele all die Jahre so sehnsüchtig verlangt hatte. Er geht seinen ersten Schritt ins Freie. Dann schaut er noch einmal zurück. Und in diesem Moment überkommt ihn ein starkes Verlangen, zu diesem schrecklichen Ort der Unterdrückung zurückzukehren. Angst überfällt ihn, die Angst vor all den Problemen, die ihn nun in der Freiheit erwarten. Eine solche Angst war es, die die Kinder Israels zu Mose schreien ließ: „Lass uns in Ruhe! Wir wollen den Ägyptern dienen! Denn es ist besser für uns, den Ägyptern zu dienen, als in der Wüste zu sterben!“ *(Ex 14,12)*

(Louis I. Rabinowitz)

Die ganze Welt ist eine sehr schmale Brücke.
Und es kommt darauf an, dass wir furchtlos sind.

(Nachman von Braclaw)

Am Ufer des Schilfmeeres sahen sich die Kinder Israels der ersten Herausforderung der Freiheit und des Glaubens gegenübergestellt. Gott fordert jeden und jede von uns heraus. Jeder Augenblick könnte gerade derjenige sein, in dem wir herausgefordert und gefragt sind.

Wir wollen uns fragen, wo in unserem Leben wir gerade stehen.

וַיִּקְרָא יְהוָה אֱלֹהִים אֶל־הָאָדָם וַיֹּאמֶר לוֹ אַיֶּכָּה׃

Übernehmen wir die Verantwortung für die Folgen unserer Taten?

וַיֹּאמֶר יְהוָה אֱלֹהִים לָאִשָּׁה מַה־זֹּאת עָשִׂית׃

Wir wollen Sorge füreinander tragen.

וַיֹּאמֶר יְהוָה אֶל־קַיִן אֵי הֶבֶל אָחִיךָ׃

Mögen die Wendepunkte in unserem Leben uns dessen Sinn erkennen lassen.

וַיֹּאמַר הָגָר שִׁפְחַת שָׂרַי אֵי־מִזֶּה בָאת וְאָנָה תֵלֵכִי׃

Wir tragen Verantwortung dafür, mit wem wir verkehren.

וַיָּבֹא אֱלֹהִים אֶל־בִּלְעָם וַיֹּאמֶר מִי הָאֲנָשִׁים הָאֵלֶּה עִמָּךְ׃

Gott lässt uns entscheiden, was wir von unserem Leben erwarten.

נִרְאָה יְהוָה אֶל־שְׁלֹמֹה בַּחֲלוֹם הַלָּיְלָה וַיֹּאמֶר אֱלֹהִים
שְׁאַל מָה אֶתֶּן־לָךְ׃

Wir wollen bereit sein, jederzeit Rechenschaft über unser Leben abzulegen.

וְהִנֵּה אֵלָיו קוֹל וַיֹּאמֶר מַה־לְּךָ פֹה אֵלִיָּהוּ׃

DIE HERAUSFORDERUNGEN DER FREIHEIT

Am Ufer des Schilfmeeres sahen sich die Kinder Israels der ersten Herausforderung der Freiheit und des Glaubens gegenübergestellt. Gott fordert jeden und jede von uns heraus. Jeder Augenblick könnte gerade derjenige sein, in dem wir herausgefordert und gefragt sind.

Wir wollen uns fragen, wo in unserem Leben wir gerade stehen.

> Der lebendige Gott fragte Adam: „Wo bist du?" *(Gen 3,9)*

Übernehmen wir die Verantwortung für die Folgen unserer Taten?

> Der lebendige Gott fragt die Frau: „Was hast du getan?" *(Gen 3,13)*

Wir wollen Sorge füreinander tragen.

> Der Ewige fragte Kain: „Wo ist dein Bruder Abel?" *(Gen 4,9)*

Mögen die Wendepunkte in unserem Leben uns dessen Sinn erkennen lassen.

> Der Engel Gottes sagte: „Hagar, Magd Sarais, wo kommst du her und wohin willst du gehen?" *(Gen 16,8)*

Wir tragen Verantwortung dafür, mit wem wir verkehren.

> Gott erschien Bileam und sagte: „Wer sind diese Leute bei dir?" *(Num 22,9)*

Gott lässt uns entscheiden, was wir von unserem Leben erwarten.

> Gott erschien Salomo in einem Traum und fragte: „Was soll ich dir geben?" *(1. Kön 3,5)*

Wir wollen bereit sein, jederzeit Rechenschaft über unser Leben abzulegen.

> Eine Stimme war bei Elia, die fragte: „Was machst du hier, Elia?" *(1. Kön 19,13)*

Wir sind aufgefordert, die Welt, in der wir leben, zu verstehen.

וַיְהִי דְבַר־יְהוָה אֵלַי לֵאמֹר מָה אַתָּה רֹאֶה יִרְמְיָהוּ׃

Hilf uns, Gott, unsere Aufgabe im Leben zu entdecken.

וָאֶשְׁמַע אֶת־קוֹל אֲדֹנָי אֹמֵר אֶת־מִי אֶשְׁלַח וּמִי יֵלֶךְ־לָנוּ׃

אֵלִי אֵלִי שֶׁלֹּא יִגָּמֵר לְעוֹלָם
הַחוֹל וְהַיָּם
רִשְׁרוּשׁ שֶׁל הַמַּיִם
בְּרַק הַשָּׁמַיִם
תְּפִלַּת הָאָדָם

Am Schabbat wird der Gottesdienst mit Ps 92 auf S. 274 fortgesetzt, an Wochentagen mit Ps 122 auf S. 278.

Wir sind aufgefordert, die Welt, in der wir leben, zu verstehen.

Das Wort des Ewigen erging an mich: „Was siehst du, Jeremia?“ *(Jer 1,11)*

Hilf uns, Gott, unsere Aufgabe im Leben zu entdecken.

Ich hörte die Stimme des Ewigen, die fragte: „Wen soll ich senden? Wer will gehen?“ *(Jes 6,8)*

Mein Gott, mein Gott,
niemals mögen ein Ende finden
der Sand und das Meer,
das Rauschen des Wassers,
die Blitze am Himmel,
das Beten der Menschen.
(Hanna Senesh)

Am Schabbat wird der Gottesdienst mit Ps 92 auf S. 275 fortgesetzt, an Wochentagen mit Ps 122 auf S. 279.

דן
נפתלי
גד
אשר
יי עז לעמו יתן יי יברך את עמו בשלום

ABENDGEBET

תפלת ערבית

לשבעות

FÜR SCHAWUOT

MEDITATIONEN VOR DEM ABENDGEBET FÜR SCHAWUOT

BUND

Die jüdische politische Tradition beschäftigt sich, wie jede andere politische Tradition, mit der Frage nach Macht und Gerechtigkeit, …aber sie kümmert sich weniger um den besten Aufbau für das beste Regime als vielmehr um das angemessene Verhältnis zwischen Macht und Gerechtigkeit, zwischen den Regierenden und den Regierten, zwischen Gott und Menschen…

Es ist offensichtlich, dass Bundesschlüsse zwischen Gott und Menschen, auch der zwischen Gott und Israel, letzten Endes Bundesschlüsse zwischen Ungleichen sind. Aber schon die Idee, dass zwischen Gott und Menschen ein Bundesverhältnis geschlossen werden kann, ist von grundlegender Bedeutung. Die Vorstellung eines Bundes deutet unvermeidlich darauf hin, dass Gott sich selbst deutlich beschränkt; Gott erkennt nämlich die Freiheit der Menschen an, die Freiheit, eine Verpflichtung mit Gott einzugehen und dabei die eigene Integrität zu wahren; die Freiheit, Gott nicht einfach zu gehorchen, sondern als Bundespartner auf Gottes Wort zu lauschen .

(David D. Elazar und Stuart A. Cohen)

Ein Götze sagt den Menschen genau, was sie zu glauben haben. Gott bietet ihnen Wahlmöglichkeiten, die sie für sich selbst zu entscheiden haben. Der Unterschied ist alles andere als bedeutungslos. Vor einem Götzen bleiben die Menschen abhängige Kinder, vor Gott werden sie belastet und gleichzeitig befreit, um an den Entscheidungen des nicht endenden Schöpfungswerkes teilzuhaben.

(Arthur Miller)

Als mein Sohn achtzehn Monate alt war, war es Zeit, ihn zu entwöhnen. Ich hatte gemischte Gefühle deswegen. Dass ich vollzeitlich als Rabbinerin arbeitete, bedeutete, dass ich nicht viel Zeit mit ihm verbrachte. Das Stillen war eine besondere Bindung, die nur er und ich teilten. Ich sprach mit einer wesentlich älteren Freundin, die an die sechzig war, über diese gemischten Gefühle. Sie sagte: „Du wirst dein Kind noch oft in deinem Leben entwöhnen müssen. Deshalb kannst du jetzt gleich lernen, das zu tun." Ich brauchte Hilfe und wandete mich an die Tradition und suchte nach jüdischen Bildern vom Stillen und Entwöhnen. Einige der Bilder waren verblüffend und ermutigend. In *Pesikta de Raw Kahana* 12,2 wird ein Psalmvers *(Ps 18,20)* so verstanden: „Gott entblößte ihre Brust um Israel die Thora zu geben".

(Laura Geller)

All diejenigen, die in den Dialog eingetreten sind, wissen, dass er unter anderem die Entfremdung von der eigenen Gemeinde und der eigenen Vergangenheit mit sich bringt. Es gibt einen Unterschied zwischen denen, die ihre Vorurteile hinter sich gelassen haben und den anderen begegnet sind, und denen, die es nicht getan haben. Nichts ist so schmerzhaft wie die Erfahrung, in die eigene Gemeinde zurückzukehren und den Vorurteilen zu begegnen, die man selbst gerade abgelegt hat. Oft ist die Aufgabe, den Prozess des Umdenkens bei den eigenen Leuten in Gang zu bringen, schwieriger, als den Dialog anzufangen. Aber die, die ihn erfahren haben, können nicht mehr zurück. Vielleicht kann man sagen, dass sich langsam eine interreligiöse Gemeinde entwickelt. Sie gründet sich nicht auf dem Synkretismus von zwei oder drei Religionen, die einander begegnet sind. Sie gründet sich vielmehr auf eine geteilte Offenheit, die sich auf das gesamte religiöse Leben auswirkt. So entstehen neue Verpflichtungen der Treue zu einer Wahrheit, die nicht geleugnet werden kann und die oft im Gegensatz steht zu dem sonst üblichen Misstrauen, den Konflikten und der Aggression. Es gibt wenig, was so schmerzlich, aber gleichzeitig auch geistig so aufbauend ist, wie dies, wenn man die Welt und sich selbst durch die Augen eines anderen sehen lernt. Zum Wohl aller unserer Traditionen in einer Zeit zunehmender Unsicherheit, Rückwärtsgewandtheit und Verdunklungspolitik ist diese Art von spiritueller Öffnung und Selbstkritik wesentlich. Wir haben uns gegen die oft berechtigte Kritik der säkularen Welt bewaffnet, es ist schwieriger, sich vor der Kritik zu verstecken, die von einer anderen Glaubensgemeinschaft kommt, deren Berechtigung wir anerkennen – vorausgesetzt, der Austausch beruht auf Gegenseitigkeit.

(Jonathan Magonet)

תפלת ערבית לשבועות

In einigen Gemeinden ist es üblich, zu Beginn des Gottesdienstes die Festtagskerzen anzuzünden:

בָּרוּךְ אַתָּה יְהֹוָה אֱלֹהֵינוּ מֶלֶךְ הָעוֹלָם· אֲשֶׁר קִדְּשָׁנוּ
בְּמִצְוֹתָיו וְצִוָּנוּ לְהַדְלִיק נֵר שֶׁל יוֹם טוֹב:

שהחינו

בָּרוּךְ אַתָּה יְהֹוָה אֱלֹהֵינוּ מֶלֶךְ הָעוֹלָם· שֶׁהֶחֱיָנוּ וְקִיְּמָנוּ
וְהִגִּיעָנוּ לַזְּמַן הַזֶּה:

יִשְׂרָאֵל וְאוֹרַיְיתָא חַד הוּא
תּוֹרָה אוֹרָה הַלְלוּיָהּ·

Gott, wir danken dir für das Licht – für das Licht der Thora; für das Licht des Lernens, durch das wir in unserem Leben geleitet werden; für das Licht der Wahrheit und für das Licht des Gewissens; für die großen, guten Menschen, die wie die Sterne am Himmel glänzen; für das Licht dieser Kerzen, durch die wir dieses Fest heiligen.
Wir danken dir und preisen deinen Namen.

תהלים ק

מִזְמוֹר לְתוֹדָה

הָרִיעוּ לַיהֹוָה כָּל־הָאָרֶץ :
עִבְדוּ אֶת־יְהֹוָה בְּשִׂמְחָה בֹּאוּ לְפָנָיו בִּרְנָנָה :

דְּעוּ כִּי־יְהֹוָה הוּא אֱלֹהִים הוּא־עָשָׂנוּ וְלוֹ אֲנַחְנוּ
עַמּוֹ וְצֹאן מַרְעִיתוֹ:

בֹּאוּ שְׁעָרָיו בְּתוֹדָה חֲצֵרֹתָיו בִּתְהִלָּה הוֹדוּ־לוֹ בָּרְכוּ שְׁמוֹ:
כִּי־טוֹב יְהֹוָה לְעוֹלָם חַסְדּוֹ וְעַד־דֹּר וָדֹר אֱמוּנָתוֹ :

ABENDGEBET FÜR SCHAWUOT

In einigen Gemeinden ist es üblich, zu Beginn des Gottesdienstes die Festtagskerzen anzuzünden:

Gepriesen seist du, Ewiger, unser Gott; du regierst die Welt. Du hast uns durch deine Gebote geheiligt und hast uns aufgetragen, (die Schabbatkerzen und) die Festtagskerzen anzuzünden.

Gepriesen seist du, Ewiger, unser Gott; du regierst die Welt. Du hast uns am Leben erhalten und bewahrt. Und nun hast du uns diese Zeit erreichen lassen.

Israel und die Thora sind ein untrennbares Paar.
Licht ist die Thora. Preiset Gott! – Halleluja!

Gott, wir danken dir für das Licht – für das Licht der Thora; für das Licht des Lernens, durch das wir in unserem Leben geleitet werden; für das Licht der Wahrheit und für das Licht des Gewissens; für die großen, guten Menschen, die wie die Sterne am Himmel glänzen; für das Licht dieser Kerzen, durch die wir dieses Fest heiligen.
Wir danken dir und preisen deinen Namen.

PSALM
100

Ein Danklied.

Jubelt Gott zu, alle Länder!
Dienet dem Ewigen voll Freude,
tretet zu Gott ein mit Jubel.

Erkennt, dass der Ewige Gott ist.
Gott hat uns gemacht,
wir gehören zu Gott
als sein Volk und als die Herde, die er weidet.

Ziehet durch Gottes Tore ein mit Dank,
in Gottes Vorhöfe mit Gebeten.
Lobt Gott! Preist Gottes Namen!
Denn Gott ist gut,
ewig währet Gottes Güte,
Gottes Treue von Generation zu Generation.

Der folgende Teil des Gottesdienstes kann unter einer Chuppa gebetet werden:

שִׁשָּׁה יָמִים לְחֹדֶשׁ סִיוָן: בְּיוֹם מִסִּינַי בָּא אֵל נֶעְלָם.
בִּשְׁנַת אַלְפַּיִם וְאַרְבַּע מֵאוֹת וְאַרְבָּעִים וּשְׁמֹנֶה לִבְרִיאַת
עוֹלָם:
אָמַר לַיְקָרָה. יָמִים רַבִּים תִּהְיֶה לִי וַאֲנִי אֵלַיִךְ לְגוֹאֵל.
הֲוִי לִי לְאִנְתּוּ כְּדַת מֹשֶׁה וְיִשְׂרָאֵל:
וַאֲנָא אוֹקִיר וְאָזוּן יָתִיכִי וַאֲכַסֶּה.
כִּי אֶהְיֶה עִמָּךְ לְמִסְתּוֹר וּלְמַחֲסֶה וּלְמִכְסֶה.
תּוֹרַת חָכָם מְקוֹר חַיִּים תְּחִיִי אַתְּ וּבָנַיִכִי.
הָרוֹפֵא לְכָל תַּחֲלוּאָיְכִי. הַגּוֹאֵל מִשַּׁחַת חַיָּיְכִי:
וּצְבִאַת כַּלָּתָא. דָא וַהֲוַת לֵיהּ לְאִנְתּוּ.
וּבְרִית עוֹלָם לְקֶשֶׁר אַמִּיץ בֵּינֵיהֶם שׁוֹת שָׁתוּ.
אַהֲבָה וְאַחֲוָה וְשָׁלוֹם וְרֵעוּת.
לְשָׁכְנוּ בְתוֹכָם וְתוֹרָתוֹ בְּלִבָּם
לֵאמֹר שִׁמְעוּ בְקוֹלִי וְהָיִיתִי לָכֶם לֵאלֹהִים
וְאַתֶּם תִּהְיוּ־לִי לְעָם וְאָעִידָה לִי עֵדִים נֶאֱמָנִים אֶת
הַשָּׁמַיִם וְאֶת הָאָרֶץ:
יִשְׂמַח חָתָן עִם כַּלָּה לָקַחַת לוֹ לְגוֹרָלוֹ.
וְיִשְׂמַח לֵב כַּלָּה בְּבַעַל נְעוּרֶיהָ וְתֹאמַר לִמְהַלְלוֹ:

וְאֵרַשְׂתִּיךְ לִי לְעוֹלָם.
וְאֵרַשְׂתִּיךְ לִי בְּצֶדֶק וּבְמִשְׁפָּט וּבְחֶסֶד וּבְרַחֲמִים.
וְאֵרַשְׂתִּיךְ לִי בֶּאֱמוּנָה וְיָדַעַתְּ אֶת־יְיָ:

אָנוּ עַמֶּךָ וְאַתָּה אֱלֹהֵינוּ
אַשְׁרֵי הָעָם שֶׁכָּכָה לּוֹ
אַשְׁרֵי הָעָם שֶׁיְיָ אֱלֹהָיו:

Der folgende Teil des Gottesdienstes kann unter einer Chuppa gebetet werden:

Am Freitag, dem sechsten Siwan des Jahres 2448 nach der Erschaffung der Welt erschien nach der Überlieferung unserer Vorfahren der heilige Gott am Sinai und sagte zu seinem geliebten Volk Israel:

„Sei mein Volk und ich will euer Erlöser sein – 'entsprechend der Weisung Moses und Israels'. Ich will dich wert achten, am Leben erhalten und unterstützen. Ich will deine Zuflucht sein vor Kummer und Trübsal. Ich will dir und deinen Kindern die Thora geben, die Quelle des ewigen Lebens, des Heils und der Erlösung."

Und das Volk Israel stimmte Gottes Antrag zu.

Sie traten ein in einen ewigen Bund, der sie für immer band, in einen Bund der Liebe und Loyalität, in eine Beziehung des Friedens und der Frömmigkeit, um eine Wohnung Gottes in dieser Welt zu schaffen und einen Ort für die göttliche Lehre. So wurde Gott Israels Erlöser, und Israel wurde Gottes Volk. Himmel und Erde bezeugen dieses Bund.

Gott möge Gefallen finden an seinem Volk, und sein Volk möge Gott preisen in allen Generationen.

(nach Israel Najara)

Ich verlobe mich mit dir für ewige Zeiten.
Ich verlobe mich mit dir in Gerechtigkeit und Recht,
in Liebe und Erbarmen.
Ich verlobe mich mit dir in Treue
– und du wirst den Ewigen erkennen.

(Hos 2,21-22)

Wir sind dein Volk, du bist unser Gott.
Glücklich ist das Volk, von dem dies gilt:
Glücklich ist das Volk, dessen Gott der Ewige ist.

(Ps 144,15)

WIE WIR GOTT ERFAHREN

Gott, du offenbarst dich in all den Beziehungen, die wir im Leben erfahren; in den Verpflichtungen, die wir erfüllen und in den Zeichen deiner Güte, die wir täglich erleben. Du bist Mutter und Vater für uns; du bist der Ursprung, von dem wir kommen und zu dem hin wir zurückkehren. Du bist unser Ziel und unser Trost auf dem Lebensweg.

הֲתִשְׁכַּח אִשָּׁה עוּלָהּ מֵרַחֵם בֶּן־בִּטְנָהּ
גַּם־אֵלֶּה תִשְׁכַּחְנָה וְאָנֹכִי לֹא אֶשְׁכָּחֵךְ׃

אֱלֹהֵינוּ שֶׁבַּשָּׁמַיִם בְּרִיתְךָ זְכוֹר וְאַל תִּשְׁכָּחֵנוּ׃

וְעַתָּה יְהוָֹה אָבִינוּ אָתָּה
אֲנַחְנוּ הַחֹמֶר וְאַתָּה יֹצְרֵנוּ וּמַעֲשֵׂה יָדְךָ כֻּלָּנוּ׃

וִיהִי נֹעַם אֲדֹנָי אֱלֹהֵינוּ עָלֵינוּ וּמַעֲשֵׂה יָדֵינוּ
כּוֹנְנָה עָלֵינוּ וּמַעֲשֵׂה יָדֵינוּ כּוֹנְנֵהוּ׃

הֶחֱשֵׁיתִי מֵעוֹלָם אַחֲרִישׁ אֶתְאַפָּק
כַּיּוֹלֵדָה אֶפְעֶה אֶשֹּׁם וְאֶשְׁאַף יָחַד׃

הַנְּשָׁמָה לָךְ וְהַגּוּף פָּעֳלָךְ חוּסָה עַל עֲמָלָךְ׃

כְּרַחֵם אָב עַל־בָּנִים רִחַם יְהוָֹה עַל־יְרֵאָיו׃
כִּי־הוּא יָדַע יִצְרֵנוּ זָכוּר כִּי־עָפָר אֲנָחְנוּ׃

אַל תַּשְׁלִיכֵנוּ לְעֵת זִקְנָה כִּכְלוֹת כֹּחֵנוּ אַל־תַּעַזְבֵנוּ׃

WIE WIR GOTT ERFAHREN

Gott, du offenbarst dich in all den Beziehungen, die wir im Leben erfahren; in den Verpflichtungen, die wir erfüllen und in den Zeichen deiner Güte, die wir täglich erleben. Du bist Mutter und Vater für uns; du bist der Ursprung, von dem wir kommen und zu dem hin wir zurückkehren. Du bist unser Ziel und unser Trost auf dem Lebensweg.

Kann eine Frau ihren Säugling vergessen,
eine Mutter ihr leibliches Kind?
Selbst wenn sie es vergessen würde –
ich vergesse dich nicht! *(Jes 49,15)*

> Unser Gott im Himmel,
> gedenke deines Bundes
> und vergiß uns nicht! *(Machzor)*

Du Gott, bist unser Vater,
wir sind der Ton, und du töpferst.
Wir alle sind das Werk deiner Hände. *(Jes 64,7)*

> Die Güte des lebendigen Gottes komme über uns.
> Lass das Werk unserer Hände gelingen;
> ja, lass gelingen unserer Hände Werk. *(Ps 90,17)*

Ich habe lange geschwiegen,
ich war still und habe mich zurückgehalten.
Nun aber will ich wie eine Gebärende schreien und keuchen und stöhnen.
(Jes 42,14)

> Die Seele ist dein,
> der Körper ist deine Schöpfung.
> Erbarme dich über dein Werk! *(Machzor)*

Wie sich ein Vater über Kinder erbarmt,
so erbarmt sich Gott über die, die Gott fürchten.
Denn Gott weiß, was wir für Gebilde sind,
Gott denkt daran, dass wir nur Staub sind. *(Ps 103,14)*

> Vertreibe uns nicht aus deiner Nähe wenn wir alt sind. Verlass uns nicht, wenn unsere Kräfte schwinden! *(Machzor)*

כְּאִישׁ אֲשֶׁר אִמּוֹ תְּנַחֲמֶנּוּ כֵּן אָנֹכִי אֲנַחֶמְכֶם׃

שַׂבְּעֵנוּ בַבֹּקֶר חַסְדֶּךָ וּנְרַנְּנָה וְנִשְׂמְחָה בְּכָל־יָמֵינוּ׃
שַׂמְּחֵנוּ כִּימוֹת עִנִּיתָנוּ שְׁנוֹת רָאִינוּ רָעָה׃

אַל־תַּסְתֵּר פָּנֶיךָ מִמֶּנִּי
אַל־תַּט־בְּאַף עַבְדֶּךָ עֶזְרָתִי הָיִיתָ
אַל־תִּטְּשֵׁנִי וְאַל־תַּעַזְבֵנִי אֱלֹהֵי יִשְׁעִי׃
כִּי־אָבִי וְאִמִּי עֲזָבוּנִי וַיהוָה יַאַסְפֵנִי׃

שְׁמַע קוֹלֵנוּ חוּס וְרַחֵם עָלֵינוּ.
וְקַבֵּל בְּרַחֲמִים וּבְרָצוֹן אֶת־תְּפִלָּתֵנוּ׃

Der Gottesdienst wird mit Ps 122 auf S. 278 fortgesetzt.

München, Inneres der Synagoge von 1825
(Aquarell von J.B. Metivier)

Wie ein Mensch von seiner Mutter getröstet wird,
so tröste ich euch. *(Jes 66,13)*

Sättige uns am Morgen mit deiner Güte,
dann können wir alle Tage unseres Lebens jubeln und fröhlich sein.
Erfreue uns so viele Tage, wie du uns gebeugt hast,
so viele Jahre, wie wir Unglück erfuhren. *(Ps 90,14-15)*

Verbirg dein Gesicht nicht vor mir,
weise den, der dir dient, nicht im Zorn von dir ab; du wurdest meine Hilfe!
Verwirf mich nicht, verlass mich nicht, du Gott meines Heils!
Wenn mich Vater und Mutter verlassen, nimmst du, Gott, mich auf.
(Ps 27,9-10)

Ewiger, unser Gott, Ursprung allen Erbarmens, höre unsere Stimme. Habe Mitleid und erbarme dich über uns. In Erbarmen und in Wohlwollen höre unser Gebet.

(Wochentagsamida)

Der Gottesdienst wird mit Ps 122 auf S. 279 fortgesetzt.

ABENDGEBET
תפלת ערבית
לסוכות
FÜR SUKKOT

MEDITATIONEN VOR DEM ABENDGEBET FÜR SUKKOT

ISRAEL UND DIE VÖLKER

Am 15. Tag des siebten Monats sollt ihr eine heilige Versammlung halten. An diesem Tag sollt ihr keine schwere Arbeit verrichten, sondern ein Fest für Gott feiern, sieben Tage lang. Ihr sollt ein Brandopfer darbringen … von dreizehn jungen Stieren. Am zweiten Tag zwölf junge Stiere. … Am dritten Tag elf junge Stiere. … Am vierten Tag zehn junge Stiere. … Am fünften Tag neun junge Stiere. … Am sechsten Tag acht junge Stiere. … Am siebten Tag sieben junge Stiere. …

(Numeri 29,12-32)

Israels Opferdienst an Sukkot, wo siebzig junge Stiere geopfert wurden, geschah um der Nationen willen. Als der Tempel zerstört wurde, litten deshalb auch die Nationen darunter und verloren ein Sühnemittel.

(Sukka 55b)

Sukkot erinnert uns daran, dass Israel eine spezielle Aufgabe in der Welt hat, die jedoch aufs Engste verbunden ist mit dem Schicksal anderer Völker. Sukkot wird zum universalsten unserer Feste, und darin spiegelt sich die prophetische Sicht wider: „Wer übrigbleiben wird von allen Völkern, die gegen Jerusalem gezogen sind, wird Jahr für Jahr hinaufsteigen, um den Ewigen, den Gott aller Schöpfung, zu verehren und das Laubhüttenfest zu feiern“ (Sach 14,16).

(Jonathan Magonet/Lionel Blue)

USCHPIZIN – GÄSTE

Es gibt den Brauch, jeden Tag Uschpizin – symbolische Gäste – zu uns in die Sukka einzuladen. Diese Ehrengäste sind Abraham, Isaak, Jakob, Josef, Mose, Aaron und David. Jeden Tag wird einer von ihnen eingeladen. Dieser Brauch wurde durch die Kabbalisten in Safet volkstümlich, die eine kurze Formel schufen, die dabei rezitiert wird. Für die Kabbalisten stand jeder der Gäste für eine der kabbalistischen S'firot, den Sphären, die das Universum ausmachen. Wenn wir sie einladen, legen wir jedem Tag eine andere mystische Bedeutung bei. In neuer Zeit haben Menschen auch die Erzmütter und andere wichtige Frauen der Bibel als Uschpizin in die Sukka eingeladen. Eine solche Liste enthält Sara, Rahel, Rebekka, Lea, Mirjam, Abigail und Esther.

Es gibt eine weitere Verbindung zwischen den Uschpizin und Sukkot. Alle Uschpizin waren Wanderer oder lebten im Exil. Abraham verließ seine Heimat, um nach Israel zu gehen; alle drei Erzväter wanderten in das Land Kanaan und mussten mit seinen Herrschenden aus einer unvorteilhaften Stellung heraus umgehen. Jakob floh zu Laban. Josef wurde aus seiner Familie ausgestoßen. Mose floh aus Ägypten nach Midian, und später führte er zusammen mit Aaron das Volk vierzig Jahre lang auf der Wanderschaft durch die Wüste. Und David floh vor Saul. Das Thema der Wanderschaft und der Heimatlosigkeit, das von der provisorischen Laubhütte veranschaulicht wird, spiegelt sich auch im Leben der Uschpizin wider.

(Michael Strassfeld)

Wenn ein Fremder ins Schtetl kam, suchte er Gastfreundschaft in der Schul mit den Worten *„'z'chei vee'* – verschaffe dir selbst den Verdienst, die Mizwa der Gastfreundschaft zu erfüllen.

(Samuel Sperber)

Jeder, der am Fest isst und trinkt, ist verpflichtet, den Fremden, den Waisen und den Witwen zusammen mit den Armen zu essen zu geben. Wenn aber die Türe verschlossen ist und die Familie miteinander isst, ohne den Armen und Bedrückten zu versorgen, dann ist das nicht die „Freude, ein Gebot zu erfüllen", sondern die „Freude des Magens". … Freude dieser Art ist eine Schande.

(Maimonides, Mischneh Thora, Jom Tow 6,20)

Ich werde die Überzeugung nicht los, dass die Qual und die geheimnisvolle Unverwüstlichkeit im Judentum eine unbequeme Wahrheit veranschaulichen und darstellen: Dass die Menschen lernen müssen, auf diesem kleinen Planeten gegenseitig Gäste zu sein.

(George Steiner)

תפלת ערבית לסוכות

In einigen Gemeinden ist es üblich, Körbe mit Früchten in die Synagoge zu bringen. Am Ende des Gottesdienstes können sie mit in die Sukka genommen werden, in der der Kiddusch gesprochen wird.

In einigen Gemeinden ist es üblich, zu Beginn des Gottesdienstes die Festtagskerzen anzuzünden:

בָּרוּךְ אַתָּה יְהוָֹה אֱלֹהֵינוּ מֶלֶךְ הָעוֹלָם· אֲשֶׁר קִדְּשָׁנוּ בְּמִצְוֹתָיו וְצִוָּנוּ לְהַדְלִיק נֵר שֶׁל [שַׁבָּת וְ] יוֹם טוֹב:

שהחינו

בָּרוּךְ אַתָּה יְהוָֹה אֱלֹהֵינוּ מֶלֶךְ הָעוֹלָם· שֶׁהֶחֱיָנוּ וְקִיְּמָנוּ וְהִגִּיעָנוּ לַזְּמַן הַזֶּה:

אַךְ בַּחֲמִשָּׁה עָשָׂר יוֹם לַחֹדֶשׁ הַשְּׁבִיעִי בְּאָסְפְּכֶם אֶת־תְּבוּאַת הָאָרֶץ תָּחֹגּוּ אֶת־חַג־יְהוָֹה:
בַּסֻּכֹּת תֵּשְׁבוּ שִׁבְעַת יָמִים כָּל־הָאֶזְרָח בְּיִשְׂרָאֵל
יֵשְׁבוּ בַּסֻּכֹּת: לְמַעַן יֵדְעוּ דֹרֹתֵיכֶם כִּי בַסֻּכּוֹת
הוֹשַׁבְתִּי אֶת־בְּנֵי יִשְׂרָאֵל בְּהוֹצִיאִי אוֹתָם מֵאֶרֶץ

Gott, du versorgst Leib und Seele mit Nahrung. In deiner Gegenwart feiern wir die Gegensätze unseres Lebens; die Armut und den Reichtum, die wir erlebt haben. Wir erinnern uns, wie wir durch die Wüste zogen und wie deine Gegenwart uns ernährte und stärkte. Denn wir sind auf einer Reise durch Raum und Zeit; wir fliehen aus einem ewigen Ägypten und sind auf dem Weg zu einem verheißenen Land der Freiheit.

Unsere Seelen haben Bestand unter dem Schutz, den dein Friede uns gibt. Wir leben im Schatten deiner Gegenwart. In deine Hände befehlen wir unseren Geist, und mit unserem Geist auch unseren Körper. Denn in jeder Generation wirkst du, um uns zu erlösen, wahrhaftiger Gott. Unsere Augen können dich nicht sehen und unser Verstand vermag deine Wege nicht zu begreifen. Dennoch folgen auch wir dir durch die Wüste dieser Welt und vertrauen dir von Herzen. Behüte uns auf unserem Weg und segne unsere Anstrengungen. Vergib uns, wenn wir

ABENDGEBET FÜR SUKKOT

In einigen Gemeinden ist es üblich, Körbe mit Früchten in die Synagoge zu bringen. Am Ende des Gottesdienstes können sie mit in die Sukka genommen werden, in der der Kiddusch gesprochen wird.

In einigen Gemeinden ist es üblich, zu Beginn des Gottesdienstes die Festtagskerzen anzuzünden:

Gepriesen seist du, Ewiger, unser Gott; du regierst die Welt. Du hast uns durch deine Gebote geheiligt und hast uns aufgetragen, (die Schabbatkerzen und) die Festtagskerzen anzuzünden.

Gepriesen seist du, Ewiger, unser Gott; du regierst die Welt. Du hast uns am Leben erhalten und bewahrt. Und nun hast du uns diese Zeit erreichen lassen.

Am fünfzehnten Tag des siebten Monats, wenn ihr den Ertrag des Landes erntet, feiert sieben Tage lang ein Fest für Gott. …

Sieben Tage lang sollt ihr in Hütten wohnen. Alle Einheimischen in Israel sollen in Hütten wohnen, damit eure kommenden Generationen wissen, dass ich die Kinder Israels in Hütten wohnen ließ, als ich sie aus Ägypten herausführte – ich, der Ewige, bin euer Gott.

(Lev 23,39.42-43)

Gott, du versorgst Leib und Seele mit Nahrung. In deiner Gegenwart feiern wir die Gegensätze unseres Lebens; die Armut und den Reichtum, die wir erlebt haben. Wir erinnern uns, wie wir durch die Wüste zogen und wie deine Gegenwart uns ernährte und stärkte. Denn wir sind auf einer Reise durch Raum und Zeit; wir fliehen aus einem ewigen Ägypten und sind auf dem Weg zu einem verheißenen Land der Freiheit.

Unsere Seelen haben Bestand unter dem Schutz, den dein Friede uns gibt. Wir leben im Schatten deiner Gegenwart. In deine Hände befehlen wir unseren Geist, und mit unserem Geist auch unseren Körper. Denn in jeder Generation wirkst du, um uns zu erlösen, wahrhaftiger Gott. Unsere Augen können dich nicht sehen und unser Verstand vermag deine Wege nicht zu begreifen. Dennoch folgen auch wir dir durch die Wüste dieser Welt und vertrauen dir von Herzen. Behüte uns auf unserem Weg und segne unsere Anstrengungen. Vergib uns, wenn wir abirren, und führe uns immer wieder auf den Pfad des Friedens und der Güte zurück. Erfrische uns mit deiner Freude. Lass uns dazu beitragen, das Land zu bauen, das du den Gerechten versprochen hast, in einer Welt, in der alle in Freiheit und in Frieden leben können.

Eines der beiden folgenden Lieder:

יָמִין וּשְׂמֹאל רַק חוֹל וָחוֹל
יַצְהִיב מִדְבָּר לְלֹא מִשְׁעוֹל
אוֹרְחָה עוֹבְרָה דוּמָם נָעָה
כִּדְמוּת חֲלוֹם שָׁם מוּפְלָאָה
וּצְלִיל עוֹלֶה יוֹרֵד קָצוּב
גְּמַלִּים פּוֹסְעִים בְּנוֹף עָצוּב
לִן־לָן לִן־לָן זֶה שִׁיר הַנְּדֹד
שָׁתֹק וָשֵׂאת – שָׁתֹק וּצְעֹד

כֵּן בַּקֹּדֶשׁ חֲזִיתִיךָ לִרְאוֹת עֻזְּךָ וּכְבוֹדֶךָ:
צָמְאָה לְךָ נַפְשִׁי כָּמַהּ לְךָ בְשָׂרִי:

I WANDERSCHAFT UND RAST

Das Volk darf nicht unter dem bergenden Schatten des Sinai, mit dem es Gott umhüllte, daß es mit ihm allein sei, verweilen. Es muß aus der verborgenen Zweisamkeit mit seinem Gott hinaus in die Welt; es muß die Wüstenwanderung antreten …

Das Hüttenfest ist das Fest der Wanderung zugleich und der Ruhe; zum Gedenken an die einstige lange Wanderung, die dort endlich zur Ruhe führte, vereinen sich da die Hausgenossen zum heiteren Mahl nicht in den gewohnten Räumen des Hauses, sondern unter leichtem, schnellgebautem Dache, das den Himmel durchscheinen läßt. Da mag sich das Volk erinnern, daß auch das Haus des jeweils heutigen Tags, mag es noch so sehr zur Ruhe und zum sichern Wohnen verlocken, doch nur ein Zelt ist, das vorübergehende Rast erlaubt auf der langen Wanderung durch die Wüste der Jahrhunderte.

(Franz Rosenzweig).

abirren, und führe uns immer wieder auf den Pfad des Friedens und der Güte zurück. Erfrische uns mit deiner Freude. Lass uns dazu beitragen, das Land zu bauen, das du den Gerechten versprochen hast, in einer Welt, in der alle in Freiheit und in Frieden leben können.

Eines der beiden folgenden Lieder:

I

Rechts und links Sand, nichts als Sand.
Gelb ist die Wüste, kein Weg ihr bekannt.
Schleichend bewegt sich die Karawane
gleich Wundergestalten im Traum.

Klänge gehn im Takt auf und nieder.
Kamele zieh'n durch das traurige Land.
Kling-klang, Kling-klang sind der Reisenden Lieder.
Sie tragen schweigend, sie schreiten stumm.

(Ya'akow Fishman)

II

Darum halte ich im Heiligtum Ausschau nach dir,
um deine Macht und Herrlichkeit zu sehen.
Meine Seele dürstet nach dir.
Nach dir schmachtet mein Leib. *(Zwei-dreimal wdh.)*

(Ps 63,3.2)

II DIE UNSICHERHEIT DES LEBENS

Wenn Juden für eine Woche in die Sukka ziehen, hinterfragen sie die festen Wände und die kontrollierbare Sicherheit. Das ist kein Verzicht auf Selbstschutz, aber eine Anerkennung seiner Grenzen. Man sollte seine Verletzlichkeit annehmen und intensiver leben, anstatt dicke Mauern zu bauen, die uns vor Verletzungen schützen sollen, uns aber letztlich vom Leben abschneiden. Die Sukka leugnet den Wert eines soliden Zuhauses oder menschlicher Anstrengungen nicht. Einundfünfzig Wochen lang ist es den Juden erlaubt, in Häusern zu wohnen, und sie werden ermutigt, die Welt aufzubauen und Sicherheit und Wohlergehen zu fördern. Aber die Sukka lehrt uns, dass diejenigen, die die Häuser bauen, fähig sein sollten, sie aufzugeben oder auszuziehen, wenn es nötig ist. Verzicht ist das Geheimnis der Beherrschung.

Am Laubhüttenfest feiert man das Vorrecht, sich auf den Weg zur Freiheit machen zu können. Es wird nicht darauf ankommen, ob man diese Aufgabe beendet, sehr wohl aber darauf, ob man sich überhaupt auf den Weg gemacht hat.

(Irving Greenberg)

Zwischen den Abschnitten der folgenden Texte aus Ex 40 und Num 33 wird Ps 121 gesungen:

וּבְהֵעָלוֹת הֶעָנָן מֵעַל הַמִּשְׁכָּן יִסְעוּ בְּנֵי יִשְׂרָאֵל בְּכֹל מַסְעֵיהֶם: וַיִּסְעוּ בְנֵי־יִשְׂרָאֵל מֵרַעְמְסֵס וַיַּחֲנוּ בְּסֻכֹּת:
וַיִּסְעוּ מִסֻּכֹּת וַיַּחֲנוּ בְאֵתָם אֲשֶׁר בִּקְצֵה הַמִּדְבָּר:
וַיִּסְעוּ מֵאֵתָם וַיָּשָׁב עַל־פִּי הַחִירֹת ... וַיַּחֲנוּ לִפְנֵי מִגְדֹּל:
וַיִּסְעוּ מִפְּנֵי הַחִירֹת וַיַּעַבְרוּ בְתוֹךְ־הַיָּם הַמִּדְבָּרָה ... וַיַּחֲנוּ בְּמָרָה:

תהלים קכא א.ב
אֶשָּׂא עֵינַי אֶל־הֶהָרִים מֵאַיִן יָבֹא עֶזְרִי:
עֶזְרִי מֵעִם יְהוָה עֹשֵׂה שָׁמַיִם וָאָרֶץ:

וַיִּסְעוּ מִמָּרָה וַיָּבֹאוּ אֵילִמָה וּבְאֵילִם שְׁתֵּים עֶשְׂרֵה עֵינֹת מַיִם וְשִׁבְעִים תְּמָרִים ...
וַיִּסְעוּ מֵאֵילִם וַיַּחֲנוּ עַל־יַם־סוּף:
וַיִּסְעוּ מִיַּם־סוּף וַיַּחֲנוּ בְּמִדְבַּר־סִין:
וַיִּסְעוּ מִמִּדְבַּר־סִין וַיַּחֲנוּ בְּדָפְקָה:

תהלים קכא ג.ד
אַל־יִתֵּן לַמּוֹט רַגְלֶךָ אַל־יָנוּם שֹׁמְרֶךָ:
הִנֵּה לֹא־יָנוּם וְלֹא יִישָׁן שׁוֹמֵר יִשְׂרָאֵל:

וַיִּסְעוּ מִדָּפְקָה וַיַּחֲנוּ בְּאָלוּשׁ:
וַיִּסְעוּ מֵאָלוּשׁ וַיַּחֲנוּ בִּרְפִידִם וְלֹא־הָיָה שָׁם מַיִם לָעָם לִשְׁתּוֹת:

Zwischen den Abschnitten der folgenden Texte aus Ex 40 und Num 33 wird Ps 121 gesungen:

Jedesmal, wenn sich die Wolke von der Stiftshütte erhob, brachen die Kinder Israels auf. *(Ex 40,36)*
So brachen die Kinder Israels von Ramses auf und lagerten sich in Sukkot.
Sie brachen von Sukkot auf und lagerten sich in Etam, das am Rande der Wüste liegt.
Sie brachen von Etam auf und kehrten nach Pi Hachirot zurück und lagerten sich vor Migdol.
Und sie brachen von Pi Hachirot auf und zogen durch das Meer in die Wüste hinein, und sie lagerten sich in Mara.

PSALM 121 1.2

Ich hebe meine Augen auf zu den Bergen,
woher kommt Hilfe für mich?
Meine Hilfe kommt von Gott.
Gott hat Himmel und Erde gemacht.

Sie brachen von Mara auf und kamen nach Elim.
In Elim gab es zwölf Wasserquellen und siebzig Palmbäume.
Sie brachen von Elim auf und lagerten sich am Schilfmeer.
Sie brachen vom Schilfmeer auf und lagerten sich in der Wüste Sin.
Sie brachen aus der Wüste Sin auf und lagerten sich in Dafqa.

PSALM 121 3.4

Gott lässt deinen Fuß nicht gleiten,
der dich behütet, schläft nicht.
Siehe, Gott behütet Israel.
Gott schläft und schlummert nicht.

Sie brachen von Dafqa auf und lagerten sich in Alusch.
Sie brachen von Alusch auf und lagerten sich in Refidim.
Dort gab es kein Wasser zu trinken.

וַיִּסְעוּ מֵרְפִידִם וַיַּחֲנוּ בְּמִדְבַּר סִינָי:
וַיִּסְעוּ מִמִּדְבַּר סִינָי וַיַּחֲנוּ בְּקִבְרֹת הַתַּאֲוָה:
וַיִּסְעוּ מִקִּבְרֹת הַתַּאֲוָה וַיַּחֲנוּ בַּחֲצֵרֹת:
וַיִּסְעוּ מֵחֲצֵרֹת וַיַּחֲנוּ בְּרִתְמָה ···

תהלים
קכא
ה.ו

יְהוָה שֹׁמְרֶךָ יְהוָה צִלְּךָ עַל־יַד יְמִינֶךָ:
יוֹמָם הַשֶּׁמֶשׁ לֹא־יַכֶּכָּה וְיָרֵחַ בַּלָּיְלָה:

וַאֲנַחְנוּ נוֹסְעִים מֵאַרְצֵנוּ לַגּוֹלָה וּמִגּוֹלָה לְאַרְצֵנוּ:
וַאֲנַחְנוּ נוֹסְעִים מֵעַבְדוּת לְחֵרוּת מֵעַבְדוּת לְחֵרוּת בִּנְתִיבוֹת חַיֵּינוּ:
וַאֲנַחְנוּ נוֹסְעִים בְּדֶרֶךְ מִדְבָּר לְלֹא מַיִם וּבִשְׂדוֹת־מִרְעֶה שׁוֹפְעֵי־טוּב:
וַאֲנַחְנוּ נוֹסְעִים בְּשִׂמְחָה אֵין־קֵץ וּבְצַעַר לְלֹא הֲפֻגָּה:
וַאֲנַחְנוּ נוֹסְעִים בִּתְקוּפוֹת חַסְרֹת פֵּשֶׁר וּבְיָמִים נְטוּלֵי מְנוּחָה:
וַאֲנַחְנוּ נוֹסְעִים בְּחַגִּים שֶׁל שָׂשׂוֹן וּבְמוֹעֲדִים שֶׁל תִּקְוָה:

תהלים
קכא
ז.ח

יְהוָה יִשְׁמָרְךָ מִכָּל־רָע יִשְׁמֹר אֶת־נַפְשֶׁךָ:
יְהוָה יִשְׁמָר־צֵאתְךָ וּבוֹאֶךָ מֵעַתָּה וְעַד־עוֹלָם:

Sie brachen von Refidim auf und lagerten sich in der Wüste Sinai.
Sie brachen aus der Wüste Sinai auf und lagerten sich in Kifrot-Hata'awa.
Sie brachen von Kifrot-Hata'awa auf und lagerten sich in Chazerot.
Sie brachen von Chazerot auf und lagerten sich in Ritma…

(Num 33,5-18).

PSALM 121 5.6

Gott behütet dich. Gott gibt dir Schatten.
Gott steht dir zur Seite.
Am Tage wird dir die Sonne nicht schaden,
noch der Mond in der Nacht.

Wir sind auf dem Weg von unserem Land ins Exil
und vom Exil in unser Land.
Wir sind auf dem Weg von immer wieder neuen Knechtschaften zu immer wieder neuen Freiheiten auf den Wegen unseres Lebens.
Wir sind auf dem Weg durch wasserlose Wüsten
und durch üppige, saftige Wiesen.
Wir sind auf dem Weg mit nicht enden wollender Freude
und mit nicht ablassenden Sorgen.
Wir sind auf dem Weg durch Zeiten, die sinnlos scheinen,
und durch arbeitsreiche, rastlose Tage.
Wir sind auf dem Weg durch fröhliche Feste
und durch Zeiten der Hoffnung.

PSALM 121 7.8

Gott behüte dich vor allem Bösen.
Gott behüte deine Seele.
Gott behüte deinen Ausgang und Eingang
von nun an bis in Ewigkeit.

תהלים

פד

לַמְנַצֵּחַ עַל־הַגִּתִּית לִבְנֵי־קֹרַח מִזְמוֹר׃

מַה־יְּדִידוֹת מִשְׁכְּנוֹתֶיךָ יְהוָה צְבָאוֹת׃
נִכְסְפָה וְגַם־כָּלְתָה נַפְשִׁי לְחַצְרוֹת יְהוָה
לִבִּי וּבְשָׂרִי יְרַנְּנוּ אֶל אֵל־חָי׃

גַּם־צִפּוֹר מָצְאָה בַיִת וּדְרוֹר קֵן לָהּ אֲשֶׁר־שָׁתָה אֶפְרֹחֶיהָ
אֶת־מִזְבְּחוֹתֶיךָ יְהוָה צְבָאוֹת מַלְכִּי וֵאלֹהָי׃

אַשְׁרֵי יוֹשְׁבֵי בֵיתֶךָ עוֹד יְהַלְלוּךָ סֶּלָה׃
אַשְׁרֵי אָדָם עוֹז־לוֹ בָךְ מְסִלּוֹת בִּלְבָבָם׃
עֹבְרֵי בְּעֵמֶק הַבָּכָא מַעְיָן יְשִׁיתוּהוּ גַּם־בְּרָכוֹת יַעְטֶה מוֹרֶה׃
יֵלְכוּ מֵחַיִל אֶל־חָיִל יֵרָאֶה אֶל־אֱלֹהִים בְּצִיּוֹן׃

יְהוָה אֱלֹהִים צְבָאוֹת שִׁמְעָה תְפִלָּתִי הַאֲזִינָה אֱלֹהֵי יַעֲקֹב
סֶלָה׃
מָגִנֵּנוּ רְאֵה אֱלֹהִים וְהַבֵּט פְּנֵי מְשִׁיחֶךָ׃

כִּי טוֹב־יוֹם בַּחֲצֵרֶיךָ מֵאָלֶף בָּחַרְתִּי הִסְתּוֹפֵף בְּבֵית אֱלֹהַי
מִדּוּר בְּאָהֳלֵי־רֶשַׁע׃

כִּי שֶׁמֶשׁ וּמָגֵן יְהוָה אֱלֹהִים חֵן וְכָבוֹד יִתֵּן יְהוָה
לֹא יִמְנַע־טוֹב לַהֹלְכִים בְּתָמִים׃

יְהוָה צְבָאוֹת אַשְׁרֵי אָדָם בֹּטֵחַ בָּךְ׃

Am Schabbat wird der Gottesdienst mit Ps 92 auf S. 274 fortgesetzt, an Wochentagen mit Ps 122 auf S. 278.

PSALM
84
VON GOTT BESCHÜTZT

Dem Chorleiter. Auf der Gittit. Von den Söhnen Korachs. Ein Psalm.

Wie liebenswert sind deine Wohnungen,
Gott aller Geschöpfe.
Meine Seele verlangt, ja sehnt sich,
nach den Vorhöfen Gottes.
Mein Verstand und mein Körper
preisen den lebendigen Gott.

Selbst der Sperling fand ein Zuhause,
die Schwalbe ihr Nest
für ihre Jungen,
an deinen Altären, Gott aller Geschöpfe,
du regierst über mich;
du bist mein Gott.

Glücklich sollen die sein, die in deinem Hause wohnen
und dich immerfort loben.
Glücklich sollen die Pilger sein, die in dir Kraft schöpfen,
wenn sie in ihren Herzen mit dir unterwegs sind.
Ziehen sie durch ein Tränental,
wird es ihnen zum Quellgrund,
und der Frühregen erfüllt es mit Segen.
Sie pilgern von einer Kraftquelle zur anderen,
bis sie vor Gott auf dem Zion erscheinen.

Ewiger, Gott aller Geschöpfe,
höre mein Gebet.
Höre zu, Gott Jakobs.
Gott, unser Schutzschild, sieh her!
Schau deinen Gesalbten an!

Denn ein Tag in deinen Vorhöfen
ist besser als tausend andere.
Ich will lieber an der Schwelle des Hauses meines Gottes stehen,
als in den Zelten der Ungerechten wohnen.

Ja, Gott ist Sonne und Schutzschild,
Gott gibt Gnade und Ruhm.
Gott wird denen nichts Gutes vorenthalten,
die in Treue zu Gott unterwegs sind.

Gott aller Geschöpfe,
glücklich ist der Mensch, der auf dich vertraut!

Am Schabbat wird der Gottesdienst mit Ps 92 auf S. 275 fortgesetzt, an Wochentagen mit Ps 122 auf S. 279.

ABENDGEBET
תפלת ערבית
FÜR
לשמיני עצרת
SCHEMINI AZERET
ולשמחת תורה
UND SIMCHAT THORA

MEDITATIONEN VOR DEM ABENDGEBET FÜR SCHEMINI AZERET/SIMCHAT THORA

Was erwartet ein Mensch, der eine Synagoge betritt? Um zu lernen, geht man in eine Bibliothek; für eine ästhetische Bereicherung in ein Kunstmuseum; für reine Musik in eine Konzerthalle. Was ist dann aber der Grund, warum man in ein Synagoge geht?

Es gibt viele Möglichkeiten, die uns dabei helfen, die wichtigen weltlichen Tugenden, Fähigkeiten und Techniken zu erwerben. Wo aber sollte man etwas über das Innere des Geistes lernen? … über die immergültige Weisheit des Mitgefühls?… über die Gefahr, gefühllos zu sein? … Wo sollte jemand lernen, dass die größte Wahrheit die Reue ist?

Die Entwicklung und Pflege eines empfindsamen Gewissens ist unerlässlich. Wir alle stehen in der Gefahr, in die Dunkelheit der Eitelkeit zu sinken. Wir alle sind an der Anbetung unseres eigenen Ichs beteiligt.

Wir alle haben es nötig, Augenblicke zu erleben, in denen das Spirituelle genauso bedeutsam und konkret ist, wie zum Beispiel das Ästhetische… In der Synagoge müssen wir versuchen, solche Innerlichkeit und solche Empfindsamkeit zu schaffen.

Um einen gewissen Grad an spiritueller Sicherheit zu erlangen, kann man sich nicht auf seine eigenen Quellen stützen. Man braucht eine Atmosphäre, in der die Sorge um den Geist von einer Gemeinde geteilt wird.

Wir brauchen Studierende und Gelehrte, Lehrende und Spezialisten. Wir brauchen aber ebenso die Gemeinschaft der Zeuginnen und Zeugen, der Menschen, die Gottesdienste feiern, und die für einen Moment die Wahrheit spüren, dass das Leben ohne Beziehung zu Gott bedeutungslos ist.

(Abraham Joshua Heschel)

Schemini Azeret ist ein ganzer Festtag, der durch die herkömmlichen Rituale des *Kiddusch*, des Kerzenanzündens und andere mehr gekennzeichnet ist, sowie durch das Verbot der Arbeit. Im *Kiddusch* und in der *Amida* wird er *Schemini Chag ha-Azeret* genannt. Der Segensspruch *Schehechejanu* wird beim Kerzenanzünden oder zum *Kiddusch* gesprochen.

Lulaw und *Etrog* werden an *Schemini Azeret* nicht liturgisch verwendet, und obwohl der *Kiddusch* sowohl am Abend als auch am Morgen in der Laubhütte gesagt wird, wird der Segensspruch *Leschew ba-Sukka* ausgelassen. …

Während des *Mussaf*-Gottesdienstes beten wir *Tefilat Gäschäm*, die Bitte um Regen. Sie entspricht der Bitte um Tau zu Beginn des Passafestes. Jede dieser Bitten bezeichnet einen Wendepunkt im landwirtschaftlichen Jahr in Israel. Wir bitten an *Schemini Azeret* um Regen, denn nun beginnt die Regenzeit, der Winter. Jedoch warten wir mit dieser Bitte bis zum Ende von *Sukkot*, denn wir wünschen uns gutes Wetter, damit wir in der Laubhütte sitzen können.

(Michael Strassfeld)

Die Thora bestimmt die Opfer, die an den einzelnen Tagen des Laubhüttenfestes dargebracht werden sollen, angefangen bei 13 jungen Stieren am ersten Tag, zwölf am zweiten Tag, bis hin zu sieben am siebten Tag. Das ergibt eine Summe von 70 Opfern während der ersten sieben Tage. Die Rabbinen deuteten dies so, dass sie für die 70 Nationen der Welt dargebracht werden. Am achten Tag ändert sich das Muster: „Am achten Tag sollst du eine heilige Versammlung stattfinden lassen. An diesem Tag sollst du keine schwere Arbeit verrichten…“ *(Num 29,35-36)* Aus diesem Grund heißt es im Midrasch: „Gott sagte zu Israel: Meine Kinder, ich weiß, dass ihr während der ganzen sieben Tage des Festes der Stiftshütte damit beschäftigt wart, Opfer für die Nationen der Welt darzubringen. Deshalb lasst diesen Tag einen Tag der Freude nur für euch und mich allein sein. Ich erwarte kein zu schweres Opfer, nur einen jungen Stier und nur einen Widder.“ Als Israel das hörte, begann es, Gott zu loben und sang: „Dies ist der Tag, den Gott gemacht hat; lasst uns jubeln und uns an ihm freuen!“ *(Ps 118,24)*

(Pesikta Rabbati 52,7)

תפלת ערבית
לשמיני עצרת ולשמחת תורה

בָּרוּךְ אַתָּה יְהוָֹה אֱלֹהֵינוּ מֶלֶךְ הָעוֹלָם· אֲשֶׁר קִדְּשָׁנוּ בְּמִצְוֹתָיו וְצִוָּנוּ לְהַדְלִיק נֵר שֶׁל [שַׁבָּת וְ] יוֹם טוֹב·

בָּרוּךְ אַתָּה יְהוָֹה אֱלֹהֵינוּ מֶלֶךְ הָעוֹלָם· שֶׁהֶחֱיָנוּ וְקִיְּמָנוּ וְהִגִּיעָנוּ לַזְּמַן הַזֶּה·

בַּיּוֹם הַשְּׁמִינִי עֲצֶרֶת תִּהְיֶה לָכֶם
כָּל־מְלֶאכֶת עֲבֹדָה לֹא תַעֲשׂוּ:

Am Laubhüttenfest wurden zur Zeit des Tempels siebzig Stiere geopfert, aber am Schlussfest, dem Abschlusstag des Laubhüttenfestes, wurde nur einer geopfert.

אָמַר רַבִּי אֶלְעָזָר: הָנֵי שִׁבְעִים פָּרִים כְּנֶגֶד מִי ־ כְּנֶגֶד שִׁבְעִים אוּמּוֹת: פַּר יְחִידִי לָמָּה ־ כְּנֶגֶד אוּמָּה יְחִידָה: מָשָׁל לְמֶלֶךְ בָּשָׂר וָדָם שֶׁאָמַר לַעֲבָדָיו: עֲשׂוּ לִי סְעוּדָה גְּדוֹלָה: לְיוֹם אַחֲרוֹן אָמַר לְאוֹהֲבוֹ: עֲשֵׂה לִי סְעוּדָה קְטַנָּה· כְּדֵי שֶׁאֵהָנֶה מִמְּךָ:

Lasst uns heute an diesem Fest für Gott teilnehmen. Voller Freude wollen wir den Thora-Lesezyklus abschließen und die Thora wieder neu zu lesen beginnen.

ABENDGEBET
FÜR SCHEMINI AZERET/SIMCHAT THORA

In einigen Gemeinden ist es üblich, zu Beginn des Gottesdienstes die Festtagskerzen anzuzünden:

Gepriesen seist du, Ewiger, unser Gott; du regierst die Welt. Du hast uns durch deine Gebote geheiligt und hast uns aufgetragen, (die Schabbatkerzen und) die Festtagskerzen anzuzünden.

Gepriesen seist du, Ewiger, unser Gott; du regierst die Welt. Du hast uns am Leben erhalten und bewahrt. Und nun hast du uns diese Zeit erreichen lassen.

Am achten Tag sollt ihr eine Festversammlung haben; ihr sollt nicht eurer alltäglichen Arbeit nachgehen. *(Num 29,35)*

Am Laubhüttenfest wurden zur Zeit des Tempels siebzig Stiere geopfert, aber am Schlussfest, dem Abschlusstag des Laubhüttenfestes, wurde nur einer geopfert.

Rabbi Eliëser sagte: Wem entsprechen die siebzig Stiere? Sie entsprechen den siebzig Nationen. Wem entspricht der eine Stier? Er entspricht der einen Nation, Israel.

Es gleicht einem König aus Fleisch und Blut, der zu seinen Knechten sagte: Bereitet mir eine große Mahlzeit! Am letzten Tag aber sagte er zu seinem Freund: Bereite mir eine kleine Mahlzeit, damit ich nur deine Gegenwart genieße. *(Sukka 55b)*

Lasst uns heute an diesem Fest für Gott teilnehmen. Voller Freude wollen wir den Thora-Lesezyklus abschließen und die Thora wieder neu zu lesen beginnen.

Einer oder mehrere Abschnitte der folgenden thematischen Stücke über die Thora kann hier gelesen werden.

Die Thora ist unsere Erbschaft. Wir lesen sie immer und immer wieder, um die Bedeutung unseres Lebens zu entdecken.

הֲפָךְ־בַּהּ וַהֲפָךְ־בַּהּ דְּכֹלָּא בַהּ: וּבַהּ תֶּחֱזֵי וְסִיב וּבְלֵה בַּהּ
וּמִנַּהּ לָא תָזוּעַ שֶׁאֵין לְךָ מִדָּה טוֹבָה הֵימֶנָּה:

עֵץ־חַיִּים הִיא לַמַּחֲזִיקִים בָּהּ וְתֹמְכֶיהָ מְאֻשָּׁר:
דְּרָכֶיהָ דַרְכֵי־נֹעַם וְכָל־נְתִיבוֹתֶיהָ שָׁלוֹם:

Die Thora ist unsere Zukunft, die Thora, die wir studieren und die Thora, die wir in unserem eigenen Leben entdecken.

קַוֹּה קִוִּיתִי יְהוָה וַיֵּט אֵלַי וַיִּשְׁמַע שַׁוְעָתִי:
אָז אָמַרְתִּי.
הִנֵּה־בָאתִי בִּמְגִלַּת־סֵפֶר כָּתוּב עָלָי:
לַעֲשׂוֹת־רְצוֹנְךָ אֱלֹהַי חָפָצְתִּי וְתוֹרָתְךָ בְּתוֹךְ מֵעָי:
וַיִּתֵּן בְּפִי שִׁיר חָדָשׁ תְּהִלָּה לֵאלֹהֵינוּ. יִרְאוּ רַבִּים וְיִירָאוּ
וְיִבְטְחוּ בַּיהוָה:

בַּשָּׁנָה הַבָּאָה נֵשֵׁב עַל הַמִּרְפֶּסֶת
וְנִסְפֹּר צִפֳּרִים נוֹדְדוֹת
יְלָדִים בְּחֻפְשָׁה יְשַׂחֲקוּ תּוֹפֶסֶת
בֵּין הַבַּיִת לְבֵין הַשָּׂדוֹת:
עוֹד תִּרְאֶה. עוֹד תִּרְאֶה
כַּמָּה טוֹב יִהְיֶה
בַּשָּׁנָה־בַּשָּׁנָה הַבָּאָה:

Einer oder mehrere Abschnitte der folgenden thematischen Stücke über die Thora kann hier gelesen werden.

I DIE THORA – UNSERE ERBSCHAFT

Die Thora ist unsere Erbschaft. Wir lesen sie immer und immer wieder, um die Bedeutung unseres Lebens zu entdecken.

Erforsche die Thora immer und immer wieder, denn alles ist in ihr enthalten. Durch sie bekommst du den richtigen Blick. Werde mit ihr alt und grau. Weiche niemals von ihr ab. Denn es gibt keine bessere Richtlinie für dich als die Thora. *(Sprüche der Väter 5,25)*

Wer nach ihr greift, dem ist sie ein Lebensbaum.
Wer an ihr festhält, ist glücklich zu preisen.
Ihre Wege sind Wege der Freude.
All ihre Pfade führen zum Glück.

(Spr 3,18.17)

II DIE THORA – UNSERE ZUKUNFT

Die Thora ist unsere Zukunft, die Thora, die wir studieren und die Thora, die wir in unserem eigenen Leben entdecken.

Inständig habe ich auf dich gehofft, o Gott.
Du hast dein Ohr zu mir geneigt. Du hast mein Schreien gehört.
Ich sagte: „Siehe, ich komme mit einem Buch, in dem über mich geschrieben steht. Mein Gott, ich habe Gefallen daran, deinen Willen zu tun. Deine Thora habe ich verinnerlicht."
Und Gott legte ein neues Lied in meinen Mund, ein Loblied für unseren Gott. Alle sollen es hören und sich vor Gott fürchten und Gott vertrauen.

(Ps 40,2.8-9.4)

BASCHANA HA-BA'A

Nächstes Jahr sitzen wir auf dem Balkon
und zählen die umherfliegenden Vögel.
Wir hören Kinder beim Versteckspiel lachen
zwischen Häusern und Feldern.
Bald wirst du's sehn, bald wirst du's sehn,
wie schön es sein wird
nächstes Jahr.

עֲנָבִים אֲדֻמִּים יַבְשִׁילוּ עַד הָעֶרֶב
וְיֻגְּשׁוּ צוֹנְנִים לַשֻּׁלְחָן
וְרוּחוֹת רְדוּמִים יִשְּׂאוּ אֶל אֵם־הַדֶּרֶךְ
עִתּוֹנִים יְשָׁנִים וְעָנָן
עוֹד תִּרְאֶה...

בַּשָּׁנָה הַבָּאָה נִפְרֹשׂ כַּפּוֹת יָדַיִם
מוּל הָאוֹר הַנִּגָּר הַלָּבָן
אֲנָפָה לְבָנָה תִּפְרֹשׂ בָּאוֹר כְּנָפַיִם
וְהַשֶּׁמֶשׁ תִּזְרַח בְּתוֹכָן
עוֹד תִּרְאֶה...

Der folgende oder der Abschnitt auf der gegenüberliegenden Seite:

III A DIE VERBORGENE THORA

Die Thora ist wie ein Mädchen, das hübsch, anmutig und umworben ist, aber in einem verschlossenen Palast lebt. Es gibt einen heimlichen Liebhaber, niemand kennt ihn, niemand weiß von ihm. Dieser Liebhaber kommt aus Liebe zu ihr zu den Türen des Palastes. Er sieht sich überall nach ihr um, und sie weiß, dass ihr Liebhaber vor der Tür ihres Hauses auf und ab geht. Was wird sie nun tun? Sie öffnet eine kleine Türe an dem verborgenen Ort, an dem sie lebt, und zeigt ihrem Liebhaber ihr Gesicht. Dann zieht sie es wieder zurück und verschwindet. Niemand von denen, die um den Liebhaber herum standen, hat diese Handlung bemerkt oder verstanden außer ihm selbst, und von ganzem Herzen, mit seiner ganzen Seele verlangt er nach ihr. Denn er weiß: Aus Liebe zu ihm hat sie sich ihm einen Moment lang gezeigt um so seine Liebe zu wecken.

So ist es auch mit der Thora. Sie offenbart sich nur dem Menschen, der sie liebt. Die Thora weiß, dass der Weise täglich an der Tür ihres Hauses auf und ab geht. Was wird sie tun? Sie zeigt ihm ihr Gesicht aus dem Palast, und ihre Gesichtszüge spiegeln ihre Liebe wider. Dann zieht sie sich wieder zurück und verbirgt sich. Niemand von den sonst Anwesenden bemerkt es oder versteht es. Nur er allein weiß es, und er beginnt von ganzem Herzen, mit seiner ganzen Seele nach ihr zu verlangen. So also ist die Thora: offenbart und verborgen. Und liebevoll geht sie mit dem um, der sie liebt, um seine Liebe zu wecken.

(Zohar, Mischpatim 99a)

Rote Trauben werden reif bis zum Abend
und kühl auf dem Tisch serviert.
Verschlafene Wolken wehen
alte Zeitungen über die Straßen.
Bald wirst du's sehn, bald wirst du's sehn,
wie schön es sein wird
nächstes Jahr.

Nächstes Jahr heben wir die Hände
zum goldenen Licht empor.
Weiße Reiher strecken im Licht ihre Flügel.
Die Sonne leuchtet darin.
Bald wirst du's sehn, bald wirst du's sehn,
wie schön es sein wird
nächstes Jahr.

(Ehud Manor)

Der folgende oder der Abschnitt auf der gegenüberliegenden Seite:

III B DIE OFFENBARE THORA

Die Bibel … enthält das Wort Gottes, und dieses muß das Wort aller Zeiten sein, jede muß ihr Gegenwärtiges, ihr Eigenes in ihm finden können. …

Sie wurde im Judentum nie ein altes Buch …; sie blieb die Schrift des Lebens, die Schrift des Tages. …

Sie mußte sich mit jeder Idee, die ihre Herrschaft besaß, auseinandersetzen, sich mit jedem wichtigen Gedanken vergleichen und, wenn möglich, verbinden. War eine andere Weltbetrachtung gewonnen, so wollte auch die Bibel wieder ein anderes aussprechen, das alte Wort bewies die Kraft und Fülle der Bedeutung. So schritt die Bibel selber fort, jede Zeit erwarb ihre eigene Bibel. …

Es wurde ein Gebot, das über vieles ging, die Schrift zu erforschen. Forschen, das heißt: etwas weniger als Gegebenes denn als Aufgegebenes ansehen. …

Die Heilige Schrift ist als Ganzes gewissermaßen unausgearbeitet, unbeendet und systemlos …. Sie läßt vieles offen, sie bleibt fragmentarisch, und auch dadurch gebietet sie das Weiterdenken. … Die Heilige Schrift ist im Judentum das Beständigste und das zum weitesten Hinausführende."

(Leo Baeck)

ד
תהלים

לַמְנַצֵּחַ מִזְמוֹר לְדָוִד:

DIE THORA IM UNIVERSUM

הַשָּׁמַיִם מְסַפְּרִים כְּבוֹד־אֵל וּמַעֲשֵׂה יָדָיו מַגִּיד הָרָקִיעַ:
יוֹם לְיוֹם יַבִּיעַ אֹמֶר וְלַיְלָה לְּלַיְלָה יְחַוֶּה־דָּעַת:
אֵין־אֹמֶר וְאֵין דְּבָרִים בְּלִי נִשְׁמָע קוֹלָם:
בְּכָל־הָאָרֶץ יָצָא קַוָּם וּבִקְצֵה תֵבֵל מִלֵּיהֶם
לַשֶּׁמֶשׁ שָׂם־אֹהֶל בָּהֶם:
וְהוּא כְּחָתָן יֹצֵא מֵחֻפָּתוֹ יָשִׂישׂ כְּגִבּוֹר לָרוּץ אֹרַח:
מִקְצֵה הַשָּׁמַיִם מוֹצָאוֹ וּתְקוּפָתוֹ עַל־קְצוֹתָם
וְאֵין נִסְתָּר מֵחַמָּתוֹ:

DIE THORA IN DER WELT

תּוֹרַת יְהוָֹה תְּמִימָה מְשִׁיבַת נָפֶשׁ
עֵדוּת יְהוָֹה נֶאֱמָנָה מַחְכִּימַת פֶּתִי:
פִּקּוּדֵי יְהוָֹה יְשָׁרִים מְשַׂמְּחֵי־לֵב
מִצְוַת יְהוָֹה בָּרָה מְאִירַת עֵינָיִם:
יִרְאַת יְהוָֹה טְהוֹרָה עוֹמֶדֶת לָעַד
מִשְׁפְּטֵי־יְהוָֹה אֱמֶת צָדְקוּ יַחְדָּו:

DIE THORA IM MENSCHLICHEN HERZEN

הַנֶּחֱמָדִים מִזָּהָב וּמִפַּז רָב וּמְתוּקִים מִדְּבַשׁ וְנֹפֶת צוּפִים:
גַּם־עַבְדְּךָ נִזְהָר בָּהֶם בְּשָׁמְרָם עֵקֶב רָב:

IV
PSALM
19

Dem Chorleiter. Ein Psalm Davids.

DIE THORA IM UNIVERSUM

Der Himmel erzählt die Herrlichkeit Gottes,
das Firmament kündet von seiner Schöpfung.
Ein Tag sagt es dem andern,
eine Nacht tut es der anderen kund.
Lautlos, ohne Worte,
unhörbar bleibt ihre Stimme.
Doch ihre Botschaft geht hinaus in alle Welt,
ihre Kunde bis an die Enden der Erde.
Dort hat Gott der Sonne ein Zelt gebaut.
Sie tritt hervor aus ihrem Gemach wie ein Bräutigam,
sie freut sich wie jemand, der siegen wird,
und läuft ihre Bahn.
Am einen Ende des Himmels geht sie auf
und läuft bis ans andere Ende.
Nichts bleibt ihrem Licht verborgen.

DIE THORA IN DER WELT

Gottes Thora ist beständig.
Sie erneuert die Seele.
Gottes Anordnung ist bewährt.
Sie lässt den Toren weise werden.
Gottes Dienstanweisung ist gerecht.
Sie erfreut das Herz.
Gottes Gebot ist klar.
Es erleuchtet die Augen.
Die Gottesfurcht ist rein.
Sie besteht für immer.
Gottes Rechtssprüche sind wahrhaftig.
Sie sind alle gerecht.

DIE THORA IM MENSCHLICHEN HERZEN

Sie sind begehrenswerter als Gold,
ja, als jede Menge feinstes Gold.
Sie sind süßer als Honig,
als frischer Honig aus Waben.
Wer dir dient, wird durch sie gewarnt.
Wer sie hält, bekommt reichen Lohn.

שְׁגִיאוֹת מִי־יָבִין מִנִּסְתָּרוֹת נַקֵּנִי:

גַּם מִזֵּדִים חֲשֹׂךְ עַבְדֶּךָ אַל־יִמְשְׁלוּ־בִי אָז אֵיתָם
וְנִקֵּיתִי מִפֶּשַׁע רָב:

יִהְיוּ לְרָצוֹן אִמְרֵי־פִי וְהֶגְיוֹן לִבִּי לְפָנֶיךָ יְהוָֹה צוּרִי
וְגֹאֲלִי:

Am Schabbat wird der Gottesdienst mit Ps 92 auf S. 274 fortgesetzt, an Wochentagen mit Ps 122 auf S. 278.

Frankfurt a. Main, Schützenstraße
Synagoge der Israelitischen Religionsgesellschaft,
(erbaut 1854)

Wer kennt alle seine Verfehlungen?
Reinige mich von verborgenen Sünden.
Behüte den Menschen, der dir dient, vor Hochmut,
damit dieser ihn nicht beherrscht,
Dann werde ich unschuldig bleiben,
frei von schwerer Sünde.
Die Worte meines Mundes und meine Gedanken mögen dir angenehm sein, Ewiger, mein Fels und mein Heil.

Am Schabbat wird der Gottesdienst mit Ps 92 auf S. 275 fortgesetzt, an Wochentagen mit Ps 122 auf S. 279.

Frankfurt a. Main, „Andachtssaal" der Reformgemeinde im Kompostellhof, um 1815

Am Erew-Schabbat wird der Festtags-Gottesdienst hier fortgesetzt:

תהלים
צב

מִזְמוֹר שִׁיר לְיוֹם הַשַּׁבָּת:

טוֹב לְהֹדוֹת לַיהוָה וּלְזַמֵּר לְשִׁמְךָ עֶלְיוֹן:
לְהַגִּיד בַּבֹּקֶר חַסְדֶּךָ וֶאֱמוּנָתְךָ בַּלֵּילוֹת:
עֲלֵי־עָשׂוֹר וַעֲלֵי־נָבֶל עֲלֵי הִגָּיוֹן בְּכִנּוֹר:
כִּי שִׂמַּחְתַּנִי יְהוָה בְּפָעֳלֶךָ בְּמַעֲשֵׂי יָדֶיךָ אֲרַנֵּן:

מַה־גָּדְלוּ מַעֲשֶׂיךָ יְהוָה מְאֹד עָמְקוּ מַחְשְׁבֹתֶיךָ:
אִישׁ־בַּעַר לֹא יֵדָע וּכְסִיל לֹא־יָבִין אֶת־זֹאת:
בִּפְרֹחַ רְשָׁעִים כְּמוֹ־עֵשֶׂב וַיָּצִיצוּ כָּל־פֹּעֲלֵי אָוֶן
לְהִשָּׁמְדָם עֲדֵי־עַד:

וְאַתָּה מָרוֹם לְעֹלָם יְהוָה:

כִּי הִנֵּה אֹיְבֶיךָ יְהוָה כִּי־הִנֵּה אֹיְבֶיךָ יֹאבֵדוּ
יִתְפָּרְדוּ כָּל־פֹּעֲלֵי אָוֶן:
וַתָּרֶם כִּרְאֵים קַרְנִי בַּלֹּתִי בְּשֶׁמֶן רַעֲנָן:
וַתַּבֵּט עֵינִי בְּשׁוּרָי בַּקָּמִים עָלַי מְרֵעִים
תִּשְׁמַעְנָה אָזְנָי:

צַדִּיק כַּתָּמָר יִפְרָח כְּאֶרֶז בַּלְּבָנוֹן יִשְׂגֶּה:
שְׁתוּלִים בְּבֵית יְהוָה בְּחַצְרוֹת אֱלֹהֵינוּ יַפְרִיחוּ:
עוֹד יְנוּבוּן בְּשֵׂיבָה דְּשֵׁנִים וְרַעֲנַנִּים יִהְיוּ:
לְהַגִּיד כִּי־יָשָׁר יְהוָה צוּרִי וְלֹא־עַוְלָתָה בּוֹ:

Am Erew-Schabbat wird der Festtags-Gottesdienst hier fortgesetzt:

PSALM
92

Ein Psalm. Ein Lied für den Schabbattag.

Es ist schön, dem Ewigen zu danken,
deinem Namen, du Höchster, zu singen,
am Morgen deine Huld zu verkünden
und in den Nächten deine Treue,
zur zehnsaitigen Laute, zur Zither,
zum Klang der Harfe.
Denn du hast mich durch deine Taten froh gemacht;
Gott, ich will jubeln über die Werke deiner Hände.

Wie groß sind deine Werke, o Gott,
wie tief sind deine Gedanken!
Ein Mensch ohne Einsicht erkennt das nicht,
ein Tor kann es nicht verstehen.
Wenn auch das Böse gedeiht
und das Unrecht wächst,
so nur, damit du es für immer vernichtest.

Doch du bist bis in alle Ewigkeit erhöht, mein Gott!

Deine Feinde, Gott, wahrhaftig, deine Feinde vergehen;
auseinandergetrieben werden alle, die Unrecht tun.
Du hast mich stark gemacht wie einen Stier,
du hast mich mit frischem Öl gesalbt.
Mein Auge blickt herab auf meine Verfolger
und auf alle, die sich gegen mich erheben;
mein Ohr hört vom Geschick der Bösen.

Alle, die gerecht sind, werden gedeihen wie die Palme
und wachsen wie die Zedern des Libanon.
Gepflanzt im Hause Gottes
gedeihen sie in den Vorhöfen unseres Gottes.
Sie tragen Frucht noch im Alter
und bleiben voll Saft und Frische;
sie verkünden: Gerecht ist der Ewige;
Gott ist mein Fels, an dem kein Unrecht ist.

תהלים
צג

יְהוָה מָלָךְ גֵּאוּת לָבֵשׁ לָבֵשׁ יְהוָה עֹז הִתְאַזָּר אַף־תִּכּוֹן תֵּבֵל
בַּל־תִּמּוֹט׃

נָכוֹן כִּסְאֲךָ מֵאָז מֵעוֹלָם אָתָּה׃

נָשְׂאוּ נְהָרוֹת יְהוָה נָשְׂאוּ נְהָרוֹת קוֹלָם יִשְׂאוּ נְהָרוֹת דָּכְיָם׃

מִקֹּלוֹת מַיִם רַבִּים אַדִּירִים מִשְׁבְּרֵי־יָם אַדִּיר בַּמָּרוֹם יְהוָה׃

עֵדֹתֶיךָ נֶאֶמְנוּ מְאֹד לְבֵיתְךָ נַאֲוָה־קֹדֶשׁ יְהוָה לְאֹרֶךְ יָמִים׃

Göppingen (erbaut 1881)

PSALM
93

Der Ewige ist König,
  bekleidet mit Hoheit;
Gott hat sich bekleidet
  und mit Macht umgürtet.

Der Erdkreis ist fest gegründet,
  nie wird er wanken.
Dein Thron steht fest von Anbeginn,
  du bist seit Ewigkeit.

Fluten erheben sich, Gott,
  Fluten erheben ihr Brausen,
  Fluten erheben ihr Tosen.

Gewaltiger als das Tosen vieler Wasser,
  gewaltiger als die Brandung des Meeres
  ist Gott in der Höhe.

Deine Gesetze sind fest und verlässlich;
  Gott, deinem Haus gebührt Heiligkeit für alle Zeiten.

Stuttgart (erbaut 1861)

Alle Abendgebete an Festtagen werden hier fortgesetzt:

תהלים
קכב

שִׁיר הַמַּעֲלוֹת לְדָוִד

שָׂמַחְתִּי בְּאֹמְרִים לִי בֵּית יְהוָה נֵלֵךְ׃
עֹמְדוֹת הָיוּ רַגְלֵינוּ בִּשְׁעָרַיִךְ יְרוּשָׁלָםִ׃
יְרוּשָׁלַםִ הַבְּנוּיָה כְּעִיר שֶׁחֻבְּרָה־לָּהּ יַחְדָּו׃
שֶׁשָּׁם עָלוּ שְׁבָטִים שִׁבְטֵי־יָהּ
עֵדוּת לְיִשְׂרָאֵל לְהֹדוֹת לְשֵׁם יְהוָה׃
כִּי שָׁמָּה יָשְׁבוּ כִסְאוֹת לְמִשְׁפָּט כִּסְאוֹת לְבֵית דָּוִד׃

שַׁאֲלוּ שְׁלוֹם יְרוּשָׁלָםִ יִשְׁלָיוּ אֹהֲבָיִךְ׃
יְהִי־שָׁלוֹם בְּחֵילֵךְ שַׁלְוָה בְּאַרְמְנוֹתָיִךְ׃

לְמַעַן אַחַי וְרֵעָי אֲדַבְּרָה־נָּא שָׁלוֹם בָּךְ׃
לְמַעַן בֵּית־יְהוָה אֱלֹהֵינוּ אֲבַקְשָׁה טוֹב לָךְ׃

ברכו

בָּרְכוּ אֶת־יְיָ הַמְבֹרָךְ׃

בָּרוּךְ יְיָ הַמְבֹרָךְ לְעוֹלָם וָעֶד׃

מעריב ערבים

בָּרוּךְ אַתָּה יְיָ אֱלֹהֵינוּ מֶלֶךְ הָעוֹלָם. אֲשֶׁר בִּדְבָרוֹ מַעֲרִיב
עֲרָבִים. בְּחָכְמָה פּוֹתֵחַ שְׁעָרִים. וּבִתְבוּנָה מְשַׁנֶּה עִתִּים.
וּמַחֲלִיף אֶת־הַזְּמַנִּים. וּמְסַדֵּר אֶת־הַכּוֹכָבִים בְּמִשְׁמְרוֹתֵיהֶם
בָּרָקִיעַ כִּרְצוֹנוֹ: בּוֹרֵא יוֹם וָלָיְלָה. גּוֹלֵל אוֹר מִפְּנֵי חֹשֶׁךְ וְחֹשֶׁךְ
מִפְּנֵי אוֹר: הַמַּעֲבִיר יוֹם וּמֵבִיא לָיְלָה. וּמַבְדִּיל בֵּין יוֹם וּבֵין
לָיְלָה. יְיָ צְבָאוֹת שְׁמוֹ: בָּרוּךְ אַתָּה יְיָ. הַמַּעֲרִיב עֲרָבִים:

Alle Abendgebete an Festtagen werden hier fortgesetzt:

PSALM **122** *PILGERREISE NACH JERUSALEM*

Ein Pilgerlied. Von David.

Ich freute mich, als man zu mir sagte:
„Lasst uns zum Hause Gottes gehen!"
Unsere Füße standen
in deinen Toren, Jerusalem.
Jerusalem ist gebaut
als eine Stadt, die alle vereint.
Die Stämme zogen zu ihr hinauf,
die Stämme Gottes,

denn es ist Israels Auftrag,
den Namen Gottes zu loben.
Dort saß man zu Gericht,
dort sind die Richterstühle des Hauses Davids.

Trachtet nach Frieden für Jerusalem,
allen, die dich lieben, soll es gut gehen.
Friede sei in deinen Mauern
und Geborgenheit in deinen Palästen.

Um meiner Familie und meiner Freunde willen sage ich:
Friede sei mit dir!
Um des Hauses unseres Gottes willen,
bitte ich:
Dir geschehe Gutes!

AUFRUF ZUM LOB

Lasst uns Gott preisen; Gott gebührt unsere Ehre!

Gepriesen sei Gott; Gott gebührt unsere Ehre auf immer und ewig!

GOTT SCHAFFT UND ERHÄLT

Gepriesen seist du, Ewiger, unser Gott; du regierst die Welt. Du lässt es durch dein Wort Abend werden, du führst die Dämmerung herbei und lässt voller Einsicht die Augenblicke verstreichen und die Zeit voranschreiten. Gemäß deines Wohlgefallens erscheinen am Himmel die Sterne in ihren Sternbildern. Schöpfer von Tag und Nacht, du lässt das Licht vor der Finsternis weichen und die Finsternis vor dem Licht. Du lässt den Tag vorübergehen und führst die Nacht herbei. Du trennst den Tag von der Nacht. Schöpfer aller Geschöpfe – das ist dein Name. Gepriesen seist du, Ewiger. Du lässt es Abend werden.

אהבת עולם

אַהֲבַת עוֹלָם בֵּית יִשְׂרָאֵל עַמְּךָ אָהָבְתָּ. תּוֹרָה וּמִצְוֹת חֻקִּים וּמִשְׁפָּטִים אוֹתָנוּ לִמַּדְתָּ: עַל־כֵּן יְיָ אֱלֹהֵינוּ. בְּשָׁכְבֵנוּ וּבְקוּמֵנוּ נָשִׂיחַ בְּחֻקֶּיךָ. וְנִשְׂמַח וְנַעֲלוֹז בְּדִבְרֵי תוֹרָתֶךָ וּמִצְוֹתֶיךָ וְחֻקּוֹתֶיךָ לְעוֹלָם וָעֶד: כִּי הֵם חַיֵּינוּ וְאֹרֶךְ יָמֵינוּ. וּבָהֶם נֶהְגֶּה יוֹמָם וָלָיְלָה. וְאַהֲבָתְךָ אַל־תָּסִיר מִמֶּנּוּ לְעוֹלָמִים: בָּרוּךְ אַתָּה יְיָ. אוֹהֵב אֶת־עַמּוֹ יִשְׂרָאֵל:

שמע ישראל

שְׁמַע יִשְׂרָאֵל. יְהוָה אֱלֹהֵינוּ יְהוָה **אֶחָד**:

בָּרוּךְ שֵׁם כְּבוֹד מַלְכוּתוֹ לְעוֹלָם וָעֶד:

וְאָהַבְתָּ אֵת יְהוָה אֱלֹהֶיךָ. בְּכָל־לְבָבְךָ וּבְכָל־נַפְשְׁךָ וּבְכָל־מְאֹדֶךָ: וְהָיוּ הַדְּבָרִים הָאֵלֶּה אֲשֶׁר אָנֹכִי מְצַוְּךָ הַיּוֹם עַל־לְבָבֶךָ: וְשִׁנַּנְתָּם לְבָנֶיךָ וְדִבַּרְתָּ בָּם. בְּשִׁבְתְּךָ בְּבֵיתֶךָ וּבְלֶכְתְּךָ בַדֶּרֶךְ וּבְשָׁכְבְּךָ וּבְקוּמֶךָ: וּקְשַׁרְתָּם לְאוֹת עַל־יָדֶךָ. וְהָיוּ לְטֹטָפֹת בֵּין עֵינֶיךָ: וּכְתַבְתָּם עַל־מְזֻזוֹת בֵּיתֶךָ וּבִשְׁעָרֶיךָ:

In der Stille können die beiden traditionellen Abschnitte des Sch'ma gelesen werden S. 292 oder die für den Festtag bestimmten Abschnitte. 1. Tag Pessach S. 282; 7. Tag Pessach S. 284; Schawuot S. 286; Sukkot S. 288; Simchat Thora S. 290.

GOTT LIEBT ISRAEL

Mit unzerstörbarer Liebe liebst du Israel, dein Volk. Die Thora, Gebote, Satzungen und Rechtssprüche hast du uns gelehrt. Deshalb bist du, Ewiger, unser Gott. Wenn wir uns niederlegen und wenn wir aufstehen, denken wir über deine Satzungen nach. Und wir freuen uns und sind allezeit fröhlich über die Worte deiner Weisung, deiner Gebote und deiner Satzungen, denn sie sind unser Leben und unsere Lebenszeit. Wir sinnen darüber nach Tag und Nacht. Lass niemals deine Liebe von uns weichen. Gepriesen seist du, Ewiger. Du liebst Israel, dein Volk.

ISRAELS GOTT

Höre Israel, der Ewige ist Gott, der Ewige ist einzig. *(Dtn 6,4)*

Gepriesen sei Gottes ruhmreiche Herrschaft immer und ewig! *(mJoma 6,2)*

Darum sollst du den Ewigen, deinen Gott, lieben mit ganzem Herzen, mit ganzer Seele und mit ganzer Kraft. Diese Worte, auf die ich dich heute verpflichte, sollen auf deinem Herzen geschrieben stehen. Du sollst sie deinen Kindern erzählen. Du sollst von ihnen reden, wenn du zu Hause sitzt und wenn du auf der Straße gehst, wenn du dich schlafen legst und wenn du aufstehst. Du sollst sie als Zeichen um dein Handgelenk binden. Sie sollen als Merkzeichen auf deiner Stirn sein. Du sollst sie auf die Türpfosten deines Hauses und in deine Tore schreiben.

(Dtn 6,5-9)

In der Stille können die beiden traditionellen Abschnitte des Sch'ma gelesen werden S. 293 oder die für den Festtag bestimmten Abschnitte. 1. Tag Pessach S. 283; 7. Tag Pessach S. 285; Schawuot S. 287; Sukkot S. 289; Simchat Thora S. 291.

ISRAELS BEFREIUNG

וַיִּסְעוּ בְנֵי־יִשְׂרָאֵל מֵרַעְמְסֵס סֻכֹּתָה כְּשֵׁשׁ־מֵאוֹת אֶלֶף
רַגְלִי הַגְּבָרִים לְבַד מִטָּף׃ וְגַם־עֵרֶב רַב עָלָה אִתָּם וְצֹאן
וּבָקָר מִקְנֶה כָּבֵד מְאֹד׃ וַיֹּאפוּ אֶת־הַבָּצֵק אֲשֶׁר הוֹצִיאוּ
מִמִּצְרַיִם עֻגֹת מַצּוֹת כִּי לֹא חָמֵץ כִּי־גֹרְשׁוּ מִמִּצְרַיִם וְלֹא
יָכְלוּ לְהִתְמַהְמֵהַּ וְגַם־צֵדָה לֹא־עָשׂוּ לָהֶם׃
וּמוֹשַׁב בְּנֵי יִשְׂרָאֵל אֲשֶׁר יָשְׁבוּ בְּמִצְרָיִם שְׁלֹשִׁים שָׁנָה
וְאַרְבַּע מֵאוֹת שָׁנָה׃ וַיְהִי מִקֵּץ שְׁלֹשִׁים שָׁנָה וְאַרְבַּע מֵאוֹת
שָׁנָה וַיְהִי בְּעֶצֶם הַיּוֹם הַזֶּה יָצְאוּ כָּל־צִבְאוֹת יְהוָה מֵאֶרֶץ
מִצְרָיִם׃ לֵיל שִׁמֻּרִים הוּא לַיהוָה לְהוֹצִיאָם מֵאֶרֶץ מִצְרָיִם
הוּא־הַלַּיְלָה הַזֶּה לַיהוָה שִׁמֻּרִים לְכָל־בְּנֵי יִשְׂרָאֵל לְדֹרֹתָם׃

תהלים סג

ISRAELS ZUVERSICHT

אֱלֹהִים אֵלִי אַתָּה אֲשַׁחֲרֶךָּ
צָמְאָה לְךָ נַפְשִׁי כָּמַהּ לְךָ בְשָׂרִי
בְּאֶרֶץ־צִיָּה וְעָיֵף בְּלִי־מָיִם׃

כֵּן בַּקֹּדֶשׁ חֲזִיתִךָ לִרְאוֹת עֻזְּךָ וּכְבוֹדֶךָ׃
כִּי־טוֹב חַסְדְּךָ מֵחַיִּים שְׂפָתַי יְשַׁבְּחוּנְךָ׃
כֵּן אֲבָרֶכְךָ בְחַיָּי בְּשִׁמְךָ אֶשָּׂא כַפָּי׃

כְּמוֹ חֵלֶב וָדֶשֶׁן תִּשְׂבַּע נַפְשִׁי וְשִׂפְתֵי רְנָנוֹת יְהַלֶּל־פִּי׃
אִם־זְכַרְתִּיךָ עַל־יְצוּעָי בְּאַשְׁמֻרוֹת אֶהְגֶּה־בָּךְ׃
כִּי־הָיִיתָ עֶזְרָתָה לִּי וּבְצֵל כְּנָפֶיךָ אֲרַנֵּן׃

דָּבְקָה נַפְשִׁי אַחֲרֶיךָ בִּי תָּמְכָה יְמִינֶךָ׃

Der Gottesdienst wird mit אמת ואמונה *auf S. 294 fortgesetzt.*

ISRAELS BEFREIUNG

Die Kinder Israels brachen von Ramses nach Sukkot auf. Es waren an die sechshunderttausend Mann zu Fuß, nicht gerechnet die Kinder. Auch ein großer Haufen anderer Leute zog mit, dazu Schafe, Ziegen und Rinder, eine sehr große Menge an Vieh. Aus dem Teig, den sie aus Ägypten mitgebracht hatten, buken sie ungesäuerte Brotfladen, denn der Teig war nicht durchsäuert, weil sie aus Ägypten verjagt worden waren und keine Zeit verlieren durften. Sie hatten keine Reiseverpflegung vorbereiten können. Der Aufenthalt der Kinder Israels in Ägypten dauerte vierhundertdreißig Jahre. Nach Ablauf der vierhundertdreißig Jahre, an eben diesem Tag, zogen alle, die zu Gott gehörten, aus Ägypten aus. Es war eine Nacht des Wachens für Gott, als Gott sie aus Ägypten herausführte. Als eine Nacht des Wachens zur Ehre Gottes gilt sie bei den Kindern Israels in allen Generationen.

(Ex 12,37-42)

PSALM
63

ISRAELS ZUVERSICHT

Gott, du bist mein Gott,
dich suche ich.
Meine Seele dürstet nach dir.
Nach dir schmachtet mein Leib
im trockenen und dürren Land,
wo es kein Wasser gibt.

Darum halte ich im Heiligtum Ausschau nach dir,
um deine Macht und Herrlichkeit zu sehen.
Denn deine Güte ist besser als Leben,
meine Lippen preisen dich.
Ich will dich loben mein Leben lang
und in deinem Namen die Hände erheben.

Wie an einer üppigen Mahlzeit wird meine Seele satt,
meine Lippen loben dich, es rühmt dich mein Mund.
Ich denke an dich, wenn ich mich niederlege,
des Nachts sinne ich über dich nach.
Denn du warst meine Hilfe,
im Schatten deiner Flügel bin ich fröhlich.

Meine Seele hängt an dir,
deine rechte Hand stützt mich.

(Ps 63,2-9)

Der Gottesdienst wird mit „Wahr und wahrhaftig…" auf S. 295 fortgesetzt.

ISRAELS KAMPF

וַיָּקָם בַּלַּיְלָה הוּא וַיִּקַּח אֶת־שְׁתֵּי נָשָׁיו וְאֶת־שְׁתֵּי שִׁפְחֹתָיו
וְאֶת־אַחַד עָשָׂר יְלָדָיו וַיַּעֲבֹר אֵת מַעֲבַר יַבֹּק׃ וַיִּקָּחֵם
וַיַּעֲבִרֵם אֶת־הַנָּחַל וַיַּעֲבֵר אֶת־אֲשֶׁר־לוֹ׃ וַיִּוָּתֵר יַעֲקֹב לְבַדּוֹ
וַיֵּאָבֵק אִישׁ עִמּוֹ עַד עֲלוֹת הַשָּׁחַר׃ וַיַּרְא כִּי לֹא יָכֹל לוֹ
וַיִּגַּע בְּכַף־יְרֵכוֹ וַתֵּקַע כַּף־יֶרֶךְ יַעֲקֹב בְּהֵאָבְקוֹ עִמּוֹ׃ וַיֹּאמֶר
שַׁלְּחֵנִי כִּי עָלָה הַשָּׁחַר וַיֹּאמֶר לֹא אֲשַׁלֵּחֲךָ כִּי אִם־בֵּרַכְתָּנִי׃
וַיֹּאמֶר אֵלָיו מַה־שְּׁמֶךָ וַיֹּאמֶר יַעֲקֹב׃ וַיֹּאמֶר לֹא יַעֲקֹב
יֵאָמֵר עוֹד שִׁמְךָ כִּי אִם־יִשְׂרָאֵל כִּי־שָׂרִיתָ עִם־אֱלֹהִים
וְעִם־אֲנָשִׁים וַתּוּכָל׃
וַיִּשְׁאַל יַעֲקֹב וַיֹּאמֶר הַגִּידָה־נָּא שְׁמֶךָ וַיֹּאמֶר לָמָּה זֶּה
תִּשְׁאַל לִשְׁמִי וַיְבָרֶךְ אֹתוֹ שָׁם׃ וַיִּקְרָא יַעֲקֹב שֵׁם הַמָּקוֹם
פְּנִיאֵל כִּי־רָאִיתִי אֱלֹהִים פָּנִים אֶל־פָּנִים וַתִּנָּצֵל נַפְשִׁי׃
וַיִּזְרַח־לוֹ הַשֶּׁמֶשׁ כַּאֲשֶׁר עָבַר אֶת־פְּנוּאֵל וְהוּא צֹלֵעַ
עַל־יְרֵכוֹ׃

ISRAELS GLAUBE

וַיִּרְדְּפוּ מִצְרַיִם אַחֲרֵיהֶם וַיַּשִּׂיגוּ אוֹתָם חֹנִים עַל־הַיָּם
כָּל־סוּס רֶכֶב פַּרְעֹה וּפָרָשָׁיו וְחֵילוֹ עַל־פִּי הַחִירֹת לִפְנֵי
בַּעַל צְפֹן׃ וּפַרְעֹה הִקְרִיב וַיִּשְׂאוּ בְנֵי־יִשְׂרָאֵל אֶת־עֵינֵיהֶם
וְהִנֵּה מִצְרַיִם נֹסֵעַ אַחֲרֵיהֶם וַיִּירְאוּ מְאֹד וַיִּצְעֲקוּ
בְנֵי־יִשְׂרָאֵל אֶל־יְהוָה׃ וַיֹּאמְרוּ אֶל־מֹשֶׁה הֲמִבְּלִי
אֵין־קְבָרִים בְּמִצְרַיִם לְקַחְתָּנוּ לָמוּת בַּמִּדְבָּר מַה־זֹּאת עָשִׂיתָ
לָּנוּ לְהוֹצִיאָנוּ מִמִּצְרָיִם׃ הֲלֹא־זֶה הַדָּבָר אֲשֶׁר דִּבַּרְנוּ אֵלֶיךָ
בְמִצְרַיִם לֵאמֹר חֲדַל מִמֶּנּוּ וְנַעַבְדָה אֶת־מִצְרָיִם כִּי טוֹב לָנוּ
עֲבֹד אֶת־מִצְרַיִם מִמֻּתֵנוּ בַּמִּדְבָּר׃ וַיֹּאמֶר מֹשֶׁה אֶל־הָעָם
אַל־תִּירָאוּ הִתְיַצְּבוּ וּרְאוּ אֶת־יְשׁוּעַת יְהוָה אֲשֶׁר־יַעֲשֶׂה לָכֶם
הַיּוֹם כִּי אֲשֶׁר רְאִיתֶם אֶת־מִצְרַיִם הַיּוֹם לֹא תֹסִפוּ לִרְאֹתָם
עוֹד עַד־עוֹלָם׃ יְהוָה יִלָּחֵם לָכֶם וְאַתֶּם תַּחֲרִשׁוּן׃

Der Gottesdienst wird mit אמת ואמונה *auf S. 294 fortgesetzt.*

ISRAELS KAMPF

In jener Nacht stand Jakob auf, nahm seine beiden Frauen, seine beiden Mägde und seine elf Kinder und überquerte den Jabbok an einer seichten Stelle. Er ließ sie den Fluss überqueren. Dann brachte er alles hinüber, was ihm gehörte. Schließlich war er allein übriggeblieben. Da rang jemand mit ihm bis zum Anbruch der Morgenröte. Als das Wesen sah, dass er ihm nicht standhalten konnte, schlug es ihn auf das Hüftgelenk. Jakobs Hüftgelenk renkte sich aus, als er mit dem Wesen rang. Und es sagte: „Lass mich gehen, denn das Morgenrot ist aufgestiegen." Und er antwortete: „Ich lasse dich nicht gehen, bevor du mich nicht gesegnet hast!" Und es sagte zu ihm: „Wie heißt du?" Er sagte: „Jakob". Es sagte: „Du sollst nicht mehr länger 'Jakob' heißen, sondern 'Israel' – 'der mit Gott rang', denn mit Gott und den Menschen hast du gerungen und hast dich durchsetzen können."

Dann fragte Jakob: „Nenne mir nun auch deinen Namen!" Und das Wesen sagte: „Warum fragst du nach meinem Namen?" Und es segnete ihn dort. Jakob nannte diesen Ort Pniël – „das Angesicht Gottes", denn er sagte: „Ich habe Gott von Angesicht zu Angesicht gesehen und bin dennoch am Leben geblieben!" Die Sonne strahlte ihm auf, als er Pniël durchquerte. Er hinkte an seiner Hüfte.

(Gen 32,23-32)

ISRAELS GLAUBE

Die Ägypter jagten mit allen Pferden und Streitwagen des Pharao, mit seiner Reiterei und seiner Streitmacht hinter ihnen her und holten sie ein, als sie gerade am Meer lagerten. Es war bei Pi-Hachirot vor Baal Z'fon. Als die Kinder Israels sahen, wie der Pharao mit seinem Heer heranrückte, bekamen sie große Angst und schrieen zu Gott um Hilfe. Zu Mose sagten sie: „Gab es denn in Ägypten keine Gräber, dass du uns zum Sterben in die Wüste geholt hast? Warum hast du uns das angetan, dass du uns aus Ägypten herausgeführt hast? Haben wir dir nicht bereits in Ägypten gesagt: Lass uns in Ruhe! Wir wollen den Ägyptern dienen! Denn es ist besser für uns, den Ägyptern zu dienen, als in der Wüste zu sterben!" Doch Mose antwortete dem Volk: „Habt keine Angst! Bleibt ruhig stehen und schaut euch die Hilfe Gottes an, die Gott euch heute erfahren lässt. Denn so, wie ihr die Ägypter heute seht, werdet ihr sie nie mehr wieder sehen. Gott wird für euch kämpfen, ihr könnt ruhig und gelassen sein!"

(Ex 14,9-14)

Der Gottesdienst wird mit „Wahr und wahrhaftig…" auf S. 295 fortgesetzt.

GOTTES BUND MIT DER SCHÖPFUNG

וַיֹּאמֶר אֱלֹהִים זֹאת אוֹת־הַבְּרִית אֲשֶׁר־אֲנִי נֹתֵן בֵּינִי וּבֵינֵיכֶם וּבֵין כָּל־נֶפֶשׁ חַיָּה אֲשֶׁר אִתְּכֶם לְדֹרֹת עוֹלָם:

אֶת־קַשְׁתִּי נָתַתִּי בֶּעָנָן
וְהָיְתָה לְאוֹת בְּרִית בֵּינִי וּבֵין הָאָרֶץ:
וְהָיָה בְּעַנְנִי עָנָן עַל־הָאָרֶץ וְנִרְאֲתָה הַקֶּשֶׁת בֶּעָנָן:

וְזָכַרְתִּי אֶת־בְּרִיתִי אֲשֶׁר בֵּינִי וּבֵינֵיכֶם וּבֵין כָּל־נֶפֶשׁ חַיָּה בְּכָל־בָּשָׂר וְלֹא־יִהְיֶה עוֹד הַמַּיִם לְמַבּוּל לְשַׁחֵת כָּל־בָּשָׂר:
וְהָיְתָה הַקֶּשֶׁת בֶּעָנָן וּרְאִיתִיהָ לִזְכֹּר בְּרִית עוֹלָם
בֵּין אֱלֹהִים וּבֵין כָּל־נֶפֶשׁ חַיָּה בְּכָל־בָּשָׂר אֲשֶׁר עַל־הָאָרֶץ:
וַיֹּאמֶר אֱלֹהִים אֶל־נֹחַ זֹאת אוֹת־הַבְּרִית אֲשֶׁר הֲקִמֹתִי בֵּינִי וּבֵין כָּל־בָּשָׂר אֲשֶׁר עַל־הָאָרֶץ:

GOTTES BUND MIT ISRAEL

בַּחֹדֶשׁ הַשְּׁלִישִׁי לְצֵאת בְּנֵי־יִשְׂרָאֵל מֵאֶרֶץ מִצְרָיִם בַּיּוֹם הַזֶּה בָּאוּ מִדְבַּר סִינָי: וַיִּסְעוּ מֵרְפִידִים וַיָּבֹאוּ מִדְבַּר סִינַי וַיַּחֲנוּ בַּמִּדְבָּר וַיִּחַן־שָׁם יִשְׂרָאֵל נֶגֶד הָהָר: וּמֹשֶׁה עָלָה אֶל־הָאֱלֹהִים וַיִּקְרָא אֵלָיו יְהוָה מִן־הָהָר לֵאמֹר כֹּה תֹאמַר לְבֵית יַעֲקֹב וְתַגֵּיד לִבְנֵי יִשְׂרָאֵל: אַתֶּם רְאִיתֶם אֲשֶׁר עָשִׂיתִי לְמִצְרָיִם וָאֶשָּׂא אֶתְכֶם עַל־כַּנְפֵי נְשָׁרִים וָאָבִא אֶתְכֶם אֵלָי: וְעַתָּה אִם־שָׁמוֹעַ תִּשְׁמְעוּ בְּקֹלִי וּשְׁמַרְתֶּם אֶת־בְּרִיתִי וִהְיִיתֶם לִי סְגֻלָּה מִכָּל־הָעַמִּים כִּי־לִי כָּל־הָאָרֶץ: וְאַתֶּם תִּהְיוּ־לִי מַמְלֶכֶת כֹּהֲנִים וְגוֹי קָדוֹשׁ אֵלֶּה הַדְּבָרִים אֲשֶׁר תְּדַבֵּר אֶל־בְּנֵי יִשְׂרָאֵל:

Der Gottesdienst wird mit אמת ואמונה *auf S. 294 fortgesetzt.*

GOTTES BUND MIT DER SCHÖPFUNG

Und Gott sprach: „Dies ist das Zeichen des Bundes, den ich zwischen mir und euch und den Lebewesen bei euch aufrichte für alle Zeit.

Meinen Bogen setze ich in die Wolken,
und er soll das Zeichen des Bundes sein,
der zwischen mir und der Erde besteht.
Wenn sich die Wolken über der Erde zusammenziehen,
dann werdet ihr meinen Bogen in den Wolken sehen.

Dann werde ich mich an den Bund erinnern, der zwischen mir und euch und allen Lebewesen besteht. Niemals mehr soll eine Wasserflut alle Lebewesen vernichten. Wenn der Bogen in den Wolken erscheint, dann sehe ich ihn an und erinnere mich an den ewigen Bund zwischen Gott und allen Lebewesen der Erde." Und Gott sagte zu Noah: „Dies ist das Zeichen des Bundes, den ich aufgerichtet habe zwischen mir und zwischen allen Lebewesen der Erde."

(Gen 9,12-17)

GOTTES BUND MIT ISRAEL

Drei Monate nachdem die Kinder Israels aus Ägypten ausgezogen waren, auf den Tag genau, kamen sie in der Wüste Sinai an. Sie waren von Refidim aufgebrochen und in der Wüste Sinai angekommen und lagerten sich in der Wüste. Sie lagerten sich dort am Fuße des Berges. Und Mose stieg zu Gott hinauf, und Gott rief vom Berg herab: „So sollst du zu der Familie Jakobs sprechen, so sollst du reden zu den Kindern Israels: Ihr habt gesehen, was ich in Ägypten getan habe, wie ich euch auf Adlersflügeln getragen habe und euch zu mir hierher gebracht habe. Hört zu: Wenn ihr genau auf meine Stimme achtet und den Bund mit mir haltet, dann werdet ihr unter allen Völkern mein besonderes Eigentum sein, denn mir gehört die ganze Erde. Und du wirst mir gehören als ein Königreich von Priestern und ein heiliges Volk. Dies sind die Worte, die du den Kindern Israels mitteilen sollst".

(Ex 19,1-6)

Der Gottesdienst wird mit „Wahr und wahrhaftig..." auf S. 295 fortgesetzt.

DIE REISE ABRAHAMS

וַיֹּאמֶר יְהוָה אֶל־אַבְרָם לֶךְ־לְךָ מֵאַרְצְךָ וּמִמּוֹלַדְתְּךָ וּמִבֵּית אָבִיךָ אֶל־הָאָרֶץ אֲשֶׁר אַרְאֶךָּ׃ וְאֶעֶשְׂךָ לְגוֹי גָּדוֹל וַאֲבָרֶכְךָ וַאֲגַדְּלָה שְׁמֶךָ וֶהְיֵה בְּרָכָה׃ וַאֲבָרְכָה מְבָרְכֶיךָ וּמְקַלֶּלְךָ אָאֹר וְנִבְרְכוּ בְךָ כֹּל מִשְׁפְּחֹת הָאֲדָמָה׃ וַיֵּלֶךְ אַבְרָם כַּאֲשֶׁר דִּבֶּר אֵלָיו יְהוָה וַיֵּלֶךְ אִתּוֹ לוֹט וְאַבְרָם בֶּן־חָמֵשׁ שָׁנִים וְשִׁבְעִים שָׁנָה בְּצֵאתוֹ מֵחָרָן׃ וַיִּקַּח אַבְרָם אֶת־שָׂרַי אִשְׁתּוֹ וְאֶת־לוֹט בֶּן־אָחִיו וְאֶת־כָּל־רְכוּשָׁם אֲשֶׁר רָכָשׁוּ וְאֶת־הַנֶּפֶשׁ אֲשֶׁר־עָשׂוּ בְחָרָן וַיֵּצְאוּ לָלֶכֶת אַרְצָה כְּנַעַן וַיָּבֹאוּ אַרְצָה כְּנָעַן׃

DIE REISE ISRAELS

וְזָכַרְתָּ אֶת־כָּל־הַדֶּרֶךְ אֲשֶׁר הֹלִיכֲךָ יְהוָה אֱלֹהֶיךָ זֶה אַרְבָּעִים שָׁנָה בַּמִּדְבָּר לְמַעַן עַנֹּתְךָ לְנַסֹּתְךָ לָדַעַת אֶת־אֲשֶׁר בִּלְבָבְךָ הֲתִשְׁמֹר מִצְוֹתָו אִם־לֹא׃ וַיְעַנְּךָ וַיַּרְעִבֶךָ וַיַּאֲכִלְךָ אֶת־הַמָּן אֲשֶׁר לֹא־יָדַעְתָּ וְלֹא יָדְעוּן אֲבֹתֶיךָ לְמַעַן הוֹדִעֲךָ כִּי לֹא עַל־הַלֶּחֶם לְבַדּוֹ יִחְיֶה הָאָדָם כִּי עַל־כָּל־מוֹצָא פִי־יְהוָה יִחְיֶה הָאָדָם׃ שִׂמְלָתְךָ לֹא בָלְתָה מֵעָלֶיךָ וְרַגְלְךָ לֹא בָצֵקָה זֶה אַרְבָּעִים שָׁנָה׃ וְיָדַעְתָּ עִם־לְבָבֶךָ כִּי כַּאֲשֶׁר יְיַסֵּר אִישׁ אֶת־בְּנוֹ יְהוָה אֱלֹהֶיךָ מְיַסְּרֶךָּ׃ וְשָׁמַרְתָּ אֶת־מִצְוֹת יְהוָה אֱלֹהֶיךָ לָלֶכֶת בִּדְרָכָיו וּלְיִרְאָה אֹתוֹ׃ כִּי יְהוָה אֱלֹהֶיךָ מְבִיאֲךָ אֶל־אֶרֶץ טוֹבָה אֶרֶץ נַחֲלֵי מָיִם עֲיָנֹת וּתְהֹמֹת יֹצְאִים בַּבִּקְעָה וּבָהָר׃ אֶרֶץ חִטָּה וּשְׂעֹרָה וְגֶפֶן וּתְאֵנָה וְרִמּוֹן אֶרֶץ־זֵית שֶׁמֶן וּדְבָשׁ׃ אֶרֶץ אֲשֶׁר לֹא בְמִסְכֵּנֻת תֹּאכַל־בָּהּ לֶחֶם לֹא־תֶחְסַר כֹּל בָּהּ אֶרֶץ אֲשֶׁר אֲבָנֶיהָ בַרְזֶל וּמֵהֲרָרֶיהָ תַּחְצֹב נְחֹשֶׁת׃ וְאָכַלְתָּ וְשָׂבָעְתָּ וּבֵרַכְתָּ אֶת־יְהוָה אֱלֹהֶיךָ עַל־הָאָרֶץ הַטֹּבָה אֲשֶׁר נָתַן־לָךְ׃

Der Gottesdienst wird mit אמת ואמונה *auf S. 294 fortgesetzt.*

DIE REISE ABRAHAMS

Gott sprach zu Abraham: „Mache dich auf und zieh fort aus deinem Land, deiner Verwandtschaft und deiner Familie in ein Land, das ich dir zeigen werde. Ich will dich zu einem großen Volk machen. Ich will dich segnen und deinen Ruhm groß machen, und du sollst ein Segen sein. Ich will segnen, die dich segnen; wer dich ächtet, den will ich verfluchen. Durch dich sollen alle Geschlechter der Erde gesegnet sein." Da zog Abraham aus, wie Gott es geboten hatte, und Lot zog mit ihm. Abraham war fünfundsiebzig Jahre alt, als er aus Haran auszog. Und er nahm Sarai, seine Frau, und Lot, seinen Neffen, und seinen ganzen Besitz und die Knechte und Mägde, die sie in Haran erworben hatten, und sie zogen aus, um in das Land Kanaan zu wandern. Und sie erreichten das Land Kanaan.

(Gen 12,1-5)

DIE REISE ISRAELS

Erinnere dich an den ganzen Weg, den dich der Ewige, dein Gott, vierzig Jahre lang in der Wüste geführt hat, um dich gefügig zu machen und zu prüfen und um zu erfahren, wie du dich entscheiden würdest, ob du seine Gebote beachten würdest oder nicht. Er hat dich gedemütigt und hungern lassen und dir dann Manna zu essen gegeben, das du und deine Vorfahren nicht kannten. Du solltest so erkennen, dass der Mensch nicht von Brot allein lebt, sondern dass der Mensch von allem lebt, was der Mund Gottes spricht. Deine Kleider sind dir nicht in Lumpen vom Leib gefallen, und dein Fuß ist nicht geschwollen, vierzig Jahre lang. Du solltest lernen, dass Gott dich erzieht, wie jemand sein Kind erzieht. Du sollst auf die Gebote des Ewigen, deines Gottes, achten, um auf seinen Wegen zu gehen und ihn zu fürchten. Der Ewige, dein Gott, führt dich in ein gutes Land, ein Land voller Wasserbäche, Quellen und Grundwasser, das in den Tälern und aus den Bergen emporquillt; ein Land mit Weizen und Gerste, mit Rebstöcken, Feigen und Granatäpfeln; ein Land voller Ölbäume, mit Fett und mit Honig; ein Land, in dem du dein Brot nicht in Armut isst, in dem es dir an nichts fehlt; ein Land, dessen Steine aus Eisen sind und aus dessen Bergen du Erz gewinnst. Du wirst essen und satt werden und den Ewigen, deinen Gott, für das gute Land preisen, das er dir gegeben hat.

(Dtn 8,2-10)

Der Gottesdienst wird mit „Wahr und wahrhaftig..." auf S. 295 fortgesetzt.

DIE ÄUSSERE THORA

וְעַתָּה יִשְׂרָאֵל שְׁמַע אֶל־הַחֻקִּים וְאֶל־הַמִּשְׁפָּטִים אֲשֶׁר
אָנֹכִי מְלַמֵּד אֶתְכֶם לַעֲשׂוֹת לְמַעַן תִּחְיוּ וּבָאתֶם וִירִשְׁתֶּם
אֶת־הָאָרֶץ אֲשֶׁר יְהֹוָה אֱלֹהֵי אֲבֹתֵיכֶם נֹתֵן לָכֶם׃ לֹא תֹסִפוּ
עַל־הַדָּבָר אֲשֶׁר אָנֹכִי מְצַוֶּה אֶתְכֶם וְלֹא תִגְרְעוּ מִמֶּנּוּ לִשְׁמֹר
אֶת־מִצְוֹת יְהֹוָה אֱלֹהֵיכֶם אֲשֶׁר אָנֹכִי מְצַוֶּה אֶתְכֶם׃

רְאֵה לִמַּדְתִּי אֶתְכֶם חֻקִּים וּמִשְׁפָּטִים כַּאֲשֶׁר צִוַּנִי יְהֹוָה
אֱלֹהָי לַעֲשׂוֹת כֵּן בְּקֶרֶב הָאָרֶץ אֲשֶׁר אַתֶּם בָּאִים שָׁמָּה
לְרִשְׁתָּהּ׃ וּשְׁמַרְתֶּם וַעֲשִׂיתֶם כִּי הִוא חָכְמַתְכֶם וּבִינַתְכֶם
לְעֵינֵי הָעַמִּים אֲשֶׁר יִשְׁמְעוּן אֵת כָּל־הַחֻקִּים הָאֵלֶּה וְאָמְרוּ
רַק עַם־חָכָם וְנָבוֹן הַגּוֹי הַגָּדוֹל הַזֶּה׃ כִּי מִי־גוֹי גָּדוֹל
אֲשֶׁר־לוֹ אֱלֹהִים קְרֹבִים אֵלָיו כַּיהֹוָה אֱלֹהֵינוּ בְּכָל־קָרְאֵנוּ
אֵלָיו׃ וּמִי גּוֹי גָּדוֹל אֲשֶׁר־לוֹ חֻקִּים וּמִשְׁפָּטִים צַדִּיקִם כְּכֹל
הַתּוֹרָה הַזֹּאת אֲשֶׁר אָנֹכִי נֹתֵן לִפְנֵיכֶם הַיּוֹם׃

DIE INNERE THORA

הִנֵּה יָמִים בָּאִים נְאֻם־יְהֹוָה וְכָרַתִּי אֶת־בֵּית יִשְׂרָאֵל
וְאֶת־בֵּית יְהוּדָה בְּרִית חֲדָשָׁה׃ לֹא כַבְּרִית אֲשֶׁר כָּרַתִּי
אֶת־אֲבוֹתָם בְּיוֹם הֶחֱזִיקִי בְיָדָם לְהוֹצִיאָם מֵאֶרֶץ מִצְרָיִם
אֲשֶׁר־הֵמָּה הֵפֵרוּ אֶת־בְּרִיתִי וְאָנֹכִי בָּעַלְתִּי בָם נְאֻם־יְהֹוָה׃
כִּי זֹאת הַבְּרִית אֲשֶׁר אֶכְרֹת אֶת־בֵּית יִשְׂרָאֵל אַחֲרֵי הַיָּמִים
הָהֵם נְאֻם־יְהֹוָה נָתַתִּי אֶת־תּוֹרָתִי בְּקִרְבָּם וְעַל־לִבָּם
אֶכְתֲּבֶנָּה וְהָיִיתִי לָהֶם לֵאלֹהִים וְהֵמָּה יִהְיוּ־לִי לְעָם׃ וְלֹא
יְלַמְּדוּ עוֹד אִישׁ אֶת־רֵעֵהוּ וְאִישׁ אֶת־אָחִיו לֵאמֹר דְּעוּ
אֶת־יְהֹוָה כִּי־כוּלָּם יֵדְעוּ אוֹתִי לְמִקְּטַנָּם וְעַד־גְּדוֹלָם
נְאֻם־יְהֹוָה כִּי אֶסְלַח לַעֲוֹנָם וּלְחַטָּאתָם לֹא אֶזְכָּר־עוֹד׃

Der Gottesdienst wird mit אמת ואמונה *auf S.294 fortgesetzt.*

DIE ÄUSSERE THORA

Und nun, Israel, höre die Satzungen und Rechtsvorschriften, die ich euch lehre, um sie zu tun, damit ihr lebt und in das Land einziehen werdet, das der Ewige, der Gott eurer Vorfahren euch geben wird, um es in Besitz zu nehmen. Ihr sollt dem Wort, das ich euch gebiete, nichts hinzufügen und nichts davon wegnehmen, sondern haltet die Gebote des Ewigen, eures Gottes, die ich euch geboten habe. …

Hiermit lehre ich euch die Satzungen und Rechtsvorschriften, wie es mir der Ewige, mein Gott, aufgetragen hat. Ihr sollt sie innerhalb des Landes halten, in das ihr hineinzieht, um es in Besitz zu nehmen. Ihr sollt auf sie achten und sollt sie halten. Denn darin besteht eure Weisheit und eure Bildung in den Augen der Völker. Wenn sie alle diese Satzungen hören, werden sie sagen: Dieses große Volk ist ein weises und gebildetes Volk. Denn welches große Volk hat Götter, die ihnen so nahe sind wie uns der Ewige, unser Gott, wann immer wir beten? Oder welches große Volk hat Satzungen und Rechtsvorschriften, die so gerecht sind, wie alles in dieser Thora, die ich euch heute vorlege?

(Dtn 4,1-2.5-8)

DIE INNERE THORA

Siehe, es werden Tagen kommen – Ausspruch Gottes – in denen ich mit dem Haus Israel und dem Haus Juda einen neuen Bund schließen werde, anders, als der Bund war, den ich mit ihren Vorfahren geschlossen habe, als ich sie bei der Hand nahm, um sie aus Ägypten herauszuführen. Diesen Bund haben sie gebrochen, obwohl ich ihr Eigentümer war – Ausspruch Gottes. Sondern dies wird der Bund sein, den ich nach jenen Tagen mit dem Haus Israel schließen werde – Ausspruch Gottes: Ich werde meine Thora in sie hinein legen und sie auf ihre Herzen schreiben. Ich werde ihr Gott sein und sie mein Volk. Sie werden nicht mehr einander lehren müssen: 'Erkennt Gott!', denn alle werden mich kennen, von den Kleinen bis hin zu den Großen – Ausspruch Gottes. Ich werde ihnen ihre Schuld verzeihen und an ihre Sünden nicht mehr denken.

(Jer 31,31-34)

Der Gottesdienst wird mit „Wahr und wahrhaftig…" auf S. 295 fortgesetzt.

והיה אם שמע

וְהָיָה אִם־שָׁמֹעַ תִּשְׁמְעוּ אֶל־מִצְוֹתַי אֲשֶׁר אָנֹכִי מְצַוֶּה אֶתְכֶם
הַיּוֹם. לְאַהֲבָה אֶת־יְהוָה אֱלֹהֵיכֶם וּלְעָבְדוֹ בְּכָל־לְבַבְכֶם
וּבְכָל־נַפְשְׁכֶם: וְנָתַתִּי מְטַר־אַרְצְכֶם בְּעִתּוֹ יוֹרֶה וּמַלְקוֹשׁ.
וְאָסַפְתָּ דְגָנֶךָ וְתִירֹשְׁךָ וְיִצְהָרֶךָ: וְנָתַתִּי עֵשֶׂב בְּשָׂדְךָ לִבְהֶמְתֶּךָ.
וְאָכַלְתָּ וְשָׂבָעְתָּ: הִשָּׁמְרוּ לָכֶם פֶּן־יִפְתֶּה לְבַבְכֶם. וְסַרְתֶּם
וַעֲבַדְתֶּם אֱלֹהִים אֲחֵרִים וְהִשְׁתַּחֲוִיתֶם לָהֶם: וְחָרָה אַף־יְהוָה
בָּכֶם וְעָצַר אֶת־הַשָּׁמַיִם וְלֹא־יִהְיֶה מָטָר וְהָאֲדָמָה לֹא תִתֵּן אֶת־
יְבוּלָהּ. וַאֲבַדְתֶּם מְהֵרָה מֵעַל הָאָרֶץ הַטֹּבָה אֲשֶׁר יְהוָה נֹתֵן
לָכֶם: וְשַׂמְתֶּם אֶת־דְּבָרַי אֵלֶּה עַל־לְבַבְכֶם וְעַל־נַפְשְׁכֶם.
וּקְשַׁרְתֶּם אֹתָם לְאוֹת עַל־יֶדְכֶם וְהָיוּ לְטוֹטָפֹת בֵּין עֵינֵיכֶם:
וְלִמַּדְתֶּם אֹתָם אֶת־בְּנֵיכֶם לְדַבֵּר בָּם. בְּשִׁבְתְּךָ בְּבֵיתֶךָ וּבְלֶכְתְּךָ
בַדֶּרֶךְ וּבְשָׁכְבְּךָ וּבְקוּמֶךָ: וּכְתַבְתָּם עַל־מְזוּזוֹת בֵּיתֶךָ וּבִשְׁעָרֶיךָ:
לְמַעַן יִרְבּוּ יְמֵיכֶם וִימֵי בְנֵיכֶם עַל הָאֲדָמָה אֲשֶׁר נִשְׁבַּע יְהוָה
לַאֲבֹתֵיכֶם לָתֵת לָהֶם. כִּימֵי הַשָּׁמַיִם עַל־הָאָרֶץ:

ויאמר יהוה

וַיֹּאמֶר יְהוָה אֶל־מֹשֶׁה לֵּאמֹר: דַּבֵּר אֶל־בְּנֵי יִשְׂרָאֵל וְאָמַרְתָּ
אֲלֵהֶם וְעָשׂוּ לָהֶם צִיצִת עַל־כַּנְפֵי בִגְדֵיהֶם לְדֹרֹתָם. וְנָתְנוּ
עַל־צִיצִת הַכָּנָף פְּתִיל תְּכֵלֶת: וְהָיָה לָכֶם לְצִיצִת וּרְאִיתֶם אֹתוֹ
וּזְכַרְתֶּם אֶת־כָּל־מִצְוֹת יְהוָה וַעֲשִׂיתֶם אֹתָם. וְלֹא־תָתוּרוּ אַחֲרֵי
לְבַבְכֶם וְאַחֲרֵי עֵינֵיכֶם אֲשֶׁר־אַתֶּם זֹנִים אַחֲרֵיהֶם: לְמַעַן תִּזְכְּרוּ
וַעֲשִׂיתֶם אֶת־כָּל־מִצְוֹתָי. וִהְיִיתֶם קְדֹשִׁים לֵאלֹהֵיכֶם: אֲנִי יְהוָה
אֱלֹהֵיכֶם אֲשֶׁר הוֹצֵאתִי אֶתְכֶם מֵאֶרֶץ מִצְרַיִם לִהְיוֹת לָכֶם
לֵאלֹהִים. אֲנִי יְהוָה אֱלֹהֵיכֶם:

Der Gottesdienst wird mit אמת ואמונה *auf S. 294 fortgesetzt.*

Und wenn ihr auf meine Gebote hört, auf die ich euch heute verpflichte, wenn ihr also den Ewigen, euren Gott, liebt und ihm mit ganzem Herzen und mit ganzer Seele dient, dann gebe ich eurem Land seinen Regen zur rechten Zeit, den Frühregen im Herbst und den Spätregen im Frühjahr, und du kannst Korn, Most und Öl ernten; dann gebe ich deinem Vieh sein Gras auf dem Feld, und du kannst essen und satt werden. Aber nehmt euch in Acht! Lasst euer Herz nicht verführt werden, weicht nicht vom Weg ab, dient nicht anderen Göttern und werft euch nicht vor ihnen nieder! Sonst wird der Zorn des Ewigen gegen euch entbrennen; er wird den Himmel zuschließen, es wird kein Regen fallen, der Acker wird keinen Ertrag bringen, und ihr werdet unverzüglich aus dem prächtigen Land getilgt sein, das der Ewige euch geben will. Diese meine Worte sollt ihr auf euer Herz und eure Seele schreiben. Ihr sollt sie als Zeichen um das Handgelenk binden. Sie sollen als Merkzeichen auf eurer Stirn sein. Ihr sollt sie eure Kinder lehren und ihnen davon erzählen, wenn du zu Hause sitzt und wenn du auf der Straße gehst, wenn du dich hinlegst und wenn du aufstehst. Du sollst sie auf die Türpfosten deines Hauses und in deine Tore schreiben. Damit ihr und eure Kinder lange in dem Land lebt, das der Ewige euren Vorfahren geschworen hat zu geben; so zahlreich sollen eure Tage darin sein wie die Tage, die sich der Himmel über der Erde wölbt.

(Dtn 11,13-21)

Der Ewige sprach zu Mose: Rede zu den Kindern Israels und sage ihnen, sie sollen sich Quasten an die Enden ihrer Gewänder nähen, von Generation zu Generation. An den Quasten sollen sie einen blauen Faden anbringen. Es sollen Merkquasten für euch sein: Wenn ihr sie seht, dann sollt ihr euch an alle Gebote des Ewigen erinnern und sie tun. Ihr sollt eurem Herzen und euren Augen nicht nachgeben, wenn sie euch zur Untreue verleiten wollen. Durch sie erinnert ihr euch an alle meine Gebote und werdet sie beachten und so eurem Gott heilig sein. Ich bin der Ewige, euer Gott; ich habe euch aus Ägypten herausgeführt, um für euch Gott zu sein; Ich, der Ewige, bin euer Gott.

(Num 15, 37-41)

Der Gottesdienst wird mit „Wahr und wahrhaftig…" auf S. 295 fortgesetzt.

גאולה

Alle Festgottesdienste werden hier fortgesetzt:

אֱמֶת וֶאֱמוּנָה כָּל־זֹאת וְקַיָּם עָלֵינוּ כִּי הוּא יְיָ אֱלֹהֵינוּ וְאֵין זוּלָתוֹ וַאֲנַחְנוּ יִשְׂרָאֵל עַמּוֹ. הָעֹשֶׂה גְדֹלוֹת עַד־אֵין חֵקֶר וְנִפְלָאוֹת עַד־אֵין מִסְפָּר. וְרָאוּ בָנָיו גְּבוּרָתוֹ שִׁבְּחוּ וְהוֹדוּ לִשְׁמוֹ וּמַלְכוּתוֹ בְּרָצוֹן קִבְּלוּ עֲלֵיהֶם. מֹשֶׁה וּבְנֵי יִשְׂרָאֵל לְךָ עָנוּ שִׁירָה בְּשִׂמְחָה רַבָּה. וְאָמְרוּ כֻלָּם.

מִי־כָמֹכָה בָּאֵלִם יְהוָה מִי כָּמֹכָה נֶאְדָּר בַּקֹּדֶשׁ נוֹרָא תְהִלֹּת עֹשֵׂה פֶלֶא:

מַלְכוּתְךָ יְיָ אֱלֹהֵינוּ רָאוּ בָנֶיךָ עַל הַיָּם. יַחַד כֻּלָּם הוֹדוּ וְהִמְלִיכוּ וְאָמְרוּ. יְהוָה יִמְלֹךְ לְעֹלָם וָעֶד:

וְנֶאֱמַר כִּי־פָדָה יְיָ אֶת־יַעֲקֹב וּגְאָלוֹ מִיַּד חָזָק מִמֶּנּוּ. בָּרוּךְ אַתָּה יְיָ. גָּאַל יִשְׂרָאֵל:

השכיבנו

הַשְׁכִּיבֵנוּ אָבִינוּ לְשָׁלוֹם וְהַעֲמִידֵנוּ מַלְכֵּנוּ לְחַיִּים. וּפְרוֹשׂ עָלֵינוּ סֻכַּת שְׁלוֹמֶךָ וְתַקְּנֵנוּ בְּעֵצָה טוֹבָה מִלְּפָנֶיךָ וְהוֹשִׁיעֵנוּ לְמַעַן שְׁמֶךָ. וְהָגֵן בַּעֲדֵנוּ וְהָסֵר מֵעָלֵינוּ אוֹיֵב דֶּבֶר וְחֶרֶב וְרָעָב וְיָגוֹן. וּבְצֵל כְּנָפֶיךָ תַּסְתִּירֵנוּ כִּי אֵל שׁוֹמְרֵנוּ וּמַצִּילֵנוּ אָתָּה כִּי אֵל מֶלֶךְ חַנּוּן וְרַחוּם אָתָּה. וּשְׁמוֹר צֵאתֵנוּ וּבוֹאֵנוּ לְחַיִּים וּלְשָׁלוֹם מֵעַתָּה וְעַד עוֹלָם. וּפְרוֹשׂ עָלֵינוּ סֻכַּת שְׁלוֹמֶךָ. בָּרוּךְ אַתָּה יְיָ. הַפּוֹרֵשׂ סֻכַּת שָׁלוֹם עָלֵינוּ וְעַל־עַמּוֹ יִשְׂרָאֵל וְעַל־כָּל־הָעוֹלָם:

Am Schabbat:

ושמרו

וְשָׁמְרוּ בְנֵי־יִשְׂרָאֵל אֶת־הַשַּׁבָּת לַעֲשׂוֹת אֶת־הַשַּׁבָּת לְדֹרֹתָם בְּרִית עוֹלָם: בֵּינִי וּבֵין בְּנֵי יִשְׂרָאֵל אוֹת הִיא לְעוֹלָם. כִּי־שֵׁשֶׁת יָמִים עָשָׂה יְיָ אֶת־הַשָּׁמַיִם וְאֶת־הָאָרֶץ. וּבַיּוֹם הַשְּׁבִיעִי שָׁבַת וַיִּנָּפַשׁ:

GOTT ERLÖST UNS

Alle Festgottesdienste werden hier fortgesetzt:

Wahr und wahrhaftig ist dies alles, und es wird von uns gehalten, denn du bist der Ewige, unser Gott. Es gibt keinen Gott außer dir, und wir sind Israel, dein Volk. Große Dinge vollbringst du, die über unseren Verstand hinausgehen und Wunder in unzählbarer Zahl. Deine Kinder sahen deine Stärke, sie priesen und lobten deinen Namen und nahmen deine Herrschaft willig an. Mose und die Kinder Israels antworteten dir in großer Freude mit einem Lied. Sie sangen gemeinsam:

Wer ist wie du unter den Göttern, o Gott?
Wer ist wie du – so heilig, so gewaltig?
Wem sonst erzeigen Loblieder Ehrfurcht?
Wer sonst kann deine Wunder tun? *(Ex 15,11)*

Deine Herrschaft, Ewiger, unser Gott, sahen deine Kinder am Meer, gemeinsam priesen und lobten sie deine Herrschaft und sangen:

Gott regiert für immer und ewig. *(Ex 15,18)*

Und es ist gesagt: Gott wird Jakob erlösen und ihn befreien aus der Hand des Stärkeren. *(Jer 31,11)*

Gepriesen seist du, Ewiger. Du erlöst Israel.

GOTT SCHENKT FRIEDE, FREUDE UND RUHE

Gib, Quelle unseres Lebens, dass wir uns zufrieden zur Ruhe legen und lass uns, Ursprung unsrer Stärke, mit neuer Lebenskraft wieder aufstehen. Breite deinen Frieden über uns aus wie ein Zelt, leite uns durch deine guten Ratschläge und hilf uns um deines Namens willen. Beschütze uns und halte Feinde und Krankheiten, Krieg, Hungersnot und Kummer von uns fern. Im Schatten deiner Flügel birg uns, denn du bist Gott, du beschützt und rettest uns; denn du bist Gott, du regierst in Gnade und Barmherzigkeit. Behüte unseren Ausgang und Eingang, unser Schlafen und unser Wachen von nun an bis in Ewigkeit. Breite deinen Frieden über uns aus wie ein Zelt. Gepriesen seist du, Ewiger. Du breitest deinen Frieden wie ein Zelt über uns aus, über dein Volk Israel und über die ganze Welt.

Am Schabbat:

Die Kinder Israels sollen den Schabbat halten und ihn von Generation zu Generation als einen ewigen Bund bewahren. Für alle Zeiten wird er ein Zeichen zwischen mir und den Kindern Israels sein. Denn in sechs Tagen hat Gott Himmel und Erde gemacht; am siebten Tag aber ruhte Gott und atmete auf. *(Ex 31,16-17)*

אֵלֶּה מוֹעֲדֵי יְיָ. מִקְרָאֵי קֹדֶשׁ. אֲשֶׁר תִּקְרְאוּ אוֹתָם בְּמוֹעֲדָם:

Hier kann das הצי קדיש *gebetet werden.*

אֲדֹנָי שְׂפָתַי תִּפְתָּח. וּפִי יַגִּיד תְּהִלָּתֶךָ:

Einer der beiden folgenden Abschnitte:

אבות

בָּרוּךְ אַתָּה יְיָ אֱלֹהֵינוּ וֵאלֹהֵי אֲבוֹתֵינוּ. אֱלֹהֵי אַבְרָהָם. אֱלֹהֵי יִצְחָק. וֵאלֹהֵי יַעֲקֹב. הָאֵל הַגָּדוֹל הַגִּבּוֹר וְהַנּוֹרָא. אֵל עֶלְיוֹן. גּוֹמֵל חֲסָדִים טוֹבִים קוֹנֵה הַכֹּל וְזוֹכֵר חַסְדֵי אָבוֹת וּמֵבִיא גוֹאֵל לִבְנֵי בְנֵיהֶם לְמַעַן שְׁמוֹ בְּאַהֲבָה: מֶלֶךְ עוֹזֵר וּמוֹשִׁיעַ וּמָגֵן. בָּרוּךְ אַתָּה יְיָ. מָגֵן אַבְרָהָם:

ואמהות

בָּרוּךְ אַתָּה יְיָ אֱלֹהֵינוּ וֵאלֹהֵי אֲבוֹתֵינוּ וְאִמּוֹתֵינוּ. אֱלֹהֵי אַבְרָהָם וֵאלֹהֵי שָׂרָה. אֱלֹהֵי יִצְחָק וֵאלֹהֵי רִבְקָה. אֱלֹהֵי יַעֲקֹב אֱלֹהֵי רָחֵל וֵאלֹהֵי לֵאָה. הָאֵל הַגָּדוֹל הַגִּבּוֹר וְהַנּוֹרָא. אֵל עֶלְיוֹן. גּוֹמֵל חֲסָדִים טוֹבִים קוֹנֵה הַכֹּל וְזוֹכֵר חַסְדֵי אָבוֹת וְאִמָּהוֹת וּמֵבִיא גוֹאֵל לִבְנֵי בְנֵיהֶם לְמַעַן שְׁמוֹ בְּאַהֲבָה: מֶלֶךְ עוֹזֵר וּמוֹשִׁיעַ וּמָגֵן. בָּרוּךְ אַתָּה יְיָ. מָגֵן אַבְרָהָם וְשָׂרָה:

גבורות

אַתָּה גִּבּוֹר לְעוֹלָם יְיָ. מְחַיֵּה מֵתִים אַתָּה רַב לְהוֹשִׁיעַ. [מַשִּׁיב הָרוּחַ וּמוֹרִיד הַגָּשֶׁם]

מְכַלְכֵּל חַיִּים בְּחֶסֶד. מְחַיֵּה מֵתִים בְּרַחֲמִים רַבִּים. סוֹמֵךְ נוֹפְלִים. וְרוֹפֵא חוֹלִים. וּמַתִּיר אֲסוּרִים. וּמְקַיֵּם אֱמוּנָתוֹ לִישֵׁנֵי עָפָר: מִי כָמוֹךָ בַּעַל גְּבוּרוֹת וּמִי דּוֹמֶה לָּךְ. מֶלֶךְ מֵמִית וּמְחַיֶּה. וּמַצְמִיחַ יְשׁוּעָה: וְנֶאֱמָן אַתָּה לְהַחֲיוֹת מֵתִים. בָּרוּךְ אַתָּה יְיָ. מְחַיֵּה הַמֵּתִים:

Dies sind die Festzeiten Gottes, heilige Versammlungen, die ihr zu den für sie festgesetzten Zeiten verkünden sollt. *(Lev 23,4)*

Hier kann das Chazi-Kaddisch gebetet werden.

Gott, öffne meine Lippen, dass mein Mund deinen Ruhm verkünde! *(Ps 51,17)*

Einer der beiden folgenden Abschnitte:

GOTT ALLER GENERATIONEN

Gepriesen seist du, Ewiger, unser Gott und Gott unserer Väter, Gott Abrahams, Gott Isaaks und Gott Jakobs. Du bist groß und mächtig. Dir gebührt unsere Ehrfurcht. Du bist über alles erhaben. Du vollbringst Wohltaten. Alles hältst du in deiner Hand. Du erinnerst dich an die Frömmigkeit unserer Vorfahren und bringst deshalb liebevoll ihren Enkeln Erlösung um deines Namens willen. Du regierst und hilfst, du bist Rettung und Schutzschild. Gepriesen seist du, Ewiger, unser Gott, Schutzschild Abrahams.

Gepriesen seist du, Ewiger, unser Gott und Gott unserer Väter und Mütter, Gott Abrahams und Gott Saras, Gott Isaaks und Gott Rebekkas, Gott Jakobs, Gott Rahels und Gott Leas. Du bist groß und mächtig. Dir gebührt unsere Ehrfurcht. Du bist über alles erhaben. Du vollbringst Wohltaten. Alles hältst du in deiner Hand. Du erinnerst dich an die Frömmigkeit unserer Vorfahren und bringst deshalb liebevoll ihren Enkeln Erlösung um deines Namens willen. Du regierst und hilfst, du bist Rettung und Schutzschild. Gepriesen seist du, Ewiger, unser Gott, Schutzschild Abrahams und Saras.

GOTT IST MÄCHTIG

Du bist die nie erschöpfende Kraft, du schenkst Leben angesichts des Todes. Vielfältig sind deine Wege zu helfen.

(*Am 1. Tag Pessach:* Du lässt die Winde wehen und den Regen fallen.)

Die Lebenden ernährst du in Güte. In großem Erbarmen schaffst du Leben angesichts des Todes. Du stützt die Fallenden. Du heilst die Kranken. Du machst die Gebundenen los und hältst die Treue denen, die im Staube schlafen. Wer ist wie du, der solche Kraft hätte, und wer ist dir gleich? – Du, Gott, hast Macht über Tod und Leben, und du lässt Hilfe sprossen. Du bist treu, Leben angesichts des Todes zu schaffen. Gepriesen seist du, Ewiger. Du schenkst Leben angesichts des Todes.

קדושת השם

וְאַתָּה קָדוֹשׁ יוֹשֵׁב תְּהִלּוֹת יִשְׂרָאֵל:	אַתָּה קָדוֹשׁ וְשִׁמְךָ קָדוֹשׁ וּקְדוֹשִׁים בְּכָל־יוֹם יְהַלְלוּךָ סֶּלָה.
קָדוֹשׁ קָדוֹשׁ קָדוֹשׁ יְהוָה צְבָאוֹת. מְלֹא כָל־הָאָרֶץ כְּבוֹדוֹ:	
בָּרוּךְ כְּבוֹד־יְהוָה מִמְּקוֹמוֹ:	בָּרוּךְ אַתָּה יְיָ. הָאֵל הַקָּדוֹשׁ:
יִמְלֹךְ יְהוָה לְעוֹלָם. אֱלֹהַיִךְ צִיּוֹן לְדֹר וָדֹר הַלְלוּיָהּ:	

בָּרוּךְ אַתָּה יְיָ. הָאֵל הַקָּדוֹשׁ:

קדושת היום

אַתָּה בְחַרְתָּנוּ מִכָּל־הָעַמִּים. אָהַבְתָּ אוֹתָנוּ וְרָצִיתָ בָּנוּ וְרוֹמַמְתָּנוּ מִכָּל־הַלְּשׁוֹנוֹת. וְקִדַּשְׁתָּנוּ בְּמִצְוֹתֶיךָ. וְקֵרַבְתָּנוּ מַלְכֵּנוּ לַעֲבוֹדָתֶךָ. וְשִׁמְךָ הַגָּדוֹל וְהַקָּדוֹשׁ עָלֵינוּ קָרָאתָ: וַתִּתֶּן־לָנוּ יְיָ אֱלֹהֵינוּ בְּאַהֲבָה [שַׁבָּתוֹת לִמְנוּחָה וּ] מוֹעֲדִים לְשִׂמְחָה חַגִּים וּזְמַנִּים לְשָׂשׂוֹן.

בשבת [אֶת־יוֹם הַמָּנוֹחַ הַזֶּה וְ...]

בפסח אֶת־יוֹם חַג הַמַּצּוֹת הַזֶּה זְמַן חֵרוּתֵנוּ.

בשבועות אֶת־יוֹם חַג הַשָּׁבֻעוֹת הַזֶּה זְמַן מַתַּן תּוֹרָתֵנוּ.

בסוכות אֶת־יוֹם חַג הַסֻּכּוֹת הַזֶּה זְמַן שִׂמְחָתֵנוּ.

בשמיני חג העצרת אֶת־יוֹם הַשְּׁמִינִי. חַג הָעֲצֶרֶת הַזֶּה. זְמַן שִׂמְחָתֵנוּ.

מִקְרָא קֹדֶשׁ זֵכֶר לִיצִיאַת מִצְרָיִם.

GOTT IST HEILIG

Heilig bist du, deine Gegenwart ist in den Lobliedern Israels. *(Ps 22,4)*

Heilig, heilig, heilig ist der Schöpfer aller Kreatur. Die ganze Welt ist mit Gottes Gegenwart erfüllt. *(Jes 6,3)*

Gepriesen sei die Gegenwart Gottes an jedem Ort. *(Ez 3,12)*

Gott herrscht allezeit, dein Gott, Zion, regiert bis in Ewigkeit. Halleluja! *(Ps 146,10)*

Gepriesen seist du, Ewiger, heiliger Gott!

Heilig bist du,
heilig ist dein Name,
Heilige preisen dich
Tag für Tag.

Gepriesen seist du, Ewiger, heiliger Gott.

DER FESTTAG IST HEILIG

Du hast uns aus allen Völkern erwählt. Du hast uns lieb und hast Gefallen an uns. Du hast uns eine besondere Stellung unter allen Völkern gegeben, indem du uns durch deine Gebote geheiligt hast. Du hast uns in deinen Dienst gestellt. Wir sind nach deinem großen und heiligen Namen benannt. Ewiger, unser Gott, du schenkst uns in deiner Liebe (Schabbattage, an denen wir Ruhe finden,) Zeiten, zu denen wir fröhlich sind, und Feste und Augenblicke, an denen wir uns freuen. Du schenkst uns

Am Schabbat:
(diesen Tag der Ruhe und)

An Pessach:
dieses Fest der ungesäuerten Brote, das Fest unserer Befreiung,

An Schawuot:
dieses Wochenfest, das Fest der Thoragabe,

An Sukkot:
dieses Laubhüttenfest, ein Freudenfest,

An Simchat Thora:
dieses Schlussfest, ein Freudenfest,

eine heilige Versammlung, eine Erinnerung an den Auszug aus Ägypten.

יעלה ויבא

אֱלֹהֵינוּ וֵאלֹהֵי אֲבוֹתֵינוּ· יַעֲלֶה וְיָבֹא וְיַגִּיעַ וְיֵרָאֶה וְיֵרָצֶה וְיִשָּׁמַע וְיִפָּקֵד וְיִזָּכֵר זִכְרוֹנֵנוּ וּפִקְדּוֹנֵנוּ וְזִכְרוֹן אֲבוֹתֵינוּ וְזִכְרוֹן מָשִׁיחַ בֶּן־דָּוִד עַבְדֶּךָ· וְזִכְרוֹן יְרוּשָׁלַיִם עִיר קָדְשֶׁךָ וְזִכְרוֹן כָּל־עַמְּךָ בֵּית יִשְׂרָאֵל לְפָנֶיךָ· לִפְלֵיטָה וּלְטוֹבָה לְחֵן וּלְחֶסֶד לְרַחֲמִים לְחַיִּים וּלְשָׁלוֹם בְּיוֹם

בפסח חַג הַמַּצּוֹת הַזֶּה·

בשבועות חַג הַשָּׁבֻעוֹת הַזֶּה·

בסוכות חַג הַסֻּכּוֹת הַזֶּה·

בשמיני חג העצרת הַשְּׁמִינִי חַג הָעֲצֶרֶת הַזֶּה·

זָכְרֵנוּ יְהֹוָה אֱלֹהֵינוּ בּוֹ לְטוֹבָה·
וּפָקְדֵנוּ בוֹ לִבְרָכָה
וְהוֹשִׁיעֵנוּ בוֹ לְחַיִּים

וּבִדְבַר יְשׁוּעָה וְרַחֲמִים חוּס וְחָנֵּנוּ· כִּי אֵלֶיךָ עֵינֵינוּ· כִּי אֵל מֶלֶךְ חַנּוּן וְרַחוּם אָתָּה:

וְהַשִּׂיאֵנוּ יְיָ אֱלֹהֵינוּ אֶת־בִּרְכַּת מוֹעֲדֶיךָ לְחַיִּים וּלְשָׁלוֹם· לְשִׂמְחָה וּלְשָׂשׂוֹן· כַּאֲשֶׁר רָצִיתָ וְאָמַרְתָּ לְבָרְכֵנוּ: קַדְּשֵׁנוּ בְּמִצְוֹתֶיךָ· שִׂים חֶלְקֵנוּ בְּתוֹרָתֶךָ: שַׂבְּעֵנוּ מִטּוּבֶךָ· שַׂמְּחֵנוּ בִּישׁוּעָתֶךָ וְטַהֵר לִבֵּנוּ לְעָבְדְּךָ בֶּאֱמֶת: וְהַנְחִילֵנוּ יְיָ אֱלֹהֵינוּ בְּאַהֲבָה וּבְרָצוֹן בְּשִׂמְחָה וּבְשָׂשׂוֹן [שַׁבָּת וּ] מוֹעֲדֵי קָדְשֶׁךָ: וְיִשְׂמְחוּ בְךָ יִשְׂרָאֵל מְקַדְּשֵׁי שְׁמֶךָ: בָּרוּךְ אַתָּה יְיָ· מְקַדֵּשׁ [הַשַּׁבָּת וְ] יִשְׂרָאֵל וְהַזְּמַנִּים:

עבודה

רְצֵה יְיָ אֱלֹהֵינוּ בְּעַמְּךָ יִשְׂרָאֵל· וְלִתְפִלָּתָם שְׁעֵה· וּבְרַחֲמֶיךָ הָרַבִּים תַּחְפֹּץ בָּנוּ וְתַשְׁרֶה שְׁכִינָתְךָ עַל צִיּוֹן· וְתֶחֱזֶינָה עֵינֵינוּ בְּשׁוּבְךָ לְצִיּוֹן בְּרַחֲמִים· בָּרוּךְ אַתָּה יְיָ· הַמַּחֲזִיר שְׁכִינָתוֹ לְצִיּוֹן:

Unser Gott und Gott unserer Vorfahren, das Gedenken an uns und die Verantwortung für uns, das Gedenken an unsere Vorfahren und an die messianische Zeit, das Gedenken an Jerusalem, die Stadt deiner Heiligkeit, und an die ganze Familie Israels mögen zu dir gelangen und vor dich kommen; sie mögen dich erreichen und wahrgenommen werden. Es geschehe, damit wir deine Rettung und Güte erfahren, damit uns deine Gnade und Liebe zuteil werden. Ewiger, unser Gott,

An Pessach:

heute, am Fest der ungesäuerten Brote,

An Schawuot:

heute, am Wochenfest,

An Sukkot:

heute, am Laubhüttenfest,

An Simchat Thora:

heute, am Schlussfest,

denke an uns, damit wir Gutes erfahren – Amen.
Schenke uns deinen Segen – Amen.
Hilf uns zu einem guten Leben – Amen.

Du hast uns Hilfe und Erbarmen versprochen, deshalb erbarme dich über uns und zeige uns deine Gnade. Denn auf dich richtet sich unser Blick, du bist die Quelle aller Gnade und allen Erbarmens.

Lass uns dieses Fest zum Segen werden, dass es unser Leben präge, uns mit Frieden erfülle und mit Freude und Glück, so wie du es verheißen hast, dass du uns segnest. Lass unser Leben auf dich ausgerichtet sein und hilf uns, deine Gebote zu beachten. Lass deine Weisung zu unserem eigenen Anliegen werden. Sättige uns mit deiner Güte. Erfreue uns mit deiner Hilfe und reinige unsere Herzen, dass sie dir in Wahrhaftigkeit dienen. In Liebe und in Wohlgefallen, mit Fröhlichkeit und Freude lass uns, Gott, uns (den Schabbat und) diese heilige Zeit zu eigen machen, und lass an ihm ganz Israel, das dich sucht, sich freuen. Gepriesen seist du, Ewiger. Du hast (den Schabbat,) Israel und die Festzeiten geheiligt.

DANK UND FRIEDENSBITTE

Habe Gefallen an deinem Volk Israel und höre seine Gebete. In großem Erbarmen finde Gefallen an uns und lass deine Gegenwart über Zion ruhen. Lass unsere Augen Ausschau halten nach deiner Rückkehr zum Zion in Erbarmen. Gepriesen seist du, Ewiger. Du lässt deine Gegenwart nach Zion zurückkehren.

הודאה

מוֹדִים אֲנַחְנוּ לָךְ שָׁאַתָּה הוּא יְיָ אֱלֹהֵינוּ וֵאלֹהֵי אֲבוֹתֵינוּ לְעוֹלָם וָעֶד· צוּרֵנוּ צוּר חַיֵּינוּ וּמָגֵן יִשְׁעֵנוּ אַתָּה הוּא לְדוֹר וָדוֹר: נוֹדֶה לְךָ וּנְסַפֵּר תְּהִלָּתֶךָ עַל חַיֵּינוּ הַמְּסוּרִים בְּיָדֶךָ· וְעַל נִשְׁמוֹתֵינוּ הַפְּקוּדוֹת לָךְ· וְעַל נִסֶּיךָ שֶׁבְּכָל־יוֹם עִמָּנוּ· וְעַל נִפְלְאוֹתֶיךָ וְטוֹבוֹתֶיךָ שֶׁבְּכָל־עֵת עֶרֶב וָבֹקֶר וְצָהֳרָיִם: הַטּוֹב כִּי לֹא כָלוּ רַחֲמֶיךָ· הַמְרַחֵם כִּי לֹא תַמּוּ חֲסָדֶיךָ· כִּי מֵעוֹלָם קִוִּינוּ לָךְ:

וְעַל כֻּלָּם יִתְבָּרַךְ וְיִתְרוֹמַם וְיִתְנַשֵּׂא תָּמִיד שִׁמְךָ מַלְכֵּנוּ לְעוֹלָם וָעֶד: וְכָל־הַחַיִּים יוֹדוּךָ סֶּלָה· וִיהַלְלוּ וִיבָרְכוּ אֶת־שִׁמְךָ הַגָּדוֹל בֶּאֱמֶת· הָאֵל יְשׁוּעָתֵנוּ וְעֶזְרָתֵנוּ סֶלָה: בָּרוּךְ אַתָּה יְיָ· הַטּוֹב שִׁמְךָ וּלְךָ נָאֶה לְהוֹדוֹת:

בכרת שלום

שָׁלוֹם רָב עַל יִשְׂרָאֵל עַמְּךָ תָּשִׂים לְעוֹלָם· כִּי אַתָּה הוּא מֶלֶךְ אָדוֹן לְכָל־הַשָּׁלוֹם· וְטוֹב בְּעֵינֶיךָ לְבָרֵךְ אֶת־עַמְּךָ יִשְׂרָאֵל בְּכָל־עֵת וּבְכָל־שָׁעָה בִּשְׁלוֹמֶךָ: בָּרוּךְ אַתָּה יְיָ· הַמְבָרֵךְ אֶת־עַמּוֹ יִשְׂרָאֵל בַּשָּׁלוֹם:

Nach der Amida können private Gebete angefügt werden.

אלהי נצור

אֱלֹהַי נְצוֹר לְשׁוֹנִי מֵרָע· וּשְׂפָתוֹתַי מִדַּבֵּר מִרְמָה· וְלִמְקַלְלַי נַפְשִׁי תִדּוֹם· וְנַפְשִׁי כֶּעָפָר לַכֹּל תִּהְיֶה: פְּתַח לִבִּי בְּתוֹרָתֶךָ· וְאַחֲרֵי מִצְוֹתֶיךָ תִּרְדּוֹף נַפְשִׁי· וְכָל־הַקָּמִים עָלַי לְרָעָה מְהֵרָה הָפֵר עֲצָתָם וְקַלְקֵל מַחְשְׁבוֹתָם: יִהְיוּ לְרָצוֹן אִמְרֵי־פִי· וְהֶגְיוֹן לִבִּי לְפָנֶיךָ· יְהוָה צוּרִי וְגֹאֲלִי:

עֹשֶׂה שָׁלוֹם בִּמְרוֹמָיו הוּא יַעֲשֶׂה שָׁלוֹם עָלֵינוּ וְעַל־כָּל־יִשְׂרָאֵל· וְאִמְרוּ אָמֵן:

Wir danken dir, denn du bist der Ewige, unser Gott und der Gott unserer Vorfahren, seit eh und je. Wir danken dir, denn du bist unser Fels und das Fundament, auf dem unser Leben ruht. Deine Hilfe haben wir zum Schutzschild – Fels und Schutzschild bist du uns seit jeher. Wir loben dich und erzählen von deinem Ruhm. Wir loben dich für unser Leben, das in deine Hand gegeben ist, und für unsere Seele, die dir anvertraut ist; für die Zeichen deiner Gegenwart, die uns täglich umgeben, für die Wunder und Wohltaten zu jeder Zeit, abends, morgens und mittags. Du bist gut, denn dein Erbarmen wird niemals aufhören. Du bist barmherzig, denn deine Gnade wird niemals versiegen. Von jeher hofften wir auf dich!

Für all dies preisen wir dich und erheben und rühmen deinen Namen, unser Herrscher, allezeit. Alles, was lebt, möge dir danken. Und man soll deinen großen Namen loben und preisen in Wahrhaftigkeit. Preisen soll man dich, Gott, unsere Hilfe und unsere Rettung. Gepriesen seist du, Ewiger. „Guter Gott“ – das ist dein Name. Schön ist es, dich zu loben.

Frieden in Fülle verleihe deinem Volk Israel zu jeder Zeit, denn du hast die Macht, du bist der Ursprung des Friedens. Du mögest Freude daran haben, dein Volk Israel mit deinem Frieden zu segnen, zu jeder Zeit und zu jeder Stunde. Gepriesen seist du, Ewiger. Du segnest dein Volk Israel mit Frieden.

Nach der Amida können private Gebete angefügt werden.

MEDITATION

Mein Gott, bewahre meine Zunge vor böser Rede und meine Lippen vor Lüge. Denen gegenüber, die mir Böses wollen, lass mich angemessen reagieren, und meine Seele möge gelassen bleiben, was auch geschieht. Mache mich bereit für deine Weisung. Nach deinen Geboten will ich leben. Eilig aber zerbrich die Pläne derer, die Böses gegen mich ersinnen, und vernichte ihre Gedanken. „Die Worte meines Mundes und meine Gedanken mögen dir angenehm sein, Ewiger, mein Fels und mein Heil.“ *(Ps 19,15)* *(bBer 17a)*

Gott schafft Frieden in der Höhe.
Möge Gott uns und ganz Israel Frieden geben.
Darauf sprecht: Amen.

SIMCHAT THORA

Diejenigen Gemeinden, in denen eine Prozession mit den Thora-Rollen üblich ist, setzen den Gottesdienst auf S. 424 for. Der Kiddusch findet sich auf S. 526ff.

עָלֵינוּ לְשַׁבֵּחַ לַאֲדוֹן הַכֹּל לָתֵת גְּדֻלָּה לְיוֹצֵר בְּרֵאשִׁית · אֲשֶׁר בָּחַר־בָּנוּ מִכָּל־הָעַמִּים · וְנָתַן־לָנוּ אֶת־תּוֹרָתוֹ · וַאֲנַחְנוּ כֹּרְעִים וּמִשְׁתַּחֲוִים וּמוֹדִים לִפְנֵי מֶלֶךְ מַלְכֵי הַמְּלָכִים הַקָּדוֹשׁ בָּרוּךְ הוּא · שֶׁהוּא נוֹטֶה שָׁמַיִם וְיוֹסֵד אָרֶץ · וּמוֹשַׁב יְקָרוֹ בַּשָּׁמַיִם מִמַּעַל וּשְׁכִינַת עֻזּוֹ בְּגָבְהֵי מְרוֹמִים: הוּא אֱלֹהֵינוּ · אֵין עוֹד · אֱמֶת מַלְכֵּנוּ · אֶפֶס זוּלָתוֹ · כַּכָּתוּב בְּתוֹרָתוֹ · וְיָדַעְתָּ הַיּוֹם וַהֲשֵׁבֹתָ אֶל־לְבָבֶךָ כִּי יְיָ הוּא הָאֱלֹהִים בַּשָּׁמַיִם מִמַּעַל וְעַל־הָאָרֶץ מִתָּחַת אֵין עוֹד:

עַל־כֵּן נְקַוֶּה לְךָ יְיָ אֱלֹהֵינוּ לִרְאוֹת מְהֵרָה בְּתִפְאֶרֶת עֻזֶּךָ · לְהַעֲבִיר גִּלּוּלִים מִן הָאָרֶץ וְהָאֱלִילִים כָּרוֹת יִכָּרֵתוּן · לְתַקֵּן עוֹלָם בְּמַלְכוּת שַׁדַּי וְכָל־בְּנֵי בָשָׂר יִקְרְאוּ בִשְׁמֶךָ · לְהַפְנוֹת אֵלֶיךָ כָּל־רִשְׁעֵי אָרֶץ: יַכִּירוּ וְיֵדְעוּ כָּל־יוֹשְׁבֵי תֵבֵל כִּי לְךָ תִּכְרַע כָּל־בֶּרֶךְ תִּשָּׁבַע כָּל־לָשׁוֹן: לְפָנֶיךָ יְיָ אֱלֹהֵינוּ יִכְרְעוּ וְיִפֹּלוּ · וְלִכְבוֹד שִׁמְךָ יְקָר יִתֵּנוּ · וִיקַבְּלוּ כֻלָּם אֶת־עֹל מַלְכוּתֶךָ · וְתִמְלוֹךְ עֲלֵיהֶם מְהֵרָה לְעוֹלָם וָעֶד · כִּי הַמַּלְכוּת שֶׁלְּךָ הִיא וּלְעוֹלְמֵי עַד תִּמְלֹךְ בְּכָבוֹד · כַּכָּתוּב בְּתוֹרָתֶךָ · יְהוָה יִמְלֹךְ לְעוֹלָם וָעֶד: וְנֶאֱמַר · וְהָיָה יְהוָה לְמֶלֶךְ עַל־כָּל־הָאָרֶץ בַּיּוֹם הַהוּא יִהְיֶה יְהוָה אֶחָד וּשְׁמוֹ אֶחָד:

SIMCHAT THORA

Diejenigen Gemeinden, in denen eine Prozession mit den Thora-Rollen üblich ist, setzen den Gottesdienst auf S. 425 for. Der Kiddusch findet sich auf S. 527ff.

UNSERE AUFGABE

Es ist unsere Aufgabe, den Ewigen, der alles in seinen Händen hält, zu preisen und die Größe des Schöpfers aller Anfänge anzuerkennen. Gott hat uns aus allen Völkern erwählt um uns die Thora zu geben. Wir knien nieder; wir verneigen uns und danken in der Gegenwart des allmächtigen Gottes, Gott regiert über alle Herrschenden in der Welt, Gottes Heiligkeit sei gepriesen! Denn Gott hat die Weite des Himmels geschaffen und die Erde gegründet. Gottes Ehre ist so umfassend wie der Himmel über uns, und Gottes Kraft reicht bis in die fernsten Höhen. Der lebendige Gott ist unser Gott – niemand sonst. Gott ist unser Leben anvertraut – niemandem außer Gott! So wie es geschrieben ist in der Thora: Heute sollst du erkennen und dir zu Herzen nehmen: Der Ewige ist der Gott im Himmel droben und auf der Erde unten, niemand sonst. (Dtn 4,39)

UNSERE HOFFNUNG FÜR DIE MENSCHHEIT

Darum hoffen wir darauf, Ewiger, unser Gott, dass deine Stärke bald für uns sichtbar wird, dass die Anbetung des Geldes von der Erde verschwinden und dass Vorurteile und Aberglaube ausgerottet werden; dass die Welt von deiner Herrschaft geprägt ist und alle Menschen deinen Namen anrufen; dass alle Ungerechten der Welt sich dir zuwenden.

Alle Bewohner der Erde sollen erkennen und wissen, dass sich vor dir jedes Knie beugt und jede Zunge bei dir schwört. Vor dir, Ewiger, unser Gott, wird man sich beugen und niederfallen, und man wird der Herrlichkeit deines Namens Achtung erweisen. Alle werden deine Herrschaft anerkennen, und du wirst bald über alle herrschen, von nun an bis in Ewigkeit. Denn dir allein gebührt die Herrschaft, und du herrschst bis in alle Ewigkeit in Herrlichkeit, wie es geschrieben steht in deiner Thora: Gott regiert für immer und ewig. *(Ex 15,18)*

Und es ist gesagt: Dann wird Gott über die ganze Erde herrschen. An jenem Tag wird Gott einzig sein und sein Name einzig. *(Sach 14,9)*

Der entsprechende der folgenden Abschnitte:

AN PESSACH

Wir denken an alle, Juden und Nichtjuden gleichermaßen, die ihren Mitgeschöpfen zur Freiheit verholfen haben, die den Armen und Verfolgten beigestanden sind und die nun in Frieden ruhen.

AN SCHAWUOT

Wir denken an all jene, die durch die Jahrhunderte hindurch in den Bund mit Gott eingetreten sind, um ein Teil des Volkes Israel zu werden. Und wir denken an alle, die sich zur Familie Israels zugehörig fühlten, die unser Schicksal geteilt haben und die nun in Frieden ruhen.

Wir denken in unseren Herzen an alle, die wir gekannt haben und die dieses Fest nun nicht mehr mit uns feiern können.

Viele haben niemanden, der um sie trauert, und ihre Namen sind unwiderruflich verloren. Aber von dir werden sie niemals vergessen. Dieses Kaddisch soll in dieser Welt unser Gedenken an sie sein. Ihr Lohn ist ihre Ruhestätte, denn du bist treu.

קדיש שלם

יִתְגַּדַּל וְיִתְקַדַּשׁ שְׁמֵהּ רַבָּא בְּעָלְמָא דִּי־בְרָא כִרְעוּתֵהּ · וְיַמְלִיךְ מַלְכוּתֵהּ בְּחַיֵּיכוֹן וּבְיוֹמֵיכוֹן וּבְחַיֵּי דִי־כָל־בֵּית יִשְׂרָאֵל בַּעֲגָלָא וּבִזְמַן קָרִיב · וְאִמְרוּ אָמֵן :

יְהֵא שְׁמֵהּ רַבָּא מְבָרַךְ לְעָלַם וּלְעָלְמֵי עָלְמַיָּא ·

יִתְבָּרַךְ וְיִשְׁתַּבַּח וְיִתְפָּאַר וְיִתְרוֹמַם וְיִתְנַשֵּׂא וְיִתְהַדַּר וְיִתְעַלֶּה וְיִתְהַלַּל שְׁמֵהּ דִּי־קֻדְשָׁא · בְּרִיךְ הוּא · לְעֵֽלָּא מִן־כָּל־בִּרְכָתָא וְשִׁירָתָא תֻּשְׁבְּחָתָא וְנֶחֱמָתָא דִּי־אֲמִירָן בְּעָלְמָא · וְאִמְרוּ אָמֵן :

יְהֵא שְׁלָמָא רַבָּא מִן־שְׁמַיָּא וְחַיִּים עָלֵינוּ וְעַל־כָּל־יִשְׂרָאֵל · וְאִמְרוּ אָמֵן :

עֹשֶׂה שָׁלוֹם בִּמְרוֹמָיו הוּא יַעֲשֶׂה שָׁלוֹם עָלֵינוּ וְעַל־כָּל־יִשְׂרָאֵל · וְאִמְרוּ אָמֵן :

Der entsprechende der folgenden Abschnitte:

AN SUKKOT Wir denken an alle, die in der Welt umherirren und kein Obdach haben. Wir denken an die Heimatlosen und die Flüchtlinge aus allen Völkern, nah und fern, die in diesem Leben niemals Ruhe gefunden haben. Mögen wir ihnen stets helfen, ihre Heimat zu finden, genauso, wie wir für alle die beten, die in Frieden ruhen.

AN SIMCHAT THORA Wir denken an alle, die die Thora durch die Jahrhunderte hindurch weitergegeben haben, so dass sie heute immer noch Teil unseres Lebens ist. Und wir denken an alle, von denen wir gelernt haben, die uns in unserem Leben gelehrt und geführt haben und die nun in Frieden ruhen.

Wir denken in unseren Herzen an alle, die wir gekannt haben und die dieses Fest nun nicht mehr mit uns feiern können.

Viele haben niemanden, der um sie trauert, und ihre Namen sind unwiderruflich verloren. Aber von dir werden sie niemals vergessen. Dieses Kaddisch soll in dieser Welt unser Gedenken an sie sein. Ihr Lohn ist ihre Ruhestätte, denn du bist treu.

Verherrlicht und geheiligt werde Gottes großer Name
in der Welt, die Gott nach eig'nem Ratschluss schuf.
Gottes Reich erstehe in eurem Leben und zu euren Zeiten
und im Leben ganz Israels schnell und bald.
Darauf sprecht: Amen.

Gottes großer Name sei gepriesen, immerzu und bis in Ewigkeit!

Gottes Name sei gepriesen und gelobt,
Gottes Name sei verherrlicht und erhoben.
Gottes Name sei verehrt und gerühmt,
Gottes Name sei gefeiert und besungen.
Gepriesen sei er über allem Lob und jedem Lied,
hoch über allem Preis und jedem Trost der Welt.
Darauf sprecht: Amen.

Frieden in Fülle komme vom Himmel,
Leben für uns und ganz Israel.
Darauf sprecht: Amen.

Gott schafft Frieden in der Höhe.
Möge Gott uns und ganz Israel Frieden geben.
Darauf sprecht: Amen.

יִגְדַּל אֱלֹהִים חַי וְיִשְׁתַּבַּח· נִמְצָא וְאֵין עֵת אֶל־מְצִיאוּתוֹ:

אֶחָד וְאֵין יָחִיד כְּיִחוּדוֹ· נֶעְלָם וְגַם אֵין סוֹף לְאַחְדוּתוֹ:

אֵין לוֹ דְּמוּת הַגּוּף וְאֵינוֹ גוּף· לֹא נַעֲרוֹךְ אֵלָיו קְדֻשָּׁתוֹ:

קַדְמוֹן לְכָל־דָּבָר אֲשֶׁר נִבְרָא· רִאשׁוֹן וְאֵין רֵאשִׁית לְרֵאשִׁיתוֹ:

הִנּוֹ אֲדוֹן עוֹלָם· לְכָל־נוֹצָר יוֹרֶה גְדֻלָּתוֹ וּמַלְכוּתוֹ:

שֶׁפַע נְבוּאָתוֹ נְתָנוֹ אֶל־אַנְשֵׁי סְגֻלָּתוֹ וְתִפְאַרְתּוֹ:

לֹא קָם בְּיִשְׂרָאֵל כְּמֹשֶׁה עוֹד נָבִיא· וּמַבִּיט אֶל־תְּמוּנָתוֹ:

תּוֹרַת אֱמֶת נָתַן לְעַמּוֹ אֵל· עַל יַד נְבִיאוֹ נֶאֱמַן בֵּיתוֹ:

לֹא יַחֲלִיף הָאֵל וְלֹא יָמִיר־דָּתוֹ לְעוֹלָמִים לְזוּלָתוֹ:

צוֹפֶה וְיוֹדֵעַ סְתָרֵינוּ· מַבִּיט לְסוֹף דָּבָר בְּקַדְמוּתוֹ:

גּוֹמֵל לְאִישׁ חָסִיד כְּמִפְעָלוֹ· נוֹתֵן לְרָשָׁע רָע כְּרִשְׁעָתוֹ:

יִשְׁלַח לְקֵץ יָמִים מְשִׁיחֵנוּ· לִפְדּוֹת מְחַכֵּי קֵץ יְשׁוּעָתוֹ:

מֵתִים יְחַיֶּה אֵל בְּרֹב חַסְדּוֹ· בָּרוּךְ עֲדֵי עַד שֵׁם תְּהִלָּתוֹ:

יְבָרֶכְךָ יְיָ וְיִשְׁמְרֶךָ·
יָאֵר יְיָ פָּנָיו אֵלֶיךָ וִיחֻנֶּךָּ·
יִשָּׂא יְיָ פָּנָיו אֵלֶיךָ וְיָשֵׂם לְךָ שָׁלוֹם:

JIGDAL

Gepriesen sei der lebendige Gott,
Gott ist, und keine Zeit begrenzt Gottes Sein.
Einzig ist Gott, nichts ist Gott gleich.
Uns verborgen und ohn' End' ist Gottes Einzigkeit.
Kein Körper ist Gott, ohne körperlich' Gestalt,
niemals erahnen wir Gottes Heiligkeit.
Gott war vor allem da, vor einem jeden Geschöpf,
war da von Angang an, doch selbst ohne Beginn.
Gott herrscht über die Welt, und alles, was Gott schafft,
offenbart Gottes Größe, Gottes Macht.
Fülle an Prophetie gab Gott für die,
die Gottes Eigentum sind und Gottes Ruhm.
Niemals in Israel war wie Mose ein Prophet,
der Gott von Angesicht zu Angesicht geschaut.
Die gute Lebensweisung gab Gott seinem Volk
durch Mose, Gottes treuen Prophet.
Diese Lebensweise wird Gott niemals gereu'n,
niemals durch eine andere revidier'n.
Gott sieht und kennt, was verborgen in uns ist.
Das Ende einer Sach' ist vorab Gott bekannt.
Die Frommen belohnt Gott ihren Taten gemäß,
den Bösen zahlt Gott ihre Bosheit zurück.
Am Ende aller Zeit sendet Gott uns das Heil,
um zu erlösen die, die Gottes Hilfe erharrt.
Gott wird durch seine Gnad' Tote beleben.
Gepriesen sei Gottes Name bis in Ewigkeit.

Gott segne dich und behüte dich;
Gottes Angesicht leuchte über dir; Gott sei dir gnädig;
Gottes Angesicht sei über dir erhoben; Gott gebe dir Frieden.
(Num 6,24-26)

Grußformeln an Festtagen:

חג שמח *Chag Same'ach* – Ein frohes Fest!

מועדים לשמחה *Mo'adim le-Simcha* – Zeiten zur Freude!

Antwort:

חגים וזמנים לששון *Chagim uz'manim le-Sasson* – Feste und Zeiten zur Fröhlichkeit!

MORGENGEBET

תפלת שחרית
ליום ראשון של פסח

FÜR DEN ERSTEN TAG PESSACH

MEDITATIONEN VOR DEM MORGENGEBET FÜR DEN 1. TAG PESSACH

Warum wurden die Kinder Israels von dem ägyptischen Pharao versklavt? Ein Midrasch gibt die folgende Erklärung: Die Söhne Jakobs, die Lea geboren hatte, pflegten die Söhne der Bilha zu hänseln, indem sie sagten: „Ihr seid bloß Söhne einer Magd! Ihr seid uns nicht ebenbürtig!“ Deswegen mussten alle von ihnen die Sklaverei ertragen, damit alle Kinder Israels gleich wären: Alle sind die Nachkommen von Sklaven.

(Jonathan Magonet

Keinem Juden und keiner Jüdin, die einmal an einem Sedertisch gesessen haben, muss man erklären, dass der Auszug das zentrale Thema des jüdischen Glaubens ist. Tatsächlich nehmen die Worte Secher li-ziat Mizrajim - „eine Erinnerung an den Auszug aus Ägypten“ in unserer Liturgie eine zentrale Stellung ein. … Wir wollen es uns sehr bewusst machen, was diese Betonung des Auszugs bedeutet: Sie sagt uns:

1. Unser Glaube ist in der Geschichte verwurzelt, in unserer Erfahrung als ein Volk, das von Gott aus der Sklaverei befreit wurde.
2. Unsere Dankbarkeit Gott gegenüber muss uns zum „Dienst“ für ihn führen, das heißt, dazu, dass wir denjenigen Lebensstil wählen, der sich uns am Sinai darstellte.
3. Wir müssen uns immer daran erinnern, wie es war, als Sklaven in Ägypten zu leiden, damit nun auch wir selbst Partei ergreifen für diejenigen, die leiden.

(Norman Solomon)

Für gewöhnlich machen alle Völker in ihrer Gesetzgebung den Tag zum Gedenktag, an dem ihre Feinde fielen. Nicht so Israel, denn sie freuen sich nicht, wenn ihre Feinde fallen, und veranstalten zu diesem Anlass kein Freudenfest. So wie gesagt ist *(Spr 24,17-18)* „Freut euch nicht, wenn euer Feind fällt…, damit es nicht geschehe, dass es der Ewige sieht und missbilligt“, so freuen sich Völker mit höheren Werten nicht über den Fall ihrer Feinde, denn solche Freude ist in Gottes Augen böse, sie aber sollten das Böse in Gottes Augen hassen. Deshalb ist unsere Erinnerung an Pessach nicht: „Ein Fest der ungesäuerten Brote, denn zu dieser Zeit brachte Gott Gericht über Ägypten“, sondern nur „denn der Ewige führte die Kinder Israel aus Ägypten heraus“. Für den Fall der Feinde gibt es kein Fest und keinen Festtag in Israel.

(Meïr Simcha von Dvinsk)

Ist das jüdische Volk eine Rasse oder eine Art Religionsgemeinschaft oder ein zufälliges Gemisch irgendeiner Art: eine Nation, ein Stamm, eine Gemeinde? Ging das Judentum irgendwann unter, oder besteht es immer noch? Wann war seine Antike, wann wird seine transzendente Phase beginnen? War das Zeitalter der Propheten, diese außerordentliche Neuheit in der Welt, etwas Neues für Juden? Jede These geht am eigentlichen Punkt vorbei, jede Behauptung, die man aufstellen kann, ist unsicher und verfehlt die nicht-fassbare Realität. Sogar die grundlegendsten Fragen bleiben ohne Antwort, seien es mystische, moralische oder pragmatische Fragen. Ist das jüdische Volk hier zu Hause oder im Exil? Ist es loyal oder revolutionär, ist es erwählt oder geächtet? Das Göttliche war in diesem Volk stets in der Diskussion, und es ist stets in ihm gegenwärtig: Was für Bedingungen! Welch eine Entwicklung! Seine Wege sind unzählbar, aber das Ziel liegt im Dunkeln. Sein Einfluss auf die fremde Welt ist gewaltig; seine Einsamkeit grenzenlos.

(Karl Wolfskehl)

Freiheit ist keine dauerhafte Eigenschaft, die man entweder „hat" oder „nicht hat". Tatsächlich gibt es keine solche Sache wie die „Freiheit"; es gibt sie nur als Wort, als abstrakte Vorstellung. In der Wirklichkeit gibt es nur eines: Die Tat, mit der wir uns selbst befreien, während wir Entscheidungen treffen. Dabei ist unsere Fähigkeit, Entscheidungen zu treffen, bei jeder Handlung, in jeder Erfahrung des Lebens unterschiedlich groß. Jeder Schritt im Leben, der mein Selbstvertrauen erhöht, meine Ganzheitlichkeit, meinen Mut, meine Überzeugung, erhöht auch meine Fähigkeit, eher das Unangenehme zu wählen als das Angenehme. Auf der anderen Seite schwächt mich jedes Erlebnis der Ergebung und der Feigheit und öffnet das Tor für weitere Akte des Sich-Ergebens, und schließlich geht die Freiheit dabei verloren. Zwischen dem einen Extrem, nie mehr falsch handeln zu können, und dem anderen Extrem, dass ich meine Freiheit zu richtigem Handeln verloren habe, liegen unendlich viele Grade der Wahlfreiheit.

(Erich Fromm)

תפלת שחרית ליום ראשון של פסח

אֲנִי יְהוָֹה קְרָאתִֽיךָ בְצֶֽדֶק וְאַחְזֵק בְּיָדֶֽךָ
וְאֶצָּרְךָ וְאֶתֶּנְךָ לִבְרִית עָם לְאוֹר גּוֹיִם:
לִפְקֹחַ עֵינַֽיִם עִוְרוֹת לְהוֹצִיא מִמַּסְגֵּר אַסִּיר
מִבֵּית כֶּֽלֶא יֹשְׁבֵי חֹֽשֶׁךְ:

מַה־טֹּבוּ אֹהָלֶֽיךָ יַעֲקֹב מִשְׁכְּנֹתֶֽיךָ יִשְׂרָאֵל:
וַאֲנִי בְּרֹב חַסְדְּךָ אָבוֹא בֵיתֶֽךָ
אֶשְׁתַּחֲוֶה אֶל־הֵיכַל־קָדְשְׁךָ בְּיִרְאָתֶֽךָ:
יְהוָֹה אָהַֽבְתִּי מְעוֹן בֵּיתֶֽךָ וּמְקוֹם מִשְׁכַּן כְּבוֹדֶֽךָ:
וַאֲנִי אֶשְׁתַּחֲוֶה וְאֶכְרָֽעָה אֶבְרְכָה לִפְנֵי־יְהוָֹה עֹשִׂי:
וַאֲנִי תְפִלָּתִי־לְךָ יְהוָֹה עֵת רָצוֹן
אֱלֹהִים בְּרָב־חַסְדֶּֽךָ עֲנֵֽנִי בֶּאֱמֶת יִשְׁעֶֽךָ:

Unser Gott und Gott unserer Vorfahren, leite uns, wenn wir über die Geschichte unseres Volkes nachdenken und über den Platz, den wir darin haben.

Durch die Jahrhunderte hindurch waren wir stets ein einzigartiges Volk, das Tod und Zerfall abwehrte und das sich doch in dir immer wieder erneuerte. Wir danken dir für all das, was du durch uns getan hast. Mit Ehrerbietung denken wir an unsere Vorfahren und an das, was sie der Welt gegeben haben.

Gleichzeitig erinnern wir uns aber auch an den Preis, den sie zu zahlen hatten, an die Unfreiheiten, die sie durchlitten, und an den Spott, den sie erfuhren. Voller Stolz denken wir an ihre Standhaftigkeit sogar bis zum Tod.

Lass die Zeichen und Symbole ihres Mutes nicht bedeutungslos für uns werden. Hilf, dass sie für uns nicht nur ein Ritual sind. Die Botschaft des Brotes der Armut, der bitteren Kräuter und des Weins der Befreiung – sie fordert uns heraus.

MORGENGEBET FÜR DEN 1. TAG PESSACH

Ich, der Ewige, habe dich in Gerechtigkeit gerufen und deine Hand gefasst. Ich habe dich geschaffen und dazu bestimmt, dass du der Bund für mein Volk bist und ein Licht für die Welt, dass du den Blinden die Augen öffnest und Gefangene aus ihren Gefängnissen befreist, aus dem Gefängnis die, die in der Finsternis sitzen.

(Jes 42,6-7)

EINGANGSGEBETE

Wie schön sind deine Zelte, Jakob,
wie schön deine Wohnstätten, Israel! *(Num 24,5)*
Durch deine große Liebe, Gott, betrete ich dein Haus
und werfe mich voll Ehrfurcht
vor deiner heil'gen Lade nieder. *(Ps 5,8)*
Gott, wie ich den Ort liebte, an dem dein Tempel stand,
und die Stätte, wo deine Herrlichkeit wohnte, *(Ps 26,8)*
so falle ich nieder, verneige mich,
knie nieder vor Gott, meinem Schöpfer. *(Ps 95,6)*
Ich bete zu dir, Gott, zur Zeit der Gnade.
Erhöre mich in deiner großen Liebe, Gott,
hilf mir in deiner Treue! *(Ps 69,14)*

Unser Gott und Gott unserer Vorfahren, leite uns, wenn wir über die Geschichte unseres Volkes nachdenken und über den Platz, den wir darin haben.

Durch die Jahrhunderte hindurch waren wir stets ein einzigartiges Volk, das Tod und Zerfall abwehrte und das sich doch in dir immer wieder erneuerte. Wir danken dir für all das, was du durch uns getan hast. Mit Ehrerbietung denken wir an unsere Vorfahren und an das, was sie der Welt gegeben haben.

Gleichzeitig erinnern wir uns aber auch an den Preis, den sie zu zahlen hatten, an die Unfreiheiten, die sie durchlitten, und an den Spott, den sie erfuhren. Voller Stolz denken wir an ihre Standhaftigkeit sogar bis zum Tod.

Lass die Zeichen und Symbole ihres Mutes nicht bedeutungslos für uns werden. Hilf, dass sie für uns nicht nur ein Ritual sind. Die Botschaft des Brotes der Armut, der bitteren Kräuter und des Weins der Befreiung – sie fordert uns heraus.

Wenn wir am Ende dieses Pessachfestes in die Welt hinausgehen, dann lass uns entschlossener gegen Vorurteile und Aberglaube bei anderen und bei uns selbst ankämpfen. Lass uns bereitwilliger das, was wir sind und was wir haben, im Kampf gegen die Unterdrückung einsetzen.

Denn dann werden wir unserer Vorfahren würdig sein, die das Meer durchquert haben und dir in die Wüste hinein gefolgt sind. Dann werden wir deiner würdig sein, du Grund unserer Größe, Ursprung unseres Überlebens.

Eines der beiden folgenden Lieder (oder ein anderes geeignetes Lied):

א
שחקי
שחקי

שַׂחֲקִי שַׂחֲקִי עַל הַחֲלוֹמוֹת.
זוּ אֲנִי הַחוֹלֵם שָׂח.
שַׂחֲקִי כִּי בָאָדָם אַאֲמִין.
כִּי עוֹדֶנִּי מַאֲמִין בָּךְ:

כִּי עוֹד נַפְשִׁי דְּרוֹר שׁוֹאֶפֶת.
לֹא מְכַרְתִּיהָ לְעֵגֶל־פָּז.
כִּי עוֹד אַאֲמִין גַּם בָּאָדָם.
גַּם בְּרוּחוֹ. רוּחַ עָז:

שַׂחֲקִי כִּי גַּם בְּרֵעוּת אַאֲמִין
אַאֲמִין כִּי עוֹד אֶמְצָא לֵב.
לֵב תִּקְווֹתַי גַּם תִּקְווֹתָיו.
יָחוּשׁ אֹשֶׁר יָבִין כְּאֵב:

אַאֲמִינָה גַּם בֶּעָתִיד.
אַף אִם יִרְחַק זֶה הַיּוֹם.
אַךְ בֹּא יָבֹא – יִשְׂאוּ שָׁלוֹם.
אָז וּבְרָכָה לְאֹם מִלְאֹם:

Wenn wir am Ende dieses Pessachfestes in die Welt hinausgehen, dann lass uns entschlossener gegen Vorurteile und Aberglaube bei anderen und bei uns selbst ankämpfen. Lass uns bereitwilliger das, was wir sind und was wir haben, im Kampf gegen die Unterdrückung einsetzen.

Denn dann werden wir unserer Vorfahren würdig sein, die das Meer durchquert haben und dir in die Wüste hinein gefolgt sind. Dann werden wir deiner würdig sein, du Grund unserer Größe, Ursprung unseres Überlebens.

Eines der beiden folgenden Lieder (oder ein anderes geeignetes Lied):

I
SACH'QI SACH'QI

Lach nur, ja, lach nur über die Träume,
die ich träumend erzähle.
Lach nur, denn ich glaube an den Menschen,
immer noch glaube ich an dich.

Immer noch strebt meine Seele nach Freiheit,
ich habe sie noch nicht an das goldene Kalb verkauft.
Immer noch glaube ich an den Menschen,
an seinen Geist, seinen starken Verstand.

Lach nur, denn ich glaube an die Freundschaft,
ich glaube immer noch, dass ich ein Herz finden kann,
ein Herz, das meine Hoffnung zu seiner Hoffnung macht,
das Glück mitempfindet und Schmerzen versteht.

Auch an die Zukunft glaube ich. – Sei er auch noch so fern,
der Tag wird doch kommen,
an dem man nach Frieden strebt
und eine Nation die andere segnet.

יָשׁוּב יִפְרַח אָז גַּם עַמִּי.
וּבָאָרֶץ יָקוּם דּוֹר.
בַּרְזֶל־כְּבָלָיו יוּסַר מֶנּוּ.
עַיִן־בְּעַיִן יִרְאֶה אוֹר:

ב
יום יבוא

יוֹם יָבוֹא יוֹם יָבוֹא:
בִּמְהֵרָה בְּקָרוֹב הוּא יָבוֹא:
זֹאת יָדַע כָּל־אָדָם בְּעִמְקֵי לְבָבוֹ:
יוֹם יָבוֹא יוֹם יָבוֹא יוֹם יָבוֹא:

יוֹם יָבוֹא יוֹם יָבוֹא:
הוּא קָרֵב וְהוֹלֵךְ בִּנְתִיבוֹ:
לֹא יוּשְׁפַּל שׁוּם אָדָם עַל גִּזְעוֹ וְצִבְעוֹ:
יוֹם יָבוֹא יוֹם יָבוֹא יוֹם יָבוֹא:

הוּא יָבוֹא זֶה הַיּוֹם:
כָּךְ אֶרְאֶנּוּ וְאֵין הוּא חֲלוֹם:
אִם נָמוּת כְּמֹשֶׁה פִּסְגַּת הַר־נְבוֹ:
לֹא נִשְׁכַּח הוּא מוּכְרָח הוּא יָבוֹא:

הוּא כְּבָר בָּא:
יוֹם יָבוֹא יוֹם יָבוֹא:
זֹאת יָדַע כָּל־אֶחָד בִּלְבָבוֹ:
אִם נָמוּת כְּמֹשֶׁה פִּסְגַּת הַר־נְבוֹ:
לֹא נִשְׁכַּח הוּא מוּכְרָח הוּא יָבוֹא:

Der Gottesdienst wird mit Jischtabach auf S. 376 fortgesetzt. Einige Gemeinden nehmen einige oder alle der Eingangsgebete mit auf, s. ab S. 366.

Dann wird auch mein Volk wieder blühen
und eine neue Generation wird im Lande erstehen.
Die Eisenketten wird man von ihr nehmen
und ein Auge sieht im anderen das Licht.

(Saul Tschernikowsky)

II
JOM
JAWO

Der Tag wird kommen, kommen wird der Tag,
bald, ja in Kürze, wird er kommen.
In den Tiefen seines Herzens ahnt dies jeder Mensch.
Der Tag wird kommen, kommen wird der Tag. Der Tag kommt!

Der Tag wird kommen, kommen wird der Tag.
Er ist nahe und kommt seinen Weg:
Kein Mensch wird mehr wegen seiner Rasse oder Farbe gedemütigt werden.
Dieser Tag wird kommen, kommen wird dieser Tag. Dieser Tag kommt!

Er wird kommen, dieser Tag.
Ich sehe ihn deutlich, er ist kein Traum.
Selbst wenn wir sterben wie Mose auf dem Nebo, dem Gipfel des Pisga,
er wird nicht vergessen werden, er kommt zwangsläufig, ja, er wird kommen!

Er ist schon gekommen.
Der Tag wird kommen, kommen wird der Tag.
In den Tiefen seines Herzens ahnt dies jeder Mensch.
Selbst wenn wir sterben wie Mose auf dem Nebo, dem Gipfel des Pisga,
er wird nicht vergessen werden, er kommt zwangsläufig, ja, er wird kommen!

(Dan Almagor)

Der Gottesdienst wird mit Jischtabach auf S. 377 fortgesetzt. Einige Gemeinden nehmen einige oder alle der Eingangsgebete mit auf, s. ab S. 367.

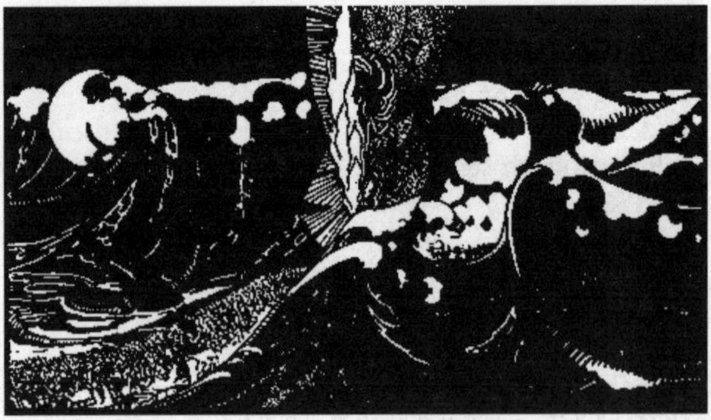

MORGENGEBET

תפלת שחרית
ליום שביעי של פסח

FÜR DEN SIEBTEN TAG PESSACH

MEDITATIONEN VOR DEM MORGENGEBET FÜR DEN 7. TAG PESSACH

Rabbi Jehoschua sagte: Ich wurde einst von einem kleinen Mädchen besiegt. Ich war auf einer Reise und sah einen Pfad durch ein Feld, der durch andere Reisende entstanden war, und ging ihn entlang. Ein kleines Mädchen fragte mich: „Ist dies nicht ein Feld?“ Ich antwortete: „Nein, es ist ein ausgetretener Pfad.“ Sie antwortete: „Willst du, weil andere das Feld zertrampelt haben, dasselbe tun?“

(Eruwin 53b)

Nach dem Buch Exodus kann Befreiung nicht erlangt werden, bevor nicht – ein für alle Mal – die Mächtigen zunichte gemacht worden sind und die Unterdrückten weggegangen sind. Es gibt keine Versöhnung mit dem Pharao. …

Dieses Muster, das Schema des Buches Exodus, hat sich selbst stark in den Sinn eines jeden Volkes eingeprägt, das die Thora gelernt hat. Es ist das Modell für moderne, sowohl nationale als auch soziale Revolutionen, bei denen der letzte, unbescholten gebliebene Rest hofft, die Unterdrückung und Bestechlichkeit auszulöschen und sich körperlich und politisch von den Unterdrückern und Bestechern zu entfernen und dann das Land neu zu gestalten. Dieses Schema erwies sich als so mächtig, dass wir der Alternative, die man dem Buch Genesis entnehmen kann, kaum Aufmerksamkeit geschenkt haben: Dem Krieg und dem Frieden zwischen Geschwistern.

Heute benötigen wir das Schema der Geschwister. Denn es gibt etliche Kämpfe, in denen wir nicht die Vernichtung des Unterdrückers erstreben und auch keine Absonderung in eine neue Gesellschaft. Stattdessen benötigen wir das Schema Befreiung-mit-Versöhnung. Nicht das fratzenhafte Grinsen der Machtlosen, denen geboten wurde, ihre Auftraggeber zu lieben, noch das schmeichelnde Lächeln der Machthaber, die froh sind, ihre Leibeigenen zu lieben, sondern das freie Gelächter von Ringkämpfern, bei denen das Ringen um die Freiheit und die Umklammerung der Liebe ineinander verschlungen sind.

Der Exodus kann der letzte Ausweg in jedem Kampf sein. Wenn wir müssen, dann haben wird das zu tun. Aber wir sollten wissen, dass die Tür nach draußen nicht die Tür nach drinnen ist. Exodus ist nicht der Weg nach Eden.

(Arthur I. Waskow)

ERINNERUNG AN SCHIFRA UND PUA

Den locus classicus in der Hebräischen Bibel für den gewaltlosen Widerstand gegen ein unterdrückendes Regime findet man in der Geschichte von zwei ansonsten unbekannten Frauen. Exodus 1,15ff erzählt die Geschichte von Schifra und Pua, den hebräischen Hebammen, die aus Gewissensgründen dem Erlass des Pharao, alle neugeborenen hebräischen Knaben zu töten, nicht gehorchten. Im jüdischen Unterricht wurde leider weitgehend außer Acht gelassen, was das Judentum über zivilen Ungehorsam als Antwort auf den Ruf des göttlichen Imperativs oder Gewissens lehrt, ebenso auch die Tatsache, dass sich diese Verhaltensweise vorbildhaft bei diesen beiden mutigen Frauen findet.

Dennoch ist es erwähnenswert und nicht nur ein bloßer Zufall, dass die Hebräische Bibel es für angebracht hielt, die Namen der Hebammen zu überliefern. Sie kamen von nirgendwo, werden im Text völlig unvorbereitet vorgestellt, und danach hört man nichts mehr von ihnen. Doch ihr einzigartiges, mutiges Handeln verdient es, dass sie mit Namen erwähnt werden, wenn auch nur in einem einzigen Vers. Mein Eindruck ist, dass die ungeheure Knappheit des Bibeltextes die Einzigartigkeit ihres Handelns unterstreicht. Durch die auffallende Kürze erfasst sie die Konsequenz von Schifras und Puas Ungehorsam und hebt sie hervor; und die beiden werden ansehnlich dafür belohnt. Weil sie Gott über jeden zeitlichen Machthaber gestellt haben, werden Schifra und Pua batim, Häuser, gegeben. Die Bedeutung dieser Aussage ist schwer fassbar, klar ist jedoch, dass es um Dauerhaftigkeit geht. Deshalb bezieht der Midrasch batim einerseits auf die priesterlichen und levitischen Familien, andererseits auf die Dynastie Davids. Ein daran anknüpfender Midrasch sieht ihren Lohn darin, direkte Nachkommen von Mose und Bezalel zu sein. …

Es ist meines Erachtens an der Zeit, Wiedergutmachung für Schifra und Pua zu leisten und ihnen und ihrer ehrwürdigen Tradition des zivilen Ungehorsams und der Antwort auf Gottes nachdrücklichen Apell an unsere Treue, die sie darstellen, ihren rechtmäßigen Platz und ihren Bekanntheitsgrad im Judentum wiederzugeben.

(Albert S. Axelrad)

תפלת שחרית ליום שביעי של פסח

וַתִּקַּח מִרְיָם הַנְּבִיאָה אֲחוֹת אַהֲרֹן אֶת־הַתֹּף בְּיָדָהּ וַתֵּצֶאןָ
כָל־הַנָּשִׁים אַחֲרֶיהָ בְּתֻפִּים וּבִמְחֹלֹת: וַתַּעַן לָהֶם מִרְיָם
שִׁירוּ לַיהוָה כִּי־גָאֹה גָּאָה סוּס וְרֹכְבוֹ רָמָה בַיָּם:

מַה־טֹּבוּ אֹהָלֶיךָ יַעֲקֹב מִשְׁכְּנֹתֶיךָ יִשְׂרָאֵל:
וַאֲנִי בְּרֹב חַסְדְּךָ אָבוֹא בֵיתֶךָ
אֶשְׁתַּחֲוֶה אֶל־הֵיכַל־קָדְשְׁךָ בְּיִרְאָתֶךָ:
יְהוָה אָהַבְתִּי מְעוֹן בֵּיתֶךָ וּמְקוֹם מִשְׁכַּן כְּבוֹדֶךָ:
וַאֲנִי אֶשְׁתַּחֲוֶה וְאֶכְרָעָה אֶבְרְכָה לִפְנֵי־יְהוָה עֹשִׂי:
וַאֲנִי תְפִלָּתִי־לְךָ יְהוָה עֵת רָצוֹן
אֱלֹהִים בְּרָב־חַסְדֶּךָ עֲנֵנִי בֶּאֱמֶת יִשְׁעֶךָ:

Unser Gott und Gott aller Generationen, an diesem Tag stehen wir am Ufer des Schilfmeeres als eine Gemeinschaft von Geretteten, die ihre Freiheit feiern.

עָזִּי וְזִמְרָת יָהּ וַיְהִי־לִי לִישׁוּעָה:

Wir kommen zu dir voller Freude, in der aber auch Traurigkeit mitschwingt. Wir denken an alle diejenigen, die sich uns nicht anschließen können, weil sie nicht überlebten. Wir freuen uns über die Verheißung einer neuen Zukunft für uns und unsere Kinder.

זֶה אֵלִי וְאַנְוֵהוּ אֱלֹהֵי אָבִי וַאֲרֹמְמֶנְהוּ:

Jede Generation der Kinder Israels zieht durch das Schilfmeer zu einer neuen Geburt, zu einem neuen Anfang. In jeder Generation kämpfen wir gegen unsere eigenen Versklavungen an und müssen unsere Freiheit neu finden.

MORGENGEBET FÜR DEN 7. TAG PESSACH

Die Prophetin Mirjam, die Schwester Aarons, nahm das Tamburin in die Hand, alle Frauen zogen hinter ihr her und schlugen das Tamburin und tanzten. Mirjam sang ihnen vor: „Singt dem Ewigen, denn er ist hoch erhaben! Rosse und Reiter warf er ins Meer!“

(Ex 15,20-21)

EIN-GANGS-GEBETE

Wie schön sind deine Zelte, Jakob,
wie schön deine Wohnstätten, Israel! *(Num 24,5)*
Durch deine große Liebe, Gott, betrete ich dein Haus
und werfe mich voll Ehrfurcht
vor deiner heil'gen Lade nieder. *(Ps 5,8)*
Gott, wie ich den Ort liebte, an dem dein Tempel stand,
und die Stätte, wo deine Herrlichkeit wohnte, *(Ps 26,8)*
so falle ich nieder, verneige mich,
knie nieder vor Gott, meinem Schöpfer. *(Ps 95,6)*
Ich bete zu dir, Gott, zur Zeit der Gnade.
Erhöre mich in deiner großen Liebe, Gott,
hilf mir in deiner Treue! *(Ps 69,14)*

Unser Gott und Gott aller Generationen, an diesem Tag stehen wir am Ufer des Schilfmeeres als eine Gemeinschaft von Geretteten, die ihre Freiheit feiern.

Gott ist unsere Kraft und unser Lied, Gott wurde unsere Hilfe! *(Ex 15,2)*

Wir kommen zu dir voller Freude, in der aber auch Traurigkeit mitschwingt. Wir denken an alle diejenigen, die sich uns nicht anschließen können, weil sie nicht überlebten. Wir freuen uns über die Verheißung einer neuen Zukunft für uns und unsere Kinder.

Dies ist unser Gott. Wir wollen Gott preisen, den Gott unserer Vorfahren wollen wir rühmen! *(Ex 15,2)*

Jede Generation der Kinder Israels zieht durch das Schilfmeer zu einer neuen Geburt, zu einem neuen Anfang. In jeder Generation kämpfen wir gegen unsere eigenen Versklavungen an und müssen unsere Freiheit neu finden.

Lass uns niemals vergessen, woher wir gekommen sind und vor welche neue Aufgabe du uns gestellt hast.

מִי־כָמֹכָה בָּאֵלִם יְהוָה מִי כָּמֹכָה נֶאְדָּר בַּקֹּדֶשׁ:

Möge unsere Freude nie auf Kosten anderer gehen. Mögen wir nie zufrieden sein mit einer Freiheit, die nur unsere ist. Möge alle Welt sich aufmachen, um das Ende von Gewalt und Unterdrückung zu feiern, und teilhaben an Gerechtigkeit und Frieden .

יְהוָה יִמְלֹךְ לְעֹלָם וָעֶד:

תהלים קכד

שִׁיר הַמַּעֲלוֹת לְדָוִד

לוּלֵי יְהוָה שֶׁהָיָה לָנוּ יֹאמַר־נָא יִשְׂרָאֵל:

לוּלֵי יְהוָה שֶׁהָיָה לָנוּ בְּקוּם עָלֵינוּ אָדָם:

אֲזַי חַיִּים בְּלָעוּנוּ בַּחֲרוֹת אַפָּם בָּנוּ:

אֲזַי הַמַּיִם שְׁטָפוּנוּ נַחְלָה עָבַר עַל־נַפְשֵׁנוּ:

אֲזַי עָבַר עַל־נַפְשֵׁנוּ הַמַּיִם הַזֵּידוֹנִים:

בָּרוּךְ יְהוָה שֶׁלֹּא נְתָנָנוּ טֶרֶף לְשִׁנֵּיהֶם:

נַפְשֵׁנוּ כְּצִפּוֹר נִמְלְטָה מִפַּח יוֹקְשִׁים

הַפַּח נִשְׁבָּר וַאֲנַחְנוּ נִמְלָטְנוּ:

עֶזְרֵנוּ בְּשֵׁם יְהוָה עֹשֵׂה שָׁמַיִם וָאָרֶץ:

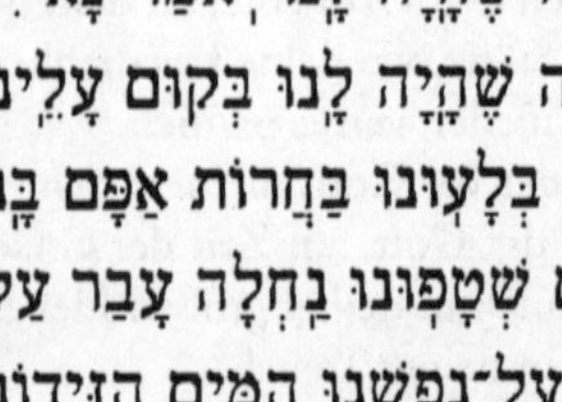

Bamberg, Ecke Herzog-Max-Straße/ Urban-Straße (1910-1938)

Lass uns niemals vergessen, woher wir gekommen sind und vor welche neue Aufgabe du uns gestellt hast.

Wer ist wie du unter den Göttern, o Gott?
Wer ist wie du gewaltig und heilig? *(Ex 15,11)*

Möge unsere Freude nie auf Kosten anderer gehen. Mögen wir nie zufrieden sein mit einer Freiheit, die nur unsere ist. Möge alle Welt sich aufmachen, um das Ende von Gewalt und Unterdrückung zu feiern, und teilhaben an Gerechtigkeit und Frieden .

Gott regiert für immer und ewig! *(Ex 15,18)*

PSALM 124

Ein Pilgerlied. Von David.

Wäre Gott nicht bei uns gewesen,
  – so soll Israel bekennen –,
wäre Gott nicht bei uns gewesen
  immer, wenn Menschen sich gegen uns erhoben haben,
dann hätten sie uns bei lebendigem Leibe verschlungen,
  als ihr Zorn gegen uns entbrannt war;
dann hätten uns die Wellen weggespült,
  ein Strom hätte uns überflutet;
dann hätte uns das Wasser überflutet,
  wildreißende Wassermassen.
Gepriesen sei der Ewige,
  Gott machte uns nicht zur Beute für ihre Zähne.
Unsere Seele ist wie ein Vogel,
  der dem Netz des Fängers entflogen ist.
Das Netz ist zerrissen,
  und wir sind frei!
Unsere Hilfe kommt von Gott,
  Gott hat Himmel und Erde gemacht.

Nürnberg

Eines der beiden folgenden Lieder (oder ein anderes geeignetesLied):

א
עם
ישראל

עַם יִשְׂרָאֵל חָי:
עוֹד אָבִינוּ חָי:

ב
אשירה
כשירת

אָשִׁירָה כְּשִׁירַת מֹשֶׁה שִׁיר לֹא יִנָּשֶׁה:
אָז יָשִׁיר מֹשֶׁה אֶת דִּבְרֵי הַשִּׁירָה:

אָשִׁירָה כְּשִׁירַת מִרְיָם עַל שְׂפַת הַיָּם:
וַתַּעַן לָהֶם מִרְיָם אֶת דִּבְרֵי הַשִּׁירָה:

אָשִׁירָה כְּשִׁירַת יְהוֹשֻׁעַ בְּהַר הַגִּלְבֹּעַ:
אָז יָשִׁיר יְהוֹשֻׁעַ אֶת דִּבְרֵי הַשִּׁירָה:

אָשִׁירָה כְּשִׁירַת דְּבוֹרָה בְּהַר תָּבוֹר:
וַתָּשַׁר דְּבוֹרָה אֶת דִּבְרֵי הַשִּׁירָה:

אָשִׁירָה כְּשִׁירַת חַנָּה עִם בַּעֲלָהּ אֶלְקָנָה:
וַתָּשַׁר חַנָּה אֶת דִּבְרֵי הַשִּׁירָה:

אָשִׁירָה כְּשִׁירַת דָּוִד מִזְמֹרִים יַצְמִיד:
וַיְדַבֵּר דָּוִד אֶת דִּבְרֵי הַשִּׁירָה:

אָשִׁירָה כְּשִׁירַת שְׁלֹמֹה בָּעֲטָרָה שֶׁעִטְּרָה־לּוֹ אִמּוֹ:
שִׁיר הַשִּׁירִים אֲשֶׁר לִשְׁלֹמֹה:

אָשִׁירָה כְּשִׁירַת יִשְׂרָאֵל בְּבִיאַת הַגּוֹאֵל:
אָז יָשִׁיר יִשְׂרָאֵל אֶת דִּבְרֵי הַשִּׁירָה:

Eines der beiden folgenden Lieder (oder ein anderes geeignetesLied):

I
AM JISRAEL CHAI

Das Volk Israel lebt!
Immer noch lebt Jakob, unser Vater !

II
ASCHIRA KE-SCHIRAT MOSCHE

Einen Gesang will ich singen, wie Mose ihn sang,
ein unvergessliches Lied:
Damals sang Mose die Worte dieses Liedes….

Einen Gesang will ich singen, wie Mirjam ihn sang,
am Ufer des Meeres.
Und Mirjam sang ihnen die Worte dieses Liedes vor….

Einen Gesang will ich singen, wie Josua ihn sang,
im Gebirge Gilead.
Damals sang Josua die Worte dieses Liedes….

Einen Gesang will ich singen, wie Debora ihn sang,
am Berge Tabor.
Und Debora sang die Worte dieses Liedes….

Einen Gesang will ich singen, wie Hanna ihn sang,
mit Elkana, ihrem Mann.
Da sang Hanna die Worte dieses Liedes….

Einen Gesang will ich singen, wie David ihn sang,
der Sammler der Psalmen.
Und David sang die Worte dieses Liedes….

Einen Gesang will ich singen, wie Salomo ihn sang,
von seiner Mutter gekrönt.
Lied der Lieder von Salomo….

Einen Gesang will ich singen, wie Israel ihn singen wird,
wenn die Erlösung kommt.
Dann wird Israel singen mit den Worten dieses Liedes….

(Nissim Zarfati)

Der folgende Studientext oder die Texte auf der gegenüberliegenden Seite:

Die Situation unseres Volkes am anderen Ufer des Meeres war vergleichbar mit der von neugeborenen Kindern. Unsere Rabbinen lehren folgende Dinge über Situationen, in denen das Leben neu geschenkt wird:

ÜBER DIE DINGE, DIE WIR ALS SELBSTVERSTÄNDLICH BETRACHTEN *I*

Lassen Sie mich die Sache auf den Punkt bringen, wie es sich für eine Erzählung gehört. Nach einer langen Krankheit durfte ich zum ersten Mal wieder nach draußen gehen. Als ich über die Türschwelle trat, begrüßte mich das Licht der Sonne. Das ist meine Erfahrung – und das ist schon alles. Und doch werde ich diesen Augenblick mein Leben lang nie mehr vergessen können. Es war Mitte Januar – eine Zeit, in der es im Norden kalt und stürmisch ist, aber in Texas, wo ich dieses Erlebnis hatte, eine Zeit, die eher dem Frühling gleicht. Der Himmel über mir war tiefblau, sehr klar und sehr, sehr hoch. Ich dachte: Dies ist nicht *schamajim*, ‚der Himmel', dies ist *sch'me schamajim*, ‚der allerhöchste Himmel'. Ein schwacher Wind wehte von Westen her, zwar kühl, aber dennoch irgendwie mit einem Hauch von Wärme, wie ein trockener, kühler Wein. Und überall an dem Firmament über mir, an diesem weiten Himmelsgewölbe, auf dem Straßenpflaster, an den Gebäuden, dieser goldende Widerschein des Sonnenlichts. Er berührte auch mich, freundschaftlich, warm, segnend. Und als ich mich in seiner Herrlichkeit sonnte, kamen mir diese wundervollen Worte des Propheten in den Sinn, dass die Sonne eines Tages aufgehen wird und ihre Strahlen Heilung tragen.

In diesem Augenblick schaute ich um mich, um zu sehen, ob auch andere diese Freude, ja beinahe Seligkeit, die ich fühlte, ausstrahlten. Aber nein. Männer, Frauen, Kinder – sie gingen einfach hin und her, mitten in dem Glanz dieser goldenen Flut, und soweit ich es sehen konnte, war da niemand, der ihm Beachtung schenkte. Und dann erinnerte ich mich, wie oft auch ich selbst so gleichgültig dem Sonnenlicht gegenüber gewesen war, wie oft ich es völlig unbeachtet gelassen hatte vor lauter unbedeutenden, ja manchmal nicht gerade edlen Angelegenheiten. Und ich sagte zu mir: Wie kostbar ist dieses Sonnenlicht, aber wie gleichgültig ist es den Menschen. Wie kostbar – wie gleichgültig. Dies wurde ein Refrain, der seitdem immer in mir klingt.

(Milton Steinberg)

Die folgenden Studientexte oder der Text auf der gegenüberliegenden Seite:

Die Situation unseres Volkes am anderen Ufer des Meeres war vergleichbar mit der von neugeborenen Kindern. Unsere Rabbinen lehren folgende Dinge über Situationen, in denen das Leben neu geschenkt wird:

II *GOTT ERWARTET, DASS WIR VERANTWORTUNG FÜR UNS SELBST ÜBERNEHMEN*

„Und die Kinder Israels zogen in das Meer hinein." *(Ex 14,22)* – Rabbi Meïr und Rabbi Jehuda stritten über das, was hier geschah: Rabbi Meïr sagte: „Als die Stämme Israels am Meer standen, sagte der eine: ‚Ich werde zuerst in das Meer gehen!' und ein anderer sagte: ‚Nein, ich werde zuerst in das Meer gehen!' Während sie standen und stritten, machte sich der Stamm Benjamin auf und zog als erster in das Meer." … Rabbi Jehuda sagte: „Als die Kinder Israels am Meer standen, sagte der eine: ‚Ich werde nicht zuerst in das Meer gehen!' und ein anderer sagte: ‚Ich werde auch nicht zuerst in das Meer gehen!'. … Während sie über diese Sache debattierten, machte sich Nachschon, der Sohn Aminadabs auf, ging als erster in das Meer hinein und versank in den Wellen."

(Mechilta Wa-jehi Be-schallach [zu Ex 14,22])

DIE GANZE MENSCHHEIT IST EINE EINHEIT

Gott freut sich nicht über das Unglück der Ungerechten, wie R. Schmuël bar Nachman im Namen Rabbi Jonathans sagte: „…Beim Durchzug durch das Schilfmeer wollten die Dienstengel ein Lied zur Ehre Gottes anstimmen. Aber Gott sagte zu ihnen: ‚Meine Geschöpfe ertrinken im Meer, und ihr wollt ein Loblied für mich singen?'"

(bSanhedrin 39b)

DIE WUNDER DES TÄGLICHEN LEBENS

Hillel lehrte: „Das Geschenk des täglichen Brotes für die Menschen ist ein ebenso großes Wunder wie der Durchzug durch das Schilfmeer."

(Pesikta Rabbati 152a)

לֹא־יִשָּׂא גוֹי אֶל־גּוֹי חֶרֶב וְלֹא־יִלְמְדוּ עוֹד מִלְחָמָה:

Der Gottesdienst wird mit Jischtabach auf S. 376 fortgesetzt. Einige Gemeinden nehmen einige oder alle der Eingangsgebete mit auf, s. ab S. 366.

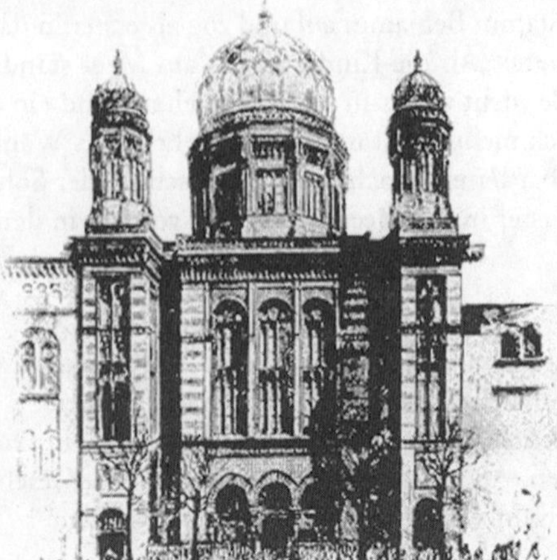

Berlin-Mitte „Neue Synagoge" Oranienburger Straße (erbaut 1866)

Es soll kein Volk mehr gegen ein anderes die Waffen erheben
und sie werden sich nicht mehr zum Krieg rüsten. *(Jes 2,4)*

Der Gottesdienst wird mit Jischtabach auf S. 377 fortgesetzt. Einige Gemeinden nehmen einige oder alle der Eingangsgebete mit auf, s. ab S. 367.

Berlin-Mitte, Innenansicht der Neuen Synagoge; Oranienburgerstr., 1866

MORGENGEBET
תפלת שחרית
לשבעות
FÜR SCHAWUOT

MEDITATIONEN VOR DEM MORGENGEBET FÜR SCHAWUOT

OFFENBARUNG

Wir gehören zu jener Gruppe, die zuerst fluchtartig die jüdische Tradition verlassen hatte und zur allgemeinen Kultur geeilt war und nun die höhere Weisheit darin sieht, unseren Anteil an unserem traditionellen Glauben zu behaupten. Nachdem wir so weit wie möglich in die zeitgenössische Intellektualität eingedrungen waren, erkennen wir nun, dass wir unsere jüdische Theologie nicht auf die Wissenschaft, Philosophie oder den Zeitgeist, aber ebensowenig auch auf wörtliche Inspiration gründen können. Das zeitgenössische Christentum mag völlig wild auf die Säkularität sein. Da wir mehrere Jahrzehnte lang bis über beide Ohren darin gesteckt haben, wissen wir, dass wir glaubende Menschen sind, gerade weil wir über sie hinaus gehen müssen. Wir glauben offenkundig nicht so stark wie unsere Vorfahren, aber wir haben schmerzhaft entdeckt, dass wir weit mehr Glauben haben als unsere Gesellschaft.

(Eugene Borowitz)

Wenn die Geschichte keine launische Dummheit ist, dann muss es ein Gegenstück geben zu der gewaltigen Zerstörungswut der Menschen. Es muss eine Stimme geben, die NEIN sagt, eine Stimme, die nicht verschwommen, schwach und innerlich ist wie Gewissensbisse, sondern eine, die von der gleichen spirituellen Macht ist wie die Zerstörungswut des Menschen.

(Abraham Joshua Heschel)

Jede Gestalt, die du siehst, legt Zeugnis davon ab: Es gibt niemand neben Gott.
Jedes Geräusch, das dein Ohr hört, singt Gott Lob.
Jeder Geruch, den du riechst, erzählt von Gottes Werk,
und alles, was du schmeckst, offenbart das Geheimnis der Größe Gottes.
Deine Hände sind treue Zeuginnen, um die großen Wunder Gottes zu berühren
und dein Bewusstsein, das denkt und reflektiert, hat seinen Ursprung in Gott.

(Abraham ibn Esra)

Gott offenbarte sich am Roten Meer als ein kämpfender Held und am Sinai *(Ex 24,10)* als ein alter Mensch voller Mitleid. Dennoch ist es dieselbe Gottheit in Ägypten, dieselbe Gottheit am Roten Meer, dieselbe Gottheit in der Vergangenheit, dieselbe Gottheit in der Zukunft, dieselbe Gottheit in dieser Welt, dieselbe Gottheit in der zukünftigen Welt.

(Mechilta, Schirata zu Ex 15,3)

Man fragte den Kozker: „Warum wird das Fest der Offenbarung die Zeit der Verleihung unserer Tora genannt und nicht die Zeit des Empfangs unserer Thora?"

„An dem Tag," antwortete er, „den das Fest erinnert, geschah das Geben, aber das Nehmen geschieht zu jeder Zeit.

Gegeben worden ist allen im gleichen Maß, aber sie haben nicht im gleichen Maß genommen."

(Menachem Mendel von Kozk)

Ein König hatte sich einen prachtvollen Palast gebaut mit vielen Gängen und Trennwänden, er selbst jedoch lebte im innersten Zimmer. Als der Palast vollendet war und seine Diener kamen und ihm Ehre erweisen wollten, merkten sie, dass sie sich dem König wegen des verschlungenen Labyrinths nicht nähern konnten. Während sie noch da standen und sich wunderten, kam der Sohn des Königs und zeigte ihnen, dass die Trennwände nicht real waren, sondern nur optische Täuschungen, und dass der König in Wirklichkeit ganz leicht zugänglich war. Gehe tapfer vorwärts, und du wirst kein Hindernis finden.

(Ba'al Schem Tow)

Ruth sagte: „Dränge mich nicht, dich zu verlassen und zurückzugehen. Wohin du gehst, dahin gehe ich auch, und wo du bleibst, da bleibe ich auch. Dein Volk ist mein Volk und dein Gott ist mein Gott. Wo du stirbst, da sterbe ich auch, dort will ich begraben sein. Gott tue mir dies und das an, wenn anderes geschieht. Nur der Tod wird mich und dich scheiden."

(Ruth 1,16-17)

תפלת שחרית לשבועות

כִּי כַּאֲשֶׁר יֵרֵד הַגֶּשֶׁם וְהַשֶּׁלֶג מִן־הַשָּׁמַיִם וְשָׁמָּה לֹא יָשׁוּב כִּי
אִם־הִרְוָה אֶת־הָאָרֶץ וְהוֹלִידָהּ וְהִצְמִיחָהּ וְנָתַן זֶרַע לַזֹּרֵעַ וְלֶחֶם
לָאֹכֵל׃

כֵּן יִהְיֶה דְבָרִי אֲשֶׁר יֵצֵא מִפִּי לֹא־יָשׁוּב אֵלַי רֵיקָם
כִּי אִם־עָשָׂה אֶת־אֲשֶׁר חָפַצְתִּי וְהִצְלִיחַ אֲשֶׁר שְׁלַחְתִּיו׃

מַה־טֹּבוּ אֹהָלֶיךָ יַעֲקֹב מִשְׁכְּנֹתֶיךָ יִשְׂרָאֵל׃
וַאֲנִי בְּרֹב חַסְדְּךָ אָבוֹא בֵיתֶךָ
אֶשְׁתַּחֲוֶה אֶל־הֵיכַל־קָדְשְׁךָ בְּיִרְאָתֶךָ׃
יְהוָה אָהַבְתִּי מְעוֹן בֵּיתֶךָ וּמְקוֹם מִשְׁכַּן כְּבוֹדֶךָ׃
וַאֲנִי אֶשְׁתַּחֲוֶה וְאֶכְרָעָה אֶבְרְכָה לִפְנֵי־יְהוָה עֹשִׂי׃
וַאֲנִי תְפִלָּתִי־לְךָ יְהוָה עֵת רָצוֹן
אֱלֹהִים בְּרָב־חַסְדֶּךָ עֲנֵנִי בֶּאֱמֶת יִשְׁעֶךָ׃

Der Thoraschrein wird geöffnet.

DIE STIMME GOTTES AM SINAI

„Warum", fragte der Seher von Lublin, „warum verzieren heute, am Wochenfest, Zweige von Bäumen die Wände dieser Synagoge und unserer Häuser ? Und warum bedecken grüne Zweige den Boden? – Weil wir uns an die Offenbarung erinnern. Denn Gott offenbarte sich Israel nicht in einem Haus, sondern auf einem Berg, und um den Berg herum wuchsen Bäume und Gras....

Wir umgeben uns nicht mit Blättern und Zweigen, um uns an eine Offenbarung zu erinnern, die vor langer Zeit stattfand, denn sie ist nicht etwas, das einst geschah und nun nur noch in unserer Erinnerung lebt. Sie geschieht heute zu uns. Wir schaffen den Ort für die Offenbarung, indem wir darauf warten, geheiligt zu werden."

MORGENGEBET FÜR SCHAWUOT

Wie Regen und Schnee vom Himmel fallen und nicht dorthin zurückkehren, bevor sie nicht die Erde getränkt und sie zum Keimen und Sprossen gebracht haben, damit sie dem Sämann ihren Samen gibt und Brot zu essen,

so verhält es sich auch mit dem Wort, das aus meinem Mund kommt: Es wird nicht leer wieder zurückkehren, sondern es wird bewirken, was ich wollte, und ihm wird gelingen, wozu ich es gesandt habe.

(Jes 55,10-11)

EIN-GANGS-GEBETE

Wie schön sind deine Zelte, Jakob,
wie schön deine Wohnstätten, Israel! *(Num 24,5)*
Durch deine große Liebe, Gott, betrete ich dein Haus
und werfe mich voll Ehrfurcht
vor deiner heil'gen Lade nieder. *(Ps 5,8)*
Gott, wie ich den Ort liebte, an dem dein Tempel stand,
und die Stätte, wo deine Herrlichkeit wohnte, *(Ps 26,8)*
so falle ich nieder, verneige mich,
knie nieder vor Gott, meinem Schöpfer. *(Ps 95,6)*
Ich bete zu dir, Gott, zur Zeit der Gnade.
Erhöre mich in deiner großen Liebe, Gott,
hilf mir in deiner Treue! *(Ps 69,14)*

Der Thoraschrein wird geöffnet.

DIE STIMME GOTTES AM SINAI

„Warum“, fragte der Seher von Lublin, „warum verzieren heute, am Wochenfest, Zweige von Bäumen die Wände dieser Synagoge und unserer Häuser ? Und warum bedecken grüne Zweige den Boden? – Weil wir uns an die Offenbarung erinnern. Denn Gott offenbarte sich Israel nicht in einem Haus, sondern auf einem Berg, und um den Berg herum wuchsen Bäume und Gras....

Wir umgeben uns nicht mit Blättern und Zweigen, um uns an eine Offenbarung zu erinnern, die vor langer Zeit stattfand, denn sie ist nicht etwas, das einst geschah und nun nur noch in unserer Erinnerung lebt. Sie geschieht heute zu uns. Wir schaffen den Ort für die Offenbarung, indem wir darauf warten, geheiligt zu werden.“

Der Rabbi von Berditschew sagte: „Wenn wir würdig sind, hören wir bei jedem Wochenfest die Stimme, die sagt: ‚Ich bin der Ewige, euer Gott.' Wenn wir würdig sind, hören wir sie hier und jetzt. Wenn wir vorbereitet sind zu hören, werden wir sie hören. Die Stimme verweigert sich uns nicht. Sie ruft uns und sucht uns: ‚Wo bist du? Ich bin dein Gott. Bist du da? Bist du immer noch da?'"

UNSER EINVERSTÄNDNIS

Gott, wir warten auf die Erneuerung deiner Offenbarung. Wie unsere Vorfahren am Fuße des Sinai standen, so stehen wir vor den Schriftrollen dieser Synagoge. Wir schauen auf zu dem Licht deiner Gegenwart und sprechen unser Gebet. So, wie du auf den Feldern die Ernte reifen lässt, unsere Nahrung, die uns stärkt, und die Blumen wachsen lässt, die uns erfreuen, genauso lass auch die Saat der Güte, die du in uns eingepflanzt hast, gedeihen. Bringe deine Ernte der Heiligkeit und Freundlichkeit ein.

Wir kennen die Konsequenzen, die der Dienst an dir hat, und das Leiden, das er bringen kann, aber wir sind bereit, deine Hände zu sein, die daran arbeiten, die Welt zu erlösen, und deinen Segen zu allen Menschen zu tragen.

Gott, wir stehen vor dir in dieser Synagoge, bereit, deine Offenbarung neu zu hören.

Der Thoraschrein wird geschlossen.

Eines der beiden folgenden Lieder (oder ein anderes geeignetes Lied):

א
על כל אלה

עַל הַדְּבַשׁ וְעַל הָעֹקֶץ
עַל הַמַּר וְהַמָּתוֹק
עַל בִּתֵּנוּ הַתִּינֹקֶת
שְׁמֹר אֵלִי הַטּוֹב:

עַל הָאֵשׁ הַמְבֹעֶרֶת
עַל הַמַּיִם הַזַּכִּים
עַל הָאִישׁ הַשָּׁב הַבַּיְתָה
מִן הַמֶּרְחַקִּים:

Der Rabbi von Berditschew sagte: „Wenn wir würdig sind, hören wir bei jedem Wochenfest die Stimme, die sagt: ‚Ich bin der Ewige, euer Gott.' Wenn wir würdig sind, hören wir sie hier und jetzt. Wenn wir vorbereitet sind zu hören, werden wir sie hören. Die Stimme verweigert sich uns nicht. Sie ruft uns und sucht uns: ‚Wo bist du? Ich bin dein Gott. Bist du da? Bist du immer noch da?'"

UNSER EINVERSTÄNDNIS

Gott, wir warten auf die Erneuerung deiner Offenbarung. Wie unsere Vorfahren am Fuße des Sinai standen, so stehen wir vor den Schriftrollen dieser Synagoge. Wir schauen auf zu dem Licht deiner Gegenwart und sprechen unser Gebet. So, wie du auf den Feldern die Ernte reifen lässt, unsere Nahrung, die uns stärkt, und die Blumen wachsen lässt, die uns erfreuen, genauso lass auch die Saat der Güte, die du in uns eingepflanzt hast, gedeihen. Bringe deine Ernte der Heiligkeit und Freundlichkeit ein.

Wir kennen die Konsequenzen, die der Dienst an dir hat, und das Leiden, das er bringen kann, aber wir sind bereit, deine Hände zu sein, die daran arbeiten, die Welt zu erlösen, und deinen Segen zu allen Menschen zu tragen.

Gott, wir stehen vor dir in dieser Synagoge, bereit, deine Offenbarung neu zu hören.

Der Thoraschrein wird geschlossen.

Eines der beiden folgenden Lieder (oder ein anderes geeignetes Lied):

I AL KOL ELE

Auf den Honig und den Stachel,
Bitternis und Süßigkeit,
und auf uns're kleine Tochter,
habe Acht, guter Gott.

Auf das Feuer, das da brennet,
auf das Wasser aus der Quell,
auf den Menschen, der nach Haus kommt
von sehr weit her.

עַל כָּל־אֵלֶּה עַל כָּל־אֵלֶּה
שְׁמֹר נָא לִי אֵלִי הַטּוֹב
עַל הַדְּבַשׁ וְעַל הָעֹקֶץ
עַל הַמַּר וְהַמָּתוֹק:

אַל נָא תַּעֲקֹר נָטוּעַ
אַל תִּשְׁכַּח אֶת־הַתִּקְוָה
הֲשִׁיבֵנִי וְאָשׁוּבָה
אֶל הָאָרֶץ הַטּוֹבָה:

שְׁמֹר אֵלִי עַל זֶה הַבַּיִת
עַל הַגַּן עַל הַחוֹמָה
מִיָּגוֹן מִפַּחַד־פֶּתַע
וּמִמִּלְחָמָה:

שְׁמֹר עַל הַמְּעַט שֶׁיֵּשׁ לִי
עַל הָאוֹר וְעַל הַטַּף
עַל הַפְּרִי שֶׁלֹּא הִבְשִׁיל עוֹד
וְשֶׁנֶּאֱסַף:

עַל כָּל־אֵלֶּה עַל כָּל־אֵלֶּה...

מְרַשְׁרֵשׁ אִילָן בָּרוּחַ
מֵרָחוֹק נוֹשֵׁר כּוֹכָב
מִשְׁאֲלוֹת לִבִּי בַּחֹשֶׁךְ
נִרְשָׁמוֹת עַכְשָׁיו:

אָנָּא שְׁמֹר לִי עַל כָּל אֵלֶּה
וְעַל אֲהוּבֵי־נַפְשִׁי
עַל הַשֶּׁקֶט עַל הַבֶּכִי
וְעַל זֶה הַשִּׁיר:

Auf all dieses, auf all dieses
habe Acht, du guter Gott.
Auf den Honig und den Stachel,
Bitternis und Süßigkeit.

Reiß nicht aus, was eingepflanzt ist,
und vergiss die Hoffnung nicht.
Bringe mich zurück, dann komm ich
in das gute Land.

Habe Acht auf dieses Haus, Gott,
seinen Garten, seine Wand,
vor Not und Sorg' bewahr es
und vor dem Krieg.

Habe Acht auf meine Habe,
auf das Licht und die Kindlein,
auf die noch nicht reifen Früchte,
und auch die Ernte, die schon war.

Auf all dieses, auf all dieses
habe Acht, du guter Gott.
Auf den Honig und den Stachel,
Bitternis und Süßigkeit.

In den Bäumen weht ein Windhauch,
in der Ferne fällt ein Stern.
Die geheimsten Herzenswünsche
erzähle ich hier.

Habe Acht, Gott, auf all dieses,
auf die Freunde, die ich lieb,
auf die Ruhe und die Tränen
und auf dieses Lied.

(Naomi Shemer; Kommentar zu „Al kol ele" im Glossar.)

ב
מפי אל

אֵין אַדִּיר כַּאדֹנָי וְאֵן בָּרוּךְ כְּבֶן עַמְרָם
אֵין גְּדוֹלָה כַּתּוֹרָה וְאֵין דּוֹרְשֶׁיהָ כְּיִשְׂרָאֵל:
מִפִּי אֵל. מִפִּי אֵל יְבֹרַךְ כָּל־יִשְׂרָאֵל:

אֵין הָדוּר כַּאדֹנָי וְאֵן וָתִיק כְּבֶן עַמְרָם
אֵין זַכָּה כַּתּוֹרָה וְאֵין חֲכָמֶיהָ כְּיִשְׂרָאֵל:
מִפִּי אֵל...

אֵין טָהוֹר כַּאדֹנָי וְאֵן יָחִיד כְּבֶן עַמְרָם
אֵין כַּבִּירָה כַּתּוֹרָה וְאֵין לוֹמְדֶיהָ כְּיִשְׂרָאֵל:
מִפִּי אֵל...

אֵין מֶלֶךְ כַּאדֹנָי וְאֵן נָבִיא כְּבֶן עַמְרָם
אֵין סְגוּלָה כַּתּוֹרָה וְאֵין עוֹסְקֶיהָ כְּיִשְׂרָאֵל:
מִפִּי אֵל...

אֵין פּוֹדֶה כַּאדֹנָי וְאֵן צַדִּיק כְּבֶן עַמְרָם
אֵין קְדוֹשָׁה כַּתּוֹרָה וְאֵין רוֹמְמֶיהָ כְּיִשְׂרָאֵל:
מִפִּי אֵל...

אֵין קָדוֹשׁ כַּאדֹנָי וְאֵן רַבִּי כְּבֶן עַמְרָם
אֵין שְׁמִירָה כַּתּוֹרָה וְאֵין תּוֹמְכֶיהָ כְּיִשְׂרָאֵל:
מִפִּי אֵל...

Der Gottesdienst wird mit Jischtabach auf S. 376 fortgesetzt. Einige Gemeinden nehmen einige oder alle der Eingangsgebete mit auf, s. ab S. 366.

II
MI-PI EL

Niemand ist mächtig wie unser Gott,
niemand gelobt wie Amrams Sohn,
nichts ist so groß wie die Thora,
niemand sucht sie so wie Israel.
Gottes Mund, Gottes Mund:
ja, er segnet ganz Israel.

Niemand ist prächtig wie unser Gott,
niemand so fromm wie Amrams Sohn,
nichts so wirkend wie die Thora,
niemand durch sie weise wie Israel.
Gottes Mund, Gottes Mund:
ja, er segnet ganz Israel.

Niemand ist rein wie unser Gott,
niemand einzig wie Amrams Sohn,
nichts ist so machtvoll wie die Thora,
niemand lernt sie so wie Israel.
Gottes Mund, Gottes Mund:
ja, er segnet ganz Israel.

Niemand herrscht wie unser Gott,
niemand prophezeit wie Amrams Sohn,
nichts ein Besitz wie die Thora,
niemand müht sich um sie wie Israel.
Gottes Mund, Gottes Mund:
ja, er segnet ganz Israel.

Niemand erlöst wie unser Gott,
niemand ist gerecht wie Amrams Sohn,
nichts ist so heilig wie die Thora,
niemand durch sie hoch wie Israel.
Gottes Mund, Gottes Mund:
ja, er segnet ganz Israel.

Niemand ist heilig wie unser Gott,
niemand ein Lehrer wie Amrams Sohn,
nichts beschützt so wie die Thora,
niemand von ihr gestützt wie Israel.
Gottes Mund, Gottes Mund:
ja, er segnet ganz Israel.

(Kommentar zu „Mi-Pi El" im Glossar.)

Der Gottesdienst wird mit Jischtabach auf S. 377 fortgesetzt. Einige Gemeinden nehmen einige oder alle der Eingangsgebete mit auf, s. ab S. 367.

MORGENGEBET
תפלת שחרית
לסוכות
FÜR SUKKOT

MEDITATIONEN VOR DEM MORGENGEBET FÜR SUKKOT

DIE VIER ARTEN

Am 15. Tag des siebten Monats, wenn ihr den Ertrag des Landes erntet, feiert sieben Tage lang ein Fest für Gott. Am ersten und am achten Tag sollt ihr ruhen. Am ersten Tag sollt ihr euch die Frucht eines prächtigen Baumes nehmen und Palmzweige, Zweige von dicht belaubten Bäumen und von Bachweiden und sieben Tage lang in der Gegenwart des Ewigen, eures Gottes, fröhlich sein.

(Lev 23,39-40)

Die Rabbinen deuten die „Frucht eines prächtigen Baumes“ als Etrog (Zitrusfrucht) und die „Palmzweige“, die „Zweige von belaubten Bäumen“ und „Bachweidenruten“ als „Lulaw“ (Palmzweig), Myrte (*hadassim*) und Weidenruten (*arawot*).

Die vier Arten heben den landwirtschaflichen Charakter des Laubhüttenfestes hervor…

Das grundlegende Gebot über die Vier Arten besteht darin, sie in deiner Hand zu halten und sie dann zu schwenken. An zwei Stellen im Morgengottesdienst werden die Vier Arten benutzt: während des *Hallel* und während der *Hoschanot*.

Genauer gesagt bestehen die Vier Arten aus einem langen Palmzweig mit einer aus Palmzweigen geflochtenen Halterung. In diese Halterung bindest du zwei Weidenruten auf die linke Seite und drei Myrtenzweige auf die rechte. Die Zitrusfrucht wird nicht mit den drei anderen Arten verbunden.

So rezitiert man den Segenspruch:

1. Während du stehst, nimmst du den Palmzweig (*Lulaw*) mit den damit zusammengebundenen Weidenruten und Myrtenzweigen in deine rechte Hand. Du hältst den Lulaw so, dass der Grat auf dich hin zeigt. (Der Grat ist die grüne Linie, die an dem Palmzweig von oben nach unten verläuft. Die gelblichere und flachere Seite ist die Rückseite des Palmzweigs. Die Seite, auf der eine Rille von oben nach unten verläuft, hat den Grat in der Mitte.)
2. Du nimmst die Zitrusfrucht (*Etrog*) in deine linke Hand, und zwar so, dass der Stilansatz (*Pitom*) nach oben zeigt. Hast du einen Etrog, der von Natur aus keinen Pitom hat, suche nach der Spitze der Frucht

(das schmalere Ende, wie bei einer Birne) und drehe die Frucht mit der Spitze nach unten. Halte den Etrog dicht an den Lulaw.

3. Dann rezitierst du den Segensspruch. …
4. Drehe den Etrog um, so dass du ihn jetzt richtig herum hältst, und schwenke mit dem Lulaw.

(Michael Strassfeld)

Rabbi Jochanan sagte: Man schwenkt den Lulaw zur Ehre Gottes hin und her, denn Gott gehören die vier Himmelsrichtungen; man hält ihn zur Ehre Gottes nach oben und unten, denn Gott gehört der Himmel und die Erde.

(Sukka 37b)

Wie die Zitrusfrucht sowohl Geschmack hat als auch einen lieblichen Geruch, so gibt es in Israel Menschen, die sowohl gelehrt sind als auch ihren Glauben leben.

Wie die Früchte des Palmzweigs zwar Geschmack haben, aber geruchlos sind, so gibt es in Israel Menschen, die zwar gelehrt sind, aber ihren Glauben nicht leben.

Wie die Myrtenzweige zwar einen lieblichen Geruch haben, aber ungenießbar sind, so gibt es Menschen, die gute Werke tun, aber keinerlei Gelehrsamkeit besitzen.

Wie die Weidenzweige weder essbar sind noch einen angenehmen Geruch verbreiten, so gibt es Menschen, die weder gelehrt sind noch gute Werke tun.

Gott, die Heiligkeit Gottes sei gepriesen, sagt: Damit Israel nicht untergeht, lasst sie alle zusammengebunden sein, wie die Pflanzen zu einem Bund zusammengebunden sind, so dass die Gerechten unter ihnen für die anderen Sühne bewirken.

(Pesikta Rabbati 51,2)

So schwenkt man den Palmzweig („Lulaw") und die drei anderen Bestandteile des Feststraußes:

1. *Stelle dich mit dem Gesicht nach Osten.*

2. *Halte den Lulaw vor dich hin Richtung Osten und schwenke ihn dreimal. Die Bewegung sollte jedesmal zu dir hin geschehen; d.h. halte den Lulaw zunächst von dir weg und bewege ihn auf dich zu, von dir weg und zu dir hin, von dir weg und wieder zu dir hin.*

3. *Wiederhole diese Bewegung dreimal nach rechts (Süden), über deine Schulter nach hinten (Westen) und nach links (Norden). Halte ihn hoch und richte ihn nach unten.*

4. *Alle diese Bewegungen sollten sehr langsam und bewusst geschehen, man sollte sich dabei auf die Symbolik und die Bedeutung dieser Handlung besinnen. Den Lulaw schwenkt man auch an drei Stellen in den Hallel-Psalmen, während man sagt: „Danket dem Ewigen, denn er ist gütig. ‚Ja, Gottes Güte währt ewig!'" Dieser Vers steht im Hallel zweimal hintereinander, deshalb schwenkt man noch einmal mit dem Lulaw, während man sagt: „So soll Israel sagen: ‚Ja, Gottes Güte währt ewig!'" Schließlich schwenkt man während des Hallel bei dem Vers: „Ach, Gott, hilf uns! Ach, Gott, gib doch Gelingen!".*

(The Jewish Catalogue)

Charles Front
FRONT
RIGHT
BACK
LEFT
UP
DOWN

תפלת שחרית לסוכות

כִּי תִקְצֹר קְצִירְךָ בְשָׂדֶךָ וְשָׁכַחְתָּ עֹמֶר בַּשָּׂדֶה לֹא תָשׁוּב לְקַחְתּוֹ·
לַגֵּר לַיָּתוֹם וְלָאַלְמָנָה יִהְיֶה:
כִּי תַחְבֹּט זֵיתְךָ לֹא תְפַאֵר אַחֲרֶיךָ·
לַגֵּר לַיָּתוֹם וְלָאַלְמָנָה יִהְיֶה:
כִּי תִבְצֹר כַּרְמְךָ לֹא תְעוֹלֵל אַחֲרֶיךָ·
לַגֵּר לַיָּתוֹם וְלָאַלְמָנָה יִהְיֶה:
וְזָכַרְתָּ כִּי־עֶבֶד הָיִיתָ בְּאֶרֶץ מִצְרָיִם עַל־כֵּן אָנֹכִי מְצַוְּךָ לַעֲשׂוֹת אֶת־הַדָּבָר הַזֶּה:

מַה־טֹּבוּ אֹהָלֶיךָ יַעֲקֹב מִשְׁכְּנֹתֶיךָ יִשְׂרָאֵל:
וַאֲנִי בְּרֹב חַסְדְּךָ אָבוֹא בֵיתֶךָ
אֶשְׁתַּחֲוֶה אֶל־הֵיכַל־קָדְשְׁךָ בְּיִרְאָתֶךָ:
יְהֹוָה אָהַבְתִּי מְעוֹן בֵּיתֶךָ וּמְקוֹם מִשְׁכַּן כְּבוֹדֶךָ:
וַאֲנִי אֶשְׁתַּחֲוֶה וְאֶכְרָעָה אֶבְרְכָה לִפְנֵי־יְהֹוָה עֹשִׂי:
וַאֲנִי תְפִלָּתִי־לְךָ יְהֹוָה עֵת רָצוֹן
אֱלֹהִים בְּרָב־חַסְדֶּךָ עֲנֵנִי בֶּאֱמֶת יִשְׁעֶךָ:

Wir wollen dir, Gott, danken für die Ernte des Bodens und die Ernte der guten Taten, zu denen du uns angeregt hast.

Unsere Vorfahren suchten dich in Jerusalem, um ihren Dank auszudrücken. Wir suchen dich, unseren Schöpfer, hier in unserer Lebenserfahrung und danken dir für die Segnungen, die wir darin entdecken.

Gott, stärke unsere Liebe und unsere Großzügigkeit, denn wie wir säen, werden wir ernten. Lass uns niemals andere der Früchte ihrer Arbeit berauben oder unser Glück auf ihrem Unglück bauen.

MORGENGEBET FÜR SUKKOT

Wenn du deine Ernte von den Feldern einsammelst und eine Garbe auf dem Feld vergessen hast, dann sollst du nicht umkehren, um sie zu holen. Sie gehört den Fremden, Waisen und Witwen.

Wenn du deinen Ölbaum aberntest, sollst du ihn nicht anschließend durchsuchen. Was noch hängt, gehört den Fremden, Waisen und Witwen.

Wenn du Weinlese hältst, sollst du keine Nachlese halten. Sie gehört den Fremden, Waisen und Witwen.

Dies alles sollst du tun, damit du daran denkst, dass du ein Sklave in Ägypten gewesen bist.

(Dtn 24,19-22)

EIN-GANGS-GEBETE

Wie schön sind deine Zelte, Jakob,
wie schön deine Wohnstätten, Israel! *(Num 24,5)*
Durch deine große Liebe, Gott, betrete ich dein Haus
und werfe mich voll Ehrfurcht
vor deiner heil'gen Lade nieder. *(Ps 5,8)*
Gott, wie ich den Ort liebte, an dem dein Tempel stand,
und die Stätte, wo deine Herrlichkeit wohnte, *(Ps 26,8)*
so falle ich nieder, verneige mich,
knie nieder vor Gott, meinem Schöpfer. *(Ps 95,6)*
Ich bete zu dir, Gott, zur Zeit der Gnade.
Erhöre mich in deiner großen Liebe, Gott,
hilf mir in deiner Treue! *(Ps 69,14)*

Wir wollen dir, Gott, danken für die Ernte des Bodens und die Ernte der guten Taten, zu denen du uns angeregt hast.

Unsere Vorfahren suchten dich in Jerusalem, um ihren Dank auszudrücken. Wir suchen dich, unseren Schöpfer, hier in unserer Lebenserfahrung und danken dir für die Segnungen, die wir darin entdecken.

Gott, stärke unsere Liebe und unsere Großzügigkeit, denn wie wir säen, werden wir ernten. Lass uns niemals andere der Früchte ihrer Arbeit berauben oder unser Glück auf ihrem Unglück bauen.

Und wenn wir die letzte Ernte in dieser Welt eingesammelt haben, lass andere hinzutreten, uns zu segnen. Mögest du, Gott im Himmel, unser Lebenswerk annehmen und uns zu dir einlassen, denn wir sind Israel, die Frucht der Saat, die du gepflanzt hast.

Eines der beiden folgenden Lieder:

א
אַחַת שָׁאַלְתִּי מֵאֵת־יְהוָֹה
אוֹתָהּ אֲבַקֵּשׁ
שִׁבְתִּי בְּבֵית־יְהוָֹה
כָּל־יְמֵי חַיַּי
לַחֲזוֹת בְּנֹעַם־יְהוָֹה
וּלְבַקֵּר בְּהֵיכָלוֹ:

ב
לו יהי
עוֹד יֵשׁ מִפְרָשׂ לָבָן בָּאֹפֶק
מוּל עָנָן שָׁחוֹר כָּבֵד:
כָּל שֶׁנְּבַקֵּשׁ – לוּ יְהִי:
וְאִם בַּחַלּוֹנוֹת הָעֶרֶב
אוֹר נֵרוֹת – הַחַג רוֹעֵד
כָּל שֶׁנְּבַקֵּשׁ – לוּ יְהִי:
לוּ יְהִי לוּ יְהִי אָנָּא לוּ יְהִי
כָּל שֶׁנְּבַקֵּשׁ – לוּ יְהִי:

מַה קּוֹל עֲנוֹת אֲנִי שׁוֹמֵעַ:
קוֹל שׁוֹפָר וְקוֹל תֻּפִּים:
כָּל שֶׁנְּבַקֵּשׁ – לוּ יְהִי:
לוּ תִשָּׁמַע בְּתוֹךְ כָּל אֵלֶּה
גַּם תְּפִלָּה אַחַת מִפִּי:
כָּל שֶׁנְּבַקֵּשׁ – לוּ יְהִי:
לוּ יְהִי לוּ יְהִי אָנָּא לוּ יְהִי
כָּל שֶׁנְּבַקֵּשׁ – לוּ יְהִי:

Und wenn wir die letzte Ernte in dieser Welt eingesammelt haben, lass andere hinzutreten, uns zu segnen. Mögest du, Gott im Himmel, unser Lebenswerk annehmen und uns zu dir einlassen, denn wir sind Israel, die Frucht der Saat, die du gepflanzt hast.

Eines der beiden folgenden Lieder:

I

Nur eine Bitte habe ich an Gott,
dieses eine wünsche ich:
Solange ich lebe,
möchte ich im Haus Gottes wohnen
und den Glanz Gottes schauen,
in Gottes Tempel meditieren.

(Ps 27,4)

II
LU JEHI

Ein weißes Segel in der Ferne
vor dem dunklen Horizont,
alles, was wir wünschen: dass es sei!
Wenn man am Abend in den Fenstern
Festtagskerzen flackern sieht,
alles, was wir wünschen: dass es sei!
Ja, es sei; ja, es sei; ja, es sei; ja, es sei.
Alles, was wir wünschen: dass es sei!

Was höre ich als Antwort klingen,
das Schofar und Paukenklang,
alles, was wir wünschen: dass es sei!
Ach höre doch in diesen Klängen
auch das, was ich zu dir bet',
alles, was wir wünschen: dass es sei!
Ja, es sei; ja, es sei; ja, es sei; ja, es sei.
Alles, was wir wünschen: dass es sei!

בְּתוֹךְ שְׁכוּנָה קְטַנָּה מְצֻלֶּלֶת
בַּיִת קָט עִם גַּג אָדֹם:
כָּל שֶׁנְּבַקֵּשׁ – לוּ יְהִי:
זֶה סוֹף הַקַּיִץ סוֹף הַדֶּרֶךְ
תֵּן לָהֶם לָשׁוּב הֲלוֹם:
כָּל שֶׁנְּבַקֵּשׁ – לוּ יְהִי:
לוּ יְהִי לוּ יְהִי אָנָּא לוּ יְהִי
כָּל שֶׁנְּבַקֵּשׁ – לוּ יְהִי:

וְאִם פִּתְאֹם יִזְרַח מֵאֹפֶל
עַל רֹאשֵׁנוּ אוֹר כּוֹכָב:
כָּל שֶׁנְּבַקֵּשׁ – לוּ יְהִי:
אָז תֵּן שַׁלְוָה וְתֵן גַּם כֹּחַ
לְכָל שֶׁנֹּאהַב:
כָּל שֶׁנְּבַקֵּשׁ – לוּ יְהִי:
לוּ יְהִי לוּ יְהִי אָנָּא לוּ יְהִי
כָּל שֶׁנְּבַקֵּשׁ – לוּ יְהִי:

Der Gottesdienst wird mit Jischtabach auf S. 376 fortgesetzt. Einige Gemeinden nehmen einige oder alle der Eingangsgebete mit auf, s. ab S. 366.

Lübbecke,
Innenansicht der Synagoge um 1928

In meinem kleinen schatt'gen Viertel,
kleines Haus mit rotem Dach,
alles, was wir wünschen: dass es sei!
Der Sommer endet und der Weg,
ach komme er zurück zu uns,
alles, was wir wünschen: dass es sei!
Ja, es sei; ja, es sei; ja, es sei; ja, es sei.
Alles, was wir wünschen: dass es sei!

Wenn plötzlich mitten in dem Dunkel
ein Stern über uns erstrahlt,
alles, was wir wünschen: dass es sei!
Gott, gib Frieden, Gott, gib Kraft,
für alle, die uns lieb und wert,
alles, was wir wünschen: dass es sei!
Ja, es sei; ja, es sei; ja, es sei; ja, es sei.
Alles, was wir wünschen: dass es sei!

(Naomi Shemer)

Der Gottesdienst wird mit Jischtabach auf S. 377 fortgesetzt. Einige Gemeinden nehmen einige oder alle der Eingangsgebete mit auf, s. ab S. 367.

Dortmund, Innenansicht der Synagoge von 1900

לעמו תהלה לכל חסידיו
לבני ישראל עם קרבו
הללויה:
הללויה

MORGENGEBET
תפלת שחרית
FÜR
לשמיני עצרת
SCHEMINI AZERET
ולשמחת תורה
UND SIMCHAT THORA

MEDITATIONEN VOR DEM MORGENGEBET FÜR SCHEMINI AZERET/SIMCHAT THORA

Der Rabbi von Ger erzählte folgende Geschichte: Ein Mann war aus einem Schiff heraus ins Meer gefallen. Der Kapitän des Schiffes warf ihm ein Seil zu und rief: „Fang dieses Seil und lass es nicht mehr los. Wenn du es loslässt, wirst du dein Leben verlieren." Daraufhin bemerkte der Rabbi: „Diese Geschichte erklärt den Bibelvers *(Spr. 3,18)*: „Wer nach ihr greift, dem ist sie ein Lebensbaum". Die Thora ist ein Lebensbaum für alle, die nach ihr greifen. Wenn du sie loslässt, wirst du dein Leben verlieren."

(Chassidisch)

Unsere Rabbinen lehrten: Einst hatte die ruchlose Regierung (Rom) den Befehl erlassen, dass Israel sich nicht mehr mit der Thora beschäftigen sollte. Da kam Papos ben Jehuda und traf Rabbi Akiwa, wie er öffentlich Versammlungen abhielt und sich mit der Thora beschäftigte. Er sprach zu ihm: „Akiwa, hast du denn keine Angst vor der ruchlosen Regierung?" Dieser erwiderte: „Ich will dir ein Gleichnis erzählen. Womit ist die Sache zu vergleichen? Ein Fuchs ging am Ufer eines Flusses entlang und sah, wie die Fische sich ständig an neuen Orten versammelten. Er sprach zu ihnen: ‚Wovor habt ihr Angst?' Sie erwiderten: ‚Vor den Netzen, die die Menschen nach uns auswerfen.' Da sprach er zu ihnen: ‚Bitteschön, kommt doch auf das Land hinauf, und wir – ich und ihr – wollen miteinander wohnen, wie einst meine Vorfahren mit euren Vorfahren gewohnt haben.' Darauf erwiderten ihm jene: ‚Bist du es, von dem man sagt, er sei das klügste unter den Tieren? Du bist nicht klug, sondern dumm; wenn wir schon am Ort unseres Lebens Angst haben, um wieviel mehr am Ort unseres Todes!' So auch wir: Wenn wir jetzt in Not sind, wo wir zusammensitzen und uns mit der Thora beschäftigen, in der es heißt: ‚Denn sie ist dein Leben und die Verlängerung deiner Tage' *(Dtn 30,20)*, um wieviel mehr sind wir es erst, wenn wir gehen und uns ihr entziehen!"

(bBer 61b)

Ich erinnere mich daran, als ich jung war, da war ich ein Einzelgänger und schüchtern… Es schien, als machte sich jeder über mich lustig. Aber ich hatte einen Freund – und nun lach nicht! – es war der Rambam. Der Rambam war ein regelmäßiger Gast in unserem Haus…

Die Vorträge meines Vaters fanden in einem Saal im Haus meines Großvaters statt, in dem auch mein Bett stand. Ich pflegte auf meinem Bett zu sitzen und den Worten meines Vaters zu lauschen, und immer wieder sprach er vom Rambam… Er schlug die Gemarra auf, las den Abschnitt, den es zu studieren galt, laut vor und sagte:… „So wurde es von den Rabbinen und den Tosafisten erklärt; Lasst uns nun schauen, wie Rambam dies erklärte." Er entdeckte immer, dass Rambam die Sache anders erklärte und nicht mit der offenkundigen Bedeutung übereinstimmte. Er pflegte dann zu sagen…, als ob er sich persönlich bei Rambam beklagte: „Rabbenu Mosche, warum tust du das?…" Und dann vergrub er seinen Kopf in seine Hände, tief in Gedanken versunken. Alle waren ganz still, um seine Gedanken nicht zu stören. Nach einiger Weile hob er dann den Kopf ganz langsam und fing an: „Meine Herren, wir wollen nun verstehen…"

Ich habe nie ein Wort von dem Inhalt verstanden, aber zwei Eindrücke haben sich in meinem unschuldigen, jugendlichen Gehirn fest eingeprägt: (1) Der Rambam wurde von Gegnern und Feinden umgeben, die ihm stets Böses wollten; (2) Mein Vater war sein einziger Verteidiger. Wer weiß, was ihm ohne meinen Vater geschehen wäre?

Manchmal ging ich ganz betrübt zu meiner Mutter: „Mutter, Vater kann den Rambam nicht erklären!" Meine Mutter sagte dann: „Dein Vater wird ganz sicher eine Erklärung für Rambam finden. Und wenn er es nicht schafft, dann findest du vielleicht später, wenn du groß bist, eine Erklärung für Rambam. Das Wichtigste ist, dass man nie damit aufhört, die Thora zu lernen, sich an ihr zu freuen und sich von ihr faszinieren zu lassen…"

Das war kein phantasievoller Tagtraum eines kleines Kindes. Es war eine psychologische und historische Wirklichkeit, die sich selbst bis heute in den Tiefen meiner Seele findet. Immer, wenn ich sitze und lerne, finde ich mich mit einem Mal in Gesellschaft der weisen Männer der Tradition, und unser Verhältnis ist ein ganz persönliches. Rambam sitzt zu meiner Rechten, Rabbenu Tam zu meiner Linken, Raschi sitzt vor mir und erklärt, Rabbenu Tam schleudert ihm Fragen entgegen, Rambam trifft Entscheidungen, Ra'avad kritisiert. Sie alle sind in meinem kleinen Zimmer… Sie schauen mich freundlich an, nehmen Teil an dem Nachdenken und an der Gemarra, sie unterstützen und ermutigen mich – wie einst mein Vater. Das Lernen der Thora ist nicht bloß eine didaktische Übung…, sondern der kraftvolle Ausdruck einer Liebe, die die Generationen verbindet und Seelenverwandtschaft entstehen lässt. Die, die die Thora weitergeben, treffen sich im Gasthaus der Geschichte mit denen, die sie empfangen.

(Joseph Dov Soloveitchik)

תפלת שחרית לשמיני עצרת ולשמחת תורה

כֵּן יִהְיֶה דְבָרִי אֲשֶׁר יֵצֵא מִפִּי
לֹא־יָשׁוּב אֵלַי רֵיקָם
כִּי אִם־עָשָׂה אֶת־אֲשֶׁר חָפַצְתִּי
וְהִצְלִיחַ אֲשֶׁר שְׁלַחְתִּיו:
כִּי־בְשִׂמְחָה תֵצֵאוּ
וּבְשָׁלוֹם תּוּבָלוּן:

מַה־טֹּבוּ אֹהָלֶיךָ יַעֲקֹב מִשְׁכְּנֹתֶיךָ יִשְׂרָאֵל:
וַאֲנִי בְּרֹב חַסְדְּךָ אָבוֹא בֵיתֶךָ
אֶשְׁתַּחֲוֶה אֶל־הֵיכַל־קָדְשְׁךָ בְּיִרְאָתֶךָ:
יְהוָה אָהַבְתִּי מְעוֹן בֵּיתֶךָ וּמְקוֹם מִשְׁכַּן כְּבוֹדֶךָ:
וַאֲנִי אֶשְׁתַּחֲוֶה וְאֶכְרָעָה אֶבְרְכָה לִפְנֵי־יְהוָה עֹשִׂי:
וַאֲנִי תְפִלָּתִי־לְךָ יְהוָה עֵת רָצוֹן
אֱלֹהִים בְּרָב־חַסְדֶּךָ עֲנֵנִי בֶּאֱמֶת יִשְׁעֶךָ:

Zwischen jedem der folgenden Abschnitte antworten wir mit einem Lied zu Simchat Thora.

Wie unterscheidet sich Simchat Thora von den anderen Festen unseres Kalenders? An Pessach, Schawuot und Sukkot erinnern wir uns an große Augenblicke unserer Geschichte, in denen Gott sich für uns einsetzte und wir Gottes Fürsorge erlebten.

An Simchat Thora wollen wir an unsere Pflicht Gott gegenüber denken und uns wieder neu dem Lesen und dem Studium der Thora widmen.

הִנְנִי מוּכָן וּמְזוּמָן
כְּמוֹ שֶׁכָּתוּב בַּתּוֹרָה

MORGENGEBET FÜR SCHEMINI AZERET/SIMCHAT THORA

So verhält es sich mit dem Wort, das aus meinem Mund kommt: Es wird nicht leer wieder zurückkehren, sondern wird bewirken, was ich will, und das erreichen, wozu ich es gesandt habe.
Voller Freude werdet ihr ausziehen,
in Frieden werdet ihr zurückgeführt werden.

(Jes 55,11-12)

EIN-GANGS-GEBETE

Wie schön sind deine Zelte, Jakob,
wie schön deine Wohnstätten, Israel! *(Num 24,5)*
Durch deine große Liebe, Gott, betrete ich dein Haus
und werfe mich voll Ehrfurcht
vor deiner heil'gen Lade nieder. *(Ps 5,8)*
Gott, wie ich den Ort liebte, an dem dein Tempel stand,
und die Stätte, wo deine Herrlichkeit wohnte, *(Ps 26,8)*
so falle ich nieder, verneige mich,
knie nieder vor Gott, meinem Schöpfer. *(Ps 95,6)*
Ich bete zu dir, Gott, zur Zeit der Gnade.
Erhöre mich in deiner großen Liebe, Gott,
hilf mir in deiner Treue! *(Ps 69,14)*

Zwischen jedem der folgenden Abschnitte antworten wir mit einem Lied zu Simchat Thora.

Wie unterscheidet sich Simchat Thora von den anderen Festen unseres Kalenders? An Pessach, Schawuot und Sukkot erinnern wir uns an große Augenblicke unserer Geschichte, in denen Gott sich für uns einsetzte und wir Gottes Fürsorge erlebten.

An Simchat Thora wollen wir an unsere Pflicht Gott gegenüber denken und uns wieder neu dem Lesen und dem Studium der Thora widmen.

Siehe, ich bin willig und bereit zu dem,
was in der Thora geschrieben ist.

An Pessach, Schawuot und Sukkot feiern wir die Geschichte unseres Volkes, sein ständiges Unterwegssein von Knechtschaft zu Freiheit, von Unwissenheit zu Offenbarung und von der Wanderschaft zur Rast.

An Simchat Thora bezeugen wir die Bedeutung, die die vergangene Geschichte unseres Volkes für uns heute hat, denn die Thora spricht zu jeder Generation immer wieder neu.

וְהָאֵר עֵינֵינוּ בְּתוֹרָתֶךָ
וְדַבֵּק לִבֵּנוּ בְּמִצְוֹתֶיךָ
וְיַחֵד לְבָבֵנוּ לְאַהֲבָה וּלְיִרְאָה אֶת־שְׁמֶךָ
שֶׁלֹּא נֵבוֹשׁ וְלֹא נִכָּלֵם
וְלֹא נִכָּשֵׁל לְעוֹלָם וָעֶד:

An Pessach, Schawuot und Sukkot feiern wir unsere Verbindung zu dem verheißenen Land, zu den Jahreszeiten und der Ernte in dem Land, das für immer unsere Heimat ist.

An Simchat Thora bedenken wir das Leben, das unser Volk in aller Welt führt, verbunden durch Gottes Lehre, denn die Thora spricht zu uns in unserer Heimat und in jedem Heimatland, in dem wir verstreut über die ganze Welt wohnen.

וִיהוּדָה לְעוֹלָם תֵּשֵׁב
וִירוּשָׁלַיִם לְדוֹר וָדוֹר:

An Pessach, Schawuot und Sukkot denken wir über den irdischen Zyklus des Lebens nach, den wir im Laufe eines Jahres erleben.

An Simchat Thora, dem Fest, an dem wir über den Tod Moses und die Geburt der Welt lesen, versuchen wir den Wechsel von Werden und Vergehen zu begreifen, an dem alles menschliche Leben teilhat.

לֹא עָלֶיךָ הַמְּלָאכָה לִגְמוֹר
וְלֹא־אַתָּה בֶן־חוֹרִין לְהִבָּטֵל מִמֶּנָּה:

Der Gottesdienst wird mit Jischtabach auf S. 376 fortgesetzt. Einige Gemeinden nehmen einige oder alle der Eingangsgebete mit auf, s. ab S. 366.

An Pessach, Schawuot und Sukkot feiern wir die Geschichte unseres Volkes, sein ständiges Unterwegssein von Knechtschaft zu Freiheit, von Unwissenheit zu Offenbarung und von der Wanderschaft zur Rast.

An Simchat Thora bezeugen wir die Bedeutung, die die vergangene Geschichte unseres Volkes für uns heute hat, denn die Thora spricht zu jeder Generation immer wieder neu.

Erleuchte unsere Augen durch deine Thora;
binde unsere Herzen an deine Weisung.
Lass uns eins sein in der Liebe und Furcht deines Namens, damit wir uns nicht schämen und nicht beschämt werden, und niemals stolpern immer und ewig.

An Pessach, Schawuot und Sukkot feiern wir unsere Verbindung zu dem verheißenen Land, zu den Jahreszeiten und der Ernte in dem Land, das für immer unsere Heimat ist.

An Simchat Thora bedenken wir das Leben, das unser Volk in aller Welt führt, verbunden durch Gottes Lehre, denn die Thora spricht zu uns in unserer Heimat und in jedem Heimatland, in dem wir verstreut über die ganze Welt wohnen.

Juda wird ewig bestehen,
Jerusalem von Geschlecht zu Geschlecht.

An Pessach, Schawuot und Sukkot denken wir über den irdischen Zyklus des Lebens nach, den wir im Laufe eines Jahres erleben.

An Simchat Thora, dem Fest, an dem wir über den Tod Moses und die Geburt der Welt lesen, versuchen wir den Wechsel von Werden und Vergehen zu begreifen, an dem alles menschliche Leben teilhat.

Es liegt nicht an dir, das Werk zu vollenden,
du bist aber auch nicht frei, es zu unterlassen.

Der Gottesdienst wird mit Jischtabach auf S. 377 fortgesetzt. Einige Gemeinden nehmen einige oder alle der Eingangsgebete mit auf, s. ab S. 367.

Einige Gemeinden setzen den Gottesdienst hier fort:

אלהי נשמה

אֱלֹהַי· נְשָׁמָה שֶׁנָּתַתָּ־בִּי טְהוֹרָה· אַתָּה בְרָאתָהּ· אַתָּה יְצַרְתָּהּ· אַתָּה נְפַחְתָּהּ בִּי· וְאַתָּה מְשַׁמְּרָהּ בְּקִרְבִּי· וְאַתָּה עָתִיד לִטְּלָהּ מִמֶּנִּי לְחַיֵּי עוֹלָם: כָּל־זְמַן שֶׁהַנְּשָׁמָה בְּקִרְבִּי מוֹדֶה/מוֹדָה אֲנִי לְפָנֶיךָ יְיָ אֱלֹהַי וֵאלֹהֵי אֲבוֹתַי· שֶׁאַתָּה הוּא רִבּוֹן כָּל־הַמַּעֲשִׂים· מוֹשֵׁל בְּכָל־הַבְּרִיּוֹת· אֲדוֹן כָּל־הַנְּשָׁמוֹת: בָּרוּךְ אַתָּה יְיָ· הַמַּחֲזִיר נְשָׁמוֹת לִמְתִים:

לְעוֹלָם יְהֵא אָדָם יְרֵא שָׁמַיִם בְּסֵתֶר כְּבַגָּלוּי· וּמוֹדֶה עַל־הָאֱמֶת וְדוֹבֵר אֱמֶת בִּלְבָבוֹ:

יְהִי רָצוֹן מִלְּפָנֶיךָ יְיָ אֱלֹהֵינוּ וֵאלֹהֵי אֲבוֹתֵינוּ· שֶׁתַּרְגִּילֵנוּ בְּתוֹרָתֶךָ וְדַבְּקֵנוּ בְּמִצְוֹתֶיךָ· וְאַל תְּבִיאֵנוּ לֹא לִידֵי חֵטְא וְלֹא לִידֵי עֲבֵרָה וְלֹא לִידֵי נִסָּיוֹן וְלֹא לִידֵי בִזָּיוֹן· וְאַל תַּשְׁלֶט־בָּנוּ יֵצֶר הָרַע· וְהַרְחִיקֵנוּ מֵאָדָם רַע וּמֵחָבֵר רָע· וְדַבְּקֵנוּ בְּיֵצֶר הַטּוֹב וּבְמַעֲשִׂים טוֹבִים· וְכֹף אֶת־יִצְרֵנוּ לְהִשְׁתַּעְבֶּד־לָךְ· וּתְנֵנוּ הַיּוֹם וּבְכָל־יוֹם לְחֵן וּלְחֶסֶד וּלְרַחֲמִים בְּעֵינֶיךָ וּבְעֵינֵי כָל־רוֹאֵינוּ· וְתִגְמְלֵנוּ חֲסָדִים טוֹבִים: בָּרוּךְ אַתָּה יְיָ· גּוֹמֵל חֲסָדִים טוֹבִים לְעַמּוֹ יִשְׂרָאֵל:

רִבּוֹן הָעוֹלָמִים וַאֲדֹנֵי הָאֲדֹנִים· לֹא עַל־צִדְקוֹתֵינוּ אֲנַחְנוּ מַפִּילִים תַּחֲנוּנֵינוּ לְפָנֶיךָ· כִּי עַל־רַחֲמֶיךָ הָרַבִּים: אֲדֹנָי שְׁמָעָה· אֲדֹנָי סְלָחָה· אֲדֹנָי הַקְשִׁיבָה וַעֲשֵׂה· מָה־אָנוּ· מֶה־חַיֵּינוּ· מֶה־חַסְדֵּנוּ· מַה־צִּדְקוֹתֵינוּ· מַה־יְּשׁוּעָתֵנוּ· מַה־כֹּחֵנוּ· מַה־גְּבוּרָתֵנוּ· מַה־נֹּאמַר לְפָנֶיךָ יְיָ אֱלֹהֵינוּ וֵאלֹהֵי אֲבוֹתֵינוּ· הֲלֹא הַגִּבּוֹרִים כְּאַיִן לְפָנֶיךָ· וְאַנְשֵׁי הַשֵּׁם כְּלֹא הָיוּ· וַחֲכָמִים כִּבְלִי מַדָּע· וּנְבוֹנִים כִּבְלִי הַשְׂכֵּל· כִּי רֹב מַעֲשֵׂינוּ תֹּהוּ· וִימֵי חַיֵּינוּ הֶבֶל לְפָנֶיךָ· וּמוֹתַר הָאָדָם מִן הַבְּהֵמָה אָיִן· כִּי הַכֹּל הָבֶל לְבַד הַנְּשָׁמָה הַטְּהוֹרָה· שֶׁהִיא עֲתִידָה לִתֵּן דִּין וְחֶשְׁבּוֹן לִפְנֵי כִסֵּא כְבוֹדֶךָ·

Einige Gemeinden setzen den Gottesdienst hier fort:

DER MENSCH IST GUT

Mein Gott, die Seele, die du mir geschenkt hast, ist rein. Du hast sie geschaffen. Du hast sie sich entwickeln lassen. Du hast sie mir eingehaucht. Du behütest sie in mir. Du wirst sie mir eines Tages nehmen und in ewiges Leben verwandeln. Mein Gott und Gott meiner Vorfahren, solange die Seele in mir ist, will ich dir danken, denn du waltest über alle Geschöpfe, du herrschst über alle Kreatur. Alles Leben ist in deiner Hand. Gepriesen seist du, Ewiger. Du bringst den Toten ihre Seelen zurück. *(bBer 60b)*

Stets sei der Mensch gottesfürchtig, sowohl im privaten als auch im öffentlichen Bereich. Stets bekenne er sich zur Wahrheit, und die Wahrheit bestimme auch seine Gedanken.

Hilf uns, Ewiger, unser Gott und Gott unserer Vorfahren, dass deine Weisung unsere Entscheidungen prägt und wir gemäß deiner Gebote leben. Hilf, dass die Verfehlung keine Macht über uns gewinnt und lass uns nicht zur Übertretung verleitet werden. Führe uns nicht in Versuchung und nicht in Situationen, für die wir uns schämen müssen. Lass uns nicht vom bösen Trieb beherrscht sein. Halte böse Menschen und falsche Freundinnen und Freunde von uns fern. Lass uns von unserem guten Trieb und von guten Taten bestimmt sein. Dränge unsere Triebe, dass sie sich dir unterwerfen. Lass uns Güte, Liebe und Barmherzigkeit finden in deinen Augen und in den Augen aller Menschen, denen wir heute begegnen. Heute und an jedem Tag lass uns deine Freundlichkeit spüren. Gepriesen seist du, Ewiger. Du erweist deinem Volk Israel Gutes. *(bBer 60b)*

DER MENSCH IST SCHWACH

Ursprung aller menschlichen Stärke und Macht, dem allein unsere Ehre gebührt, „nicht im Vertrauen auf unsere gerechten Taten legen wir dir unsere Bitten vor, sondern im Vertrauen auf dein großes Erbarmen. Gott, höre! Gott, verzeih! Gott, vernimm unser Gebet und handle!“ *(Dan 9,18f)* Was sind wir? Was ist unser Leben? Was ist unsere Liebe? Was ist unsere Gerechtigkeit? Was sind unsere Erfolge? Was ist unsere Kraft? Was ist unsere Macht? Ewiger, unser Gott und Gott unserer Vorfahren, was könnten wir in deiner Gegenwart sagen? Ist nicht unsere Kraft wie nichts vor dir? Und sind nicht ruhmreiche Menschen so, als wären sie nie gewesen? Sind nicht Kluge vor dir wie solche ohne Wissen, und Intelligente wie solche ohne Einsicht? Ja, die meisten unserer Werke sind vor dir wie Nichtigkeiten, und die Tage unseres Lebens sind wie nichts vor dir. Sogar „der Vorrang des Menschen vor den Tieren wird bedeutungslos.“ *(Koh 3,19)* Ja, alles ist wie nichts vor dir – außer einer reinen Seele. Denn diese wird eines Tages in ihrer Verantwortlichkeit ernst genommen werden vor dem Thron deiner Herrlichkeit.

יְיָ מֶלֶךְ. יְיָ מָלָךְ. יְיָ יִמְלֹךְ לְעוֹלָם וָעֶד:

וְהָיָה יְיָ לְמֶלֶךְ עַל־כָּל־הָאָרֶץ. בַּיּוֹם הַהוּא יִהְיֶה יְיָ אֶחָד וּשְׁמוֹ אֶחָד: הוֹשִׁיעֵנוּ יְיָ אֱלֹהֵינוּ. לְהוֹדוֹת לְשֵׁם קָדְשֶׁךָ לְהִשְׁתַּבֵּחַ בִּתְהִלָּתֶךָ: בָּרוּךְ יְהוָֹה אֱלֹהֵי יִשְׂרָאֵל מִן־הָעוֹלָם וְעַד הָעוֹלָם. וְאָמַר כָּל־הָעָם אָמֵן. הַלְלוּיָהּ: כֹּל הַנְּשָׁמָה תְּהַלֵּל יָהּ. הַלְלוּיָהּ:

Eines der beiden folgenden Gebete:

ב
ברוך שאמר

בָּרוּךְ שֶׁאָמַר וְהָיָה הָעוֹלָם.
בָּרוּךְ אוֹמֵר וְעוֹשֶׂה.
בָּרוּךְ גּוֹזֵר וּמְקַיֵּם.
בָּרוּךְ עֹשֶׂה בְרֵאשִׁית.
בָּרוּךְ מְרַחֵם עַל הָאָרֶץ.
בָּרוּךְ מְרַחֵם עַל הַבְּרִיּוֹת.
בָּרוּךְ מְשַׁלֵּם שָׂכָר טוֹב לִירֵאָיו.
בָּרוּךְ מַעֲבִיר אֲפֵלָה וּמֵבִיא אוֹרָה.
בָּרוּךְ שֶׁאֵין לְפָנָיו עַוְלָה וְלֹא שִׁכְחָה
וְלֹא מַשּׂוֹא פָנִים וְלֹא מִקַּח שֹׁחַד.
צַדִּיק הוּא בְּכָל־דְּרָכָיו וְחָסִיד בְּכָל־מַעֲשָׂיו
בָּרוּךְ פּוֹדֶה וּמַצִּיל:
בָּרוּךְ שֶׁנָּתַן לְעַמּוֹ יִשְׂרָאֵל אֶת־יוֹם הַשַּׁבָּת הַזֶּה

בשבת — הַשַּׁבָּת הַזֶּה וְאֶת־יוֹם...
בפסח — חַג הַמַּצּוֹת הַזֶּה.
בשבעות — חַג הַשָּׁבֻעוֹת הַזֶּה.
בסכות — חַג הַסֻּכּוֹת הַזֶּה.
בשמיני חג העצרת — הַשְּׁמִינִי חַג הָעֲצֶרֶת הַזֶּה.

אֶת־יוֹם טוֹב מִקְרָא קֹדֶשׁ הַזֶּה.

בָּרוּךְ הוּא וּבָרוּךְ שְׁמוֹ. וּבָרוּךְ זִכְרוֹ לְעוֹלְמֵי עַד.

Gott regiert, Gott hat regiert, und regieren wird Gott bis in Ewigkeit.

Dann wird Gott über die ganze Erde regieren. An jenem Tag wird Gott einzig sein und Gottes Name der Einzige. *(Sach 14,9)*
Hilf uns, Ewiger, unser Gott, dass wir deinen heiligen Namen preisen und gepriesen werden, weil wir dich loben.
Gepriesen sei der Ewige, Israels Gott, vom Anfang bis ans Ende der Zeiten. Alles Volk soll sprechen: Amen. Halleluja! *(Ps 106,47-48)*
Alles, was Atem hat, singe Lob unserm Gott! Halleluja! *(Ps 150,6)*

Eines der beiden folgenden Gebete:

I Gepriesen sei Gott; durch Gottes Wort besteht die Welt.
Gepriesen sei Gott; Gottes Wort geschieht.
Gepriesen sei Gott; Gott trifft Entscheidungen und führt sie aus.
Gepriesen sei Gott; Gott hat alles geschaffen.
Gepriesen sei Gott; Gott nimmt sich der Erde an.
Gepriesen sei Gott; Gott nimmt sich der Geschöpfe an.
Gepriesen sei Gott; Gott zahlt guten Lohn denen, die Gott lieben.
Gepriesen sei Gott; Gott lässt die Dunkelheit vergehen und bringt Licht.
Gepriesen sei Gott; Gott ist ohne Verkehrtheit und Vergesslichkeit, Gott ist unparteilich und unbestechbar. Gott ist in jeder Hinsicht gerecht und treu in allen Taten.
Gepriesen sei Gott; Gott befreit und rettet.
Gepriesen sei Gott; Gott gewährt dem Volk Israel
Am Schabbat:
(diesen Tag der Ruhe und)
An Pessach:
dieses Fest der ungesäuerten Brote,
An Schawuot:
dieses Wochenfest,
An Sukkot:
dieses Laubhüttenfest,
An Simchat Thora:
dieses Schlussfest,
diesen Festtag und diese heilige Versammlung.

Gepriesen sei Gott; gepriesen sei Gottes Name; gepriesen sei die Anrufung des Namens immer und ewig.

בָּרוּךְ אַתָּה יְיָ אֱלֹהֵינוּ מֶלֶךְ הָעוֹלָם. הַמֶּלֶךְ הַגָּדוֹל וְהַקָּדוֹשׁ. אָב הָרַחֲמָן. מְהֻלָּל בְּפִי עַמּוֹ. מְשֻׁבָּח וּמְפֹאָר בִּלְשׁוֹן כָּל־חֲסִידָיו וַעֲבָדָיו: וּבְשִׁירֵי דָוִד עַבְדְּךָ נְהַלֶּלְךָ יְיָ אֱלֹהֵינוּ. בִּשְׁבָחוֹת וּבִזְמִירוֹת נְהוֹדְךָ נְגַדֶּלְךָ נְפָאֶרְךָ וְנַמְלִיכְךָ וְנַזְכִּיר שִׁמְךָ מַלְכֵּנוּ אֱלֹהֵינוּ. יָחִיד חֵי הָעוֹלָמִים. מְשֻׁבָּח וּמְפֹאָר שְׁמוֹ עֲדֵי־עַד: בָּרוּךְ אַתָּה יְיָ. מֶלֶךְ מְהֻלָּל בַּתִּשְׁבָּחוֹת:

ב וַיְבָרֶךְ דָּוִיד אֶת־יְהוָה לְעֵינֵי כָּל־הַקָּהָל. וַיֹּאמֶר דָּוִיד. בָּרוּךְ אַתָּה יְהוָה אֱלֹהֵי יִשְׂרָאֵל אָבִינוּ מֵעוֹלָם וְעַד־עוֹלָם: לְךָ יְהוָה הַגְּדֻלָּה וְהַגְּבוּרָה וְהַתִּפְאֶרֶת וְהַנֵּצַח וְהַהוֹד. כִּי־כֹל בַּשָּׁמַיִם וּבָאָרֶץ לְךָ יְהוָה הַמַּמְלָכָה וְהַמִּתְנַשֵּׂא לְכֹל לְרֹאשׁ: וְהָעֹשֶׁר וְהַכָּבוֹד מִלְּפָנֶיךָ. וְאַתָּה מוֹשֵׁל בַּכֹּל. וּבְיָדְךָ כֹּחַ וּגְבוּרָה. וּבְיָדְךָ לְגַדֵּל וּלְחַזֵּק לַכֹּל: וְעַתָּה אֱלֹהֵינוּ מוֹדִים אֲנַחְנוּ לָךְ. וּמְהַלְלִים לְשֵׁם תִּפְאַרְתֶּךָ. וִיבָרְכוּ שֵׁם כְּבֹדֶךָ. וּמְרוֹמַם עַל־כָּל־בְּרָכָה וּתְהִלָּה: אַתָּה־הוּא יְהוָה לְבַדֶּךָ. אַתָּה עָשִׂיתָ אֶת־הַשָּׁמַיִם שְׁמֵי הַשָּׁמַיִם וְכָל־צְבָאָם. הָאָרֶץ וְכָל־אֲשֶׁר עָלֶיהָ. הַיַּמִּים וְכָל־אֲשֶׁר בָּהֶם. וְאַתָּה מְחַיֶּה אֶת־כֻּלָּם. וּצְבָא הַשָּׁמַיִם לְךָ מִשְׁתַּחֲוִים:

בָּרוּךְ יְהוָה לְעוֹלָם. אָמֵן וְאָמֵן:
בָּרוּךְ יְהוָה אֱלֹהִים אֱלֹהֵי יִשְׂרָאֵל. עֹשֵׂה נִפְלָאוֹת לְבַדּוֹ:
וּבָרוּךְ שֵׁם כְּבוֹדוֹ לְעוֹלָם. וְיִמָּלֵא כְבוֹדוֹ אֶת־כָּל־הָאָרֶץ.
אָמֵן וְאָמֵן:

Gepriesen seist du, Ewiger, unser Gott; du regierst die Welt in Größe und Heiligkeit. Du bist der Ursprung allen Erbarmens. Du wirst gepriesen durch dein Volk. Du wirst gelobt und verherrlicht im Munde aller, die an dich glauben und dir dienen. Wir wollen dich loben mit den Liedern, die David, dein Knecht, schrieb. Mit Gebeten und Liedern wollen wir dir danken, deine Größe und deine Ehre bekannt machen, deine Herrschaft verkünden und deinen Namen in Erinnerung bringen, unser Gott. Du, unser Gott, regierst über uns. Du allein bist das Leben der ganzen Welt – gepriesen und verherrlicht sei dein Name bis in Ewigkeit. Gepriesen seist du, Ewiger. Du regierst; alle unsere Lobsprüche preisen dich.

II Da pries David Gott vor der ganzen Versammlung und rief: Gepriesen seist du, Ewiger, Gott unseres Vaters Israel, von Ewigkeit zu Ewigkeit. Dein Eigen, Gott, sind Größe und Macht, Ruhm, Pracht und Hoheit. Dir gehört alles im Himmel und auf Erden. Dein, Gott, ist die Herrschaft und du erhebst dich als Haupt über alles. Reichtum und Ehre kommen von dir. Du herrschst über alles. In deiner Hand liegen Kraft und Macht. Durch deine Hand kommt alle Größe und Kraft. Darum danken wir dir, unser Gott, und rühmen deinen herrlichen Namen. *(1. Chron 29,10-13)* Erhebt euch und preist den Ewigen, euren Gott, von Ewigkeit zu Ewigkeit! Man preise deinen herrlichen Namen, obwohl er erhaben ist über allen Preis und Ruhm. Du, Gott, bist der Einzige. Du hast den Himmel geschaffen und die unzählbaren Sterne, die Erde und alles, was auf ihr ist, die Meere und alles, was darin lebt. Ihnen allen gibst du das Leben. Das ganze Universum betet dich an. *(Neh 9,5-6)*

Gepriesen sei Gott bis in Ewigkeit. Amen, so sei es!
Gepriesen sei Israels Gott, Gott allein tut Wunder.
Gepriesen sei der Ruhm der Gegenwart Gottes.
Gottes Gegenwart erfüllt die ganze Erde. Amen, so sei es!

Einer der beiden folgenden Texte:

א **נִשְׁמַת** כָּל־חַי תְּבָרֵךְ אֶת־שִׁמְךָ יְיָ אֱלֹהֵינוּ · וְרוּחַ כָּל־בָּשָׂר תְּפָאֵר וּתְרוֹמֵם זִכְרְךָ מַלְכֵּנוּ תָּמִיד : מִן הָעוֹלָם וְעַד הָעוֹלָם אַתָּה אֵל · וּמִבַּלְעָדֶיךָ אֵין לָנוּ מֶלֶךְ גּוֹאֵל וּמוֹשִׁיעַ פּוֹדֶה וּמַצִּיל וְעוֹנֶה וּמְרַחֵם · בְּכָל־עֵת צָרָה וְצוּקָה אֵין לָנוּ מֶלֶךְ עוֹזֵר וְסוֹמֵךְ זוּלָתֶךָ : אֱלֹהֵי הָרִאשׁוֹנִים וְהָאַחֲרוֹנִים · אֱלוֹהַּ כָּל־בְּרִיּוֹת · אֲדוֹן כָּל־תּוֹלָדוֹת הַמְהֻלָּל בְּכָל־הַתִּשְׁבָּחוֹת · הַמְנַהֵג עוֹלָמוֹ בְּחֶסֶד וּבְרִיּוֹתָיו בְּרַחֲמִים : וַייָ לֹא יָנוּם וְלֹא יִישָׁן · הַמְעוֹרֵר יְשֵׁנִים וְהַמֵּקִיץ נִרְדָּמִים · מְחַיֶּה מֵתִים וְרוֹפֵא חוֹלִים · פּוֹקֵחַ עִוְרִים וְזוֹקֵף כְּפוּפִים · לְךָ לְבַדְּךָ אֲנַחְנוּ מוֹדִים :

ב וְאִלּוּ פִינוּ מָלֵא שִׁירָה כַּיָּם ·
וּלְשׁוֹנֵנוּ רִנָּה כַּהֲמוֹן גַּלָּיו ·
וְשִׂפְתוֹתֵינוּ שֶׁבַח כְּמֶרְחֲבֵי רָקִיעַ ·
וְעֵינֵינוּ מְאִירוֹת כַּשֶּׁמֶשׁ וְכַיָּרֵחַ ·
וְיָדֵינוּ פְרוּשׂוֹת כְּנִשְׁרֵי שָׁמָיִם ·
וְרַגְלֵינוּ קַלּוֹת כָּאַיָּלוֹת ·
אֵין אֲנוּ מַסְפִּיקִים לְהוֹדוֹת לְךָ יְיָ אֱלֹהֵינוּ ·
וּלְבָרֵךְ אֶת־שִׁמְךָ מַלְכֵּנוּ ·
עַל אַחַת מֵאֶלֶף אַלְפֵי אֲלָפִים
וְרִבֵּי רְבָבוֹת פְּעָמִים הַטּוֹבוֹת ·
שֶׁעָשִׂיתָ עִם־אֲבוֹתֵינוּ וְעִמָּנוּ :
מִמִּצְרַיִם גְּאַלְתָּנוּ יְיָ אֱלֹהֵינוּ ·
מִבֵּית עֲבָדִים פְּדִיתָנוּ ·
בְּרָעָב זַנְתָּנוּ ·
וּבְשָׂבָע כִּלְכַּלְתָּנוּ ·
מֵחֶרֶב הִצַּלְתָּנוּ ·
מִדֶּבֶר מִלַּטְתָּנוּ ·
וּמֵחֳלָיִם רָעִים וְרַבִּים דִּלִּיתָנוּ :

Einer der beiden folgenden Texte:

I
DAS GEBET DER SCHÖPFUNG

Alles, was atmet und lebt, preise deinen Namen, Ewiger, unser Gott; jedes Wesen aus Körper und Geist verherrliche und erhebe deinen Ruhm. Du bist Gott von Ewigkeit zu Ewigkeit. Außer dir haben wir niemanden, der über uns regiert, der uns erlöst und hilft, rettet und befreit, der uns antwortet und sich unser erbarmt. Zur Zeit der Not und der Angst haben wir niemanden, der sich für uns verantwortlich weiß, als dich, niemanden, der uns hilft und uns stützt, außer dir, du Gott der ersten und der letzten Dinge, Gott aller Geschöpfe, Gott aller Generationen, dir wird auf vielfältige Weise Lob gesungen, du lenkst den Lauf der Welt in Güte und deine Geschöpfe in Erbarmen. Ja, du, Gott, schläfst und schlummerst nicht. Vielmehr lässt du die Schlafenden erwachen und weckst die Eingeschlafenen auf. Du schenkst Leben angesichts des Todes und heilst die Kranken. Du öffnest den Blinden die Augen und richtest die Gebeugten auf. Dir allein gebührt unser Dank.

II

Wenn unsere Münder des Brausens voll wären wie das Meer,
unsere Zunge jubelte, wie Wellen tosen,
unsere Lippen so breit wären, dass der Himmel hineinpasste,

wenn unsere Augen leuchteten wie Sonne und Mond,
die Spannweite unserer Arme den Adlerflügeln gleichkäme,
unsere Füße leicht wären wie die der Hirsche,

selbst dann wäre es noch nicht ausreichend,
um dir zu danken, Ewiger, unser Gott,
und um deinen Namen zu preisen,
Gott, du sorgst für uns,

nicht einmal für eine der vielen tausend
und abertausend guten Taten,
die du unseren Vorfahren
und uns erwiesen hast.

Aus Ägypten hast du uns befreit, unser Gott,
aus dem Hause der Knechtschaft uns erlöst,
zur Zeit der Hungersnot hast du uns ernährt,
in Zeiten des Wohlstands uns versorgt.

Wenn uns Gewalt widerfuhr, hast du uns gerettet,
wenn wir krank waren, hast du uns geheilt.
Von zahlreichen schlimmen Krankheiten
hast du uns genesen lassen.

עַד־הֵנָּה עֲזָרֽוּנוּ רַחֲמֶֽיךָ. וְלֹא עֲזָבֽוּנוּ חֲסָדֶֽיךָ. עַל־כֵּן אֵבָרִים שֶׁפִּלַּֽגְתָּ בָּֽנוּ. וְרֽוּחַ וּנְשָׁמָה שֶׁנָּפַֽחְתָּ בְּאַפֵּֽינוּ. וְלָשׁוֹן אֲשֶׁר שַֽׂמְתָּ בְּפִֽינוּ. הֵן הֵם יוֹדוּ וִיבָֽרְכוּ. וִישַׁבְּחוּ. וִיפָאֲרוּ. וִישׁוֹרְרוּ אֶת־שִׁמְךָ מַלְכֵּֽנוּ תָּמִיד: כִּי כָל־פֶּה לְךָ יוֹדֶה. וְכָל־לָשׁוֹן לְךָ תְשַׁבֵּֽחַ. וְכָל־עַֽיִן לְךָ תְצַפֶּה. וְכָל־בֶּֽרֶךְ לְךָ תִכְרַע. וְכָל־קוֹמָה לְפָנֶֽיךָ תִשְׁתַּחֲוֶה: וְכָל־הַלְּבָבוֹת יִירָאֽוּךָ. וְכָל־קֶֽרֶב וּכְלָיוֹת יְזַמְּרוּ לִשְׁמֶֽךָ. כַּדָּבָר שֶׁנֶּאֱמַר. כָּל־עַצְמוֹתַי תֹּאמַֽרְנָה. יְיָ מִי כָמֽוֹךָ: מַצִּיל עָנִי מֵחָזָק מִמֶּֽנּוּ. וְעָנִי וְאֶבְיוֹן מִגֹּזְלוֹ: מִי יִדְמֶה־לָּךְ. וּמִי יִשְׁוֶה־לָּךְ. וּמִי יַֽעֲרָךְ־לָךְ. הָאֵל הַגָּדוֹל הַגִּבּוֹר וְהַנּוֹרָא אֵל עֶלְיוֹן קוֹנֵה שָׁמַֽיִם וָאָֽרֶץ:

שׁוֹכֵן עַד. מָרוֹם וְקָדוֹשׁ שְׁמוֹ.

וְכָתוּב. רַנְּנוּ צַדִּיקִים בַּיְיָ לַיְשָׁרִים נָאוָה תְהִלָּה:

בְּפִי יְשָׁרִים תִּתְרוֹמָם
וּבְדִבְרֵי צַדִּיקִים תִּתְבָּרַךְ
וּבִלְשׁוֹן חֲסִידִים תִּתְקַדָּשׁ
וּבְקֶֽרֶב קְדוֹשִׁים תִּתְהַלָּל:

Bis jetzt hat uns deine Barmherzigkeit geholfen und deine Güte nicht im Stich gelassen. Deshalb preisen dich die Körperteile, die du uns geschaffen hast, der Geist und die Seele, die du in unsere Nase eingehaucht hast, die Zunge, die du in unseren Mund gelegt hast, sie alle loben, preisen, rühmen, verherrlichen und besingen deinen Namen, unser Schöpfer, ewiglich. Denn jeder Mund soll dich loben, jede Zunge soll dich rühmen, jedes Auge soll zu dir schauen, jedes Knie sich vor dir beugen und jede aufrechte Gestalt sich vor dir verneigen, jeder Verstand soll dich fürchten und jedes Gefühl und jedes Gewissen deinem Namen zujubeln. Denn so steht es geschrieben: „Mein ganzer Körper sagt: Gott, wer ist wie du? Du entreißt den Schwachen dem, der stärker ist, den Schwachen und Armen dem, der ihn ausbeutet." *(Ps 35,10)* Wer gleicht dir, wer ist dir ähnlich, wer dir gleichwertig? Du bist groß und mächtig. Dir gebührt unsere Ehrfurcht. Du bist über alles erhaben. Du hast Himmel und Erde geschaffen. – Ja, wer ist wie du?

Gott bewohnt die Ewigkeit; erhaben und geheiligt sei Gottes Name!

Es steht geschrieben:
Jubelt Gott zu, ihr Gerechten.
Für die Frommen ist es angenehm, Gott zu loben. *(Ps 33,1)*

> Durch den Mund der Ehrlichen wird Gott gerühmt,
> durch die Worte der Gerechten wird Gott gepriesen,
> durch die Zunge der Frommen wird Gott geheiligt,
> inmitten der Heiligen wird Gott gelobt.

Alle Morgengebete an Festtagen werden hier fortgesetzt:

יִשְׁתַּבַּח שִׁמְךָ לָעַד מַלְכֵּנוּ. הָאֵל הַמֶּלֶךְ הַגָּדוֹל וְהַקָּדוֹשׁ בַּשָּׁמַיִם וּבָאָרֶץ. כִּי לְךָ נָאֶה יְיָ אֱלֹהֵינוּ וֵאלֹהֵי אֲבוֹתֵינוּ לְעוֹלָם וָעֶד שִׁיר וּשְׁבָחָה. קְדֻשָּׁה וּמַלְכוּת. בְּרָכוֹת וְהוֹדָאוֹת לְשִׁמְךָ הַגָּדוֹל וְהַקָּדוֹשׁ. וּמֵעוֹלָם וְעַד עוֹלָם אַתָּה אֵל: בָּרוּךְ אַתָּה יְיָ. בּוֹרֵא כָל־הַנְּשָׁמוֹת. רִבּוֹן כָּל־הַמַּעֲשִׂים. מֶלֶךְ חַי הָעוֹלָמִים:

ברכו

בָּרְכוּ אֶת־יְיָ הַמְבֹרָךְ:

בָּרוּךְ יְיָ הַמְבֹרָךְ לְעוֹלָם וָעֶד:

יוצר

בָּרוּךְ אַתָּה יְיָ אֱלֹהֵינוּ מֶלֶךְ הָעוֹלָם. יוֹצֵר אוֹר וּבוֹרֵא חֹשֶׁךְ. עֹשֶׂה שָׁלוֹם וּבוֹרֵא אֶת־הַכֹּל: הַכֹּל יוֹדוּךְ. וְהַכֹּל יְשַׁבְּחוּךְ. וְהַכֹּל יֹאמְרוּ אֵין קָדוֹשׁ כַּייָ: הַמֵּאִיר לָעוֹלָם כֻּלּוֹ וּלְיוֹשְׁבָיו וּבְטוּבוֹ מְחַדֵּשׁ בְּכָל־יוֹם תָּמִיד מַעֲשֵׂה בְרֵאשִׁית: מָה רַבּוּ מַעֲשֶׂיךָ יְיָ. כֻּלָּם בְּחָכְמָה עָשִׂיתָ. מָלְאָה הָאָרֶץ קִנְיָנֶךָ: הַמֶּלֶךְ הַמְרוֹמָם לְבַדּוֹ מֵאָז. הַמְשֻׁבָּח וְהַמְפֹאָר וְהַמִּתְנַשֵּׂא מִימוֹת עוֹלָם:

Einige Gemeinden fügen hier ein:

אֵל אָדוֹן עַל כָּל־הַמַּעֲשִׂים.

בָּרוּךְ וּמְבֹרָךְ בְּפִי כָּל־נְשָׁמָה.

גָּדְלוֹ וְטוּבוֹ מָלֵא עוֹלָם.

דַּעַת וּתְבוּנָה סוֹבְבִים אוֹתוֹ:

הַמִּתְגָּאֶה עַל חַיּוֹת הַקֹּדֶשׁ

וְנֶהְדָּר בְּכָבוֹד עַל הַמֶּרְכָּבָה.

זְכוּת וּמִישׁוֹר לִפְנֵי כִסְאוֹ.

Alle Morgengebete an Festtagen werden hier fortgesetzt:

DIE PFLICHT ZU LOBEN

Gepriesen sei dein Name bis in Ewigkeit, Gott. Du bist groß und heilig, du regierst im Himmel und auf Erden. Ja, du bist würdig, dass man dich, unseren Gott und Gott unserer Vorfahren, immer und ewig in Lied und Lob preise. Heiligkeit und Herrschaft, Preis und Dank gebühren deinem großen und heiligen Namen. Von jeher bis in alle Ewigkeit warst und bist du Gott. Gepriesen seist du, Ewiger. Alles, was lebt, hast du geschaffen. Alle Geschöpfe sind dein. Du herrschst über das Leben.

AUFRUF ZUM LOB

Lasst uns Gott preisen; Gott gebührt unsere Ehre!

Gepriesen sei Gott; Gott gebührt unsere Ehre auf immer und ewig!

GOTT SCHAFFT UND ERHÄLT

Gepriesen seist du, Ewiger, unser Gott; du regierst die Welt. Du lässt das Licht scheinen, aber schaffst auch die Finsternis, du bringst Frieden, du schaffst alles. Alles lobt dich und alles preist dich, alles sagt: Nichts ist heilig wie der lebendige Gott! Du gibst der ganzen Welt und all ihren Bewohnern Licht, und durch deine Güte erneuerst du deine Schöpfung Tag für Tag. Wie zahlreich sind deine Werke, Gott. Sie alle hast du in Weisheit gemacht. Die Erde ist erfüllt mit deinem Eigentum. Gott, du allein bist erhöht seit jeher. Du wirst gepriesen und verherrlicht und erhoben seit den Tagen der Vorzeit.

Einige Gemeinden fügen hier ein:

Alle Geschöpfe sind Gottes Eigentum,

Bei allen Lebewesen wird Gott gepriesen.

Creaturen aller Welt sind von Gottes Größe und Güte erfüllt.

Das Wissen und die Einsicht, sie umgeben Gott.

Erhaben ist Gott über die heiligen Wesen, *(vgl. Ez 1,4ff)*

Fürstlich ist die Herrlichkeit Gottes über dem himmlischen Wagen,

Gerechtigkeit und Reinheit stehen vor dem göttlichen Thron,

חֶסֶד וְרַחֲמִים לִפְנֵי כְבוֹדוֹ:
טוֹבִים מְאוֹרוֹת שֶׁבָּרָא אֱלֹהֵינוּ·
יְצָרָם בְּדַעַת בְּבִינָה וּבְהַשְׂכֵּל·
כֹּחַ וּגְבוּרָה נָתַן בָּהֶם·
לִהְיוֹת מוֹשְׁלִים בְּקֶרֶב תֵּבֵל:
מְלֵאִים זִיו וּמְפִיקִים נֹגַהּ·
נָאֶה זִיוָם בְּכָל־הָעוֹלָם·
שְׂמֵחִים בְּצֵאתָם וְשָׂשִׂים בְּבוֹאָם·
עוֹשִׂים בְּאֵימָה רְצוֹן קוֹנָם:
פְּאֵר וְכָבוֹד נוֹתְנִים לִשְׁמוֹ·
צָהֳלָה וְרִנָּה לְזֵכֶר מַלְכוּתוֹ·
קָרָא לַשֶּׁמֶשׁ וַיִּזְרַח אוֹר·
רָאָה וְהִתְקִין צוּרַת הַלְּבָנָה:
שֶׁבַח נוֹתְנִים לוֹ כָּל־צְבָא מָרוֹם·
תִּפְאֶרֶת וּגְדֻלָּה שְׂרָפִים וְאוֹפַנִּים וְחַיּוֹת הַקֹּדֶשׁ:

אֱלֹהֵי עוֹלָם· בְּרַחֲמֶיךָ הָרַבִּים רַחֵם עָלֵינוּ· אֲדוֹן עֻזֵּנוּ· צוּר מִשְׂגַּבֵּנוּ· מָגֵן יִשְׁעֵנוּ· מִשְׂגָּב בַּעֲדֵנוּ: בָּרוּךְ אַתָּה יְיָ· יוֹצֵר הַמְּאוֹרוֹת:

Huld und Barmherzigkeit ist vor der Gegenwart Gottes.
Ja, gut sind die Lichter, die unser Gott schuf.
Kenntnisreich, mit Einsicht und Verstand hat Gott sie
gebildet,
Legte Kraft und Macht in sie hinein und
Machte sie zu Herrschern über die Erde.
Nun sind sie mit Glanz erfüllt und strahlen Helligkeit aus.
O, wie lieblich ist ihr Glanz in der ganzen Welt!
Prächtig, ja fröhlich gehen sie auf, freudig gehen sie unter und
Richten in Ehrfurcht den Willen ihres Schöpfers aus.
Schönheit und Herrlichkeit bringen sie dem Namen Gottes,
Triumph und Gesang der göttlichen Herrschaft.
Und Gott rief die Sonne, da erstrahlte das Licht,
Vernahm es und schuf dann den Mond.
Wahrlich, das ganze Heer des Himmels bringt Gott Lob,
Zierde und Größe bringen die Seraphim, Ophanim und
heiligen Wesen.

Ewiger Gott, in deinem großen Erbarmen erbarme dich über uns. Gott, du bist unsere Kraft. Du bist der Fels, den wir als Zufluchtsort haben. Du bist der Schutzschild zu unserem Heil. Du allein bist unsere Zuflucht! Gepriesen seist du, Ewiger. Du schaffst das Licht.

אהבה רבה

אַהֲבָה רַבָּה אֲהַבְתָּנוּ יְיָ אֱלֹהֵינוּ. חֶמְלָה גְדוֹלָה וִיתֵרָה חָמַלְתָּ עָלֵינוּ: אָבִינוּ מַלְכֵּנוּ. בַּעֲבוּר שִׁמְךָ הַגָּדוֹל וּבַעֲבוּר אֲבוֹתֵינוּ שֶׁבָּטְחוּ בָךְ. וַתְּלַמְּדֵם חֻקֵּי חַיִּים לַעֲשׂוֹת רְצוֹנְךָ בְּלֵבָב שָׁלֵם. כֵּן תְּחָנֵּנוּ: הָאֵר עֵינֵינוּ בְּתוֹרָתֶךָ וְדַבֵּק לִבֵּנוּ בְּמִצְוֹתֶיךָ. וְיַחֵד לְבָבֵנוּ לְאַהֲבָה וּלְיִרְאָה אֶת־שְׁמֶךָ. לְמַעַן לֹא נֵבוֹשׁ וְלֹא נִכָּלֵם כִּי אֵל פּוֹעֵל יְשׁוּעוֹת אָתָּה. וּבָנוּ בָחַרְתָּ מִכָּל־עַם וְלָשׁוֹן. וְקֵרַבְתָּנוּ מַלְכֵּנוּ לְשִׁמְךָ הַגָּדוֹל בְּאַהֲבָה. לְהוֹדוֹת לְךָ וּלְיַחֶדְךָ וּלְאַהֲבָה אֶת־שְׁמֶךָ: בָּרוּךְ אַתָּה יְיָ. הַבּוֹחֵר בְּעַמּוֹ יִשְׂרָאֵל בְּאַהֲבָה:

שמע ישראל

שְׁמַ**ע** יִשְׂרָאֵל. יְהוָֹה אֱלֹהֵינוּ יְהוָֹה אֶחָ**ד**:

בָּרוּךְ שֵׁם כְּבוֹד מַלְכוּתוֹ לְעוֹלָם וָעֶד:

וְאָהַבְתָּ אֵת יְהוָֹה אֱלֹהֶיךָ. בְּכָל־לְבָבְךָ וּבְכָל־נַפְשְׁךָ וּבְכָל־מְאֹדֶךָ: וְהָיוּ הַדְּבָרִים הָאֵלֶּה אֲשֶׁר אָנֹכִי מְצַוְּךָ הַיּוֹם עַל־לְבָבֶךָ: וְשִׁנַּנְתָּם לְבָנֶיךָ וְדִבַּרְתָּ בָּם. בְּשִׁבְתְּךָ בְּבֵיתֶךָ וּבְלֶכְתְּךָ בַדֶּרֶךְ וּבְשָׁכְבְּךָ וּבְקוּמֶךָ: וּקְשַׁרְתָּם לְאוֹת עַל־יָדֶךָ. וְהָיוּ לְטֹטָפֹת בֵּין עֵינֶיךָ: וּכְתַבְתָּם עַל־מְזֻזוֹת בֵּיתֶךָ וּבִשְׁעָרֶיךָ:

In der Stille können die beiden traditionellen Abschnitte des Sch'ma gelesen werden (S. 392) oder die für den Festtag bestimmten Abschnitte. 1. Tag Pessach S. 382; 7. Tag Pessach S. 384; Schawuot S. 386; Sukkot S. 388; Simchat Thora S. 390.

GOTT LIEBT ISRAEL

Mit großer Liebe hast du uns geliebt; mit großer und überreichlicher Sanftmut hast du uns angenommen – um deines Namens willen und wegen unserer Vorfahren, die auf dich vertrauten. Du hast sie die lebenserhaltenden Satzungen gelehrt, damit sie deinen Willen tun sollten mit ungeteiltem Herzen, so erweise uns deine Gnade. Erleuchte unsere Augen durch deine Thora. Binde unser Herz an deine Gebote. Lass unser Leben von Liebe und von der Achtung vor Gott geprägt sein, damit wir niemals unsere Selbstachtung verlieren noch je beschämt sein müssen, denn du bist Gott, der uns Hilfe zuteil werden lässt. Uns hast du erwählt aus allen Völkern und Nationen, und aufgrund deiner Liebe hast du es uns ermöglicht, uns dir zu nahen, um dich zu loben, deine Einzigartigkeit zu bezeugen und dich zu lieben, Ewiger, unser Gott. Gepriesen seist du, Ewiger. Du hast dein Volk Israel in Liebe erwählt.

ISRAELS GOTT

Höre Israel, der Ewige ist Gott, der Ewige ist einzig. *(Dtn 6,4)*

Gepriesen sei Gottes ruhmreiche Herrschaft immer und ewig! *(mJoma 6,2)*

Darum sollst du den Ewigen, deinen Gott, lieben mit ganzem Herzen, mit ganzer Seele und mit ganzer Kraft. Diese Worte, auf die ich dich heute verpflichte, sollen auf deinem Herzen geschrieben stehen. Du sollst sie deinen Kindern erzählen. Du sollst von ihnen reden, wenn du zu Hause sitzt und wenn du auf der Straße gehst, wenn du dich schlafen legst und wenn du aufstehst. Du sollst sie als Zeichen um dein Handgelenk binden. Sie sollen als Merkzeichen auf deiner Stirn sein. Du sollst sie auf die Türpfosten deines Hauses und in deine Tore schreiben.

(Dtn 6,5-9)

In der Stille können die beiden traditionellen Abschnitte des Sch'ma gelesen werden (S. 392) oder die für den Festtag bestimmten Abschnitte. 1. Tag Pessach S. 383; 7. Tag Pessach S. 385; Schawuot S. 387; Sukkot S. 389; Simchat Thora S. 391.

DIE LEHRE AUS DER SKLAVEREI IN ÄGYPTEN

וְכִי־יָמוּךְ אָחִיךָ עִמָּךְ וְנִמְכַּר־לָךְ לֹא־תַעֲבֹד בּוֹ עֲבֹדַת
עָבֶד׃ כְּשָׂכִיר כְּתוֹשָׁב יִהְיֶה עִמָּךְ עַד־שְׁנַת הַיֹּבֵל יַעֲבֹד
עִמָּךְ׃ וְיָצָא מֵעִמָּךְ הוּא וּבָנָיו עִמּוֹ וְשָׁב אֶל־מִשְׁפַּחְתּוֹ
וְאֶל־אֲחֻזַּת אֲבֹתָיו יָשׁוּב׃ כִּי־עֲבָדַי הֵם אֲשֶׁר־הוֹצֵאתִי אֹתָם
מֵאֶרֶץ מִצְרָיִם לֹא יִמָּכְרוּ מִמְכֶּרֶת עָבֶד׃ לֹא־תִרְדֶּה בוֹ
בְּפָרֶךְ וְיָרֵאתָ מֵאֱלֹהֶיךָ׃ כִּי־לִי בְנֵי־יִשְׂרָאֵל עֲבָדִים עֲבָדַי
הֵם אֲשֶׁר־הוֹצֵאתִי אוֹתָם מֵאֶרֶץ מִצְרָיִם אֲנִי יְהוָה אֱלֹהֵיכֶם׃

DIE ERLÖSUNG ÄGYPTENS

בַּיּוֹם הַהוּא יִהְיֶה מִזְבֵּחַ לַיהוָה בְּתוֹךְ אֶרֶץ מִצְרָיִם וּמַצֵּבָה
אֵצֶל־גְּבוּלָהּ לַיהוָה׃ וְהָיָה לְאוֹת וּלְעֵד לַיהוָה צְבָאוֹת
בְּאֶרֶץ מִצְרָיִם כִּי־יִצְעֲקוּ אֶל־יְהוָה מִפְּנֵי לֹחֲצִים וְיִשְׁלַח
לָהֶם מוֹשִׁיעַ וָרָב וְהִצִּילָם׃ וְנוֹדַע יְהוָה לְמִצְרַיִם וְיָדְעוּ
מִצְרַיִם אֶת־יְהוָה בַּיּוֹם הַהוּא וְעָבְדוּ זֶבַח וּמִנְחָה וְנָדְרוּ־נֵדֶר
לַיהוָה וְשִׁלֵּמוּ׃ וְנָגַף יְהוָה אֶת־מִצְרַיִם נָגֹף וְרָפוֹא וְשָׁבוּ
עַד־יְהוָה וְנֶעְתַּר לָהֶם וּרְפָאָם׃ בַּיּוֹם הַהוּא תִּהְיֶה מְסִלָּה
מִמִּצְרַיִם אַשּׁוּרָה וּבָא־אַשּׁוּר בְּמִצְרַיִם וּמִצְרַיִם בְּאַשּׁוּר
וְעָבְדוּ מִצְרַיִם אֶת־אַשּׁוּר׃ בַּיּוֹם הַהוּא יִהְיֶה יִשְׂרָאֵל
שְׁלִישִׁיָּה לְמִצְרַיִם וּלְאַשּׁוּר בְּרָכָה בְּקֶרֶב הָאָרֶץ׃ אֲשֶׁר בֵּרְכוֹ
יְהוָה צְבָאוֹת לֵאמֹר בָּרוּךְ עַמִּי מִצְרַיִם וּמַעֲשֵׂה יָדַי אַשּׁוּר
וְנַחֲלָתִי יִשְׂרָאֵל׃

Der Gottesdienst wird mit אמת ויציב *auf S. 394 fortgesetzt.*

DIE LEHRE AUS DER SKLAVEREI IN ÄGYPTEN

Wenn jemand von deinen eigenen Leuten verarmt und sich dir verkauft, dann sollst du ihn keine Sklavenarbeit verrichten lassen. Vielmehr gelte er dir wie ein Tagelöhner oder Gastarbeiter. Bis zum fünfzigsten Jahr, dem „Jowel-Jahr" soll er für dich arbeiten. Dann soll er von dir fortgehen, er und seine Kinder, und soll zu seiner Familie und zum Besitztum seiner Vorfahren zurückkehren. Denn sie sind meine Knechte, die ich aus dem Land Ägypten herausgeführt habe. Sie sollen nicht verkauft werden, wie man Sklaven verkauft. Du sollst nicht mit Gewalt über sie herrschen, sondern deinen Gott fürchten. Denn mir gehören die Kinder Israels, es sind meine Knechte, die ich aus dem Land Ägypten herausgeführt habe. Ich bin der Ewige, euer Gott!

(Lev 25,39-43.55)

DIE ERLÖSUNG ÄGYPTENS

An jenem Tage wird es mitten in Ägypten einen Altar Gottes geben, und an der Grenze des Landes wird ein Steinmal für den Ewigen stehen. Dies wird ein Zeichen sein und ein Zeugnis für den allmächtigen Gott im Land Ägypten. Wenn sie bei Gott gegen ihre Unterdrücker Klage erheben, wird er ihnen einen Retter schicken und jemanden, der sich für sie einsetzt und sie befreit. Gott wird sich den Ägyptern offenbaren, und die Ägypter werden an jenem Tag den Ewigen erkennen. Sie werden ihm Schlachtopfer und Speisopfer darbringen. Sie werden vor Gott Gelübde ablegen und sie erfüllen. Der Ewige wird Ägypten zwar schlagen, aber er wird es auch heilen. Wenn sie zu Gott umkehren, wird er sie erhören und heilen. An jenem Tag wird es eine Straße von Ägypten nach Assur geben. Die Assyrer werden nach Ägypten kommen und die Ägypter nach Assur. Und Ägypten wird gemeinsam mit Assur Gott dienen. An jenem Tag wird Israel als drittes dem Bund von Assur und Ägypten beitreten, zum Segen für die ganze Erde. Denn der allmächtige Gott wird sie segnen und sagen: „Gesegnet sei Ägypten, mein Volk, Assur, das Werk meiner Hände und Israel, mein Erbbesitz!"

(Jes 19,19-25)

Der Gottesdienst wird mit „Dieses Wort ist die Wahrheit..." auf S. 395 fortgesetzt.

WIDERSTAND LEISTEN GEGEN TYRANNEI

וַיֹּאמֶר מֶלֶךְ מִצְרַיִם לַמְיַלְּדֹת הָעִבְרִיֹּת אֲשֶׁר שֵׁם הָאַחַת שִׁפְרָה וְשֵׁם הַשֵּׁנִית פּוּעָה׃ וַיֹּאמֶר בְּיַלֶּדְכֶן אֶת־הָעִבְרִיּוֹת וּרְאִיתֶן עַל־הָאָבְנָיִם אִם־בֵּן הוּא וַהֲמִתֶּן אֹתוֹ וְאִם־בַּת הִיא וָחָיָה׃ וַתִּירֶאןָ הַמְיַלְּדֹת אֶת־הָאֱלֹהִים וְלֹא עָשׂוּ כַּאֲשֶׁר דִּבֶּר אֲלֵיהֶן מֶלֶךְ מִצְרָיִם וַתְּחַיֶּיןָ אֶת־הַיְלָדִים׃ וַיִּקְרָא מֶלֶךְ־מִצְרַיִם לַמְיַלְּדֹת וַיֹּאמֶר לָהֶן מַדּוּעַ עֲשִׂיתֶן הַדָּבָר הַזֶּה וַתְּחַיֶּיןָ אֶת־הַיְלָדִים׃ וַתֹּאמַרְןָ הַמְיַלְּדֹת אֶל־פַּרְעֹה כִּי לֹא כַנָּשִׁים הַמִּצְרִיֹּת הָעִבְרִיֹּת כִּי־חָיוֹת הֵנָּה בְּטֶרֶם תָּבוֹא אֲלֵהֶן הַמְיַלֶּדֶת וְיָלָדוּ׃ וַיֵּיטֶב אֱלֹהִים לַמְיַלְּדֹת וַיִּרֶב הָעָם וַיַּעַצְמוּ מְאֹד׃

DAS LEBEN ERHALTEN

וַיֵּלֶךְ אִישׁ מִבֵּית לֵוִי וַיִּקַּח אֶת־בַּת־לֵוִי׃ וַתַּהַר הָאִשָּׁה וַתֵּלֶד בֵּן וַתֵּרֶא אֹתוֹ כִּי־טוֹב הוּא וַתִּצְפְּנֵהוּ שְׁלֹשָׁה יְרָחִים׃ וְלֹא־יָכְלָה עוֹד הַצְּפִינוֹ וַתִּקַּח־לוֹ תֵּבַת גֹּמֶא וַתַּחְמְרָה בַחֵמָר וּבַזָּפֶת וַתָּשֶׂם בָּהּ אֶת־הַיֶּלֶד וַתָּשֶׂם בַּסּוּף עַל־שְׂפַת הַיְאֹר׃ וַתֵּתַצַּב אֲחֹתוֹ מֵרָחֹק לְדֵעָה מַה־יֵּעָשֶׂה לוֹ׃ וַתֵּרֶד בַּת־פַּרְעֹה לִרְחֹץ עַל־הַיְאֹר וְנַעֲרֹתֶיהָ הֹלְכֹת עַל־יַד הַיְאֹר וַתֵּרֶא אֶת־הַתֵּבָה בְּתוֹךְ הַסּוּף וַתִּשְׁלַח אֶת־אֲמָתָהּ וַתִּקָּחֶהָ׃ וַתִּפְתַּח וַתִּרְאֵהוּ אֶת־הַיֶּלֶד וְהִנֵּה־נַעַר בֹּכֶה וַתַּחְמֹל עָלָיו וַתֹּאמֶר מִיַּלְדֵי הָעִבְרִים זֶה׃ וַתֹּאמֶר אֲחֹתוֹ אֶל־בַּת־פַּרְעֹה הַאֵלֵךְ וְקָרָאתִי לָךְ אִשָּׁה מֵינֶקֶת מִן הָעִבְרִיֹּת וְתֵינִק לָךְ אֶת־הַיָּלֶד׃ וַתֹּאמֶר־לָהּ בַּת־פַּרְעֹה לֵכִי וַתֵּלֶךְ הָעַלְמָה וַתִּקְרָא אֶת־אֵם הַיָּלֶד׃ וַתֹּאמֶר לָהּ בַּת־פַּרְעֹה הֵילִיכִי אֶת־הַיֶּלֶד הַזֶּה וְהֵינִקִהוּ לִי וַאֲנִי אֶתֵּן אֶת־שְׂכָרֵךְ וַתִּקַּח הָאִשָּׁה הַיֶּלֶד וַתְּנִיקֵהוּ׃ וַיִּגְדַּל הַיֶּלֶד וַתְּבִאֵהוּ לְבַת־פַּרְעֹה וַיְהִי־לָהּ לְבֵן וַתִּקְרָא שְׁמוֹ מֹשֶׁה וַתֹּאמֶר כִּי מִן־הַמַּיִם מְשִׁיתִהוּ׃

Der Gottesdienst wird mit אמת ויציב *auf S. 394 fortgesetzt.*

WIDERSTAND LEISTEN GEGEN TYRANNEI

Der König von Ägypten befahl den hebräischen Hebammen, die eine hieß Schifra, die andere Pua: „Wenn ihr den Frauen der Hebräer Geburtshilfe leistet, dann achtet auf das Geschlecht! Ist es ein Knabe, so lasst ihn sterben! Ist es ein Mädchen, dann kann es am Leben bleiben." Die Hebammen aber fürchteten Gott und taten nicht, was ihnen der König von Ägypten gesagt hatte, sondern ließen die Kinder am Leben. Da rief der König von Ägypten die Hebammen zu sich und fragte sie: „Warum habt ihr das getan, dass ihr die Kinder am Leben gelassen habt?" Die Hebammen antworteten dem Pharao: „Die hebräischen Frauen sind anders als die Ägypterinnen. Vielmehr sind sie wie die Tiere. Wenn die Hebamme zu ihnen kommt, haben sie schon geboren." Gott ließ es den Hebammen gut gehen. Das Volk vermehrte sich und wurde sehr stark.

(Ex 1,15-20)

DAS LEBEN ERHALTEN

Ein Mann aus dem Stamm Levi ging hin und heiratete eine Frau aus dem Stamm Levi. Die Frau wurde schwanger und gebar einen Knaben. Sie sah, dass es ein hübsches Kind war und verbarg ihn drei Monate lang. Und als sie ihn nicht mehr länger verbergen konnte, nahm sie ein Binsenkästchen für ihn, dichtete es mit Pech und Teer ab, legte den Knaben hinein und setzte es in das Schilf am Ufer des Nils. Seine Schwester stand unweit davon entfernt, um zu sehen, was ihm passieren würde. Die Tochter des Pharao kam hinab, um im Nil zu baden. Ihre Dienerinnen gingen unterdessen am Nilufer auf und ab. Auf einmal sah sie das Kästchen mitten im Schilf, und sie schickte nach ihrer Magd, dass sie es ihr holte. Als sie es öffnete, sah sie den Knaben und siehe, der Knabe weinte. Da bekam sie Mitleid mit ihm und sagte: „Es ist ein hebräisches Kind!" Seine Schwester sagte zu der Tochter des Pharao: „Soll ich gehen und dir eine hebräische Frau besorgen, die das Kind stillen könnte?" Die Tochter des Pharao antwortete ihr: „Ja." Da ging das Mädchen und rief die Mutter des Kindes. Die Tochter des Pharao beauftragte sie: „Nimm dieses Kind und stille es für mich. Ich werde dir deinen Lohn dafür geben!" Da nahm die Frau das Kind und stillte es. Und als der Knabe entwöhnt war, brachte sie ihn zu der Tochter des Pharao und er wurde ihr Sohn. Sie nannte ihn „Mosche", denn sie sagte: „… *Meschiti–Hu* – Ich habe ihn aus dem Wasser herausgezogen".

(Ex 2,1-10)

Der Gottesdienst wird mit „Dieses Wort ist die Wahrheit…" auf S. 395 fortgesetzt.

GOTT SPRICHT ZU MOSE

וּמֹשֶׁה הָיָה רֹעֶה אֶת־צֹאן יִתְרוֹ חֹתְנוֹ כֹּהֵן מִדְיָן וַיִּנְהַג אֶת־הַצֹּאן אַחַר הַמִּדְבָּר וַיָּבֹא אֶל־הַר הָאֱלֹהִים חֹרֵבָה׃ וַיֵּרָא מַלְאַךְ יְהוָה אֵלָיו בְּלַבַּת־אֵשׁ מִתּוֹךְ הַסְּנֶה וַיַּרְא וְהִנֵּה הַסְּנֶה בֹּעֵר בָּאֵשׁ וְהַסְּנֶה אֵינֶנּוּ אֻכָּל׃ וַיֹּאמֶר מֹשֶׁה אָסֻרָה־נָּא וְאֶרְאֶה אֶת־הַמַּרְאֶה הַגָּדֹל הַזֶּה מַדּוּעַ לֹא־יִבְעַר הַסְּנֶה׃ וַיַּרְא יְהוָה כִּי סָר לִרְאוֹת וַיִּקְרָא אֵלָיו אֱלֹהִים מִתּוֹךְ הַסְּנֶה וַיֹּאמֶר מֹשֶׁה מֹשֶׁה וַיֹּאמֶר הִנֵּנִי׃ וַיֹּאמֶר אַל־תִּקְרַב הֲלֹם שַׁל־נְעָלֶיךָ מֵעַל רַגְלֶיךָ כִּי הַמָּקוֹם אֲשֶׁר אַתָּה עוֹמֵד עָלָיו אַדְמַת־קֹדֶשׁ הוּא׃ וַיֹּאמֶר אָנֹכִי אֱלֹהֵי אָבִיךָ אֱלֹהֵי אַבְרָהָם אֱלֹהֵי יִצְחָק וֵאלֹהֵי יַעֲקֹב׃ וַיַּסְתֵּר מֹשֶׁה פָּנָיו כִּי יָרֵא מֵהַבִּיט אֶל־הָאֱלֹהִים׃

GOTT SPRICHT ZU ELIA

וַיָּבֹא־שָׁם אֶל־הַמְּעָרָה וַיָּלֶן שָׁם וְהִנֵּה דְבַר־יְהוָה אֵלָיו וַיֹּאמֶר לוֹ מַה־לְּךָ פֹּה אֵלִיָּהוּ׃ וַיֹּאמֶר קַנֹּא קִנֵּאתִי לַיהוָה אֱלֹהֵי צְבָאוֹת כִּי־עָזְבוּ בְרִיתְךָ בְּנֵי יִשְׂרָאֵל אֶת־מִזְבְּחֹתֶיךָ הָרָסוּ וְאֶת־נְבִיאֶיךָ הָרְגוּ בֶחָרֶב וָאִוָּתֵר אֲנִי לְבַדִּי וַיְבַקְשׁוּ אֶת־נַפְשִׁי לְקַחְתָּהּ׃ וַיֹּאמֶר צֵא וְעָמַדְתָּ בָהָר לִפְנֵי יְהוָה וְהִנֵּה יְהוָה עֹבֵר וְרוּחַ גְּדוֹלָה וְחָזָק מְפָרֵק הָרִים וּמְשַׁבֵּר סְלָעִים לִפְנֵי יְהוָה לֹא בָרוּחַ יְהוָה וְאַחַר הָרוּחַ רַעַשׁ לֹא בָרַעַשׁ יְהוָה׃ וְאַחַר הָרַעַשׁ אֵשׁ לֹא בָאֵשׁ יְהוָה וְאַחַר הָאֵשׁ קוֹל דְּמָמָה דַקָּה׃ וַיְהִי כִּשְׁמֹעַ אֵלִיָּהוּ וַיָּלֶט פָּנָיו בְּאַדַּרְתּוֹ וַיֵּצֵא וַיַּעֲמֹד פֶּתַח הַמְּעָרָה וְהִנֵּה אֵלָיו קוֹל וַיֹּאמֶר מַה־לְּךָ פֹּה אֵלִיָּהוּ׃

Der Gottesdienst wird mit אמת ויציב *auf S. 394 fortgesetzt.*

GOTT SPRICHT ZU MOSE

Mose weidete die Schafe und Ziegen seines Schwiegervaters Jithro, des Priesters von Midian. Er trieb das Vieh in eine Gegend jenseits der Wüste und gelangte an den Berg Gottes, den Horeb. Da erschien ihm ein Engel Gottes in einer Feuerflamme aus einem Dornstrauch. Und er sah genau hin, und siehe, der Dornstrauch brannte von dem Feuer, aber er verbrannte nicht. Da dachte Mose: Ich will hinzutreten und diese großartige Erscheinung untersuchen, warum der Dornstrauch nicht verbrennt. Gott sah, dass er herantrat, um nachzusehen, und Gott rief ihn aus dem Dornstrauch heraus: 'Mose, Mose!' Und er antwortete: „Hier bin ich!" Gott sagte: „Tritt nicht näher! Zieh deine Schuhe aus, denn der Ort, auf dem du stehst, ist heiliger Boden!" Und dann sagte Gott: „Ich bin der Gott deiner Väter, der Gott Abrahams, der Gott Isaaks und der Gott Jakobs." Da verbarg Mose sein Angesicht, denn er fürchtete sich, Gott zu schauen.

(Ex 3,1-6)

GOTT SPRICHT ZU ELIA

Elia ging in eine Höhle und wollte dort übernachten. Siehe, das Wort Gottes erging an ihn: „Was machst du hier, Elia?" Und er antwortete: „Mit leidenschaftlichem Eifer bin ich für den Ewigen, den allmächtigen Gott eingetreten, weil die Kinder Israels deinen Bund gebrochen haben, deine Altäre zerstört und deine Propheten mit dem Schwert getötet haben. Allein ich bin übriggeblieben. Und auch mir trachten sie nach dem Leben." Gott sagte: „Komm heraus und stelle dich auf den Berg vor Gott." Und siehe, Gott ließ einen großen und heftigen Sturm vorüberziehen, der Berge spaltete und Felsen zerbrach. Aber Gott war nicht im Sturm. Nach dem Sturm kam ein Erdbeben. Und Gott war nicht im Erdbeben. Und nach dem Erdbeben kam Feuer. Und Gott war nicht im Feuer. Und nach dem Feuer kam sanftes, leises Geräusch. Und als Elia das hörte, hüllte er sein Gesicht in seinen Mantel, trat hinaus und stand am Eingang der Höhle. Und siehe, eine Stimme erging an ihn: „Was machst du hier, Elia?"

(1. Kön 19,9-13)

Der Gottesdienst wird mit „Dieses Wort ist die Wahrheit…" auf S. 395 fortgesetzt.

SAMMLUNG DER EXILIERTEN

הִנְנִי מֵבִיא אוֹתָם מֵאֶרֶץ צָפוֹן וְקִבַּצְתִּים מִיַּרְכְּתֵי־אָרֶץ
בָּם עִוֵּר וּפִסֵּחַ הָרָה וְיֹלֶדֶת יַחְדָּו
קָהָל גָּדוֹל יָשׁוּבוּ הֵנָּה:
בִּבְכִי יָבֹאוּ וּבְתַחֲנוּנִים אוֹבִילֵם
אוֹלִיכֵם אֶל־נַחֲלֵי מַיִם בְּדֶרֶךְ יָשָׁר לֹא יִכָּשְׁלוּ בָּהּ
כִּי־הָיִיתִי לְיִשְׂרָאֵל לְאָב וְאֶפְרַיִם בְּכֹרִי הוּא:
וְיֵשׁ־תִּקְוָה לְאַחֲרִיתֵךְ נְאֻם־יְהוָֹה
וְשָׁבוּ בָנִים לִגְבוּלָם:

SAMMLUNG ALLER MENSCHEN

וּבְנֵי הַנֵּכָר הַנִּלְוִים עַל־יְהוָֹה לְשָׁרְתוֹ וּלְאַהֲבָה אֶת־שֵׁם יְהוָֹה לִהְיוֹת לוֹ לַעֲבָדִים כָּל־שֹׁמֵר שַׁבָּת מֵחַלְּלוֹ וּמַחֲזִיקִים בִּבְרִיתִי: וַהֲבִיאוֹתִים אֶל־הַר קָדְשִׁי וְשִׂמַּחְתִּים בְּבֵית תְּפִלָּתִי עוֹלֹתֵיהֶם וְזִבְחֵיהֶם לְרָצוֹן עַל־מִזְבְּחִי כִּי בֵיתִי בֵּית־תְּפִלָּה יִקָּרֵא לְכָל־הָעַמִּים:

Der Gottesdienst wird mit אמת ויציב *auf S. 394 fortgesetzt.*

Gwosdetz, Innenansicht der hölzernen Synagoge, (erbaut ca. 1682)

SAMMLUNG DER EXILIERTEN

Siehe, ich werde sie aus dem Nordland herbringen und sie von den Enden der Erde sammeln. Unter ihnen sind Blinde und Lahme, Schwangere und Wöchnerinnen. Eine große Gemeinde wird hierher zurückkehren. Weinend kommen sie, aber ich trage sie tröstend. Ich führe sie zu wasserreichen Bächen und auf einem ebenen Weg, auf dem sie nicht stolpern können. Denn ich bin für Israel wie ein Vater, Ephraim ist mein erstgeborener Sohn.

Es gibt Hoffnung für deine Nachkommen – Ausspruch Gottes. Deine Kinder werden in ihre Heimat zurückkehren.

(Jer 31,8-9,17)

SAMMLUNG ALLER MENSCHEN

Die Fremden, die sich Gott angeschlossen haben, um Gott zu verehren, Gottes Namen zu lieben, Gott zu dienen, den Schabbat vor der Entweihung zu bewahren und an meinem Bund festzuhalten – diese Fremden werde ich zu meinem heiligen Berg bringen, dass sie sich in meinem Bethaus freuen. Die Brandopfer und Mahlopfer, die sie auf meinem Altar darbringen, gefallen mir, denn man soll mein Haus ein Bethaus für alle Völker nennen.

(Jes 56,6-7)

Der Gottesdienst wird mit „Dieses Wort ist die Wahrheit…" auf S. 395 fortgesetzt.

Warschau, Tlomazka-Straße (erbaut 1874-1877)

DIE THORA ALS WEISHEIT

וְהַחָכְמָה מֵאַיִן תָּבוֹא וְאֵי זֶה מְקוֹם בִּינָה׃
וְנֶעֶלְמָה מֵעֵינֵי כָל־חָי וּמֵעוֹף הַשָּׁמַיִם נִסְתָּרָה׃
אֲבַדּוֹן וָמָוֶת אָמְרוּ בְּאָזְנֵינוּ שָׁמַעְנוּ שִׁמְעָהּ׃
אֱלֹהִים הֵבִין דַּרְכָּהּ וְהוּא יָדַע אֶת־מְקוֹמָהּ׃
כִּי־הוּא לִקְצוֹת־הָאָרֶץ
יַבִּיט תַּחַת כָּל־הַשָּׁמַיִם יִרְאֶה׃
וַיֹּאמֶר לָאָדָם הֵן יִרְאַת אֲדֹנָי
הִיא חָכְמָה וְסוּר מֵרָע בִּינָה׃

תהלים קיט קה-קיב

DIE THORA ALS LEBENSHILFE

נֵר־לְרַגְלִי דְבָרֶךָ וְאוֹר לִנְתִיבָתִי׃
נִשְׁבַּעְתִּי וָאֲקַיֵּמָה לִשְׁמֹר מִשְׁפְּטֵי צִדְקֶךָ׃
נַעֲנֵיתִי עַד־מְאֹד יְהוָה חַיֵּנִי כִדְבָרֶךָ׃
נִדְבוֹת פִּי רְצֵה־נָא יְהוָה וּמִשְׁפָּטֶיךָ לַמְּדֵנִי׃
נַפְשִׁי בְכַפִּי תָמִיד וְתוֹרָתְךָ לֹא שָׁכָחְתִּי׃
נָתְנוּ רְשָׁעִים פַּח לִי וּמִפִּקּוּדֶיךָ לֹא תָעִיתִי׃
נָחַלְתִּי עֵדְוֹתֶיךָ לְעוֹלָם כִּי־שְׂשׂוֹן לִבִּי הֵמָּה׃
נָטִיתִי לִבִּי לַעֲשׂוֹת חֻקֶּיךָ לְעוֹלָם עֵקֶב׃

Der Gottesdienst wird mit אמת ויציב *auf S. 394 fortgesetzt.*

DIE THORA ALS WEISHEIT

Die Weisheit, wo kommt sie her,
wo ist der Ort der Einsicht?
Verhüllt ist sie vor aller Lebenden Auge,
verborgen vor den Vögeln des Himmels.
Unterwelt und Tod sagen:
Unsere Ohren haben nur ein Gerücht von ihr gehört.
Gott kennt ihren Weg, Gott kennt ihren Ort.
Denn Gott blickt bis hin zu den Enden der Erde,
Gott sieht alles unter dem Himmel.
Und dem Menschen sagte Gott:
Gottesfurcht, das ist Weisheit,
das Böse zu meiden, das ist Einsicht.

(Hiob 28,20-24.28)

PSALM
119
105-112

DIE THORA ALS LEBENSHILFE

Dein Wort ist eine Leuchte für meine Füße,
ein Licht auf meinen Wegen.
Ich tat einen Schwur, und ich will ihn halten.
Ich will deinen gerechten Pfaden folgen.
Ich bin tief gedemütigt worden.
Gott, erhalte mein Leben durch dein Wort.
Die Gelübde meines Mundes mögen dir gefallen, Gott.
Lehre mich deine Gebote.
Ich habe die Sorge für mein Leben stets in meiner Hand,
deine Thora vergesse ich nicht.
Man hat mir Fallen gestellt,
aber ich weiche von deinen Satzungen nicht ab.
Deine Gebote sind auf ewig mein Erbbesitz,
sie sind die Freude meines Herzens.
Mein Herz ist bereit, dein Gesetz zu erfüllen,
bis ans Ende und ewig.

(Ps 119,105-112)

Der Gottesdienst wird mit „Dieses Wort ist die Wahrheit…" auf S. 395 fortgesetzt.

והיה אם שמע

וְהָיָה אִם־שָׁמֹעַ תִּשְׁמְעוּ אֶל־מִצְוֹתַי אֲשֶׁר אָנֹכִי מְצַוֶּה אֶתְכֶם
הַיּוֹם. לְאַהֲבָה אֶת־יְהוָֹה אֱלֹהֵיכֶם וּלְעָבְדוֹ בְּכָל־לְבַבְכֶם
וּבְכָל־נַפְשְׁכֶם: וְנָתַתִּי מְטַר־אַרְצְכֶם בְּעִתּוֹ יוֹרֶה וּמַלְקוֹשׁ.
וְאָסַפְתָּ דְגָנֶךָ וְתִירֹשְׁךָ וְיִצְהָרֶךָ: וְנָתַתִּי עֵשֶׂב בְּשָׂדְךָ לִבְהֶמְתֶּךָ.
וְאָכַלְתָּ וְשָׂבָעְתָּ: הִשָּׁמְרוּ לָכֶם פֶּן־יִפְתֶּה לְבַבְכֶם. וְסַרְתֶּם
וַעֲבַדְתֶּם אֱלֹהִים אֲחֵרִים וְהִשְׁתַּחֲוִיתֶם לָהֶם: וְחָרָה אַף־יְהוָֹה
בָּכֶם וְעָצַר אֶת־הַשָּׁמַיִם וְלֹא־יִהְיֶה מָטָר וְהָאֲדָמָה לֹא תִתֵּן אֶת־
יְבוּלָהּ. וַאֲבַדְתֶּם מְהֵרָה מֵעַל הָאָרֶץ הַטֹּבָה אֲשֶׁר יְהוָֹה נֹתֵן
לָכֶם: וְשַׂמְתֶּם אֶת־דְּבָרַי אֵלֶּה עַל־לְבַבְכֶם וְעַל־נַפְשְׁכֶם.
וּקְשַׁרְתֶּם אֹתָם לְאוֹת עַל־יֶדְכֶם וְהָיוּ לְטוֹטָפֹת בֵּין עֵינֵיכֶם:
וְלִמַּדְתֶּם אֹתָם אֶת־בְּנֵיכֶם לְדַבֵּר בָּם. בְּשִׁבְתְּךָ בְּבֵיתֶךָ וּבְלֶכְתְּךָ
בַדֶּרֶךְ וּבְשָׁכְבְּךָ וּבְקוּמֶךָ: וּכְתַבְתָּם עַל־מְזוּזוֹת בֵּיתֶךָ וּבִשְׁעָרֶיךָ:
לְמַעַן יִרְבּוּ יְמֵיכֶם וִימֵי בְנֵיכֶם עַל הָאֲדָמָה אֲשֶׁר נִשְׁבַּע יְהוָֹה
לַאֲבֹתֵיכֶם לָתֵת לָהֶם. כִּימֵי הַשָּׁמַיִם עַל־הָאָרֶץ:

ויאמר יהוה

וַיֹּאמֶר יְהוָֹה אֶל־מֹשֶׁה לֵּאמֹר: דַּבֵּר אֶל־בְּנֵי יִשְׂרָאֵל וְאָמַרְתָּ
אֲלֵיהֶם וְעָשׂוּ לָהֶם צִיצִת עַל־כַּנְפֵי בִגְדֵיהֶם לְדֹרֹתָם. וְנָתְנוּ
עַל־צִיצִת הַכָּנָף פְּתִיל תְּכֵלֶת: וְהָיָה לָכֶם לְצִיצִת וּרְאִיתֶם אֹתוֹ
וּזְכַרְתֶּם אֶת־כָּל־מִצְוֹת יְהוָֹה וַעֲשִׂיתֶם אֹתָם. וְלֹא־תָתֻרוּ אַחֲרֵי
לְבַבְכֶם וְאַחֲרֵי עֵינֵיכֶם אֲשֶׁר־אַתֶּם זֹנִים אַחֲרֵיהֶם: לְמַעַן תִּזְכְּרוּ
וַעֲשִׂיתֶם אֶת־כָּל־מִצְוֹתָי. וִהְיִיתֶם קְדֹשִׁים לֵאלֹהֵיכֶם: אֲנִי יְהוָֹה
אֱלֹהֵיכֶם אֲשֶׁר הוֹצֵאתִי אֶתְכֶם מֵאֶרֶץ מִצְרַיִם לִהְיוֹת לָכֶם
לֵאלֹהִים. אֲנִי יְהוָֹה אֱלֹהֵיכֶם:

Der Gottesdienst wird mit אמת ויציב *auf S. 397 fortgesetzt.*

Und wenn ihr auf meine Gebote hört, auf die ich euch heute verpflichte, wenn ihr also den Ewigen, euren Gott, liebt und ihm mit ganzem Herzen und mit ganzer Seele dient, dann gebe ich eurem Land seinen Regen zur rechten Zeit, den Frühregen im Herbst und den Spätregen im Frühjahr, und du kannst Korn, Most und Öl ernten; dann gebe ich deinem Vieh sein Gras auf dem Feld, und du kannst essen und satt werden. Aber nehmt euch in Acht! Lasst euer Herz nicht verführt werden, weicht nicht vom Weg ab, dient nicht anderen Göttern und werft euch nicht vor ihnen nieder! Sonst wird der Zorn des Ewigen gegen euch entbrennen; er wird den Himmel zuschließen, es wird kein Regen fallen, der Acker wird keinen Ertrag bringen, und ihr werdet unverzüglich aus dem prächtigen Land getilgt sein, das der Ewige euch geben will. Diese meine Worte sollt ihr auf euer Herz und eure Seele schreiben. Ihr sollt sie als Zeichen um das Handgelenk binden. Sie sollen als Merkzeichen auf eurer Stirn sein. Ihr sollt sie eure Kinder lehren und ihnen davon erzählen, wenn du zu Hause sitzt und wenn du auf der Straße gehst, wenn du dich hinlegst und wenn du aufstehst. Du sollst sie auf die Türpfosten deines Hauses und in deine Tore schreiben. Damit ihr und eure Kinder lange in dem Land lebt, das der Ewige euren Vorfahren geschworen hat zu geben; so zahlreich sollen eure Tage darin sein wie die Tage, die sich der Himmel über der Erde wölbt.

(Dtn 11,13-21)

Der Ewige sprach zu Mose: Rede zu den Kindern Israels und sage ihnen, sie sollen sich Quasten an die Enden ihrer Gewänder nähen, von Generation zu Generation. An den Quasten sollen sie einen blauen Faden anbringen. Es sollen Merkquasten für euch sein: Wenn ihr sie seht, dann sollt ihr euch an alle Gebote des Ewigen erinnern und sie tun. Ihr sollt eurem Herzen und euren Augen nicht nachgeben, wenn sie euch zur Untreue verleiten wollen. Durch sie erinnert ihr euch an alle meine Gebote und werdet sie beachten und so eurem Gott heilig sein. Ich bin der Ewige, euer Gott; ich habe euch aus Ägypten herausgeführt, um für euch Gott zu sein; Ich, der Ewige, bin euer Gott.

(Num 15, 37-41)

Der Gottesdienst wird mit „Dieses Wort ist die Wahrheit…" auf S. 395 fortgesetzt.

Nach einem kurzen Augenblick der Stille werden alle Gottesdienste hier fortgesetzt:

גאולה

אֱמֶת וְיַצִּיב וְקַיָּם וּמְקֻבָּל וְטוֹב הַדָּבָר הַזֶּה עָלֵינוּ לְעוֹלָם וָעֶד: אֱמֶת אֱלֹהֵי עוֹלָם מַלְכֵּנוּ. צוּר יַעֲקֹב מָגֵן יִשְׁעֵנוּ. לְדוֹר וָדוֹר הוּא קַיָּם. וּמַלְכוּתוֹ וֶאֱמוּנָתוֹ לָעַד קַיֶּמֶת: אֱמֶת שָׁאַתָּה הוּא יְהוָה אֱלֹהֵינוּ וֵאלֹהֵי אֲבוֹתֵינוּ. פּוֹדֵנוּ וּמַצִּילֵנוּ. מֵעוֹלָם הוּא שְׁמֶךָ. אֵין אֱלֹהִים זוּלָתֶךָ:

עֶזְרַת אֲבוֹתֵינוּ אַתָּה הוּא מֵעוֹלָם. מָגֵן וּמוֹשִׁיעַ לָהֶם וְלִבְנֵיהֶם אַחֲרֵיהֶם בְּכָל־דּוֹר וָדוֹר: אַשְׁרֵי אִישׁ שֶׁיִּשְׁמַע לְמִצְוֹתֶיךָ. וְתוֹרָתְךָ וּדְבָרְךָ יָשִׂים עַל־לִבּוֹ: אֱמֶת אַתָּה הוּא רִאשׁוֹן. וְאַתָּה הוּא אַחֲרוֹן. וּמִבַּלְעָדֶיךָ אֵין לָנוּ מֶלֶךְ גּוֹאֵל וּמוֹשִׁיעַ:

צוּר יִשְׂרָאֵל. קוּמָה בְּעֶזְרַת יִשְׂרָאֵל. גֹּאֲלֵנוּ יְיָ צְבָאוֹת שְׁמוֹ קְדוֹשׁ יִשְׂרָאֵל. בָּרוּךְ אַתָּה יְיָ. גָּאַל יִשְׂרָאֵל:

אֲדֹנָי שְׂפָתַי תִּפְתָּח. וּפִי יַגִּיד תְּהִלָּתֶךָ:

Einer der beiden folgenden Abschnitte:

אבות ואמהות

בָּרוּךְ אַתָּה יְיָ אֱלֹהֵינוּ וֵאלֹהֵי אֲבוֹתֵינוּ. אֱלֹהֵי אַבְרָהָם. אֱלֹהֵי יִצְחָק. וֵאלֹהֵי יַעֲקֹב. הָאֵל הַגָּדוֹל הַגִּבּוֹר וְהַנּוֹרָא. אֵל עֶלְיוֹן. גּוֹמֵל חֲסָדִים טוֹבִים קוֹנֵה הַכֹּל וְזוֹכֵר חַסְדֵי אָבוֹת וּמֵבִיא גוֹאֵל לִבְנֵי בְנֵיהֶם לְמַעַן שְׁמוֹ בְּאַהֲבָה: מֶלֶךְ עוֹזֵר וּמוֹשִׁיעַ וּמָגֵן. בָּרוּךְ אַתָּה יְיָ. מָגֵן אַבְרָהָם:

בָּרוּךְ אַתָּה יְיָ אֱלֹהֵינוּ וֵאלֹהֵי אֲבוֹתֵינוּ וְאִמּוֹתֵינוּ. אֱלֹהֵי אַבְרָהָם וֵאלֹהֵי שָׂרָה. אֱלֹהֵי יִצְחָק וֵאלֹהֵי רִבְקָה. אֱלֹהֵי יַעֲקֹב אֱלֹהֵי רָחֵל וֵאלֹהֵי לֵאָה. הָאֵל הַגָּדוֹל הַגִּבּוֹר וְהַנּוֹרָא. אֵל עֶלְיוֹן. גּוֹמֵל חֲסָדִים טוֹבִים קוֹנֵה הַכֹּל וְזוֹכֵר חַסְדֵי אָבוֹת וְאִמָּהוֹת וּמֵבִיא גוֹאֵל לִבְנֵי בְנֵיהֶם לְמַעַן שְׁמוֹ בְּאַהֲבָה: מֶלֶךְ עוֹזֵר וּמוֹשִׁיעַ וּמָגֵן. בָּרוּךְ אַתָּה יְיָ. מָגֵן אַבְרָהָם וְשָׂרָה:

Nach einem kurzen Augenblick der Stille werden alle Gottesdienste hier fortgesetzt:

DIE WAHRHEIT UND DIE ERLÖSUNG

Dieses Wort ist die Wahrheit. Allezeit ist es für uns gültig, anerkannt und gut. Es ist wahr, dass du bis in Ewigkeit Gott bist und über uns regierst. Du bist der Fels Jakobs, der Schutzschild zu unserem Heil. Beständig bist du von Generation zu Generation. Deine Herrschaft und deine Treue haben immerwährenden Bestand. Du, Ewiger, bist in Wahrheit unser Gott und der Gott unserer Vorfahren. Unser Erlöser und unser Erretter – das ist von jeher dein Name. Es gibt keinen anderen Gott außer dir.

Die Hilfe unserer Vorfahren warst du seit eh und je. Du warst für sie ein Schutzschild. Du warst ihre Hilfe – für sie und für ihre Kinder und ihre Enkel in jeder Generation. Glücklich ist der Mensch, der sich nach deinen Geboten richtet und sich deine Weisung und dein Wort zu Herzen nimmt. Dies ist wahr: Du bist der Anfang und du bist das Ende. Und außer dir gibt es für uns nichts, das uns erlösen und helfen kann.

Fels Israels, erhebe dich, um Israel zu helfen! Unser Erlöser, der alle Kreatur versorgt, Heiliger Israels, das ist sein Name. Gepriesen seist du, Ewiger. Du erlöst Israel .

Gott, öffne meine Lippen, dass mein Mund deinen Ruhm verkünde!

(Ps 51,17)

Einer der beiden folgenden Abschnitte:

GOTT ALLER GENERATIONEN

Gepriesen seist du, Ewiger, unser Gott und Gott unserer Väter, Gott Abrahams, Gott Isaaks und Gott Jakobs. Du bist groß und mächtig. Dir gebührt unsere Ehrfurcht. Du bist über alles erhaben. Du vollbringst Wohltaten. Alles hältst du in deiner Hand. Du erinnerst dich an die Frömmigkeit unserer Vorfahren und bringst deshalb liebevoll ihren Enkeln Erlösung um deines Namens willen. Du regierst und hilfst, du bist Rettung und Schutzschild. Gepriesen seist du, Ewiger, unser Gott, Schutzschild Abrahams.

Gepriesen seist du, Ewiger, unser Gott und Gott unserer Väter und Mütter, Gott Abrahams und Gott Saras, Gott Isaaks und Gott Rebekkas, Gott Jakobs, Gott Rahels und Gott Leas. Du bist groß und mächtig. Dir gebührt unsere Ehrfurcht. Du bist über alles erhaben. Du vollbringst Wohltaten. Alles hältst du in deiner Hand. Du erinnerst dich an die Frömmigkeit unserer Vorfahren und bringst deshalb liebevoll ihren Enkeln Erlösung um deines Namens willen. Du regierst und hilfst, du bist Rettung und Schutzschild. Gepriesen seist du, Ewiger, unser Gott, Schutzschild Abrahams und Saras.

גבורות

אַתָּה גִּבּוֹר לְעוֹלָם יְיָ · מְחַיֵּה מֵתִים אַתָּה רַב לְהוֹשִׁיעַ ·
[מַשִּׁיב הָרוּחַ וּמוֹרִיד הַגָּשֶׁם]
מְכַלְכֵּל חַיִּים בְּחֶסֶד · מְחַיֵּה מֵתִים בְּרַחֲמִים רַבִּים ·
סוֹמֵךְ נוֹפְלִים · וְרוֹפֵא חוֹלִים · וּמַתִּיר אֲסוּרִים · וּמְקַיֵּם אֱמוּנָתוֹ
לִישֵׁנֵי עָפָר : מִי כָמוֹךָ בַּעַל גְּבוּרוֹת וּמִי דּוֹמֶה לָּךְ · מֶלֶךְ
מֵמִית וּמְחַיֶּה · וּמַצְמִיחַ יְשׁוּעָה : וְנֶאֱמָן אַתָּה לְהַחֲיוֹת מֵתִים ·
בָּרוּךְ אַתָּה יְיָ · מְחַיֵּה הַמֵּתִים :

קדושת השם

נַעֲרִיצְךָ וְנַקְדִּישְׁךָ כְּשֵׁם שֶׁמַּקְדִּישִׁים אוֹתוֹ בִּשְׁמֵי מָרוֹם	וְאַתָּה קָדוֹשׁ. יוֹשֵׁב תְּהִלּוֹת יִשְׂרָאֵל.
כַּכָּתוּב עַל יַד נְבִיאֶךָ.	קָדוֹשׁ קָדוֹשׁ קָדוֹשׁ יְהוָה צְבָאוֹת.
וְקָרָא זֶה אֶל זֶה וְאָמַר.	מְלֹא כָל־הָאָרֶץ כְּבוֹדוֹ:
קָדוֹשׁ קָדוֹשׁ קָדוֹשׁ יְהוָה צְבָאוֹת. מְלֹא כָל־הָאָרֶץ	בָּרוּךְ כְּבוֹד יְהוָה מִמְּקוֹמוֹ.
כְּבוֹדוֹ:	יִמְלֹךְ יְהוָה לְעוֹלָם. אֱלֹהַיִךְ צִיּוֹן לְדֹר וָדֹר הַלְלוּיָהּ:
כְּבוֹדוֹ מָלֵא עוֹלָם	
מְשָׁרְתָיו שׁוֹאֲלִים זֶה לָזֶה	בָּרוּךְ אַתָּה יְהוָה. הָאֵל הַקָּדוֹשׁ:
אַיֵּה מְקוֹם כְּבוֹדוֹ.	
לְעֻמָּתָם בָּרוּךְ יֹאמֵרוּ.	
בָּרוּךְ כְּבוֹד יְהוָה מִמְּקוֹמוֹ:	

מִמְּקוֹמוֹ הוּא יִפֶן בְּרַחֲמִים וְיָחוֹן עַם הַמְיַחֲדִים שְׁמוֹ עֶרֶב
וָבֹקֶר בְּכָל־יוֹם תָּמִיד פַּעֲמַיִם בְּאַהֲבָה שְׁמַע אוֹמְרִים:

שְׁמַע יִשְׂרָאֵל יְיָ אֱלֹהֵינוּ יְיָ אֶחָד:

GOTT IST MÄCHTIG

Du bist die nie erschöpfende Kraft, du schenkst Leben angesichts des Todes. Vielfältig sind deine Wege zu helfen.

(*Am 1. Tag Pessach:* Du lässt die Winde wehen und den Regen fallen.)

Die Lebenden ernährst du in Güte. In großem Erbarmen schaffst du Leben angesichts des Todes. Du stützt die Fallenden. Du heilst die Kranken. Du machst die Gebundenen los und hältst die Treue denen, die im Staube schlafen. Wer ist wie du, der solche Kraft hätte, und wer ist dir gleich? – Du, Gott, hast Macht über Tod und Leben, und du lässt Hilfe sprossen. Du bist treu, Leben angesichts des Todes zu schaffen. Gepriesen seist du, Ewiger. Du schenkst Leben angesichts des Todes.

GOTT IST HEILIG

Wir wollen dich verehren und heiligen und deinen Ruhm auf der Erde so groß machen wie im Himmel, denn es heißt bei dem Propheten: Sie riefen einander zu:

Heilig, heilig, heilig ist der Schöpfer aller Kreatur. Die ganze Welt ist mit Gottes Gegenwart erfüllt. *(Jes 6,3)*

Gottes Gegenwart erfüllt die Erde. Die, die dir dienen, fragen einander: „Wo ist der Ort der Gegenwart Gottes?“ Als Antwort rufen sie: „Gepriesen!“

Heilig bist du, deine Gegenwart ist in den Lobliedern Israels. *(Ps 22,4)*

Heilig, heilig, heilig ist der Schöpfer aller Kreatur. Die ganze Welt ist mit Gottes Gegenwart erfüllt. *(Jes 6,3)*

Gepriesen sei die Gegenwart Gottes an jedem Ort. *(Ez 3,12)*

Gott herrscht allezeit, dein Gott, Zion, regiert bis in Ewigkeit. Halleluja! *(Ps 146,10)*

Gepriesen seist du, Ewiger, heiliger Gott!

Gepriesen sei die Gegenwart Gottes an jedem Ort. *(Ez 3,12)*

Mögest du dich zu uns wenden und Gnade erweisen dem Volk, das die Einheit deines Namens morgens und abends verkündet, das täglich zweimal in Liebe zu dir das Sch'ma rezitiert.

Höre Israel, der Ewige ist unser Gott, der Ewige ist einzig! *(Dtn 6,4)*

אֶחָד הוּא אֱלֹהֵינוּ הוּא אָבִינוּ הוּא מַלְכֵּנוּ הוּא מוֹשִׁיעֵנוּ. וְהוּא יַשְׁמִיעֵנוּ בְּרַחֲמָיו שֵׁנִית לְעֵינֵי כָּל־חָי לִהְיוֹת לָכֶם לֵאלֹהִים:

אֲנִי יְיָ אֱלֹהֵיכֶם:

וּבְדִבְרֵי קָדְשְׁךָ כָּתוּב לֵאמֹר.

יִמְלֹךְ יְיָ לְעוֹלָם אֱלֹהַיִךְ צִיּוֹן לְדֹר וָדֹר. הַלְלוּיָהּ:

לְדוֹר וָדוֹר נַגִּיד גָּדְלֶךָ. וּלְנֵצַח נְצָחִים קְדֻשָּׁתְךָ נַקְדִּישׁ. וְשִׁבְחֲךָ אֱלֹהֵינוּ מִפִּינוּ לֹא יָמוּשׁ לְעוֹלָם וָעֶד. כִּי אֵל מֶלֶךְ גָּדוֹל וְקָדוֹשׁ אָתָּה. בָּרוּךְ אַתָּה יְיָ. הָאֵל הַקָּדוֹשׁ:

קדושת היום

אַתָּה בְחַרְתָּנוּ מִכָּל־הָעַמִּים. אָהַבְתָּ אוֹתָנוּ וְרָצִיתָ בָּנוּ וְרוֹמַמְתָּנוּ מִכָּל־הַלְּשׁוֹנוֹת. וְקִדַּשְׁתָּנוּ בְּמִצְוֹתֶיךָ. וְקֵרַבְתָּנוּ מַלְכֵּנוּ לַעֲבוֹדָתֶךָ. וְשִׁמְךָ הַגָּדוֹל וְהַקָּדוֹשׁ עָלֵינוּ קָרָאתָ: וַתִּתֶּן־לָנוּ יְיָ אֱלֹהֵינוּ בְּאַהֲבָה [שַׁבָּתוֹת לִמְנוּחָה וּ] מוֹעֲדִים לְשִׂמְחָה חַגִּים וּזְמַנִּים לְשָׂשׂוֹן.

בשבת	אֶת־יוֹם הַמָּנוֹחַ הַזֶּה וְ...
בפסח	אֶת־יוֹם חַג הַמַּצּוֹת הַזֶּה זְמַן חֵרוּתֵנוּ.
בשבועות	אֶת־יוֹם חַג הַשָּׁבֻעוֹת הַזֶּה זְמַן מַתַּן תּוֹרָתֵנוּ.
בסוכות	אֶת־יוֹם חַג הַסֻּכּוֹת הַזֶּה זְמַן שִׂמְחָתֵנוּ.
בשמיני חג העצרת	אֶת־יוֹם הַשְּׁמִינִי חַג הָעֲצֶרֶת הַזֶּה. זְמַן שִׂמְחָתֵנוּ

מִקְרָא קֹדֶשׁ זֵכֶר לִיצִיאַת מִצְרָיִם:

יעלה ויבא

אֱלֹהֵינוּ וֵאלֹהֵי אֲבוֹתֵינוּ. יַעֲלֶה וְיָבֹא וְיַגִּיעַ וְיֵרָאֶה וְיֵרָצֶה וְיִשָּׁמַע וְיִפָּקֵד וְיִזָּכֵר זִכְרוֹנֵנוּ וּפִקְדוֹנֵנוּ וְזִכְרוֹן אֲבוֹתֵינוּ וְזִכְרוֹן מָשִׁיחַ בֶּן־דָּוִד עַבְדֶּךָ. וְזִכְרוֹן יְרוּשָׁלַיִם עִיר קָדְשֶׁךָ

Einzig ist unser Gott. Einzig ist Gott – Gott hat uns geschaffen und sorgt für uns. Einzig ist Gott – Gott regiert über uns. Einzig ist Gott – Gott hilft uns. Gott, du lässt es uns neu hören, in Gegenwart aller lebendigen Wesen, dass du unser Gott bist:
Ich, der Ewige, bin euer Gott. *(Num 15,41)*
Und in deinen heiligen Worten steht geschrieben:
Gott herrscht allezeit, dein Gott, Zion, regiert bis in Ewigkeit. Halleluja! *(Ps 146,10)*

Von Generation zu Generation wollen wir deine Größe erzählen und von Ewigkeit zu Ewigkeit deine Heiligkeit verkünden. Das Lob, das wir dir, unserem Gott, bringen, soll niemals aus unseren Mündern weichen, denn du bist Gott, du regierst in Größe und Heiligkeit. Gepriesen seist du, Ewiger, heiliger Gott.

DER FESTTAG IST HEILIG

Du hast uns aus allen Völkern erwählt. Du hast uns lieb und hast Gefallen an uns. Du hast uns eine besondere Stellung unter allen Völkern gegeben, indem du uns durch deine Gebote geheiligt hast. Du hast uns in deinen Dienst gestellt. Wir sind nach deinem großen und heiligen Namen benannt. Ewiger, unser Gott, du schenkst uns in deiner Liebe (Schabbattage, an denen wir Ruhe finden,) Zeiten, zu denen wir fröhlich sind, und Feste und Augenblicke, an denen wir uns freuen.
Du schenkst uns
Am Schabbat:
(diesen Tag der Ruhe und)
An Pessach:
dieses Fest der ungesäuerten Brote, das Fest unserer Befreiung,
An Schawuot:
dieses Wochenfest, das Fest der Thoragabe,
An Sukkot:
dieses Laubhüttenfest, ein Freudenfest,
An Simchat Thora:
dieses Schlussfest, ein Freudenfest,
eine heilige Versammlung, eine Erinnerung an den Auszug aus Ägypten.

Unser Gott und Gott unserer Vorfahren, das Gedenken an uns und die Verantwortung für uns, das Gedenken an unsere Vorfahren und an die messianische Zeit, das Gedenken an Jerusalem, die Stadt deiner Heiligkeit, und an die ganze Familie Israels mögen zu dir gelangen und vor

וְזִכְרוֹן כָּל־עַמְּךָ בֵּית יִשְׂרָאֵל לְפָנֶיךָ. לִפְלֵיטָה וּלְטוֹבָה לְחֵן וּלְחֶסֶד לְרַחֲמִים לְחַיִּים וּלְשָׁלוֹם בְּיוֹם

בפסח חַג הַמַּצּוֹת הַזֶּה.
בשבועות חַג הַשָּׁבֻעוֹת הַזֶּה.
בסוכות חַג הַסֻּכּוֹת הַזֶּה.
בשמיני חג העצרת הַשְּׁמִינִי חַג הָעֲצֶרֶת הַזֶּה.

זָכְרֵנוּ יְהוָֹה אֱלֹהֵינוּ בּוֹ לְטוֹבָה.
וּפָקְדֵנוּ בוֹ לִבְרָכָה
וְהוֹשִׁיעֵנוּ בוֹ לְחַיִּים

וּבִדְבַר יְשׁוּעָה וְרַחֲמִים חוּס וְחָנֵּנוּ. כִּי אֵלֶיךָ עֵינֵינוּ. כִּי אֵל מֶלֶךְ חַנּוּן וְרַחוּם אָתָּה:

וְהַשִּׂיאֵנוּ יְהוָֹה אֱלֹהֵינוּ אֶת־בִּרְכַּת מוֹעֲדֶיךָ לְחַיִּים וּלְשָׁלוֹם. לְשִׂמְחָה וּלְשָׂשׂוֹן. כַּאֲשֶׁר רָצִיתָ וְאָמַרְתָּ לְבָרְכֵנוּ: קַדְּשֵׁנוּ בְּמִצְוֹתֶיךָ. שִׂים חֶלְקֵנוּ בְּתוֹרָתֶךָ: שַׂבְּעֵנוּ מִטּוּבֶךָ. שַׂמְּחֵנוּ בִּישׁוּעָתֶךָ וְטַהֵר לִבֵּנוּ לְעָבְדְּךָ בֶּאֱמֶת: וְהַנְחִילֵנוּ יְיָ אֱלֹהֵינוּ בְּאַהֲבָה וּבְרָצוֹן בְּשִׂמְחָה וּבְשָׂשׂוֹן [שַׁבָּת וּ] מוֹעֲדֵי קָדְשֶׁךָ: וְיִשְׂמְחוּ בְךָ יִשְׂרָאֵל מְקַדְּשֵׁי שְׁמֶךָ: בָּרוּךְ אַתָּה יְיָ. מְקַדֵּשׁ [הַשַּׁבָּת וְ] יִשְׂרָאֵל וְהַזְּמַנִּים:

עבודה רְצֵה יְהוָֹה אֱלֹהֵינוּ בְּעַמְּךָ יִשְׂרָאֵל. וְלִתְפִלָּתָם שְׁעֵה. וּבְרַחֲמֶיךָ הָרַבִּים תַּחְפֹּץ בָּנוּ וְתַשְׁרֶה שְׁכִינָתְךָ עַל צִיּוֹן. וְתֶחֱזֶינָה עֵינֵינוּ בְּשׁוּבְךָ לְצִיּוֹן בְּרַחֲמִים. בָּרוּךְ אַתָּה יְיָ. הַמַּחֲזִיר שְׁכִינָתוֹ לְצִיּוֹן:

הודאה מוֹדִים אֲנַחְנוּ לָךְ שָׁאַתָּה הוּא יְיָ אֱלֹהֵינוּ וֵאלֹהֵי אֲבוֹתֵינוּ לְעוֹלָם וָעֶד. צוּרֵנוּ צוּר חַיֵּינוּ וּמָגֵן יִשְׁעֵנוּ אַתָּה הוּא לְדוֹר וָדוֹר: נוֹדֶה לְךָ וּנְסַפֵּר תְּהִלָּתֶךָ עַל חַיֵּינוּ הַמְּסוּרִים בְּיָדֶךָ. וְעַל נִשְׁמוֹתֵינוּ הַפְּקוּדוֹת לָךְ. וְעַל נִסֶּיךָ שֶׁבְּכָל־יוֹם עִמָּנוּ.

dich kommen; sie mögen dich erreichen und wahrgenommen werden. Es geschehe, damit wir deine Rettung und Güte erfahren, damit uns deine Gnade und Liebe zuteil werden.
Ewiger, unser Gott,
An Pessach:
heute, am Fest der ungesäuerten Brote,
An Schawuot:
heute, am Wochenfest,
An Sukkot:
heute, am Laubhüttenfest,
An Simchat Thora:
heute, am Schlussfest,
denke an uns, damit wir Gutes erfahren – Amen.
Schenke uns deinen Segen – Amen.
Hilf uns zu einem guten Leben – Amen.
Du hast uns Hilfe und Erbarmen versprochen, deshalb erbarme dich über uns und zeige uns deine Gnade. Denn auf dich richtet sich unser Blick, du bist die Quelle aller Gnade und allen Erbarmens.

Lass uns dieses Fest zum Segen werden, dass es unser Leben präge, uns mit Frieden erfülle und mit Freude und Glück, so wie du es verheißen hast, dass du uns segnest. Lass unser Leben auf dich ausgerichtet sein und hilf uns, deine Gebote zu beachten. Lass deine Weisung zu unserem eigenen Anliegen werden. Sättige uns mit deiner Güte. Erfreue uns mit deiner Hilfe und reinige unsere Herzen, dass sie dir in Wahrhaftigkeit dienen. In Liebe und in Wohlgefallen, mit Fröhlichkeit und Freude lass uns, Gott, uns (den Schabbat und) diese heilige Zeit zu eigen machen, und lass an ihm ganz Israel, das dich sucht, sich freuen. Gepriesen seist du, Ewiger. Du hast (den Schabbat,) Israel und die Festzeiten geheiligt.

DANK UND FRIEDENSBITTE

Habe Gefallen an deinem Volk Israel und höre seine Gebete. In großem Erbarmen finde Gefallen an uns und lass deine Gegenwart über Zion ruhen. Lass unsere Augen Ausschau halten nach deiner Rückkehr zum Zion in Erbarmen. Gepriesen seist du, Ewiger. Du lässt deine Gegenwart nach Zion zurückkehren.

Wir danken dir, denn du bist der Ewige, unser Gott und der Gott unserer Vorfahren, seit eh und je. Wir danken dir, denn du bist unser Fels und das Fundament, auf dem unser Leben ruht. Deine Hilfe haben wir zum Schutzschild – Fels und Schutzschild bist du uns seit jeher. Wir loben dich und erzählen von deinem Ruhm. Wir loben dich für unser

וְעַל נִפְלְאוֹתֶֽיךָ וְטוֹבוֹתֶֽיךָ שֶׁבְּכָל־עֵת עֶֽרֶב וָבֹֽקֶר וְצָהֳרָֽיִם: הַטּוֹב כִּי לֹא כָלוּ רַחֲמֶֽיךָ. הַמְרַחֵם כִּי לֹא תַֽמּוּ חֲסָדֶֽיךָ. כִּי מֵעוֹלָם קִוִּֽינוּ לָךְ:

וְעַל כֻּלָּם יִתְבָּרַךְ וְיִתְרוֹמַם וְיִתְנַשֵּׂא תָּמִיד שִׁמְךָ מַלְכֵּֽנוּ לְעוֹלָם וָעֶד: וְכָל־הַחַיִּים יוֹדֽוּךָ סֶּֽלָה. וִיהַלְלוּ וִיבָֽרְכוּ אֶת־שִׁמְךָ הַגָּדוֹל בֶּאֱמֶת. הָאֵל יְשׁוּעָתֵֽנוּ וְעֶזְרָתֵֽנוּ סֶֽלָה: בָּרוּךְ אַתָּה יְהוָה. הַטּוֹב שִׁמְךָ וּלְךָ נָאֶה לְהוֹדוֹת:

אֱלֹהֵֽינוּ וֵאלֹהֵי אֲבוֹתֵֽינוּ בָּֽרְכֵֽנוּ בַבְּרָכָה הַמְשֻׁלֶּֽשֶׁת בַּתּוֹרָה הַכְּתוּבָה עַל יְדֵי מֹשֶׁה עַבְדֶּֽךָ הָאֲמוּרָה מִפִּי אַהֲרֹן וּבָנָיו כֹּהֲנִים עַם קְדוֹשֶֽׁךָ כָּאָמוּר.

יְבָרֶכְךָ יְהוָה וְיִשְׁמְרֶֽךָ: כֵּן יְהִי רָצוֹן:
יָאֵר יְהוָה פָּנָיו אֵלֶֽיךָ וִיחֻנֶּֽךָּ: כֵּן יְהִי רָצוֹן:
יִשָּׂא יְהוָה פָּנָיו אֵלֶֽיךָ וְיָשֵׂם לְךָ שָׁלוֹם: כֵּן יְהִי רָצוֹן:

ברכת שלום שִׂים שָׁלוֹם טוֹבָה וּבְרָכָה חַיִּים חֵן וָחֶֽסֶד צְדָקָה וְרַחֲמִים עָלֵֽינוּ. וּבָֽרְכֵֽנוּ אָבִֽינוּ כֻּלָּֽנוּ יַֽחַד בְּאוֹר פָּנֶֽיךָ. כִּי בְאוֹר פָּנֶֽיךָ נָתַֽתָּ לָּֽנוּ יְהוָה אֱלֹהֵֽינוּ תּוֹרָה וְחַיִּים. אַהֲבָה וָחֶֽסֶד. צְדָקָה וְרַחֲמִים. בְּרָכָה וְשָׁלוֹם. וְטוֹב בְּעֵינֶֽיךָ לְבָרֵךְ אֶת־עַמְּךָ יִשְׂרָאֵל בְּרָב־עֹז וּבְשָׁלוֹם: בָּרוּךְ אַתָּה יְהוָה. הַמְבָרֵךְ אֶת־עַמּוֹ יִשְׂרָאֵל בַּשָּׁלוֹם:

אלהי נצור אֱלֹהַי נְצוֹר לְשׁוֹנִי מֵרָע. וְשִׂפְתוֹתַי מִדַּבֵּר מִרְמָה. וְלִמְקַלְלַי נַפְשִׁי תִדּוֹם. וְנַפְשִׁי כֶּעָפָר לַכֹּל תִּהְיֶה: פְּתַח לִבִּי בְּתוֹרָתֶֽךָ. וְאַחֲרֵי מִצְוֹתֶֽיךָ תִּרְדּוֹף נַפְשִׁי. וְכָל־הַקָּמִים עָלַי לְרָעָה מְהֵרָה הָפֵר עֲצָתָם וְקַלְקֵל

Leben, das in deine Hand gegeben ist, und für unsere Seele, die dir anvertraut ist; für die Zeichen deiner Gegenwart, die uns täglich umgeben, für die Wunder und Wohltaten zu jeder Zeit, abends, morgens und mittags. Du bist gut, denn dein Erbarmen wird niemals aufhören. Du bist barmherzig, denn deine Gnade wird niemals versiegen. Von jeher hofften wir auf dich!

Für all dies preisen wir dich und erheben und rühmen deinen Namen, unser Herrscher, allezeit. Alles, was lebt, möge dir danken. Und man soll deinen großen Namen loben und preisen in Wahrhaftigkeit. Preisen soll man dich, Gott, unsere Hilfe und unsere Rettung. Gepriesen seist du, Ewiger. „Guter Gott" – das ist dein Name. Schön ist es, dich zu loben.

Gott und Gott unserer Vorfahren, segne uns durch den dreifachen Segen, überliefert in der Thora durch Mose, deinen Knecht, gesprochen durch den Mund Aarons und seiner Nachfolger, der Priester deines heiligen Volkes.
Er lautet:
Gott segne dich und behüte dich.
Möge dies Gottes Wille sein!
Gottes Angesicht leuchte über dir; Gott sei dir gnädig.
Möge dies Gottes Wille sein!
Gottes Angesicht sei über dir erhoben; Gott gebe dir Frieden.
Möge dies Gottes Wille sein!

Schenke uns Frieden und Gutes. Segne uns und schütze unser Leben. Lass deine Gnade und Güte über uns walten. Deine Gerechtigkeit und dein Erbarmen mögen uns stets begleiten. Quelle allen Erbarmens, sei unter uns gegenwärtig. Denn deine Gegenwart gab uns die Thora und sie gab uns unser Leben, die Liebe und Güte, die Gerechtigkeit und das Erbarmen, sie gab uns Segen und Frieden. Ja, es gefällt dir, dein Volk Israel mit Stärke und Frieden zu segnen. Gepriesen seist du, Ewiger. Du segnest dein Volk Israel mit Frieden.

MEDITATION

Mein Gott, bewahre meine Zunge vor böser Rede und meine Lippen vor Lüge. Denen gegenüber, die mir Böses wollen, lass mich angemessen reagieren, und meine Seele möge gelassen bleiben, was auch geschieht. Mache mich bereit für deine Weisung. Nach deinen Geboten will ich leben. Eilig aber zerbrich die Pläne derer, die Böses gegen mich ersin-

מַחְשְׁבוֹתָם: יִהְיוּ לְרָצוֹן אִמְרֵי־פִי. וְהֶגְיוֹן לִבִּי לְפָנֶיךָ. יְהֹוָה צוּרִי וְגֹאֲלִי:

עֹשֶׂה שָׁלוֹם בִּמְרוֹמָיו הוּא יַעֲשֶׂה שָׁלוֹם עָלֵינוּ וְעַל־כָּל־יִשְׂרָאֵל. וְאִמְרוּ אָמֵן:

Der Festtags-Gottesdienst wird auf den folgenden Seiten fortgesetzt.

An einem Schabbat während der Halbfeiertage wird der Gottesdienst mit Hallel S. 408 fortgesetzt.

Dyhernfurth (erbaut um 1855)

nen, und vernichte ihre Gedanken. „Die Worte meines Mundes und meine Gedanken mögen dir angenehm sein, Ewiger, mein Fels und mein Heil.“ *(Ps 19,15)* *(bBer 17a)*

Gott schafft Frieden in der Höhe. Möge Gott uns und ganz Israel Frieden geben. Darauf sprecht: Amen.

Der Festtags-Gottesdienst wird auf den folgenden Seiten fortgesetzt.

An einem Schabbat während der Halbfeiertage wird der Gottesdienst mit Hallel *S. 409 fortgesetzt.*

Budweis, Reformtempel (erbaut 1888)

הַלֵּל

סדר הלל

SUKKOT

An Sukkot rezitiert man den Lob spruch über den Lulaw. Eine Anweisung dazu, wie man den Lulaw schwenkt, findet sich auf S. 350f vor dem Morgengebet für Sukkot.

בָּרוּךְ אַתָּה יְהוָֹה· אֱלֹהֵינוּ מֶלֶךְ הָעוֹלָם אֲשֶׁר קִדְּשָׁנוּ
בְּמִצְוֹתָיו וְצִוָּנוּ עַל נְטִילַת לוּלָב:

Am ersten Tag aller Feste und an Schemini Azeret/Simchat Thora:

בָּרוּךְ אַתָּה יְהוָֹה· אֱלֹהֵינוּ מֶלֶךְ הָעוֹלָם שֶׁהֶחֱיָנוּ וְקִיְּמָנוּ
וְהִגִּיעָנוּ לַזְּמַן הַזֶּה:

בָּרוּךְ אַתָּה יְהוָֹה· אֱלֹהֵינוּ מֶלֶךְ הָעוֹלָם אֲשֶׁר קִדְּשָׁנוּ
בְּמִצְוֹתָיו וְצִוָּנוּ לִקְרוֹא אֶת־הַהַלֵּל:

תהלים קיג

הַלְלוּ־יָהּ

הַלְלוּ עַבְדֵי יְהוָֹה הַלְלוּ אֶת־שֵׁם יְהוָֹה:
יְהִי שֵׁם יְהוָֹה מְבֹרָךְ מֵעַתָּה וְעַד־עוֹלָם:
מִמִּזְרַח־שֶׁמֶשׁ עַד־מְבוֹאוֹ מְהֻלָּל שֵׁם יְהוָֹה:

רָם עַל־כָּל־גּוֹיִם יְהוָֹה עַל הַשָּׁמַיִם כְּבוֹדוֹ:
מִי כַּיהוָֹה אֱלֹהֵינוּ הַמַּגְבִּיהִי לָשָׁבֶת:
הַמַּשְׁפִּילִי לִרְאוֹת בַּשָּׁמַיִם וּבָאָרֶץ:

HALLEL

SUKKOT *An Sukkot rezitiert man den Lobspruch über den Lulaw. Eine Anweisung dazu, wie man den Lulaw schwenkt, findet sich auf S. 350f vor dem Morgengebet für Sukkot.*

Gepriesen seist du, Ewiger, unser Gott; du regierst die Welt. Du hast uns durch deine Gebote geheiligt und hast uns aufgetragen, den Lulaw zu schwenken.

Am ersten Tag aller Feste und an Schemini Azeret/Simchat Thora:

Gepriesen seist du, Ewiger, unser Gott; du regierst die Welt. Du hast uns am Leben erhalten und bewahrt. Und nun hast du uns diese Zeit erreichen lassen.

Gepriesen seist du, Ewiger, unser Gott; du regierst die Welt. Du hast uns durch deine Gebote geheiligt und hast uns aufgetragen, das Hallel, die Psalmen der Freude, zu singen.

PSALM 113

Halleluja! – Lobet Gott!
Lobet, ihr Knechte des Ewigen,
lobet den Namen des Ewigen!
Der Name des Ewigen sei gepriesen
von nun an bis in Ewigkeit.
Vom Aufgang der Sonne bis zu ihrem Untergang
sei der Name des Ewigen gelobt.

Der Ewige ist erhaben über alle Völker,
Gottes Herrlichkeit überragt den Himmel.
Wer gleicht dem Ewigen, unserm Gott,
der in der Höhe wohnt,
der hinunter kommt,
um Himmel und Erde zu sehen?

מְקִימִי מֵעָפָר דָּל מֵאַשְׁפֹּת יָרִים אֶבְיוֹן:
לְהוֹשִׁיבִי עִם־נְדִיבִים עִם נְדִיבֵי עַמּוֹ:
מוֹשִׁיבִי עֲקֶרֶת הַבַּיִת אֵם־הַבָּנִים שְׂמֵחָה
הַלְלוּ־יָהּ:

קיד

תהלים קיד

בְּצֵאת יִשְׂרָאֵל מִמִּצְרָיִם בֵּית יַעֲקֹב מֵעַם לֹעֵז:
הָיְתָה יְהוּדָה לְקָדְשׁוֹ יִשְׂרָאֵל מַמְשְׁלוֹתָיו:

הַיָּם רָאָה וַיָּנֹס הַיַּרְדֵּן יִסֹּב לְאָחוֹר:
הֶהָרִים רָקְדוּ כְאֵילִים גְּבָעוֹת כִּבְנֵי־צֹאן:

מַה־לְּךָ הַיָּם כִּי תָנוּס הַיַּרְדֵּן תִּסֹּב לְאָחוֹר:
הֶהָרִים תִּרְקְדוּ כְאֵילִים גְּבָעוֹת כִּבְנֵי־צֹאן:

מִלִּפְנֵי אָדוֹן חוּלִי אָרֶץ מִלִּפְנֵי אֱלוֹהַּ יַעֲקֹב:
הַהֹפְכִי הַצּוּר אֲגַם־מָיִם חַלָּמִישׁ לְמַעְיְנוֹ־מָיִם:

Während der letzten sechs Tage von Pessach lässt man den Abschnitt von „Nicht uns…" bis „… Gott ist ihre Hilfe und ihr Schild" aus.

תהלים קטו

לֹא לָנוּ יְהוָה לֹא לָנוּ כִּי־לְשִׁמְךָ תֵּן כָּבוֹד
עַל־חַסְדְּךָ עַל־אֲמִתֶּךָ:

לָמָּה יֹאמְרוּ הַגּוֹיִם אַיֵּה־נָא אֱלֹהֵיהֶם:
וֵאלֹהֵינוּ בַשָּׁמָיִם כֹּל אֲשֶׁר־חָפֵץ עָשָׂה:

Gott hebt den Schwachen aus dem Staub empor
   und erhöht den Armen, der im Schmutz liegt.
Er gibt ihm einen Sitz bei den Vornehmen,
   bei den Vornehmen seines Volkes.
Er schafft der kinderlosen Frau eine Familie,
   sie wird die glückliche Mutter vieler Kinder.
Halleluja – Lobet Gott!

PSALM 114

Als Israel aus Ägypten auszog,
   Jakob aus dem Volk mit fremder Sprache,
da wurde Juda Gottes Heiligtum,
   Israel das Gebiet seiner Herrschaft.

Das Meer sah es und floh,
   der Jordan wich zurück.
Die Berge hüpften wie Widder,
   die Hügel wie junge Lämmer.

Was ist mit dir, Meer, dass du fliehst,
   und mit dir, Jordan, dass du zurückweichst?
Ihr Berge, was hüpft ihr wie Widder,
   und ihr Hügel wie junge Lämmer?

Du, Erde, erbebe vor dem Ewigen,
   vor dem Antlitz des Gottes Jakobs,
der den Fels in eine Wasserflut verwandelt
   und Kieselgestein zu einer Wasserquelle.

Während der letzten sechs Tage von Pessach lässt man den Abschnitt von „Nicht uns…" bis „… Gott ist ihre Hilfe und ihr Schild" aus.

PSALM 115

Nicht uns, Gott, nicht uns,
   sondern deinen Namen bringe zu Ehren,
   in deiner Huld und in deiner Treue!

Warum sollen die Völker sagen:
   „Wo ist denn ihr Gott?"

עֲצַבֵּיהֶם כֶּסֶף וְזָהָב מַעֲשֵׂה יְדֵי אָדָם:
פֶּה־לָהֶם וְלֹא יְדַבֵּרוּ

עֵינַיִם לָהֶם וְלֹא יִרְאוּ:
אָזְנַיִם לָהֶם וְלֹא יִשְׁמָעוּ

אַף לָהֶם וְלֹא יְרִיחוּן:
יְדֵיהֶם וְלֹא יְמִישׁוּן רַגְלֵיהֶם וְלֹא יְהַלֵּכוּ
לֹא־יֶהְגּוּ בִּגְרוֹנָם:
כְּמוֹהֶם יִהְיוּ עֹשֵׂיהֶם כֹּל אֲשֶׁר־בֹּטֵחַ בָּהֶם:

יִשְׂרָאֵל בְּטַח בַּיהוָֹה עֶזְרָם וּמָגִנָּם הוּא:
בֵּית אַהֲרֹן בִּטְחוּ בַיהוָֹה עֶזְרָם וּמָגִנָּם הוּא:
יִרְאֵי יְהוָֹה בִּטְחוּ בַיהוָֹה עֶזְרָם וּמָגִנָּם הוּא:

An allen Festen (einschließlich der letzten sechs Tage von Pessach) wird hier fortgesetzt:

יְהוָֹה זְכָרָנוּ יְבָרֵךְ
יְבָרֵךְ אֶת־בֵּית יִשְׂרָאֵל
יְבָרֵךְ אֶת־בֵּית אַהֲרֹן:
יְבָרֵךְ יִרְאֵי יְהוָֹה
הַקְּטַנִּים עִם־הַגְּדֹלִים:

יֹסֵף יְהוָֹה עֲלֵיכֶם עֲלֵיכֶם וְעַל־בְּנֵיכֶם:
בְּרוּכִים אַתֶּם לַיהוָֹה עֹשֵׂה שָׁמַיִם וָאָרֶץ:
הַשָּׁמַיִם שָׁמַיִם לַיהוָֹה וְהָאָרֶץ נָתַן לִבְנֵי־אָדָם:

Unser Gott ist im Himmel;
alles, was ihm gefällt, das vollbringt er.
Die Götzen der Völker sind nur Silber und Gold,
Gebilde von Menschenhand.

Sie haben einen Mund, doch reden sie nicht,
sie haben Augen, doch sehen sie nicht;
sie haben Ohren, doch hören sie nichts,
sie haben eine Nase, doch riechen sie nichts;

mit ihren Händen können sie nicht greifen,
mit ihren Füßen können sie nicht gehen,
sie bringen keinen Laut hervor aus ihrer Kehle.
Die sie gemacht haben, sollen werden wie sie,
alle die, die den Götzen vertrauen.

Israel vertraue auf Gott,
Gott ist seine Hilfe und sein Schild.
Das Haus Aaron vertraue auf Gott,
Gott ist seine Hilfe und sein Schild.
Alle, die an Gott glauben, sollen auf Gott vertrauen,
Gott ist ihre Hilfe und ihr Schild.

An allen Festen (einschließlich der letzten sechs Tage von Pessach) wird hier fortgesetzt:

Gott denkt an uns. Gott segne uns!
Gott segne das Haus Israel!
Gott segne das Haus Aaron!
Gott segne alle, die an Gott glauben,
Kleine und Große gleichermaßen.

Gott möge euch mehren,
euch und eure Kinder.
Seid gesegnet von Gott,
dem Schöpfer von Himmel und Erde.
Der Himmel ist der Himmel Gottes,
die Erde aber gab er den Menschen.

לֹא הַמֵּתִים יְהַלְלוּ־יָהּ וְלֹא כָּל־יֹרְדֵי דוּמָה:
וַאֲנַחְנוּ נְבָרֵךְ יָהּ מֵעַתָּה וְעַד־עוֹלָם
הַלְלוּ־יָהּ:

Während der letzten sechs Tage von Pessach lässt man den Abschnitt von „Ich habe Gott liebgewonnen…“ bis „… Die Menschen lügen alle“ aus.

תהלים קטז

אָהַבְתִּי כִּי־יִשְׁמַע יְהוָה אֶת־קוֹלִי תַּחֲנוּנָי:
כִּי־הִטָּה אָזְנוֹ לִי וּבְיָמַי אֶקְרָא:

אֲפָפוּנִי חֶבְלֵי־מָוֶת וּמְצָרֵי שְׁאוֹל מְצָאוּנִי
צָרָה וְיָגוֹן אֶמְצָא:
וּבְשֵׁם־יְהוָה אֶקְרָא.
אָנָּה יְהוָה מַלְּטָה נַפְשִׁי:

חַנּוּן יְהוָה וְצַדִּיק וֵאלֹהֵינוּ מְרַחֵם:
שֹׁמֵר פְּתָאִים יְהוָה דַּלֹּתִי וְלִי יְהוֹשִׁיעַ:

שׁוּבִי נַפְשִׁי לִמְנוּחָיְכִי כִּי־יְהוָה גָּמַל עָלָיְכִי:
כִּי חִלַּצְתָּ נַפְשִׁי מִמָּוֶת אֶת־עֵינִי מִן־דִּמְעָה
אֶת־רַגְלִי מִדֶּחִי:

אֶתְהַלֵּךְ לִפְנֵי יְהוָה בְּאַרְצוֹת הַחַיִּים:
הֶאֱמַנְתִּי כִּי אֲדַבֵּר אֲנִי עָנִיתִי מְאֹד:
אֲנִי אָמַרְתִּי בְחָפְזִי כָּל־הָאָדָם כֹּזֵב:

Tote können Gott nicht mehr loben,
niemand, der ins Schweigen hinabfuhr.
Wir aber preisen Gott
von nun an bis in Ewigkeit.
Halleluja! - Lobet Gott!

Während der letzten sechs Tage von Pessach lässt man den Abschnitt von „Ich habe Gott liebgewonnen…" bis „… Die Menschen lügen alle" aus.

PSALM 116

Ich habe Gott liebgewonnen;
denn Gott hat mein lautes Flehen gehört,
denn Gott hat mir das Ohr zugeneigt
an dem Tag, als ich zu Gott rief.

Fesseln des Todes hatten mich umfangen,
die Ängste der Unterwelt hatten mich befallen,
ich habe Bedrängnis und Kummer erfahren.
Da rief ich den Namen Gottes an:
„Ach Gott, rette mein Leben!"

Gott ist gnädig und gerecht,
unser Gott ist barmherzig.
Der Ewige behütet die, die sich selbst nicht schützen können;
ich war schwach, doch Gott brachte mir Hilfe.

Komm wieder zur Ruhe, meine Seele!
Denn Gott hat dir Gutes getan.
Ja, du hast mein Leben dem Tod entrissen,
meine Tränen getrocknet,
meinen Fuß vor dem Gleiten bewahrt.

So gehe ich meinen Weg mit Gott
im Land der Lebenden.
Voll Vertrauen war ich, auch wenn ich gesagt habe:
Ich bin so tief gebeugt.
In meiner Bestürzung habe ich gesagt:
Die Menschen lügen alle.

An allen Festen (einschließlich der letzten sechs Tage von Pessach) wird hier fortgesetzt:

מָה־אָשִׁיב לַיהֹוָה כָּל־תַּגְמוּלוֹהִי עָלָי:
כּוֹס־יְשׁוּעוֹת אֶשָּׂא וּבְשֵׁם יְהֹוָה אֶקְרָא:
נְדָרַי לַיהֹוָה אֲשַׁלֵּם נֶגְדָה־נָּא לְכָל־עַמּוֹ:

יָקָר בְּעֵינֵי יְהֹוָה הַמָּוְתָה לַחֲסִידָיו:
אָנָּה יְהֹוָה כִּי־אֲנִי עַבְדֶּךָ
אֲנִי־עַבְדְּךָ בֶּן־אֲמָתֶךָ
פִּתַּחְתָּ לְמוֹסֵרָי:
לְךָ־אֶזְבַּח זֶבַח תּוֹדָה
וּבְשֵׁם יְהֹוָה אֶקְרָא:

נְדָרַי לַיהֹוָה אֲשַׁלֵּם נֶגְדָה־נָּא לְכָל־עַמּוֹ:
בְּחַצְרוֹת בֵּית יְהֹוָה בְּתוֹכֵכִי יְרוּשָׁלָיִם
הַלְלוּ־יָהּ:

תהלים קיז
הַלְלוּ אֶת־יְהֹוָה כָּל־גּוֹיִם שַׁבְּחוּהוּ כָּל־הָאֻמִּים:
כִּי גָבַר עָלֵינוּ חַסְדּוֹ וֶאֱמֶת־יְהֹוָה לְעוֹלָם
הַלְלוּ־יָהּ:

An Sukkot schwenkt man an dieser Stelle mit dem Lulaw. Eine Anleitung dazu findet sich auf S. 450f vor dem Morgengebet für Sukkot.

תהלים קיח
הוֹדוּ לַיהֹוָה כִּי־טוֹב כִּי לְעוֹלָם חַסְדּוֹ:
יֹאמַר־נָא יִשְׂרָאֵל כִּי לְעוֹלָם חַסְדּוֹ:

An allen Festen (einschließlich der letzten sechs Tage von Pessach) wird hier fortgesetzt:

Wie kann ich Gott all das vergelten,
was Gott mir Gutes getan hat?
ich will den Kelch des Heils erheben
und den Namen Gottes anrufen.
Ich will Gott meine Gelübde erfüllen,
öffentlich vor Gottes ganzem Volk.

Kostbar ist in Gottes Augen
der Tod derer, die an ihn glauben.
Ach Gott, ich bin doch dein Knecht,
dein Knecht bin ich,
der Sohn einer Frau, die dir diente.
Du hast meine Fesseln gelöst.
Ich will dir ein Opfer des Dankes bringen
und den Namen Gottes anrufen.

Ich will dem Ewigen meine Gelübde erfüllen,
öffentlich vor Gottes ganzem Volk,
in den Vorhöfen am Hause Gottes,
in deiner Mitte, Jerusalem.
Halleluja! – Lobet Gott!

PSALM 117

Lobt Gott, alle Völker,
preist Gott, alle Nationen!
Denn Gottes Liebe zu uns ist unendlich,
die Treue Gottes währt bis in Ewigkeit.
Halleluja! – Lobet Gott!

An Sukkot schwenkt man an dieser Stelle mit dem Lulaw. Eine Anleitung dazu findet sich auf S. 450f vor dem Morgengebet für Sukkot.

PSALM 118

Danket dem Ewigen, denn er ist gütig.
„Ja, Gottes Güte währt ewig!“
So soll Israel sagen:
„Ja, Gottes Güte währt ewig!“

יֹאמְרוּ־נָא בֵית־אַהֲרֹן כִּי לְעוֹלָם חַסְדּוֹ:
יֹאמְרוּ־נָא יִרְאֵי יְהוָה כִּי לְעוֹלָם חַסְדּוֹ:

מִן־הַמֵּצַר קָרָאתִי יָּהּ עָנָנִי בַמֶּרְחָב יָהּ:
יְהוָה לִי לֹא אִירָא מַה־יַּעֲשֶׂה לִי אָדָם:
יְהוָה לִי בְּעֹזְרָי וַאֲנִי אֶרְאֶה בְשֹׂנְאָי:

טוֹב לַחֲסוֹת בַּיהוָה מִבְּטֹחַ בָּאָדָם:
טוֹב לַחֲסוֹת בַּיהוָה מִבְּטֹחַ בִּנְדִיבִים:

כָּל־גּוֹיִם סְבָבוּנִי
בְּשֵׁם יְהוָה כִּי אֲמִילַם:
סַבּוּנִי גַם־סְבָבוּנִי
בְּשֵׁם יְהוָה כִּי אֲמִילַם:
סַבּוּנִי כִדְבוֹרִים דֹּעֲכוּ כְּאֵשׁ קוֹצִים
בְּשֵׁם יְהוָה כִּי אֲמִילַם:

דַּחֹה דְחִיתַנִי לִנְפֹּל וַיהוָה עֲזָרָנִי:
עָזִּי וְזִמְרָת יָהּ וַיְהִי־לִי לִישׁוּעָה:

קוֹל רִנָּה וִישׁוּעָה בְּאָהֳלֵי צַדִּיקִים
יְמִין יְהוָה עֹשָׂה חָיִל:
יְמִין יְהוָה רוֹמֵמָה
יְמִין יְהוָה עֹשָׂה חָיִל:
לֹא אָמוּת כִּי־אֶחְיֶה וַאֲסַפֵּר מַעֲשֵׂי יָהּ:

So soll das Haus Aaron sagen:
„Ja, Gottes Güte währt ewig!"
So sollen alle sagen, die Gott fürchten und ehren:
„Ja, Gottes Güte währt ewig!

In der Bedrängnis rief ich zu Gott;
Gott hat mich erhört und mich frei gemacht.
Gott ist bei mir, ich fürchte mich nicht.
Was können Menschen mir antun?
Gott ist bei mir, Gott ist meine Hilfe;
deshalb kann ich meinen Feinden ins Gesicht sehen.

Es ist besser, sich bei Gott zu bergen,
als auf Menschen zu bauen.
Es ist besser, sich bei Gott zu bergen,
als auf Fürsten zu bauen.

Alle Völker umringen mich;
ich wehre sie ab im Namen des Ewigen.
Sie umringen, ja, sie umringen mich;
ich wehre sie ab im Namen des Ewigen.
Sie umschwärmen mich wie Bienen,
wie ein Strohfeuer verlöschen sie;
ich wehre sie ab im Namen des Ewigen.

Sie stießen mich hart, sie wollten mich stürzen;
Gott aber hat mir geholfen.
Meine Stärke und mein Lied ist Gott;
Gott wurde meine Hilfe.

Frohlocken und Jubel
erschallt in den Zelten der Gerechten:
„Die Rechte Gottes wirkt mit Macht!
Die Rechte Gottes ist erhoben,
die Rechte des Ewigen wirkt mit Macht!"

Ich werde nicht sterben, sondern leben
und die Taten Gottes verkünden.

יַסֹּר יִסְּרַנִּי יָּהּ וְלַמָּוֶת לֹא נְתָנָנִי׃
פִּתְחוּ־לִי שַׁעֲרֵי־צֶדֶק אָבֹא־בָם אוֹדֶה יָהּ׃
זֶה־הַשַּׁעַר לַיהוָה צַדִּיקִים יָבֹאוּ בוֹ׃

אוֹדְךָ כִּי עֲנִיתָנִי וַתְּהִי־לִי לִישׁוּעָה׃
אֶבֶן מָאֲסוּ הַבּוֹנִים הָיְתָה לְרֹאשׁ פִּנָּה׃
מֵאֵת יְהוָה הָיְתָה זֹּאת הִיא נִפְלָאת בְּעֵינֵינוּ׃
זֶה־הַיּוֹם עָשָׂה יְהוָה נָגִילָה וְנִשְׂמְחָה בוֹ׃

An Sukkot schwenkt man an dieser Stelle mit dem Lulaw. Eine Anleitung dazu findet sich auf S. 450f vor dem Morgengebet für Sukkot.

אָנָּא יְהוָה הוֹשִׁיעָה נָּא
אָנָּא יְהוָה הַצְלִיחָה נָּא׃

בָּרוּךְ הַבָּא בְּשֵׁם יְהוָה בֵּרַכְנוּכֶם מִבֵּית יְהוָה׃
אֵל יְהוָה וַיָּאֶר לָנוּ
אִסְרוּ־חַג בַּעֲבֹתִים עַד־קַרְנוֹת הַמִּזְבֵּחַ׃

אֵלִי אַתָּה וְאוֹדֶךָּ אֱלֹהַי אֲרוֹמְמֶךָּ׃

הוֹדוּ לַיהוָה כִּי־טוֹב כִּי לְעוֹלָם חַסְדּוֹ׃

Gott hat mich hart gezüchtigt,
  aber hat mich dem Tod nicht übergeben.
Öffnet mir die Tore zur Gerechtigkeit,
  damit ich eintrete, um Gott zu danken.
Das ist das Tor Gottes,
  durch das die Gerechten eintreten.

Ich danke dir, dass du mich erhört hast;
  du warst meine Hilfe.
Der Stein, den die Bauleute verworfen haben,
  er ist zum Eckstein geworden.
Das hat der Ewige vollbracht,
  vor unseren Augen geschah dieses Wunder.
Dies ist der Tag, den Gott gemacht hat;
  lasst uns jubeln und uns an ihm freuen.

An Sukkot schwenkt man an dieser Stelle mit dem Lulaw. Eine Anleitung dazu findet sich auf S. 450f vor dem Morgengebet für Sukkot.

Ach, Gott, hilf uns!
Ach, Gott, gib doch Gelingen!

Gesegnet sei, der kommt im Namen des Ewigen.
  Wir segnen euch vom Haus Gottes her.

Gott, der Ewige, erleuchte uns.
  (Versammelt euch zum Fest mit Zweigen,
  tretet zu den Hörnern des Altars!)

Du bist mein Gott, dir will ich danken;
  mein Gott, dich will ich rühmen.

Danket Gott, denn Gott ist gütig,
  Ja, Gottes Güte währt ewig!

יְהַלְלוּךָ יְהוָה אֱלֹהֵינוּ כָּל־מַעֲשֶׂיךָ. וַחֲסִידֶיךָ צַדִּיקִים עוֹשֵׂי רְצוֹנֶךָ וְכָל־עַמְּךָ בֵּית יִשְׂרָאֵל בְּרִנָּה יוֹדוּ וִיבָרְכוּ וִישַׁבְּחוּ וִיפָאֲרוּ וִירוֹמְמוּ וְיַעֲרִיצוּ וְיַקְדִּישׁוּ וְיַמְלִיכוּ אֶת־שִׁמְךָ מַלְכֵּנוּ. כִּי לְךָ טוֹב לְהוֹדוֹת וּלְשִׁמְךָ נָאֶה לְזַמֵּר כִּי מֵעוֹלָם וְעַד עוֹלָם אַתָּה אֵל: בָּרוּךְ אַתָּה יְיָ מֶלֶךְ מְהֻלָּל בַּתִּשְׁבָּחוֹת:

An Pessach, Sukkot und an einem Schabbat während der Halbfeiertage folgt die Thoralesung auf S. 432.

An Schawuot lesen einige Gemeinden hier das Buch Ruth: *SCHAWUOT*

Vor der Lesung des Buches Ruth:

בָּרוּךְ אַתָּה יְהוָה אֱלֹהֵינוּ מֶלֶךְ הָעוֹלָם. אֲשֶׁר קִדְּשָׁנוּ בְּמִצְוֹתָיו וְצִוָּנוּ עַל מִקְרָא מְגִלָּה:

Nach der Lesung des Buches Ruth:

בָּרוּךְ אַתָּה יְהוָה אֱלֹהֵינוּ מֶלֶךְ הָעוֹלָם. שֶׁחָלַק מֵחָכְמָתוֹ לִירֵאָיו:

An Simchat Thora kann die Prozession mit den Thorarollen nach dem Hallel beginnen oder an der Stelle des Gottesdienstes, an der die Prozession mit der Thorarolle am Schabbat gewöhnlich stattfindet, nach lecha adonai „Dein Eigen, Gott, …“ (S. 70) oder nach der Thoralesung. Die Thoralesung beginnt auf S. 432. *SIMCHAT THORA*

Alle deine Werke sollen dich preisen, Ewiger, unser Gott, und alle, die an dich glauben, die Gerechten, die deinen Willen tun und dein ganzes Volk, das Haus Israel, sollen dir mit Jauchzen singen und deinen Namen loben und preisen. Dein Name werde verherrlicht und erhoben. Dir gebürt die Ehre. Dich, Gott, heiligen und rühmen wir und deine Herrschaft über uns erkennen wir an.

Denn es ist schön, dich zu loben, es ist angenehm, deinen Namen zu besingen, denn du bist Gott seit jeher und bis in Ewigkeit.

Gepriesen seist du, Ewiger. Du herrschst über alles. Auf vielfältige Weise wirst du gepriesen.

An Pessach, Sukkot und an einem Schabbat während der Halbfeiertage folgt die Thoralesung auf S.433.

SCHAWUOT

An Schawuot lesen einige Gemeinden hier das Buch Ruth:

Vor der Lesung des Buches Ruth:

Gepriesen seist du, Ewiger, unser Gott; du regierst die Welt. Du hast uns durch deine Gebote geheiligt und hast uns aufgetragen, die Festrolle zu lesen.

Nach der Lesung des Buches Ruth:

Gepriesen seist du, Ewiger, unser Gott; du regierst die Welt. Du lässt diejenigen, die dich fürchten, an deiner Weisheit teilhaben.

SIMCHAT THORA

An Simchat Thora kann die Prozession mit den Thorarollen nach dem Hallel beginnen oder an der Stelle des Gottesdienstes, an der die Prozession mit der Thorarolle am Schabbat gewöhnlich stattfindet, nach lecha adonai „Dein Eigen, Gott, …" (S. 70) oder nach der Thoralesung. Die Thoralesung beginnt auf S. 433.

הקפות

Einige Gemeinden rezitieren folgendes:

אַתָּה הָרְאֵתָ לָדַעַת כִּי יְהֹוָה הוּא הָאֱלֹהִים. אֵין עוֹד מִלְּבַדּוֹ:

לְעֹשֵׂה נִפְלָאוֹת גְּדֹלוֹת לְבַדּוֹ. כִּי לְעוֹלָם חַסְדּוֹ:

אֵין־כָּמוֹךָ בָאֱלֹהִים אֲדֹנָי וְאֵין כְּמַעֲשֶׂיךָ:

יְהִי כְבוֹד יְהֹוָה לְעוֹלָם יִשְׂמַח יְהֹוָה בְּמַעֲשָׂיו:

יְהִי שֵׁם יְהֹוָה מְבֹרָךְ מֵעַתָּה וְעַד־עוֹלָם:

יְהִי יְהֹוָה אֱלֹהֵינוּ עִמָּנוּ כַּאֲשֶׁר הָיָה עִם־אֲבֹתֵינוּ אַל־יַעַזְבֵנוּ וְאַל־יִטְּשֵׁנוּ:

וְאִמְרוּ הוֹשִׁיעֵנוּ אֱלֹהֵי יִשְׁעֵנוּ וְקַבְּצֵנוּ וְהַצִּילֵנוּ מִן־הַגּוֹיִם לְהֹדוֹת לְשֵׁם קָדְשֶׁךָ לְהִשְׁתַּבֵּחַ בִּתְהִלָּתֶךָ:

יְהֹוָה מֶלֶךְ יְהֹוָה מָלָךְ יְהֹוָה יִמְלֹךְ לְעוֹלָם וָעֶד
יְהֹוָה עֹז לְעַמּוֹ יִתֵּן יְהֹוָה יְבָרֵךְ אֶת־עַמּוֹ בַשָּׁלוֹם:

וְיִהְיוּ נָא אֲמָרֵינוּ לְרָצוֹן לִפְנֵי אֲדוֹן כֹּל:

Während man mit den Thorarollen siebenmal prozessiert, wird der folgende Abschnitt (אנא יהוה) *gesungen, je ein Vers pro Prozession. Zusätzlich kann das folgende Lied* (שישו ושמחו) *gesungen werden oder andere geeignete Lieder.*

HAKKAFOT

Einige Gemeinden rezitieren folgendes:

Das hast du gezeigt bekommen, damit du erkennst,
dass der Ewige Gott ist, es gibt sonst keinen Gott. *(Dtn 4,35)*

Gott allein tut großartige Wunder.
Ja, Gottes Güte währt ewig! *(Ps 136,4)*

Gott, keiner ist wie du unter den Göttern,
nichts gleicht deinen Taten! *(Ps 86,8)*

Die Herrlichkeit Gottes bleibe ewig.
Gott freue sich an seinen Werken! *(Ps 104,31)*

Gottes Name sei gepriesen,
jetzt und allezeit! *(Ps 113,2)*

Der Ewige, unser Gott, sei mit uns,
wie er mit unseren Vorfahren gewesen ist.
Gott, verlasse uns nicht!
Gott, verwirf uns nicht! *(1. Kön 8,57)*

Sagt: Hilf uns, Gott, unsere Hilfe.
Sammle uns und erlöse uns aus allen Völkern,
damit wir deinen heiligen Namen loben
und deinen Ruhm preisen. *(1. Chron 16,35)*

Gott regiert, Gott hat regiert, und regieren wird Gott bis in Ewigkeit.

Gott gebe dem Gottesvolk Kraft,
Gott segne das Gottesvolk mit Frieden. *(Ps 29,11)*

Gott, du hältst alles in deiner Hand; mögen dir unsere Worte gefallen.

Während man mit den Thorarollen siebenmal prozessiert, wird der folgende Abschnitt (Ana Adonaj) *gesungen, je ein Vers pro Prozession. Zusätzlich kann das folgende Lied* (Sisu weSimchu) *gesungen werden oder andere geeignete Lieder.*

אָנָּא יְהוָֹה הוֹשִׁיעָה נָּא אָנָּא יְהוָֹה הַצְלִיחָה נָּא
אָנָּא יְהוָֹה עֲנֵנוּ בְיוֹם קָרְאֵנוּ.

אֱלֹהֵי הָרוּחוֹת הוֹשִׁיעָה נָּא בּוֹחֵן לְבָבוֹת הַצְלִיחָה נָּא.
גּוֹאֵל חָזָק עֲנֵנוּ בְיוֹם קָרְאֵנוּ.

דּוֹבֵר צְדָקוֹת הוֹשִׁיעָה נָּא הָדוּר בִּלְבוּשׁוֹ הַצְלִיחָה נָּא.
וָתִיק וְחָסִיד עֲנֵנוּ בְיוֹם קָרְאֵנוּ.

זַךְ וְיָשָׁר הוֹשִׁיעָה נָּא חוֹמֵל דַּלִּים הַצְלִיחָה נָּא.
טוֹב וּמֵטִיב עֲנֵנוּ בְיוֹם קָרְאֵנוּ.

יוֹדֵעַ מַחֲשָׁבוֹת הוֹשִׁיעָה נָּא כַּבִּיר וְנָאוֹר הַצְלִיחָה נָּא.
לוֹבֵשׁ צְדָקוֹת עֲנֵנוּ בְיוֹם קָרְאֵנוּ.

מֶלֶךְ עוֹלָמִים הוֹשִׁיעָה נָּא נָאוֹר וְאַדִּיר הַצְלִיחָה נָּא.
סוֹמֵךְ נוֹפְלִים עֲנֵנוּ בְיוֹם קָרְאֵנוּ.

עוֹזֵר דַּלִּים הוֹשִׁיעָה נָּא פּוֹדֶה וּמַצִּיל הַצְלִיחָה נָּא.
צוּר עוֹלָמִים עֲנֵנוּ בְיוֹם קָרְאֵנוּ.

קָדוֹשׁ וְנוֹרָא הוֹשִׁיעָה נָּא רַחוּם וְחַנּוּן הַצְלִיחָה נָּא.
שׁוֹמֵר הַבְּרִית עֲנֵנוּ בְיוֹם קָרְאֵנוּ.

תּוֹמֵךְ תְּמִימִים הוֹשִׁיעָה נָּא תַּקִּיף לָעַד הַצְלִיחָה נָּא.
תָּמִים בְּמַעֲשָׂיו עֲנֵנוּ בְיוֹם קָרְאֵנוּ.

Bitte, Gott, hilf uns, Hoschanna.
Bitte, Gott, gib uns Gelingen.
Bitte, Gott, antworte uns, wenn wir zu dir rufen.

Du, Gott, bist **a**llmächtig. Hilf uns, Hoschanna.
Du bist **b**armherzig und gnädig. Gib uns Gelingen.
Du bist gut und erweist deinen **C**reaturen Gutes.
Antworte uns, wenn wir zu dir rufen.

Du **d**enkst an den Bund. Hilf uns, Hoschanna.
Du **e**rbarmst dich über die Hilfsbedürftigen. Gib uns Gelingen.
Du bist ein ewiger **F**els.
Antworte uns, wenn wir zu dir rufen.

Du bist voller **G**lanz und Pracht. Hilf uns, Hoschanna.
Du hilfst den **H**ilfsbedürftigen. Gib uns Gelingen.
Du bist **i**n Herrlichkeit gekleidet.
Antworte uns, wenn wir zu dir rufen.

Du stützt **j**eden Menschen, der fällt. Hilf uns, Hoschanna.
Du **k**ennst die Gedanken. Gib uns Gelingen.
Du bist **l**auter und aufrichtig.
Antworte uns, wenn wir zu dir rufen.

Du bist **m**ächtig und prächtig. Hilf uns, Hoschanna.
Du hast **n**ie endende Kraft. Gib uns Gelingen.
Du regierst **o**hne Ende.
Antworte uns, wenn wir zu dir rufen.

Du **p**rüfst die Herzen. Hilf uns, Hoschanna.
Du befreist und rettest aus **Q**ual. Gib uns Gelingen.
Du **r**edest Gerechtigkeit.
Antworte uns, wenn wir zu dir rufen.

Du bist **s**tark zu erlösen. Hilf uns, Hoschanna.
Du **t**rägst das Kleid der Gerechtigkeit. Gib uns Gelingen.
Du **u**nterstützt die Unschuldigen.
Antworte uns, wenn wir zu dir rufen.

Du bist **v**ollkommen in all deinen Taten. Hilf uns, Hoschanna.
Du bist **w**ürdig und treu. Gib uns Gelingen.
Du bist heilig und **z**u fürchten.
Antworte uns, wenn wir zu dir rufen.

שִׂישׂוּ וְשִׂמְחוּ בְּשִׂמְחַת תּוֹרָה
וּתְנוּ כָבוֹד לַתּוֹרָה:
כִּי טוֹב סַחְרָהּ מִכָּל־סְחוֹרָה
מִפָּז וּמִפְּנִינִים יְקָרָה:

נָגִיל וְנָשִׂישׂ בְּזֹאת הַתּוֹרָה
כִּי הִיא לָנוּ עֹז וְאוֹרָה:

אֲהַלְלָה אֱלֹהַי וְאֶשְׂמְחָה בוֹ
וְאָשִׂימָה תִקְוָתִי בּוֹ:
אֲהוֹדֶנּוּ בְּסוֹד עַם קְרוֹבוֹ
אֱלֹהֵי צוּרִי אֶחֱסֶה בּוֹ:

נָגִיל וְנָשִׂישׂ בְּזֹאת הַתּוֹרָה
כִּי הִיא לָנוּ עֹז וְאוֹרָה:

בְּכָל־לֵב אֲרַנֵּן צִדְקוֹתֶיךָ
וַאֲסַפְּרָה תְּהִלָּתֶךָ:
בְּעוֹדִי אַגִּיד נִפְלְאוֹתֶיךָ
עַל חַסְדְּךָ וְעַל אֲמִתֶּךָ:

נָגִיל וְנָשִׂישׂ בְּזֹאת הַתּוֹרָה
כִּי הִיא לָנוּ עֹז וְאוֹרָה:

Die Rollen werden zur Bima zurückgebracht.

Freut euch und seid froh an Simchat Thora,
und erweist der Thora alle Ehre,
weil ihr Lohn besser ist als alle Löhne der Welt,
wertvoller als Edelsteine und Gold.

Jubelt und jauchzet am Feste der Lehre,
spendet der Thora, der göttlichen, Ehre!
Sie ist's, die Freude und Wonne uns schafft,
sie ist uns Leuchte und Flamme und Kraft.

Ich preise dich, Gott, und freu' mich an dir.
Auf dich setze ich all' meine Hoffnung.
Ich danke dir inmitten deines heiligen Volkes,
Gott, mein Fels, ich berge mich bei dir.

Jubelt und jauchzet am Feste der Lehre,
spendet der Thora, der göttlichen, Ehre!
Sie ist's, die Freude und Wonne uns schafft,
sie ist uns Leuchte und Flamme und Kraft.

Von ganzem Herzen besinge ich deine Gerechtigkeit,
und ich erzähle von deinem Ruhm.
Mein Leben lang will ich von deinen Wundern berichten
und von deiner Güte und Treue.

Jubelt und jauchzet am Feste der Lehre,
spendet der Thora, der göttlichen, Ehre!
Sie ist's, die Freude und Wonne uns schafft,
sie ist uns Leuchte und Flamme und Kraft.

Die Rollen werden zur Bima zurückgebracht.

שלש רגלים
תחג לי בשנה
את חג המצות
תשמר וחג הק
בכורי מעשיך
וחג האסף
בצאת השנה

סדר קריאת התורה

ORDNUNG DER THORALESUNG

סדר קריאת התורה

אֵין כָּמוֹךָ בָאֱלֹהִים אֲדֹנָי וְאֵין כְּמַעֲשֶׂיךָ:
מַלְכוּתְךָ מַלְכוּת כָּל־עֹלָמִים וּמֶמְשַׁלְתְּךָ בְּכָל־דּוֹר וָדֹר:
יְהוָה מֶלֶךְ יְהוָה מָלָךְ יְהוָה יִמְלֹךְ לְעוֹלָם וָעֶד:
יְהוָה עֹז לְעַמּוֹ יִתֵּן יְהוָה יְבָרֵךְ אֶת־עַמּוֹ בַשָּׁלוֹם:
אַב־הָרַחֲמִים הֵיטִיבָה בִרְצוֹנְךָ אֶת־צִיּוֹן תִּבְנֶה חוֹמוֹת יְרוּשָׁלָיִם. כִּי בְךָ לְבַד בָּטָחְנוּ מֶלֶךְ אֵל רָם וְנִשָּׂא אֲדוֹן עוֹלָמִים:

An einem Schabbat während der Halbfeiertage wird der Gottesdienst auf S. 436 fortgesetzt. In allen anderen Fällen folgt einer der folgenden Abschnitte:

1. TAG PESSACH

WAS DIE KNECHTSCHAFT IN ÄGYPTEN UNS LEHRT

וְכִי־יָמוּךְ אָחִיךָ וּמָטָה יָדוֹ עִמָּךְ וְהֶחֱזַקְתָּ בּוֹ גֵּר וְתוֹשָׁב וָחַי עִמָּךְ: אַל־תִּקַּח מֵאִתּוֹ נֶשֶׁךְ וְתַרְבִּית וְיָרֵאתָ מֵאֱלֹהֶיךָ...
וְכִי־יָמוּךְ אָחִיךָ עִמָּךְ וְנִמְכַּר־לָךְ לֹא־תַעֲבֹד בּוֹ עֲבֹדַת עָבֶד: כְּשָׂכִיר כְּתוֹשָׁב יִהְיֶה עִמָּךְ...: כִּי־עֲבָדַי הֵם אֲשֶׁר־הוֹצֵאתִי אֹתָם מֵאֶרֶץ מִצְרָיִם לֹא יִמָּכְרוּ מִמְכֶּרֶת עָבֶד: לֹא־תִרְדֶּה בוֹ בְּפָרֶךְ וְיָרֵאתָ מֵאֱלֹהֶיךָ:
כִּי־לִי בְנֵי־יִשְׂרָאֵל עֲבָדִים עֲבָדַי הֵם אֲשֶׁר־הוֹצֵאתִי אוֹתָם מֵאֶרֶץ מִצְרָיִם אֲנִי יְהוָה אֱלֹהֵיכֶם:

ORDNUNG DER THORALESUNG

Ewiger, unter den Göttern ist keiner wie du,
und nichts gleicht den Werken, die du geschaffen hast. *(Ps 86,8)*
Dein Königtum ist ein Königtum für ewige Zeiten,
deine Herrschaft währt von Generation zu Generation. *(Ps 145,13)*
Gott regiert, Gott hat regiert, und regieren wird Gott bis in Ewigkeit.
Gott gebe dem Gottesvolk Kraft,
Gott segne das Gottesvolk mit Frieden. *(Ps 29,11)*

Ursprung allen Erbarmens, erweise Zion Gutes und erbaue Jerusalems Mauern, denn auf dich allein vertrauen wir. Du herrschst über alles. Du bist groß und mächtig. Du regierst über die ganze Welt.

An einem Schabbat während der Halbfeiertage wird der Gottesdienst mit dem „Ladespruch" auf S. 436 fortgesetzt. In allen anderen Fällen folgt einer der folgenden Abschnitte:

1. TAG PESSACH

WAS DIE KNECHTSCHAFT IN ÄGYPTEN UNS LEHRT

Wenn jemand von deinen eigenen Leuten verarmt und keine Lebensgrundlage mehr hat, so sollst du ihn unterstützen, auch wenn es ein Fremder oder Gastarbeiter ist, der bei dir lebt. Nimm von ihm keine Zinsen und keinen Wucher, sondern fürchte deinen Gott. … Wenn jemand von deinen eigenen Leuten verarmt, und sich dir verkauft, dann sollst du ihn keine Sklavenarbeit verrichten lassen. Vielmehr gelte er dir wie ein Tagelöhner oder ein Gastarbeiter. … Denn sie sind meine Knechte, die ich aus dem Land Ägypten herausgeführt habe. Sie sollen nicht verkauft werden, wie man Sklaven verkauft. Du sollst nicht mit Gewalt über sie herrschen, sondern deinen Gott fürchten. … Denn mir gehören die Kinder Israels, es sind meine Knechte, die ich aus dem Land Ägypten herausgeführt habe. Ich bin der Ewige, euer Gott!

(aus Lev 25,35-55)

7. TAG PESSACH

ISRAEL WIRD ZURÜCKKEHREN

עוּרִי עוּרִי לִבְשִׁי־עֹז זְרוֹעַ יְהוָה
עוּרִי כִּימֵי קֶדֶם דֹּרוֹת עוֹלָמִים:
הֲלוֹא אַתְּ־הִיא הַמַּחֲרֶבֶת יָם מֵי תְּהוֹם רַבָּה
הַשָּׂמָה מַעֲמַקֵּי־יָם דֶּרֶךְ לַעֲבֹר גְּאוּלִים:
וּפְדוּיֵי יְהוָה יְשׁוּבוּן וּבָאוּ צִיּוֹן בְּרִנָּה
וְשִׂמְחַת עוֹלָם עַל־רֹאשָׁם
שָׂשׂוֹן וְשִׂמְחָה יַשִּׂיגוּן
נָסוּ יָגוֹן וַאֲנָחָה:

SUKKOT

DIE WIEDEREINFÜHRUNG DES LAUBHÜTTENFESTES

וַיִּמְצְאוּ כָּתוּב בַּתּוֹרָה אֲשֶׁר צִוָּה יְהוָה בְּיַד־מֹשֶׁה אֲשֶׁר יֵשְׁבוּ בְנֵי־יִשְׂרָאֵל בַּסֻּכּוֹת בֶּחָג בַּחֹדֶשׁ הַשְּׁבִיעִי: וַאֲשֶׁר יַשְׁמִיעוּ וְיַעֲבִירוּ קוֹל בְּכָל־עָרֵיהֶם וּבִירוּשָׁלַיִם לֵאמֹר צְאוּ הָהָר וְהָבִיאוּ עֲלֵי־זַיִת וַעֲלֵי־עֵץ שֶׁמֶן וַעֲלֵי הֲדַס וַעֲלֵי תְמָרִים וַעֲלֵי עֵץ עָבֹת לַעֲשֹׂת סֻכֹּת כַּכָּתוּב: וַיֵּצְאוּ הָעָם וַיָּבִיאוּ וַיַּעֲשׂוּ לָהֶם סֻכּוֹת אִישׁ עַל־גַּגּוֹ וּבְחַצְרֹתֵיהֶם וּבְחַצְרוֹת בֵּית הָאֱלֹהִים וּבִרְחוֹב שַׁעַר הַמַּיִם וּבִרְחוֹב שַׁעַר אֶפְרָיִם: וַיַּעֲשׂוּ כָל־הַקָּהָל הַשָּׁבִים מִן־הַשְּׁבִי סֻכּוֹת וַיֵּשְׁבוּ בַסֻּכּוֹת:

SIMCHAT THORA

UNTERRICHT IN DER THORA

וְהַלְוִיִּם מְבִינִים אֶת־הָעָם לַתּוֹרָה וְהָעָם עַל־עָמְדָם: וַיִּקְרְאוּ בַסֵּפֶר בְּתוֹרַת הָאֱלֹהִים מְפֹרָשׁ וְשׂוֹם שֶׂכֶל וַיָּבִינוּ בַּמִּקְרָא:

7. TAG PESSACH

ISRAEL WIRD ZURÜCKKEHREN

Wach auf, du Arm Gottes, wach auf!
Bekleide dich mit Kraft!
Wach auf wie in vergangenen Tagen,
in vergangenen Generationen! …
Warst du es nicht, der das Meer trocknen ließ,
die gewaltigen Wasser der Flut,
der in der Wassertiefe einen Weg entstehen ließ,
auf dem die Erlösten hindurchzogen?
Die, die Gott losgekauft hat, werden zurückkehren.
Jubelnd kommen sie nach Zion.
Ewige Freude wird über ihnen walten,
Fröhlichkeit und Freude wird sie einholen.
Kummer und Klage werden die Flucht ergreifen.

(aus Jes 51,9-11)

SUKKOT

DIE WIEDEREINFÜHRUNG DES LAUBHÜTTENFESTES

Diejenigen, die aus dem babylonischen Exil zurückgekehrt waren, fanden in der Thora aufgeschrieben, was Gott durch Mose angeordnet hatte: Die Kinder Israels sollen während des Festes im siebenten Monat in Laubhütten wohnen. Sie sollen es verkünden und in allen ihren Städten und in Jerusalem ausrufen lassen: „Geht hinaus ins Gebirge und bringt Zweige von Olivenbäumen und Ölbäumen, Myrthenzweige, Palmzweige und andere Zweige, um Laubhütten herzustellen, wie es geschrieben steht." Da ging das Volk hinaus, und sie brachten die Zweige und bauten sich Laubhütten, ein jeder auf seinem Dach oder in seinem Hof und in den Vorhöfen des Tempels, auf dem Platz am Wassertor und auf dem Platz am Ephraimstor. Und die ganze Gemeinde der aus dem Exil Zurückgekehrten baute sich Laubhütten und wohnte in diesen Hütten.

(Neh 8,14-17)

SIMCHAT THORA

UNTERRICHT IN DER THORA

Die Angehörigen des Stammes Levi legten dem Volk die Thora aus. Das Volk stand dabei auf. Sie lasen aus der Thora Gottes in Abschnitten vor und legten es aus, damit man das Geschriebene verstand.

(aus Nehm 8,7-8)

Alle Gottesdienste werden hier fortgesetzt:

וַיְהִי בִּנְסֹעַ הָאָרֹן וַיֹּאמֶר מֹשֶׁה: קוּמָה יְהֹוָה· וְיָפֻצוּ אֹיְבֶיךָ·
וְיָנֻסוּ מְשַׂנְאֶיךָ מִפָּנֶיךָ:
כִּי מִצִּיּוֹן תֵּצֵא תוֹרָה· וּדְבַר־יְהֹוָה מִירוּשָׁלָיִם:

Der folgende Abschnitt wird an einem Schabbat nicht gelesen:

יְהֹוָה יְהֹוָה אֵל רַחוּם וְחַנּוּן אֶרֶךְ אַפַּיִם וְרַב חֶסֶד
וֶאֱמֶת: נֹצֵר חֶסֶד לָאֲלָפִים נֹשֵׂא עָוֺן וָפֶשַׁע וְחַטָּאָה
וְנַקֵּה:

בָּרוּךְ שֶׁנָּתַן תּוֹרָה לְעַמּוֹ יִשְׂרָאֵל בִּקְדֻשָּׁתוֹ:
שְׁמַע יִשְׂרָאֵל יְהֹוָה אֱלֹהֵינוּ יְהֹוָה אֶחָד:
אֶחָד אֱלֹהֵינוּ גָּדוֹל אֲדוֹנֵינוּ קָדוֹשׁ וְנוֹרָא שְׁמוֹ:
גַּדְּלוּ לַיהֹוָה אִתִּי וּנְרוֹמְמָה שְׁמוֹ יַחְדָּו:

לְךָ יְהֹוָה הַגְּדֻלָּה וְהַגְּבוּרָה וְהַתִּפְאֶרֶת וְהַנֵּצַח וְהַהוֹד
כִּי־כֹל בַּשָּׁמַיִם וּבָאָרֶץ לְךָ יְהֹוָה הַמַּמְלָכָה
וְהַמִּתְנַשֵּׂא לְכֹל לְרֹאשׁ: רוֹמְמוּ יְהֹוָה אֱלֹהֵינוּ· וְהִשְׁתַּחֲווּ
לַהֲדֹם רַגְלָיו· קָדוֹשׁ הוּא: רוֹמְמוּ יְהֹוָה אֱלֹהֵינוּ· וְהִשְׁתַּחֲווּ
לְהַר קָדְשׁוֹ· כִּי קָדוֹשׁ יְהֹוָה אֱלֹהֵינוּ:

אֵין קָדוֹשׁ כַּיהֹוָה כִּי־אֵין בִּלְתֶּךָ· וְאֵין צוּר כֵּאלֹהֵינוּ: כִּי מִי
אֱלוֹהַּ מִבַּלְעֲדֵי יְהֹוָה· וּמִי צוּר זוּלָתִי אֱלֹהֵינוּ: תּוֹרָה
צִוָּה־לָנוּ מֹשֶׁה· מוֹרָשָׁה קְהִלַּת יַעֲקֹב: עֵץ־חַיִּים הִיא
לַמַּחֲזִיקִים בָּהּ· וְתֹמְכֶיהָ מְאֻשָּׁר: דְּרָכֶיהָ דַרְכֵי־נֹעַם·
וְכָל־נְתִיבֹתֶיהָ שָׁלוֹם: שָׁלוֹם רָב לְאֹהֲבֵי תוֹרָתֶךָ· וְאֵין־לָמוֹ
מִכְשׁוֹל: יְהֹוָה עֹז לְעַמּוֹ יִתֵּן· יְהֹוָה יְבָרֵךְ אֶת־עַמּוֹ בַשָּׁלוֹם:
כִּי שֵׁם יְהֹוָה אֶקְרָא· הָבוּ גֹדֶל לֵאלֹהֵינוּ: הַכֹּל תְּנוּ עֹז
לֵאלֹהִים· וּתְנוּ כָבוֹד לַתּוֹרָה:

Alle Gottesdienste werden hier fortgesetzt:

Wenn die Lade aufbrach, sagte Mose:
Erhebe dich, Gott, dann zerstreuen sich deine Feinde,
dann fliehen deine Gegner vor dir, *(Num 10,35)*
denn die Thora wird von Zion herkommen
und Gottes Wort von Jerusalem. *(Jes 2,3)*

Der folgende Abschnitt wird an einem Schabbat nicht gelesen:

Der Ewige, der Ewige, Gott, barmherzig und gnädig, nachsichtig, von unendlicher Liebe und Treue, bewahrt Gnade bis in die tausendste Generation, vergibt Verkehrung, Eigensüchtigkeit und Verfehlung und befreit. *(Die 13 Eigenschaften Gottes, Ex 34,6 u. 7)*

Gepriesen sei Gott; Gott gab Israel in göttlicher Heiligkeit die Thora.
Höre Israel, der Ewige ist Gott, der Ewige ist einzig! *(Dtn 6,4)*
Einzigartig ist unser Gott. Gott ist groß und Gott herrscht.
Heilig ist Gottes Name und furchtgebietend! *(Ps 147,5)*
Preiset mit mir den lebendigen Gott
und lasst uns miteinander den Namen Gottes erhöhen! *(Ps 34,4)*

Dein Eigen, Gott, sind Größe und Macht, Ruhm, Pracht und Hoheit. Dir gehört alles im Himmel und auf Erden. Dein, Gott, ist die Herrschaft und du erhebst dich als Haupt über alles. *(1. Chron 29,11)* Rühmt den Ewigen, unsern Gott; werft euch am Schemel der Füße Gottes nieder! Denn Gott ist heilig. Rühmt den Ewigen, unsern Gott, werft euch nieder an Gottes heiligem Berge! Denn heilig ist der Ewige, unser Gott. *(Ps 99,5.9)*

Niemand ist heilig, nur der Ewige; denn außer dem Ewigen gibt es keinen Gott; niemand ist ein Fels wie unser Gott. *(1. Sam 2,2)* Ja, wer ist Gott, als allein der Ewige, wer ist ein Fels, wenn nicht unser Gott? *(Ps 18,32)* Mose hat uns die Thora übergeben, den Erbbesitz der Gemeinde Jakobs. *(Dtn 33,4)* Wer nach ihr greift, dem ist sie ein Lebensbaum, wer sie festhält, ist glücklich zu preisen. *(Spr 3,18)* Ihre Wege sind Wege der Freude, all ihre Pfade führen zum Glück. *(Spr 3,17)* Alle, die deine Weisung lieben, empfangen Heil in Fülle; es trifft sie kein Unheil. *(Ps 119,165)* Gott gebe dem Gottesvolk Kraft, Gott segne das Gottesvolk mit Frieden. *(Ps 29,11)* Alles verkünde die Kraft Gottes und die Herrlichkeit der göttlichen Weisung!

וְזֹאת הַתּוֹרָה אֲשֶׁר־שָׂם מֹשֶׁה· לִפְנֵי בְּנֵי יִשְׂרָאֵל: תּוֹרָה צִוָּה־לָנוּ מֹשֶׁה· מוֹרָשָׁה קְהִלַּת יַעֲקֹב: הָאֵל תָּמִים דַּרְכּוֹ· אִמְרַת יְהוָֹה צְרוּפָה· מָגֵן הוּא לְכֹל הַחוֹסִים בּוֹ:

Vor der Thoralesung:

בָּרְכוּ אֶת־יְהוָֹה הַמְבֹרָךְ:

בָּרוּךְ יְהוָֹה הַמְבֹרָךְ לְעוֹלָם וָעֶד:

בָּרוּךְ אַתָּה יְהוָֹה אֱלֹהֵינוּ מֶלֶךְ הָעוֹלָם· אֲשֶׁר בָּחַר־בָּנוּ מִכָּל־הָעַמִּים· וְנָתַן־לָנוּ אֶת־תּוֹרָתוֹ· בָּרוּךְ אַתָּה יְהוָֹה· נוֹתֵן הַתּוֹרָה:

THORALESUNG

Nach der Thoralesung:

בָּרוּךְ אַתָּה יְהוָֹה אֱלֹהֵינוּ מֶלֶךְ הָעוֹלָם· אֲשֶׁר נָתַן־לָנוּ תּוֹרַת אֱמֶת· וְחַיֵּי עוֹלָם נָטַע בְּתוֹכֵנוּ· בָּרוּךְ אַתָּה יְהוָֹה· נוֹתֵן הַתּוֹרָה:

Der Gottesdienst wird mit den Segenssprüchen vor der Haftara aus S. 458 fortgesetzt.

SIMCHAT THORA

In einigen Gemeinden gilt die vorletzte Alija bei der Lesung der ersten Rolle (Dtn 34) speziell für die Kinder (kol hane'arim). *Ein Tallit wird über ihren Köpfen ausgebreitet. Nach dem zweiten Segen rezitiert die Gemeinde folgendes aus dem Segen Jakobs:*

הַמַּלְאָךְ הַגֹּאֵל אֹתִי מִכָּל־רָע יְבָרֵךְ אֶת־הַנְּעָרִים וְיִקָּרֵא בָהֶם שְׁמִי וְשֵׁם אֲבֹתַי אַבְרָהָם וְיִצְחָק· וְיִדְגּוּ לָרֹב בְּקֶרֶב הָאָרֶץ:

Dies ist die Thora, die Mose den Kindern Israels gegeben hat. *(Dtn 4,44)* Mose hat uns die Thora übergeben, den Erbbesitz der Gemeinde Jakobs. *(Dtn 33,4)* Vollkommen ist Gottes Weg, das Wort des Ewigen ist im Feuer geläutert. Gott ist ein Schutzschild für alle, die sich bei ihm bergen. *(Ps 18,31)*

Vor der Thoralesung:

Lasst uns Gott preisen; Gott gebührt unsere Ehre!
Gepriesen sei Gott; Gott gebührt unsere Ehre auf immer und ewig!
Gepriesen seist du, Ewiger, unser Gott, du regierst die Welt. Aus allen Völkern hast du uns erwählt um uns deine Thora zu geben. Gepriesen seist du, Ewiger. Du gibst die Thora.

THORALESUNG

Nach der Thoralesung:

Gepriesen seist du, Ewiger, unser Gott; du regierst die Welt. Du hast uns die Weisung zur Wahrheit gegeben und ewiges Leben ins uns eingepflanzt. Gepriesen seist du, Ewiger. Du gibst die Thora.

Der Gottesdienst wird mit den Segenssprüchen vor der Haftara aus S. 459 fortgesetzt.

SIMCHAT THORA

In einigen Gemeinden gilt die vorletzte Alija bei der Lesung der ersten Rolle (Dtn 34) speziell für die Kinder (kol hane'arim). *Ein Tallit wird über ihren Köpfen ausgebreitet. Nach dem zweiten Segen rezitiert die Gemeinde folgendes aus dem Segen Jakobs:*

Der Engel, der mich vor jeglichem Unheil erlöste, segne die Kinder. Über ihnen werde mein Name und der Name meiner Väter Abraham und Isaak ausgerufen. Sie mögen zu einer großen Menge werden und die Erde bevölkern. *(Gen 48,16)*

Die Kallat Thora wird aufgerufen:

Gott, du bist groß, stark und zu fürchten. Mit deiner Erlaubnis, mit Erlaubnis der Thora, die kostbarer ist als Gold und Juwelen und mit Erlaubnis dieser heiligen Gemeinde will ich meinen Mund öffnen, um dich zu loben, du im Licht wohnende Gottheit, dir zu danken und dich zu preisen. Denn du hast uns am Leben erhalten und in der reinen Gottesfurcht bewahrt. Nun hast du uns die Freude des Thorafreudenfestes erreichen lassen.
Möge es Gottes Wille sein, …, Tochter von …, die ausgesucht wurde, den Lesezyklus der Thora zu vollenden, Leben und Güte zu schenken, sie zu kränzen und zu krönen.
Steh auf, steh auf, steh auf, …, Tochter von …, du Braut der Thora, und erweise dem großen und zu fürchtenden Gott die Ehre. Dein Lohn ist, dass du bei Gott würdig befunden werden wirst, Generationen des schönen und gesegneten Volkes zu erleben, die sich mit der Thora beschäftigen und die Gebote halten.
Steh auf, steh auf, steh auf …, Tochter von …, du Braut der Thora, mit der Erlaubnis dieser heiligen Gemeinde und vollende den Lesezyklus der Thora.

מֵרְשׁוּת הָאֵל הַגָּדוֹל הַגִּבּוֹר וְהַנּוֹרָא. וּמֵרְשׁוּת מִפָּז וּמִפְּנִינִים יְקָרָה. וּמֵרְשׁוּת הַקָּהָל הַקָּדוֹשׁ הַזֶּה אֶפְתַּח פִּי בְּשִׁירָה וּבְזִמְרָה לְהוֹדוֹת וּלְהַלֵּל לְדָר בִּנְהוֹרָה שֶׁהֶחֱיָנוּ וְקִיְּמָנוּ בְּיִרְאָתוֹ הַטְּהוֹרָה וְהִגִּיעָנוּ לִשְׂמֹחַ בְּשִׂמְחַת הַתּוֹרָה.
וּבְכֵן יְהִי רָצוֹן מִלִּפְנֵי הַגְּבוּרָה לָתֵת חַיִּים וָחֶסֶד וָנֵזֶר וַעֲטָרָה לְ…….. בַּת …….. שֶׁנִּבְחֲרָה לְהַשְׁלִים הַתּוֹרָה.
עִמְדִי עִמְדִי עִמְדִי…….. בַּת ……. כַּלַּת הַתּוֹרָה וּתְנִי כָבוֹד לְאֵל גָּדוֹל וְנוֹרָא. וּבִשְׂכַר זֶה תִּזְכִּי מֵאֵל נוֹרָא לִרְאוֹת דּוֹרוֹת עוֹסְקִים בַּתּוֹרָה וּמְקַיְּמֵי מִצְוֹת בְּתוֹךְ עַם יָפֶה וּבָרָה.
עִמְדִי עִמְדִי עִמְדִי…….. בַּת ……. כַּלַּת הַתּוֹרָה מֵרְשׁוּת הַקָּהָל הַקָּדוֹשׁ הַזֶּה וְהַשְׁלִימִי הַתּוֹרָה.

Der Chatan Thora wird aufgerufen:

Gott, du bist groß, stark und zu fürchten. Mit deiner Erlaubis, mit Erlaubnis der Thora, die kostbarer ist als Gold und Juwelen, und mit Erlaubnis dieser heiligen Gemeinde will ich meinen Mund öffnen, um dich zu loben, du im Licht wohnende Gottheit, dir zu danken und dich zu preisen. Denn du hast uns am Leben erhalten und in der reinen Gottesfurcht bewahrt. Nun hast du uns die Freude des Thorafreudenfestes erreichen lassen.

Möge es Gottes Wille sein, …, Sohn von …, der ausgesucht wurde, den Lesezyklus der Thora zu vollenden, Leben und Güte zu schenken, ihn zu kränzen und zu krönen.

Steh auf, steh auf, steh auf, …, Sohn von …, du Bräutigam der Thora, und erweise dem großen und zu fürchtenden Gott die Ehre. Dein Lohn ist, dass du bei Gott würdig befunden werden wirst, Generationen des schönen und gesegneten Volkes zu erleben, die sich mit der Thora beschäftigen und die Gebote halten.

Steh auf, steh auf, steh auf …, Sohn von …, du Bräutigam der Thora, mit der Erlaubnis dieser heiligen Gemeinde und vollende den Lesezyklus der Thora.

מֵרְשׁוּת הָאֵל הַגָּדוֹל הַגִּבּוֹר וְהַנּוֹרָא. וּמֵרְשׁוּת מִפָּז וּמִפְּנִינִים יְקָרָה. וּמֵרְשׁוּת הַקָּהָל הַקָּדוֹשׁ הַזֶּה אֶפְתַּח פִּי בְּשִׁירָה וּבְזִמְרָה לְהוֹדוֹת וּלְהַלֵּל לְדָר בִּנְהוֹרָה שֶׁהֶחֱיָנוּ וְקִיְּמָנוּ בְּיִרְאָתוֹ הַטְּהוֹרָה וְהִגִּיעָנוּ לִשְׂמֹחַ בְּשִׂמְחַת הַתּוֹרָה.

וּבְכֵן יְהִי רָצוֹן מִלִּפְנֵי הַגְּבוּרָה לָתֵת חַיִּים וָחֶסֶד וָנֵזֶר וַעֲטָרָה לְ……… בֶּן ……… שֶׁנִּבְחַר לְהַשְׁלִים הַתּוֹרָה.

עֲמוֹד עֲמוֹד עֲמוֹד……… בֶּן ……… חֲתַן הַתּוֹרָה וְתֵן כָּבוֹד לְאֵל גָּדוֹל וְנוֹרָא. וּבִשְׂכַר זֶה תִּזְכֶּה מֵאֵל נוֹרָא לִרְאוֹת דּוֹרוֹת עוֹסְקִים בַּתּוֹרָה וּמְקַיְּמֵי מִצְוֹת בְּתוֹךְ עַם יָפֶה וּבָרָה.

עֲמוֹד עֲמוֹד עֲמוֹד……… בֶּן ……… חֲתַן הַתּוֹרָה מֵרְשׁוּת הַקָּהָל הַקָּדוֹשׁ הַזֶּה וְהַשְׁלֵם הַתּוֹרָה.

קריאת התורה

Die Kallat Bereschit wird aufgerufen:

Gott, du bist hoch erhaben über alle Segnungen und über jedes Loblied. Ehrfurchtsvoll bist du über allem Lob und jedem Gesang erhaben. Du regierst über die Welt, du hast Macht über alle Geschöpfe. Mit deiner Erlaubnis und mit der Erlaubnis der Thora, der herrlichen Prinzessin, noch zusammengerollt, die der Anfang aller Geschöpfe ist und Tausende umschließt, die rein ist und vollkommen, die die Seele erquickt und erneuert; mit Erlaubnis dieser heiligen Gemeinde, die heute zum Thorafreudenfest hier zusammengekommen ist, um den Lesezyklus der Thora abzuschließen und ihn voller Freude und Ehrfurcht wieder neu zu beginnen; mit ihrer aller Erlaubnis rufe ich nun diejenige auf, die den Lesezyklus der Thora neu beginnen wird. So steh nun auf, …, Tochter von …, steh auf, mach dich bereit. Komm und nimm deine Position ein. Tritt an meine rechte Seite und lies die Schöpfungsgeschichte zur Ehre Gottes. Gott, der Fels, hat alles geschaffen. Wie groß ist das Gute, das dir zuteil werden wird, und wie kostbar dein Lohn, denn du bist die erste, die diese Mizwa erfüllt! Schnell, steh auf, steh auf, steh auf, … Tochter von … Braut der Schöpfungsgeschichte, mit Erlaubnis dieser heiligen Gemeinde, um Gott zu preisen. Gott ist groß und zu fürchten. Lasst uns alle gemeinsam antworten mit „Amen“.

מֵרְשׁוּת מְרֹמָם עַל כָּל־בְּרָכָה וְשִׁירָה. נוֹרָא עַל כָּל־תְּהִלָּה וְזִמְרָה. וּמוֹשֵׁל עוֹלָם אֲדוֹן כָּל־יְצִירָה. וּמֵרְשׁוּת כְּבוּדָּה בַּת מֶלֶךְ פְּנִימָה עֲצוּרָה. רֵאשִׁית קִנְיָנוֹ אֲלָפִים אֲצוּרָה. בָּרָה תְמִימָה מְשִׁיבַת נֶפֶשׁ וּמַחֲזִירָה. וּמֵרְשׁוּת הַקָּהָל הַקָּדוֹשׁ הַזֶּה קְבוּצִים פֹּה הַיּוֹם לְשִׂמְחַת הַתּוֹרָה וְנֶעֱצָרִים לְסַיֵּם וּלְהָחֵל בְּגִיל וּבְמוֹרָא.

וּבְכֵן נִסְכַּמְתִּי דַּעַת כֻּלָּם לְבָרְרָה מִי שֶׁתַּתְחִיל הַתּוֹרָה. וְעַתָּה קוּמִי…… בַּת …… עִמְדִי לְהִתְאַזְּרָה. בֹּאִי וְהִתְיַצְּבִי וְעִמְדִי לִימִינִי וּקְרָאִי מַעֲשֵׂה בְרֵאשִׁית לִכְבוֹד צוּר בָּרָא.

יַעַן נֶשְׂאֵית רִאשׁוֹנָה לְמִצְוָה גְמוּרָה מָה רַב טוּבֵךְ וּמַשְׂכֻּרְתֵּךְ יְתֵרָה.

מַהֵר עִמְדִי עִמְדִי…… בַּת …… כַּלַּת בְּרֵאשִׁית בָּרָא. מֵרְשׁוּת הַקָּהָל הַקָּדוֹשׁ הַזֶּה לְבָרֵךְ אֵל גָּדוֹל וְנוֹרָא. אָמֵן יַעֲנוּ אַחֲרַיִךְ הַכֹּל מְהֵרָה.

Der Chatan Bereschit wird aufgerufen:

Gott, du bist hoch erhaben über alle Segnungen und über jedes Loblied. Ehrfurchtsvoll bist du über allem Lob und jedem Gesang erhaben. Du regierst über die Welt, du hast Macht über alle Geschöpfe. Mit deiner Erlaubnis und mit der Erlaubnis der Thora, der herrlichen Prinzessin, noch zusammengerollt, die der Anfang aller Geschöpfe ist und Tausende umschließt, die rein ist und vollkommen, die die Seele erquickt und erneuert; mit Erlaubnis dieser heiligen Gemeinde, die heute zum Thorafreudenfest hier zusammengekommen ist, um den Lesezyklus der Thora abzuschließen und ihn voller Freude und Ehrfurcht wieder neu zu beginnen; mit ihrer aller Erlaubnis rufe ich nun denjenigen auf, der den Lesezyklus der Thora neu beginnen wird. So steh nun auf, …, Sohn von …, steh auf, mach dich bereit. Komm und nimm deine Position ein. Tritt an meine rechte Seite und lies die Schöpfungsgeschichte zur Ehre Gottes. Gott, der Fels, hat alles geschaffen. Wie groß ist das Gute, das dir zuteil werden wird, und wie kostbar dein Lohn, denn du bist der erste, der diese Mizwa erfüllt! Schnell, steh auf, steh auf, steh auf, …, Sohn von …, Bräutigam der Schöpfungsgeschichte, mit Erlaubnis dieser heiligen Gemeinde, um Gott zu preisen. Gott ist groß und zu fürchten. Lasst uns alle gemeinsam antworten mit „Amen“.

מֵרְשׁוּת מְרֹמָם עַל כָּל־בְּרָכָה וְשִׁירָה· נוֹרָא עַל כָּל־תְּהִלָּה וְזִמְרָה· וּמוֹשֵׁל עוֹלָם אֲדוֹן כָּל־יְצִירָה· וּמֵרְשׁוּת כְּבוּדָּה בַת מֶלֶךְ פְּנִימָה עֲצוּרָה· רֵאשִׁית קִנְיָנוֹ אֲלָפִים אֲצוּרָה· בָּרָה תְמִימָה מְשִׁיבַת נֶפֶשׁ וּמַחֲזִירָה· וּמֵרְשׁוּת הַקָּהָל הַקָּדוֹשׁ הַזֶּה קְבוּצִים פֹּה הַיּוֹם לְשִׂמְחַת הַתּוֹרָה וְנֶעֱצָרִים לְסַיֵּם וּלְהָחֵל בְּגִיל וּבְמוֹרָא·

וּבְכֵן נִסְכַּמְתִּי דַּעַת כֻּלָּם לְבָרְרָה מִי שֶׁיַּתְחִיל הַתּוֹרָה· וְעַתָּה קוּם········ בֶּן ········ עֲמֹד לְהִתְאַזְּרָה· בֹּא וְהִתְיַצֵּב וַעֲמֹד לִימִינִי וּקְרָא מַעֲשֵׂה בְרֵאשִׁית לִכְבוֹד צוּר בָּרָא·

יַעַן נַעֲשִׂיתָ רִאשׁוֹן לְמִצְוָה גְמוּרָה מָה רַב טוּבְךָ וּמַשְׂכֻּרְתְּךָ יְתֵרָה·

מַהֵר עֲמֹד עֲמֹד עֲמֹד········ בֶּן ········ חֲתַן בְּרֵאשִׁית בָּרָא· מֵרְשׁוּת הַקָּהָל הַקָּדוֹשׁ הַזֶּה לְבָרֵךְ אֵל גָּדוֹל וְנוֹרָא· אָמֵן יַעֲנוּ אַחֲרֶיךָ הַכֹּל מְהֵרָה·

Der Gottesdienst wird mit den Segenssprüchen vor der Haftara aus S. 458 fortgesetzt.

סדר קריאת התורה לשבועות

DAS JOCH DER THORA

Hätte Gott uns nur aus der Knechtschaft in Ägypten befreit, hätte es uns genügt. Aber unsere Befreiung aus der Knechtschaft war erst der Anfang. Sie war die Vorbereitung auf den Bund, der uns in der Wüste erwartete.

Dort nahmen unsere Vorfahren das Joch der Gebote an und die Berufung, ein Königreich von Priestern zu werden und ein heiliges Volk. Gott erwählte uns nicht, weil wir das mächtigste Volk, sondern weil wir das geringste waren, Flüchtlinge vor der Gewalt des Pharao. Wir waren allein in der Wüste und lebten in Zelten.

Gott erwählte uns nicht, damit wir Kraft oder Macht hätten, sondern zu seinem eigenen Zweck. Wir sollten ein Segen für die Welt sein und ihre Völker zu Frieden und Gerechtigkeit anleiten.

Heute fordern uns die Gebote Gottes heraus, so wie sie unsere Vorfahren am Sinai herausforderten. Sind wir bereit, in ihre Antwort einzustimmen?

UNSERE ZUSTIMMUNG

וַיִּקַּח סֵפֶר הַבְּרִית וַיִּקְרָא בְּאָזְנֵי הָעָם וַיֹּאמְרוּ כֹּל
אֲשֶׁר־דִּבֶּר יְהוָה נַעֲשֶׂה וְנִשְׁמָע׃

אֵין כָּמוֹךָ בָאֱלֹהִים אֲדֹנָי וְאֵין כְּמַעֲשֶׂיךָ׃
מַלְכוּתְךָ מַלְכוּת כָּל־עֹלָמִים וּמֶמְשַׁלְתְּךָ בְּכָל־דּוֹר וָדֹר׃
יְהוָה מֶלֶךְ יְהוָה מָלָךְ יְהוָה יִמְלֹךְ לְעוֹלָם וָעֶד׃
יְהוָה עֹז לְעַמּוֹ יִתֵּן יְהוָה יְבָרֵךְ אֶת־עַמּוֹ בַשָּׁלוֹם׃
אַב־הָרַחֲמִים הֵיטִיבָה בִרְצוֹנְךָ אֶת־צִיּוֹן תִּבְנֶה חוֹמוֹת יְרוּשָׁלָיִם׃ כִּי בְךָ לְבַד בָּטָחְנוּ מֶלֶךְ אֵל רָם וְנִשָּׂא אֲדוֹן עוֹלָמִים׃

Der Gottesdienst wird mit den Segenssprüchen vor der Haftara aus S. 459 fortgesetzt.

ORDNUNG DER THORALESUNG FÜR SCHAWUOT

DAS JOCH DER THORA

Hätte Gott uns nur aus der Knechtschaft in Ägypten befreit, hätte es uns genügt. Aber unsere Befreiung aus der Knechtschaft war erst der Anfang. Sie war die Vorbereitung auf den Bund, der uns in der Wüste erwartete.

Dort nahmen unsere Vorfahren das Joch der Gebote an und die Berufung, ein Königreich von Priestern zu werden und ein heiliges Volk. Gott erwählte uns nicht, weil wir das mächtigste Volk, sondern weil wir das geringste waren, Flüchtlinge vor der Gewalt des Pharao. Wir waren allein in der Wüste und lebten in Zelten.

Gott erwählte uns nicht, damit wir Kraft oder Macht hätten, sondern zu seinem eigenen Zweck. Wir sollten ein Segen für die Welt sein und ihre Völker zu Frieden und Gerechtigkeit anleiten.

Heute fordern uns die Gebote Gottes heraus, so wie sie unsere Vorfahren am Sinai herausforderten. Sind wir bereit, in ihre Antwort einzustimmen?

UNSERE ZUSTIMMUNG

Mose nahm das Buch des Bundes und las es dem Volk vor. Sie antworteten: „Alles, was Gott sagt, wollen wir hören und halten." *(Ex 24,7)*

Ewiger, unter den Göttern ist keiner wie du,
und nichts gleicht den Werken, die du geschaffen hast. *(Ps 86,8)*
Dein Königtum ist ein Königtum für ewige Zeiten,
deine Herrschaft währt von Generation zu Generation. *(Ps 145,13)*
Gott regiert, Gott hat regiert, und regieren wird Gott bis in Ewigkeit.
Gott gebe dem Gottesvolk Kraft,
Gott segne das Gottesvolk mit Frieden. *(Ps 29,11)*

Ursprung allen Erbarmens, erweise Zion Gutes und erbaue Jerusalems Mauern, denn auf dich allein vertrauen wir. Du herrschst über alles. Du bist groß und mächtig. Du regierst über die ganze Welt.

DIE VERDIENSTE UNSERER VORFAHREN

וְלֹא אִתְּכֶם לְבַדְּכֶם אָנֹכִי כֹּרֵת אֶת־הַבְּרִית הַזֹּאת וְאֶת־הָאָלָה הַזֹּאת: כִּי אֶת־אֲשֶׁר יֶשְׁנוֹ פֹּה עִמָּנוּ עֹמֵד הַיּוֹם לִפְנֵי יְהוָֹה אֱלֹהֵינוּ וְאֵת־אֲשֶׁר אֵינֶנּוּ פֹּה עִמָּנוּ הַיּוֹם: אֵין לִי אֶלָּא אוֹתָן הָעֹמְדִין עַל הַר סִינַי. דּוֹרוֹת הַבָּאִים וְגֵרִים הָעֲתִדִין לְהִתְגַּיֵּיר מִנַּיִן. תַּלְמוּד לוֹמַר וְאֵת־אֲשֶׁר אֵינֶנּוּ פֹּה עִמָּנוּ הַיּוֹם:

UNSERE EIGENEN VERDIENSTE

Wir dürfen uns nicht auf dem Werk unserer Vorfahren ausruhen. Wenn wir in unserem Leben nichts Gutes tun, können wir uns auch nicht auf die Verdienste unserer Vorfahren berufen. „In der zukünftigen Welt erhalten wir nicht die Verdienste unserer Vorfahren, sondern unsere eigenen."

וַיְהִי בִּנְסֹעַ הָאָרֹן. וַיֹּאמֶר מֹשֶׁה: קוּמָה יְהוָֹה. וְיָפֻצוּ אֹיְבֶיךָ. וְיָנֻסוּ מְשַׂנְאֶיךָ מִפָּנֶיךָ:
כִּי מִצִּיּוֹן תֵּצֵא תוֹרָה. וּדְבַר־יְהוָֹה מִירוּשָׁלָיִם:

יְהוָֹה יְהוָֹה אֵל רַחוּם וְחַנּוּן אֶרֶךְ אַפַּיִם וְרַב חֶסֶד וֶאֱמֶת: נֹצֵר חֶסֶד לָאֲלָפִים נֹשֵׂא עָוֹן וָפֶשַׁע וְחַטָּאָה וְנַקֵּה:

בָּרוּךְ שֶׁנָּתַן תּוֹרָה לְעַמּוֹ יִשְׂרָאֵל בִּקְדֻשָּׁתוֹ:
שְׁמַע יִשְׂרָאֵל יְהוָֹה אֱלֹהֵינוּ יְהוָֹה אֶחָד:
אֶחָד אֱלֹהֵינוּ גָּדוֹל אֲדוֹנֵינוּ קָדוֹשׁ וְנוֹרָא שְׁמוֹ:
גַּדְּלוּ לַיהוָֹה אִתִּי וּנְרוֹמְמָה שְׁמוֹ יַחְדָּו:

לְךָ יְהוָֹה הַגְּדֻלָּה וְהַגְּבוּרָה וְהַתִּפְאֶרֶת וְהַנֵּצַח וְהַהוֹד כִּי־כֹל בַּשָּׁמַיִם וּבָאָרֶץ לְךָ יְהוָֹה הַמַּמְלָכָה וְהַמִּתְנַשֵּׂא לְכֹל לְרֹאשׁ: רוֹמְמוּ יְהוָֹה אֱלֹהֵינוּ. וְהִשְׁתַּחֲווּ לַהֲדֹם רַגְלָיו. קָדוֹשׁ הוּא: רוֹמְמוּ יְהוָֹה אֱלֹהֵינוּ. וְהִשְׁתַּחֲווּ לְהַר קָדְשׁוֹ. כִּי קָדוֹשׁ יְהוָֹה אֱלֹהֵינוּ:

DIE VERDIENSTE UNSERER VORFAHREN

Dieser Bund und diese Strafen gelten nicht nur euch allein, sondern allen, die heute hier vor Gott stehen und allen, die heute nicht hier stehen. *(Dtn 29,13-14)* Gesagt ist dies nur zu denen, die tatsächlich am Sinai standen. Woher aber wissen wir, dass dies auch den zukünftigen Generationen gilt und all denen, die sich später unserem Volk anschließen werden? Weil gesagt ist: „und sie gelten allen, die heute nicht hier stehen."

(bSchewuot 39b)

UNSERE EIGENEN VERDIENSTE

Wir dürfen uns nicht auf dem Werk unserer Vorfahren ausruhen. Wenn wir in unserem Leben nichts Gutes tun, können wir uns auch nicht auf die Verdienste unserer Vorfahren berufen. „In der zukünftigen Welt erhalten wir nicht die Verdienste unserer Vorfahren, sondern unsere eigenen."

Wenn die Lade aufbrach, sagte Mose:
Erhebe dich, Gott, dann zerstreuen sich deine Feinde,
dann fliehen deine Gegner vor dir, *(Num 10,35)*
denn die Thora wird von Zion herkommen
und Gottes Wort von Jerusalem. *(Jes 2,3)*

Der Ewige, der Ewige, Gott, barmherzig und gnädig, nachsichtig, von unendlicher Liebe und Treue; bewahrt Gnade bis in die tausendste Generation, vergibt Verkehrung, Eigensüchtigkeit und Verfehlung und befreit. *(Die 13 Eigenschaften Gottes Ex 34,6 u. 7)*

Gepriesen sei Gott; Gott gab Israel in göttlicher Heiligkeit die Thora.
Höre Israel, der Ewige ist Gott, der Ewige ist einzig! *(Dtn 6,4)*
Einzigartig ist unser Gott. Gott ist groß und Gott herrscht.
Heilig ist Gottes Name und furchtgebietend! *(Ps 147,5)*
Preiset mit mir den lebendigen Gott
und lasst uns miteinander den Namen Gottes erhöhen! *(Ps 34,4)*

Dein Eigen, Gott, sind Größe und Macht, Ruhm, Pracht und Hoheit. Dir gehört alles im Himmel und auf Erden. Dein, Gott, ist die Herrschaft und du erhebst dich als Haupt über alles. *(1. Chron 29,11)* Rühmt den Ewigen, unsern Gott;werft euch am Schemel der Füße Gottes nieder! Denn Gott ist heilig. Rühmt den Ewigen, unsern Gott, werft euch nieder an Gottes heiligem Berge! Denn heilig ist der Ewige, unser Gott. *(Ps 99,5.9)*

אֵין קָדוֹשׁ כַּיהוָה כִּי־אֵין בִּלְתֶּךָ. וְאֵין צוּר כֵּאלֹהֵינוּ: כִּי מִי אֱלוֹהַּ מִבַּלְעֲדֵי יְהוָה. וּמִי צוּר זוּלָתִי אֱלֹהֵינוּ: תּוֹרָה צִוָּה־לָנוּ מֹשֶׁה. מוֹרָשָׁה קְהִלַּת יַעֲקֹב: עֵץ־חַיִּים הִיא לַמַּחֲזִיקִים בָּהּ. וְתֹמְכֶיהָ מְאֻשָּׁר: דְּרָכֶיהָ דַרְכֵי־נֹעַם. וְכָל־נְתִיבֹתֶיהָ שָׁלוֹם: שָׁלוֹם רָב לְאֹהֲבֵי תוֹרָתֶךָ. וְאֵין־לָמוֹ מִכְשׁוֹל: יְהוָה עֹז לְעַמּוֹ יִתֵּן. יְהוָה יְבָרֵךְ אֶת־עַמּוֹ בַשָּׁלוֹם: כִּי שֵׁם יְהוָה אֶקְרָא. הָבוּ גֹדֶל לֵאלֹהֵינוּ: הַכֹּל תְּנוּ עֹז לֵאלֹהִים. וּתְנוּ כָבוֹד לַתּוֹרָה:

וְזֹאת הַתּוֹרָה אֲשֶׁר־שָׂם מֹשֶׁה. לִפְנֵי בְּנֵי יִשְׂרָאֵל: תּוֹרָה צִוָּה־לָנוּ מֹשֶׁה. מוֹרָשָׁה קְהִלַּת יַעֲקֹב: הָאֵל תָּמִים דַּרְכּוֹ. אִמְרַת יְהוָה צְרוּפָה. מָגֵן הוּא לְכֹל הַחוֹסִים בּוֹ:

ERSTE ALIJA

Vor der Thoralesung:

בָּרְכוּ אֶת־יְהוָה הַמְבֹרָךְ:

בָּרוּךְ יְהוָה הַמְבֹרָךְ לְעוֹלָם וָעֶד:

בָּרוּךְ אַתָּה יְהוָה אֱלֹהֵינוּ מֶלֶךְ הָעוֹלָם. אֲשֶׁר בָּחַר־בָּנוּ מִכָּל־הָעַמִּים. וְנָתַן־לָנוּ אֶת־תּוֹרָתוֹ. בָּרוּךְ אַתָּה יְהוָה. נוֹתֵן הַתּוֹרָה:

קריאת התורה: שמות יט,טז-כ,יז

Nach der Thoralesung:

בָּרוּךְ אַתָּה יְהוָה אֱלֹהֵינוּ מֶלֶךְ הָעוֹלָם. אֲשֶׁר נָתַן־לָנוּ תּוֹרַת אֱמֶת. וְחַיֵּי עוֹלָם נָטַע בְּתוֹכֵנוּ. בָּרוּךְ אַתָּה יְהוָה. נוֹתֵן הַתּוֹרָה:

ZWEITE ALIJA

AUS „AKDAMUT“

אַקְדָּמוּת מִלִּין וְשָׁרָיוּת שׁוּתָא.
אַוְלָא שָׁקֵלְנָא הַרְמָן וּרְשׁוּתָא:
בְּבָבֵי תְּרֵי וּתְלָת דְּאֶפְתַּח בְּנַקְשׁוּתָא.

Niemand ist heilig, nur der Ewige; denn außer dem Ewigen gibt es keinen Gott; niemand ist ein Fels wie unser Gott. *(1. Sam 2,2)* Ja, wer ist Gott, als allein der Ewige, wer ist ein Fels, wenn nicht unser Gott? *(Ps 18,32)* Mose hat uns die Thora übergeben, den Erbbesitz der Gemeinde Jakobs. *(Dtn 33,4)* Wer nach ihr greift, dem ist sie ein Lebensbaum, wer sie festhält, ist glücklich zu preisen. *(Spr 3,18)* Ihre Wege sind Wege der Freude, all ihre Pfade führen zum Glück. *(Spr 3,17)* Alle, die deine Weisung lieben, empfangen Heil in Fülle; es trifft sie kein Unheil. *(Ps 119,165)* Gott gebe dem Gottesvolk Kraft, Gott segne das Gottesvolk mit Frieden. *(Ps 29,11)* Alles verkünde die Kraft Gottes und die Herrlichkeit der göttlichen Weisung!

Dies ist die Thora, die Mose den Kindern Israels gegeben hat. *(Dtn 4,44)* Mose hat uns die Thora übergeben, den Erbbesitz der Gemeinde Jakobs. *(Dtn 33,4)* Vollkommen ist Gottes Weg, das Wort des Ewigen ist im Feuer geläutert. Gott ist ein Schutzschild für alle, die sich bei ihm bergen. *(Ps 18,31)*

ERSTE ALIJA

Vor der Thoralesung:

Lasst uns Gott preisen; Gott gebührt unsere Ehre!
Gepriesen sei Gott; Gott gebührt unsere Ehre auf immer und ewig!

Gepriesen seist du, Ewiger, unser Gott, du regierst die Welt. Aus allen Völkern hast du uns erwählt um uns deine Thora zu geben. Gepriesen seist du, Ewiger. Du gibst die Thora.

THORALESUNG: EX 19,16-20,17

Nach der Thoralesung:

Gepriesen seist du, Ewiger, unser Gott; du regierst die Welt. Du hast uns die Weisung zur Wahrheit gegeben und ewiges Leben in uns eingepflanzt. Gepriesen seist du, Ewiger. Du gibst die Thora.

ZWEITE ALIJA *AUS „AKDAMUT"*

Bevor ich beginne, die Worte zu lesen,
erbitte ich in zwei, drei Zeilen,
die ich in Gottes Gegenwart zitternd spreche,
um den Auftrag und die Erlaubnis dazu.

בְּבָרֵי דְבָרֵי וְתָרֵי עֲדֵי לְקַשִׁישׁוּתָא:
גְבוּרָן עָלְמִין לֵהּ וְלָא סְפֵק פְּרִישׁוּתָא·

גְוִיל אִלּוּ רְקִיעֵי קְנֵי כָּל חוּרְשָׁתָא:

דְיוֹ אִלּוּ יַמֵּי וְכָל מֵי כְנִישׁוּתָא·

דָיְרֵי אַרְעָא סָפְרֵי וְרָשְׁמֵי רַשְׁוָתָא:

הֲדַר מָרֵי שְׁמַיָּא וְשַׁלִּיט בְּיַבֶּשְׁתָּא·

אֲרִיסְטוֹן לְצַדִּיקֵי יְתַקֵּן וְשֵׁרוּתָא:
זַכָּאִין כַּד שְׁמַעְתּוּן שְׁבַח דָּא שִׁירָתָא·
קְבִיעִין כֵּן תֶּהֱווֹן בְּהַנְהוּ חֲבוּרָתָא:
וְתִזְכּוּן דִּי תֵיתְבוּן בְּעֶלָּא דָרָתָא·
אֲרֵי תְצִיתוּן לְמִלּוֹי דְנָפְקִין בְּהַדְרָתָא:
מְרוֹמָם הוּא אֱלָהִין בְּקַדְמְתָא וּבָתְרָיְתָא·
צְבִי וְאִתְרְעִי בָן וּמְסַר לָן אוֹרָיְתָא:

וְהַעֲרֶב־נָא יְהוָֹה אֱלֹהֵינוּ אֶת־דִּבְרֵי תוֹרָתְךָ בְּפִינוּ וּבְפִי עַמְּךָ בֵּית יִשְׂרָאֵל· וְנִהְיֶה אֲנַחְנוּ וְצֶאֱצָאֵינוּ וְצֶאֱצָאֵי עַמְּךָ בֵּית יִשְׂרָאֵל כֻּלָּנוּ יוֹדְעֵי שְׁמֶךָ וְלוֹמְדֵי תוֹרָתְךָ לִשְׁמָהּ· בָּרוּךְ אַתָּה יְהוָֹה הַמְלַמֵּד תּוֹרָה לְעַמּוֹ יִשְׂרָאֵל:

Die Gemeinde erhebt sich.– STILLE –

Die Thora und ihre Segenssprüche werden gelesen.

Gott schuf die Welt und trägt sie bis in Ewigkeit.
Gottes Stärke ist unermesslich.

Selbst wenn der ganze Himmel eine Schriftrolle wäre,
und jeder Baum im Wald ein Schreibrohr,

selbst wenn das ganze Meer Tinte wäre,
und alles Wasser, das sich irgendwo gesammelt hat,

selbst wenn alle Menschen der Welt schreiben könnten
und die Worte niederschrieben,

auch dann wäre es unmöglich,
die Herrlichkeit Gottes im Himmel
und Gottes Herrschaft über die Erde
zu beschreiben. ... *(vgl. bSchab 11a)*

Gott wird ein Mahl für die Gerechten bereiten. ...
Mögt ihr Frommen, die ihr den Lobpreis dieses Liedes hört,
zu dieser Mahlgemeinschaft eingeladen sein.
Mögt ihr für würdig befunden werden,
in diesem Festsaal zu sitzen,
weil ihr auf diese zehn Worte gehört habt,
die in Herrlichkeit ertönten.

Erhaben ist Gott in der Vergangenheit und in der Zukunft.
Er erwählte uns, fand Gefallen an uns und gab uns die Thora.
(Kommentar zu „Akdamut" im Glossar.)

UNSER GEBET

Ewiger, unser Gott, lass die Worte deiner Thora süß sein in unseren Mündern und in den Mündern deines Volkes Israel. Lass uns, unsere Kinder und die Kinder deines Volkes, der Familie Israels, lass uns und sie alle Menschen sein, die deinen Namen kennen und die die Thora um ihrer selbst willen lernen. Gepriesen seist du, Ewiger. Du hast dein Volk Israel die Thora gelehrt.

Die Gemeinde erhebt sich.– STILLE –

Die Thora und ihre Segenssprüche werden gelesen.

שמות
כ,א-יז

עשרת הדברות

וַיְדַבֵּר אֱלֹהִים אֵת כָּל־הַדְּבָרִים הָאֵלֶּה לֵאמֹר׃

א אָנֹכִי יְהֹוָה אֱלֹהֶיךָ אֲשֶׁר הוֹצֵאתִיךָ מֵאֶרֶץ מִצְרַיִם מִבֵּית
עֲבָדִים׃

ב לֹא־יִהְיֶה לְךָ אֱלֹהִים אֲחֵרִים עַל־פָּנָי׃ לֹא־תַעֲשֶׂה לְךָ
פֶסֶל וְכָל־תְּמוּנָה אֲשֶׁר בַּשָּׁמַיִם מִמַּעַל וַאֲשֶׁר בָּאָרֶץ מִתָּחַת
וַאֲשֶׁר בַּמַּיִם מִתַּחַת לָאָרֶץ׃ לֹא־תִשְׁתַּחֲוֶה לָהֶם וְלֹא
תָעָבְדֵם כִּי אָנֹכִי יְהֹוָה אֱלֹהֶיךָ אֵל קַנָּא פֹּקֵד עֲוֺן אָבֹת
עַל־בָּנִים עַל־שִׁלֵּשִׁים וְעַל־רִבֵּעִים לְשֹׂנְאָי׃ וְעֹשֶׂה חֶסֶד
לַאֲלָפִים לְאֹהֲבַי וּלְשֹׁמְרֵי מִצְוֺתָי׃

ג לֹא תִשָּׂא אֶת־שֵׁם־יְהֹוָה אֱלֹהֶיךָ לַשָּׁוְא כִּי לֹא יְנַקֶּה יְהֹוָה
אֵת אֲשֶׁר־יִשָּׂא אֶת־שְׁמוֹ לַשָּׁוְא׃

ד זָכוֹר אֶת־יוֹם הַשַּׁבָּת לְקַדְּשׁוֹ׃ שֵׁשֶׁת יָמִים תַּעֲבֹד
וְעָשִׂיתָ כָּל־מְלַאכְתֶּךָ׃ וְיוֹם הַשְּׁבִיעִי שַׁבָּת לַיהֹוָה אֱלֹהֶיךָ
לֹא־תַעֲשֶׂה כָל־מְלָאכָה אַתָּה וּבִנְךָ וּבִתֶּךָ עַבְדְּךָ וַאֲמָתְךָ
וּבְהֶמְתֶּךָ וְגֵרְךָ אֲשֶׁר בִּשְׁעָרֶיךָ׃ כִּי שֵׁשֶׁת־יָמִים עָשָׂה יְהֹוָה
אֶת־הַשָּׁמַיִם וְאֶת־הָאָרֶץ אֶת־הַיָּם וְאֶת־כָּל־אֲשֶׁר־בָּם וַיָּנַח
בַּיּוֹם הַשְּׁבִיעִי· עַל־כֵּן בֵּרַךְ יְהֹוָה אֶת־יוֹם הַשַּׁבָּת וַיְקַדְּשֵׁהוּ׃

ה כַּבֵּד אֶת־אָבִיךָ וְאֶת־אִמֶּךָ לְמַעַן יַאֲרִכוּן יָמֶיךָ עַל
הָאֲדָמָה אֲשֶׁר־יְהֹוָה אֱלֹהֶיךָ נֹתֵן לָךְ׃

ו לֹא תִרְצָח׃

ז לֹא תִנְאָף׃

ח לֹא תִגְנֹב׃

ט לֹא־תַעֲנֶה בְרֵעֲךָ עֵד שָׁקֶר׃

י לֹא תַחְמֹד בֵּית רֵעֶךָ לֹא תַחְמֹד· אֵשֶׁת רֵעֶךָ וְעַבְדּוֹ
וַאֲמָתוֹ וְשׁוֹרוֹ וַחֲמֹרוֹ וְכֹל אֲשֶׁר לְרֵעֶךָ׃

EXODUS 20,1-17

DIE ZEHN WORTE

Dann sprach Gott die folgenden Worte:

1. Ich bin der Ewige, dein Gott, ich habe dich aus Ägypten geführt, aus dem Sklavenhaus.

2. Du sollst keine anderen Götter haben vor mir. Du sollst dir kein Bild machen und keine Darstellung von irgendetwas, das oben im Himmel ist, das unten auf der Erde ist und das unter der Erde im Wasser ist. Du sollst dich nicht vor ihnen niederwerfen und ihnen nicht dienen. Denn ich, der Ewige, dein Gott, bin ein eifersüchtiger Gott. Ich suche die Schuld der Eltern an den Kindern heim, an der dritten und vierten Generation derer, die mich hassen. Aber ich erweise meine Gnade an tausenden von Generationen derer, die mich lieben und meine Gebote halten.

3. Du sollst den Namen des Ewigen, deines Gottes, nicht missbrauchen, denn Gott wird den nicht ungestraft lassen, der den Namen Gottes missbraucht.

4. Gedenke des Schabbattages, um ihn heilig zu halten! Sechs Tage sollst du arbeiten und dein Werk verrichten. Der siebte Tag aber ist ein Ruhetag, dem Ewigen, deinem Gott, geweiht. An ihm sollst du keine Arbeit tun, weder du selbst, noch dein Sohn, deine Tochter, dein Knecht, deine Magd, dein Vieh und deine Fremden. Denn in sechs Tagen hat Gott den Himmel und die Erde gemacht und das Meer und alles, was darin ist, am siebten Tag aber hat Gott geruht. Darum hat der Ewige den Schabbat gesegnet und ihn für heilig erklärt.

5. Ehre deinen Vater und deine Mutter, damit du lange lebst in dem Land, das der Ewige, dein Gott, dir gibt.

6. Du sollst nicht morden.

7. Du sollst nicht die Ehe brechen.

8. Du sollst nicht stehlen.

9. Du sollst nicht falsch gegen deinen Nächsten aussagen.

10. Du sollst nicht nach dem Haus deines Nächsten verlangen. Du sollst nicht nach der Frau deines Nächsten verlangen, nach seinem Sklaven oder seiner Sklavin, seinem Rind oder seinem Esel oder nach irgendetwas, das deinem Nächsten gehört.

Die Gemeinde nimmt wieder Platz.

Es ist unsere Aufgabe, uns an die Verpflichtungen der Thora zu erinnern, selbst dann, wenn wir gerade fröhlich sind. Denn Gott hat sie als eine Last auf unsere Herzen gelegt und als einen Antrieb in es hinein.

Gott hat die Bedürftigen und die Unterdrückten unserer Fürsorge anvertraut. Gott befiehlt uns, für die Armen, die Abgelehnten und die Flüchtlinge Partei zu ergreifen, den Hungrigen zu Nahrung zu verhelfen und den Heimatlosen eine Zuflucht zu schaffen. Gott hat uns aufgetragen, uns um die Fremden innerhalb unserer Tore zu kümmern. Gott fordert uns auf, sogar für die Ruhe unserer Arbeitstiere, des Ochsen und des Esels, zu sorgen.

Gott liebt sie alle so, wie Gott uns liebt, denn wir waren Sklaven in Ägypten.

יַעֲשֶׂה אָדָם מַעֲשִׂים טוֹבִים וְאַחַר כָּךְ יִשְׁאַל תּוֹרָה מִלִּפְנֵי הַמָּקוֹם. יַעֲשֶׂה אָדָם מַעֲשֶׂה צַדִּיקִים וּכְשֵׁרִים וְאַחַר כָּךְ יִשְׁאַל חָכְמָה מִלִּפְנֵי הַמָּקוֹם. יִתְפּוֹשׂ אָדָם דֶּרֶךְ עֲנָוָה וְאַחַר כָּךְ יִשְׁאַל בִּינָה מִלִּפְנֵי הַמָּקוֹם:

לֹא עָלֶיךָ הַמְּלָאכָה לִגְמוֹר וְלֹא־אַתָּה בֶן־חוֹרִין לְהִבָּטֵל מִמֶּנָּה:

Der dritte Abschnitt der Thora, Dtn 16,9-12 wird mit den Segenssprüchen gelesen.

מִפְּנֵי מָה לֹא נִתְּנָה תּוֹרָה בְּאֶרֶץ יִשְׂרָאֵל. שֶׁלֹּא לִתֵּן פִּתְחוֹן פֶּה לְאוּמּוֹת הָעוֹלָם לוֹמַר לְפִי שֶׁנִּתְּנָה תּוֹרָה בְּאַרְצוֹ לְפִיכָךְ לֹא קִבַּלְנוּ עָלֵינוּ: לְפִיכָךְ נִתְּנָה בַּמִּדְבָּר דִּימוֹס פַּרְהֶסְיָא בִּמְקוֹם הֶפְקֵר:

בִּשְׁלֹשָׁה דְּבָרִים נִמְשְׁלָה תּוֹרָה בְּמִדְבָּר וּבְאֵשׁ וּבְמַיִם. לוֹמַר לְךָ מָה אֵלּוּ חִנָּם לְכָל־בָּאֵי הָעוֹלָם אַף דִּבְרֵי תוֹרָה חִנָּם לְכָל־בָּאֵי הָעוֹלָם:

Die Gemeinde nimmt wieder Platz.

DRITTE ALIJA

AZ'HA-RAH – „WAR-NUNG"

Es ist unsere Aufgabe, uns an die Verpflichtungen der Thora zu erinnern, selbst dann, wenn wir gerade fröhlich sind. Denn Gott hat sie als eine Last auf unsere Herzen gelegt und als einen Antrieb in es hinein.

Gott hat die Bedürftigen und die Unterdrückten unserer Fürsorge anvertraut. Gott befiehlt uns, für die Armen, die Abgelehnten und die Flüchtlinge Partei zu ergreifen, den Hungrigen zu Nahrung zu verhelfen und den Heimatlosen eine Zuflucht zu schaffen. Gott hat uns aufgetragen, uns um die Fremden innerhalb unserer Tore zu kümmern. Gott fordert uns auf, sogar für die Ruhe unserer Arbeitstiere, des Ochsen und des Esels, zu sorgen.

Gott liebt sie alle so, wie Gott uns liebt, denn wir waren Sklaven in Ägypten.

UNSERE ANT-WORT

Ein Mensch tue gute Werke und suche dann die Weisung Gottes.
Ein Mensch tue gerechte und gute Werke und suche dann die Weisheit Gottes.
Ein Mensch wähle den Weg der Demut und suche dann nach Gottes Verständnis.

(Seder Elijahu Rabba 5)

Es liegt nicht an dir, das Werk zu vollenden,
du bist aber auch nicht frei, es zu unterlassen.

(Sprüche der Väter 2,21)

Der dritte Abschnitt der Thora, Dtn 16,9-12 wird mit den Segenssprüchen gelesen.

DIE THORA GILT ALLEN

Warum ist die Thora nicht innerhalb des Landes Israel gegeben worden? – Damit die Nationen der Welt keine Ausrede haben und sagen können: 'Die Thora ist im Land Israel gegeben worden, deshalb nehmen wir sie nicht an.' Darum also wurde sie in der Wüste, in einem Niemandsland, in aller Öffentlichkeit und in aller Offenheit gegeben.
Drei Dingen gleicht die Thora: Der Wüste, dem Feuer und dem Regen. Denn wie diese Dinge für alle Lebewesen umsonst sind, so sind auch die Worte der Thora für alle Lebewesen umsonst.

(Mechilta Be-Chodesch 5)

מֵעִיד אֲנִי עָלַי אֶת־הַשָּׁמַיִם וְאֶת הָאָרֶץ. בֵּין גּוֹי וּבֵין
יִשְׂרָאֵל בֵּין אִישׁ וּבֵין אִשָּׁה בֵּין עֶבֶד בֵּין שִׁפְחָה הַכֹּל לְפִי
מַעֲשֶׂה שֶׁעוֹשֶׂה כָּךְ רוּחַ הַקָּדוֹשׁ שׁוֹרָה עָלָיו:

Der Gottesdienst wird mit den Segenssprüchen vor der Haftara aus S. 458 fortgesetzt.

Köln, Glockengasse (1861-1938)

UNSERE ANTWORT

Ich bezeuge bei Himmel und Erde: Sei ein Mensch jüdisch oder nichtjüdisch, Mann oder Frau, versklavt oder frei – auf allen Menschen ruht der Geist Gottes allein nach dem Maß ihrer guten Werke.

(Seder Elijahu Rabbah)

Der Gottesdienst wird mit den Segenssprüchen vor der Haftara aus S. 459 fortgesetzt.

Köln, Innenansicht der Synagoge in der Glockengasse
(Aquarell von Conraths)

Alle Gottesdienste werden hier fortgesetzt:

הפטרה וברכותיה

Vor der Haftara:

בָּרוּךְ אַתָּה יְהוָה אֱלֹהֵינוּ מֶלֶךְ הָעוֹלָם. אֲשֶׁר בָּחַר בִּנְבִיאִים טוֹבִים וְרָצָה בְדִבְרֵיהֶם הַנֶּאֱמָרִים בֶּאֱמֶת: בָּרוּךְ אַתָּה יְהוָה. הַבּוֹחֵר בַּתּוֹרָה וּבְמשֶׁה עַבְדּוֹ וּבְיִשְׂרָאֵל עַמּוֹ וּבִנְבִיאֵי הָאֱמֶת וָצֶדֶק:

Nach der Haftara:

Vor על התורה *fügen einige Gemeinden die folgenden Segenssprüche ein:*

בָּרוּךְ אַתָּה יְהוָה אֱלֹהֵינוּ מֶלֶךְ הָעוֹלָם. צוּר כָּל הָעוֹלָמִים. צַדִּיק בְּכָל־הַדּוֹרוֹת. הָאֵל הַנֶּאֱמָן הָאוֹמֵר וְעוֹשֶׂה הַמְדַבֵּר וּמְקַיֵּם שֶׁכָּל־דְּבָרָיו אֱמֶת וָצֶדֶק: נֶאֱמָן אַתָּה הוּא יְהוָה אֱלֹהֵינוּ וְנֶאֱמָנִים דְּבָרֶיךָ וְדָבָר אֶחָד מִדְּבָרֶיךָ אָחוֹר לֹא יָשׁוּב רֵיקָם כִּי אֵל מֶלֶךְ נֶאֱמָן [וְרַחֲמָן] אָתָּה: בָּרוּךְ אַתָּה יְהוָה. הָאֵל הַנֶּאֱמָן בְּכָל דְּבָרָיו:

רַחֵם עַל צִיּוֹן כִּי הִיא בֵּית חַיֵּינוּ וְלַעֲלוּבַת נֶפֶשׁ תּוֹשִׁיעַ בִּמְהֵרָה בְיָמֵינוּ. בָּרוּךְ אַתָּה יְהוָה. מְשַׂמֵּחַ צִיּוֹן בְּבָנֶיהָ:

שַׂמְּחֵנוּ יְהוָה אֱלֹהֵינוּ בְּאֵלִיָּהוּ הַנָּבִיא עַבְדֶּךָ וּבְמַלְכוּת בֵּית דָּוִד מְשִׁיחֶךָ. בִּמְהֵרָה יָבֹא וְיָגֵל לִבֵּנוּ. עַל כִּסְאוֹ לֹא יֵשֶׁב זָר וְלֹא יִנְחֲלוּ עוֹד אֲחֵרִים אֶת כְּבוֹדוֹ כִּי בְשֵׁם קָדְשְׁךָ נִשְׁבַּעְתָּ לוֹ שֶׁלֹּא יִכְבֶּה נֵרוֹ לְעוֹלָם וָעֶד. בָּרוּךְ אַתָּה יְהוָה. מָגֵן דָּוִד:

Alle Gottesdienste werden hier fortgesetzt:

DIE HAFTARA UND IHRE SEGENSSPRÜCHE

Vor der Haftara:

Gepriesen seist du, Ewiger, unser Gott; du regierst die Welt. Du hast gute Propheten erwählt. Du hattest Gefallen an ihren Worten, weil sie der Wahrheit entsprachen. Gepriesen seist du, Ewiger, unser Gott. Du hast die Thora, deinen Knecht Mose, dein Volk Israel und die wahren und gerechten Propheten erwählt.

Nach der Haftara:

Vor „Für die Thora…" fügen einige Gemeinden die folgenden Segenssprüche ein:

Gespriesen seist du, Ewiger, unser Gott; du regierst die Welt. Du bist ein ewiger Fels. Alle Generationen erfahren dich als gerecht. Gott, du bist zuverlässig. Was du sagst, tust du. Was du verheißt, erfüllst du. Denn alle deine Worte sind wahr und gerecht. Du bist zuverlässig, Ewiger, unser Gott, und auf deine Worte ist Verlass. Nicht ein einziges deiner Worte bleibt ohne Wirkung *(vgl. Jes 55,11)*, denn du bist Gott, du regierst in Treue (und Barmherzigkeit). Gepriesen seist du, Ewiger. Auf alle deine Worte ist Verlass.

Erbarme dich über Zion, denn er ist die Heimat unseres Lebens. Errette die betrübten Seelen bald, noch in unseren Tagen. Gepriesen seist du, Ewiger. Du erfreust Zion durch ihre Kinder.

Ewiger, unser Gott, erfreue uns durch den Propheten Elia, deinen Knecht, und durch die Herrschaft des Hauses Davids, deines Gesalbten. Möge sie bald kommen, damit unsere Herzen jubeln. Auf seinem Thron möge kein Fremder sitzen, und es mögen nicht mehr andere seine Ehre erben, denn du hast ihm in deinem heiligen Namen geschworen, dass sein Licht niemals verlöschen wird. Gepriesen seist du, Ewiger, Schutzschild Davids.

עַל־הַתּוֹרָה וְעַל־הָעֲבוֹדָה וְעַל־הַנְּבִיאִים וְעַל־יוֹם

בשבת	[הַשַּׁבָּת הַזֶּה וְעַל־יוֹם...]
בפסח	חַג הַמַּצּוֹת הַזֶּה
בשבועות	חַג הַשָּׁבוּעוֹת הַזֶּה
בסוכות	חַג הַסֻּכּוֹת הַזֶּה
בשמחת תורה	חַג הָעֲצֶרֶת הַזֶּה

שֶׁנָּתַתָּ לָּנוּ יְהוָה אֱלֹהֵינוּ [לִקְדֻשָּׁה וְלִמְנוּחָה] לְשָׂשׂוֹן וּלְשִׂמְחָה לְכָבוֹד וּלְתִפְאָרֶת· עַל־הַכֹּל יְהוָה אֱלֹהֵינוּ אֲנַחְנוּ מוֹדִים לָךְ וּמְבָרְכִים אוֹתָךְ· יִתְבָּרַךְ שִׁמְךָ בְּפִי כָּל־חַי תָּמִיד לְעוֹלָם וָעֶד· בָּרוּךְ אַתָּה יְהוָה· מְקַדֵּשׁ [הַשַּׁבָּת וְ] יִשְׂרָאֵל וְהַזְּמַנִּים:

I

GEBET FÜR DIE REGIERUNG

Das folgende Gebet oder das Gebet auf der gegenüberliegenden Seite:

Gott, schenke der Regierung dieses Landes deine Weisheit; sei mit denen, die unser Land leiten und mit allen, die für die Sicherheit und das Wohlergehen unseres Landes Verantwortung tragen.

Gib uns allen die Kraft, unseren Verpflichtungen in Liebe nachzukommen, damit Gerechtigkeit und Güte in unserem Land wohnen. Lass unsere Herzen mit Frieden erfüllt sein. Lass die Verantwortlichen unseres Landes einander in Achtung begegnen. Lass sie sich einig sein in der Liebe zum Guten und in dem Willen, Gewalt und Streit abzuwehren. Gemeinsam mit allen Nationen dieser Welt lass uns nach Frieden und Gerechtigkeit streben, damit wir und die kommenden Generationen in Frieden leben.

Darin möge unser Land seine Ehre finden und seinen Ruhm darin, dass es mitwirkt an der Erlösung und an der Verwirklichung der Herrschaft Gottes auf der Erde. Amen.

Für die Thora, für den Gottesdienst, für die Worte der Propheten,
Am Schabbat:
(für diesen Tag der Ruhe und)
An Pessach:
für dieses Fest der ungesäuerten Brote,
An Schwuot:
für dieses Wochenfest,
An Sukkot:
für dieses Laubhüttenfest,
An Simchat Thora:
für dieses Schlussfest,
das du uns zur (Heiligkeit und Ruhe,) zur Fröhlichkeit und Freude gegeben hast, an dem wir deine Gegenwart und Herrlichkeit erfahren, dafür danken wir dir und preisen dich, Ewiger, unser Gott. Dein Name möge durch jeden Mund stets gepriesen werden, immer und ewig. Gepriesen seist du, Ewiger. Du hast (den Schabbat,) Israel und die Festzeiten geheiligt.

II

Das folgende Gebet oder das Gebet auf der gegenüberliegenden Seite:

GEBET FÜR INTERNATIONALE VERSTÄNDIGUNG

Gott, Quelle des Friedens, sei mit denjenigen, die die Geschicke der Welt lenken, damit Stolz und Prahlerei ein Ende nehmen und die Herrschaft der Arroganz aus unserer Zeit verschwindet. Gib ihnen den Mut, die Wahrheit zu sagen, und die Demut, anderen zuhören zu können. Hilf uns allen, dass uns das Wohl unserer Mitmenschen wichtiger ist als unsere eigenen ehrgeizigen Ziele. Hilf uns, dass uns mehr an der Wahrheit liegt, auch wenn sie uns schadet, als an einer Lüge, die uns nützt. Dadurch können wir aufrecht stehen, frei und unbelastet von Furcht und Verdächtigungen und bereit, einander zu vertrauen.

Hilf jedem und jeder von uns, den eigenen Beitrag zur Verständigung und das eigene Opfer für den Frieden zu geben, damit wir in Frieden mit uns selbst und in Frieden mit unseren Mitmenschen leben. Dann können wir in Gelassenheit beginnen, dein Reich in dieser Welt zu bauen, bis die Erde erfüllt ist von der Erkenntnis Gottes, wie das Meer mit Wasser gefüllt ist. Amen.

אֱלֹהֵינוּ וֵאלֹהֵי אֲבוֹתֵינוּ שְׁלַח־נָא בִּרְכָתְךָ עַל מְדִינַת יִשְׂרָאֵל וְעַל־כָּל־יוֹשְׁבֶיהָ. שְׁלַח־נָא אוֹרְךָ וַאֲמִתְּךָ לְמַנְהִיגֵי־הָעָם וְהַדְרִיכֵם בְּחָכְמָה וּבִתְבוּנָה כְּדֵי שֶׁיִּשְׂרוֹר שָׁלוֹם בִּגְבוּלוֹתֶיהָ וְשַׁלְוָה בְּבָתֶּיהָ. רוּחַ־אַחֲוָה וַהֲבָנָה הֲדָדִית תְּרַפֵּא כָּל־פֶּצַע וְחַבּוּרָה. תִּקְוַת־עַמָּהּ וַעֲבוֹדַת־בָּנֶיהָ תַּגְשֵׁמְנָה אֶת־חֲזוֹן ־הַנְּבִיאִים. כִּי מִצִּיּוֹן תֵּצֵא תוֹרָה וּדְבַר־יְהוָה מִירוּשָׁלָיִם. אָמֵן:

מִי שֶׁבֵּרַךְ אֲבוֹתֵינוּ אַבְרָהָם יִצְחָק וְיַעֲקֹב וְאִמּוֹתֵינוּ שָׂרָה רִבְקָה רָחֵל וְלֵאָה הוּא יְבָרֵךְ אֶת־כָּל־הַקָּהָל הַקָּדוֹשׁ הַזֶּה עִם כָּל־קְהִלּוֹת הַקֹּדֶשׁ. הֵם וּנְשֵׁיהֶם וּבְנֵיהֶם וּבְנוֹתֵיהֶם וְכֹל אֲשֶׁר לָהֶם. וּמִי שֶׁמְּיַחֲדִים בָּתֵּי כְנֵסִיּוֹת לִתְפִלָּה. וּמִי שֶׁבָּאִים בְּתוֹכָם לְהִתְפַּלֵּל. וּמִי שֶׁנּוֹתְנִים נֵר לַמָּאוֹר וְיַיִן לְקִדּוּשׁ וּלְהַבְדָּלָה וּפַת לָאוֹרְחִים וּצְדָקָה לָעֲנִיִּים. וְכָל־מִי שֶׁעוֹסְקִים בְּצָרְכֵי צִבּוּר בֶּאֱמוּנָה.

מֶלֶךְ עוֹלָמִים יְבָרֵךְ אֶתְכֶם וִיזַכֶּה אֶתְכֶם. וְיִשְׁמַע קוֹל תְּפִלּוֹתֵיכֶם. וְיִפְדֶּה וְיַצִּיל אֶתְכֶם מִכָּל־צָרָה וְצוּקָה. וְחֶסֶד יְהוָה יְהִי בְּסַעַדְכֶם וְיָגֵן בַּעַדְכֶם. וְיִפְרוֹשׂ סֻכַּת שְׁלוֹמוֹ עֲלֵיכֶם וְיִטַּע בֵּינֵיכֶם אַהֲבָה וְאַחֲוָה שָׁלוֹם וְרֵעוּת לְעוֹלָם.

יְהוָה אֱלֹהֵי אֲבוֹתֵיכֶם וְאִמּוֹתֵיכֶם יֹסֵף עֲלֵיכֶם כָּכֶם אֶלֶף פְּעָמִים וִיבָרֵךְ אֶתְכֶם כַּאֲשֶׁר דִּבֶּר־לָכֶם. וְכֵן יְהִי רָצוֹן. אָמֵן:

GEBET FÜR DEN STAAT ISRAEL

Unser Gott und Gott unserer Vorfahren, wir bitten dich um deinen Segen für den Staat Israel und für alle, die in ihm wohnen. Sende seinen Verantwortlichen dein Licht und deine Wahrheit, lass sie in Weisheit und Einsicht regieren, so dass Friede an den Grenzen des Landes herrscht und Sicherheit in den Häusern aller, die dort wohnen. Der Geist der Verbundenheit und gegenseitiges Verständnis mögen alle Wunden und Verletzungen heilen. Lass allen, die dort leben, Barmherzigkeit und Wahrhaftigkeit zuteil werden, so dass erfüllt werde, was die Propheten schauten: Die Thora wird von Zion herkommen und Gottes Wort von Jerusalem. *(Jes 2,3)*

GEBETE FÜR DIE GEMEINDE

Gott hat unsere Väter Abraham, Isaak und Jakob und unsere Mütter Sara, Rebekka, Lea und Rahel gesegnet. Möge Gott auch unsere Gemeinde segnen, zusammen mit allen anderen Gemeinden. Gottes Segen sei mit ihnen, ihren Familien und mit allem, was zu ihnen gehört. Gottes Segen sei mit allen, die Synagogen als Orte des Gebets unterhalten, und mit denen, die dort hineinkommen, um zu beten. Gottes Segen sei mit allen, die den Schabbatkerzen ihr Licht geben und den Wein für den Kiddusch und die Hawdala bereiten. Gottes Segen sei mit allen, die Fremde bewirten und den Randgruppen unserer Gesellschaft Hilfe und Anerkennung zuteil werden lassen. Gottes Segen sei mit allen, die zum Wohle der Gemeinschaft mit Aufrichtigkeit tätig sind.

Gott, dem die ganze Welt untertan ist, segne euch und schätze euch. Gott möge eure Gebete hören und euch befreien und erretten aus aller Bedrängnis und Not. Die Güte Gottes sei mit euch, sie stärke und schütze euch. Sie breite ihren Frieden über euch aus wie ein Zelt. Sie lasse Liebe, Geschwisterlichkeit, Friede und Freundschaft tief in euch verwurzelt sein.

Möge der Gott unserer Väter und Mütter euch vielfältig vermehren und euch segnen, seinem Versprechen gemäß. Möge dies Gottes Wille sein! Amen.

יְהַלְלוּ אֶת־שֵׁם יְהוָה כִּי־נִשְׂגָּב שְׁמוֹ לְבַדּוֹ׃

הוֹדוֹ עַל־אֶרֶץ וְשָׁמָיִם׃ וַיָּרֶם קֶרֶן לְעַמּוֹ תְּהִלָּה לְכָל־חֲסִידָיו לִבְנֵי יִשְׂרָאֵל עַם־קְרֹבוֹ׃ הַלְלוּיָהּ׃

Alle Gottesdienste außer an Sukkot werden mit Ps 24 auf S. 466 fortgesetzt.

SUKKOT

An Sukkot werden, während eine Rolle auf der Bima liegt, Lulaw und Etrog in einer Prozession getragen. Die Gemeinde antwortet auf die Sätze des Vorbeters/der Vorbeterin mit הוֹשַׁע נָא*:*

הוֹשַׁע נָא לְמַעַנְךָ אֱלֹהֵינוּ הוֹשַׁע נָא׃
הוֹשַׁע נָא לְמַעַנְךָ בּוֹרְאֵנוּ הוֹשַׁע נָא׃
הוֹשַׁע נָא לְמַעַנְךָ גּוֹאֲלֵנוּ הוֹשַׁע נָא׃
הוֹשַׁע נָא לְמַעַנְךָ דּוֹרְשֵׁנוּ הוֹשַׁע נָא׃

אָדָם וּבְהֵמָה הוֹשַׁע נָא׃
בָּשָׂר וְרוּחַ וּנְשָׁמָה הוֹשַׁע נָא׃
גִּיד וְעֶצֶם וְקָרְמָה הוֹשַׁע נָא׃
דְּמוּת וְצֶלֶם וְרִקְמָה הוֹשַׁע נָא׃
הוֹד לַהֶבֶל דָּמָה הוֹשַׁע נָא׃
וְנִמְשַׁל כַּבְּהֵמוֹת נִדְמָה הוֹשַׁע נָא׃
זִיו וְתֹאַר וְקוֹמָה הוֹשַׁע נָא׃
חִדּוּשׁ פְּנֵי אֲדָמָה הוֹשַׁע נָא׃
טִיעַת עֲצֵי נְשַׁמָּה הוֹשַׁע נָא׃
יְקָבִים וְקָמָה הוֹשַׁע נָא׃
כְּרָמִים וְשִׁקְמָה הוֹשַׁע נָא׃
לְתֵבֵל הַמְּסֻיָּמָה הוֹשַׁע נָא׃
מִטְרוֹת עֹז לְסַמְּמָה הוֹשַׁע נָא׃

Loben soll man den Namen Gottes,
denn Gottes Name allein ist erhaben,
Gottes Hoheit strahlt über Erde und Himmel.
Dem Gottesvolk verleiht Gott Macht,
das ist ein Ruhm für alle, die an Gott glauben,
für Israels Kinder, das Volk, das sich Gott nahen darf.
Halleluja – Lobet Gott! *(Ps 148,13 u. 14)*

Alle Gottesdienste außer an Sukkot werden mit Ps 24 auf S. 467 fortgesetzt.

SUKKOT *An Sukkot werden, während eine Rolle auf der Bima liegt, Lulaw und Etrog in einer Prozession getragen. Die Gemeinde antwortet auf die Sätze des Vorbeters/der Vorbeterin mit „Hoschanna":*

Hoschanna, hilf uns, denn du bist unser Gott. Hilf uns, Hoschanna.

Hoschanna, hilf uns, denn du hast uns gemacht. Hilf uns, Hoschanna.

Hoschanna, hilf uns, denn du erlöst uns. Hilf uns, Hoschanna.

Hoschanna, hilf uns, denn du suchst uns. Hilf uns, Hoschanna.

Hilf, Gott, den Menschen und den Tieren.
Hilf Fleisch, Geist und Seele.
Hilf den Sehnen, den Knochen und der Haut.
Hilf deinem Ebenbild und Abbild, deinem Gewebe.
Hilf dem, das ähnlich, gleich ist wie das Vieh.
Verleihe Glanz seiner aufrechten Gestalt.
Gib der Erde Erneuerung.
Lass statt verwüsteten Bäumen Pflanzungen entstehen.
Hilf Weinberg und Maulbeerbaum.
Hilf allen, die der Erdkreis umschließt.
Gib dem starken Regen heilende Kraft.

נְשִׂיָּה לְקַיְּמָה הוֹשַׁע נָא:
שִׂיחִים לְקוֹמְמָה הוֹשַׁע נָא:
עֲדָנִים לְעָצְמָה הוֹשַׁע נָא:
פְּרָחִים לְהַעֲצִימָה הוֹשַׁע נָא:
צְמָחִים לְגָשְׁמָה הוֹשַׁע נָא:
קָרִים לְזָרְמָה הוֹשַׁע נָא:
רְבִיבִים לְשַׁלְּמָה הוֹשַׁע נָא:
שְׁתִיָּה לְרוֹמְמָה הוֹשַׁע נָא:
תְּלוּיָה עַל בְּלִימָה הוֹשַׁע נָא:

הוֹשַׁע נָא הוֹשַׁע נָא:
לְמַעַנְךָ אִם לֹא לְמַעֲנֵנוּ הוֹשַׁע נָא:
אֲנִי וָהוֹ הוֹשִׁיעָה נָּא:

Nach der Prozession wird die Rolle zurück in den Thoraschrein gebracht. Der Gottesdienst wird auf S. 470 fortgesetzt.

תהלים כד

א לְדָוִד מִזְמוֹר
לַיהוָה הָאָרֶץ וּמְלוֹאָהּ תֵּבֵל וְיֹשְׁבֵי בָהּ׃
כִּי־הוּא עַל־יַמִּים יְסָדָהּ וְעַל־נְהָרוֹת יְכוֹנְנֶהָ׃
מִי־יַעֲלֶה בְהַר־יְהוָה וּמִי־יָקוּם בִּמְקוֹם קָדְשׁוֹ׃
נְקִי כַפַּיִם וּבַר־לֵבָב אֲשֶׁר לֹא־נָשָׂא לַשָּׁוְא נַפְשִׁי וְלֹא נִשְׁבַּע לְמִרְמָה׃
יִשָּׂא בְרָכָה מֵאֵת יְהוָה וּצְדָקָה מֵאֱלֹהֵי יִשְׁעוֹ׃
זֶה דּוֹר דֹּרְשָׁיו מְבַקְשֵׁי פָנֶיךָ יַעֲקֹב סֶלָה׃

Dem Vergessenen verhilf zu Erinnerung.
Den Gewächsen verhilf zu Wachstum.
Der Lieblichkeit verhilf zu Kraft.
Gib den Blumen Stärke,
und den Keimlingen Regen.
Lass die kühlen Wasser strömen.
Lass den Regen eine Wohltat sein.
Verhilf dem, das ihn trinkt, zu Größe.
Hilf, Gott, dem, das im Nichts hängt *(vgl. Hi 26,7)*.

Hoschanna, hilf uns; hilf uns, Hoschanna,
um deines Namens willen, nicht um unsertwillen, Hoschanna.
Gott, größer als all unsere Benennungen, hilf uns, Hoschanna.

Nach der Prozession wird die Rolle zurück in den Thoraschrein gebracht. Der Gottesdienst wird auf S. 471 fortgesetzt.

I
PSALM
24

Ein Psalm Davids

Gott gehört die Erde und was sie erfüllt,
das Festland und die darauf wohnen.
Denn Gott hat es auf den Meeren gegründet,
es über den Strömen befestigt.

Wer darf zu Gottes Berg hinaufziehen?
Wer darf an heiliger Stätte stehen?
Wer reine Hände hat
und ein lauteres Herz,
wer nicht betrügt
und keine falschen Eide schwört.

Ein solcher Mensch wird Segen von Gott empfangen
und Wohltaten von Gott; Gott ist seine Hilfe.
Dies sind die Menschen, die nach Gott fragen,
die deine Gegenwart suchen, Gott Jakobs.

שְׂאוּ שְׁעָרִים רָאשֵׁיכֶם וְהִנָּשְׂאוּ פִּתְחֵי עוֹלָם וְיָבוֹא מֶלֶךְ הַכָּבוֹד׃

מִי זֶה מֶלֶךְ הַכָּבוֹד יְהוָה עִזּוּז וְגִבּוֹר יְהוָה גִּבּוֹר מִלְחָמָה׃

שְׂאוּ שְׁעָרִים רָאשֵׁיכֶם וּשְׂאוּ פִּתְחֵי עוֹלָם וְיָבֹא מֶלֶךְ הַכָּבוֹד׃

מִי הוּא זֶה מֶלֶךְ הַכָּבוֹד יְהוָה צְבָאוֹת הוּא מֶלֶךְ הַכָּבוֹד סֶלָה׃

ב

תהלים כט

מִזְמוֹר לְדָוִד

הָבוּ לַיהוָה בְּנֵי אֵלִים הָבוּ לַיהוָה כָּבוֹד וָעֹז׃

הָבוּ לַיהוָה כְּבוֹד שְׁמוֹ הִשְׁתַּחֲווּ לַיהוָה בְּהַדְרַת־קֹדֶשׁ׃

קוֹל יְהוָה עַל־הַמָּיִם אֵל־הַכָּבוֹד הִרְעִים יְהוָה עַל־מַיִם רַבִּים׃

קוֹל־יְהוָה בַּכֹּחַ קוֹל יְהוָה בֶּהָדָר׃

קוֹל יְהוָה שֹׁבֵר אֲרָזִים וַיְשַׁבֵּר יְהוָה אֶת־אַרְזֵי הַלְּבָנוֹן׃

וַיַּרְקִידֵם כְּמוֹ־עֵגֶל לְבָנוֹן וְשִׂרְיֹן כְּמוֹ בֶן־רְאֵמִים׃

קוֹל־יְהוָה חֹצֵב לַהֲבוֹת אֵשׁ׃

קוֹל יְהוָה יָחִיל מִדְבָּר יָחִיל יְהוָה מִדְבַּר קָדֵשׁ׃

קוֹל יְהוָה יְחוֹלֵל אַיָּלוֹת וַיֶּחֱשֹׂף יְעָרוֹת וּבְהֵיכָלוֹ כֻּלּוֹ אֹמֵר כָּבוֹד׃

Ihr Tore, hebt euch nach oben,
hebt euch, ihr uralten Pforten,
denn es kommt der König der Ehre.
Wer ist der König der Ehre?
Gott, stark und gewaltig,
Gott, mächtig im Kampf.

Ihr Tore, hebt euch nach oben,
hebt euch, ihr uralten Pforten,
denn es kommt der König der Ehre.
Wer ist der König der Ehre?
Gott, der alles geschaffen hat,
das ist der König der Ehre.

II
PSALM
29

Ein Psalm Davids

Bringt dar dem Ewigen, ihr Himmlischen,
bringt dar dem Ewigen Lob und Ehre!
Bringt dar dem Ewigen die Ehre seines Namens,
werft euch vor Gott nieder in heiligem Schmuck!

Die Stimme Gottes erschallt über den Wassern.
Der Gott der Herrlichkeit donnert,
der Ewige über gewaltigen Wassern.
Die Stimme Gottes ertönt mit Macht,
die Stimme des Ewigen voll Majestät.

Die Stimme Gottes zerbricht die Zedern,
der Ewige zerschmettert die Zedern des Libanon.
Gott lässt den Libanon hüpfen wie ein Kalb,
wie einen Wildstier den Hermon.
Die Stimme Gottes sprüht flammendes Feuer,
die Stimme Gottes lässt die Wüste beben,
beben lässt Gott die Wüste von Kadesch.

Die Stimme Gottes wirbelt Eichen empor,
ganze Wälder reißt sie kahl.
In Gottes Palast rufen alle: O herrlicher Gott!

יְהוָה לַמַּבּוּל יָשָׁב וַיֵּשֶׁב יְהוָה מֶלֶךְ לְעוֹלָם׃

יְהוָה עֹז לְעַמּוֹ יִתֵּן יְהוָה יְבָרֵךְ אֶת־עַמּוֹ בַשָּׁלוֹם׃

I	II
שְׁכֹן יְהוָה בְּתוֹךְ	וּבְנֻחֹה יֹאמַר: שׁוּבָה יְיָ רִבְבוֹת
עַמֶּךָ וְתָנוּחַ רוּחֲךָ	אַלְפֵי יִשְׂרָאֵל: קוּמָה יְיָ לִמְנוּחָתֶךָ
בְּבֵית תְּפִלָּתֶךָ כִּי	אַתָּה וַאֲרוֹן עֻזֶּךָ: כֹּהֲנֶיךָ יִלְבְּשׁוּ־צֶדֶק
כָּל־פֶּה וְכָל־לָשׁוֹן	וַחֲסִידֶיךָ יְרַנֵּנוּ: בַּעֲבוּר דָּוִד עַבְדֶּךָ
יִתְּנוּ הוֹד וְהָדָר	אַל־תָּשֵׁב פְּנֵי מְשִׁיחֶךָ: כִּי לֶקַח טוֹב
לְמַלְכוּתֶךָ: כִּי לֶקַח	נָתַתִּי לָכֶם תּוֹרָתִי אַל־תַּעֲזֹבוּ: עֵץ
טוֹב נָתַתִּי לָכֶם	חַיִּים הִיא לַמַּחֲזִיקִים בָּהּ וְתֹמְכֶיהָ
תּוֹרָתִי אַל־תַּעֲזֹבוּ:	מְאֻשָּׁר: דְּרָכֶיהָ דַרְכֵי־נֹעַם וְכָל־
הֲשִׁיבֵנוּ יְהוָה אֵלֶיךָ	נְתִיבוֹתֶיהָ שָׁלוֹם:

הֲשִׁיבֵנוּ יְהוָה אֵלֶיךָ וְנָשׁוּבָה חַדֵּשׁ יָמֵינוּ כְּקֶדֶם:

Der Mussaf-Gottesdienst für den 1. Tag Pessach beginnt auf S. 474; für den 7. Tag Pessach auf S. 480; für Schawuot auf S. 484; für Sukkot auf S. 490; für Simchat Thora auf S. 494. Am Schabbat während der Halbfeiertage wird der Gottesdienst mit Alenu auf S. 498 fortgesetzt.

Der Ewige thront über der Flut,
Gott thront königlich bis in Ewigkeit.

Gott gebe dem Gottesvolk Kraft,
Gott segne das Gottesvolk mit Frieden.

ISRAEL KEHRT ZURÜCK

I

Gott, sei in deinem Volk gegenwärtig und lass deinen Geist wohnen im Haus deines Lobes, denn jeder Mund und jede Zunge sollen dir Lob singen und deine Herrschaft preisen. Denn du hast gesagt: Eine gute Lehre gebe ich euch. Lasst nicht ab von meiner Thora! *(Spr 4,2)* Gott, bring uns zu dir zurück, dann können wir zu dir zurückkehren.

II

Wenn man haltmachte, sagte man: Lass dich nieder, Gott, bei den zehntausendmal Tausenden Israels! *(Num 10,36)* Erhebe dich, Gott, komm an den Ort deiner Ruhe, du und deine machtvolle Lade! Deine Priester sollen sich mit Gerechtigkeit bekleiden, und deine Frommen sollen jubeln. Weil David dein Knecht ist, weise deinen Gesalbten nicht ab! *(Ps 132,8-10)* Denn eine gute Lehre gebe ich euch. Lasst nicht ab von meiner Thora! *(Spr 4,2)* Wer nach ihr greift, dem ist sie ein Lebensbaum, wer sie festhält, ist glücklich zu preisen. *(Spr 3,18)* Ihre Wege sind Wege der Freude, all ihre Pfade führen zum Glück. *(Spr 3,17)* Gott, bring uns zu dir zurück, dann können wir zu dir zurückkehren.

Gott, bringe uns zu dir zurück, dann können wir zu dir zurückkehren. Erneuere unsere Tage, damit sie werden wie früher. *(Kld 5,21)*

Der Mussaf-Gottesdienst für den 1. Tag Pessach beginnt auf S. 475; für den 7. Tag Pessach auf S. 481; für Schawuot auf S. 485; für Sukkot auf S. 491; für Simchat Thora auf S. 495. Am Schabbat während der Halbfeiertage wird der Gottesdienst mit Alenu auf S. 499 fortgesetzt.

MUSSAFGEBETE

תפלת מסוף
לשלוש רגלים

FÜR DIE PILGERFESTE

תפלת מוסף ליום ראשון של פסח

Anstelle des Folgenden kann auch die traditionelle Form der Amida (S. 506ff) gelesen werden.

Einer der beiden folgenden Absätze:

בָּרוּךְ אַתָּה יְיָ אֱלֹהֵינוּ וֵאלֹהֵי אֲבוֹתֵינוּ. אֱלֹהֵי אַבְרָהָם. אֱלֹהֵי יִצְחָק. וֵאלֹהֵי יַעֲקֹב. הָאֵל הַגָּדוֹל הַגִּבּוֹר וְהַנּוֹרָא. אֵל עֶלְיוֹן קוֹנֵה בְרַחֲמָיו שָׁמַיִם וָאָרֶץ: מָגֵן אָבוֹת בִּדְבָרוֹ. מְחַיֵּה מֵתִים בְּמַאֲמָרוֹ. הָאֵל הַקָּדוֹשׁ:

בָּרוּךְ אַתָּה יְיָ אֱלֹהֵינוּ וֵאלֹהֵי אֲבוֹתֵינוּ וְאִמּוֹתֵינוּ. אֱלֹהֵי אַבְרָהָם וֵאלֹהֵי שָׂרָה. אֱלֹהֵי יִצְחָק וֵאלֹהֵי רִבְקָה. אֱלֹהֵי יַעֲקֹב אֱלֹהֵי רָחֵל וֵאלֹהֵי לֵאָה. הָאֵל הַגָּדוֹל הַגִּבּוֹר וְהַנּוֹרָא. אֵל עֶלְיוֹן קוֹנֵה בְרַחֲמָיו שָׁמַיִם וָאָרֶץ: מָגֵן אָבוֹת בִּדְבָרוֹ. מְחַיֵּה מֵתִים בְּמַאֲמָרוֹ. הָאֵל הַקָּדוֹשׁ:

Unsere Vorfahren brachten dir ein besonderes Opfer dar, um dieses Fest der Freiheit zu ehren. Wir kommen heute mit unserem Opfer, denn wir bringen dir unsere falschen Anschauungen und unsere Ängste dar.

Du richtest unsere Aufmerksamkeit, genauso wie damals die unserer Vorfahren, auf eine unbekannte Zukunft. Wir folgen dir voller Vertrauen, geführt und gestützt von deiner Wahrheit.

כַּכָּתוּב. חֲזַק וֶאֱמָץ. אַל־תַּעֲרֹץ וְאַל־תֵּחָת כִּי עִמְּךָ יְהוָֹה אֱלֹהֶיךָ בְּכֹל אֲשֶׁר תֵּלֵךְ:

MUSSAFGEBET FÜR DEN ERSTEN TAG PESSACH

Anstelle des Folgenden kann auch die traditionelle Form der Amida (S. 507ff) gelesen werden.

Einer der beiden folgenden Absätze:

Gepriesen seist du, Ewiger, unser Gott und Gott unserer Väter, Gott Abrahams, Gott Isaaks und Gott Jakobs. Du bist groß und mächtig. Dir gebührt unsere Ehrfurcht. Du bist über alles erhaben. Du hast in deiner Barmherzigkeit Himmel und Erde erschaffen. Du warst ein Schutzschild für unsere Vorfahren durch deine Verheißung. Durch dein Wort schenkst du Leben angesichts des Todes. Du, Gott, bist heilig.

Gepriesen seist du, Ewiger, unser Gott und Gott unserer Väter und Mütter, Gott Abrahams und Gott Saras, Gott Isaaks und Gott Rebekkas, Gott Jakobs, Gott Rahels und Gott Leas. Du bist groß und mächtig. Dir gebührt unsere Ehrfurcht. Du bist über alles erhaben. Du hast in deiner Barmherzigkeit Himmel und Erde erschaffen. Du warst ein Schutzschild für unsere Vorfahren durch deine Verheißung. Durch dein Wort schenkst du Leben angesichts des Todes. Du, Gott, bist heilig.

Unsere Vorfahren brachten dir ein besonderes Opfer dar, um dieses Fest der Freiheit zu ehren. Wir kommen heute mit unserem Opfer, denn wir bringen dir unsere falschen Anschauungen und unsere Ängste dar.

Du richtest unsere Aufmerksamkeit, genauso wie damals die unserer Vorfahren, auf eine unbekannte Zukunft. Wir folgen dir voller Vertrauen, geführt und gestützt von deiner Wahrheit.

Denn so steht es geschrieben:
„Sei mutig und stark! Fürchte dich nicht und hab keine Angst! Denn der Ewige, dein Gott, ist mit dir, wohin immer du auch gehen wirst!"

(Jos 1,9)

Der folgende Abschnitt oder der auf der gegenüberliegenden Seite kann hier laut oder in der Stille gelesen werden:

Wenn Gott es gewollt hätte, hätte er das Herz Adams und Evas verändern und so ihren Fall verhindern können. Wenn Gott es gewollt hätte, hätte er das Herz des Pharao verändern können, anstatt zu erlauben, dass es hart wurde. Gott hätte das Herz der Hebräer verändern können, so dass sie nicht dem goldenen Kalb gedient hätten und nicht neuem Götzendienst verfallen wären, nachdem sie das verheißene Land erobert hatten. Warum hat Gott dies nicht getan? Hat es ihm an Macht gefehlt? Es gibt nur einen Grund, warum alles dieses so geschah: Der Mensch ist frei, seinen Weg zu wählen, er muss dann jedoch die Folgen seiner Wahl tragen. *I*

(Erich Fromm)

בָּרוּךְ אַתָּה יְהֹוָה אֱלֹהֵינוּ מֶלֶךְ הָעוֹלָם. שֶׁלֹּא עָשַׂנִי עָבֶד:
בָּרוּךְ אַתָּה יְהֹוָה אֱלֹהֵינוּ מֶלֶךְ הָעוֹלָם. שֶׁלֹּא עָשַׂנִי שִׁפְחָה:

Dies sind die Verheißungen Gottes, unsere Hoffnung für die Erlösung der Welt:

אֱמֹר לִבְנֵי־יִשְׂרָאֵל אֲנִי יְהֹוָה וְהוֹצֵאתִי אֶתְכֶם מִתַּחַת סִבְלֹת מִצְרַיִם...

Wenn du aus Ägypten ausziehst – aus welchem auch immer bei dir konkret –, dann lass dich nicht aufhalten durch den Gedanken: „Wie verdiene ich meinen Lebensunterhalt da draußen?" – Wer zögert, um Vorbereitungen für die Reise zu treffen, der wird Ägypten niemals verlassen. *(Nachman von Braclaw)*

וְהִצַּלְתִּי אֶתְכֶם מֵעֲבֹדָתָם...

Nach und nach muss man sich von dem Sklaven befreien, der ganz tief in einem versteckt ist. Dies ist eine Aufgabe, die das ganze Leben andauert. *(Natan [Anatoly] Scharansky)*

וְגָאַלְתִּי אֶתְכֶם בִּזְרוֹעַ נְטוּיָה...

Das wirkliche ägyptische Exil bestand darin, dass sie lernten, es auszuhalten. *(Henoch von Alexandria)*

Der folgende Abschnitt oder der auf der gegenüberliegenden Seite kann hier laut oder in der Stille gelesen werden:

II „Freiheit" – das ist fast ein leeres Wort, und seine Benutzung benebelt die Sinne. Aber wenn man dabei an die kleinen Schritte der Befreiung von Zwängen denkt, von einer Phobie, von einer Zwangsvorstellung, von Wiederholungen vergangener Fehler, wenn man dabei an die Freiheit von selbstzugefügter Grausamkeit denkt oder von Taten, die andere schädigen und damit zwangsläufig in Schuld, Isolation oder Einsamkeit führen, dann sind dies hart erkämpfte Errungenschaften. Sie sind nicht politisch, sie sind nicht gemeinschaftlich und man kann sie nicht weitergeben, aber es sind Freiheiten – Orte, an denen ein Mensch einen gewissen Triumph erreichen kann, ein kleines bisschen Glück: Ein Wert, ein Gut, ein grundlegendes ethisches Gut.

(Anne Roiphe)

Gepriesen seist du, Ewiger, unser Gott; du regierst die Welt. Du hast mich nicht als Sklavin geschaffen.

Gepriesen seist du, Ewiger, unser Gott; du regierst die Welt. Du hast mich nicht als Sklave geschaffen.

Dies sind die Verheißungen Gottes, unsere Hoffnung für die Erlösung der Welt:

Sage zu den Kindern Israels: „Ich bin der Ewige. Ich werde euch aus der Zwangsarbeit herausführen. …

Wenn du aus Ägypten ausziehst – aus welchem auch immer bei dir konkret –, dann lass dich nicht aufhalten durch den Gedanken: „Wie verdiene ich meinen Lebensunterhalt da draußen?" – Wer zögert, um Vorbereitungen für die Reise zu treffen, der wird Ägypten niemals verlassen. *(Nachman von Braclaw)*

Ich werde euch aus der Versklavung befreien. …

Nach und nach muss man sich von dem Sklaven befreien, der ganz tief in einem versteckt ist. Dies ist eine Aufgabe, die das ganze Leben andauert. *(Natan [Anatoly] Scharansky)*

Ich werde euch mit hoch erhobenem Arm erlösen. …

Das wirkliche ägyptische Exil bestand darin, dass sie lernten, es auszuhalten. *(Henoch von Alexandria)*

וְלָקַחְתִּי אֶתְכֶם לִי לְעָם...

Die Sklaven der Zeit – sie sind die unfreisten Sklaven; die Sklaven Gottes – nur sie sind frei. *(Jehuda ha-Levi)*

וְהָיִיתִי לָכֶם לֵאלֹהִים...

Wenn Gott nicht unser Gebieter ist, dann sind es Menschen; warum also Sklave von Sklaven sein? *(Nachman von Braclaw)*

וִידַעְתֶּם כִּי אֲנִי יְהוָֹה אֱלֹהֵיכֶם הַמּוֹצִיא אֶתְכֶם מִתַּחַת סִבְלוֹת מִצְרָיִם...

In jeder Generation müssen wir uns so betrachten, als wären wir selbst aus Ägpyten ausgezogen. *(aus der Pessach-Haggada)*

וְהֵבֵאתִי אֶתְכֶם אֶל־הָאָרֶץ אֲשֶׁר נָשָׂאתִי אֶת־יָדִי לָתֵת אֹתָהּ לְאַבְרָהָם לְיִצְחָק וּלְיַעֲקֹב...

Die Ehre deines Mitmenschen sei dir so kostbar wie deine eigene. *(Sprüche der Väter 2,15)*

וְנָתַתִּי אֹתָהּ לָכֶם מוֹרָשָׁה:

Jerusalem wird nur durch Gerechtigkeit erlöst werden. *(bSchabbat 139a)*

זְכוֹר יְהוָֹה אוֹתָנוּ וְאֶת־אַדְמָתֵנוּ. וּפְתַח לָנוּ אֶת־אוֹצָרְךָ הַטּוֹב אֶת־הַשָּׁמָיִם. וְנָתְנָה הָאָרֶץ אֶת־יְבוּלָהּ וְעֵץ הַשָּׂדֶה יִתֵּן אֶת־פִּרְיוֹ: זְכוֹר יְהוָֹה גַּם אֶת־בְּנֵי עַמֵּנוּ הַנְּפוֹצִים בַּיָּם וּבַקֶּדֶם בַּצָּפוֹן וּבַנֶּגֶב. וְהַקְּרוֹבִים אֵלֵינוּ בְּכָל־מֶרְחַקֵּי אָרֶץ. בְּגַשְׁתָּם יַחְדָּו לִקְרוֹא בְּשֵׁם קָדְשֶׁךָ וּלְעָבְדְךָ בְּלֵב אֶחָד: בָּרְכֵם בְּכָל־עֵת וְשַׂמְּחֵם בְּכָל־מְקוֹמוֹת מוֹשְׁבוֹתֵיהֶם: הַפְלֵא חֲסָדֶיךָ לָנוּ וּלְכָל־הַמְיַחֲלִים לָךְ וּשְׁלַח לָנוּ שְׁנַת חַיִּים וְשֹׂבַע שְׁנַת בְּרָכָה וְשָׁלוֹם. כִּי אַתָּה תַּשְׂבִּיעַ אֶת־כָּל־הָעוֹלָם מִטּוּבֶךָ וּתְמַלֵּא יָדֵינוּ מִבִּרְכוֹתֶיךָ. בָּרוּךְ אַתָּה יְהוָֹה מְבָרֵךְ הַמּוֹעֲדִים:

Ich nehme euch als mein Volk an. …

Die Sklaven der Zeit – sie sind die unfreisten Sklaven; die Sklaven Gottes – nur sie sind frei. *(Jehuda ha-Levi)*

Ich werde euer Gott sein. …

Wenn Gott nicht unser Gebieter ist, dann sind es Menschen; warum also Sklave von Sklaven sein? *(Nachman von Braclaw)*

Und ihr werdet erkennen, dass ich, der Ewige, euer Gott euch aus der Zwangsarbeit in Ägypten herausführe. …

In jeder Generation müssen wir uns so betrachten, als wären wir selbst aus Ägpyten ausgezogen. *(aus der Pessach-Haggada)*

Ich bringe euch in das Land, das ich Abraham, Isaak und Jakob geschworen habe zu geben. …

Die Ehre deines Mitmenschen sei dir so kostbar wie deine eigene. *(Sprüche der Väter 2,15)*

Ich übergebe es euch als Eigentum. *(Ex 6,6-8)*

Jerusalem wird nur durch Gerechtigkeit erlöst werden. *(bSchabbat 139a)*

GEBET FÜR DIE JAHRESZEITEN

Gott, denke an uns und an unsere Erde. Öffne deinen guten Schatz des Himmels, damit der Erdboden seinen Ertrag bringen kann und die Gewächse auf den Feldern ihre Frucht. Gott, denke auch an die, die zu unserem Volk gehören, aber zerstreut wohnen im Westen und Osten, im Norden und Süden, die uns nahe sind in den fernsten Gegenden der Erde, und bringe sie zusammen, damit sie deinen heiligen Namen anrufen und dir mit ungeteiltem Herzen dienen. Segne sie allezeit. Erfreue sie an allen Orten, an denen sie wohnen. Erweise uns und allen, die auf dich hoffen, deine Güte in einer Weise, die uns staunen lässt. Schenke uns ein Jahr, in dem unser Leben erhalten wird. Lass dieses Jahr gesättigt sein an Segen und an Frieden. Denn du sättigst die ganze Welt mit deinen Gütern und füllst unsere Hände mit deinem Segen. Gepriesen seist du, Ewiger. Du segnest die Jahreszeiten.

רְצֵא יְהוָֹה אֱלֹהֵינוּ בְּעַמְּךָ יִשְׂרָאֵל. וְלִתְפִלָּתָם שְׁעֵה: מוֹדִים אֲנַחְנוּ לָךְ עַל כָּל־הַטּוֹבוֹת שֶׁעָשִׂיתָ עִמָּנוּ וְעִם אֲבוֹתֵינוּ. וְאִם אָמַרְנוּ מָטָה רַגְלֵנוּ חַסְדְּךָ יְהוָֹה יִסְעָדֵנוּ: שִׂים שָׁלוֹם טוֹבָה וּבְרָכָה עָלֵינוּ: בָּרוּךְ אַתָּה יְהוָֹה. הַמְבָרֵךְ אֶת־עַמּוֹ בַּשָּׁלוֹם:

Der Gottesdienst wird mit Alenu auf S. 498 fortgesetzt.

תפלת מוסף ליום שביעי של פסח

Anstelle des Folgenden kann auch die traditionelle Form der Amida (S. 506ff) gelesen werden.

Einer der beiden folgenden Absätze:

בָּרוּךְ אַתָּה יְיָ אֱלֹהֵינוּ וֵאלֹהֵי אֲבוֹתֵינוּ. אֱלֹהֵי אַבְרָהָם. אֱלֹהֵי יִצְחָק. וֵאלֹהֵי יַעֲקֹב. הָאֵל הַגָּדוֹל הַגִּבּוֹר וְהַנּוֹרָא. אֵל עֶלְיוֹן קוֹנֶה בְּרַחֲמָיו שָׁמַיִם וָאָרֶץ: מָגֵן אָבוֹת בִּדְבָרוֹ. מְחַיֵּה מֵתִים בְּמַאֲמָרוֹ. הָאֵל הַקָּדוֹשׁ:

בָּרוּךְ אַתָּה יְיָ אֱלֹהֵינוּ וֵאלֹהֵי אֲבוֹתֵינוּ וְאִמּוֹתֵינוּ. אֱלֹהֵי אַבְרָהָם וֵאלֹהֵי שָׂרָה. אֱלֹהֵי יִצְחָק וֵאלֹהֵי רִבְקָה. אֱלֹהֵי יַעֲקֹב אֱלֹהֵי רָחֵל וֵאלֹהֵי לֵאָה. הָאֵל הַגָּדוֹל הַגִּבּוֹר וְהַנּוֹרָא. אֵל עֶלְיוֹן קוֹנֶה בְּרַחֲמָיו שָׁמַיִם וָאָרֶץ: מָגֵן אָבוֹת בִּדְבָרוֹ. מְחַיֵּה מֵתִים בְּמַאֲמָרוֹ. הָאֵל הַקָּדוֹשׁ:

Ewiger, unser Gott, habe Gefallen an deinem Volk Israel und höre seine Gebete. Wir danken dir für all das Gute, das du uns und unseren Vorfahren getan hast. Immer, wenn wir dachten: „Ich kann nicht mehr!", dann hat deine Güte uns gestützt. Schenke uns Frieden und Gutes. Segne uns und schütze unser Leben. Gepriesen seist du, Ewiger. Du segnest dein Volk Israel mit Frieden.

Der Gottesdienst wird mit Alenu auf S. 499 fortgesetzt.

MUSSAFGEBET FÜR DEN SIEBTEN TAG PESSACH

Anstelle des Folgenden kann auch die traditionelle Form der Amida (S. 507ff) gelesen werden.

Einer der beiden folgenden Absätze:

Gepriesen seist du, Ewiger, unser Gott und Gott unserer Väter, Gott Abrahams, Gott Isaaks und Gott Jakobs. Du bist groß und mächtig. Dir gebührt unsere Ehrfurcht. Du bist über alles erhaben. Du hast in deiner Barmherzigkeit Himmel und Erde erschaffen. Du warst ein Schutzschild für unsere Vorfahren durch deine Verheißung. Durch dein Wort schenkst du Leben angesichts des Todes. Du, Gott, bist heilig.

Gepriesen seist du, Ewiger, unser Gott und Gott unserer Väter und Mütter, Gott Abrahams und Gott Saras, Gott Isaaks und Gott Rebekkas, Gott Jakobs, Gott Rahels und Gott Leas. Du bist groß und mächtig. Dir gebührt unsere Ehrfurcht. Du bist über alles erhaben. Du hast in deiner Barmherzigkeit Himmel und Erde erschaffen. Du warst ein Schutzschild für unsere Vorfahren durch deine Verheißung. Durch dein Wort schenkst du Leben angesichts des Todes. Du, Gott, bist heilig.

Jenseits des Schilfmeers liegt die Wüste und die Wanderung in das verheißene Land. Es gibt keine Möglichkeit, in die ägyptische Knechtschaft zurückzukehren. Vor uns liegt der Weg zum Sinai und die Begegnung mit unserem Gott. Mögen wir den Mut haben, die Sicherheiten eines Sklavenlebens von uns abzuschütteln. Gott möge uns führen auf den privaten und auf den öffentlichen Wegen unseres Lebens.

וְאָמַר רַבִּי יַעֲקֹב אָמַר רַב חִסְדָּא: כֹּל הַיּוֹצֵא לַדֶּרֶךְ צָרִיךְ לְהִתְפַּלֵּל תְּפִלַּת הַדֶּרֶךְ:

תפלת הדרך

יְהִי רָצוֹן מִלְּפָנֶיךָ יְהוָה אֱלֹהֵינוּ וֵאלֹהֵי אֲבוֹתֵינוּ שֶׁתּוֹלִיכֵנוּ לְשָׁלוֹם וְתַצְעִידֵנוּ לְשָׁלוֹם וְתַדְרִיכֵנוּ לְשָׁלוֹם וְתַגִּיעֵנוּ לִמְחוֹז חֶפְצֵנוּ לְחַיִּים וּלְשִׂמְחָה וּלְשָׁלוֹם. וְתַצִּילֵנוּ מִכַּף כָּל־אוֹיֵב וְלִסְטִים וְחַיּוֹת רָעוֹת בַּדֶּרֶךְ וּמִכָּל־מִינֵי פּוּרְעָנִיּוֹת הַמִּתְרַגְּשׁוֹת וּבָאוֹת לָעוֹלָם. וְתִשְׁלַח בְּרָכָה בְּכָל־מַעֲשֵׂה יָדֵינוּ וְתִתְּנֵנוּ לְחֵן וּלְחֶסֶד וּלְרַחֲמִים בְּעֵינֶיךָ וּבְעֵינֵי כָל־רוֹאֵנוּ וְתִשְׁמַע קוֹל תַּחֲנוּנֵנוּ כִּי אֵל שׁוֹמֵעַ תְּפִלָּה וְתַחֲנוּן אָתָּה. בָּרוּךְ אַתָּה יְהוָה. שׁוֹמֵעַ תְּפִלָּה:

רְצֵא יְהוָה אֱלֹהֵינוּ בְּעַמְּךָ יִשְׂרָאֵל. וְלִתְפִלָּתָם שְׁעֵה: מוֹדִים אֲנַחְנוּ לָךְ עַל כָּל־הַטּוֹבוֹת שֶׁעָשִׂיתָ עִמָּנוּ וְעִם אֲבוֹתֵינוּ. יְאִם אָמַרְנוּ מָטָה רַגְלֵנוּ חַסְדְּךָ יְהוָה יִסְעָדֵנוּ: שִׂים שָׁלוֹם טוֹבָה וּבְרָכָה עָלֵינוּ: בָּרוּךְ אַתָּה יְהוָה. הַמְבָרֵךְ אֶת־עַמּוֹ בַּשָּׁלוֹם:

Der Gottesdienst wird mit Alenu auf S. 498 fortgesetzt.

Jenseits des Schilfmeers liegt die Wüste und die Wanderung in das verheißene Land. Es gibt keine Möglichkeit, in die ägyptische Knechtschaft zurückzukehren. Vor uns liegt der Weg zum Sinai und die Begegnung mit unserem Gott. Mögen wir den Mut haben, die Sicherheiten eines Sklavenlebens von uns abzuschütteln. Gott möge uns führen auf den privaten und auf den öffentlichen Wegen unseres Lebens.

Rabbi Jakob sagte im Namen Rabbi Chisdas: Alle, die eine Reise beginnen, sollen ein Gebet für die Reise sprechen. *(bBer 29b)*

GEBET ZU BEGINN EINER REISE

Ewiger, unser Gott und Gott unserer Vorfahren, lass uns wohlbehalten unterwegs sein. Behüte unsere Schritte und geleite uns mit deinem Frieden. Lass uns lebendig, froh und unversehrt unser Ziel erreichen. Bewahre uns unterwegs vor jeglichem Feind, vor gewalttätigen Menschen und vor bösen Tieren. Behüte uns vor jeglicher Katastrophe, die plötzlich über die Erde einbrechen könnte. Segne uns in allem, was wir tun, und lass uns Wohlwollen, Güte und Mitgefühl bei dir finden und bei jedem Menschen, dem wir begegnen werden. Höre unsere Bitten, denn du bist Gott, du hörst Bitten und Gebete. Gepriesen seist du, Ewiger. Du hörst Gebet.

Ewiger, unser Gott, habe Gefallen an deinem Volk Israel und höre seine Gebete. Wir danken dir für all das Gute, das du uns und unseren Vorfahren getan hast. Immer, wenn wir dachten: „Ich kann nicht mehr!", dann hat uns deine Güte gestützt. Schenke uns Frieden und Gutes. Segne uns und schütze unser Leben. Gepriesen seist du, Ewiger. Du segnest dein Volk Israel mit Frieden.

Der Gottesdienst wird mit Alenu auf S. 499 fortgesetzt.

תפלת מוסף לשבועות

Anstelle des Folgenden kann auch die traditionelle Form der Amida (S. 506ff) gelesen werden.

Einer der beiden folgenden Absätze:

בָּרוּךְ אַתָּה יְיָ אֱלֹהֵינוּ וֵאלֹהֵי אֲבוֹתֵינוּ. אֱלֹהֵי אַבְרָהָם. אֱלֹהֵי יִצְחָק. וֵאלֹהֵי יַעֲקֹב. הָאֵל הַגָּדוֹל הַגִּבּוֹר וְהַנּוֹרָא. אֵל עֶלְיוֹן קוֹנֵה בְרַחֲמָיו שָׁמַיִם וָאָרֶץ: מָגֵן אָבוֹת בִּדְבָרוֹ. מְחַיֵּה מֵתִים בְּמַאֲמָרוֹ. הָאֵל הַקָּדוֹשׁ:

בָּרוּךְ אַתָּה יְיָ אֱלֹהֵינוּ וֵאלֹהֵי אֲבוֹתֵינוּ וְאִמּוֹתֵינוּ. אֱלֹהֵי אַבְרָהָם וֵאלֹהֵי שָׂרָה. אֱלֹהֵי יִצְחָק וֵאלֹהֵי רִבְקָה. אֱלֹהֵי יַעֲקֹב אֱלֹהֵי רָחֵל וֵאלֹהֵי לֵאָה. הָאֵל הַגָּדוֹל הַגִּבּוֹר וְהַנּוֹרָא. אֵל עֶלְיוֹן קוֹנֵה בְרַחֲמָיו שָׁמַיִם וָאָרֶץ: מָגֵן אָבוֹת בִּדְבָרוֹ. מְחַיֵּה מֵתִים בְּמַאֲמָרוֹ. הָאֵל הַקָּדוֹשׁ:

תּוֹרַת יְהוָה תְּמִימָה מְשִׁיבַת נָפֶשׁ...

Die Unterweisungen sollten nicht als eine Ansammlung von Material betrachtet werden... Entweder lebt die Unterweisung im Leben eines Menschen, oder sie lebt überhaupt nicht.

(Martin Buber)

עֵדוּת יְהוָה נֶאֱמָנָה מַחְכִּימַת פֶּתִי...

Am Sinai hörten alle die Thora, entsprechend ihres jeweiligen Vermögens, Alte und Junge, Kinder und Säuglinge.

(Schemot Rabba 5,9)

פִּקּוּדֵי יְהוָה יְשָׁרִים מְשַׂמְּחֵי־לֵב...

Öffne das Auge deines Herzens, so dass du würdigen kannst, was du mit den Augen deines Kopfes siehst.

(The Foundation of Religious Fear)

MUSSAFGEBET FÜR SCHAWUOT

Anstelle des Folgenden kann auch die traditonelle Form der Amida (S. 507ff) gelesen werden.

Einer der beiden folgenden Absätze:

Gepriesen seist du, Ewiger, unser Gott und Gott unserer Väter, Gott Abrahams, Gott Isaaks und Gott Jakobs. Du bist groß und mächtig. Dir gebührt unsere Ehrfurcht. Du bist über alles erhaben. Du hast in deiner Barmherzigkeit Himmel und Erde erschaffen. Du warst ein Schutzschild für unsere Vorfahren durch deine Verheißung. Durch dein Wort schenkst du Leben angesichts des Todes. Du, Gott, bist heilig.

Gepriesen seist du, Ewiger, unser Gott und Gott unserer Väter und Mütter, Gott Abrahams und Gott Saras, Gott Isaaks und Gott Rebekkas, Gott Jakobs, Gott Rahels und Gott Leas. Du bist groß und mächtig. Dir gebührt unsere Ehrfurcht. Du bist über alles erhaben. Du hast in deiner Barmherzigkeit Himmel und Erde erschaffen. Du warst ein Schutzschild für unsere Vorfahren durch deine Verheißung. Durch dein Wort schenkst du Leben angesichts des Todes. Du, Gott, bist heilig.

Gottes Thora ist beständig. Sie erneuert die Seele. …

Die Unterweisungen sollten nicht als eine Ansammlung von Material betrachtet werden… Entweder lebt die Unterweisung im Leben eines Menschen, oder sie lebt überhaupt nicht.

(Martin Buber)

Gottes Anordnung ist bewährt. Sie lässt den Toren weise werden. …

Am Sinai hörten alle die Thora, entsprechend ihres jeweiligen Vermögens, Alte und Junge, Kinder und Säuglinge.

(Schemot Rabba 5,9)

Gottes Dienstanweisung ist gerecht. Sie erfreut das Herz. …

Öffne das Auge deines Herzens, so dass du würdigen kannst, was du mit den Augen deines Kopfes siehst.

(The Foundation of Religious Fear)

מִצְוַת יְהוָה בָּרָה מְאִירַת עֵינָיִם...

Ein Feuer ist die Thora, und sie wurde im Feuer gegeben. Wenn man zu nahe ist, wird man verbrannt, wenn man zu weit weg ist, friert man. Was ist also zu tun? Wärme dich selbst durch das Licht. *(Mechilta zu Ex 19,18)*

יִרְאַת יְהוָה טְהוֹרָה עוֹמֶדֶת...

Nimm das Joch des Reiches Gottes auf dich; einer ertrage den anderen in der Furcht Gottes; einer behandle den anderen mit Barmherzigkeit. *(Sifre Dtn 32,39)*

לָעַד מִשְׁפְּטֵי־יְהוָה אֱמֶת צָדְקוּ יַחְדָּו...

Frage nie: „Warum gibt es das Leid?“, sondern: „Wozu dient es mir?“. *(Eugene Heimler)*

הַנֶּחֱמָדִים מִזָּהָב וּמִפַּז רָב...

Eigne dir die Kenntnis der Thora an und bedauere nichts. Wenn der Preis auch hoch ist, du machst das bessere Geschäft, denn sie wird stets mit dir sein. *(The Foundation of Religious Fear)*

גַּם־עַבְדְּךָ נִזְהָר בָּהֶם בְּשָׁמְרָם עֵקֶב רָב׃

Alles steht in Gottes Macht, außer der Ehrfucht vor Gott. *(bBer 33b)*

Du, Gott, bist der Ursprung des Lebens, die Quelle des Lichts und der Wahrheit. Öffne unsere Herzen, dass sie den Samen deiner Unterweisung annehmen, und lass ihn durch deinen Segen reifen, bis er Früchte der Gerechtigkeit bringt. Lass erfüllt werden, was du gnädig verheißen hast:

כִּי אֶצָּק־מַיִם עַל־צָמֵא וְנוֹזְלִים עַל־יַבָּשָׁה· אֶצֹּק רוּחִי עַל־זַרְעֶךָ וּבִרְכָתִי עַל־צֶאֱצָאֶיךָ׃

זְכוֹר יְהוָה אוֹתָנוּ וְאֶת־אַדְמָתֵנוּ· וּפְתַח לָנוּ אֶת־אוֹצָרְךָ הַטּוֹב אֶת־הַשָּׁמָיִם· וְנָתְנָה הָאָרֶץ אֶת־יְבוּלָהּ וְעֵץ הַשָּׂדֶה יִתֵּן אֶת־פִּרְיוֹ׃ זְכוֹר יְהוָה גַּם אֶת־בְּנֵי עַמֵּנוּ הַנְּפוֹצִים בַּיָּם וּבַקֶּדֶם בַּצָּפוֹן וּבַנֶּגֶב· וְהַקְּרוֹבִים אֵלֵינוּ בְּכָל־מֶרְחַקֵּי אָרֶץ·

Gottes Gebot ist klar. Es erleuchtet die Augen. …

Ein Feuer ist die Thora, und sie wurde im Feuer gegeben. Wenn man zu nahe ist, wird man verbrannt, wenn man zu weit weg ist, friert man. Was ist also zu tun? Wärme dich selbst durch das Licht. *(Mechilta zu Ex 19,18)*

Die Gottesfurcht ist rein. Sie besteht für immer. …

Nimm das Joch des Reiches Gottes auf dich; einer ertrage den anderen in der Furcht Gottes; einer behandle den anderen mit Barmherzigkeit. *(Sifre Dtn 32,39)*

Gottes Rechtssprüche sind wahrhaftig. Sie sind alle gerecht. …

Frage nie: „Warum gibt es das Leid?“, sondern: „Wozu dient es mir?“. *(Eugene Heimler)*

Sie sind begehrenswerter als Gold, ja, als jede Menge feinstes Gold.

(Ps 19,8-11)

Eigne dir die Kenntnis der Thora an und bedauere nichts. Wenn der Preis auch hoch ist, du machst das bessere Geschäft, denn sie wird stets mit dir sein. *(The Foundation of Religious Fear)*

Wer dir dient, wird durch sie gewarnt. Wer sie hält, erhält reichen Lohn.

(Ps 19,12)

Alles steht in Gottes Macht, außer der Ehrfucht vor Gott.

(bBer 33b)

Du, Gott, bist der Ursprung des Lebens, die Quelle des Lichts und der Wahrheit. Öffne unsere Herzen, dass sie den Samen deiner Unterweisung annehmen, und lass ihn durch deinen Segen reifen, bis er Früchte der Gerechtigkeit bringt. Lass erfüllt werden, was du gnädig verheißen hast: „Ich gieße Wasser auf den dürstenden Boden, rieselnde Bäche auf das trockene Land. Ich gieße meinen Geist aus über deine Nachkommen und meinen Segen über deine Kinder.“ *(Jes 44,3)*

GEBET FÜR DIE JAHRESZEITEN

Gott, denke an uns und an unsere Erde. Öffne deinen guten Schatz des Himmels, damit der Erdboden seinen Ertrag bringen kann und die Gewächse auf den Feldern ihre Frucht. Gott, denke auch an die, die zu unserem Volk gehören, aber zerstreut wohnen im Westen und Osten, im Norden und Süden, die uns nahe sind in den fernsten Gegenden der

בְּגִשְׁתָּם יַחְדָּו לִקְרוֹא בְּשֵׁם קָדְשֶׁךָ וּלְעָבְדְךָ בְּלֵב אֶחָד:
בָּרְכֵם בְּכָל־עֵת וְשַׂמְּחֵם בְּכָל־מְקוֹמוֹת מוֹשְׁבוֹתֵיהֶם: הַפְלֵא
חֲסָדֶיךָ לָנוּ וּלְכָל־הַמְיַחֲלִים לָךְ וּשְׁלַח לָנוּ שְׁנַת חַיִּים
וְשָׂבָע שְׁנַת בְּרָכָה וְשָׁלוֹם. כִּי אַתָּה תַּשְׂבִּיעַ אֶת־כָּל־הָעוֹלָם
מִטּוּבֶךָ וּתְמַלֵּא יָדֵינוּ מִבִּרְכוֹתֶיךָ. בָּרוּךְ אַתָּה יְהוָֹה מְבָרֵךְ
הַמּוֹעֲדִים:

רְצֵא יְהוָֹה אֱלֹהֵינוּ בְּעַמְּךָ יִשְׂרָאֵל. וְלִתְפִלָּתָם שְׁעֵה:
מוֹדִים אֲנַחְנוּ לָךְ עַל כָּל־הַטּוֹבוֹת שֶׁעָשִׂיתָ עִמָּנוּ וְעִם
אֲבוֹתֵינוּ. יְאִם אָמַרְנוּ מָטָה רַגְלֵנוּ חַסְדְּךָ יְהוָֹה יִסְעָדֵנוּ:
שִׂים שָׁלוֹם טוֹבָה וּבְרָכָה עָלֵינוּ: בָּרוּךְ אַתָּה יְהוָֹה. הַמְבָרֵךְ
אֶת־עַמּוֹ בַּשָּׁלוֹם:

Der Gottesdienst wird mit Alenu auf S. 498 fortgesetzt.

Breslau, Reformtempel (erbaut 1865-72)

Erde, und bringe sie zusammen, damit sie deinen heiligen Namen anrufen und dir mit ungeteiltem Herzen dienen. Segne sie allezeit. Erfreue sie an allen Orten, an denen sie wohnen. Erweise uns und allen, die auf dich hoffen, deine Güte in einer Weise, die uns staunen lässt. Schenke uns ein Jahr, in dem unser Leben erhalten wird. Lass dieses Jahr gesättigt sein an Segen und an Frieden. Denn du sättigst die ganze Welt mit deinen Gütern und füllst unsere Hände mit deinem Segen. Gepriesen seist du, Ewiger. Du segnest die Jahreszeiten.

Ewiger, unser Gott, habe Gefallen an deinem Volk Israel und höre seine Gebete. Wir danken dir für all das Gute, dass du uns und unseren Vorfahren getan hast. Immer, wenn wir dachten: „Ich kann nicht mehr!", dann hat uns deine Güte gestützt. Schenke uns Frieden und Gutes. Segne uns und schütze unser Leben. Gepriesen seist du, Ewiger. Du segnest dein Volk Israel mit Frieden.

Der Gottesdienst wird mit Alenu auf S. 499 fortgesetzt.

Frankfurt a. Main, Hauptsynagoge in der Judengasse, heute: Börnestraße (1860-1938)

תפלת מוסף לסוכות

Anstelle des Folgenden kann auch die traditionelle Form der Amida (S. 506ff) gelesen werden.

Einer der beiden folgenden Absätze:

בָּרוּךְ אַתָּה יְיָ אֱלֹהֵינוּ
וֵאלֹהֵי אֲבוֹתֵינוּ. אֱלֹהֵי
אַבְרָהָם. אֱלֹהֵי יִצְחָק.
וֵאלֹהֵי יַעֲקֹב. הָאֵל
הַגָּדוֹל הַגִּבּוֹר וְהַנּוֹרָא.
אֵל עֶלְיוֹן קוֹנֵה בְרַחֲמָיו
שָׁמַיִם וָאָרֶץ: מָגֵן אָבוֹת
בִּדְבָרוֹ. מְחַיֵּה מֵתִים
בְּמַאֲמָרוֹ. הָאֵל הַקָּדוֹשׁ:

בָּרוּךְ אַתָּה יְיָ אֱלֹהֵינוּ וֵאלֹהֵי
אֲבוֹתֵינוּ וְאִמּוֹתֵינוּ. אֱלֹהֵי
אַבְרָהָם וֵאלֹהֵי שָׂרָה. אֱלֹהֵי
יִצְחָק וֵאלֹהֵי רִבְקָה. אֱלֹהֵי
יַעֲקֹב אֱלֹהֵי רָחֵל וֵאלֹהֵי לֵאָה.
הָאֵל הַגָּדוֹל הַגִּבּוֹר וְהַנּוֹרָא.
אֵל עֶלְיוֹן קוֹנֵה בְרַחֲמָיו שָׁמַיִם
וָאָרֶץ: מָגֵן אָבוֹת בִּדְבָרוֹ.
מְחַיֵּה מֵתִים בְּמַאֲמָרוֹ. הָאֵל
הַקָּדוֹשׁ:

Zur Herbstzeit des Jahres denken wir über die Ernte unseres Lebens nach, seinen Sinn und sein Ende.

לַכֹּל זְמָן וְעֵת לְכָל־חֵפֶץ תַּחַת הַשָּׁמָיִם:
עֵת לָלֶדֶת   וְעֵת לָמוּת
עֵת לָטַעַת   וְעֵת לַעֲקוֹר נָטוּעַ:
עֵת לַהֲרוֹג   וְעֵת לִרְפּוֹא
עֵת לִפְרוֹץ   וְעֵת לִבְנוֹת:
עֵת לִבְכּוֹת   וְעֵת לִשְׂחוֹק
עֵת סְפוֹד   וְעֵת רְקוֹד:
עֵת לְהַשְׁלִיךְ אֲבָנִים   וְעֵת כְּנוֹס אֲבָנִים
עֵת לַחֲבוֹק   וְעֵת לִרְחוֹק מֵחַבֵּק:

MUSSAFGEBET FÜR SUKKOT

Anstelle des Folgenden kann auch die traditionelle Form der Amida (S. 507ff) gelesen werden.

Einer der beiden folgenden Absätze:

Gepriesen seist du, Ewiger, unser Gott und Gott unserer Väter, Gott Abrahams, Gott Isaaks und Gott Jakobs. Du bist groß und mächtig. Dir gebührt unsere Ehrfurcht. Du bist über alles erhaben. Du hast in deiner Barmherzigkeit Himmel und Erde erschaffen. Du warst ein Schutzschild für unsere Vorfahren durch deine Verheißung. Durch dein Wort schenkst du Leben angesichts des Todes. Du, Gott, bist heilig.

Gepriesen seist du, Ewiger, unser Gott und Gott unserer Väter und Mütter, Gott Abrahams und Gott Saras, Gott Isaaks und Gott Rebekkas, Gott Jakobs, Gott Rahels und Gott Leas. Du bist groß und mächtig. Dir gebührt unsere Ehrfurcht. Du bist über alles erhaben. Du hast in deiner Barmherzigkeit Himmel und Erde erschaffen. Du warst ein Schutzschild für unsere Vorfahren durch deine Verheißung. Durch dein Wort schenkst du Leben angesichts des Todes. Du, Gott, bist heilig.

Zur Herbstzeit des Jahres denken wir über die Ernte unseres Lebens nach, seinen Sinn und sein Ende.

Alles hat seine Stunde, und für jedes Geschehen unter dem Himmel gibt es eine bestimmte Zeit:

eine Zeit zum Gebären	und eine Zeit zum Sterben,
eine Zeit zum Pflanzen	und eine Zeit zum Abernten des Gepflanzten,
eine Zeit zum Töten	und eine Zeit zum Heilen,
eine Zeit zum Niederreißen	und eine Zeit zum Bauen,
eine Zeit zum Weinen	und eine Zeit zum Lachen,
eine Zeit für die Klage	und eine Zeit für den Tanz,
eine Zeit zum Steinewerfen	und eine Zeit zum Steinesammeln,

עֵת לְבַקֵּשׁ וְעֵת לְאַבֵּד
עֵת לִשְׁמוֹר וְעֵת לְהַשְׁלִיךְ:
עֵת לִקְרוֹעַ וְעֵת לִתְפּוֹר
עֵת לַחֲשׁוֹת וְעֵת לְדַבֵּר:
עֵת לֶאֱהֹב וְעֵת לִשְׂנֹא
עֵת מִלְחָמָה וְעֵת שָׁלוֹם:
מַה־יִּתְרוֹן הָעוֹשֶׂה בַּאֲשֶׁר הוּא עָמֵל:

אֲבָל אֲנַחְנוּ עַמְּךָ בְּנֵי בְרִיתֶךָ׃
אַשְׁרֵינוּ מַה־טּוֹב חֶלְקֵנוּ וּמַה־נָּעִים גּוֹרָלֵנוּ וּמַה־יָּפָה יְרֻשָּׁתֵנוּ:

זְכוֹר יְהוָה אוֹתָנוּ וְאֶת־אַדְמָתֵנוּ׃ וּפְתַח לָנוּ אֶת־אוֹצָרְךָ הַטּוֹב אֶת־הַשָּׁמַיִם׃ וְנָתְנָה הָאָרֶץ אֶת־יְבוּלָהּ וְעֵץ הַשָּׂדֶה יִתֵּן אֶת־פִּרְיוֹ: זְכוֹר יְהוָה גַּם אֶת־בְּנֵי עַמֵּנוּ הַנְּפוֹצִים בַּיָּם וּבַקֶּדֶם בַּצָּפוֹן וּבַנֶּגֶב׃ וְהַקְּרוֹבִים אֵלֵינוּ בְּכָל־מֶרְחַקֵּי אָרֶץ׃ בְּגִשְׁתָּם יַחְדָּו לִקְרוֹא בְּשֵׁם קָדְשֶׁךָ וּלְעָבְדְךָ בְּלֵב אֶחָד: בָּרְכֵם בְּכָל־עֵת וְשַׂמְּחֵם בְּכָל־מְקוֹמוֹת מוֹשְׁבוֹתֵיהֶם: הַפְלֵא חֲסָדֶיךָ לָנוּ וּלְכָל־הַמְיַחֲלִים לָךְ וּשְׁלַח לָנוּ שְׁנַת חַיִּים וְשָׂבָע שְׁנַת בְּרָכָה וְשָׁלוֹם׃ כִּי אַתָּה תַּשְׂבִּיעַ אֶת־כָּל־הָעוֹלָם מִטּוּבֶךָ וּתְמַלֵּא יָדֵינוּ מִבִּרְכוֹתֶיךָ׃ בָּרוּךְ אַתָּה יְהוָה מְבָרֵךְ הַמּוֹעֲדִים:

רְצֵא יְהוָה אֱלֹהֵינוּ בְּעַמְּךָ יִשְׂרָאֵל׃ וְלִתְפִלָּתָם שְׁעֵה: מוֹדִים אֲנַחְנוּ לָךְ עַל כָּל־הַטּוֹבוֹת שֶׁעָשִׂיתָ עִמָּנוּ וְעִם אֲבוֹתֵינוּ׃ אִם אָמַרְנוּ מָטָה רַגְלֵנוּ חַסְדְּךָ יְהוָה יִסְעָדֵנוּ: שִׂים שָׁלוֹם טוֹבָה וּבְרָכָה עָלֵינוּ: בָּרוּךְ אַתָּה יְהוָה׃ הַמְבָרֵךְ אֶת־עַמּוֹ בַּשָּׁלוֹם:

Der Gottesdienst wird mit Alenu auf S. 498 fortgesetzt.

eine Zeit zum Suchen und eine Zeit zm Verlieren,
eine Zeit zum Behalten und eine Zeit zum Wegwerfen,
eine Zeit zum Zerreißen und eine Zeit zum Zusammennähen,
eine Zeit zum Schweigen und eine Zeit zum Reden,
eine Zeit zum Lieben und eine Zeit zum Hassen,
eine Zeit für den Krieg und eine Zeit für den Frieden.
Welchen Vorteil hat ein Mensch von all seinen Mühen?

(Koh 3,1-9)

Wir aber sind dein Volk, die Kinder deines Bundes.
Wie glücklich sind wir! Wie gut ist unser Anteil! Wie lieblich unser Schicksal! Wie schön ist unsere Erbschaft!

GEBET FÜR DIE JAHRESZEITEN

Gott, denke an uns und an unsere Erde. Öffne deinen guten Schatz des Himmels, damit der Erdboden seinen Ertrag bringen kann und die Gewächse auf den Feldern ihre Frucht. Gott, denke auch an die, die zu unserem Volk gehören, aber zerstreut wohnen im Westen und Osten, im Norden und Süden, die uns nahe sind in den fernsten Gegenden der Erde, und bringe sie zusammen, damit sie deinen heiligen Namen anrufen und dir mit ungeteiltem Herzen dienen. Segne sie allezeit. Erfreue sie an allen Orten, an denen sie wohnen. Erweise uns und allen, die auf dich hoffen, deine Güte in einer Weise, die uns staunen lässt. Schenke uns ein Jahr, in dem unser Leben erhalten wird. Lass dieses Jahr gesättigt sein an Segen und an Frieden. Denn du sättigst die ganze Welt mit deinen Gütern und füllst unsere Hände mit deinem Segen. Gepriesen seist du, Ewiger. Du segnest die Jahreszeiten.

Ewiger, unser Gott, habe Gefallen an deinem Volk Israel und höre seine Gebete. Wir danken dir für all das Gute, dass du uns und unseren Vorfahren getan hast. Immer, wenn wir dachten: „Ich kann nicht mehr!“, dann hat uns deine Güte gestützt. Schenke uns Frieden und Gutes. Segne uns und schütze unser Leben. Gepriesen seist du, Ewiger. Du segnest dein Volk Israel mit Frieden.

Der Gottesdienst wird mit Alenu auf S. 499 fortgesetzt.

תפלת מוסף לשמחת תורה

Anstelle des Folgenden kann auch die traditionelle Form der Amida (S. 506ff) gelesen werden.

Einer der beiden folgenden Absätze:

בָּרוּךְ אַתָּה יְיָ אֱלֹהֵינוּ וֵאלֹהֵי אֲבוֹתֵינוּ. אֱלֹהֵי אַבְרָהָם. אֱלֹהֵי יִצְחָק. וֵאלֹהֵי יַעֲקֹב. הָאֵל הַגָּדוֹל הַגִּבּוֹר וְהַנּוֹרָא. אֵל עֶלְיוֹן קוֹנֵה בְּרַחֲמָיו שָׁמַיִם וָאָרֶץ: מָגֵן אָבוֹת בִּדְבָרוֹ. מְחַיֵּה מֵתִים בְּמַאֲמָרוֹ. הָאֵל הַקָּדוֹשׁ:

בָּרוּךְ אַתָּה יְיָ אֱלֹהֵינוּ וֵאלֹהֵי אֲבוֹתֵינוּ וְאִמּוֹתֵינוּ. אֱלֹהֵי אַבְרָהָם וֵאלֹהֵי שָׂרָה. אֱלֹהֵי יִצְחָק וֵאלֹהֵי רִבְקָה. אֱלֹהֵי יַעֲקֹב אֱלֹהֵי רָחֵל וֵאלֹהֵי לֵאָה. הָאֵל הַגָּדוֹל הַגִּבּוֹר וְהַנּוֹרָא. אֵל עֶלְיוֹן קוֹנֵה בְּרַחֲמָיו שָׁמַיִם וָאָרֶץ: מָגֵן אָבוֹת בִּדְבָרוֹ. מְחַיֵּה מֵתִים בְּמַאֲמָרוֹ. הָאֵל הַקָּדוֹשׁ:

וּכְעֵץ שָׁתוּל עַל פַּלְגֵי מָיִם
הַשּׁוֹתֶה לִרְוָיָה מִנַּחֲלֵי מָיִם
נִשְׁתֶּה דִּבְרֵי תוֹרָתְךָ הַמְּשׁוּלִים כַּמָּיִם:
הוֹי כָּל צָמֵא לְכוּ לַמָּיִם:

SIMCHAT THORA

Anstelle des Folgenden kann auch die traditonelle Form der Amida (S. 507ff) gelesen werden.

Einer der beiden folgenden Absätze:

Gepriesen seist du, Ewiger, unser Gott und Gott unserer Väter, Gott Abrahams, Gott Isaaks und Gott Jakobs. Du bist groß und mächtig. Dir gebührt unsere Ehrfurcht. Du bist über alles erhaben. Du hast in deiner Barmherzigkeit Himmel und Erde erschaffen. Du warst ein Schutzschild für unsere Vorfahren durch deine Verheißung. Durch dein Wort schenkst du Leben angesichts des Todes. Du, Gott, bist heilig.

Gepriesen seist du, Ewiger, unser Gott und Gott unserer Väter und Mütter, Gott Abrahams und Gott Saras, Gott Isaaks und Gott Rebekkas, Gott Jakobs, Gott Rahels und Gott Leas. Du bist groß und mächtig. Dir gebührt unsere Ehrfurcht. Du bist über alles erhaben. Du hast in deiner Barmherzigkeit Himmel und Erde erschaffen. Du warst ein Schutzschild für unsere Vorfahren durch deine Verheißung. Durch dein Wort schenkst du Leben angesichts des Todes. Du, Gott, bist heilig.

Wie ein Baum,
der an Wasserbächen gepflanzt ist,
wollen wir uns satt trinken an Wasserströmen.
Wir wollen trinken von den Worten der Thora,
die wie das Wasser ist.
Auf, kommt alle, die ihr Durst habt,
kommt zum Wasser.

וְהוֹתִרְךָ יְהוָֹה לְטוֹבָה בִּפְרִי בִטְנְךָ וּבִפְרִי בְהֶמְתְּךָ וּבִפְרִי
אַדְמָתֶךָ עַל הָאֲדָמָה אֲשֶׁר נִשְׁבַּע יְהוָֹה לַאֲבֹתֶיךָ לָתֶת לָךְ:
יִפְתַּח יְהוָֹה לְךָ אֶת־אוֹצָרוֹ הַטּוֹב אֶת־הַשָּׁמַיִם לָתֵת
מְטַר־אַרְצְךָ בְּעִתּוֹ וּלְבָרֵךְ אֵת כָּל־מַעֲשֵׂה יָדֶךָ:

שֶׁאַתָּה הוּא יְהוָֹה אֱלֹהֵינוּ מַשִּׁיב הָרוּחַ וּמוֹרִיד הַגָּשֶׁם
לִבְרָכָה וְלֹא לִקְלָלָה אָמֵן:
לְחַיִּים וְלֹא לְמָוֶת אָמֵן:
לְשׂבַע וְלֹא לְרָזוֹן אָמֵן:

רְצֵה יְהוָֹה אֱלֹהֵינוּ בְּעַמְּךָ יִשְׂרָאֵל· וְלִתְפִלָּתָם שְׁעֵה:
מוֹדִים אֲנַחְנוּ לָךְ עַל כָּל־הַטּוֹבוֹת שֶׁעָשִׂיתָ עִמָּנוּ וְעִם
אֲבוֹתֵינוּ· יְאִם אָמַרְנוּ מָטָה רַגְלֵנוּ חַסְדְּךָ יְהוָֹה יִסְעָדֵנוּ:
שִׂים שָׁלוֹם טוֹבָה וּבְרָכָה עָלֵינוּ: בָּרוּךְ אַתָּה יְהוָֹה· הַמְבָרֵךְ
אֶת־עַמּוֹ בַּשָּׁלוֹם:

Wien, Tempelgasse (1858 - 1938)

Gott wird dir Gutes im Überfluss schenken, an Frucht deines Leibes, an Frucht deines Viehs und an Frucht deines Erdbodens – des Bodens, von dem du weißt: Gott hat deinen Vorfahren geschworen, ihn dir zur Verfügung zu stellen. Gott wird den guten Schatz des Himmels für dich öffnen und die Niederschläge senden zu ihrer Zeit. Das Werk deiner Hände wird Gott segnen. *(Dtn 28,11-12)*

Du, Ewiger, bist unser Gott.
Du lässt die Winde wehen und den Regen fallen.
Lass sie uns zum Segen werden, nicht zum Fluch. Amen.
Lass sie uns Leben bringen, nicht den Tod. Amen.
Lass sie uns satt machen und keine Hungersnot bewirken. Amen.

Ewiger, unser Gott, habe Gefallen an deinem Volk Israel und höre seine Gebete. Wir danken dir für all das Gute, dass du uns und unseren Vorfahren getan hast. Immer, wenn wir dachten: „Ich kann nicht mehr!“, dann hat uns deine Güte gestützt. Schenke uns Frieden und Gutes. Segne uns und schütze unser Leben. Gepriesen seist du, Ewiger. Du segnest dein Volk Israel mit Frieden.

Wien, Neudeggergasse (erbaut 1903)

Alle Gottesdienste werden hier fortgesetzt:

עָלֵינוּ לְשַׁבֵּחַ לַאֲדוֹן הַכֹּל לָתֵת גְּדֻלָּה לְיוֹצֵר בְּרֵאשִׁית. אֲשֶׁר בָּחַר־בָּנוּ מִכָּל־הָעַמִּים. וְנָתַן־לָנוּ אֶת־תּוֹרָתוֹ. וַאֲנַחְנוּ כֹּרְעִים וּמִשְׁתַּחֲוִים וּמוֹדִים לִפְנֵי מֶלֶךְ מַלְכֵי הַמְּלָכִים הַקָּדוֹשׁ בָּרוּךְ הוּא. שֶׁהוּא נוֹטֶה שָׁמַיִם וְיוֹסֵד אָרֶץ. וּמוֹשַׁב יְקָרוֹ בַּשָּׁמַיִם מִמַּעַל וּשְׁכִינַת עֻזּוֹ בְּגָבְהֵי מְרוֹמִים: הוּא אֱלֹהֵינוּ. אֵין עוֹד. אֱמֶת מַלְכֵּנוּ. אֶפֶס זוּלָתוֹ. כַּכָּתוּב בְּתוֹרָתוֹ. וְיָדַעְתָּ הַיּוֹם וַהֲשֵׁבֹתָ אֶל־לְבָבֶךָ כִּי יְיָ הוּא הָאֱלֹהִים בַּשָּׁמַיִם מִמַּעַל וְעַל־הָאָרֶץ מִתָּחַת אֵין עוֹד:

עַל־כֵּן נְקַוֶּה לְךָ יְיָ אֱלֹהֵינוּ לִרְאוֹת מְהֵרָה בְּתִפְאֶרֶת עֻזֶּךָ. לְהַעֲבִיר גִּלּוּלִים מִן הָאָרֶץ וְהָאֱלִילִים כָּרוֹת יִכָּרֵתוּן. לְתַקֵּן עוֹלָם בְּמַלְכוּת שַׁדַּי וְכָל־בְּנֵי בָשָׂר יִקְרְאוּ בִשְׁמֶךָ. לְהַפְנוֹת אֵלֶיךָ כָּל־רִשְׁעֵי אָרֶץ: יַכִּירוּ וְיֵדְעוּ כָּל־יוֹשְׁבֵי תֵבֵל כִּי לְךָ תִּכְרַע כָּל־בֶּרֶךְ תִּשָּׁבַע כָּל־לָשׁוֹן: לְפָנֶיךָ יְיָ אֱלֹהֵינוּ יִכְרְעוּ וְיִפֹּלוּ. וְלִכְבוֹד שִׁמְךָ יְקָר יִתֵּנוּ. וִיקַבְּלוּ כֻלָּם אֶת־עֹל מַלְכוּתֶךָ. וְתִמְלוֹךְ עֲלֵיהֶם מְהֵרָה לְעוֹלָם וָעֶד. כִּי הַמַּלְכוּת שֶׁלְּךָ הִיא וּלְעוֹלְמֵי עַד תִּמְלוֹךְ בְּכָבוֹד. כַּכָּתוּב בְּתוֹרָתֶךָ. יְיָ יִמְלֹךְ לְעוֹלָם וָעֶד: וְנֶאֱמַר. וְהָיָה יְיָ לְמֶלֶךְ עַל־כָּל־הָאָרֶץ בַּיּוֹם הַהוּא יִהְיֶה יְיָ אֶחָד וּשְׁמוֹ אֶחָד:

Das Jizkor-Gebet findet sich auf S. 518. Wird kein Jizkor-Gebet angefügt, wird der Gottesdienst auf der nächsten Seite fortgesetzt:

Alle Gottesdienste werden hier fortgesetzt:

UNSERE AUFGABE

Es ist unsere Aufgabe, den Ewigen, der alles in seinen Händen hält, zu preisen und die Größe des Schöpfers aller Anfänge anzuerkennen. Gott hat uns aus allen Völkern erwählt um uns die Thora zu geben. Wir knien nieder; wir verneigen uns und danken in der Gegenwart des allmächtigen Gottes, Gott regiert über alle Herrschenden in der Welt, Gottes Heiligkeit sei gepriesen! Denn Gott hat die Weite des Himmels geschaffen und die Erde gegründet. Gottes Ehre ist so umfassend wie der Himmel über uns, und Gottes Kraft reicht bis in die fernsten Höhen. Der lebendige Gott ist unser Gott – niemand sonst. Gott ist unser Leben anvertraut – niemandem außer Gott! So wie es geschrieben ist in der Thora: Heute sollst du erkennen und dir zu Herzen nehmen: Der Ewige ist der Gott im Himmel droben und auf der Erde unten, niemand sonst. (Dtn 4,39)

UNSERE HOFFNUNG FÜR DIE MENSCHHEIT

Darum hoffen wir darauf, Ewiger, unser Gott, dass deine Stärke bald für uns sichtbar wird, dass die Anbetung des Geldes von der Erde verschwinden und dass Vorurteile und Aberglaube ausgerottet werden; dass die Welt von deiner Herrschaft geprägt ist und alle Menschen deinen Namen anrufen; dass alle Ungerechten der Welt sich dir zuwenden.

Alle Bewohner der Erde sollen erkennen und wissen, dass sich vor dir jedes Knie beugt und jede Zunge bei dir schwört. Vor dir, Ewiger, unser Gott, wird man sich beugen und niederfallen, und man wird der Herrlichkeit deines Namens Achtung erweisen. Alle werden deine Herrschaft anerkennen, und du wirst bald über alle herrschen, von nun an bis in Ewigkeit. Denn dir allein gebührt die Herrschaft, und du herrschst bis in alle Ewigkeit in Herrlichkeit, wie es geschrieben steht in deiner Thora: Gott regiert für immer und ewig. *(Ex 15,18)*

Und es ist gesagt: Dann wird Gott über die ganze Erde herrschen. An jenem Tag wird Gott einzig sein und sein Name einzig. *(Sach 14,9)*

Das Jizkor-Gebet findet sich auf S. 519. Wird kein Jizkor-Gebet angefügt, wird der Gottesdienst auf der nächsten Seite fortgesetzt:

קדיש שלם

יִתְגַּדַּל וְיִתְקַדַּשׁ שְׁמֵהּ רַבָּא בְּעָלְמָא דִּי־בְרָא כִרְעוּתֵהּ ·
וְיַמְלִיךְ מַלְכוּתֵהּ בְּחַיֵּיכוֹן וּבְיוֹמֵיכוֹן וּבְחַיֵּי
דִי־כָל־בֵּית יִשְׂרָאֵל בַּעֲגָלָא וּבִזְמַן קָרִיב · וְאִמְרוּ אָמֵן:

יִתְבָּרַךְ וְיִשְׁתַּבַּח וְיִתְפָּאַר וְיִתְרוֹמַם וְיִתְנַשֵּׂא וְיִתְהַדַּר
וְיִתְעַלֶּה וְיִתְהַלַּל שְׁמֵהּ דִּי־קֻדְשָׁא · בְּרִיךְ הוּא · לְעֵלָּא מִן־
כָּל־בִּרְכָתָא וְשִׁירָתָא תֻּשְׁבְּחָתָא וְנֶחֱמָתָא דִּי־אֲמִירָן בְּעָלְמָא ·
וְאִמְרוּ אָמֵן:

יְהֵא שְׁלָמָא רַבָּא מִן־שְׁמַיָּא וְחַיִּים עָלֵינוּ וְעַל־כָּל־
יִשְׂרָאֵל · וְאִמְרוּ אָמֵן:

עֹשֶׂה שָׁלוֹם בִּמְרוֹמָיו הוּא יַעֲשֶׂה שָׁלוֹם עָלֵינוּ וְעַל־כָּל־
יִשְׂרָאֵל · וְאִמְרוּ אָמֵן:

Verherrlicht und geheiligt werde Gottes großer Name
in der Welt, die Gott nach eig'nem Ratschluss schuf.
Gottes Reich erstehe in eurem Leben und zu euren Zeiten
und im Leben ganz Israels schnell und bald.
Darauf sprecht: Amen.

Gottes großer Name sei gepriesen,
immerzu und bis in Ewigkeit!

Gottes Name sei gepriesen und gelobt,
Gottes Name sei verherrlicht und erhoben.
Gottes Name sei verehrt und gerühmt,
Gottes Name sei gefeiert und besungen.
Gepriesen sei er über allem Lob und jedem Lied,
hoch über allem Preis und jedem Trost der Welt.
Darauf sprecht: Amen.

Frieden in Fülle komme vom Himmel,
Leben für uns und ganz Israel.
Darauf sprecht: Amen.

Gott schafft Frieden in der Höhe.
Möge Gott uns und ganz Israel Frieden geben.
Darauf sprecht: Amen.

Bonn, Tempelgasse (1879-1938)

Eines der beiden folgenden Lieder oder ein anderes Abschlusslied für Festtage:

א
אדון עולם

אֲדוֹן עוֹלָם אֲשֶׁר מָלַךְ. בְּטֶרֶם כָּל־יְצִיר נִבְרָא:
לְעֵת נַעֲשָׂה כְחֶפְצוֹ כֹּל. אֲזַי מֶלֶךְ שְׁמוֹ נִקְרָא:
וְאַחֲרֵי כִּכְלוֹת הַכֹּל. לְבַדּוֹ יִמְלוֹךְ נוֹרָא:
וְהוּא הָיָה. וְהוּא הֹוֶה. וְהוּא יִהְיֶה בְּתִפְאָרָה:
וְהוּא אֶחָד וְאֵין שֵׁנִי. לְהַמְשִׁילוֹ לְהַחְבִּירָה:
בְּלִי רֵאשִׁית בְּלִי תַכְלִית. וְלוֹ הָעֹז וְהַמִּשְׂרָה:
וְהוּא אֵלִי וְחַי גוֹאֲלִי. וְצוּר חֶבְלִי בְּיוֹם צָרָה:
וְהוּא נִסִּי וּמָנוֹסִי. מְנָת כּוֹסִי בְּיוֹם אֶקְרָא:
בְּיָדוֹ אַפְקִיד רוּחִי. בְּעֵת אִישַׁן וְאָעִירָה:
וְעִם רוּחִי גְּוִיָּתִי. אֲדֹנָי לִי וְלֹא אִירָא:

ב
אין כאלהינו

אֵין כֵּאלֹהֵינוּ. אֵין כַּאדוֹנֵינוּ. אֵין כְּמַלְכֵּנוּ. אֵין כְּמוֹשִׁיעֵנוּ:
מִי כֵאלֹהֵינוּ. מִי כַאדוֹנֵינוּ. מִי כְמַלְכֵּנוּ. מִי כְמוֹשִׁיעֵנוּ:
נוֹדֶה לֵאלֹהֵינוּ. נוֹדֶה לַאדוֹנֵינוּ. נוֹדֶה לְמַלְכֵּנוּ. נוֹדֶה לְמוֹשִׁיעֵנוּ:
בָּרוּךְ אֱלֹהֵינוּ. בָּרוּךְ אֲדוֹנֵינוּ. בָּרוּךְ מַלְכֵּנוּ. בָּרוּךְ מוֹשִׁיעֵנוּ:
אַתָּה הוּא אֱלֹהֵינוּ. אַתָּה הוּא אֲדוֹנֵינוּ. אַתָּה הוּא מַלְכֵּנוּ. אַתָּה הוּא מוֹשִׁיעֵנוּ:

Eines der beiden folgenden Lieder oder ein anderes Abschlusslied für Festtage:

I
ADON OLAM

Gott aller Welt, du hast regiert,
eh' ein Geschöpf geschaffen ward.
Als einst durch dich das All entstand,
da ward dein Nam' „König“ genannt.

Und einst am Ende aller Zeit
wirst du allein regiern in Macht.
Du warst, du bist, und du wirst sein,
die Herrlichkeit ist dir allein.

Einzig bist du, und keiner ist
vergleichbar dir, Gott aller Welt.
Du bist ohn' Anfang, und ohn' End',
du hast die Macht, bist der Regent.

Du bist mein Gott, du rettest mich,
du bist mein Fels, bin ich in Not.
Du bist mein Schutz mein Zufluchtsort,
versorgest mich, wenn ich dich ruf.

Mein Geist birgt sich in deiner Hand,
stets, sei ich schla- fend oder wach.
Und auch mein Leib birgt sich in dir.
ich fürcht mich nicht, du bist bei mir.

II
EN KELO-HENU

Niemand ist wie unser Gott,
niemand ist wie unser Herr,
niemand wie unser König,
niemand wie unser Helfer!

Wer ist wie unser Gott,
wer ist wie unser Herr,
wer wie unser König,
wer wie unser Helfer?

Dank sei dir, unser Gott,
dank sei dir, unser Herr,
dank dir, unser König,
dank dir, unser Helfer.

Lob sei dir, unser Gott,
Lob sei dir, unser Herr,
Lob dir, unser König,
Lob dir, unser Helfer!

Du, Gott, bist unser Gott,
du, Gott, bist unser Herr,
du bist unser König,
du bist unser Helfer.

יְבָרֶכְךָ יְהוָֹה וְיִשְׁמְרֶךָ:
יָאֵר יְהוָֹה פָּנָיו אֵלֶיךָ וִיחֻנֶּךָּ:
יִשָּׂא יְהוָֹה פָּנָיו אֵלֶיךָ וְיָשֵׂם לְךָ שָׁלוֹם:

West London Synagogue, Upper Berkeley Street (erbaut1870)

Gott segne dich und behüte dich;
Gottes Angesicht leuchte über dir;
Gott sei dir gnädig;
Gottes Angesicht sei über dir erhoben;
Gott gebe dir Frieden.

(Num 6,24-26)

Grußformeln an Festtagen:

חג שמח
Chag Same'ach – Ein frohes Fest!

מועדים לשמחה
Mo'adim le-Simcha – Zeiten zur Freude!

חגים וזמנין לששון
Chagim u'zmanim le-Sasson – Feste und Zeiten zur Fröhlichkeit!

תפלת מוסף

אֲדֹנָי שְׂפָתַי תִּפְתָּח. וּפִי יַגִּיד תְּהִלָּתֶךָ:

Einer der beiden folgenden Absätze:

אבות ואמהות

בָּרוּךְ אַתָּה יְיָ אֱלֹהֵינוּ וֵאלֹהֵי אֲבוֹתֵינוּ. אֱלֹהֵי אַבְרָהָם. אֱלֹהֵי יִצְחָק. וֵאלֹהֵי יַעֲקֹב. הָאֵל הַגָּדוֹל הַגִּבּוֹר וְהַנּוֹרָא. אֵל עֶלְיוֹן. גּוֹמֵל חֲסָדִים טוֹבִים קוֹנֵה הַכֹּל וְזוֹכֵר חַסְדֵי אָבוֹת וּמֵבִיא גוֹאֵל לִבְנֵי בְנֵיהֶם לְמַעַן שְׁמוֹ בְּאַהֲבָה: מֶלֶךְ עוֹזֵר וּמוֹשִׁיעַ וּמָגֵן. בָּרוּךְ אַתָּה יְיָ. מָגֵן אַבְרָהָם:

בָּרוּךְ אַתָּה יְיָ אֱלֹהֵינוּ וֵאלֹהֵי אֲבוֹתֵינוּ וְאִמּוֹתֵינוּ. אֱלֹהֵי אַבְרָהָם וֵאלֹהֵי שָׂרָה. אֱלֹהֵי יִצְחָק וֵאלֹהֵי רִבְקָה. אֱלֹהֵי יַעֲקֹב אֱלֹהֵי רָחֵל וֵאלֹהֵי לֵאָה. הָאֵל הַגָּדוֹל הַגִּבּוֹר וְהַנּוֹרָא. אֵל עֶלְיוֹן. גּוֹמֵל חֲסָדִים טוֹבִים קוֹנֵה הַכֹּל וְזוֹכֵר חַסְדֵי אָבוֹת וְאִמָּהוֹת וּמֵבִיא גוֹאֵל לִבְנֵי בְנֵיהֶם לְמַעַן שְׁמוֹ בְּאַהֲבָה: מֶלֶךְ עוֹזֵר וּמוֹשִׁיעַ וּמָגֵן. בָּרוּךְ אַתָּה יְיָ. מָגֵן אַבְרָהָם וְשָׂרָה:

גבורות

אַתָּה גִּבּוֹר לְעוֹלָם יְיָ. מְחַיֵּה מֵתִים אַתָּה רַב לְהוֹשִׁיעַ. [מַשִּׁיב הָרוּחַ וּמוֹרִיד הַגָּשֶׁם]

מְכַלְכֵּל חַיִּים בְּחֶסֶד. מְחַיֵּה מֵתִים בְּרַחֲמִים רַבִּים. סוֹמֵךְ נוֹפְלִים. וְרוֹפֵא חוֹלִים. וּמַתִּיר אֲסוּרִים. וּמְקַיֵּם אֱמוּנָתוֹ לִישֵׁנֵי עָפָר: מִי כָמוֹךָ בַּעַל גְּבוּרוֹת וּמִי דוֹמֶה לָּךְ. מֶלֶךְ מֵמִית וּמְחַיֶּה. וּמַצְמִיחַ יְשׁוּעָה: וְנֶאֱמָן אַתָּה לְהַחֲיוֹת מֵתִים. בָּרוּךְ אַתָּה יְיָ. מְחַיֵּה הַמֵּתִים:

TRADITIONELLE MUSSAF-AMIDA

Gott, öffne meine Lippen, dass mein Mund deinen Ruhm verkünde!
(Ps 51,17)

Einer der beiden folgenden Absätze:

GOTT ALLER GENERATIONEN

Gepriesen seist du, Ewiger, unser Gott und Gott unserer Väter, Gott Abrahams, Gott Isaaks und Gott Jakobs. Du bist groß und mächtig. Dir gebührt unsere Ehrfurcht. Du bist über alles erhaben. Du vollbringst Wohltaten. Alles hältst du in deiner Hand. Du erinnerst dich an die Frömmigkeit unserer Vorfahren und bringst deshalb liebevoll ihren Enkeln Erlösung um deines Namens willen. Du regierst und hilfst, du bist Rettung und Schutzschild. Gepriesen seist du, Ewiger, unser Gott, Schutzschild Abrahams.

Gepriesen seist du, Ewiger, unser Gott und Gott unserer Väter und Mütter, Gott Abrahams und Gott Saras, Gott Isaaks und Gott Rebekkas, Gott Jakobs, Gott Rahels und Gott Leas. Du bist groß und mächtig. Dir gebührt unsere Ehrfurcht. Du bist über alles erhaben. Du vollbringst Wohltaten. Alles hältst du in deiner Hand. Du erinnerst dich an die Frömmigkeit unserer Vorfahren und bringst deshalb liebevoll ihren Enkeln Erlösung um deines Namens willen. Du regierst und hilfst, du bist Rettung und Schutzschild. Gepriesen seist du, Ewiger, unser Gott, Schutzschild Abrahams und Saras.

GOTT IST MÄCHTIG

Du bist die nie erschöpfende Kraft, du schenkst Leben angesichts des Todes. Vielfältig sind deine Wege zu helfen.

(*Am 1. Tag Pessach:* Du lässt die Winde wehen und den Regen fallen.)

Die Lebenden ernährst du in Güte. In großem Erbarmen schaffst du Leben angesichts des Todes. Du stützt die Fallenden. Du heilst die Kranken. Du machst die Gebundenen los und hältst die Treue denen, die im Staube schlafen. Wer ist wie du, der solche Kraft hätte, und wer ist dir gleich? – Du, Gott, hast Macht über Tod und Leben, und du lässt Hilfe sprossen. Du bist treu, Leben angesichts des Todes zu schaffen. Gepriesen seist du, Ewiger. Du schenkst Leben angesichts des Todes.

קדושת השם

אַתָּה קָדוֹשׁ וְשִׁמְךָ קָדוֹשׁ בְּכָל־יוֹם יְהַלְלוּךָ סֶּלָה: בָּרוּךְ אַתָּה יְהוָה הָאֵל הַקָּדוֹשׁ:

קדושת היום

אַתָּה בְחַרְתָּנוּ מִכָּל־הָעַמִּים. אָהַבְתָּ אוֹתָנוּ וְרָצִיתָ בָּנוּ וְרוֹמַמְתָּנוּ מִכָּל־הַלְּשׁוֹנוֹת. וְקִדַּשְׁתָּנוּ בְּמִצְוֹתֶיךָ. וְקֵרַבְתָּנוּ מַלְכֵּנוּ לַעֲבוֹדָתֶךָ. וְשִׁמְךָ הַגָּדוֹל וְהַקָּדוֹשׁ עָלֵינוּ קָרָאתָ:

וַתִּתֶּן־לָנוּ יְהוָה אֱלֹהֵינוּ בְּאַהֲבָה [שַׁבָּתוֹת לִמְנוּחָה וּ] מוֹעֲדִים לְשִׂמְחָה חַגִּים וּזְמַנִּים לְשָׂשׂוֹן.

בשבת [אֶת־יוֹם הַמָּנוֹחַ הַזֶּה וְ...]

בפסח אֶת־יוֹם חַג הַמַּצּוֹת הַזֶּה זְמַן חֵרוּתֵנוּ.

בשבועות אֶת־יוֹם חַג הַשָּׁבֻעוֹת הַזֶּה זְמַן מַתַּן תּוֹרָתֵנוּ.

בסוכות אֶת־יוֹם חַג הַסֻּכּוֹת הַזֶּה זְמַן שִׂמְחָתֵנוּ.

בשמיני חג העצרת אֶת־יוֹם הַשְּׁמִינִי. חַג הָעֲצֶרֶת הַזֶּה. זְמַן שִׂמְחָתֵנוּ.

מִקְרָא קֹדֶשׁ זֵכֶר לִיצִיאַת מִצְרָיִם:

אֱלֹהֵינוּ וֵאלֹהֵי אֲבוֹתֵינוּ. מִפְּנֵי חֲטָאֵינוּ גָּלִינוּ מֵאַרְצֵנוּ. וְנִתְרַחַקְנוּ מֵעַל אַדְמָתֵנוּ. וְאֵין אֲנוּ יְכוֹלִים לַעֲלוֹת וְלֵרָאוֹת וּלְהִשְׁתַּחֲווֹת לְפָנֶיךָ בְּבֵית בְּחִירָתֶךָ. בַּבַּיִת הַגָּדוֹל וְהַקָּדוֹשׁ שֶׁנִּקְרָא שִׁמְךָ עָלָיו. מִפְּנֵי הַיָּד הַשְּׁלוּחָה בְּמִקְדָּשֶׁךָ: יְהִי רָצוֹן מִלְּפָנֶיךָ יְהוָה אֱלֹהֵינוּ וֵאלֹהֵי אֲבוֹתֵינוּ. מֶלֶךְ רַחוּם. שֶׁתָּשׁוּב וּתְרַחֵם עָלֵינוּ וְתִבְנֶה מְהֵרָה מְכוֹן־תְּפִלָּה לְכָל־הָעַמִּים:

GOTT IST HEILIG

Heilig bist du, heilig ist dein Name,
Heilige preisen dich Tag für Tag.
Gepriesen seist du, Ewiger, heiliger Gott.

DER FESTTAG IST HEILIG

Du hast uns aus allen Völkern erwählt. Du hast uns lieb und hast Gefallen an uns. Du hast uns eine besondere Stellung unter allen Völkern gegeben, indem du uns durch deine Gebote geheiligt hast. Du hast uns in deinen Dienst gestellt. Wir sind nach deinem großen und heiligen Namen benannt.

Ewiger, unser Gott, du schenkst uns in deiner Liebe (Schabbattage, an denen wir Ruhe finden,) Zeiten, zu denen wir fröhlich sind, und Feste und Augenblicke, an denen wir uns freuen. Du schenkst uns

Am Schabbat:

(diesen Tag der Ruhe und)

An Pessach:

dieses Fest der ungesäuerten Brote, das Fest unserer Befreiung,

An Schawuot:

dieses Wochenfest, das Fest der Thoragabe,

An Sukkot:

dieses Laubhüttenfest, ein Freudenfest,

An Simchat Thora:

dieses Schlussfest, ein Freudenfest,

eine heilige Versammlung, eine Erinnerung an den Auszug aus Ägypten.

Gott und Gott unserer Vorfahren, wegen ihrer Sünde wurden unsere Vorfahren aus ihrem Land vertrieben und mussten weit entfernt von ihrer Heimat leben. Sie konnten nicht zu dir hinaufziehen, um vor dir zu erscheinen. Sie konnten dich nicht in dem Tempel, den du dir erwählt hattest, anbeten, in diesem großen und heiligen Tempel, der deinen Namen trug, denn eine feindliche Hand hatte sich gegen dein Heiligtum ausgestreckt. Ewiger, unser Gott und Gott unserer Vorfahren, du regierst in Barmherzigkeit; Möge es dein Wille sein, dass du dich uns wieder in Barmherzigkeit zuwendest, und erbaue eilends ein Zentrum des Gebets für alle Völker.

(Forms of Prayer)

אָבִינוּ מַלְכֵּנוּ· גַּלֵּה כְּבוֹד מַלְכוּתְךָ עָלֵינוּ מְהֵרָה· וְהוֹפַע וְהִנָּשֵׂא עָלֵינוּ לְעֵינֵי כָּל־חָי:

וְשָׁם נַעֲלֶה וְנֵרָאֶה וְנִשְׁתַּחֲוֶה לְפָנֶיךָ בְּשָׁלֹשׁ פַּעֲמֵי רְגָלֵינוּ בְּכָל־שָׁנָה וְשָׁנָה: כַּכָּתוּב בְּתוֹרָה· שָׁלֹשׁ פְּעָמִים בַּשָּׁנָה יֵרָאֶה כָל־זְכוּרְךָ אֶת־פְּנֵי יְהוָה אֱלֹהֶיךָ בַּמָּקוֹם אֲשֶׁר יִבְחָר· בְּחַג הַמַּצּוֹת· וּבְחַג הַשָּׁבֻעוֹת· וּבְחַג הַסֻּכּוֹת· וְלֹא יֵרָאֶה אֶת־פְּנֵי יְהוָה רֵיקָם: אִישׁ כְּמַתְּנַת יָדוֹ· כְּבִרְכַּת יְהוָה אֱלֹהֶיךָ אֲשֶׁר נָתַן לָךְ:

וְהַשִּׂיאֵנוּ יְהוָה אֱלֹהֵינוּ אֶת־בִּרְכַּת מוֹעֲדֶיךָ לְחַיִּים וּלְשָׁלוֹם· לְשִׂמְחָה וּלְשָׂשׂוֹן· כַּאֲשֶׁר רָצִיתָ וְאָמַרְתָּ לְבָרְכֵנוּ: קַדְּשֵׁנוּ בְּמִצְוֹתֶיךָ· שִׂים חֶלְקֵנוּ בְּתוֹרָתֶךָ: שַׂבְּעֵנוּ מִטּוּבֶךָ· שַׂמְּחֵנוּ בִּישׁוּעָתֶךָ וְטַהֵר לִבֵּנוּ לְעָבְדְּךָ בֶּאֱמֶת: וְהַנְחִילֵנוּ יְיָ אֱלֹהֵינוּ בְּאַהֲבָה וּבְרָצוֹן בְּשִׂמְחָה וּבְשָׂשׂוֹן [שַׁבָּת וּ] מוֹעֲדֵי קָדְשֶׁךָ: וְיִשְׂמְחוּ בְךָ יִשְׂרָאֵל מְקַדְּשֵׁי שְׁמֶךָ: בָּרוּךְ אַתָּה יְיָ· מְקַדֵּשׁ [הַשַּׁבָּת וְ] יִשְׂרָאֵל וְהַזְּמַנִּים:

עבודה רְצֵה יְהוָה אֱלֹהֵינוּ בְּעַמְּךָ יִשְׂרָאֵל· וְלִתְפִלָּתָם שְׁעֵה· וּבְרַחֲמֶיךָ הָרַבִּים תַּחְפֹּץ בָּנוּ וְתַשְׁרֶה שְׁכִינָתְךָ עַל צִיּוֹן· וְתֶחֱזֶינָה עֵינֵינוּ בְּשׁוּבְךָ לְצִיּוֹן בְּרַחֲמִים· בָּרוּךְ אַתָּה יְיָ· הַמַּחֲזִיר שְׁכִינָתוֹ לְצִיּוֹן:

הודאה מוֹדִים אֲנַחְנוּ לָךְ שֶׁאַתָּה הוּא יְיָ אֱלֹהֵינוּ וֵאלֹהֵי אֲבוֹתֵינוּ לְעוֹלָם וָעֶד· צוּרֵנוּ צוּר חַיֵּינוּ וּמָגֵן יִשְׁעֵנוּ אַתָּה הוּא לְדוֹר וָדוֹר: נוֹדֶה לְּךָ וּנְסַפֵּר תְּהִלָּתֶךָ עַל חַיֵּינוּ הַמְּסוּרִים בְּיָדֶךָ· וְעַל נִשְׁמוֹתֵינוּ הַפְּקוּדוֹת לָךְ· וְעַל נִסֶּיךָ שֶׁבְּכָל־יוֹם עִמָּנוּ· וְעַל נִפְלְאוֹתֶיךָ וְטוֹבוֹתֶיךָ שֶׁבְּכָל־עֵת עֶרֶב וָבֹקֶר וְצָהֳרָיִם: הַטּוֹב כִּי לֹא כָלוּ רַחֲמֶיךָ· הַמְרַחֵם כִּי לֹא תַמּוּ חֲסָדֶיךָ· כִּי מֵעוֹלָם קִוִּינוּ לָךְ:

Ursprung unseres Lebens, Quelle unserer Kraft, lass deine Gegenwart bald unter uns sichtbar werden. Erscheine und erhebe dich über uns vor den Augen aller lebendigen Wesen.

Auch wir wollen uns aufmachen und Jahr für Jahr an den drei Pilgerfesten vor dir erscheinen und dich anbeten, denn so steht es in der Thora geschrieben: „Alle Religionsmündigen sollen dreimal im Jahr an dem Ort, den Gott sich erwählt hat, vor Gottes Angesicht erscheinen: Am Fest der ungesäuerten Brote, am Wochenfest und am Laubhüttenfest. Aber man soll nicht mir leeren Händen vor Gott kommen. Alle sollen geben, was sie zu geben vermögen – je nach dem Segen, den Gott dir hat zuteil werden lassen.“ *(Dtn 16,16-17)*

Lass uns dieses Fest zum Segen werden, dass es unser Leben präge, uns mit Frieden erfülle und mit Freude und Glück, so wie du es verheißen hast, dass du uns segnest. Lass unser Leben auf dich ausgerichtet sein und hilf uns, deine Gebote zu beachten. Lass deine Weisung zu unserem eigenen Anliegen werden. Sättige uns mit deiner Güte. Erfreue uns mit deiner Hilfe und reinige unsere Herzen, dass sie dir in Wahrhaftigkeit dienen. In Liebe und in Wohlgefallen, mit Fröhlichkeit und Freude lass uns, Gott, uns (den Schabbat und) diese heilige Zeit zu eigen machen, und lass an ihm ganz Israel, das dich sucht, sich freuen. Gepriesen seist du, Ewiger. Du hast (den Schabbat,) Israel und die Festzeiten geheiligt.

DANK UND FRIEDENSBITTE

Habe Gefallen an deinem Volk Israel und höre seine Gebete. In großem Erbarmen finde Gefallen an uns und lass deine Gegenwart über Zion ruhen. Lass unsere Augen Ausschau halten nach deiner Rückkehr zum Zion in Erbarmen. Gepriesen seist du, Ewiger. Du lässt deine Gegenwart nach Zion zurückkehren.

Wir danken dir, denn du bist der Ewige, unser Gott und der Gott unserer Vorfahren, seit eh und je. Wir danken dir, denn du bist unser Fels und das Fundament, auf dem unser Leben ruht. Deine Hilfe haben wir zum Schutzschild – Fels und Schutzschild bist du uns seit jeher. Wir loben dich und erzählen von deinem Ruhm. Wir loben dich für unser Leben, das in deine Hand gegeben ist, und für unsere Seele, die dir anvertraut ist; für die Zeichen deiner Gegenwart, die uns täglich umgeben, für die Wunder und Wohltaten zu jeder Zeit, abends, morgens und mittags. Du bist gut, denn dein Erbarmen wird niemals aufhören. Du bist barmherzig, denn deine Gnade wird niemals versiegen. Von jeher hofften wir auf dich!

וְעַל כֻּלָּם יִתְבָּרַךְ וְיִתְרוֹמַם וְיִתְנַשֵּׂא תָּמִיד שִׁמְךָ מַלְכֵּנוּ
לְעוֹלָם וָעֶד: וְכָל־הַחַיִּים יוֹדוּךָ סֶּלָה. וִיהַלְלוּ וִיבָרְכוּ
אֶת־שִׁמְךָ הַגָּדוֹל בֶּאֱמֶת. הָאֵל יְשׁוּעָתֵנוּ וְעֶזְרָתֵנוּ סֶלָה:
בָּרוּךְ אַתָּה יְהוָֹה. הַטּוֹב שִׁמְךָ וּלְךָ נָאֶה לְהוֹדוֹת:

אֱלֹהֵינוּ וֵאלֹהֵי אֲבוֹתֵינוּ בָּרְכֵנוּ בַבְּרָכָה הַמְשֻׁלֶּשֶׁת בַּתּוֹרָה
הַכְּתוּבָה עַל יְדֵי מֹשֶׁה עַבְדֶּךָ הָאֲמוּרָה מִפִּי אַהֲרֹן וּבָנָיו
כֹּהֲנִים עַם קְדוֹשֶׁךָ כָּאָמוּר.

יְבָרֶכְךָ יְהוָֹה וְיִשְׁמְרֶךָ: כֵּן יְהִי רָצוֹן:
יָאֵר יְהוָֹה פָּנָיו אֵלֶיךָ וִיחֻנֶּךָּ: כֵּן יְהִי רָצוֹן:
יִשָּׂא יְהוָֹה פָּנָיו אֵלֶיךָ וְיָשֵׂם לְךָ שָׁלוֹם: כֵּן יְהִי רָצוֹן:

ברכת שלום

שָׁלוֹם רָב עַל יִשְׂרָאֵל עַמְּךָ תָּשִׂים לְעוֹלָם. כִּי אַתָּה הוּא
מֶלֶךְ אָדוֹן לְכָל־הַשָּׁלוֹם. וְטוֹב בְּעֵינֶיךָ לְבָרֵךְ אֶת־עַמְּךָ
יִשְׂרָאֵל בְּכָל־עֵת וּבְכָל־שָׁעָה בִּשְׁלוֹמֶךָ: בָּרוּךְ אַתָּה יְיָ.
הַמְבָרֵךְ אֶת־עַמּוֹ יִשְׂרָאֵל בַּשָּׁלוֹם:

Nach der Amida können private Gebete angefügt werden.

אלהי נצור

אֱלֹהַי נְצוֹר לְשׁוֹנִי מֵרָע. וּשְׂפָתוֹתַי מִדַּבֵּר מִרְמָה.
וְלִמְקַלְלַי נַפְשִׁי תִדּוֹם. וְנַפְשִׁי כֶּעָפָר לַכֹּל תִּהְיֶה: פְּתַח לִבִּי
בְּתוֹרָתֶךָ. וְאַחֲרֵי מִצְוֹתֶיךָ תִּרְדּוֹף נַפְשִׁי. וְכָל־הַקָּמִים עָלַי
לְרָעָה מְהֵרָה הָפֵר עֲצָתָם וְקַלְקֵל מַחְשְׁבוֹתָם: יִהְיוּ לְרָצוֹן
אִמְרֵי־פִי. וְהֶגְיוֹן לִבִּי לְפָנֶיךָ. יְהוָֹה צוּרִי וְגֹאֲלִי:

עֹשֶׂה שָׁלוֹם בִּמְרוֹמָיו הוּא יַעֲשֶׂה שָׁלוֹם עָלֵינוּ
וְעַל־כָּל־יִשְׂרָאֵל. וְאִמְרוּ אָמֵן:

Der Gottesdienst wird mit Alenu auf S.000 fortgesetzt.

Für all dies preisen wir dich und erheben und rühmen deinen Namen, unser Herrscher, allezeit. Alles, was lebt, möge dir danken. Und man soll deinen großen Namen loben und preisen in Wahrhaftigkeit. Preisen soll man dich, Gott, unsere Hilfe und unsere Rettung. Gepriesen seist du, Ewiger. „Guter Gott" – das ist dein Name. Schön ist es, dich zu loben.

Gott und Gott unserer Vorfahren, segne uns durch den dreifachen Segen, überliefert in der Thora durch Mose, deinen Knecht, gesprochen durch den Mund Aarons und seiner Nachfolger, der Priester deines heiligen Volkes. Er lautet:

Gott segne dich und behüte dich.

Möge dies Gottes Wille sein!

Gottes Angesicht leuchte über dir;
Gott sei dir gnädig.

Möge dies Gottes Wille sein!

Gottes Angesicht sei über dir erhoben;
Gott gebe dir Frieden.

Möge dies Gottes Wille sein!

Frieden in Fülle verleihe deinem Volk Israel zu jeder Zeit, denn du hast die Macht, du bist der Ursprung des Friedens. Du mögest Freude daran haben, dein Volk Israel mit deinem Frieden zu segnen, zu jeder Zeit und zu jeder Stunde. Gepriesen seist du, Ewiger. Du segnest dein Volk Israel mit Frieden.

Nach der Amida können private Gebete angefügt werden.

MEDITATION

Mein Gott, bewahre meine Zunge vor böser Rede und meine Lippen vor Lüge. Denen gegenüber, die mir Böses wollen, lass mich angemessen reagieren, und meine Seele möge gelassen bleiben, was auch geschieht. Mache mich bereit für deine Weisung. Nach deinen Geboten will ich leben. Eilig aber zerbrich die Pläne derer, die Böses gegen mich ersinnen, und vernichte ihre Gedanken. „Die Worte meines Mundes und meine Gedanken mögen dir angenehm sein, Ewiger, mein Fels und mein Heil." *(Ps 19,15)* *(bBer 17a)*

Gott schafft Frieden in der Höhe.
Möge Gott uns und ganz Israel Frieden geben.
Darauf sprecht: Amen.

Der Gottesdienst wird mit Alenu auf S. 499 fortgesetzt.

MEDITATION ZUM ABSCHLUSS

Am Ufer des Schilfmeeres brachte Mirjam die Kinder Israels zum Tanzen *(Exodus 15,20-21)*.
Als die Lade nach Jerusalem gebracht wurde, brachte König David die Kinder Israels zum Tanzen *(2. Samuel 6,5)*.
Die drei Pilgerfeste werden *hagim* genannt, Feste, an denen man tanzt und feiert: *hag ha-mazot* (Pessach); *hag ha-bikkurim* (Schawuot) und *hag ha-asif* (Sukkot).

Freuen soll sich Israel an Gott, der es schuf,
Jubeln sollen Zions Kinder über Gott, der es regiert!
Gottes Namen sollen sie preisen durch Tanz,
mit Pauken und Saiten ihm aufspielen. *(Ps 149,2-3)*

Der Baal Schem Tow lehrte: Die Tänze der Juden und Jüdinnen vor ihrem Schöpfer sind Gebete, denn es ist gesagt: „Alle meine Knochen sollen sagen: Wer ist wie du, Gott?!" *(Ps 35,10)*

Nachman von Braclaw erzählte von einem Kind, dass seinen Großvater tanzen sah. Es fragte ihn, warum er die ganze Zeit tanze. Der Großvater antwortete: „Menschen sind wie Kreisel. Sie können ihre Würde nur bewahren, wenn sie in Bewegung bleiben."

Rabbi Berechja und Rabbi Chelbo sagten: In der kommenden Welt wird Gott mit den Gerechten tanzen. Die Gerechten werden auf der einen Seite und auf der anderen Seite und Gott wird zwischen ihnen sein. Sie werden vor Gott mit Leidenschaft tanzen. Sie werden mit dem Finger auf ihn hinweisen und sagen: „Dies ist unser Gott, der uns über den Tod hinaus führen wird."

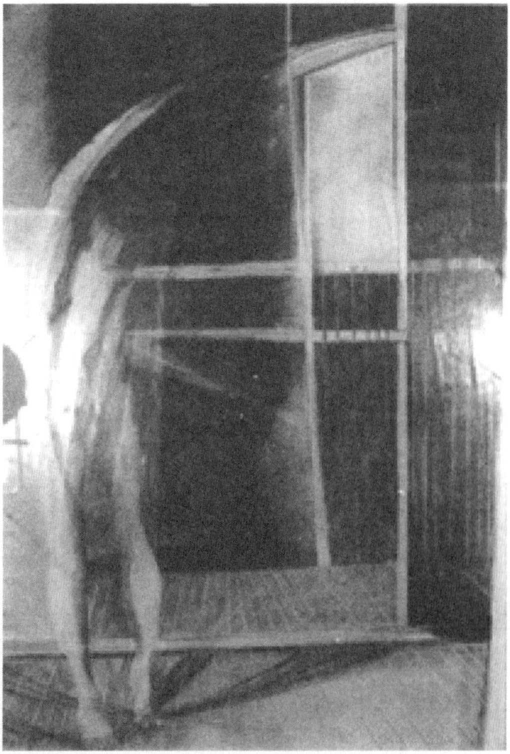

הזכרת נשמות

JISKOR-GEBET

הזכרת נשמות

Wir denken an alle, die uns unser Leben und unsere Freiheit gaben; die uns die Thora lehrten und uns auf unserm Lebensweg geführt haben. Wir danken Gott für ihren Beistand und ihr Beispiel. Sie haben uns gezeigt, wie man bereitwillig gibt und dankbar empfängt. Sie haben uns gelehrt, mit anderen in Wahrheit zu reden und uns nicht selbst etwas vorzulügen. Sie haben uns ermutigt, Verantwortung zu tragen und ohne Entschuldigungen zu unseren Fehlern zu stehen. Sie haben uns gelehrt, die verborgene Seele in unserem Mitmenschen und in uns selbst zu sehen.

שֶׁבִּשְׁעַת פְּטִירָתוֹ שֶׁל־אָדָם אֵין מְלַוִּים לוֹ לְאָדָם לֹא כֶּסֶף וְלֹא זָהָב וְלֹא אֲבָנִים טוֹבוֹת וּמַרְגָּלִיּוֹת אֶלָּא תּוֹרָה וּמַעֲשִׂים טוֹבִים בִּלְבָד. שֶׁנֶּאֱמַר בְּהִתְהַלֶּכְךָ תַּנְחֶה אֹתָךְ בָּעוֹלָם הַזֶּה בְּשָׁכְבְּךָ תִּשְׁמוֹר עָלֶיךָ בַּקָּבֶר וַהֲקִיצוֹתָ הִיא תְשִׂיחֶךָ לָעוֹלָם הַבָּא:

אֱנוֹשׁ כֶּחָצִיר יָמָיו. כְּצִיץ הַשָּׂדֶה כֵּן יָצִיץ.
כִּי רוּחַ עָבְרָה־בּוֹ וְאֵינֶנּוּ.
וְלֹא־יַכִּירֶנּוּ עוֹד מְקוֹמוֹ:
וְחֶסֶד יְהוָה מֵעוֹלָם וְעַד־עוֹלָם עַל־יְרֵאָיו
וְצִדְקָתוֹ לִבְנֵי בָנִים:

לוּ חָכְמוּ יַשְׂכִּילוּ זֹאת.
יָבִינוּ לְאַחֲרִיתָם:
כִּי לֹא בְמוֹתוֹ יִקַּח הַכֹּל.
לֹא יֵרֵד אַחֲרָיו כְּבוֹדוֹ:

שְׁמָר־תָּם וּרְאֵה יָשָׁר.
כִּי־אַחֲרִית לְאִישׁ שָׁלוֹם:
פּוֹדֶה יְהוָה נֶפֶשׁ עֲבָדָיו.
וְלֹא יֶאְשְׁמוּ כָּל־הַחוֹסִים בּוֹ:

JISKOR-GEBET

Wir denken an alle, die uns unser Leben und unsere Freiheit gaben; die uns die Thora lehrten und uns auf unserm Lebensweg geführt haben. Wir danken Gott für ihren Beistand und ihr Beispiel. Sie haben uns gezeigt, wie man bereitwillig gibt und dankbar empfängt. Sie haben uns gelehrt, mit anderen in Wahrheit zu reden und uns nicht selbst etwas vorzulügen. Sie haben uns ermutigt, Verantwortung zu tragen und ohne Entschuldigungen zu unseren Fehlern zu stehen. Sie haben uns gelehrt, die verborgene Seele in unserem Mitmenschen und in uns selbst zu sehen.

Möge Gott ihnen ihren Lohn geben, denn in der Sterbestunde begleiten den Menschen weder Silber noch Gold, weder Perlen noch Edelsteine, sondern allein die Thora und die guten Taten. Denn über sie steht geschrieben *(Spr 6,22)*: „Wenn du gehst, begleitet sie dich" – das heißt: in dieser Welt. „Wenn du dich niederlegst, behütet sie dich" – das heißt: im Grab. „Und wenn du aufwachst, redet sie mit dir" – das heißt: in der zukünftigen Welt.

(Sprüche der Väter 6,9)

Ein Mensch ist wie ein Grashalm,
seine Lebenszeit wie eine Blume auf dem Feld.
Weht ein Sturm darüber, vergeht sie und ist nicht mehr,
und man kennt nicht einmal mehr ihren Ort.
Die Güte Gottes aber besteht immer und ewig
über denen, die Gott achten,
und Gottes Wohltätigkeit überdauert die Generationen.

(Ps 103,15-17)

Wären die Menschen weise,
so würden sie dies verstehen; *(Dtn 32,29)*
denn wenn ein Mensch stirbt, so nimmt er nichts mit;
sein Ruhm steigt nicht mit ihm hinab. *(Ps 49,18)*

Habe Acht auf die Frommen; bewahre die Ehrlichen,
denn die Zukunft gehört den Menschen des Friedens.

(Ps 37,37)

Gott wird die Seele der Menschen, die ihm dienten, erlösen;
niemand, der auf Gott vertraute, wird bestraft.

(Ps 34,23)

Zeit der Stille für private Gebete

אֵל מָלֵא רַחֲמִים שׁוֹכֵן בַּמְּרוֹמִים· הַמְצֵא מְנוּחָה נְכוֹנָה
תַּחַת כַּנְפֵי הַשְּׁכִינָה· בְּמַעֲלוֹת קְדוֹשִׁים וּטְהוֹרִים· כְּזוֹהַר
הָרָקִיעַ מַזְהִירִים· אֶת־נִשְׁמוֹת כָּל אֵלּוּ שֶׁמָּסְרוּ לָנוּ מִתּוֹרָתָם
וְשֶׁהָלְכוּ לְעוֹלָמָם· אָנָּא בַּעַל הָרַחֲמִים הַסְתִּירֵם בְּסֵתֶר
כְּנָפֶיךָ לְעוֹלָמִים· וּצְרוֹר בִּצְרוֹר הַחַיִּים אֶת־נִשְׁמָתָם· יְהוָה
הוּא נַחֲלָתָם וְיָנוּחוּ בְשָׁלוֹם עַל מִשְׁכָּבָם· וְנֹאמַר אָמֵן:

Wir denken an unsere Familien, unsere Freundinnen und Freunde, unsere Lehrerinnen und Lehrer, die uns teuer waren, und die die Grenze des Lebens bereits überschritten haben.

Wir denken an alle, die wir geliebt und geachtet haben. Die Heiligkeit dieses Tages macht unser Los leichter und reinigt unsere Erinnerungen. Gott, wir danken dir für alles, was du uns durch sie gegeben hast.

Sie leben weiter im Licht der Ewigkeit und in uns, denn wir sind durch sie geformt worden. Durch ihr Leben lernten wir zu lieben und Mut zu haben; durch ihren Tod blicken wir in die Ewigkeit.

Wir benennen in unseren Herzen die, die uns Weiheit gaben. Sie leuchten uns wie die Sterne am Himmel.

Gott, tröste uns durch die Erinnerung an sie und heilige uns durch das Gute, das sie taten. Du hast sie in die Ewigkeit geführt, binde uns eines Tages im Bündel des Lebens zusammen.

Gott, denke an:

Zeit der Stille für private Gebete

GEBET ZUM GEDENKEN

Gott in der Höhe, bei dir ist Barmherzigkeit in Fülle. Lass die Seelen aller, die uns ihre Thora weitergaben und inzwischen in die Ewigkeit eingekehrt sind, ungestört in deiner Gegenwart ruhen. Lass sie wie die Lichter am Himmel leuchten, zusammen mit den Heiligen und Reinen in der Höhe. Gott voller Barmherzigkeit, lass ihre Seelen bis in Ewigkeit in deiner Gegenwart geborgen sein. Ihr Leben möge eingebunden sein in den Bund des Lebens. Gott, du bist ihr Schicksal. Lass sie an ihren Ruhestätten Frieden ruhen. Darauf sprecht: Amen.

קדיש שלם

יִתְגַּדַּל וְיִתְקַדַּשׁ שְׁמֵהּ רַבָּא בְּעָלְמָא דִּי־בְרָא כִרְעוּתֵהּ · וְיַמְלִיךְ מַלְכוּתֵהּ בְּחַיֵּיכוֹן וּבְיוֹמֵיכוֹן וּבְחַיֵּי דִּי־כָל־בֵּית יִשְׂרָאֵל בַּעֲגָלָא וּבִזְמַן קָרִיב · וְאִמְרוּ אָמֵן׃

יְהֵא שְׁמֵהּ רַבָּא מְבָרַךְ לְעָלַם וּלְעָלְמֵי עָלְמַיָּא ·

יִתְבָּרַךְ וְיִשְׁתַּבַּח וְיִתְפָּאַר וְיִתְרוֹמַם וְיִתְנַשֵּׂא וְיִתְהַדַּר וְיִתְעַלֶּה וְיִתְהַלַּל שְׁמֵהּ דִּי־קֻדְשָׁא · בְּרִיךְ הוּא · לְעֵלָּא מִן־כָּל־בִּרְכָתָא וְשִׁירָתָא תֻּשְׁבְּחָתָא וְנֶחֱמָתָא דִּי־אֲמִירָן בְּעָלְמָא · וְאִמְרוּ אָמֵן׃

יְהֵא שְׁלָמָא רַבָּא מִן־שְׁמַיָּא וְחַיִּים עָלֵינוּ וְעַל־כָּל־יִשְׂרָאֵל · וְאִמְרוּ אָמֵן׃

עֹשֶׂה שָׁלוֹם בִּמְרוֹמָיו הוּא יַעֲשֶׂה שָׁלוֹם עָלֵינוּ וְעַל־כָּל־יִשְׂרָאֵל · וְאִמְרוּ אָמֵן׃

Der Gottesdienst endet mit אדון עולם *auf S. 502, wenn Jiskor nicht an früherer Stelle eingefügt worden ist.*

Verherrlicht und geheiligt werde Gottes großer Name
in der Welt, die Gott nach eig'nem Ratschluss schuf.
Gottes Reich erstehe in eurem Leben und zu euren Zeiten
und im Leben ganz Israels schnell und bald.
Darauf sprecht: Amen.

Gottes großer Name sei gepriesen, immerzu und bis in Ewigkeit!

Gottes Name sei gepriesen und gelobt,
Gottes Name sei verherrlicht und erhoben.
Gottes Name sei verehrt und gerühmt,
Gottes Name sei gefeiert und besungen.
Gepriesen sei er über allem Lob und jedem Lied,
hoch über allem Preis und jedem Trost der Welt.
Darauf sprecht: Amen.

Frieden in Fülle komme vom Himmel,
Leben für uns und ganz Israel.
Darauf sprecht: Amen.

Gott schafft Frieden in der Höhe.
Möge Gott uns und ganz Israel Frieden geben.
Darauf sprecht: Amen.

Der Gottesdienst endet mit Adon Olam auf S. 502,
wenn Jiskor nicht an früherer Stelle eingefügt worden ist.

סדר קדוש לרגלים

FESTTAGSKIDDUSCH

סדר קדוש לרגלים

Am Schabbat:

וַיְהִי־עֶרֶב וַיְהִי־בֹקֶר יוֹם הַשִּׁשִּׁי. וַיְכֻלּוּ הַשָּׁמַיִם וְהָאָרֶץ וְכָל־
צְבָאָם: וַיְכַל אֱלֹהִים בַּיּוֹם הַשְּׁבִיעִי מְלַאכְתּוֹ אֲשֶׁר עָשָׂה.
וַיִּשְׁבֹּת בַּיּוֹם הַשְּׁבִיעִי מִכָּל־מְלַאכְתּוֹ אֲשֶׁר עָשָׂה: וַיְבָרֶךְ אֱלֹהִים
אֶת־יוֹם הַשְּׁבִיעִי וַיְקַדֵּשׁ אֹתוֹ. כִּי בוֹ שָׁבַת מִכָּל־מְלַאכְתּוֹ אֲשֶׁר
בָּרָא אֱלֹהִים לַעֲשׂוֹת:

Am 7. Tag Pessach:

Wir sind die Erben derer, die auf dich vertraut haben, die ihr Zuhause verließen, um dir zu folgen. Lass uns an ihrem Mut und an ihrem Vertrauen Anteil haben, wenn wir durch Neues und Unbekanntes in unserem eigenen Leben herausgefordert werden.

Wie wir die angenehmen Seiten des Lebens genießen, so lass uns gleichzeitig das Brot der Armut nicht vergessen, das wir an diesem Fest essen. Lass uns nie vergessen, dass wir Flüchtlinge aus Ägypten sind und dass du uns erlöst hast mit deinem mächtigen und ausgestreckten Arm. Bevor wir den Segen über den Wein sprechen, um unsere Freiheit zu feiern, halten wir einen Moment inne, um an alle diejenigen deiner Kinder zu denken, die immer noch nicht frei sind, unsere Schwestern und Brüder in welchem Land auch immer und von welcher Nationalität auch immer, an die, die durch Hunger und Terror geknechtet werden. Wie du uns erlöst hast, so mögen wir zu ihrer Erlösung beitragen und dir so unsere Dankbarkeit zeigen, denn du bist gut und deine Liebe ist ewig.

KIDDUSCH FÜR DEN ABEND EINES FESTTAGS

Am Schabbat:

Und es wurde Abend und Morgen, der sechste Tag. So wurden Himmel und Erde vollendet und alles, was dort lebt. Am siebten Tag vollendete Gott das Schöpfungswerk und ruhte am siebten Tage, nachdem das ganze Werk vollbracht worden war. Und Gott segnete den siebten Tag und erklärte ihn für heilig; denn an ihm ruhte Gott, nachdem die ganze Schöpfung vollendet worden war. *(Gen 2,1-3)*

An Schawuot:

Gott, wir denken an deine guten Gaben, die Ernte und die ersten Früchte und diesen Wein, der uns erfreut, die Nahrung, die uns täglich zuteil wird, durch die wir unser Leben erhalten und mit der wir feiern.

An diesem Wochenfest wollen wir an die besondere Nahrung denken, die du schenkst, um unsere Seele zu nähren: die Thora, die uns am Sinai gelehrt wurde, und die Ernte der guten Taten, die im Laufe der Generationen gewachsen ist. Wir danken dir für den Samen der Ewigkeit, den du in uns eingepflanzt hast.

Wir danken dir ebenso für die Beziehungen, die wir Tag für Tag erleben, für die Zeichen deiner Gegenwart in den Verpflichtungen, die wir erfüllen, und für deine Wunder, die du uns durch die Güte unserer Mitmenschen erfahren lässt. Lass andere deine Gegenwart in uns erkennen. Für alle Güte und Herrlichkeit danken wir dir und preisen deinen Namen.

An Sukkot:

In der Schönheit dieser Laubhütte mit all ihren Blumen und Blättern und Früchten denken wir an alle, die ins Exil gehen mussten und aus ihrer Heimat vertrieben worden sind durch Hungersnot, Krieg und unser ungerechtes Verhalten gegeneinander. Wir denken an das Exil unserer Vorfahren, an das Zuhause und das Land, das wir und unsere Familien verlassen mussten. Im Herzen gehen wir zu ihnen, denn wir sind Flüchtlinge aus Ägypten. Möge unser eigenes Leiden Frucht bringen und unsere Sympathie wecken für alle, die auf der Flucht sind, die an die Türen anderer Nationen anklopfen, die durch die Welt umherirren und eine Heimat suchen.

Gott, du lehrst und führst uns, du erneuerst die Ernte für uns alle. Gleichzeitig bist du uns Freund und Feind, du bist furchtlos und unparteiisch. Mögen unsere Anliegen so beständig und umfassend sein wie deine, denn wir alle sind deine Kinder. In Zeiten der Not warst du unsere Zuflucht und unser Schutz. Mögen andere bei uns Zuflucht finden.

Lobspruch über den Wein:

בָּרוּךְ אַתָּה יְהֹוָה אֱלֹהֵינוּ מֶלֶךְ הָעוֹלָם· בּוֹרֵא פְּרִי הַגָּפֶן:

Lobspruch über den Tag:

בָּרוּךְ אַתָּה יְהֹוָה אֱלֹהֵינוּ מֶלֶךְ הָעוֹלָם· אֲשֶׁר בָּחַר־בָּנוּ מִכָּל־עָם וְרוֹמְמָנוּ מִכָּל־לָשׁוֹן וְקִדְּשָׁנוּ בְּמִצְוֹתָיו· וַתִּתֶּן לָנוּ יְהֹוָה אֱלֹהֵינוּ [שַׁבָּתוֹת לִמְנוּחָה וּ] מוֹעֲדִים לְשִׂמְחָה חַגִּים וּזְמַנִּים לְשָׂשׂוֹן· אֶת־יוֹם

בשבת	הַשַּׁבָּת הַזֶּה וְאֶת־יוֹם...
בפסח	חַג הַמַּצּוֹת הַזֶּה· זְמַן חֵרוּתֵנוּ·
בשבועות	חַג הַשָּׁבֻעוֹת הַזֶּה· זְמַן מַתַּן תּוֹרָתֵנוּ·
בסוכות	חַג הַסֻּכּוֹת הַזֶּה· זְמַן שִׂמְחָתֵנוּ·
בשמחת תורה	הַשְּׁמִינִי חַג הָעֲצֶרֶת הַזֶּה· זְמַן שִׂמְחָתֵנוּ·

An Simchat Thora:

Deine Thora ist vollkommen. Sie erquickt die Seele. Deshalb erforschen wir sie immer und immer wieder, denn in ihr ist alles enthalten. Die Thora ist der Lebensbaum, den wir ergreifen. An ihm festzuhalten, bereitet uns Freude. Die Wege der Thora sind Freude, alle ihre Pfade führen zum Glück.

Die Thora hat kein Ende und keinen Anfang, wir jedoch bestimmen unser Leben nach seinem Anfang und Ende. Mit Mose blicken wir heute in die Zukunft. Wir suchen ihre Verheißung und ihre Hoffnung. Gleichzeitig denken wir von neuem über die Erschaffung der Welt nach und lernen dadurch, unsere Tage zu bestimmen.

Hilf uns, die Thora in unserem eigenen Leben zu entdecken.

Möge die Liebe zur Thora unsere Tage erleuchten. Möge unsere Freude an deiner Thora unsere Seele beleben. Erneuere unsere Tage, damit sie werden wie füher.

Lobspruch über den Wein:

Gepriesen seist du, Ewiger, unser Gott; du regierst die Welt. Du hast die Frucht des Weinstocks geschaffen.

Lobspruch über den Tag:

Gepriesen seist du, Ewiger, unser Gott; du regierst die Welt. Du hast uns aus allen Völkern erwählt und über alle Nationen erhöht und uns durch deine Gebote geheiligt. Ewiger, unser Gott, du schenkst uns in deiner Liebe (Schabbattage, an denen wir Ruhe finden,) Zeiten, zu denen wir fröhlich sind, und Feste und Augenblicke, an denen wir uns freuen. Du schenkst uns

Am Schabbat:

(diesen Tag der Ruhe und)

An Pessach:

dieses Fest der ungesäuerten Brote, das Fest unserer Befreiung,

An Schawuot:

dieses Wochenfest, das Fest der Thoragabe,

An Sukkot:

dieses Laubhüttenfest, ein Freudenfest,

An Simchat Thora:

dieses Schlussfest, ein Freudenfest,

eine heilige Versammlung, eine Erinnerung an den Auszug aus Ägypten.

[בְּאַהֲבָה] מִקְרָא קֹדֶשׁ זֵכֶר לִיצִיאַת מִצְרָיִם: כִּי בָנוּ בָחַרְתָּ וְאוֹתָנוּ קִדַּשְׁתָּ מִכָּל־הָעַמִּים [וְשַׁבָּת] וּמוֹעֲדֵי קָדְשְׁךָ [בְּאַהֲבָה וּבְרָצוֹן] בְּשִׂמְחָה וּבְשָׂשׂוֹן הִנְחַלְתָּנוּ. בָּרוּךְ אַתָּה יְהוָֹה. מְקַדֵּשׁ [הַשַּׁבָּת וְ] יִשְׂרָאֵל וְהַזְּמַנִּים:

Am Schabbat werden folgende Abschnitte hinzugefügt:

בָּרוּךְ אַתָּה יְהוָֹה אֱלֹהֵינוּ מֶלֶךְ הָעוֹלָם. בּוֹרֵא מְאוֹרֵי הָאֵשׁ:

בָּרוּךְ אַתָּה יְהוָֹה אֱלֹהֵינוּ מֶלֶךְ הָעוֹלָם. הַמַּבְדִּיל בֵּין קֹדֶשׁ לְחוֹל בֵּין אוֹר לְחֹשֶׁךְ בֵּין יִשְׂרָאֵל לָעַמִּים. בֵּין יוֹם הַשְּׁבִיעִי לְשֵׁשֶׁת יְמֵי הַמַּעֲשֶׂה. בֵּין קְדֻשַּׁת שַׁבָּת לִקְדֻשַּׁת יוֹם טוֹב הִבְדַּלְתָּ. וְאֶת־יוֹם הַשְּׁבִיעִי מִשֵּׁשֶׁת יְמֵי הַמַּעֲשֶׂה קִדַּשְׁתָּ. הִבְדַּלְתָּ וְקִדַּשְׁתָּ אֶת־עַמְּךָ יִשְׂרָאֵל בִּקְדֻשָּׁתֶךָ. בָּרוּךְ אַתָּה יְהוָֹה. הַמַּבְדִּיל בֵּין קֹדֶשׁ לְקֹדֶשׁ:

In der Laubhütte:

בָּרוּךְ אַתָּה יְהוָֹה אֱלֹהֵינוּ מֶלֶךְ הָעוֹלָם. אֲשֶׁר קִדְּשָׁנוּ בְּמִצְוֹתָיו וְצִוָּנוּ לֵישֵׁב בַּסֻּכָּה:

An allen Festen außer 7. Tag Pessach:

בָּרוּךְ אַתָּה יְהוָֹה אֱלֹהֵינוּ מֶלֶךְ הָעוֹלָם. שֶׁהֶחֱיָנוּ וְקִיְּמָנוּ וְהִגִּיעָנוּ לַזְּמַן הַזֶּה:

Lobspruch nach dem Händewaschen:

בָּרוּךְ אַתָּה יְהוָֹה אֱלֹהֵינוּ מֶלֶךְ הָעוֹלָם. אֲשֶׁר קִדְּשָׁנוּ בְּמִצְוֹתָיו וְצִוָּנוּ עַל נְטִילַת יָדָיִם:

Lobspruch über das Brot bzw. die Mazza:

בָּרוּךְ אַתָּה יְהוָֹה אֱלֹהֵינוּ מֶלֶךְ הָעוֹלָם. הַמּוֹצִיא לֶחֶם מִן הָאָרֶץ:

Du hast uns erwählt und vor allen Völkern geheiligt. (In Liebe und in Wohlgefallen,) mit Fröhlichkeit und Freude lass uns, Gott, uns (den Schabbat und) diese heilige Zeit zu eigen machen, und lass an ihm ganz Israel, das dich sucht, sich freuen. Gepriesen seist du, Ewiger. Du hast (den Schabbat,) Israel und die Festzeiten geheiligt.

Am Schabbat werden folgende Abschnitte hinzugefügt:

Gepriesen seist du Ewiger, unser Gott; du regierst die Welt. Du hast das Licht des Feuers geschaffen.

Gepriesen seist du, Ewiger, unser Gott; du regierst die Welt. Du trennst das Heilige vom Profanen, das Licht von der Finsternis, Israel von den Völkern, den siebten Tag von den übrigen sechs Werktagen. Du unterscheidest zwischen der Heiligkeit des Schabbat und der Heiligkeit der Festtage. Den siebten Tag hast du vor den sechs Werktagen geheiligt. Durch deine Heiligkeit hast du dein Volk Israel geheiligt und ausgesondert. Du trennst das Heilige vom Heiligen.

In der Laubhütte:

Gepriesen seist du, Ewiger, unser Gott; du regierst die Welt. Du hast uns durch deine Gebote geheiligt und hast uns aufgetragen, in der Laubhütte zu wohnen.

An allen Festen außer 7. Tag Pessach:

Gepriesen seist du, Ewiger, unser Gott; du regierst die Welt. Du hast uns am Leben erhalten und bewahrt. Und nun hast du uns diese Zeit erreichen lassen.

Lobspruch nach dem Händewaschen:

Gepriesen seist du, Ewiger, unser Gott; du regierst die Welt. Du hast uns durch deine Gebote geheiligt und hast uns aufgetragen, uns die Hände zu waschen.

Lobspruch über das Brot bzw. die Mazza:

Gepriesen seist du, Ewiger, unser Gott; du regierst die Welt. Du lässt die Erde Nahrung hervorbringen.

קדושא רבא לשלוש רגלים

Am Schabbat:

וְשָׁמְרוּ בְנֵי־יִשְׂרָאֵל אֶת־הַשַּׁבָּת לַעֲשׂוֹת אֶת־הַשַּׁבָּת לְדֹרֹתָם בְּרִית עוֹלָם. בֵּינִי וּבֵין בְּנֵי יִשְׂרָאֵל אוֹת הִיא לְעוֹלָם כִּי־שֵׁשֶׁת יָמִים עָשָׂה יְהוָה אֶת־הַשָּׁמַיִם וְאֶת־הָאָרֶץ וּבַיּוֹם הַשְּׁבִיעִי שָׁבַת וַיִּנָּפַשׁ:

וַיְדַבֵּר מֹשֶׁה אֶת־מֹעֲדֵי יְהוָה אֶל־בְּנֵי יִשְׂרָאֵל

Lobspruch über den Wein:

בָּרוּךְ אַתָּה יְהוָה אֱלֹהֵינוּ מֶלֶךְ הָעוֹלָם. בּוֹרֵא פְּרִי הַגָּפֶן:

Lobspruch in der Laubhütte:

בָּרוּךְ אַתָּה יְהוָה אֱלֹהֵינוּ מֶלֶךְ הָעוֹלָם. אֲשֶׁר קִדְּשָׁנוּ בְּמִצְוֹתָיו וְצִוָּנוּ לֵישֵׁב בַּסֻּכָּה:

Lobspruch nach dem Händewaschen:

בָּרוּךְ אַתָּה יְהוָה אֱלֹהֵינוּ מֶלֶךְ הָעוֹלָם. אֲשֶׁר קִדְּשָׁנוּ בְּמִצְוֹתָיו וְצִוָּנוּ עַל נְטִילַת יָדָיִם:

Lobspruch über das Brot bzw. die Mazza:

בָּרוּךְ אַתָּה יְהוָה אֱלֹהֵינוּ מֶלֶךְ הָעוֹלָם. הַמּוֹצִיא לֶחֶם מִן הָאָרֶץ:

KIDDUSCH FÜR DEN MORGEN EINES FESTTAGS

Am Schabbat:

Die Kinder Israels sollen den Schabbat halten und ihn von Generation zu Generation als einen ewigen Bund bewahren. Für alle Zeiten wird er ein Zeichen zwischen mir und den Kindern Israels sein. Denn in sechs Tagen hat Gott Himmel und Erde gemacht; am siebten Tag aber ruhte Gott und atmete auf. *(Ex 31,16-17)*

Und Mose verkündigte den Kindern Israels die Festzeiten Gottes. *(Lev 23,44)*

Lobspruch über den Wein:

Gepriesen seist du, Ewiger, unser Gott; du regierst die Welt. Du hast die Frucht des Weinstocks geschaffen.

Lobspruch in der Laubhütte:

Gepriesen seist du, Ewiger, unser Gott; du regierst die Welt. Du hast uns durch deine Gebote geheiligt und hast uns aufgetragen, in der Laubhütte zu wohnen.

Lobspruch nach dem Händewaschen:

Gepriesen seist du, Ewiger, unser Gott; du regierst die Welt. Du hast uns durch deine Gebote geheiligt und hast uns aufgetragen, uns die Hände zu waschen.

Lobspruch über das Brot bzw. die Mazza:

Gepriesen seist du, Ewiger, unser Gott; du regierst die Welt. Du lässt die Erde Nahrung hervorbringen.

ברכות

GEBETE FÜR BESONDERE GELEGENHEITEN

GEBETE FÜR BESONDERE GELEGENHEITEN

LOBSPRÜCHE FÜR NAHRUNGSMITTEL

Wer sich die Hände vor einer Mahlzeit wäscht, spricht:

בָּרוּךְ אַתָּה יְיָ אֱלֹהֵינוּ מֶלֶךְ הָעוֹלָם · אֲשֶׁר קִדְּשָׁנוּ בְּמִצְוֹתָיו וְצִוָּנוּ עַל נְטִילַת יָדָיִם :

Wer Wein trinkt, spricht:

בָּרוּךְ אַתָּה יְיָ אֱלֹהֵינוּ מֶלֶךְ הָעוֹלָם · בּוֹרֵא פְּרִי הַגָּפֶן :

Wer Brot isst, spricht:

בָּרוּךְ אַתָּה יְיָ אֱלֹהֵינוּ מֶלֶךְ הָעוֹלָם · הַמּוֹצִיא לֶחֶם מִן הָאָרֶץ :

Wer Kuchen oder Gebäck isst, spricht:

בָּרוּךְ אַתָּה יְיָ אֱלֹהֵינוּ מֶלֶךְ הָעוֹלָם · בּוֹרֵא מִינֵי מְזוֹנוֹת :

Wer eine Baumfrucht isst, spricht:

בָּרוּךְ אַתָּה יְיָ אֱלֹהֵינוּ מֶלֶךְ הָעוֹלָם · בּוֹרֵא פְּרִי הָעֵץ :

Wer Gemüse isst, spricht:

בָּרוּךְ אַתָּה יְיָ אֱלֹהֵינוּ מֶלֶךְ הָעוֹלָם · בּוֹרֵא פְּרִי הָאֲדָמָה :

Wer eins von allen übrigen Nahrungsmitteln isst:

בָּרוּךְ אַתָּה יְיָ אֱלֹהֵינוּ מֶלֶךְ הָעוֹלָם · שֶׁהַכֹּל נִהְיֶה בִּדְבָרוֹ :

Lobspruch nach dem Essen von Nahrung außer von Brot:

בָּרוּךְ אַתָּה יְיָ אֱלֹהֵינוּ מֶלֶךְ הָעוֹלָם · בּוֹרֵא נְפָשׁוֹת רַבּוֹת וְחֶסְרוֹנָן · עַל כָּל־מַה־שֶּׁבָּרָאתָ לְהַחֲיוֹת בָּהֶם נֶפֶשׁ כָּל־חָי · בָּרוּךְ חֵי הָעוֹלָמִים :

GEBETE FÜR BESONDERE GELEGENHEITEN

LOBSPRÜCHE

LOBSPRÜCHE FÜR NAHRUNGSMITTEL

Wer sich die Hände vor einer Mahlzeit wäscht, spricht:

Gepriesen seist du, Ewiger, unser Gott; du regierst die Welt. Du hast uns durch deine Gebote geheiligt und hast uns aufgetragen, uns die Hände zu waschen.

Wer Wein trinkt, spricht:

Gepriesen seist du, Ewiger, unser Gott; du regierst die Welt. Du hast die Frucht des Weinstocks geschaffen.

Wer Brot isst, spricht:

Gepriesen seist du, Ewiger, unser Gott; du regierst die Welt. Du lässt die Erde Nahrung hervorbringen.

Wer Kuchen oder Gebäck isst, spricht:

Gepriesen seist du, Ewiger, unser Gott; du regierst die Welt. Du hast verschiedene Arten von Speisen geschaffen.

Wer eine Baumfrucht isst, spricht:

Gepriesen seist du, Ewiger, unser Gott; du regierst die Welt. Du hast die Frucht des Baumes geschaffen.

Wer Gemüse isst, spricht:

Gepriesen seist du, Ewiger, unser Gott; du regierst die Welt. Du hast die Früche des Erdbodens geschaffen.

Wer eins von allen übrigen Nahrungsmitteln isst:

Gepriesen seist du, Ewiger, unser Gott; du regierst die Welt. Alles entsteht durch dein Wort.

Lobspruch nach dem Essen von Nahrung außer von Brot:

Gepriesen seist du, Ewiger, unser Gott; du regierst die Welt. Du hast verschiedene Arten von Lebewesen geschaffen und das, was sie brauchen. Alles hast du geschaffen, um sie am Leben zu erhalten. Gepriesen seist du, das Leben der ganzen Welt.

LOBSPRÜCHE FÜR NATURPHÄNOMENE

Wer duftende Blumen riecht, spricht:

בָּרוּךְ אַתָּה יְיָ אֱלֹהֵינוּ מֶלֶךְ הָעוֹלָם · בּוֹרֵא עִשְׂבוֹת בְּשָׂמִים׃

Wer ein wohlriechendes Gewürz riecht, spricht:

בָּרוּךְ אַתָּה יְיָ אֱלֹהֵינוּ מֶלֶךְ הָעוֹלָם · בּוֹרֵא מִינֵי בְשָׂמִים׃

Wer ein Parfüm riecht, spricht:

בָּרוּךְ אַתָּה יְיָ אֱלֹהֵינוּ מֶלֶךְ הָעוֹלָם · בּוֹרֵא שֶׁמֶן עָרֵב׃

Wer ein Naturwunder sieht, spricht:

בָּרוּךְ אַתָּה יְיָ אֱלֹהֵינוּ מֶלֶךְ הָעוֹלָם · עֹשֶׂה מַעֲשֵׂה בְרֵאשִׁית׃

Wer einen Donner hört, spricht:

בָּרוּךְ אַתָּה יְיָ אֱלֹהֵינוּ מֶלֶךְ הָעוֹלָם · שֶׁכֹּחוֹ וּגְבוּרָתוֹ מָלֵא עוֹלָם׃

Wer einen Regenbogen sieht, spricht:

בָּרוּךְ אַתָּה יְיָ אֱלֹהֵינוּ מֶלֶךְ הָעוֹלָם · זוֹכֵר הַבְּרִית וְנֶאֱמָן בִּבְרִיתוֹ וְקַיָּם בְּמַאֲמָרוֹ׃

Wer das Meer sieht, spricht:

בָּרוּךְ אַתָּה יְיָ אֱלֹהֵינוּ מֶלֶךְ הָעוֹלָם · שֶׁעָשָׂה אֶת־הַיָּם הַגָּדוֹל׃

Wer eine Naturschönheit sieht, spricht:

בָּרוּךְ אַתָּה יְיָ אֱלֹהֵינוּ מֶלֶךְ הָעוֹלָם · שֶׁכָּכָה לּוֹ בְּעוֹלָמוֹ׃

Wer blühende Bäume im Frühjahr sieht, spricht:

בָּרוּךְ אַתָּה יְיָ אֱלֹהֵינוּ מֶלֶךְ הָעוֹלָם · שֶׁלֹּא חִסַּר בְּעוֹלָמוֹ דָּבָר · וּבָרָא בוֹ בְּרִיּוֹת טוֹבוֹת וְאִילָנוֹת טוֹבִים לְהַנּוֹת בָּהֶם בְּנֵי אָדָם׃

LOBSPRÜCHE FÜR NATURPHÄNOMENE

Wer duftende Blumen riecht, spricht:

Gepriesen seist du, Ewiger, unser Gott; du regierst die Welt. Du hast duftende Pflanzen geschaffen.

Wer ein wohlriechendes Gewürz riecht, spricht:

Gepriesen seist du, Ewiger, unser Gott; du regierst die Welt. Du hast verschiedene Arten von Gewürzen geschaffen.

Wer ein Parfüm riecht, spricht:

Gepriesen seist du, Ewiger, unser Gott; du regierst die Welt. Du hast wohlriechendes Öl geschaffen.

Wer ein Naturwunder sieht, spricht:

Gepriesen seist du, Ewiger, unser Gott; du regierst die Welt. Du hast das Werk der Schöpfung vollbracht.

Wer einen Donner hört, spricht:

Gepriesen seist du, Ewiger, unser Gott; du regierst die Welt. Deine Kraft und Macht erfüllen die Erde.

Wer einen Regenbogen sieht, spricht:

Gepriesen seist du, Ewiger, unser Gott; du regierst die Welt. Du erinnerst dich an deinen Bund und bleibst ihm treu. Du stehst zu deinem Wort.

Wer das Meer sieht, spricht:

Gepriesen seist du, Ewiger, unser Gott; du regierst die Welt. Du hast das weite Meer geschaffen.

Wer eine Naturschönheit sieht, spricht:

Gepriesen seist du, Ewiger, unser Gott; du regierst die Welt. Dies alles ist Bestandteil deiner Welt.

Wer blühende Bäume im Frühjahr sieht, spricht:

Gepriesen seist du, Ewiger, unser Gott; du regierst die Welt. Du lässt es deiner Welt an nichts fehlen. Du hast schöne Dinge geschaffen und prachtvolle Bäume, um die Menschen durch sie zu erfreuen.

LOBSPRÜCHE FÜR MENSCHEN

Wer einem Menschen mit einer ungewöhnlichen äußeren Erscheinung begegnet, spricht:

בָּרוּךְ אַתָּה יְיָ אֱלֹהֵינוּ מֶלֶךְ הָעוֹלָם· מְשַׁנֶּה הַבְּרִיּוֹת:

Wer ein Regierungsoberhaupt trifft, spricht:

בָּרוּךְ אַתָּה יְיָ אֱלֹהֵינוּ מֶלֶךְ הָעוֹלָם· שֶׁנָּתַן מִכְּבוֹדוֹ לְבָשָׂר וָדָם:

Wer einem Menschen begegnet, der religiöses Wissen und Weisheit besitzt, spricht:

בָּרוּךְ אַתָּה יְיָ אֱלֹהֵינוּ מֶלֶךְ הָעוֹלָם· שֶׁחָלַק מֵחָכְמָתוֹ לִירֵאָיו:

Wer einem Menschen begegnet, der über großes Wissen verfügt, spricht:

בָּרוּךְ אַתָּה יְיָ אֱלֹהֵינוּ מֶלֶךְ הָעוֹלָם· שֶׁנָּתַן מֵחָכְמָתוֹ לְבָשָׂר וָדָם:

LOBSPRÜCHE FÜR EREIGNISSE

Wer eine Mezuza anbringt, spricht:

בָּרוּךְ אַתָּה יְיָ אֱלֹהֵינוּ מֶלֶךְ הָעוֹלָם· אֲשֶׁר קִדְּשָׁנוּ בְּמִצְוֹתָיו וְצִוָּנוּ לִקְבּוֹעַ מְזוּזָה:

Wer eine neue Frucht probiert, in eine neue Wohnung bzw. ein neues Haus eingezogen ist oder neue Kleider anzieht, spricht: *(Sche-hechejanu)*

בָּרוּךְ אַתָּה יְיָ אֱלֹהֵינוּ מֶלֶךְ הָעוֹלָם· שֶׁהֶחֱיָנוּ וְקִיְּמָנוּ וְהִגִּיעָנוּ לַזְּמַן הַזֶּה:

Wer eine schlechte Nachricht erfährt, spricht:

בָּרוּךְ אַתָּה יְיָ אֱלֹהֵינוּ מֶלֶךְ הָעוֹלָם· דַּיַּן הָאֱמֶת:

Wer eine Nachricht erfährt, die für einen selbst oder für jemand anderen gut ist, spricht:

בָּרוּךְ אַתָּה יְיָ אֱלֹהֵינוּ מֶלֶךְ הָעוֹלָם· הַטּוֹב וְהַמֵּטִיב:

LOBSPRÜCHE FÜR MENSCHEN

Wer einem Menschen mit einer ungewöhnlichen äußeren Erscheinung begegnet, spricht:

Gepriesen seist du, Ewiger, unser Gott; du regierst die Welt. Du hast kein Geschöpf wie das andere geschaffen.

Wer ein Regierungsoberhaupt trifft, spricht:

Gepriesen seist du, Ewiger, unser Gott; du regierst die Welt. Du lässt Menschen aus Fleisch und Blut an deiner Herrlichkeit teilhaben.

Wer einem Menschen begegnet, der religiöses Wissen und Weisheit besitzt, spricht:

Gepriesen seist du, Ewiger, unser Gott; du regierst die Welt. Du lässt die, die dich achten, an deiner Weisheit teilhaben.

Wer einem Menschen begegnet, der über großes Wissen verfügt, spricht:

Gepriesen seist du, Ewiger, unser Gott; du regierst die Welt. Du lässt Menschen aus Fleisch und Blut an deiner Weisheit teilhaben.

LOBSPRÜCHE FÜR EREIGNISSE

Wer eine Mezuza anbringt, spricht:

Gepriesen seist du, Ewiger, unser Gott; du regierst die Welt. Du hast uns durch deine Gebote geheiligt und hast uns aufgetragen, die Mezuza anzubringen.

Wer eine neue Frucht probiert, in eine neue Wohnung bzw. ein neues Haus eingezogen ist oder neue Kleider anzieht, spricht: *(Sche-hechejanu)*

Gepriesen seist du, Ewiger, unser Gott; du regierst die Welt. Du hast uns am Leben erhalten und bewahrt. Und nun hast du uns diese Zeit erreichen lassen.

Wer eine schlechte Nachricht erfährt, spricht:

Gepriesen seist du, Ewiger, unser Gott; du regierst die Welt. Du richtest gerecht.

Wer eine Nachricht erfährt, die für einen selbst oder für jemand anderen gut ist, spricht:

Gepriesen seist du, Ewiger, unser Gott; du regierst die Welt. Du bist gut und tust Gutes.

Wer einem Menschen begegnet, der von schwerer Krankheit genesen ist, spricht:

בְּרִיךְ רַחֲמָנָא מַלְכָּא דְעָלְמָא דִּי יַהֲבָךְ לָן וְלָא יַהֲבָךְ לְעַפְרָא׃

Wer eine wieder aufgebaute Synagoge sieht, spricht:

בָּרוּךְ אַתָּה יְיָ אֱלֹהֵינוּ מֶלֶךְ הָעוֹלָם· מַצִּיב גְּבוּל אַלְמָנָה׃

Wer einen Ort betritt, an dem man ein herausragendes Erlebnis hatte, spricht:

בָּרוּךְ אַתָּה יְיָ אֱלֹהֵינוּ מֶלֶךְ הָעוֹלָם· שֶׁעָשָׂה לִי נֵס בַּמָּקוֹם הַזֶּה׃

Münster/Westf., Klosterstr. (1880-1938)

Wer einem Menschen begegnet, der von schwerer Krankheit genesen ist, spricht:

Gepriesen seist du, Gott der Barmherzigkeit; du regierst die Welt. Du hast uns diesen Menschen wiedergeschenkt und ihn nicht dem Staub gegeben.

Wer eine wieder aufgebaute Synagoge sieht, spricht:

Gepriesen seist du, Ewiger, unser Gott; du regierst die Welt. Du schenkst verwaisten Orten neues Leben.

Wer einen Ort betritt, an dem man ein herausragendes Erlebnis hatte, spricht:

Gepriesen seist du, Ewiger, unser Gott; du regierst die Welt. An diesem Ort hast du mir ein Wunder getan.

Hamburg, Tempel in der Poolstr. (erbaut 1842/1844)

GEBET ZUR WEIHUNG EINES HAUSES

אִם־יְהֹוָה לֹא־יִבְנֶה בַיִת   שָׁוְא עָמְלוּ בוֹנָיו בּוֹ׃

Wenn nicht Gott selbst das Haus baut,
arbeiten vergeblich, die daran bauen. *(Ps 127,1)*

Wir bringen eine Mezuza am Türrahmen dieses Hauses an, um das Gebot Gottes, unseres Schöpfers, zu erfüllen und um uns selbst und alle, die dieses Haus betreten, daran zu erinnern, Gott von ganzen Herzen, von ganzer Seele und mit ganzer Kraft zu lieben.

Gott, wir bitten dich um deinen Segen für dieses Haus und für alle, die darin leben werden. Mögen die Türen dieses Hauses immer offen sein für Menschen in Not. Mögen seine Zimmer mit Freundlichkeit erfüllt sein. Möge Frieden zwischen seinen Wänden wohnen und möge es Freude durch die Fenster hinaus verbreiten. Dein Friede beschütze dieses Haus. Deine Gegenwart möge nie von ihm weichen.

שְׁמַע יִשְׂרָאֵל. יְהֹוָה אֱלֹהֵינוּ יְהֹוָה אֶחָד׃

בָּרוּךְ שֵׁם כְּבוֹד מַלְכוּתוֹ לְעוֹלָם וָעֶד׃

וְאָהַבְתָּ אֵת יְהֹוָה אֱלֹהֶיךָ. בְּכָל־לְבָבְךָ וּבְכָל־נַפְשְׁךָ וּבְכָל־מְאֹדֶךָ׃ וְהָיוּ הַדְּבָרִים הָאֵלֶּה אֲשֶׁר אָנֹכִי מְצַוְּךָ הַיּוֹם עַל־לְבָבֶךָ׃ וְשִׁנַּנְתָּם לְבָנֶיךָ וְדִבַּרְתָּ בָּם. בְּשִׁבְתְּךָ בְּבֵיתֶךָ וּבְלֶכְתְּךָ בַדֶּרֶךְ וּבְשָׁכְבְּךָ וּבְקוּמֶךָ׃ וּקְשַׁרְתָּם לְאוֹת עַל־יָדֶךָ. וְהָיוּ לְטֹטָפֹת בֵּין עֵינֶיךָ׃ וּכְתַבְתָּם עַל־מְזֻזוֹת בֵּיתֶךָ וּבִשְׁעָרֶיךָ׃

Höre Israel, der Ewige ist Gott, der Ewige ist einzig. *(Dtn 6,4)*

Gepriesen sei Gottes ruhmreiche Herrschaft immer und ewig! *(mJoma 6,2)*

Darum sollst du den Ewigen, deinen Gott, lieben mit ganzem Herzen, mit ganzer Seele und mit ganzer Kraft. Diese Worte, auf die ich dich heute verpflichte, sollen auf deinem Herzen geschrieben stehen. Du sollst sie deinen Kindern erzählen. Du sollst von ihnen reden, wenn du zu Hause sitzt und wenn du auf der Straße gehst, wenn du dich schlafen legst und wenn du aufstehst. Du sollst sie als Zeichen um dein Handgelenk binden. Sie sollen als Merkzeichen auf deiner Stirn sein. Du sollst sie auf die Türpfosten deines Hauses und in deine Tore schreiben.

(Dtn 6,5-9)

בָּרוּךְ אַתָּה יְיָ אֱלֹהֵינוּ מֶלֶךְ הָעוֹלָם· אֲשֶׁר קִדְּשָׁנוּ
בְּמִצְוֹתָיו וְצִוָּנוּ לִקְבּוֹעַ מְזוּזָה׃

Gepriesen seist du, Ewiger, unser Gott; du regierst die Welt. Du hast uns durch deine Gebote geheiligt und hast uns aufgetragen, die Mezuza anzubringen.

בָּרוּךְ אַתָּה יְיָ אֱלֹהֵינוּ מֶלֶךְ הָעוֹלָם· שֶׁהֶחֱיָנוּ וְקִיְּמָנוּ
וְהִגִּיעָנוּ לַזְּמַן הַזֶּה׃

Gepriesen seist du, Ewiger, unser Gott; du regierst die Welt. Du hast uns am Leben erhalten und bewahrt. Und nun hast du uns diese Zeit erreichen lassen.

GEBET ZUR HOCHZEIT

תהלים פד

לַמְנַצֵּחַ עַל־הַגִּתִּית לִבְנֵי־קֹרַח מִזְמוֹר׃

מַה־יְּדִידוֹת מִשְׁכְּנוֹתֶיךָ יְהוָה צְבָאוֹת׃

נִכְסְפָה וְגַם־כָּלְתָה נַפְשִׁי לְחַצְרוֹת יְהוָה
לִבִּי וּבְשָׂרִי יְרַנְּנוּ אֶל אֵל־חָי׃

גַּם־צִפּוֹר מָצְאָה בַיִת וּדְרוֹר קֵן לָהּ אֲשֶׁר־שָׁתָה אֶפְרֹחֶיהָ
אֶת־מִזְבְּחוֹתֶיךָ יְהוָה צְבָאוֹת מַלְכִּי וֵאלֹהָי׃

אַשְׁרֵי יוֹשְׁבֵי בֵיתֶךָ עוֹד יְהַלְלוּךָ סֶּלָה׃
אַשְׁרֵי אָדָם עוֹז־לוֹ בָךְ מְסִלּוֹת בִּלְבָבָם׃
עֹבְרֵי בְּעֵמֶק הַבָּכָא מַעְיָן יְשִׁיתוּהוּ גַּם־בְּרָכוֹת יַעְטֶה מוֹרֶה׃
יֵלְכוּ מֵחַיִל אֶל־חָיִל יֵרָאֶה אֶל־אֱלֹהִים בְּצִיּוֹן׃

יְהוָה אֱלֹהִים צְבָאוֹת שִׁמְעָה תְפִלָּתִי
הַאֲזִינָה אֱלֹהֵי יַעֲקֹב סֶלָה׃
מָגִנֵּנוּ רְאֵה אֱלֹהִים וְהַבֵּט פְּנֵי מְשִׁיחֶךָ׃
כִּי טוֹב־יוֹם בַּחֲצֵרֶיךָ מֵאָלֶף
בָּחַרְתִּי הִסְתּוֹפֵף בְּבֵית אֱלֹהַי מִדּוּר בְּאָהֳלֵי־רֶשַׁע׃

GEBET ZUR HOCHZEIT

PSALM
84
VON GOTT BESCHÜTZT

Dem Chorleiter. Auf der Gittit. Von den Söhnen Korachs. Ein Psalm.

Wie liebenswert sind deine Wohnungen,
Gott aller Geschöpfe.
Meine Seele verlangt, ja sehnt sich
nach den Vorhöfen Gottes.
Mein Verstand und mein Körper
preisen den lebendigen Gott.

Selbst der Sperling fand ein Zuhause,
die Schwalbe ihr Nest
für ihre Jungen
an deinen Altären, Gott aller Geschöpfe,
du regierst über mich;
du bist mein Gott.

Glücklich sollen die sein, die in deinem Hause wohnen
und dich immerfort loben.
Glücklich sollen die Pilger sein, die in dir Kraft schöpfen,
wenn sie in ihren Herzen mit dir unterwegs sind.
Ziehen sie durch ein Tränental,
wird es ihnen zum Quellgrund
und der Frühregen erfüllt es mit Segen.
Sie pilgern von einer Kraftquelle zur anderen,
bis sie vor Gott auf dem Zion erscheinen.

Ewiger, Gott aller Geschöpfe,
höre mein Gebet.
Höre zu, Gott Jakobs.
Gott, unser Schutzschild, sieh her!
Schau deinen Gesalbten an!
Denn ein Tag in deinen Vorhöfen
ist besser als tausend andere.
Ich will lieber an der Schwelle des Hauses meines Gottes
stehen,
als in den Zelten der Ungerechten wohnen.

כִּי שֶׁמֶשׁ וּמָגֵן יְהוָה אֱלֹהִים חֵן וְכָבוֹד יִתֵּן יְהוָה
לֹא יִמְנַע־טוֹב לַהֹלְכִים בְּתָמִים׃

יְהוָה צְבָאוֹת אַשְׁרֵי אָדָם בֹּטֵחַ בָּךְ׃

תהלים ק

מִזְמוֹר לְתוֹדָה

הָרִיעוּ לַיהוָה כָּל־הָאָרֶץ׃

עִבְדוּ אֶת־יְהוָה בְּשִׂמְחָה בֹּאוּ לְפָנָיו בִּרְנָנָה׃

דְּעוּ כִּי־יְהוָה הוּא אֱלֹהִים הוּא עָשָׂנוּ וְלוֹ אֲנַחְנוּ
עַמּוֹ וְצֹאן מַרְעִיתוֹ׃

בֹּאוּ שְׁעָרָיו בְּתוֹדָה חֲצֵרֹתָיו בִּתְהִלָּה הוֹדוּ־לוֹ בָּרְכוּ שְׁמוֹ׃

כִּי־טוֹב יְהוָה לְעוֹלָם חַסְדּוֹ וְעַד־דֹּר וָדֹר אֱמוּנָתוֹ׃

Ja, Gott ist Sonne und Schutzschild,
Gott gibt Gnade und Ruhm.
Gott wird denen nichts Gutes vorenthalten,
die in Treue zu Gott unterwegs sind.

Gott aller Geschöpfe,
Glücklich ist der Mensch, der auf dich vertraut!

PSALM 100

Ein Danklied.

Jubelt Gott zu, alle Länder!
Dienet dem Ewigen voll Freude,
tretet zu Gott ein mit Jubel.

Erkennt, dass der Ewige Gott ist.
Gott hat uns gemacht,
wir gehören zu Gott
als sein Volk und als die Herde, die er weidet.

Ziehet durch Gottes Tore ein mit Dank,
in Gottes Vorhöfe mit Gebeten.
Lobt Gott! Preist Gottes Namen!
Denn Gott ist gut,
ewig währet Gottes Güte,
Gottes Treue von Generation zu Generation.

בָּרוּךְ הַבָּא בְּשֵׁם יְהוָֹה · בֵּרַכְנוּכֶם מִבֵּית יְהוָֹה׃

Gepriesen sei, wer im Namen Gottes kommt. Wir sprechen euch den Segen Gottes von Gottes Haus her zu.

מִי אַדִּיר עַל הַכֹּל · מִי בָּרוּךְ עַל הַכֹּל · מִי גָּדוֹל עַל הַכֹּל · הוּא יְבָרֵךְ הֶחָתָן וְהַכַּלָּה׃

Gott hat Macht über alles. Gott wird von allen gepriesen.
Gott ist über alles erhaben. Gott segne diesen Bräutigam und diese Braut.

Eines der folgenden Gebete:

Gott, in diesem Augenblick der Ruhe und an diesem heiligen Ort, gib deinen Kindern deinen Segen. Du gabst ihnen Jugend mit all ihren Hoffnungen und Liebe mit all ihren Träumen. Lass diese Hoffnungen und Träume wahr werden durch ihren Glauben aneinander und ihr Vertrauen zu dir. Hilf, dass sie immer liebevoll füreinander da sind. Lass sie im Laufe der Jahre lernen, wie groß die Freude ist, die aus dem Miteinander-Teilen entspringt, und wie tief die Liebe ist, die mit dem Geben wächst. Sei du mit ihnen, in der Wärme ihrer Liebe, in der Freundlichkeit ihres Hauses und in ihrer Barmherzigkeit für andere.

Gott, du hast Männer und Frauen gelehrt, einander in der Ehe zu helfen und zu dienen und einander glücklich zu machen. Segne diesen Bund der Liebe und diese Versprechen der Treue. Behüte diesen Bräutigam und diese Braut auf ihrem gemeinsamen Lebensweg und sorge für sie. Lass sie liebende Partner sein, der gegenseitigen Zuneigung sicher, die im Laufe der Jahre immer tiefer werden möge. Lass sie in ihrer gegenseitigen Achtung und Wertschätzung Frieden finden und in ihrer Zuneigung und ihrer Zärtlichkeit ihr Glück. Lass deine Gegenwart in ihrem Haus und in ihren Herzen wohnen.

Ewiger, unser Gott, wir stehen vor deiner Heiligkeit. Wir besinnen uns auf deine Gegenwart und danken dir, dass du uns diesen Augenblick erleben lässt. Möge deine Liebe … und … beschützen, die dich um deinen Segen bitten. Sie erbitten deinen Segen nicht nur je für sich selbst, sondern auch für einander und für ihr gemeinsames Leben. Denn in deinem Segen gründen Treue und Zuneigung, Liebe und Vertrauen. Sei mit ihnen, Gott, damit sie wahres Glück erfahren und allen, die sie lieben, Freude bereiten. Lass sie dir die Ehre geben und damit sich selbst Ehre bereiten. Gepriesen seist du, Gott. Du lehrt die Menschen den Weg zum Glück.

בָּרוּךְ אַתָּה יְיָ אֱלֹהֵינוּ מֶלֶךְ הָעוֹלָם · בּוֹרֵא פְּרִי הַגָּפֶן:

Gepriesen seist du, Ewiger, unser Gott; du regierst die Welt. Du hast die Frucht des Weinstocks geschaffen.

בָּרוּךְ אַתָּה יְיָ אֱלֹהֵינוּ מֶלֶךְ הָעוֹלָם · אֲשֶׁר קִדְּשָׁנוּ
בְּמִצְוֹתָיו וּמְקַדֵּשׁ עַמּוֹ יִשְׂרָאֵל עַל יְדֵי חֻפָּה וְקִדּוּשִׁין:

Gepriesen seist du, Ewiger, unser Gott; du regierst die Welt. Du hast uns durch deine Gebote geheiligt und du heiligst Israel, dein Volk, durch die Chuppa und durch die Eheschließung.

………………, willst du in diesen heiligen Bund der Liebe und Wahrheit eintreten und ………….. vor den Augen Gottes und der Menschen als deine Lebensgefährtin annehmen? Versprichst du aufrichtig, ihr ein treuer und liebevoller Partner zu sein?

………………, willst du in diesen heiligen Bund der Liebe und Wahrheit eintreten und ………….. vor den Augen Gottes und der Menschen als deinen Lebensgefährten annehmen? Versprichst du aufrichtig, ihm eine treue und liebevolle Partnerin zu sein?

הֲרֵי אַתְּ מְקֻדֶּשֶׁת לִי בְּטַבַּעַת זוֹ כְּדַת מֹשֶׁה וְיִשְׂרָאֵל:

Durch diesen Ring bist du mir anvertraut nach dem Gesetz Moses und Israels.

הֲרֵי אַתָּה מְקֻדָּשׁ לִי כְּדַת מֹשֶׁה וְיִשְׂרָאֵל:

Durch diesen Ring bist du mir anvertraut nach dem Gesetz Moses und Israels.

שבע ברכות

בָּרוּךְ אַתָּה יְיָ אֱלֹהֵינוּ מֶלֶךְ הָעוֹלָם· בּוֹרֵא פְּרִי הַגָּפֶן:

בָּרוּךְ אַתָּה יְיָ אֱלֹהֵינוּ מֶלֶךְ הָעוֹלָם· שֶׁהַכֹּל בָּרָא לִכְבוֹדוֹ:

בָּרוּךְ אַתָּה יְיָ אֱלֹהֵינוּ מֶלֶךְ הָעוֹלָם· יוֹצֵר הָאָדָם:

בָּרוּךְ אַתָּה יְיָ אֱלֹהֵינוּ מֶלֶךְ הָעוֹלָם· אֲשֶׁר יָצַר אֶת־הָאָדָם בְּצַלְמוֹ· בְּצֶלֶם דְּמוּת תַּבְנִיתוֹ· וְהִתְקִין לוֹ מִמֶּנּוּ בִּנְיַן עֲדֵי עַד· בָּרוּךְ אַתָּה יְיָ· יוֹצֵר הָאָדָם:

שׂוֹשׂ תָּשִׂישׂ וְתָגֵל הָעֲקָרָה· בְּקִבּוּץ בָּנֶיהָ לְתוֹכָהּ בְּשִׂמְחָה· בָּרוּךְ אַתָּה יְיָ· מְשַׂמֵּחַ צִיּוֹן בְּבָנֶיהָ:

שַׂמֵּחַ תְּשַׂמַּח רֵעִים הָאֲהוּבִים· כְּשַׂמֵּחֲךָ יְצִירְךָ בְּגַן עֵדֶן מִקֶּדֶם· יִזְכּוּ בָנֶיךָ הָאֵלֶּה לִבְנוֹת בַּיִת בְּיִשְׂרָאֵל לִכְבוֹד שְׁמֶךָ· בָּרוּךְ אַתָּה יְיָ· מְשַׂמֵּחַ חָתָן וְכַלָּה:

בָּרוּךְ אַתָּה יְיָ אֱלֹהֵינוּ מֶלֶךְ הָעוֹלָם· אֲשֶׁר בָּרָא שָׂשׂוֹן וְשִׂמְחָה חָתָן וְכַלָּה· אַהֲבָה וְאַחֲוָה וְשָׁלוֹם וְרֵעוּת· מְהֵרָה יְיָ אֱלֹהֵינוּ יִשָּׁמַע בְּעָרֵי יְהוּדָה וּבְחוּצוֹת יְרוּשָׁלַיִם קוֹל שָׂשׂוֹן וְקוֹל שִׂמְחָה· קוֹל חָתָן וְקוֹל כַּלָּה· בָּרוּךְ אַתָּה יְיָ· מְשַׂמֵּחַ חָתָן עִם הַכַּלָּה:

תהלים קנ

הַלְלוּ־יָהּ

הַלְלוּ־אֵל בְּקָדְשׁוֹ הַלְלוּהוּ בִּרְקִיעַ עֻזּוֹ:

הַלְלוּהוּ בִגְבוּרֹתָיו הַלְלוּהוּ כְּרֹב גֻּדְלוֹ:

הַלְלוּהוּ בְּתֵקַע שׁוֹפָר הַלְלוּהוּ בְּנֵבֶל וְכִנּוֹר:

הַלְלוּהוּ בְתֹף וּמָחוֹל הַלְלוּהוּ בְּמִנִּים וְעֻגָב:

הַלְלוּהוּ בְצִלְצְלֵי־שָׁמַע הַלְלוּהוּ בְּצִלְצְלֵי תְרוּעָה:

כֹּל הַנְּשָׁמָה תְּהַלֵּל יָהּ הַלְלוּ־יָהּ:

Gepriesen seist du, Ewiger, unser Gott; du regierst die Welt. Du hast die Frucht des Weinstockes geschaffen.

Gepriesen seist du, Ewiger, unser Gott; du regierst die Welt. Du hast alles zu deiner Ehre geschaffen.

Gepriesen seist du, Ewiger, unser Gott; du regierst die Welt. Du hast den Menschen geschaffen.

Gepriesen seist du, Ewiger, unser Gott; du regierst die Welt. Du hast den Menschen nach deinem Bild geschaffen. Im göttlichen Bild und in der Form göttlicher Gestalt hast du aus ihm ein Sein zur Erhaltung der Welt gebildet. Gepriesen seist du, Ewiger. Du schufst den Menschen.

(Zion), die Unfruchtbare *(Jes 54,1ff)* wird sich freuen und jubeln, wenn ihre Kinder sich froh in ihrer Mitte versammeln. Gepriesen seist du, Ewiger. Du erfreust Zion mit ihren Kindern.

Erfreue die, die sich lieben, wie du damals dein Geschöpf im Garten Eden erfreut hast. Lass es diesem Paar gelingen, ein jüdisches Haus zur Ehre deines Namens zu gründen. Gepriesen seist du, Ewiger. Du erfreust Bräutigam und Braut.

Gepriesen seist du, Ewiger, unser Gott; du regierst die Welt. Du schufst Freude und Fröhlichkeit, Bräutigam und Braut, Liebe und Geschwisterlichkeit, Friede und Freundschaft. Ewiger, unser Gott, lass in den Städten Judas und in den Gassen Jerusalems bald Freudengeschrei und Jubel erschallen, die Stimme des Bräutigams und die Stimme der Braut. Gepriesen seist du, Ewiger. Du lässt Braut und Bräutigam sich aneinander freuen.

PSALM
150

Halleluja! – Lobet Gott!
Lobet Gott in seinem Heiligtum.
Lobet Gott im erhabenen Himmel!
Lobet Gott für Gottes mächtige Taten.
Lobet Gott für Gottes gewaltige Größe.
Lobet Gott durch das Blasen des Schofars.
Lobet Gott mit Psalter und Harfe.
Lobet Gott mit Paukenschlag und Tanz.
Lobet Gott mit Laute und Flöte.
Lobet Gott durch das Schlagen von Zimbeln,
durch den Klang der Zimbeln.
Alles was atmet, lobe Gott!
Lobet Gott! – **Halleluja!**

GEBET ZUR NAMENSGEBUNG EINES KINDES

Gebet des Vaters oder der Mutter:

תהלים קטז

אָהַבְתִּי כִּי־יִשְׁמַע יְהוָה אֶת־קוֹלִי תַּחֲנוּנָי :
כִּי־הִטָּה אָזְנוֹ לִי וּבְיָמַי אֶקְרָא :
חַנּוּן יְהוָה וְצַדִּיק וֵאלֹהֵינוּ מְרַחֵם :
שׁוּבִי נַפְשִׁי לִמְנוּחָיְכִי כִּי־יְהוָה גָּמַל עָלָיְכִי :
מָה־אָשִׁיב לַיהוָה כָּל־תַּגְמוּלוֹהִי עָלָי :
נְדָרַי לַיהוָה אֲשַׁלֵּם נֶגְדָה־נָּא לְכָל־עַמּוֹ :
לְךָ־אֶזְבַּח זֶבַח תּוֹדָה וּבְשֵׁם יְהוָה אֶקְרָא :
הַלְלוּ־יָהּ :

PSALM 116

Ich habe Gott liebgewonnen;
denn Gott hat mein lautes Flehen gehört,
denn Gott hat mir das Ohr zugeneigt
an dem Tag, als ich zu Gott rief.

Gott ist gnädig und gerecht,
unser Gott ist barmherzig.

Komm wieder zur Ruhe, meine Seele!
Denn Gott hat dir Gutes getan.

Wie kann ich Gott all das vergelten,
was Gott mir Gutes getan hat?
Ich will Gott meine Gelübde erfüllen
öffentlich vor Gottes ganzem Volk.

Ich will dir ein Opfer des Dankes bringen
und den Namen Gottes anrufen.

Halleluja! – Lobet Gott!

(aus Ps 116)

Gebet der Mutter:

Du, Gott, schaffst die Menschen. Du bist die Quelle allen Lebens. Aufgrund deiner großen Liebe komme ich in dein Haus, um dir zu danken und deinen Namen zu preisen. Du hast mich an der Freude der Schöpfung teilhaben lassen. Dies hat mich in meiner Schwachheit gestärkt und in meinen Ängsten getröstet. Deine Barmherzigkeit hat mir wieder neue Kraft gegeben. Ich danke dir für mein Leben und für das Leben meines Kindes. Du erneuerst das Wunder der Schöpfung.

Gebet der Mutter (bei einem adoptierten Kind):

Du, Gott, schaffst die Menschen. Du bist die Quelle allen Lebens. Aufgrund deiner großen Liebe komme ich in dein Haus, um dir zu danken und deinen Namen zu preisen. Ich danke dir, dass du mich für würdig erachtet hast. In Ehrfurcht wende ich mich zu dir, denn du hast Vertrauen in mich gesetzt. Ich preise dich für die Liebe, die mich an mein Kind bindet. Du hast das Wunder der Schöpfung in meinem Herzen erneuert.

Wenn beide Eltern anwesend sind, betet die Mutter:

Bei einem Jungen:

Während er wächst an Körper und Geist, lass Worte der Wahrheit auf seiner Zunge sein und Liebe zur Gerechtigkeit in seinem Herzen. Lass ihn ein Segen sein für alle um ihn herum und lass ihn Israel vor allen Menschen zu Ehren bringen.

Gott, sei mit mir und meinem Ehepartner; möge unsere Liebe zu unserem Sohn uns noch enger verbinden in Hilfsbereitschaft und Vertrauen.

Lehre uns, wie wir durch ihn Israels Erbe weitergeben, damit seine Tradition der Weisheit und Heiligkeit niemals aufhört.

Jetzt trösten wir ihn durch unsere Liebe. Möge er uns in der Zukunft trösten. Amen.

Bei einem Mädchen:

Während sie wächst an Körper und Geist, lass Worte der Wahrheit auf ihrer Zunge sein und Liebe zur Gerechtigkeit in ihrem Herzen. Lass sie ein Segen sein für alle um sie herum und lass sie Israel vor allen Menschen zu Ehren bringen.

Gott, sei mit mir und meinem Ehepartner; möge unsere Liebe zu unserer Tochter uns noch enger verbinden in Hilfsbereitschaft und Vertrauen.

Lehre uns, wie wir durch sie Israels Erbe weitergeben, damit seine Tradition der Weisheit und Heiligkeit niemals aufhört.

Jetzt trösten wir sie durch unsere Liebe. Möge sie uns in der Zukunft trösten. Amen.

Wenn nur ein Elternteil anwesend ist:

Bei einem Jungen:

Während er wächst an Körper und Geist, lass Worte der Wahrheit auf seiner Zunge sein und Liebe zur Gerechtigkeit in seinem Herzen. Lass ihn ein Segen sein für alle um ihn herum und lass ihn Israel vor allen Menschen zu Ehren bringen.

Gott, sei mit mir in den vor uns liegenden Jahren. Gib mir die Kraft, für meinen Sohn zu sorgen, und lass mich die nötige Unterstützung meiner Familie und Freunde erfahren.

Lehre mich, wie ich Israels Erbe an ihn weitergebe, damit seine Tradition der Weisheit und Heiligkeit niemals aufhören wird.

Jetzt tröste ich ihn durch meine Liebe. Möge er mich in der Zukunft trösten. Amen.

Bei einem Mädchen:

Während sie wächst an Körper und Geist, lass Worte der Wahrheit auf ihrer Zunge sein und Liebe zur Gerechtigkeit in ihrem Herzen. Lass sie ein Segen sein für alle um sie herum und lass sie Israel vor allen Menschen zu Ehren bringen.

Gott, sei mit mir in den vor uns liegenden Jahren. Gib mir die Kraft, für meine Tochter zu sorgen, und lass mich die nötige Unterstützung meiner Familie und Freunde erfahren.

Lehre mich, wie ich Israels Erbe an sie weitergebe, damit seine Tradition der Weisheit und Heiligkeit niemals aufhören wird.

Jetzt tröste ich sie durch meine Liebe. Möge sie mich in der Zukunft trösten. Amen.

Gebet des Rabbiners/der Rabbinerin:

(Wenn beide Elternteile anwesend sind:)

Gott der Liebe, nimm den Dank dieser Mutter an, die zur Familie Israels gehört. Lass ihren Geist, der sich hier in demütiger Dankbarkeit zu dir erhebt, immer auf dich hin ausgerichtet sein, damit sie von dir Hilfe und Kraft empfängt.

Segne sie und ihren Ehepartner mit der Weisheit, ihr Kind nach deinem Willen zu leiten.

Lass sie mit ihrem Leben ein Beispiel deiner Fürsorge und deines Verständnisses geben. Lass das Licht der Liebe ihr Haus erfüllen. Dein Segen ruhe auf ihnen und auf allen, die sie ins Herz geschlossen haben. Amen.

(Wenn nur ein Elternteil anwesend ist:)

Gott der Liebe, nimm den Dank dieser Mutter/dieses Vater an, die/der zur Familie Israels gehört. Lass ihren/seinen Geist, der sich hier in demütiger Dankbarkeit zu dir erhebt, immer auf dich hin ausgerichtet sein, damit sie/er von dir Hilfe und Kraft empfängt.

Segne sie/ihn mit der Weisheit, ihr Kind nach deinem Willen zu leiten. Lass sie/ihn mit ihrem Leben ein Beispiel deiner Fürsorge und deines Verständnisses geben. Lass das Licht der Liebe ihr/sein Haus erfüllen. Dein Segen ruhe auf ihnen und auf allen, die sie/ihn ins Herz geschlossen haben. Amen.

Bei einem Jungen:

מִי שֶׁבֵּרַךְ אֲבוֹתֵינוּ אַבְרָהָם
יִצְחָק וְיַעֲקֹב הוּא יְבָרֵךְ אֶת־
הַיֶּלֶד הַזֶּה וְיִקָּרֵא שְׁמוֹ
בְּיִשְׂרָאֵל ······ וְיִתֵּן לוֹ
אֱלֹהִים חַיִּים אֲרֻכִּים וְחִלּוּץ־
עֲצָמוֹת· יִשְׂמְחוּ בוֹ אָבִיו וְאִמּוֹ·
וִיהִי בְרָכָה לְכָל־מַכָּרָיו
וְכָבוֹד לְיִשְׂרָאֵל וּלְשֵׁם־
קָדְשֶׁךָ· אָמֵן׃

Gott, der unsere Väter Abraham, Isaak und Jakob segnete, möge diesen Knaben segnen. Sein Name in Israel lautet: … Gott, gib ihm ein langes Leben und köperliche Kraft. Gib, dass er denen Freude bereitet, die ihn erziehen. Lass ihn ein Segen sein für alle, die ihn kennen, eine Ehre für Israel und für deinen heiligen Namen. Amen.

Bei einem Mädchen:

מִי שֶׁבֵּרַךְ אִמּוֹתֵינוּ שָׂרָה
רִבְקָה רָחֵל וְלֵאָה הוּא יְבָרֵךְ
אֶת־הַיַּלְדָּה הַזֹּאת וְיִקָּרֵא
שְׁמָהּ בְּיִשְׂרָאֵל ····· וְיִתֵּן לָהּ
אֱלֹהִים חַיִּים אֲרֻכִּים וְחִלּוּץ־
עֲצָמוֹת· יִשְׂמְחוּ בָהּ אָבִיהָ
וְאִמָּהּ· וּתְהִי בְרָכָה לְכָל־
מַכָּרֶיהָ וְכָבוֹד לְיִשְׂרָאֵל
וּלְשֵׁם־קָדְשֶׁךָ · אָמֵן׃

Gott, der unsere Mütter Sara, Rebekka, Lea und Rahel segnete, möge dieses Mädchen segnen. Ihr Name in Israel lautet: … Gott, gib ihr ein langes Leben und körperliche Kraft. Gib, dass sie denen Freude bereitet, die sie erziehen. Lass sie ein Segen sein für alle, die sie kennen, eine Ehre für Israel und für deinen heiligen Namen. Amen.

SEGEN

GEBET ZUR BESCHNEIDUNG

בָּרוּךְ הַבָּא בְּשֵׁם יְהוָה: בְּרוּכִים אַתֶּם לַיהוָה עֹשֵׂה שָׁמַיִם וָאָרֶץ:

Gebet des Vaters:

הִנְנִי מוּכָן לְקַיֵּם מִצְוַת עֲשֵׂה שֶׁצִּוָּנוּ הַבּוֹרֵא יִתְבָּרַךְ לָמוּל אֶת־בְּנִי· כַּכָּתוּב בַּתּוֹרָה· וַיֹּאמֶר אֱלֹהִים אֶל־אַבְרָהָם וְאַתָּה אֶת־בְּרִיתִי תִשְׁמֹר אַתָּה וְזַרְעֲךָ אַחֲרֶיךָ לְדֹרֹתָם: זֹאת בְּרִיתִי אֲשֶׁר תִּשְׁמְרוּ בֵּינִי וּבֵינֵיכֶם וּבֵין זַרְעֲךָ אַחֲרֶיךָ הִמּוֹל לָכֶם כָּל־זָכָר:

וְנֶאֱמַר· וּמָל יְהוָה אֱלֹהֶיךָ אֶת־לְבָבְךָ וְאֶת־לְבַב זַרְעֶךָ לְאַהֲבָה אֶת־יְהוָה אֱלֹהֶיךָ בְּכָל־לְבָבְךָ וּבְכָל־נַפְשְׁךָ לְמַעַן חַיֶּיךָ:

Gebet des Mohel:

זֶה הַכִּסֵּא שֶׁל אֵלִיָּהוּ זָכוּר לַטּוֹב:

בָּרוּךְ אַתָּה יְיָ אֱלֹהֵינוּ מֶלֶךְ הָעוֹלָם· אֲשֶׁר קִדְּשָׁנוּ בְּמִצְוֹתָיו וְצִוָּנוּ עַל הַמִּילָה:

Gebet des Vaters:

בָּרוּךְ אַתָּה יְיָ אֱלֹהֵינוּ מֶלֶךְ הָעוֹלָם· אֲשֶׁר קִדְּשָׁנוּ בְּמִצְוֹתָיו וְצִוָּנוּ לְהַכְנִיסוֹ בִּבְרִיתוֹ שֶׁל אַבְרָהָם אָבִינוּ:

בָּרוּךְ אַתָּה יְיָ אֱלֹהֵינוּ מֶלֶךְ הָעוֹלָם· שֶׁהֶחֱיָנוּ וְקִיְּמָנוּ וְהִגִּיעָנוּ לַזְּמַן הַזֶּה:

Gebet aller Anwesenden:

כְּשֵׁם שֶׁנִּכְנַס לַבְּרִית כֵּן יִכָּנֵס לַתּוֹרָה וּלְחֻפָּה וּלְמַעֲשִׂים טוֹבִים:

GEBET ZUR BESCHNEIDUNG

Gepriesen sei, wer im Namen Gottes kommt.
Gepriesen seid ihr von Gott. Gott hat Himmel und Erde gemacht.

Gebet des Vaters:

Ich lasse jetzt meinen Sohn beschneiden, um das Gebot meines Schöpfers zu erfüllen. In der Thora heißt es: „Gott sagte zu Abraham: Du sollst meinen Bund halten, du und deine Nachkommen in allen Generationen. Dieses ist mein Bund, den ich zwischen mir und euch und deinen Nachkommen schließe: Alles, was männlich ist, sollt ihr beschneiden." *(Gen 17,9-10)* Und es ist gesagt: „Der Ewige, dein Gott, wird dein Herz beschneiden und das Herz deiner Nachkommen, damit ihr den Ewigen, euren Gott, liebt von ganzem Herzen und von ganzer Seele, damit ihr lebt." *(Dtn 30,6)*

Gebet des Mohel:

Dies ist der Stuhl Elias, es sei seiner zum Guten gedacht!

Gepriesen seist du, Ewiger, unser Gott; du regierst die Welt. Du hast uns durch deine Gebote geheiligt und hast uns die Beschneidung aufgetragen.

Gebet des Vaters:

Gepriesen seist du, Ewiger, unser Gott; du regierst die Welt. Du hast uns durch deine Gebote geheiligt und hast uns aufgetragen, Söhne in den Bund Abrahams, unseres Vaters, hineinzubringen.

Gepriesen seist du, Ewiger, unser Gott; du regierst die Welt. Du hast uns am Leben erhalten und bewahrt. Und nun hast du uns diese Zeit erreichen lassen.

Gebet aller Anwesenden:

Wie er in den Bund eingetreten ist, so finde er auch Zugang zur Thora, zur Chuppa und zu guten Taten.

Gebet des Mohel oder des Rabbiners/der Rabbinerin:

בָּרוּךְ אַתָּה יְיָ אֱלֹהֵינוּ מֶלֶךְ הָעוֹלָם· בּוֹרֵא פְּרִי הַגָּפֶן:

אֱלֹהֵינוּ וֵאלֹהֵי אֲבוֹתֵינוּ· קַיֵּם אֶת־הַיֶּלֶד הַזֶּה וְיִקָּרֵא שְׁמוֹ בְּיִשְׂרָאֵל . . . . . . יִשְׂמְחוּ בוֹ אָבִיו וְאִמּוֹ וִילַמְּדוּהוּ בְּאַהֲבָה וּבְחָכְמָה אֶת־פֶּשֶׁר־הַבְּרִית הַזֹּאת אֲשֶׁר נִכְנַס בָּהּ הַיּוֹם· לְמַעַן יִרְדֹּף צֶדֶק וֶאֱמֶת וְיֵלֵךְ בְּדַרְכֵי־שָׁלוֹם· יִגְדַּל הַיֶּלֶד הַזֶּה לְהָבִיא בְרָכָה עַל־מִשְׁפַּחְתּוֹ וְעַל־בֵּית־יִשְׂרָאֵל וְעַל־כָּל־מִשְׁפְּחוֹת־הָאֲדָמָה· כְּשֵׁם שֶׁנִּכְנַס לַבְּרִית כֵּן יִכָּנֵס לְתוֹרָה וּלְחֻפָּה וּלְמַעֲשִׂים טוֹבִים:

Regensburg (erbaut 1912)

Gebet des Mohel oder des Rabbiners/der Rabbinerin:

Gepriesen seist du, Ewiger, unser Gott; du regierst die Welt. Du hast die Frucht des Weinstocks geschaffen.

Unser Gott und Gott unserer Vorfahren, stelle dich auf die Seite dieses Kindes. Sein Name in Israel lautet: .... Gib, dass er denen Freude bereitet, die ihn erziehen. In Liebe und Weisheit möge man ihn die Bedeutung dieses Bundes lehren, in den er heute eingetreten ist, damit er nach Gerechtigkeit und Wahrheit strebt und auf den Wegen des Friedens geht. Dieses Kind möge erwachsen werden und ein Segen sein für seine Familie und für das Haus Israel und für alle Familien der Erde. Wie er in den Bund eingetreten ist, so finde er auch Zugang zur Thora, zur Chuppa und zu guten Taten.

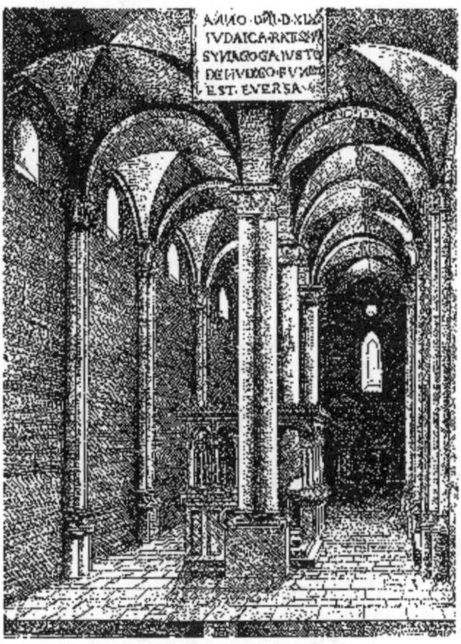

Regensburg, Innenansicht
der Synagoge des frühen 13. Jh.
(Radierung von Albert Altdorfer, 1519)

GEBET ZUR AUFNAHME IN DIE JÜDISCHE RELIGION

תהלים טו

מִזְמוֹר לְדָוִד

יְהוָֹה מִי־יָגוּר בְּאָהֳלֶךָ מִי־יִשְׁכֹּן בְּהַר קָדְשֶׁךָ׃
הוֹלֵךְ תָּמִים וּפֹעֵל צֶדֶק וְדֹבֵר אֱמֶת בִּלְבָבוֹ׃
לֹא־רָגַל עַל־לְשֹׁנוֹ לֹא־עָשָׂה לְרֵעֵהוּ רָעָה
וְחֶרְפָּה לֹא־נָשָׂא עַל־קְרֹבוֹ׃
נִבְזֶה בְּעֵינָיו נִמְאָס וְאֶת־יִרְאֵי יְהוָֹה יְכַבֵּד
נִשְׁבַּע לְהָרַע וְלֹא יָמִר׃
כַּסְפּוֹ לֹא־נָתַן בְּנֶשֶׁךְ וְשֹׁחַד עַל־נָקִי לֹא לָקָח
עֹשֵׂה־אֵלֶּה לֹא יִמּוֹט לְעוֹלָם׃

תהלים קכא

שִׁיר לַמַּעֲלוֹת

אֶשָּׂא עֵינַי אֶל־הֶהָרִים מֵאַיִן יָבֹא עֶזְרִי׃
עֶזְרִי מֵעִם יְהוָֹה עֹשֵׂה שָׁמַיִם וָאָרֶץ׃
אַל־יִתֵּן לַמּוֹט רַגְלֶךָ אַל־יָנוּם שֹׁמְרֶךָ׃
הִנֵּה לֹא־יָנוּם וְלֹא יִישָׁן שׁוֹמֵר יִשְׂרָאֵל׃
יְהוָֹה שֹׁמְרֶךָ יְהוָֹה צִלְּךָ עַל־יַד יְמִינֶךָ׃
יוֹמָם הַשֶּׁמֶשׁ לֹא־יַכֶּכָּה וְיָרֵחַ בַּלָּיְלָה׃
יְהוָֹה יִשְׁמָרְךָ מִכָּל־רָע יִשְׁמֹר אֶת־נַפְשֶׁךָ׃
יְהוָֹה יִשְׁמָר־צֵאתְךָ וּבוֹאֶךָ מֵעַתָּה וְעַד־עוֹלָם׃

GEBET ZUR AUFNAHME IN DIE JÜDISCHE RELIGION

PSALM
15

Ein Psalm Davids.

Gott, wer darf sich in deinem Zelt aufhalten,
wer darf auf deinem heiligen Berg wohnen?
Wer in Vollkommenheit wandelt
und Gerechtigkeit übt
und von Herzen die Wahrheit spricht.
Wer nicht schlecht über andere spricht,
seinem Mitmenschen nichts Böses tut,
und seinen Nachbarn nicht schmäht.
Wer sich nicht nach denen richtet, die ungerecht leben,
sondern denen Ehre erweist, die Gott vertrauen.
Wer hält, was er seinem Mitmenschen geschworen hat.
Wer sein Geld nicht auf Wucher leiht,
und kein Bestechungsgeld gegen einen Unschuldigen nimmt.
Wer solches tut, wird niemals in Wanken geraten.

PSALM
121

Ein Wallfahrtslied.

Ich hebe meine Augen auf zu den Bergen:
woher kommt Hilfe für mich?
Meine Hilfe kommt von Gott.
Gott hat Himmel und Erde gemacht.
Gott lässt deinen Fuß nicht gleiten,
Gott behütet dich und schläft nicht.
Siehe, Gott behütet Israel.
Gott schläft und schlummert nicht.
Gott behütet dich. Gott gibt dir Schatten
und steht dir zur Seite.
Am Tage wird dir die Sonne nicht schaden
noch der Mond in der Nacht.
Gott behüte dich vor allem Bösen.
Gott behüte deine Seele.
Gott behüte deinen Ausgang und Eingang
von nun an bis in Ewigkeit.

Gebet der Person, die aufgenommen wird:

Mein Gott, du hast alle Menschen geschaffen. Nimm das Opfer meines Herzens an, das ich dir in diesem feierlichen Moment bringe. Ich habe mich dazu entschieden, in die Familie Israels einzutreten. Ich stehe vor dir als ein Glied deines Volkes und bitte dich um deinen Segen. Hilf mir dabei, der Überlieferung des Judentums treu zu sein. Hilf mir dabei, ein jüdisches Leben zu führen und an Israels Geschick teilzuhaben. Gib mir die Kraft und den Mut, an seinen Gefahren und Schwierigkeiten teilzuhaben, wie auch an seinen Verpflichtungen und Möglichkeiten. Ich danke dir für diesen Augenblick und für alles, was die Zukunft mir bringen wird. Sei du das Licht, das mich in meinem Leben leitet. Mögen meine Worte und Taten deinen Segen erlangen. Mögen sie Israel Ehre bereiten. Mögen sie deinen Namen in der Welt heiligen.

Höre Israel, der Ewige ist Gott, der Ewige ist einzig.

שְׁמַע יִשְׂרָאֵל · יְהֹוָה אֱלֹהֵינוּ יְהֹוָה אֶחָד׃

Darum sollst du den Ewigen, deinen Gott, lieben mit ganzem Herzen, mit ganzer Seele und mit ganzer Kraft.

וְאָהַבְתָּ אֵת יְהֹוָה אֱלֹהֶיךָ · בְּכָל־לְבָבְךָ וּבְכָל־נַפְשְׁךָ
וּבְכָל־מְאֹדֶךָ׃

Gebet des Rabbiners/der Rabbinerin:

Für einen Mann:

Gott aller Macht, wir begrüßen in unserer Gemeinde unseren Bruder …; sein Name in Israel lautet: … Sorge für ihn und höre seine Gebete, denn er wurde dazu berufen, dass er dir diene. Dein Bild in ihm sei sein Licht und ein Licht für uns. Lass seine Liebe zu dir und zu deinen Lehren im Laufe der Jahre wachsen. Lass ihn ein treues Glied der Gemeinde Israels sein und lass durch ihn das Ansehen Israels in

Für eine Frau:

Gott aller Macht, wir begrüßen in unserer Gemeinde unsere Schwester ….; ihr Name in Israel lautet: … Sorge für sie und höre ihre Gebete, denn sie wurde dazu berufen, dass sie dir diene. Dein Bild in ihr sei ihr Licht und ein Licht für uns. Lass ihre Liebe zu dir und zu deinen Lehren im Laufe der Jahre wachsen. Lass sie ein treues Glied der Gemeinde Israels sein und lass durch sie das Ansehen Israels in der Welt der Welt erhöht werden. Gib, dass er so der Menschheit zu Gerechtigkeit und Wahrheit verhilft.

Er bekennt sich zum Glauben an dich. Du bist der eine und einzige Gott. Du hast alle Menschen geschaffen und in deiner Liebe sind alle Menschen gleich. Du richtest die Menschen allein aufgrund ihrer gerechten Taten. Alle Menschen können sich dir in Gebet und Aufrichtigkeit nahen. Dieser Mann verlässt sich auf deine Liebe und Barmherzigkeit.

Erhalte dieses Wissen in ihm lebendig. Lass seine Liebe zum Judentum und seine Liebe für die Familie Israels im Laufe der Zeit immer stärker werden. In Zeiten der Trübsal möge dieses Wissen und diese Liebe seine Kraft sein. In all den Veränderungen und Chancen des Lebens möge es seine Freude sein. Voller Erfurcht und Vertrauen ist er gekommen, um im Schutz deiner Gegenwart zu leben. Gott Israels, sei allezeit seine Zuflucht und sein Schutzschild. Amen.

erhöht werden. Gib, dass sie so der Menschheit zu Gerechtigkeit und Wahrheit verhilft.

Sie bekennt sich zum Glauben an dich. Du bist der eine und einzige Gott. Du hast alle Menschen geschaffen und in deiner Liebe sind alle Menschen gleich. Du richtest die Menschen allein aufgrund ihrer gerechten Taten. Alle Menschen können sich dir in Gebet und Aufrichtigkeit nahen. Diese Frau verlässt sich auf deine Liebe und Barmherzigkeit.

Erhalte dieses Wissen in ihr lebendig. Lass ihre Liebe zum Judentum und ihre Liebe für die Familie Israels im Laufe der Zeit immer stärker werden. In Zeiten der Trübsal möge dieses Wissen und diese Liebe ihre Kraft sein. In all den Veränderungen und Chancen des Lebens möge es ihre Freude sein. Voller Erfurcht und Vertrauen ist sie gekommen, um im Schutz deiner Gegenwart zu leben. Gott Israels, sei allezeit ihre Zuflucht und ihr Schutzschild. Amen.

GEBET EINER BAT-MITZWA

Vor denen, die mich unterrichtet haben, vor dem Vorstand und den Gliedern dieser heiligen Gemeinde, will ich mich darauf vorbereiten, die Verpflichtungen anzunehmen, die ganz Israel gelten. Ich bitte den Vorstand und die Gemeinde um ihre Hilfe in den kommenden Jahren, damit meine Liebe zu dieser Gemeinde und mein Einsatz für sie gestärkt werden und damit ich an Werken der Nächstenliebe und an guten Taten wachse.

Ich denke jetzt auch an die, die mir vorangegangen sind. Ich denke an das Erbe der Heiligkeit und der Güte, das sie in schweren Zeiten bewahrt haben, so dass ich heute diese Erbschaft übernehmen kann.

Ich möchte eine wahre Bat-Mitzwa sein, eine wahre Tochter der Gebote. Ich möchte meinen Platz in der Gemeinde Israels einnehmen. Ich möchte ihre Verpflichtungen annehmen und mich an ihrem Segen erfreuen. Ich möchte eine Zeugin sein für den lebendigen Gott und für seine Güte. Ich möchte die Tradition, die in mir lebt, weitertragen.

Ich denke an alle die, die mir geholfen haben, diesen Augenblick zu erreichen. Ich danke für die Liebe und Fürsorge meiner Familie. Ich danke für die Geduld und Ratschläge meiner Lehrerinnen und Lehrer. Ich danke für meine Freundinnen und Freunde, die mich begleiten.

In der Thora habe ich das Wort Gottes gelesen. Mit eurer Hilfe will ich nun weitergehen und es in meinem Leben erfüllen.

Hagen (nach dem Umbau, 1895)

GEBET EINES BAR-MITZWA

Vor denen, die mich unterrichtet haben, vor dem Vorstand und den Gliedern dieser heiligen Gemeinde, will ich mich darauf vorbereiten, die Verpflichtungen anzunehmen, die ganz Israel gelten. Ich bitte den Vorstand und die Gemeinde um ihre Hilfe in den kommenden Jahren, damit meine Liebe zu dieser Gemeinde und mein Einsatz für sie gestärkt werden und damit ich an Werken der Nächstenliebe und an guten Taten wachse.

Ich denke jetzt auch an die, die mir vorangegangen sind. Ich denke an das Erbe der Heiligkeit und der Güte, das sie in schweren Zeiten bewahrt haben, so dass ich heute diese Erbschaft übernehmen kann.

Ich möchte ein wahrer Bar-Mitzwa sein, ein wahrer Sohn der Gebote. Ich möchte meinen Platz in der Gemeinde Israels einnehmen. Ich möchte ihre Verpflichtungen annehmen und mich an ihrem Segen erfreuen. Ich möchte ein Zeuge sein für den lebendigen Gott und für seine Güte. Ich möchte die Tradition, die in mir lebt, weitertragen.

Ich denke an alle die, die mir geholfen haben, diesen Augenblick zu erreichen. Ich danke für die Liebe und Fürsorge meiner Familie. Ich danke für die Geduld und Ratschläge meiner Lehrerinnen und Lehrer. Ich danke für meine Freundinnen und Freunde, die mich begleiten.

In der Thora habe ich das Wort Gottes gelesen. Mit eurer Hilfe will ich nun weitergehen und es in meinem Leben erfüllen.

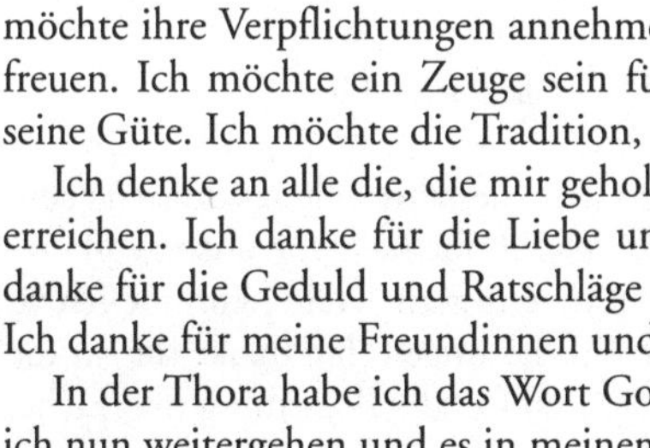

Neuwied, Engerser Straße (erbaut 1748)
(Abbildung auf einer bemalten Kachel)

GEBET VOR EINER REISE

Gott, du hast unseren Vater Abraham und unsere Mutter Sara zu einer Reise ins Unbekannte berufen. Du hast sie behütet und gesegnet. Behüte und segne nun auch meine Reise. Das Vertrauen zu dir möge mich stärken, wenn ich mich nun auf den Weg mache. Dein Geist sei mit mir auf dem Weg. Lass mich am Ende wohlbehalten wieder zuhause ankommen. Die, ich ich liebe, befehle ich deiner Fürsorge an. Sei mit ihnen, damit ich mich nicht um sie zu sorgen brauche. Deine Gegenwart begleite mich, damit dein Segen auf mich komme und auf alle, denen ich begegne. Gepriesen seist du, Ewiger, unser Gott. Deine Gegenwart ist mit deinem Volk unterwegs.

Oder: Die traditionelle Form des Tefillat HaDerech auf S. 482.

GEBET ZU EINEM JAHRESTAG

Gott, du lässt die Zeit verstreichen und die Jahreszeiten vorübergehen. Du hast Freudenfeste und Zeiten der Fröhlichkeit für unser Volk bestimmt, damit wir uns immer an dich erinnern. Heute komme ich zu dir mit meinen ganz persönlichen Erinnerungen. Ich danke dir für die Erfahrungen, die ich gemacht habe, und für alle Begleitung und Liebe, die ich erlebt habe. Was auch immer die Zukunft bringen wird, möge dieser Tag immer meinen Geist erneuern und mir Freude auf meinem Lebensweg schenken. Ich bin von Herzen dankbar für die Güte, die du mir erwiesen hast. Segne mich auch in den Jahren, die vor mir liegen.

GEBET IN KRANKHEIT

Gott, in meiner Krankheit wende ich mich an dich, denn ich bin dein Geschöpf. Deine Stärke und dein Mut sind in meinem Geist und deine heilenden Kräfte sind in meinem Körper. Möge es dein Wille sein, mich wieder gesund werden zu lassen.

In meiner Krankheit habe ich gelernt, was wichtig ist und was nicht. Ich weiß, wie abhängig ich von dir bin. Meine eigenes Leid und meine Ängste waren meine Lehrer. Gib, dass ich dieses wertvolle Wissen nicht vergesse, wenn ich wieder gesund bin.

Tröste mich, Gott, und birg mich in deiner Liebe. „Heile mich, Gott, dann bin ich geheilt. Hilf mir, dann ist mir geholfen" *(Jer 17,14)*.

Gepriesen seist du, Ewiger, unser Gott. Du heilst die Kranken.

GEBET FÜR EINEN KRANKEN/EINE KRANKE

Für eine Frau:

Gott, ich bete für …, die krank ist und Schmerzen hat. Möge es dein Wille sein, ihr ihre Kraft zurückzugeben und sie wieder gesund werden zu lassen. Erneuere auch ihren Geist und befreie sie von der Angst, denn du wachst über ihren Körper und ihre Seele.

Ich kann ihre Schmerzen nicht teilen, aber hilf mir, ihr Gutes zu tun, sie aufzumuntern und sie zu trösten. Schenke uns die Freude, uns einander in allen Höhen und Tiefen des Lebens beizustehen.

Gepriesen seist du, Ewiger, unser Gott. Du heilst die Kranken.

Für einen Mann:

Gott, ich bete für …, der krank ist und Schmerzen hat. Möge es dein Wille sein, ihm seine Kraft zurückzugeben und ihn wieder gesund werden zu lassen. Erneuere auch seinen Geist und befreie ihn von der Angst, denn du wachst über seinen Körper und seine Seele.

Ich kann seine Schmerzen nicht teilen, aber hilf mir, ihm Gutes zu tun, ihn aufzumuntern und ihn zu trösten. Schenke uns die Freude, uns einander in allen Höhen und Tiefen des Lebens beizustehen.

Gepriesen seist du, Ewiger, unser Gott. Du heilst die Kranken.

GEBET VOR EINER OPERATION

Gott, vor meiner Operation wende ich mich an dich, denn du bist immer bei mir.

Du hast die heilenden Kräfte meines Körpers geschaffen und die Stärke und den Mut meines Geistes. Sie sind deine Gaben, die mich von der Furcht zum Vertrauen tragen sollen.

Die Wunder der Wissenschaft und die Wunder der Schöpfung stehen unter deiner Herrschaft. Ich danke dir für die Weisheit derer, die mich behandeln, für die geschickten Hände derer, die mich operieren und für die Fürsorge derer, die mich pflegen. Sie alle helfen dir dabei, mich zu heilen, und geben mir Trost.

Gott, ich bin dein Kind, das du geschaffen hast. Geleite mich nun sanft in den Schlaf und lass mich in Gesundheit wieder aufwachen. Ich vertraue deiner Liebe.

GEBET IN SEHR SCHWERER KRANKHEIT

Gott, du hast mich geschaffen. Ich wende mich zu dir wie ein Kind an seine Eltern. Leben und Tod liegen in deiner Hand. Möge es dein Wille sein, mich zu heilen und mir das Leben zu erhalten. Aber wenn es Zeit für mich ist, weiterzugehen durch den Tod in das ewige Leben, dann gib mir Mut und Zuversicht, damit diese Reise mir leichter fällt.
Vergib mir meine Sünde. Meine Seele soll rein sein, wenn sie zu dir zurückkehrt. Behüte die, die ich liebe und die ich nun zurücklasse. Ihr aller Leben steht in deiner Fürsorge. Durch deine Barmherzigkeit werden wir eines Tages wieder im Bund des Lebens zusammen kommen.

Mein Geist birgt sich in deiner Hand,
stets, sei ich schlafend oder wach.
Und auch mein Leib birgt sich in dir.
ich fürcht mich nicht, du bist bei mir.

יְיָ מֶלֶךְ · יְיָ מָלָךְ · יְיָ יִמְלֹךְ לְעוֹלָם וָעֶד׃

Gott regiert, Gott hat regiert, und regieren wird Gott bis in Ewigkeit.

בָּרוּךְ שֵׁם כְּבוֹד מַלְכוּתוֹ לְעוֹלָם וָעֶד׃

Gepriesen sei Gottes ruhmreiche Herrschaft immer und ewig!

יְיָ הוּא הָאֱלֹהִים׃

Der Ewige allein ist Gott.

שְׁמַע יִשְׂרָאֵל · יְהוָה אֱלֹהֵינוּ יְהוָה אֶחָד׃

Höre Israel, der Ewige ist Gott, der Ewige ist einzig.

GEBET FÜR EINE STERBENDE / EINEN STERBENDEN

Für eine Frau:

Gott, ich bete für …, die ich liebe und die an die Grenze dieses Lebens gekommen ist. Du hast Macht über Leben und Tod und ihr Schicksal ruht in deinen Händen. Wenn es dein Wille ist, dann heile ihren Körper und bringe sie mir wieder zurück. Wenn es nicht dein Wille ist, begleite sie da, wohin ich ihr nicht folgen kann. Gib ihr Mut, dass sie ihre Schmerzen besiegen kann, und Hoffnung, um ihre Furcht zu überwinden. Geleite sie in Frieden aus dieser Welt in das Leben, das kein Ende kennt, gestützt von ihren guten Werken und begleitet von meiner Liebe. Hilf auch mir und lehre mich, dass wir, auch wenn wir uns jetzt trennen müssen, eines Tages im Bund des Lebens wieder vereint sein werden.

Ihre Seele birgt sich in deiner Hand. Und auch ihr Leib birgt sich in dir. Ich fürchte mich nicht, denn du bist bei ihr.

Für einen Mann:

Gott, ich bete für …, den ich liebe und der an die Grenze dieses Lebens gekommen ist. Du hast Macht über Leben und Tod und sein Schicksal ruht in deinen Händen. Wenn es dein Wille ist, dann heile seinen Körper und bringe ihn mir wieder zurück. Wenn es nicht dein Wille ist, begleite ihn da, wohin ich ihm nicht folgen kann. Gib ihm Mut, dass er seine Schmerzen besiegen kann, und Hoffnung, um seine Furcht zu überwinden. Geleite ihn in Frieden aus dieser Welt in das Leben, das kein Ende kennt, gestützt von seinen guten Werken und begleitet von meiner Liebe. Hilf auch mir und lehre mich, dass wir, auch wenn wir uns jetzt trennen müssen, eines Tages im Bund des Lebens wieder vereint sein werden.

Seine Seele birgt sich in deiner Hand. Und auch sein Leib birgt sich in dir. Ich fürchte mich nicht, denn du bist bei ihm.

DANK FÜR GENESUNG UND NACH GEFAHR (GOMEL)

Ewiger, mein Gott und Gott meiner Vorfahren, Gott der Seelen aller Geschöpfe, ich danke dir, denn du warst bei mir in der Zeit der Not. Du hast mir geholfen. In einer schwierigen Zeit hast du mir den Weg zum Leben gezeigt. Deine Nähe hat mich mit Freude erfüllt. Aus deiner Hand kam ewiges Glück.

בָּרוּךְ אַתָּה יְיָ אֱלֹהֵינוּ מֶלֶךְ הָעוֹלָם· הַגּוֹמֵל לְחַיָּבִים טוֹבוֹת· שֶׁגְּמָלַנִי כָּל־טוֹב:

Gepriesen seist du, Ewiger, unser Gott; du regierst die Welt. Du erweist denen Gutes, die es nicht verdient haben. Du hast mir Gutes erwiesen.

Antwort:

מִי שֶׁגְּמָלְךָ כָּל־טוֹב הוּא יִגְמָלְךָ כָּל־טוֹב:

Gott hat dir alles erdenklich Gute erwiesen. Möge er dir weiterhin Gutes erweisen.

GEBET VOR EINER AUSSCHUSS-SITZUNG

Wir wollen uns in Gottes Namen versammeln und bereit sein, Gottes Willen zu tun. Möge Gottes Gegenwart unter uns sein und uns dazu ermuntern, Gott und Gottes Geschöpfen in Gerechtigkeit und Liebe zu dienen. Wir wollen einander mit Achtung zuhören und weise und großzügig miteinander umgehen. Dadurch bezeugen wir, wem wir dienen und zeigen uns der Erwählung Gottes würdig. Möge keine unserer Auseinandersetzungen aus Ehrgeiz und Selbstverwirklichung so aufwallen wie die des Korach, sondern alle unsere Auseinandersetzungen sollen um Gottes Willen geführt werden, wie die von Hillel und Schammai. Mögen wir mit offenen Augen Gottes Größe erkennen auch in den kleinsten Dingen, die wir tun.

Möge das Gute in der Welt durch unsere Treue gedeihen.

Die Güte des lebendigen Gottes sei mit uns; sie unterstüzte uns in unserem Werk. *(Ps 90,17a)*

וִיהִי נֹעַם אֲדֹנָי אֱלֹהֵינוּ עָלֵינוּ וּמַעֲשֵׂה יָדֵינוּ כּוֹנְנָה עָלֵינוּ:

Antwort:

Sie unterstütze das Werk unserer Hände! *(Ps 90, 17b)*

וּמַעֲשֵׂה יָדֵינוּ כּוֹנְנֵהוּ:

GEBET BEI INTERRELIGIÖSEN BEGEGNUNGEN

Gott, der du alles geschaffen hast, wir beten in Ehrfurcht zu dir, getrieben von dem Traum, dass ein harmonisches Zusammenleben zwischen den Menschen möglich ist. Wir kommen aus den unterschiedlichsten Traditionen, wir sind geprägt von gemeinsamen Glaubens- und Lebensweisheiten, aber auch von tragischen Missverständnissen; wir teilen große Hoffnungen und erste bescheidene Erfolge. Jetzt ist es für uns an der Zeit, dass wir einander im Bewusstsein unserer Vergangenheit begegnen, mit ehrlichen Absichten, mit Mut und der Bereitschaft, einander zu vertrauen, in Liebe und Zuversicht.

Lass uns das, was wir teilen, als gemeinsames Gebet der Menschheit vor dich bringen; und lass uns das, was uns trennt, als Zeichen der wunderbaren Freiheit der Menschen ansehen. Lass uns in unserer Verbundenheit und in unserer Verschiedenheit nicht vergessen, dass du, Gott, ein und derselbe bist.

Möge unser Mut unseren Überzeugungen gleichkommen, und möge unsere Aufrichtigkeit so groß sein wie unsere Hoffnung.

Möge unser gemeinsamer Glaube an dich uns einander näher bringen.

Mögen unsere Begegnung mit der Vergangenheit und unsere Erfahrungen in der Gegenwart Segen bringen für unsere Zukunft. Amen.

Rödelheim (erbaut 1828)

GEBET FÜR INTERNATIONALE VERSTÄNDIGUNG

Gott, Quelle des Friedens, sei mit denjenigen, die die Geschicke der Welt lenken, damit Stolz und Prahlerei ein Ende nehmen und die Herrschaft der Arroganz aus unserer Zeit verschwindet. Gib ihnen den Mut, die Wahrheit zu sagen, und die Demut, anderen zuhören zu können. Hilf uns allen, dass uns das Wohl unserer Mitmenschen wichtiger ist als unsere eigenen ehrgeizigen Ziele. Hilf uns, dass uns mehr an der Wahrheit liegt, auch wenn sie uns schadet, als an einer Lüge, die uns nützt. Dadurch können wir aufrecht stehen, frei und unbelastet von Furcht und Verdächtigungen und bereit, einander zu vertrauen.

Hilf jedem und jeder von uns, den eigenen Beitrag zur Verständigung und das eigene Opfer für den Frieden zu geben, damit wir in Frieden mit uns selbst und in Frieden mit unseren Mitmenschen leben. Dann können wir in Gelassenheit beginnen, dein Reich in dieser Welt zu bauen, bis die Erde erfüllt ist von der Erkenntnis Gottes, wie das Meer mit Wasser gefüllt ist. Amen.

Den Haag, Liberale Synagoge

HAUSANDACHT VOR EINER BEERDIGUNG

Gott, bei dir ist Barmherzigkeit. Sei bei uns, die wir uns in diesem Haus versammelt haben, in dem ein Mensch, den wir liebten, zum ewigen Leben hinübergegangen ist. Wir erinnern uns an all seine Güte. Möge die Erinnerung an ihn ein Segen für uns sein.

Lass und nicht vergessen, dass die Seele niemals stirbt und dass dieser Mensch, den wir lieb hatten, nun in die ewige Heimat gegangen ist. Er ist in der Heimat, die du für uns alle vorbereitet hast, wenn unsere Arbeit auf der Erde getan und unsere Zeit abgelaufen ist. Öffne ihm das Tor zur Barmherzigkeit. Lass ihn in den ewigen Frieden eintreten. In deinem Licht sehen wir hinter der Grenze des Todes ein Leben, das niemals enden wird.

Dieses Haus ist mit menschlichen Händen erbaut worden. Eines Tages werden wir ein Haus betreten, dass wir niemals mehr verlassen müssen, und sind umgeben von deiner Gegenwart. Amen.

Psalm 23 (S. 576f.)

TRAUERGEBET

Die Seelen der Gerechten sind in Gottes Hand,
und keine Qualen werden sie treffen.
In den Augen der Unverständigen sind sie gestorben,
sie betrachten ihren Heimgang als Unglück.
und ihr Scheiden von uns als Vernichtung.
Sie aber ruhen in Frieden.
In den Augen der Menschen mögen sie zwar gestraft erscheinen,
ihre Hoffnung aber ist voller Unsterblichkeit.
Sie werden ein wenig gezüchtigt, doch werden sie große Wohltaten empfangen.
denn Gott hat sie geprüft
und sie seiner für würdig befunden.

(Weisheit 3,1-5)

תהלים
כג

מִזְמוֹר לְדָוִד

יְהוָה רֹעִי לֹא אֶחְסָר:

בִּנְאוֹת דֶּשֶׁא יַרְבִּיצֵנִי עַל־מֵי מְנֻחוֹת יְנַהֲלֵנִי:

נַפְשִׁי יְשׁוֹבֵב יַנְחֵנִי בְמַעְגְּלֵי־צֶדֶק לְמַעַן שְׁמוֹ:

גַּם כִּי־אֵלֵךְ בְּגֵיא צַלְמָוֶת לֹא־אִירָא רָע כִּי־אַתָּה עִמָּדִי
שִׁבְטְךָ וּמִשְׁעַנְתֶּךָ הֵמָּה יְנַחֲמֻנִי:

תַּעֲרֹךְ לְפָנַי שֻׁלְחָן נֶגֶד צֹרְרָי דִּשַּׁנְתָּ בַשֶּׁמֶן רֹאשִׁי כּוֹסִי רְוָיָה:

אַךְ טוֹב וָחֶסֶד יִרְדְּפוּנִי כָּל־יְמֵי חַיָּי
וְשַׁבְתִּי בְּבֵית־יְהוָה לְאֹרֶךְ יָמִים:

PSALM
23

Ein Psalm Davids.

Gott ist mein Hirte.
Mir wird es an nichts fehlen.

Gott lässt mich auf grünen Wiesen weiden
und führt mich zum Wasser, wo ich Ruhe finde.
Gott belebt und stärkt meine Seele.

Gott führt mich auf Wegen der Gerechtigkeit
um des göttlichen Namens willen.

Selbst wenn ich im Tal des Todes gehe,
fürchte ich nichts Böses,
weil du bei mir bist.
Dein Stab und deine Stütze,
sie geben mir Halt.

Du deckst für mich einen Tisch,
trotz meiner Feinde.
Du salbst meinen Kopf mit Öl.
Mein Becher ist voll bis zum Rand.

Güte und Liebe werden mich alle Tage
meines Lebens begleiten,
und ich werde in Gottes Haus wohnen
mein Leben lang.

תהלים קג

לְדָוִד

בָּרְכִי נַפְשִׁי אֶת־יְהוָֹה וְכָל־קְרָבַי אֶת־שֵׁם קָדְשׁוֹ׃
בָּרְכִי נַפְשִׁי אֶת־יְהוָֹה וְאַל־תִּשְׁכְּחִי כָּל־גְּמוּלָיו׃

הַסֹּלֵחַ לְכָל־עֲוֺנֵכִי הָרֹפֵא לְכָל־תַּחֲלוּאָיְכִי׃
הַגּוֹאֵל מִשַּׁחַת חַיָּיְכִי הַמְעַטְּרֵכִי חֶסֶד וְרַחֲמִים׃
הַמַּשְׂבִּיעַ בַּטּוֹב עֶדְיֵךְ תִּתְחַדֵּשׁ כַּנֶּשֶׁר נְעוּרָיְכִי׃

עֹשֵׂה צְדָקוֹת יְהוָֹה וּמִשְׁפָּטִים לְכָל־עֲשׁוּקִים׃
יוֹדִיעַ דְּרָכָיו לְמֹשֶׁה לִבְנֵי יִשְׂרָאֵל עֲלִילוֹתָיו׃

רַחוּם וְחַנּוּן יְהוָֹה אֶרֶךְ אַפַּיִם וְרַב־חָסֶד׃
לֹא־לָנֶצַח יָרִיב וְלֹא לְעוֹלָם יִטּוֹר׃
לֹא כַחֲטָאֵינוּ עָשָׂה לָנוּ וְלֹא כַעֲוֺנֹתֵינוּ גָּמַל עָלֵינוּ׃

כִּי כִגְבֹהַּ שָׁמַיִם עַל־הָאָרֶץ גָּבַר חַסְדּוֹ עַל־יְרֵאָיו׃
כִּרְחֹק מִזְרָח מִמַּעֲרָב הִרְחִיק מִמֶּנּוּ אֶת־פְּשָׁעֵינוּ׃

כְּרַחֵם אָב עַל־בָּנִים רִחַם יְהוָֹה עַל־יְרֵאָיו׃
כִּי־הוּא יָדַע יִצְרֵנוּ זָכוּר כִּי־עָפָר אֲנָחְנוּ׃

אֱנוֹשׁ כֶּחָצִיר יָמָיו כְּצִיץ הַשָּׂדֶה כֵּן יָצִיץ׃
כִּי רוּחַ עָבְרָה־בּוֹ וְאֵינֶנּוּ וְלֹא־יַכִּירֶנּוּ עוֹד מְקוֹמוֹ׃

PSALM
103
EINE ANT-WORT GOTTES

Von David.

Preise den Ewigen, meine Seele!
Was in mir ist, preise Gottes heiligen Namen!
Preise den Ewigen, meine Seele!
Vergiss es nicht, was Gott dir Gutes getan hat!

Gott vergibt dir alle deine Verkehrungen
und heilt alle deine Wunden.
Gott erlöst dein Leben von der Vernichtung
und krönt dich mit Liebe und Barmherzigkeit.
Gott sättigt dich mit Gutem dein Leben lang
und gibt dir neue, jugendliche Kraft, einem Adler gleich.

Gott vollbringt Wohltaten
und setzt sich für das Recht derer ein,
die unter Gewalt leiden.
Gott ließ Mose die Wege Gottes wissen
und die Kinder Israels die Taten Gottes sehen.

Gnädig und barmherzig ist Gott,
nachsichtig und unendlich liebevoll.
Gott klagt nicht immerzu an
und hält am Zorn nicht fest.
Gott handelte nicht an uns, wie es unseren Verfehlungen
entsprochen hätte,
und ging nicht nach unseren Verkehrungen mit uns um.

Sondern so hoch, wie der Himmel über der Erde ist,
so groß ist Gottes Güte über allen, die an Gott glauben.
So fern, wie der Osten von Westen ist,
so fern lässt er unsere Freveltaten von uns sein.

Wie Eltern sich über ihre Kinder erbarmen,
so erbarmt sich Gott über die, die Gott achten.
Denn Gott weiß, was für Gebilde wir sind,
Gott denkt daran, dass wir nur Staub sind.

Ein Mensch ist wie ein Grashalm,
seine Lebenszeit wie eine Blume auf dem Feld.
Weht ein Sturm darüber, vergeht sie und ist nicht mehr da,
und man kennt nicht einmal mehr ihren Ort.

וְחֶסֶד יְהוָֹה מֵעוֹלָם וְעַד־עוֹלָם עַל־יְרֵאָיו וְצִדְקָתוֹ לִבְנֵי בָנִים:
לְשֹׁמְרֵי בְרִיתוֹ וּלְזֹכְרֵי פִקֻּדָיו לַעֲשׂוֹתָם:

יְהוָֹה בַּשָּׁמַיִם הֵכִין כִּסְאוֹ וּמַלְכוּתוֹ בַּכֹּל מָשָׁלָה:
בָּרְכוּ יְהוָֹה מַלְאָכָיו גִּבֹּרֵי כֹחַ עֹשֵׂי דְבָרוֹ לִשְׁמֹעַ בְּקוֹל דְּבָרוֹ:

בָּרְכוּ יְהוָֹה כָּל־צְבָאָיו מְשָׁרְתָיו עֹשֵׂי רְצוֹנוֹ:
בָּרְכוּ יְהוָֹה כָּל־מַעֲשָׂיו בְּכָל־מְקֹמוֹת מֶמְשַׁלְתּוֹ

בָּרְכִי נַפְשִׁי אֶת־יְהוָֹה:

Die Güte Gottes aber besteht immer und ewig
über denen, die Gott achten,
und Gottes Wohltätigkeit überdauert die Generationen
all derer, die Gottes Bund halten,
und die sich an die Anordnungen Gottes erinnern
und sie tun.

Gott hat im Himmel einen Thron für sich errichtet,
Gottes Herrschaft erstreckt sich über alles.
Preist den Ewigen, ihr Boten Gottes,
die ihr mit Macht das Wort Gottes ausführt,
dem Worte Gottes gehorsam.

Preist den Ewigen, alle Geschöpfe Gottes,
alle, die ihr Gott dient und den Willen Gottes tut.
Preist den Ewigen, ihr Werke Gottes,
an jedem Ort, an dem Gott herrscht.
Preise den Ewigen, meine Seele!

Ewiger, unser Gott, Quelle allen Seins und Ursprung allen Lebens, was können wir dir sagen, wo du doch alle Dinge siehst und weißst? In deiner Weisheit hast du das All gebildet und in deiner Liebe versorgst du alle Geschöpfe. Wir können nichts anderes tun, als deine Macht anzuerkennen, deine Gaben in Dankbarkeit annehmen und dir nach deinem Willen zurückgeben, was dir gehört.

Für einen Mann:

Ewiger, unser Gott, lass das Licht deiner Gegenwart über uns leuchten, während wir uns hier versammeln. Wir beklagen den Verlust von …, den du zu dir gerufen hast. Nimm in deiner großen Barmherzigkeit dieses irdische Leben an, das nun zu Ende gegangen ist. Birg diese Seele, die uns kostbar war, in deiner zärtlichen Fürsorge.

Wir danken dir für alles Liebenswürdige und Edle in seinem Leben. Wecke durch seinen Namen in uns Stärke und Licht. Hilf uns, unsere Trauer in Taten der Nächstenliebe zu verwandeln.

Ewiger Gott, lass es uns immer mehr bewusst werden, dass Zeit und Raum nicht das Maß aller Dinge sind. Obwohl es unseren Augen verborgen ist, lass uns begreifen, dass die Seele dieses Menschen nicht vernichtet ist. Die Liebe wird niemals sterben und die Wahrheit ist stärker als das Grab. So wie unsere Gefühle und die Erinnerung an das Gute, das er tat, uns vereinen, so möge unser Vertrauen auf dich uns aufrichten und uns das Leben vor Augen halten, das keinen Tod kennt.

Für eine Frau:

Ewiger, unser Gott, lass das Licht deiner Gegenwart über uns leuchten, während wir uns hier versammeln. Wir beklagen den Verlust von …, die du zu dir gerufen hast. Nimm in deiner großen Barmherzigkeit dieses irdische Leben an, das nun zu Ende gegangen ist. Birg diese Seele, die uns kostbar war, in deiner zärtlichen Fürsorge.

Wir danken dir für alles Liebenswürdige und Edle in ihrem Leben. Wecke durch ihren Namen in uns Stärke und Licht. Hilf uns, unsere Trauer in Taten der Nächstenliebe zu verwandeln.

Ewiger Gott, lass es uns immer mehr bewusst werden, dass Zeit und Raum nicht das Maß aller Dinge sind. Obwohl es unseren Augen verborgen ist, lass uns begreifen, dass die Seele dieses Menschen nicht vernichtet ist. Die Liebe wird niemals sterben und die Wahrheit ist stärker als das Grab. So wie unsere Gefühle und die Erinnerung an das Gute, das sie tat, uns vereinen, so möge unser Vertrauen auf dich uns aufrichten und uns das Leben vor Augen halten, das keinen Tod kennt.

Gott, du bist unsere Stärke. Hilf uns in unserer Schwachheit. Tröste uns in unserem Kummer. Gib uns Orientierung in unserer Fassungslosigkeit. Ohne dich ist unser Leben nichts. Aber mit dir haben wir die Fülle des Lebens bis in Ewigkeit.

Die Worte meines Mundes und meine Gedanken mögen dir angenehm sein, Ewiger, mein Fels und mein Heil. *(Ps 19,15)*

GEBET ZUM GEDENKEN

Für einen Mann:

אֵל מָלֵא רַחֲמִים

שׁוֹכֵן בַּמְּרוֹמִים· הַמְצֵא מְנוּחָה
נְכוֹנָה תַּחַת כַּנְפֵי הַשְּׁכִינָה·
בְּמַעֲלוֹת קְדוֹשִׁים וּטְהוֹרִים·
כְּזֹהַר הָרָקִיעַ מַזְהִירִים אֶת־
נִשְׁמַת · · · · · · · · שֶׁהָלַךְ
לְעוֹלָמוֹ · אָנָּא בַּעַל הָרַחֲמִים
הַסְתִּירֵהוּ בְּסֵתֶר כְּנָפֶיךָ
לְעוֹלָמִים · וּצְרוֹר בִּצְרוֹר
הַחַיִּים אֶת־נִשְׁמָתוֹ · יְיָ הוּא
נַחֲלָתוֹ וְיָנוּחַ בְּשָׁלוֹם עַל
מִשְׁכָּבוֹ וְנֹאמַר אָמֵן:

Gott in der Höhe, bei dir ist Barmherzigkeit in Fülle. Lass die Seele von …, die nun in die Ewigkeit eingekehrt ist, ungestört in deiner Gegenwart ruhen. Lass seine Seele wie die Lichter am Himmel leuchten, zusammen mit den Heiligen und Reinen in der Höhe. Gott voller Barmherzigkeit, lass seine Seele bis in Ewigkeit in deiner Gegenwart geborgen sein. Nimm sein Leben auf in den Bund des Lebens. Gott, du bist sein Schicksal. Lass ihn an seiner Ruhestatt in Frieden ruhen. Darauf sprecht: Amen.

Für eine Frau:

אֵל מָלֵא רַחֲמִים

שׁוֹכֵן בַּמְּרוֹמִים· הַמְצֵא מְנוּחָה
נְכוֹנָה תַּחַת כַּנְפֵי הַשְּׁכִינָה·
בְּמַעֲלוֹת קְדוֹשִׁים וּטְהוֹרִים·
כְּזֹהַר הָרָקִיעַ מַזְהִירִים אֶת־
נִשְׁמַת · · · · · · · · שֶׁהָלְכָה
לְעוֹלָמָהּ · אָנָּא בַּעַל הָרַחֲמִים
הַסְתִּירֶהָ בְּסֵתֶר כְּנָפֶיךָ
לְעוֹלָמִים · וּצְרוֹר בִּצְרוֹר
הַחַיִּים אֶת־נִשְׁמָתָהּ · יְיָ הוּא
נַחֲלָתָהּ וְתָנוּחַ בְּשָׁלוֹם עַל
מִשְׁכָּבָהּ וְנֹאמַר אָמֵן:

Gott in der Höhe, bei dir ist Barmherzigkeit in Fülle. Lass die Seele von …, die nun in die Ewigkeit eingekehrt ist, ungestört in deiner Gegenwart ruhen. Lass ihre Seele wie die Lichter am Himmel leuchten, zusammen mit den Heiligen und Reinen in der Höhe. Gott voller Barmherzigkeit, lass ihre Seele bis in Ewigkeit in deiner Gegenwart geborgen sein. Nimm ihr Leben auf in den Bund des Lebens. Gott, du bist ihr Schicksal. Lass sie an ihrer Ruhestatt in Frieden ruhen. Darauf sprecht: Amen.

קדיש שלם

יִתְגַּדַּל וְיִתְקַדַּשׁ שְׁמֵהּ רַבָּא בְּעָלְמָא דִּי־בְרָא כִרְעוּתֵהּ · וְיַמְלִיךְ מַלְכוּתֵהּ בְּחַיֵּיכוֹן וּבְיוֹמֵיכוֹן וּבְחַיֵּי דִי־כָל־בֵּית יִשְׂרָאֵל בַּעֲגָלָא וּבִזְמַן קָרִיב · וְאִמְרוּ אָמֵן :

יְהֵא שְׁמֵהּ רַבָּא מְבָרַךְ לְעָלַם וּלְעָלְמֵי עָלְמַיָּא ·

יִתְבָּרַךְ וְיִשְׁתַּבַּח וְיִתְפָּאַר וְיִתְרוֹמַם וְיִתְנַשֵּׂא וְיִתְהַדַּר וְיִתְעַלֶּה וְיִתְהַלַּל שְׁמֵהּ דִּי־קֻדְשָׁא · בְּרִיךְ הוּא · לְעֵלָּא מִן־כָּל־בִּרְכָתָא וְשִׁירָתָא תֻּשְׁבְּחָתָא וְנֶחֱמָתָא דִּי־אֲמִירָן בְּעָלְמָא · וְאִמְרוּ אָמֵן :

יְהֵא שְׁלָמָא רַבָּא מִן־שְׁמַיָּא וְחַיִּים עָלֵינוּ וְעַל־כָּל־יִשְׂרָאֵל · וְאִמְרוּ אָמֵן :

עֹשֶׂה שָׁלוֹם בִּמְרוֹמָיו הוּא יַעֲשֶׂה שָׁלוֹם עָלֵינוּ וְעַל־כָּל־יִשְׂרָאֵל · וְאִמְרוּ אָמֵן :

אֲדוֹן עוֹלָם אֲשֶׁר מָלַךְ· בְּטֶרֶם כָּל־יְצִיר נִבְרָא:
לְעֵת נַעֲשָׂה בְחֶפְצוֹ כֹּל· אֲזַי מֶלֶךְ שְׁמוֹ נִקְרָא:
וְאַחֲרֵי כִּכְלוֹת הַכֹּל· לְבַדּוֹ יִמְלוֹךְ נוֹרָא:
וְהוּא הָיָה· וְהוּא הֹוֶה· וְהוּא יִהְיֶה בְּתִפְאָרָה:
וְהוּא אֶחָד וְאֵין שֵׁנִי· לְהַמְשִׁילוֹ לְהַחְבִּירָה:
בְּלִי רֵאשִׁית בְּלִי תַכְלִית· וְלוֹ הָעֹז וְהַמִּשְׂרָה:
וְהוּא אֵלִי וְחַי גּוֹאֲלִי· וְצוּר חֶבְלִי בְּיוֹם צָרָה:
וְהוּא נִסִּי וּמָנוֹסִי· מְנָת כּוֹסִי בְּיוֹם אֶקְרָא:
בְּיָדוֹ אַפְקִיד רוּחִי· בְּעֵת אִישַׁן וְאָעִירָה:
וְעִם רוּחִי גְּוִיָּתִי· אֲדֹנָי לִי וְלֹא אִירָא:

Verherrlicht und geheiligt werde Gottes großer Name in der Welt, die Gott nach eig'nem Ratschluss schuf. Gottes Reich erstehe in eurem Leben und zu euren Zeiten und im Leben ganz Israels schnell und bald. Darauf sprecht: Amen.

Gottes großer Name sei gepriesen,
immerzu und bis in Ewigkeit!

Gottes Name sei gepriesen und gelobt, Gottes Name sei verherrlicht und erhoben. Gottes Name sei verehrt und gerühmt, Gottes Name sei gefeiert und besungen. Gepriesen sei er über allem Lob und jedem Lied, hoch über allem Preis und jedem Trost der Welt. Darauf sprecht: Amen.
Frieden in Fülle komme vom Himmel, Leben für uns und ganz Israel. Darauf sprecht: Amen.
Gott schafft Frieden in der Höhe. Möge Gott uns und ganz Israel Frieden geben. Darauf sprecht: Amen.

Gott aller Welt, du hast regiert,
eh' ein Geschöpf geschaffen ward.
Als einst durch dich das All entstand,
da ward dein Nam' „König" genannt.

Und einst am Ende aller Zeit
wirst du allein regiern in Macht.
Du warst, du bist, und du wirst sein,
die Herrlichkeit ist dir allein.

Einzig bist du, und keiner ist
vergleichbar dir, Gott aller Welt.
Du bist ohn' Anfang, und ohn' End',
du hast die Macht, bist der Regent.

Du bist mein Gott, du rettest mich,
du bist mein Fels, bin ich in Not.
Du bist mein Schutz mein Zufluchtsort,
versorgest mich, wenn ich dich ruf.

Mein Geist birgt sich in deiner Hand,
stets, sei ich schla- fend oder wach.
Und auch mein Leib birgt sich in dir.
ich fürcht mich nicht, du bist bei mir.

JAHRZEIT-GEBET FÜR EINE FRAU

Ich denke heute an …, die in die Ewigkeit eingegangen ist, und halte ihre Erinnerung in Ehren. So wie dieses Licht rein und klar brennt, so möge die Erinnerung an ihre Güte in meinem Herzen scheinen und mich stärken, dass ich nach deinem Willen, Gott, handle. Amen.

Beim Anzünden der Jahrzeit-Kerze: זֵכֶר צַדִּיק לִבְרָכָה:

Die Erinnerung an eine Gerechte ist ein Segen.

GEBET ZUM GEDENKEN

אֵל מָלֵא רַחֲמִים שׁוֹכֵן בַּמְּרוֹמִים · הַמְצֵא מְנוּחָה נְכוֹנָה תַּחַת כַּנְפֵי הַשְּׁכִינָה · בְּמַעֲלוֹת קְדוֹשִׁים וּטְהוֹרִים · כְּזוֹהַר הָרָקִיעַ מַזְהִירִים · אֶת־נִשְׁמַת . . . . . שֶׁהָלְכָה לְעוֹלָמָהּ · אָנָּא בַּעַל הָרַחֲמִים הַסְתִּירֶהָ בְּסֵתֶר כְּנָפֶיךָ לְעוֹלָמִים · וּצְרוֹר בִּצְרוֹר הַחַיִּים אֶת־נִשְׁמָתָהּ · יְיָ הוּא נַחֲלָתָהּ וְתָנוּחַ בְּשָׁלוֹם עַל מִשְׁכָּבָהּ וְנֹאמַר אָמֵן:

Gott in der Höhe, bei dir ist Barmherzigkeit in Fülle. Lass die Seele von …, die nun in die Ewigkeit eingekehrt ist, ungestört in deiner Gegenwart ruhen. Lass ihre Seele wie die Lichter am Himmel leuchten, zusammen mit den Heiligen und Reinen in der Höhe. Gott voller Barmherzigkeit, lass ihre Seele bis in Ewigkeit in deiner Gegenwart geborgen sein. Nimm ihr Leben auf in den Bund des Lebens. Gott, du bist ihr Schicksal. Lass sie an ihrer Ruhestatt in Frieden ruhen. Darauf sprecht: Amen.

JAHRZEIT-GEBET FÜR EINEN MANN

Ich denke heute an …, der in die Ewigkeit eingegangen ist, und halte seine Erinnerung in Ehren. So wie dieses Licht rein und klar brennt, so möge die Erinnerung an seine Güte in meinem Herzen scheinen und mich stärken, dass ich nach deinem Willen, Gott, handle. Amen.

Beim Anzünden der Jahrzeit-Kerze: זֵכֶר צַדִּיק לִבְרָכָה׃

Die Erinnerung an einen Gerechten ist ein Segen.

GEBET ZUM GEDENKEN

אֵל מָלֵא רַחֲמִים שׁוֹכֵן בַּמְּרוֹמִים · הַמְצֵא
מְנוּחָה נְכוֹנָה תַּחַת כַּנְפֵי
הַשְּׁכִינָה · בְּמַעֲלוֹת קְדוֹשִׁים וּטְהוֹרִים · כְּזוֹהַר הָרָקִיעַ
מַזְהִירִים · אֶת־נִשְׁמַת . . . . . . שֶׁהָלַךְ לְעוֹלָמוֹ · אָנָּא בַּעַל
הָרַחֲמִים הַסְתִּירֵהוּ בְּסֵתֶר כְּנָפֶיךָ לְעוֹלָמִים · וּצְרוֹר בִּצְרוֹר
הַחַיִּים אֶת־נִשְׁמָתוֹ · יְיָ הוּא נַחֲלָתוֹ וְיָנוּחַ בְּשָׁלוֹם עַל
מִשְׁכָּבוֹ וְנֹאמַר אָמֵן׃

Gott in der Höhe, bei dir ist Barmherzigkeit in Fülle. Lass die Seele von …, die nun in die Ewigkeit eingekehrt ist, ungestört in deiner Gegenwart ruhen. Lass seine Seele wie die Lichter am Himmel leuchten, zusammen mit den Heiligen und Reinen in der Höhe. Gott voller Barmherzigkeit, lass seine Seele bis in Ewigkeit in deiner Gegenwart geborgen sein. Nimm sein Leben auf in den Bund des Lebens. Gott, du bist sein Schicksal. Lass ihn an seiner Ruhestatt in Frieden ruhen. Darauf sprecht: Amen.

קדיש דרבנן

יִתְגַּדַּל וְיִתְקַדַּשׁ שְׁמֵהּ רַבָּא בְּעָלְמָא דִּי־בְרָא כִרְעוּתֵהּ ·
וְיַמְלִיךְ מַלְכוּתֵהּ בְּחַיֵּיכוֹן וּבְיוֹמֵיכוֹן וּבְחַיֵּי דִּי־כָל־בֵּית
יִשְׂרָאֵל בַּעֲגָלָא וּבִזְמַן קָרִיב · וְאִמְרוּ אָמֵן:

יְהֵא שְׁמֵהּ רַבָּא מְבָרַךְ לְעָלַם וּלְעָלְמֵי עָלְמַיָּא ·

יִתְבָּרַךְ וְיִשְׁתַּבַּח וְיִתְפָּאַר וְיִתְרוֹמַם וְיִתְנַשֵּׂא וְיִתְהַדַּר וְיִתְעַלֶּה
וְיִתְהַלַּל שְׁמֵהּ דִּי־קֻדְשָׁא · בְּרִיךְ הוּא · לְעֵלָּא מִן־כָּל־
בִּרְכָתָא וְשִׁירָתָא תֻּשְׁבְּחָתָא וְנֶחֱמָתָא דִּי־אֲמִירָן בְּעָלְמָא ·
וְאִמְרוּ אָמֵן:

עַל יִשְׂרָאֵל וְעַל רַבָּנָן וְעַל תַּלְמִידֵיהוֹן וְעַל כָּל־תַּלְמִידֵי
תַלְמִידֵיהוֹן וְעַל כָּל־מָן דִּי עָסְקִין בְּאוֹרַיְתָא דִּי בְאַתְרָא
הָדֵן וְדִי בְכָל־אֲתַר וַאֲתַר יְהֵא לְהוֹן וּלְכוֹן שְׁלָמָא רַבָּא
חִנָּא וְחִסְדָּא וְרַחֲמִין וְחַיִּין אֲרִיכִין וּמְזוֹנָא רְוִיחָא וּפֻרְקָנָא
מִן־קֳדָם אֲבוּהוֹן דִּי בִשְׁמַיָּא · וְאִמְרוּ אָמֵן:

יְהִי שֵׁם יְיָ מְבֹרָךְ מֵעַתָּה וְעַד עוֹלָם:

יְהֵא שְׁלָמָא רַבָּא מִן־שְׁמַיָּא וְחַיִּים טוֹבִים עָלֵינוּ וְעַל־כָּל־
יִשְׂרָאֵל · וְאִמְרוּ אָמֵן:

עֶזְרִי מֵעִם יְיָ עֹשֵׂה שָׁמַיִם וָאָרֶץ:

עֹשֶׂה שָׁלוֹם בִּמְרוֹמָיו הוּא בְּרַחֲמָיו יַעֲשֶׂה שָׁלוֹם עָלֵינוּ
וְעַל־כָּל־יִשְׂרָאֵל · וְאִמְרוּ אָמֵן:

KADDISCH DE RABBANAN

Verherrlicht und geheiligt werde Gottes großer Name
 in der Welt, die Gott nach eig'nem Ratschluss schuf.
Gottes Reich erstehe in eurem Leben und zu euren Zeiten
 und im Leben ganz Israels schnell und bald.
Darauf sprecht: Amen.

Gottes großer Name sei gepriesen, immerzu und bis in Ewigkeit!

Gottes Name sei gepriesen und gelobt,
 Gottes Name sei verherrlicht und erhoben.
Gottes Name sei verehrt und gerühmt,
 Gottes Name sei gefeiert und besungen.
Gepriesen sei er über allem Lob und jedem Lied,
 hoch über allem Preis und jedem Trost der Welt.
Darauf sprecht: Amen.

Friede in Fülle komme über Israel und über die Gelehrten,
 über ihre Studierenden und deren Schülerinnen und Schüler.
Friede in Fülle komme über jeden Menschen,
 der sich mit der Thora beschäftigt,
 sei es an diesem Ort oder an anderen Orten.
Friede in Fülle komme über sie und über euch,
 Gnade und Liebe sei mit ihnen und mit euch,
Erbarmen, ein langes und erfülltes Leben,
 und Erlösung von Gott, der Quelle allen Lebens,
 dem Ursprung aller Weisheit.
Darauf sprecht: Amen.

Gepriesen sei Gottes Name von nun an bis in Ewigkeit.

Frieden in Fülle komme vom Himmel,
 Leben für uns und ganz Israel. Darauf sprecht: Amen.

Meine Hilfe kommt von Gott.
 Gott hat Himmel und Erde gemacht. *(Ps 121, 2)*

Gott schafft Frieden in der Höhe. *(Hiob 25,2)*
 Möge Gott uns und ganz Israel Frieden geben. Darauf sprecht: Amen.

ברכת המזון

TISCHGEBET

LOBSPRÜCHE VOR EINER MAHLZEIT

Wer sich die Hände vor einer Mahlzeit wäscht, spricht:

בָּרוּךְ אַתָּה יְיָ אֱלֹהֵינוּ מֶלֶךְ הָעוֹלָם· אֲשֶׁר קִדְּשָׁנוּ בְּמִצְוֹתָיו וְצִוָּנוּ עַל נְטִילַת יָדָיִם׃

Lobspruch über Brot:

בָּרוּךְ אַתָּה יְיָ אֱלֹהֵינוּ מֶלֶךְ הָעוֹלָם· הַמּוֹצִיא לֶחֶם מִן הָאָרֶץ׃

ברכת המזון

Am Schabbat und an Festtagen kann zu Beginn Ps 126 gebetet werden.

שִׁיר הַמַּעֲלוֹת. תהלים קכו

בְּשׁוּב יְהוָה אֶת־שִׁיבַת צִיּוֹן הָיִינוּ כְּחֹלְמִים׃

אָז יִמָּלֵא שְׂחוֹק פִּינוּ וּלְשׁוֹנֵנוּ רִנָּה

אָז יֹאמְרוּ בַגּוֹיִם הִגְדִּיל יְהוָה לַעֲשׂוֹת עִם־אֵלֶּה׃

הִגְדִּיל יְהוָה לַעֲשׂוֹת עִמָּנוּ הָיִינוּ שְׂמֵחִים׃

שׁוּבָה יְהוָה אֶת־שְׁבִיתֵנוּ כַּאֲפִיקִים בַּנֶּגֶב׃

הַזֹּרְעִים בְּדִמְעָה בְּרִנָּה יִקְצֹרוּ׃

הָלוֹךְ יֵלֵךְ וּבָכֹה נֹשֵׂא מֶשֶׁךְ־הַזָּרַע

בֹּא־יָבֹא בְרִנָּה נֹשֵׂא אֲלֻמֹּתָיו׃

LOBSPRÜCHE VOR EINER MAHLZEIT

Wer sich die Hände vor einer Mahlzeit wäscht, spricht:

Gepriesen seist du, Ewiger, unser Gott; du regierst die Welt. Du hast uns durch deine Gebote geheiligt und hast uns aufgetragen, uns die Hände zu waschen.

Lobspruch über Brot:

Gepriesen seist du, Ewiger, unser Gott; du regierst die Welt. Du lässt die Erde Nahrung hervorbringen.

TISCHGEBET NACH DER MAHLZEIT

Am Schabbat und an Festtagen kann zu Beginn Ps 126 gebetet werden.

PSALM 126

Als Gott das Los der Gefangenschaft Zions wendete,
da waren wir alle wie Träumende.
Da war unser Mund voll Lachen
und unsere Zunge voll Jubel.

Da sagte man unter den Völkern:
„Gott hat Großes an ihnen getan."
Ja, Großes hat Gott uns getan.
Wir waren fröhlich.

Wende doch, Gott, unser Geschick,
wie du versiegte Bäche im Negev wieder füllst.
Die, die mit Tränen säen,
werden in Jubel ernten.

Weinend gehen sie hinaus
und tragen den Samen zur Aussaat.
Jubelnd kommen sie wieder
und bringen ihre Ernte ein.

רַבּוֹתַי וּגְבִרוֹתַי נְבָרֵךְ:

Alle antworten:

יְהִי שֵׁם יְיָ מְבֹרָךְ מֵעַתָּה וְעַד עוֹלָם:

בִּרְשׁוּת רַבּוֹתַי וּגְבִרוֹתַי נְבָרֵךְ (אֱלֹהֵינוּ) שֶׁאָכַלְנוּ מִשֶּׁלּוֹ:

Alle antworten:

בָּרוּךְ (אֱלֹהֵינוּ) שֶׁאָכַלְנוּ מִשֶּׁלּוֹ וּבְטוּבוֹ חָיִינוּ:

בָּרוּךְ הוּא וּבָרוּךְ שְׁמוֹ:

ברכת חזן

בָּרוּךְ אַתָּה יְיָ אֱלֹהֵינוּ מֶלֶךְ הָעוֹלָם. הַזָּן אֶת־הָעוֹלָם כֻּלּוֹ. בְּטוּבוֹ בְּחֵן בְּחֶסֶד וּבְרַחֲמִים. הוּא נוֹתֵן לֶחֶם לְכָל־בָּשָׂר. כִּי לְעוֹלָם חַסְדּוֹ: וּבְטוּבוֹ הַגָּדוֹל תָּמִיד לֹא־חָסַר לָנוּ וְאַל יֶחְסַר־לָנוּ מָזוֹן לְעוֹלָם וָעֶד בַּעֲבוּר שְׁמוֹ הַגָּדוֹל. כִּי הוּא זָן וּמְפַרְנֵס לַכֹּל וּמֵטִיב לַכֹּל וּמֵכִין מָזוֹן לְכָל־בְּרִיּוֹתָיו אֲשֶׁר בָּרָא. בָּרוּךְ אַתָּה יְיָ. הַזָּן אֶת־הַכֹּל:

ברכת הארץ

נוֹדֶה לְּךָ יְיָ אֱלֹהֵינוּ עַל שֶׁהִנְחַלְתָּ לַאֲבוֹתֵינוּ אֶרֶץ חֶמְדָּה טוֹבָה וּרְחָבָה. בְּרִית וְתוֹרָה. וְלֶחֶם לָשׂוֹבַע. כַּכָּתוּב. וְאָכַלְתָּ וְשָׂבָעְתָּ וּבֵרַכְתָּ אֶת־יְיָ אֱלֹהֶיךָ עַל־הָאָרֶץ הַטֹּבָה אֲשֶׁר נָתַן־לָךְ. בָּרוּךְ אַתָּה יְיָ. עַל־הָאָרֶץ וְעַל־הַמָּזוֹן:

ברכת ירושלים

רַחֵם יְיָ אֱלֹהֵינוּ עַל־יִשְׂרָאֵל עַמֶּךָ. וְעַל יְרוּשָׁלַיִם עִירֶךָ. וְעַל צִיּוֹן מִשְׁכַּן כְּבוֹדֶךָ. אֱלֹהֵינוּ אָבִינוּ. רְעֵנוּ זוּנֵנוּ פַּרְנְסֵנוּ וְכַלְכְּלֵנוּ וְהַרְוִיחֵנוּ. וְהַרְוַח־לָנוּ יְיָ

Lasst uns das Tischgebet sprechen!

Alle antworten:

Der Name Gottes sei gepriesen, von nun an bis in Ewigkeit!

Mit eurer Erlaubnis lasst uns Gott preisen;
Gottes Nahrung haben wir gegessen.

Alle antworten:

Gepriesen sei Gott;
Gottes Nahrung haben wir gegessen
und durch Gottes Güte leben wir!

Gepriesen sei Gott und gepriesen sei Gottes Name!

DIE SPEISEN

Gepriesen seist du, Ewiger, unser Gott; du regierst die Welt. Du ernährst die ganze Welt in Güte und in Gnade, in Freundlichkeit und Erbarmen. Du gibst allen Lebewesen Nahrung, denn deine Gnade hat kein Ende. Durch deine große Güte und durch die Größe deines Ruhms haben wir niemals Mangel erlitten. Lass uns niemals Mangel erleiden! Denn du ernährst und versorgst alle, du erweist allen Gutes und mit Nahrung versorgst du alle Geschöpfe, die du geschaffen hast. Gepriesen seist du, Ewiger. Du ernährst alle.

DAS LAND

Wir danken dir für das begehrenswerte, gute und weiträumige Land, das du unseren Vorfahren gegeben hast; für den Bund, den du mit ihnen geschlossen hast und für die Thora; für die Nahrung, die du zur Sättigung gibst, wie geschrieben steht: „Wenn du gegessen hast und satt geworden bist, dann preise den Ewigen, deinen Gott, für das gute Land, das Gott dir gab.“ *(Dtn 8,10)*

JERUSALEM

Erbarme dich über dein Volk Israel und über Jerusalem, deine Stadt, und über Zion, den Ort, an dem deine Gegenwart wohnt. Ewiger, unser Gott, Ursprung unseres Lebens, behüte uns, ernähre uns, und stille unseren Hunger. Erhalte unser Leben und beseitige bald alle unsere Notlagen. Lass uns nicht angewiesen sein auf die Spenden von Men-

אֱלֹהֵינוּ מְהֵרָה מִכָּל־צָרוֹתֵינוּ: וְנָא אַל־תַּצְרִיכֵנוּ יְיָ אֱלֹהֵינוּ לֹא לִידֵי מַתְּנַת בָּשָׂר וָדָם וְלֹא לִידֵי הַלְוָאָתָם· כִּי אִם לְיָדְךָ הַמְּלֵאָה הַפְּתוּחָה הַקְּדוֹשָׁה וְהָרְחָבָה· שֶׁלֹּא נֵבוֹשׁ וְלֹא נִכָּלֵם לְעוֹלָם וָעֶד:

Am Schabbat fügt man hier ein:

רְצֵה וְהַחֲלִיצֵנוּ יְיָ אֱלֹהֵינוּ בְּמִצְוֹתֶיךָ וּבְמִצְוַת יוֹם הַשְּׁבִיעִי הַשַּׁבָּת הַגָּדוֹל וְהַקָּדוֹשׁ הַזֶּה· כִּי יוֹם זֶה גָּדוֹל וְקָדוֹשׁ הוּא לְפָנֶיךָ לִשְׁבָּת־בּוֹ וְלָנוּחַ בּוֹ בְּאַהֲבָה כְּמִצְוַת רְצוֹנֶךָ· בִּרְצוֹנְךָ הָנִיחַ לָנוּ יְיָ אֱלֹהֵינוּ שֶׁלֹּא תְהֵי צָרָה וְיָגוֹן וַאֲנָחָה בְּיוֹם מְנוּחָתֵנוּ· וְהַרְאֵנוּ יְיָ אֱלֹהֵינוּ בְּנֶחָמַת צִיּוֹן עִירֶךָ· וּבְבִנְיַן יְרוּשָׁלַיִם עִיר קָדְשֶׁךָ· כִּי אַתָּה הוּא בַּעַל הַיְשׁוּעוֹת וּבַעַל הַנֶּחָמוֹת:

Bei Neumond und an Festtagen fügt man hier ein:

אֱלֹהֵינוּ וֵאלֹהֵי אֲבוֹתֵינוּ יַעֲלֶה וְיָבֹא· יַגִּיעַ וְיֵרָאֶה· זִכְרוֹנֵנוּ יעלה
וּפִקְדוֹנֵנוּ· וְזִכְרוֹן אֲבוֹתֵינוּ· וְזִכְרוֹן מָשִׁיחַ בֶּן־דָּוִד עַבְדֶּךָ· ויבא
וְזִכְרוֹן יְרוּשָׁלַיִם עִיר קָדְשֶׁךָ· וְזִכְרוֹן כָּל־עַמְּךָ בֵּית יִשְׂרָאֵל לְפָנֶיךָ· לִפְלֵיטָה וּלְטוֹבָה· לְחֵן וּלְחֶסֶד· וּלְרַחֲמִים· בְּיוֹם

בראש החדש: רֹאשׁ הַחֹדֶשׁ הַזֶּה·

בפסח: חַג הַמַּצּוֹת הַזֶּה·

בסכות: חַג הַסֻּכּוֹת הַזֶּה·

זָכְרֵנוּ יְיָ אֱלֹהֵינוּ בּוֹ לְטוֹבָה· אָמֵן:

וּפָקְדֵנוּ בוֹ לִבְרָכָה· אָמֵן:

וְהוֹשִׁיעֵנוּ בוֹ לְחַיִּים טוֹבִים: אָמֵן:

וּבִדְבַר יְשׁוּעָה וְרַחֲמִים חוּס וְחָנֵּנוּ· כִּי אֵלֶיךָ עֵינֵינוּ· כִּי אֵל מֶלֶךְ חַנּוּן וְרַחוּם אָתָּה:

An Chanukka wird hier das Chanukka-Gebet „Al ha-Nissim“ (S. 199) eingefügt.

An Purim wird hier das Purim-Gebet „Al ha-Nissim“ (S. 199) eingefügt.

Bei einer Hochzeit werden hier die sieben Lobsprüche (S 552) eingefügt.

schen oder auf Darlehen, sondern nur auf deine volle, geöffnete, heilige und reiche Hand, damit wir nicht beschämt sind, noch je unsere Selbstachtung verlieren.

Am Schabbat fügt man hier ein:

Lass uns Kraft schöpfen aus deinen Geboten und aus dem Gebot des siebten Tages, des großen und heiligen Schabbats. Denn dieser Tag gilt als groß und heilig bei dir, dass man an ihm zur Ruhe komme und innehalte. Er soll von Liebe bestimmt sein, gemäß deines Gebotes. Es sei dein Wille, Ewiger, unser Gott, dass wir Ruhe finden, dass keine Not, kein Kummer und keine Sorge uns am Tag der Ruhe belasten. Lass uns die Tröstung deiner Stadt Zion erfahren und die Erbauung deiner heiligen Stadt Jerusalem sehen. Denn bei dir ist alle Befreiung, bei dir ist aller Trost.

Bei Neumond und an Festtagen fügt man hier ein:

Unser Gott und Gott unserer Vorfahren, das Gedenken an uns und die Verantwortung für uns, das Gedenken an unsere Vorfahren und an die messianische Zeit, das Gedenken an Jerusalem, die Stadt deiner Heiligkeit, und an die ganze Familie Israels mögen zu dir gelangen und vor dich kommen; sie mögen dich erreichen und wahrgenommen werden. Es geschehe, damit wir deine Rettung und Güte erfahren, damit uns deine Gnade und Liebe zuteil werden.

Ewiger, unser Gott, heute, zu Beginn eines neuen Monats,
denke an uns, damit wir Gutes erfahren – Amen.
Schenke uns deinen Segen – Amen.
Hilf uns zu einem guten Leben – Amen.

Du hast uns Hilfe und Erbarmen versprochen, deshalb erbarme dich über uns und zeige uns deine Gnade. Denn auf dich richtet sich unser Blick, du bist die Quelle aller Gnade und allen Erbarmens.

An Chanukka wird hier das Chanukka-Gebet „Al ha-Nissim" (S. 199) eingefügt.

An Purim wird hier das Purim-Gebet „Al ha-Nissim" (S. 196) eingefügt.

Bei einer Hochzeit werden hier die sieben Lobsprüche (S. 553) eingefügt.

ברכת הטוב והמטיב

וּבְנֵה יְרוּשָׁלַיִם עִיר הַקֹּדֶשׁ בִּמְהֵרָה בְיָמֵינוּ· בָּרוּךְ אַתָּה יְיָ· בּוֹנֵה בְרַחֲמָיו יְרוּשָׁלָיִם· אָמֵן:

בָּרוּךְ אַתָּה יְיָ אֱלֹהֵינוּ מֶלֶךְ הָעוֹלָם· הָאֵל אָבִינוּ מַלְכֵּנוּ· אַדִּירֵנוּ בּוֹרְאֵנוּ גֹּאֲלֵנוּ יוֹצְרֵנוּ קְדוֹשֵׁנוּ קְדוֹשׁ יַעֲקֹב· רוֹעֵנוּ רוֹעֵה יִשְׂרָאֵל· הַמֶּלֶךְ הַטּוֹב וְהַמֵּטִיב לַכֹּל· שֶׁבְּכָל־יוֹם וָיוֹם הוּא הֵטִיב הוּא מֵטִיב הוּא יֵיטִיב לָנוּ: הוּא גְמָלָנוּ הוּא גוֹמְלֵנוּ הוּא יִגְמְלֵנוּ לָעַד· לְחֵן לְחֶסֶד וּלְרַחֲמִים וּלְרֶוַח· הַצָּלָה וְהַצְלָחָה בְּרָכָה וִישׁוּעָה· נֶחָמָה פַּרְנָסָה וְכַלְכָּלָה· וְרַחֲמִים וְחַיִּים וְשָׁלוֹם וְכָל־טוֹב· וּמִכָּל־טוּב אַל־יְחַסְּרֵנוּ:

בקשות נוספות

הָרַחֲמָן· הוּא יִמְלוֹךְ עָלֵינוּ לְעוֹלָם וָעֶד: הָרַחֲמָן· הוּא יִתְבָּרַךְ בַּשָּׁמַיִם וּבָאָרֶץ:

הָרַחֲמָן· הוּא יִשְׁתַּבַּח לְדוֹר דּוֹרִים· וְיִתְפָּאַר בָּנוּ לָנֶצַח נְצָחִים· וְיִתְהַדַּר בָּנוּ לָעַד וּלְעוֹלְמֵי עוֹלָמִים:

הָרַחֲמָן· הוּא יְפַרְנְסֵנוּ בְּכָבוֹד:

הָרַחֲמָן· הוּא יִשְׁבּוֹר עֻלֵּנוּ מֵעַל צַוָּארֵנוּ· וְהוּא יוֹלִיכֵנוּ קוֹמְמִיּוּת לְאַרְצֵנוּ:

הָרַחֲמָן· הוּא יִשְׁלַח בְּרָכָה מְרֻבָּה בַּבַּיִת הַזֶּה· וְעַל שֻׁלְחָן זֶה שֶׁאָכַלְנוּ עָלָיו:

הָרַחֲמָן· הוּא יִשְׁלַח לָנוּ אֶת־אֵלִיָּה הַנָּבִיא זָכוּר לַטּוֹב· וִיבַשֶּׂר־לָנוּ בְּשׂוֹרוֹת טוֹבוֹת יְשׁוּעוֹת וְנֶחָמוֹת:

הָרַחֲמָן· הוּא יְבָרֵךְ אֶת־כָּל־הַמְּסֻבִּין כָּאן (אֶת־בַּעַל הַבַּיִת הַזֶּה אוֹתוֹ וְאֶת־אִשְׁתּוֹ וְאֶת־כָּל־אֲשֶׁר לָהֶם)· אוֹתָנוּ וְאֶת־כָּל־אֲשֶׁר לָנוּ· כְּמוֹ שֶׁנִּתְבָּרְכוּ אֲבוֹתֵינוּ אַבְרָהָם יִצְחָק וְיַעֲקֹב בַּכֹּל מִכֹּל כֹּל· כֵּן יְבָרֵךְ אוֹתָנוּ כֻּלָּנוּ יַחַד בִּבְרָכָה שְׁלֵמָה· וְנֹאמַר אָמֵן:

DIE GÜTE

Erbaue Jerusalem, deine heilige Stadt, bald und in unseren Tagen. Gepriesen seist du, Ewiger, unser Gott. Du erbaust Jerusalem in deinem Erbarmen. Amen.

Gepriesen seist du, Ewiger, unser Gott; du regierst die Welt. Du bist Gott, der Ursprung unseres Lebens und die Quelle unserer Kraft. Du bist mächtig, du lässt Neues entstehen, du erlöst, du hast alles geschaffen, du bist für uns heilig, wie du für Jakob heilig warst. Du behütest uns, wie du Israel behütet hast. Du regierst die Welt in Güte und ernährst alles, was lebt. Ja, Tag für Tag hast du uns Gutes erwiesen, erweist du uns Gutes, wirst du uns Gutes erweisen. Gnade und Freundlichkeit, Erbarmen und Tröstung hast du uns erwiesen, erweist du uns, und wirst du uns stets erweisen. Bei dir finden wir Rettung. Von dir kommt Gelingen, Segen und Hilfe, Trost und Versorgung. Du gibst Nahrung. Du ergreifst Partei für uns. Du erhältst das Leben und stiftest Frieden. Von dir kommt alles Gute. Lass uns niemals an Gutem Mangel leiden.

Gott, du bist barmherzig. – Regiere über uns immer und ewig.

Gott, du bist barmherzig. – Im Himmel und auf Erden lobe man Gott.

Gott, du bist barmherzig. – Gepriesen sei Gott immer und ewig. Geehrt werde Gott bis in Ewigkeit. Gott soll man allezeit loben.

Gott, du bist barmherzig. – Ernähre uns auf auf eine Weise, die uns nicht entehrt.

Gott, du bist barmherzig. – Zerbrich das Joch auf unserer Schulter und lass uns aufrecht in unserem Lande gehen.

Gott, du bist barmherzig. – Schenke diesem Haus und allen, die an diesem Tisch mit uns gegessen haben, deinen reichen Segen.

Gott, du bist barmherzig. – Sende den Propheten Elia (Zum Guten sei seiner gedacht!), denn er wird uns frohe Botschaft, Hilfe und Trost bringen.

Gott, du bist barmherzig. – Segne alle, die hier mit uns gegessen haben (den Eigentümer und die Eigentümerin dieses Hauses und alles, was zu ihnen gehört). Wie Gott unsere Erzväter Abraham, Isaak und Jakob gesegnet hat, so segne Gott jeden und jede von uns auf seine und ihre Art und alles, was uns gehört. Er segne uns alle miteinander mit vollkommenem Segen. Darauf sprecht: Amen.

בַּמָּרוֹם יְלַמְּדוּ עֲלֵיהֶם וְעָלֵינוּ זְכוּת שֶׁתְּהִי לְמִשְׁמֶרֶת שָׁלוֹם· וְנִשָּׂא בְרָכָה מֵאֵת יְיָ וּצְדָקָה מֵאֱלֹהֵי יִשְׁעֵנוּ· וְנִמְצָא־חֵן וְשֵׂכֶל טוֹב בְּעֵינֵי אֱלֹהִים וְאָדָם:

שבת: הָרַחֲמָן. הוּא יַנְחִילֵנוּ יוֹם שֶׁכֻּלּוֹ שַׁבָּת וּמְנוּחָה לְחַיֵּי הָעוֹלָמִים:

ראש חדש: הָרַחֲמָן. הוּא יְחַדֵּשׁ עָלֵינוּ אֶת־הַחֹדֶשׁ הַזֶּה לְטוֹבָה וְלִבְרָכָה:

יום טוב: הָרַחֲמָן. הוּא יַנְחִילֵנוּ יוֹם שֶׁכֻּלּוֹ טוֹב:

הָרַחֲמָן· הוּא יְזַכֵּנוּ לִימוֹת הַמָּשִׁיחַ וּלְחַיֵּי הָעוֹלָם הַבָּא:

מַגְדִּיל (מִגְדּוֹל) יְשׁוּעוֹת מַלְכּוֹ וְעֹשֶׂה חֶסֶד לִמְשִׁיחוֹ לְדָוִד וּלְזַרְעוֹ עַד־עוֹלָם: עֹשֶׂה שָׁלוֹם בִּמְרוֹמָיו הוּא יַעֲשֶׂה שָׁלוֹם עָלֵינוּ וְעַל כָּל־יִשְׂרָאֵל וְאִמְרוּ אָמֵן:

אָכַלְנוּ וְשָׂבָעְנוּ· אַל־נָא נִתְעַלֵּם מִצָּרְכֵי־רֵעֵינוּ וְאַל־תַּאַטְמְנָה אָזְנֵינוּ מִצַּעֲקָתָם לְמָזוֹן· פְּקַח עֵינֵינוּ וּפְתַח לְבָבֵנוּ וְנִתְחַלְּקָה בְּמַתְּנוֹתֶיךָ לְמַעַן חִסּוּל־הָרָעָב וְהַמַּחְסוֹר מֵעוֹלָמֵנוּ:

יְיָ עֹז לְעַמּוֹ יִתֵּן יְיָ יְבָרֵךְ אֶת־עַמּוֹ בַשָּׁלוֹם:

KURZES TISCHGEBET

nach der Mahlzeit

מַה שֶּׁאָכַלְנוּ יִהְיֶה לְשָׂבְעָה· וּמַה שֶּׁשָּׁתִינוּ יִהְיֶה לִרְוָיָה· וּמַה שֶּׁהוֹתַרְנוּ יִהְיֶה לִבְרָכָה· כִּדְכְתִיב· וַיִּתֵּן לִפְנֵיהֶם· וַיֹּאכְלוּ וַיּוֹתִירוּ כִּדְבַר יְיָ:

בְּרוּכִים אַתֶּם לַיְיָ· עֹשֵׂה שָׁמַיִם וָאָרֶץ:

בָּרוּךְ הַגֶּבֶר אֲשֶׁר יִבְטַח בַּיְיָ· וְהָיָה יְיָ מִבְטַחוֹ:

יְיָ עֹז לְעַמּוֹ יִתֵּן· יְיָ יְבָרֵךְ אֶת־עַמּוֹ בַשָּׁלוֹם:

In der Höhe möge man zu ihrer und unserer Gunst urteilen, damit der Friede bewahrt bleibe. Wir werden den Segen Gottes tragen und Wohltaten von Gott, unserer Hilfe. Und wir mögen Gunst und Verständnis finden bei Gott und den Menschen.

Am Schabbat fügt man hier ein:

Gott, du bist barmherzig. – Lass uns einen Tag erleben, der erfüllt ist vom Schabbatfrieden und von der Ruhe des ewigen Lebens.

An Rosch Ha-Schana fügt man hier ein:

Gott, du bist barmherzig. – Lass uns in dem neuen Jahr Gutes und Segen erfahren.

Gott, du bist barmherzig. – Möge Gott uns würdig finden für die messianische Zeit und das Leben in der kommenden Welt.

Gott macht das Heil des Königs groß *(Ps 18,51)* (Am Schabbat: Gott ist eine Burg des Heils *[2. Sam 22,51]*), Gnade erweist Gott seinem Messias, David und seinen Nachkommen bis in Ewigkeit.

Gott schafft Frieden in der Höhe. Möge Gott uns und ganz Israel Frieden geben. Darauf sprecht: Amen.

Wir haben gegessen und sind satt geworden. Lass uns nun nicht blind sein für die Bedürfnisse anderer oder taub für ihren Schrei nach Nahrung. Öffne unsere Augen und unsere Herzen, so dass wir unsere Gaben teilen können. Hilf uns, Hunger und Mangel aus der Welt zu vertreiben.

Gott gebe dem Gottesvolk Kraft,
Gott segne das Gottesvolk mit Frieden. *(Ps 29,11)*

KURZES TISCHGEBET
nach der Mahlzeit

Was wir gegessen haben, hat uns satt gemacht; was wir getrunken haben, hat uns erfrischt, und was wir übriggelassen haben, kündet von unserem Segen, denn so steht es geschrieben: „Man setzte ihnen etwas vor und sie aßen und ließen noch übrig, wie Gott es gesagt hatte.“

(2. Kön 4,44)

Wir preisen dich, Gott, du hast Himmel und Erde gemacht.
Gepriesen sei, wer auf Gott vertraut und wer bei Gott Zuflucht sucht.
Gott gebe dem Gottesvolk Kraft, Gott segne das Gottesvolk mit Frieden.

(Ps 29,11)

GESUNGENES TISCHGEBET

nach dem Essen

צוּר מִשֶּׁלּוֹ אָכַלְנוּ · בָּרְכוּ אֱמוּנַי · שָׂבַעְנוּ וְהוֹתַרְנוּ · כִּדְבַר יְיָ׃

הַזָּן אֶת־עוֹלָמוֹ · רוֹעֵנוּ אָבִינוּ · אָכַלְנוּ אֶת־לַחְמוֹ · וְיֵינוֹ שָׁתִינוּ · עַל־כֵּן נוֹדֶה לִשְׁמוֹ · וּנְהַלְּלוֹ בְּפִינוּ · אָמַרְנוּ וְעָנִינוּ · אֵין־קָדוֹשׁ כַּייָ׃

צוּר מִשֶּׁלּוֹ אָכַלְנוּ · בָּרְכוּ אֱמוּנַי · שָׂבַעְנוּ וְהוֹתַרְנוּ · כִּדְבַר יְיָ׃

בְּשִׁיר וְקוֹל תּוֹדָה · נְבָרֵךְ אֱלֹהֵינוּ · עַל אֶרֶץ חֶמְדָּה · שֶׁהִנְחִיל לַאֲבוֹתֵינוּ · מָזוֹן וְצֵידָה · הִשְׂבִּיעַ לְנַפְשֵׁנוּ · חַסְדּוֹ גָּבַר עָלֵינוּ · וֶאֱמֶת יְיָ׃

צוּר מִשֶּׁלּוֹ אָכַלְנוּ · בָּרְכוּ אֱמוּנַי · שָׂבַעְנוּ וְהוֹתַרְנוּ · כִּדְבַר יְיָ׃

Hameln (erbaut 1879)

GESUNGENES TISCHGEBET

nach dem Essen

Lobt, meine Freunde, Gott, den Fels,
von dessen Gaben wir gegessen haben.
Wir sind satt geworden und haben noch übrig gelassen,
wie Gott es verheißen hat. *(Dtn 8,10)*

Du ernährst die ganze Welt. Du behütest uns. Du gibst uns Leben. Von deinem Brot haben wir gegessen, von deinem Wein getrunken. Deshalb sagen wir dir Dank und loben dich mit unserem Mund und bekennen: „Niemand ist heilig wie der Ewige." *(1. Sam 2,2)*

Lobt, meine Freunde, Gott, den Fels,
von dessen Gaben wir gegessen haben.
Wir sind satt geworden und haben noch übrig gelassen,
wie Gott es verheißen hat. *(Dtn 8,10)*

Im Lied und mit Worten des Danks wollen wir Gott für das gute Land preisen, das Gott unseren Vorfahren zum Besitz gab. Gott sättigt uns mit Nahrung heute und morgen. Seine Liebe zu uns ist groß; auf Gott ist Verlass. *(vgl. Ps 117,2)*

Lobt, meine Freunde, Gott, den Fels,
von dessen Gaben wir gegessen haben.
Wir sind satt geworden und haben noch übrig gelassen,
wie Gott es verheißen hat. *(Dtn 8,10)*

(Verfasser unbekannt)

Essen, „Alte Synagoge" (erbaut 1911-1913)

הַשְׁכִּיבֵנִי יְהֹוָה לְשָׁלוֹם · וְהַעֲמִידֵנִי לְחַיִּים טוֹבִים · וּפְרוֹשׂ
עָלַי סֻכַּת שְׁלוֹמֶךָ · וְשׁוֹמְרֵנִי לְמַעַן שְׁמֶךָ׃

הִנֵּה לֹא יָנוּם וְלֹא יִישָׁן שׁוֹמֵר יִשְׂרָאֵל׃

יְהֹוָה יִשְׁמָר־צֵאתְךָ וּבוֹאֶךָ מֵעַתָּה וְעַד־עוֹלָם׃

שְׁמַע יִשְׂרָאֵל יְיָ אֱלֹהֵינוּ יְיָ אֶחָד׃

וְאָהַבְתָּ אֵת יְיָ אֱלֹהֶיךָ בְּכָל־לְבָבְךָ וּבְכָל־נַפְשְׁךָ
וּבְכָל־מְאֹדֶךָ׃

בְּיָדוֹ אַפְקִיד רוּחִי · בְּעֵת אִישַׁן וְאָעִירָה׃
וְעִם רוּחִי גְּוִיָּתִי · אֲדֹנָי לִי וְלֹא אִירָא׃

בָּרוּךְ יְיָ בַּיּוֹם · בָּרוּךְ יְיָ בַּלָּיְלָה · בָּרוּךְ יְיָ בְּשָׁכְבֵנוּ ·
בָּרוּךְ יְיָ בְּקוּמֵנוּ׃

בְּשֵׁם יְיָ אֱלֹהֵי יִשְׂרָאֵל מִימִינִי מִיכָאֵל · וּמִשְּׂמֹאלִי גַּבְרִיאֵל ·
וּמִלְּפָנַי אוּרִיאֵל · וּמֵאֲחוֹרַי רְפָאֵל · וְעַל רֹאשִׁי שְׁכִינַת אֵל׃

ABEND-GEBETE FÜR KINDER

Jeder der folgenden Abschnitte kann zusammen mit den ersten Zeilen des Schma und mit irgendeinem anderen Kindergebet verbunden werden:

Gott, lass mich ruhig schlafen
und lass mich morgen frisch wieder aufstehen.
Breite deinen Frieden über mir aus wie ein Zelt.
Behüte mich um deines Namens willen.

Siehe, Gott behütet Israel.
Gott schläft und schlummert nicht.

Gott behüte deinen Ausgang und Eingang
von nun an bis in Ewigkeit.

Höre Israel, der Ewige ist Gott, der Ewige ist einzig.
Darum sollst du den Ewigen, deinen Gott, lieben
mit ganzem Herzen, mit ganzer Seele und mit ganzer Kraft.

Mein Geist birgt sich in deiner Hand,
stets, sei ich schlafend oder wach.
Und auch mein Leib birgt sich in dir.
ich fürcht mich nicht, du bist bei mir.

Gespriesen sei Gott am Tage.
Gepriesen sei Gott in der Nacht.
Gepriesen sei Gott, wenn wir schlafengehen.
Gepriesen sei Gott, wenn wir aufstehen.

Im Namen des Ewigen, Gott von Israel.
Rechts von mir ist Michaël. Links von mir ist Gabriël.
Vor mir ist Uriël. Hinter mir ist Rafaël.
Über mir ist Gottes Gegenwart.

בָּרוּךְ אַתָּה יְיָ אֱלֹהֵינוּ מֶלֶךְ הָעוֹלָם· הַמַּעֲבִיר שֵׁנָה מֵעֵינַי וּתְנוּמָה מֵעַפְעַפָּי׃

יְהוָה רֹעִי· לֹא אֶחְסָר׃
בִּנְאוֹת דֶּשֶׁא יַרְבִּיצֵנִי· עַל־מֵי מְנֻחוֹת יְנַהֲלֵנִי׃
אַךְ טוֹב וָחֶסֶד יִרְדְּפוּנִי כָּל־יְמֵי חַיָּי·
וְשַׁבְתִּי בְּבֵית־יְהוָה לְאֹרֶךְ יָמִים׃

לְעוֹלָם יְהֵא אָדָם יְרֵא שָׁמַיִם בְּסֵתֶר כְּבַגָּלוּי· וּמוֹדֶה עַל־הָאֱמֶת וְדוֹבֵר אֱמֶת בִּלְבָבוֹ׃

שְׁמַע יִשְׂרָאֵל יְיָ אֱלֹהֵינוּ יְיָ אֶחָד׃
וְאָהַבְתָּ אֵת יְיָ אֱלֹהֶיךָ בְּכָל־לְבָבְךָ וּבְכָל־נַפְשְׁךָ וּבְכָל־מְאֹדֶךָ׃

אֱלֹהַי נְצוֹר לְשׁוֹנִי מֵרָע· וּשְׂפָתוֹתַי מִדַּבֵּר מִרְמָה· פְּתַח לִבִּי בְּתוֹרָתֶךָ· וְאַחֲרֵי מִצְוֹתֶיךָ תִּרְדּוֹף נַפְשִׁי׃

יִהְיוּ לְרָצוֹן אִמְרֵי פִי וְהֶגְיוֹן לִבִּי לְפָנֶיךָ· יְיָ צוּרִי וְגוֹאֲלִי׃

וְגָר זְאֵב עִם־כֶּבֶשׂ· וְנָמֵר עִם־גְּדִי יִרְבָּץ·
וְעֵגֶל וּכְפִיר וּמְרִיא יַחְדָּו· וְנַעַר קָטֹן נֹהֵג בָּם׃
לֹא־יָרֵעוּ וְלֹא־יַשְׁחִיתוּ בְּכָל־הַר קָדְשִׁי׃

MORGEN-GEBETE FÜR KINDER

Jeder der folgenden Abschnitte kann zusammen mit den ersten Zeilen des Schma und mit irgendeinem anderen Kindergebet verbunden werden:

Gepriesen seist du, Ewiger, unser Gott;
du regierst die Welt.
Du nimmst den Schlaf aus meinen Augen.
Du nimmst die Müdigkeit von meinen Wimpern.

Gott ist mein Hirte. Gott sorgt für mich.
Gott lässt mich auf grünen Wiesen weiden
und führt mich zum Wasser, wo ich Ruhe finde.
Güte und Liebe werden mich immer begleiten
und ich werde bei Gott sein mein Leben lang.

Immer soll ein Mensch auf Gott vertrauen,
wenn er allein ist und wenn er unter vielen Leuten ist.
Immer soll ein Mensch die Wahrheit sagen und denken.

Höre Israel, der Ewige ist Gott, der Ewige ist einzig.
Darum sollst du den Ewigen, deinen Gott, lieben
mit ganzem Herzen, mit ganzer Seele und mit ganzer Kraft.

Mein Gott, bewahre meine Zunge davor, dass ich Böses rede.
Bewahre meine Lippen davor, dass ich lüge.
Mache mich bereit dazu, dass ich nach deinem Willen lebe.
Lass mich deine Gebote halten.
Was ich sage und was ich denke, möge dir eine Freude bereiten, Gott, mein Fels und meine Hilfe.

Der Wolf wird bei dem Lamm wohnen und der Panther wird zusammen mit dem Böckchen weiden. Ein Kalb und ein junger Löwe werden mit Schafen zusammen sein und ein kleines Kind wird sie weiden. Sie werden sich nichts Böses tun und sich nicht vernichten auf meinem ganzen heiligen Berg.

GLOSSAR

mit Informationen über Autorinnen und Autoren,
Begriffserklärungen und Kommentaren zu einzelnen Gebetstexten.

Die Seitenzahl in Klammern am Ende eines jeden Abschnitts gibt an, wo der Autor bzw. die Autorin oder der betreffende Begriff in diesem Band vorkommen. Wo dies möglich war, wird die genaue Quellenangabe des zitierten Textes genannt. Bei biblischen Belegen sind nur größere Textabschnitte mit jeweils nur einer Belegstelle angegeben.

ADON OLAM („Herr der Welt"): Mittelalterliche rhythmische Hymne mit zehn, in der sefardischen Tradition mit zwölf Versen, die beides, Gottes transzendentes und Gottes immanentes Wesen beschreibt. Der Name des Verfassers des Liedes ist unbekannt. Der deutsche Text ist auf verschiedene Melodien dieses Liedes singbar. *(S. 123)*

AGUILAR, GRACE (1816-1847): Englische Romanautorin und anglo-jüdische Apologetin marrano/portugiesischer Herkunft. Ihre Werke sind u.a. The Spirit of Judaism: In Defence of her Faith and its Professors. *(S. 214)*

AKDAMUT („Vorwort"): Name eines *Pijjut zur Einleitung der Zehn Worte. Die vollständige Version dieses im 11. Jh. von Meir ben Jizchak Nehorai in Worms verfassten Gedichtes enthält 90 Zeilen, die in kunstvoll gestaltetem Aramäisch Gottes Herrlichkeit inmitten der Engel beschreiben. Der in diesem Gebetbuch abgedruckte Text ist Anfang und Ende dieser Dichtung. Am Ende der Dichtung ist von einem „Mahl für die Gerechten" die Rede. Gemeint ist das Mahl in der kommenden Welt, bei dem die Meeresungeheuer Leviatan und Behemot, die als Symbole für das stehen, was die Menschen bedroht, verspeist werden. *(S. 449ff)*

AKIWA BEN JOSEF (50-135): Der bekannteste der sog. Tannaïten, der Lehrer zur Zeit der *Mischna. Er begann sein Studium erst im hohen Alter, führte eine Systematisierung des Gesetzes ein und entwickelte hermeneutische Regeln zur Bibelinterpretation. Er unterstützte den Bar Kochba Aufstand, in dem er als Märtyrer starb. *(S. 215)*

AL HA-NISSIM („Für die Wunder"): An Chanukka und Purim soll das Ereignis des Tages in der Amida (tBer 3,8) und im Tischgebet erwähnt werden. Das *al ha-Nissim*-Gebet bringt den Dank für Gottes wunderbare Taten, an die Chanukka bzw. Purim erinnern, zum Ausdruck. *(S. 196; 199)*

AL KOL ELE („Für all dieses…"): Name eines populären Liedes von Naomi *Shemer. Der Text des Liedes enthält zahlreiche Anspielungen auf Bibel und Talmud. Die deutsche Übersetzung ist auf die Melodie des Liedes singbar. *(S. 340/1ff)*

ALENU („An uns…"): Uspründlich der einleitende Teil des Abschnitts **Malchujot* der *Rosch ha-Schana* Liturgie, der später zum Abschluss der täglichen Gottesdienste verwendet wurde. Der erste Abschnitt betont die Erwählung und Aufgabe Israels, der zweite verleiht der Hoffnung der Menschheit Ausdruck. *(S. 53)*

ALKABEZ, SCH'LOMO HA-LEVI (1505-1576): *Kabbalistischer und mystischer Dichter, Verfasser der Hymne **Lecha Dodi. (S. 34/5ff)*

AM *Amos.

ALMAGOR, DAN: Zeitgenössischer israelischer Liederdichter. *(S. 318/9)*

AMIDA („Stehen“): Das zentrale Gebet des Gottesdienstes. Es wird gelegentlich nach seiner ursprünglichen Anzahl der Bitten *Sch'mone Essre* „Achtzehnbittengebet“ genannt oder aufgrund der zentralen Stellung im Gottesdienst *ha-Tefilla* („Das Gebet“). Die ersten Abschnitte verkündigen die Kontinuität der Generationen, Gottes Macht zu erlösen und Gottes Heiligkeit. Am Schabbat und an Festtagen werden die mittleren Benediktionen (4-16) durch eine speziell für den Tag bestimmte Benediktion ersetzt. *(S. 46/7ff; 174/5ff; 296/7ff)*

AMOS: Prophet des 8. Jh. v.d.Z. Er kämpfte gegen Unmoral und Ungerechtigkeit in einer Zeit politischer und wirtschaftlicher Blüte. (9,7: *S. 75; u.ö.)*

ARN *Awot de Rabbi Nathan.

AWOT DE RABBI NATHAN: Ein kleiner Traktat, gewöhnlich zusammen mit dem babylonischen *Talmud gedruckt. Er enthält midraschartige Kommentare über die *Sprüche der Väter. *(S. 75)*

AXELRAD, ALBERT S. (geb. 1938): New York. Amerikanischer Rabbiner und „Hillel Director“. *(S. 323)*

AZIKRI (AZKARI), ELIËZER BEN MOSCHE (1533-1600): *Kabbalist in Safed. Verfasser des Liedes Jedid Nefesch. *(S. 22/3ff; 210/11)*

BA'AL SCHEM TOW („Besitzer eines guten Namens“); Israel ben Eliëser (1700-1760): Gründer der *chassidischen Bewegung. Er betonte die Freude an der Erfüllung der Gebote und popularisierte Anschauungen der jüdischen Mystik (*Kabbala). *(S. 337; 512)*

BAECK, LEO (1873-1956): Liberaler deutscher Rabbiner und Theologe, Dozent für Midrasch und Homiletik an der Hochschule für die Wissenschaft des Judentums in Berlin. Haupt der deutschen jüdischen Gemeinden während des Nationalsozialismus. Er weigerte sich, seine Gemeinden zu verlassen und zu emigrieren, 1943 wurde er nach Theresienstadt deportiert. Er überlebte das Konzentrationslager und zog 1945 nach London. Seine wichtigsten Werke sind: „Das Wesen des Judentums“ (1905) und „Dieses Volk“ (1955/57). *(S. 209:* zitiert nach: Das Wesen des Judentums, 6. Aufl. 1960, S. 140; *S. 269:* Das Wesen des Judentums [1905] 6. Aufl. 1960, S. 17-19)

BBER *Berachot.

BERACHOT („Segenssprüche“): Erster Traktat der *Mischna, Teil der Ordnung Zeraïm „Saaten“. Er handelt von der Rezitation des Sch'ma und von verschiedenen Segenssprüchen sowie vom Gebet allgemein. (11b: *S. 81;* 17a: *S. 53; 73; 29b: 483;* 33b: *S. 487;* 60b: *S. 71 2x);* 61b: *S. 360)*

BERDITSCHEW, LEVI JIZCHAQ VON (1740-1809): *Chassidische Persönlichkeit, Schüler von Dow Baer von Mesritsch („Der große Maggid“), des gößten Schülers des *Baal Schem Tow. Sein zentraler Lehrinhalt war die Liebe zu Israel. *(S. 76; 208)*

BERKHOFF, STEVEN (geb. 1937): Britischer Schauspieler, Regisseur und Verfasser von Theaterstücken. Zu seinen Stücken gehören u.a. „Sink the Belgrano“; „Harry's Xmas“; „I am Hamlet“. *(S. 228)*

BERSCHIDER REBBE (gest. 1816): *Chassidischer Schüler von Pinchas von Koretz.

BIALIK, CHAIM NACHMAN (1873-1934): Autor von hebräischen Gedichten, Essays und Kurzgeschichten. Geboren in Russland, kam 1924 nach Palästina. Er kann als der größte moderne hebräische Dichter betrachtet werden. *(S. 22/3)*

BLUE, LIONEL (geb.1930): Britischer Reformrabbiner, ehemaliger Aw Bet Din des Reformjudentums, Arbeit beim BBC. Mitherausgeber des *Daily and Sabbath, High Holy Day und Pilgrim Festival Prayer Book* des RSGB. Dozent für Gebet und Vergleichende Religionswissenschaft am Leo Baeck College, London. Autor von „Wie kommt ein Jude in den Himmel?“. *(S. 248)*

BOERNE, LUDWIG (1786-1837): Deutscher Schriftsteller, schrieb politische Essays. Verfechter der jüdischen Emanzipation; wurde dafür von H.Heine kritisiert. *(S. 76)*

BOROWITZ, EUGENE (geb. 1924): Amerikanischer Reformrabbiner. Professor für Education und Religious Thought am Hebrew Union College – Jewish Institute of Religion, New York. Begründer der Zeitschrift „Sh'ma“, einer Zeitschrift für jüdische Verantwortlichkeit. Einflussreiche Persönlichkeit für das Denken der jüdischen Reformtheologie. Autor von „A New Jewish Theology in the Making“. *(S. 336)*

BSCHABB *Schabbat.

BUBER, MARTIN (1878-1965): Geboren in Wien, Philosoph, Bibelgelehrter und Theologe, bekannt durch seine Bücher über den *Chassidismus und seine Philosophie des Dialogs, die vor allem in seinem Werk „Ich und Du“ (1923) zum Ausdruck kommt. Emigrierte 1938 nach Palästina, leidenschaftlicher Anwalt für eine jüdisch-arabische Verständigung. *(S. 72; 76; 192f; 214; 337; 485)*

CHASSIDISCH; CHASSIDISMUS: Eine religiöse und soziale Bewegung, die in der getrübten Stimmung Osteuropas nach dem Chmielknicke Massaker und den Verfolgungen entstand und sich rasch entwickelte. Sie hat Parallelen mit anderen religiösen Strömungen dieser Zeit. Die Gegner der *Chassidim* („Fromme“) waren die sog. *Mitnagdim* („Gegner“) (Elija, Gaon von Wilna).

CHAZI-KADDISCH („Halb-Kaddisch“): Eine gekürzte Version des *Kaddisch Gebetes, in der die letzten beiden Abschnitte „Frieden in Fülle…“ und „Gott schafft Frieden…“ nicht gesagt werden.

CHOURAQUI, ANDRÉ (geb. 1917 in Algerien): Israelitscher Autor und öffentliche Persönlichkeit. Persönlicher Ratgeber Ben Gurions und stellvertretender Bürgermeister von Jerusalem. *(S. 209)*

CHRON *Chronik.

CHRONIK; hebr. *Diwre ha-Jamim* („Ereignisse der Tage“): Zwei sehr junge Bücher der Bibel, die parallel zu den Geschichten der Bücher *Samuel und *Könige über die Regierungszeit *Davids und Salomos berichten, dabei jedoch ein idealisierendes Bild von David entwerfen und alle negativen Züge Davids übergehen. (I 29,10-13: *S. 10-13; u.ö.*)

CHUPPA: Baldachin für die Hochzeitszeremonie.

COHEN, STUART A.: Zeitgenössischer a.o. Professor für General History und Political Studies an der Bar Ilan University, Ramat Gan. *(S. 236)*

CORDOVERO *Moses ben Jakob Cordovero.

DAN *Daniel.

DANIEL: Ein Buch der Bibel, das um 165 v.d.Z. entstand und größtenteils in der Verwaltungssprache jener Zeit, dem sog. Reichsaramäischen geschrieben ist. Es enthält sechs Erzählungen über Erlebnisse Daniels und seiner Freunde in Babylon und die Berichte einiger Träume und Visionen Daniels. Ziel des Buches ist die Mahnung, Gott auch in schwierigen Zeiten treu zu bleiben. (9,18f: *S. 71)*

DEUTERONOMIUM (griech. „Zweites Gesetz“); hebr. *Dewarim* („Worte“): Fünftes Buch der Bibel, weitgehend eine Wiederholung der Ereignisse und Gesetze während der 40jährigen Wüstenzeit nach dem Auszug aus Ägypten, die als die letzte Rede Moses an das Volk gestaltet ist. (4,1-2.5-8: *S. 291;* 6,4-9: *S. 42/3;* 8,2-10: *S. 289;* 11,13-21: *S. 42/3; 293;* 216,16-18: *S. 511;* 28,11-12: *S. 497;* u.ö.)

DTN *Deuteronomium.

ECHA RABBATI: Midrasch-Kommentar über das Buch Klagelieder (hebr.: *Echa*) aus dem 4. - 5. Jh. *(S. 189)*

ELAZAR, DAVID, D.: Präsident des *Jerusalem Center for Public Affairs* der *Bar Ilan University*, Ramat Gan. Professor für *Political Science* an der *Temple University*.

ERUBIN: Zweiter Traktat der *Mischna innerhalb der Ordnung *Moëd* „Zeiten". Er handelt von den Einschränkungen des Tragens von Gegenständen, des Gehens und Kochens an Schabbat und Festtagen. (53a: *S. 322)*

EST *Esther.

ESTHER: Junges Buch der Bibel, das die Festlegende des Purimfestes enthält: Esther, einer jüdischen Frau im Harem des persischen Königs, gelingt es, ihr Volk vor der von Haman geplanten Vernichtung zu retten. *(3,13: S. 196; u.ö.)*

ETROG („Zitrusfrucht"): Eine der vier Pflanzen im Feststrauß des Laubhüttenfestes („*Vier Arten"). *(S. 348ff)*

EX *Exodus.

EXODUS (griech. „Auszug"); hebr. *Schemot* („Namen"): Zweites Buch der Bibel, das den Auszug der Israeliten aus Ägypten schildert und den Empfang des göttlichen Gesetzes am Sinai. (1,15-20: *S. 385;* 2,1-10: *S. 385;* 3,1-6: *S. 203;* 12,37-42: *S. 283;* 14,9-14: *S. 285;* 19,1-6: *S. 287;* 20,1-17: *S. 453;* 21,2.5-6: *S. 220;* 31,16-17: *S. 46/7;* 34,6u7: *S. 437;* 40,36: *S. 255)*

EZ *Ezechiel.

EZECHIEL: Biblischer Prophet des 6. Jh. v.d.Z. zur Zeit des babylonischen Exils. *(3,12 S. 49)*

FISHMAN, JA'AKOW (1878-1946): Jiddischer Journalist polnischer Abstammung. in USA. *(S. 253)*

FRANK, ANNE (1929-1945): Geboren in Deutschland, wuchs in den Niederlanden auf, starb im Konzentrationslager Bergen Belsen. Ihre Tagebücher schildern das Leben ihrer Familie, während diese sich in Amsterdam vor den Nationalsozialisten versteckte. *(S. 189f;* zitiert wurde nach der deutschen Übersetzung des holländischen Originals von Mirjam Pressler, 1988.)

FROMM, ERICH (1900-1980): Psychoanalytiker und Sozialphilosoph. Geboren in Frankfurt am Main, emigrierte 1933 in die Vereinigten Staaten. Seine Werke sind u.a.: „Die Furcht vor der Freiheit"; „Wege aus einer kranken Gesellschaft"; „Die Herausforderung Gottes und des Menschen". *(S. 215; 220; 313; 476)*

GELLER, LAURA (geb. 1950): Amerikanische Refomrabbinerin, war bis 1990 Direktorin des *Hillel Jewish Center* der *University of Southern California. (S. 237)*

GEMARRA („Vollendung"): Diskussionen und Erklärungen späterer Rabbinen über die *Mischna. Mischna und Gemarra ergeben zusammen den *Talmud.

GEN *Genesis.

GENESIS (griech. „Entstehung"); hebr. *Bereschit* („Am Anfang"): Erstes Buch der Bibel, das die Ursprünge der Welt und die Geschichte der Erzväter und -mütter schildert. (2,1-3: *S. 48/9;* 3,9: *S. 231;* 3,13: *S. 231;* 4,9: *S. 231;* 9,12-17: *S. 287;* 12,1-5: *S. 289;* 12,2-3 *S. 77;* 16,8: *S. 231;* 17,1: *S. 74;* 17,9-10: 32,23-32: *S. 285;* 48,16: *S. 439)*

GREENBERG, IRVING (geb. 1933): Amerikanischer orthodoxer Rabbiner und Pädagoge. Präsident des *National Jewish Center for Learning and Leadership* (CLAL), das die Zusammenarbeit zwischen den unterschiedlichen jüdischen Richtungen vorantreibt. Autor von „The Jewish Way: Living The Holidays". *(S. 253)*

HA-LEVI, JEHUDA *Jehuda ben Sch'muel ha-Levi.

HAFTARA („Abschluss"): Die Lesung eines Abschnitts aus den Propheten, die am Schabbat auf die Lesung aus der *Thora folgt. Sie ist jeweils so ausgewählt, dass ihr Inhalt einen Bezug zum gelesenen Thora-Abschnitt hat.

HAKKAFOT („Umgehungen"): Prozessionen mit dem *Lulaw um die ausgehobene Thorarolle am Laubhüttenfest, bei denen man die *Hoschanot singt. *(S. 424/5ff)*

HALLEL („Lobgesang"): Ps 113-118, die an Festtagen bzw. am Neumondtag gesungen werden. *(S. 407ff)*

HAWDALA („Unterscheidung"): Gottesdienst zur Verabschiedung des Schabbat. *(S. 146ff)*

HEIMLER, EUGENE (1922-1991): Dichter, Schriftsteller und psychiatrisch arbeitender Sozialarbeiter. Geboren in Ungarn, überlebte Auschwitz und ließ sich 1947 in England nieder. Seine Lagererfahrungen hielt er in dem Buch „Night of the Mist" (Dt.: „Bei Nacht und Nebel") fest, seine folgende Wiedereingliederung in die Gesellschaft in „A Link in the Chain". Professor für Human Social Functioning an der Universität von Calgary, Canada. *(S. 487)*

HENOCH VON ALEXANDRIA („Der Alexandriner, 1798-1870): Chassidischer Schüler von Bunam von Pzyscha und Mendel von Kosk. Er setzte die Tradition der Betonung der Innerlichkeit fort. *(S. 477)*

HERZL, THEODOR (1860-1904): Journalist. Gründer des politischen Zionismus nach seiner Erfahrung im Dreyfus-Prozess. Autor von „Der Judenstaat" (1896) und „Altneuland". *(S. 74)*

HESCHEL, ABRAHAM JOSHUA (1907-1972): Geboren in Warschau, Studium an der Jüdischen Hochschule in Berlin, wurde 1938 aus Deutschland ausgewiesen und emigrierte in die USA. Theologe und Rabbiner der amerikanischen konservativen Bewegung. Professor für jüdische Ethik und Mystik am Jewish Theological Seminary von Amerika. Seine Werke sind u.a. „Die Prophetie"; „Der Mensch fragt nach Gott. Untersuchungen zum Gebet und zur Symbolik"; „Der Sabbat. Seine Bedeutung für den heutigen Menschen". *(S. 262; 336)*

HILCHOT TESCHUWA („Gesetze der Umkehr"): Eine Schrift von *Maimonides. *(S. 209)*

HIOB: Buch der Bibel, verfasst im 6. Jh. v.d.Z., in dem ein Mensch, hier symbolisiert in der Person Hiobs, mit dem Problem des Leidens eines Unschuldigen ringt. (28,20-24.28: *S. 391)*

HLD *Hoheslied.

HOHESLIED; hebr. *Schir ha-Schirim* („Lied der Lieder"): Eine Sammlung von Liebesliedern in der Bibel. Nach seiner Sprache zu urteilen ein recht junges biblisches Buch, obwohl es dem König *Salomo zugeschrieben ist. (2,11-12: *S. 214*; 3,4: *214;* 4,10: *214;* 5,6: *214;* 5,8: *215;* 7,11: *215;* 8,6: *215*)

HOS *Hosea.

HOSCHANOT („Hosanna-Gebete"): Poetische Gebete mit dem häufigen Refrain Hoscha-na „Hilf doch!". Sie werden während der *Hakkafot am Laubhüttenfest gesungen. (*S. 425* Die deutsche Übersetzung gibt den hebräischen Text wieder, bringt die Attribute Gottes jedoch in einer anderen Reihenfolge, um die alphabetische Struktur des Textes auch in der Übersetzung erscheinen zu lassen. Die Partizipien und Adjektive wurden als 2. Sg. übersetzt, damit die Übersetzung inklusiv von Gott redet.); *(S. 465)*.

HOSEA: Prophet des 8. Jh. v.d.Z. Er prophezeite in den letzten Jahren des Nordreichs Israel und verglich den Bund zwischen Gott und Israel mit der schwierigen Beziehung zu seiner Frau. (2,21-22: *S. 155)*

IBN ESRA, ABRAHAM (1093-1167): Spanischer Philosoph und Wissenschaftler, Dichter und Bibelkommentator. Ab 1140 unternahm er etliche Reisen, in denen er andere Orte, u.a. London und Oxford besuchte. *(S. 336)*

IBN GAWIROL, SCH'LOMO (1021-1056): Spanischer Dichter und neuplatonischer Philosoph. Sein Hauptwerk, Mekor Chajim („Quelle des Lebens") ist in einer lateinischen Fassung Fons vitae erhalten. Verfasser des philosophischen Gedichtes Keter Malkut „Königskrone", das in der sefardischen Tradition in der Nacht oder bei Tagesanbruch von Jom Kippur gelesen wird. *(S. 66/7; 73)*

JAHRZEIT (jidd.): Das jährliche Gedenken an den Jahrestag des Todes eines Verwandten, einer Verwandten. *(S. 586f)*

JEHUDA BEN SCH'MUËL HA-LEVI (arab.: Abulhassan; ca. 1075-1141): Spanischer Dichter von *Pijjutim, Philosoph und Arzt. Verließ zur Zeit des zweiten Kreuzzuges in hohem Alter Spanien um nach Palästina zu emigirieren und starb auf dieser Reise. Sein Werk Sefer Ha-Kusari (Der Kusari) ist eine Darstellung des jüdischen Glaubens, Lebens und Denkens in Form einer Disputation vor dem König des Chasarenreiches. Zu 95 seiner Hymnen und Gedichte schuf Franz *Rosenzweig deutsche Übersetzungen, in denen er versuchte, Sprachstil, Poetik und Rhythmus des Hebräischen nachzuahmen (Ges. Schr. IV/1). *(S. 209; 479* vgl. den hebr. Text mit Übers.: Rosenzweig, Ges. Schr. IV/1 123)

JEHUDA HE-CHASID (1150-1217): Aus Regensburg. Man sagt, er sei ein Anhänger der Mystik gewesen, sonst ist kaum etwas von ihm bekannt. Ihm wird das Sefer Chassidim („Buch der Frommen") zugeschrieben, das die ethischen Richtlinien der Chasside Aschkenaz, einer deutschen Bewegung der Mystik, enthält. *(S. 64/5)*

JER *Jeremia.

JEREMIA: Name eines biblischen Buches. Prophet des 7. Jh. v.d.Z. Er kündigte die Zerstörung des Südreichs Juda und des Tempels an. Schließlich verkündet er jedoch eine Botschaft der Hoffnung für die Menschen im Exil. (1,11: *S. 233;* 29,7: *S. 76*; 31,8-9.17: *S. 389*; 31,31-34: *S. 291;* 31,34: *S. 74; u.ö.*)

JES *Jesaja.

JESAJA: Das biblische Buch „Jesaja" enthält vermutlich drei Teile, Kap. 1-39, 40-54; 55-66. Der erste entstand vor dem Exil, die beiden anderen im bzw. nach dem Exil. „Protojesaja" war vermutlich ein wohlhabender Priester im Jerusalem des 8. Jh. v.d.Z. „Deuterojesaja" war ein Prophet oder eine Prophetengruppe zur Zeit des babylonischen Exils. Mit großem Nachdruck wird hier dem Monotheismus Ausdruck verliehen: ein Gott, ein Schöpfer aller Menschen. „Tritojesaja" enthält Heilsprophetien aus der Zeit nach dem Exil. (6,3: *S. 49*; 6,8: *S. 233;* 19,19-25 *S. 383;* 42,14: *S. 243;* 49,15: *S. 243;* 51,9-11: *S. 435;* 55,11-12: *S. 363;* 56,6-7: *S. 389;* 59,20-21: *S. 127;* 64,7: *S. 243;* 66,13: *S. 245; u.ö.)*

JIGDAL („Gerühmt…"): Eine kurze, poetische Zusammenfassung der 13 Glaubensartikel des *Maimonides. Vermutlich wurde sie von Daniel ben Juda verfasst. Der deutsche Text ist singbar. *(S. 56/7)*

JISCHTABACH („Gepriesen sei…"): Abschließender Gesang nach den eröffnenden Liedern und Psalmen *(Pesuqe de-Zimra)* im Schabbat-Morgengebet. *(S. 84/5)*

JIZKOR („Er möge sich erinnern"): Ein Gebet zum Gedenken an Verstorbene, das traditionell am *Jom Kippur und an den Pilgerfesten gebetet wird. *(S. 518/9ff)*

JOSEPHUS, FLAVIUS (hebr. Name: *Josef ben Mattitjahu Ha-Kohen*; ca. 38-100): Politiker, militärischer Befehlshaber und Historiker. Seine wichtigsten historischen Werke De bello Judaico („Der jüdische Krieg") und Antiquitates („Jüdische Altertümer") sind Apologien des Judentums für das römische Reich. *(S. 77)*

JOSUA: Sechstes Buch der Bibel, das inhaltlich an die Erzählungen in der Thora anschließt und von der Landnahme der Israeliten unter Josua erzählt. *(S. 475)*

KABBALA („Tradition"): Eine mystisch-spekulative Strömung im Mittelalter. Grundlage ist der Glaube an eine absolute Jenseitigkeit Gottes, der sich der Welt durch zehn Wirkweisen, den sog. *S'firot* vermittelt. Die klassische Kabbala schuf einen eigenen Bibelkommentar, den *Sohar. Die Liturgie wurde zeitweilig stark mit kabbalistischen Bräuchen bereichert.

KABBALIST: Anhänger der *Kabbala.

KADDISCH (aram. „heilig"): Ursprünglich rezitierte man dieses Gebet am Ende einer Studieneinheit. Später wurde es in den Gottesdienst aufgenommen. Man sprach es zum Gedenken an große Gelehrte und kam auf diese Weise dem Auftrag nach, dass man Gott sowohl im Leid als auch in der Freude preisen solle. Als die Definition darüber, wer als Gelehrter zu gelten habe, strittig wurde, betete man es zum Gedenken an alle Verstorbenen. Es ist in aramäischer Sprache, der Umgangssprache jener Zeit, damit es alle verstehen konnten. *(S. 54/5)*

KADDISCH DE RABBANAN („Kaddisch der Gelehrten"): Eine besondere Form des *Kaddisch, die am Ende einer Studieneinheit gebetet wird. Vor dem Abschnitt „Frieden in Fülle komme vom Himmel..." ist hier eine Bitte für Schüler/innen und Lehrer/innen eingeschoben. *(S. 588/9)*

KIDDUSCH („Heiligung"): Segensspruch, der zu Hause oder in der Synagoge gesprochen wird, um den Schabbat, bzw. den Festtag zu segnen. Oft wird er über Wein gesprochen, dem Zeichen der Freude. *(S. 142/3ff)*

KIZZUR SCHULCHAN ARUCH („Kurzfassung des Schulchan Aruch"): Von Salomo Ganzfried (1804-1886) geschaffene vereinfachte Ausgabe des mittelalterlichen Gesetzeskodex *Schulchan Aruch* („Gedeckter Tisch"). (§ 143,3: *S. 76;* § 193,3: *S. 75)*

KLAGELIEDER; hebr.: *Echa* („Ach wie...!"): Buch der Bibel, das Klagelieder über die Zerstörung des Südreiches Juda, Jerusalems und des Tempels im Jahr 586 v.d.Z. enthält und traditionell am 9. Aw gelesen wird. (3,22-23: *214;* 5,21: *S. 117)*

KLD *Klagelieder.

KLUGER, RIWKA SCHÄRF (gest. 1987): Psychoanalytikerin. Promovierte in Semitistik und Religionsgeschichte in Zürich. Autorin von „Satan in the Old Testament" und „Psyche and Bible". *(S. 221)*

KOH *Kohelet.

KOHELET („Die Versammelnde") oder Prediger: Biblisches Buch aus der zweiten Hälfte des 3. Jh. v.d.Z., das von der Tradition dem König *Salomo zugeschrieben wurde. Es kritisiert die Anschauung der Weisheitstheologie, gute Taten würden durch gutes Geschick belohnt. (3,1-9: *S. 491ff;* 3,19: *S. 71)*

KÖN *Könige.

KÖNIGE; hebr. *M'lachim*: Zwei Bücher der Bibel, in denen die Geschichte Israels vom Ende der Regierungszeit Davids bis zur Zerstörung des Südreichs Judas geschildert wird. (I 3,5: *S. 231;* I 19,9-13: *S. 387;* I 19,13: *S. 231; u.ö.*)

KUZARI („Der Chasare[nkönig]") *Jehuda ha-Levi.

LECHA DODI („Auf, mein Geliebter"): Ein Gedicht, das von Sch'lomo Halevi *Alkabez verfasst wurde. Es entstand bei den *Kabbalisten in Safed, die am *Erew Schabbat* hinaus auf die Felder gingen um dem Schabbat feierlich zu begrüßen. Dieser Brauch verbreitete sich und bildete den Anlass von einigen Dichtungen dazu. Die bekannteste ist Lecha Dodi. *(S. 34/5)*

LEV *Levitikus.

LEVITIKUS (griech.: „die Priesterschaft betreffend"); hebr. *Wajjikra* („Und er rief"): Das dritte Buch der Bibel, das vor allem Bestimmungen über die Priesterschaft, die Opfer und rituelle Reinheit enthält. (19,14: *S. 75;* 23, 39.42-43: *S. 251;* 25, 39-43.55: *S. 383;* 25,35-55: *S. 433*)

LUCAS, ALICE (1852-1935): Britische Dichterin und Übersetzerin von mittelalterlicher Poesie.

LULAW („Palmzweig"): Der größte Zweig im Feststrauß am Laubhüttenfest (*Vier Arten), oft pars-pro-toto-Bezeichnung des ganzen Straußes. *(S. 351)*

LURIA, JIZCHAQ BEN SCH'LOMO (Der „Ari"; 1534-1572): *Kabbalist und Dichter. Geboren in Deutschland, siedelte 1569 nach Safed, wo er einen großen Schülerkreis gewann. Die Lurianische Kabbala ist voll messianischer Spannung, das jüdische Volk erscheint als Akteur in einem großen, kosmischen Drama, in dem die Welt in ihrem ursprünglichen Zustand wiederhergestellt wird. *(S. 18/9)*

MACHZOR („Zyklus"): Ordnung der Gebete für die Festtage.

MAGONET, JONATHAN (geb. 1942): Britischer Reformrabbiner, promovierter Theologe, Rektor des Leo Baeck Colleges, London, Vizepräsident der World Union for Progressive Judaism. Mitherausgeber des *Daily and Sabbath Prayer Book, High Holy Day Prayer Book* und *Festival Prayer Book* des RSGB. Autor von „Wie ein Rabbiner seine Bibel liest"; „Schöne, Heldinnen, Narren"; „A Rabbi reads the Psalms"; „Mit der Bibel durch das jüdische Jahr". *(S. 204f; 220; 237; 248;* 312)

MAIMONIDES, RABBI MOSSES BEN MAIMON (RAMBAM) (1135-1204): Philosoph, Halachist und Arzt. Geboren im spanischen Cordoba, lebte ab ca. 1166 in Cairo. Verfasser von *Mischne Thora*, in der er alle halachischen Themen des *Talmud diskutiert und *More ha-Newuhim* („Führer der Verirrten"), einer Darstellung des jüdischen Glaubens, die stark von der aristotelischen Philosophie geprägt ist. Er war einer der größten jüdischen Rechtsgelehrten seiner Zeit. *(S. 72; 73; 74; 208 (2x); 229; 249)*

MANOR, EHUD: Zeitgenössischer israelischer Liederdichter. *(S. 266/7ff)*

MAOS ZUR („Fels meiner Hilfe"): Name eines Liedes, das an Chanukka gesungen wird und eine sehr populär gewordene, choralartige Melodie hat. Zur Bezeichung „Rose" für Israel siehe *Schoschanat Ja'akow. In der letzten Strophe liegt im Hebräischen ein Wortspiel vor. Das hier gewählte seltene hebräische Wort für Öl „Haschemanim" klingt an den Namen des Priestergeschlechtes jener Zeit an, die „Chaschmanim" (Hasmonäer). *(S. 200)*

MECHILTA („Richtschnur"): Halachischer Midrasch aus dem 2. Jh. d.Z. über das Buch Exodus, der Rabbi Jischmaël zugeschrieben wird. *(S. 223; 331; 337; 455; 485)*

MEÏR SIMCHA VON DVINSK (1843-1926): Talmudischer Gelehrter und Kommentator. Autor von Meschech Chochma, einem Kommentar über die *Thora. *(S. 312)*

MENACHEM MENDEL VON KOTZK *Mendel von Kotzk.

MENDEL VON KOTZK, MENACHEM (1887-1859): Chassidische Führerpersönlichkeit, kämpfte gegen Nationalismus. Sein Motto war „die Wahrheit", die Selbstentsagung und Thorastudium einschloss. *(S. 74; S. 337* Zitiert nach: Martin Buber, Die chassidischen Bücher 587 = Chassidische Geschichten 786.)

MESUSA („Türpfosten"): Bezeichnung einer Pergamentrolle mit dem Text des *Sch'ma, die in einer Kapsel am rechten Türpfosten der Zimmer eines Hauses befestigt wird, um die darin Wohnenden ständig an die Einzigartigkeit Gottes zu erinnern.

MI *Micha.

MICHA: Prophet des 8. Jh. v.d.Z., der im Südreich Juda prophezeite. Er kritisierte soziale Ungerechtigkeit, kündigte das Exil an und die Rückkehr des jüdischen Volkes. (4,3: *S. 74;* 6,8: *S. 72)*

MIDRASCH TANCHUMA: Ein Rabbi Tanchuma bar Abba zugeschriebener *Midrasch, der auf den wöchentlichen Abschnitten der *Thora, in der Regel auf ihren ersten Versen, basiert. *(S. 75)*

MILLER, ARTHUR (geb. 1925): Amerikanischer Autor von Romanen und Theaterstücken. Seine Werke sind u.a.: „Alle meine Söhne" (1947) gegen das Kriegsgewinnertum; „Tod eines Handlungsreisenden" (1949) in dem der Mythos des american way of life zerstört wird; „Ein Blick von der Brücke", sowie seine Autobiographie „Zeitkurven" (1988). *(S. 236)*

MI-PI EL („Aus Gottes Mund"). Ein alphabetisches Akrostichon, das Gott, Mose, die Thora und Israel preist. Die ungewöhnlich hohe Stellung, die Mose in diesem Lied zugeschrieben wird, ist überraschend. Vielleicht ist es eine jüdische Anwort auf islamische Theologie, die die einzigartige Rolle ihres Propheten hervorhebt. Eine derartige Verherrlichung Moses ist in der mittelalterlichen jüdischen Poesie nicht selten. (Kommentar aus: *Kol Ha-Neschama*, dem Sidur der rekonstruktionisten Bewegung Amerikas, 1993, p. 224.) Die dt. Übers. ist auf die Melodie des Liedes singbar.

MISCHNA („mündliche Überlieferung"): Schriftliche Fixierung von Rechtsmaterialien der mündlichen Tradition, die von Rabbi Jehuda Ha-Nassi im 2. Jh. n.d.Z. gesammelt wurden. Die Materialien sind in sechs Ordnungen untergliedert: (1) *Zeraim* („Saaten"), die vorwiegend landwirtschaftliche Bestimmungen enthält, jedoch mit einem Traktat über das Gebet beginnt. (2) *Moëd* („Zeiten"), enthält Richtlinien über den Schabbat, die Festtage, etc. (3) *Naschim* („Frauen"), enthält Richtlinien über Ehe, Scheidung und Gelübde. (4) *Nezikin* („Beschädigungen"), enthält Richtlinien zum Zivil- und Strafrecht. (5) *Qodaschim* („Heiliges"), enthält Richtlinien zur Schächtung, zum Opfer und zu sakralen Gegenständen. (6) *Tohorot* („Reines"), enthält Richtlinien zur rituellen Reinheit. Jede Ordnung ist wiederum in einzelne Traktate unterteilt; die Mischna enthält insgesamt 63 Traktate, zu denen später ein Kommentar verfasst worden ist, die sog. „Gemarra". Mischna und Gemarra zusammen bilden den *Talmud.

MISCHNE THORA *Maimonides.

MORE NEWUCHIM *Maimonides.

MOSES BEN JAKOB CORDOVERO (1522-1570): Safed. *Kabbalist. Schrieb „Pardes Rimonim", in dem die Schöpfung, die Sefirot und die menschliche Seele behandelt werden. *(S. 77)*

MUSSAF („Zusatz"): Zusätzliches Gebet am Schabbat oder an Festtagen, das auf das Morgengebet folgt und dem Zusatzopfer im Tempel entspricht.

NACHMAN VON BRACLAW (1772-1811): Chassidischer Rabbi und Asketiker, einer der Hauptvertreter des osteuropäischen *Chassidismus. Er benutzte Geschichten und Gleichnisse, um seine mystische Theologie zu illustrieren. Urenkel von *Baal Schem Tow. *(S. 72 (2x); 72* zitiert nach: Martin Buber, Die Chassidischen Bücher 35; *76; 229; 477; 479; 514)*

NAJARA, ISRAEL (1555-1625): Hebräisch schreibender Dichter, geboren in Damaskus, ließ sich in Palästina nieder. Eines seiner Hauptthemen ist das Leiden des jüdischen Volkes und die Erlösung. Verfasser der Hymne *Ja Ribbon*, die am *Erew Schabbat* gesungen wird. *(S. 21; 241)*

NEH *Nehemia.

NEHEMIA: Name eines biblischen Buches, das von Nehemia berichtet, einem Statthalter Judas im 5. Jh. v.d.Z, nach der Rückkehr eines Teiles derer, die in Babylon exiliert waren und dem Wiederaufbau des Tempels in Jerusalem. (8, 7-8: *S. 435;* 8,14-17: *S. 435;* 9,5-6: *S. 81)*

NUM *Numeri.

NUMERI (griech. „Zahlen"); hebr. *Bemidbar* („In der Wüste"): Viertes Buch der Bibel, das die Erfahrung der Israeliten während der Zeit der Wüstenwanderung schildert.

(6,24-26: *S. 56/7;* 10,35: *S. 105*; 10,36: *S. 117*; 15,37-41: *S. 44/5; 293;* 22,9: *S. 231;* 29,12-32: *S. 248;* 33, 5-18: *S. 255)*

OPPENHEIM, JAMES (1882-1932): Amerikanischer Romanautor und Dichter; seine Werke sind von biblischen Anspielungen und dem Einfluss Walt Weitman's geprägt. *(S. 220)*

PESIKTA RABBATI („große Pesikta"): Sammlung von *Midraschim über die Bibelabschnitte für die Festtage und besondere Schabbatot, vermutlich im 7. Jh. entstanden. *(S. 263; 331; 349)*

PIJJUT; Pl. PIJJUTIM: Liturgische, poetische Ausschmückung eines Stammgebetes; sie waren v.a. in der Zeit zwischen dem 10. und 13. Jh. beliebt.

PS *Psalmen.

PSALMEN; hebr. Tehillim („Preisungen"): Eine Sammlung von 150 Gedichten und Liedern in der Bibel, die für den Tempelgottesdienst und zur privaten Andacht geschrieben wurden. Die Sammlung wird traditionell dem König *David zugeschrieben als ihr Autor und Sammler, doch in Wirklichkeit spiegeln sie sehr verschiedene Epochen der Geschichte Israels und sehr unterschiedliche Erfahrungen verschiedener Zeiten wider. Die folgenden Psalmen bzw. Psalmabschnitte sind vollständig zitiert: Psalm 15: *S. 563;* Psalm 19: *S. 271;* Psalm 23: *S. 575f;* Psalm 24: *S. 113;* Psalm 29: *S. 33; 115;* Psalm 40,2.8-9.4: *S. 267;* Psalm 46: *S. 217;* Psalm 63, 2-9: *S. 283;* Psalm 84: *S. 259; 276;* Psalm 91,14-16: *S. 19;* Psalm 92: *S. 30/1;* Psalm 93: *S. 40/1;* Psalm 95: *S. 25;* Psalm 96: *S. 25;* Psalm 97: *S. 27ff;* Psalm 98: *S. 29;* Psalm 99: *S. 31;* Psalm 100: *S. 239; 549;* Psalm 103: *S. 579f;* Psalm 113: *S. 409;* Psalm 114: *S. 411;* Psalm 115: *S. 411ff;* Psalm 116: *S. 415;* Psalm 117: *S. 417;* Psalm 118: *S. 417ff;* Psalm 119,49-51: *S. 227;* Psalm 119,105-112: *S. 207;* Psalm 121: *S. 66/7; 254/5ff; 563;* Psalm 122: *S. 279;* Psalm 124: *S. 327;* Psalm 126: *S. 593;* Psalm 134: *S. 168/9;* Psalm 143: *S. 227f;* Psalm 145: *S. 162/3ff;* Psalm 150: *S. 553)*

RABBENU TAM = Jakob ben Meïr (1100-1171): Rabbinischer Gelehrter in Frankreich, Enkel *Raschis, einer der *Tosafisten. *(S. 361)*

RABINOWITZ, LOUIS I. (1906-1984): Südafrikanischer Rabbiner. Geboren in Edinburgh, Ausbildung am Jews' College. 1945 Emigration nach Südafrika 1945. Leidenschaftlicher Zionist und Unterstützer der Anti-Apartheitsbewegung. Ließ sich 1961 in Israel nieder. 1975-1977 stellvertretender Bürgermeister von Jerusalem. *(S. 229)*

RAMBAM *Maimonides.

RASCHI (Abkürzung für Rabbi Schlomo Jizchaqi; 1040-1105): Französischer Rabbiner und leitender Gelehrter seiner Zeit. Die erste gedruckte hebräische Bibel war mit seinem Kommentar versehen. Sein Kommentar zum *Talmud wird bis heute als ein Standardhilfsmittel betrachtet. *(S. 76; 220)*

ROIPHE, ANNE: Zeitgenössische amerikanische Romanautorin und Journalistin. Autorin von: „Generation Without Memory: A Jewish Journey in Christian America". *(S. 477)*

ROSENZWEIG, FRANZ (1886-1929): Deutscher Religionsphilosoph; wuchs in einer assimilierten Familie auf, stand kurz vor der Konversion zum Christentum, doch durch den Eindruck, den ein Jom-Kippur-Gottesdienst auf ihn machte, entdeckte er das Judentum neu, dem er fortan treu blieb. Gründer und Leiter des Frankfurter Jüdischen Lehrhauses. In den letzten Jahres seines Lebens, in denen er zunehmend unfähig wurde, sich zu bewegen und zu sprechen, übersetzte er die Gedichte von *Jehuda ha-Levi, der ihm theologisch besonders nahe stand. Ab 1924 begann er eine deutsche Bibelübersetzung, die erst 1961 von *Buber vollendet wurde. Sein Hauptwerk ist: „Stern der Erlösung“ (1921). *S. 214:* Gesammelte Schriften IV 1983, 107; *S. 252:* Der Stern der Erlösung, 354f)

RUTH: Buch der Bibel aus dem 4. Jh. v.d.Z., in dem das Schicksal der Moabiterin Ruth in Bethlehem erzählt wird. Ziel des Buches ist es, die gegenseitige Verantwortung der Menschen füreinander herauszustellen. Megilla für das Wochenfest. (1,16-17: *S. 337)*

S'FIROT *Kabbala.

SACH *Sacharja.

SACHARJA: Prophet des 6. Jh. v.d.Z. Er kritisierte das mangelnde Interesse der aus Babylon Zurückkehrenden, den Tempel wieder zu errichten. In sechs „Nachtgesichten“ sah er das kommende Heil des Volkes.

SAM *Samuel.

SAMUEL: Zwei Bücher der Bibel, die die Geschichte Israels von Samuel, dem letzten der sog. „Richter“ bis zum Ende der Regierungszeit Davids nachzeichnen.

SANHEDRIN („Versammlung“): Traktat in *Mischna und *Talmud innerhalb der Ordnung *Nezikin* („Beschädigungen“). Er enthält Bestimmungen über Rechtsverfahren und strafrechtliche Bestimmungen. (39b: *S. 331)*

SCH'LOMO HA-LEVI ALKABEZ *Alkabez, Schlomo ha-Levi.

SCH'MA („Höre!“): Eines der zentralen Bestandteile des Gottesdienstes, in der die Einzigkeit Gottes betont wird. Es enthält drei Abschnitte: Dtn 6,4-9; 11,13-21; Num 15,37-41. Indem man den ersten Abschnitt rezitiert, nimmt man das „Joch der Gottesherrschaft“ auf sich. *(S. 42/3ff; 86/7ff)*

SCHABBAT: Traktat in *Mischna und *Talmud innerhalb der Ordnung Moëd („Zeiten“). Er enthält Richtlinien zur Einhaltung des Schabbats. *(S. 77;* 11a: *S. 451;* 139b: *S. 479)*

SCHALOM ALECHEM („Seid mir gegrüsset“): Name eine Liedes, das am *Erew Schabbat* gesungen wird. Sein Hintergrund ist eine Überlieferung im babylonischen *Talmud (*Schabbat 119b), wonach jeden Freitagabend zwei Engel den Menschen von der Synagoge nach Hause begleiten, ein guter und ein böser. Wenn sie zu Hause ankommen und alles für den Schabbat vorbereitet finden, spricht der gute Engel: „Möge es Gottes Wille sein, dass es auch am folgenden Schabbat so sei!“ und der böse Engel sagt widerwillig: „Amen“. Wenn dies aber nicht so ist, spricht der böse Engel: „Möge es Gottes Wille sein, dass es auch am folgenden Schabbat so sei!“ und der gute Engel sagt widerwillig: „Amen“. Der deutsche Text kann auf die Melodie des Liedes gesungen werden. *(S. 20/21ff; 141)*

SCHARANSKY (SCHARON), NATAN (ANATOLY) (geb. 1948): Kämpfer für die Menschenrechte. Geboren in Russland, setzte sich für die sowjetischen *refuseniks* ein. Kam 1978 ins Gefängnis, wurde nach achteinhalb Jahren befreit und emigrierte nach Israel. Seine Autobiographie erschien unter dem Titel „Fear no Exil“. *(S. 477)*

SCHÄRF KLUGER, RIWKA *Kluger, Riwka Scharf.

SCHE-HECHEJANU („dass er uns am Leben erhalten hat“): Name eines Segensspruches, der zu Beginn von Festen und über neue Gegenstände gesprochen wird. *(5401)*

SCHEMOT RABBA: Midrasch-Kommentar über das Buch Exodus (Hebr. Schemot „Namen“). *(S. 485)*

SCHWEUOT („Eide“). Traktat in *Mischna und *Talmud innerhalb der Ordnung Nezikin („Beschädigungen“). Er handelt über das Ablegen von Eiden und über einige Aspekte ritueller Reinheit. *(S. 447)*

SCHOSCHANAT JA'AKOW („Rose Jakobs“): Name eines am Purimfest gesungenen Liedes, das die Freude Israels über die Errettung ausdrückt. Im Hebräischen Text liegt ein Wortspiel vor: Das hebr. Wort für „Rose“ ist *Schoschana*, der Name der persischen Hauptstadt *Schuschan* (Susa). Der Vergleich von Israel mit einer Rose ist bereits in der Bibel angelegt – Hld 2,2; das *Hohelied wurde traditionell auf die Beziehung zwischen Israel und Gott gedeutet, deshalb kann „Rose“ als Bezeichnung für Israel verwendet werden. *(S. 197)*

SEDER ELIJAHU RABBA *(Tanna dewe Eliyahu)*: Homiletischer *Midrasch über das Buch Genesis, vermutlich aus dem 10. Jh. Auch unter dem Namen *Aggadat Bereschit* bekannt. *(S. 73; 74; 455; 457)*

SEFER HA-IKKARIM („Buch der Prinzipien“): Philosophisches Werk von Josef Albo (ca. 1380 - ca. 1444): Hierin legt er allen religiösen Vorstellungen drei Prinzipien zugrunde: Den Glauben an die Existenz Gottes, an den Offenbarungscharakter der *Thora und an die Vergeltung. *(S. 208)*

SENESH, HANNA (1921-1944): Geboren in Ungarn, siedelte 1939 nach Palästina über. Nahm als freiwillige Helferin an einer Befreiungsaktion teil und kam mit einem Fallschirm zurück nach Ungarn. Sie wurde gefasst und erschossen. Einige ihrer Gedichte wurden vertont. *(S. 233)*

SHEMER, NAOMI: Zeitgenössische israelische Liederdichterin. Dichterin des Liedes *Jeruschalajim schel zahaw. (S. 340/1ff* [die dt. Übers. ist auf die Melodie des Liedes singbar]*; 354/5ff;* [die dt. Übers. ist singbar.]*)*

SIFRE („Die Bücher“): Halachischer *Midrasch über die Bücher *Numeri und *Deuteronomium, nach dem 4. Jh. entstanden. *(S. 77; 487)*

SIRACH: Buch der Bibel, zwischen 190-170 v.d.Z. von Jeschua ben Sira verfasst. Es ist zwar ursprünglich hebräisch geschrieben, war aber lange Zeit nur in der Überlieferung des griechischen Kanon bekannt. Das Buch enthält in poetischer Form Preislieder auf die Weisheit und über ethisches Verhalten, Hymnen auf die Freundschaft und eine Darstellung der Geschichte Israels anhand seiner großen Gestalten. (6,16f: *S. 77)*

SOLOMON, NORMAN (geb. 1933 in Cardiff): Orthodoxer Rabbiner, Gründer des *Centre for Study of Judaism and Jewish/Christian Relations, Selly Oak Colleges, Birmingham.* Gastdozenturen am *Oxford Centre for Postgraduate Hebrew Studies.* Autor von „Judaism and World Religion“.

SOLOVEITCHIK, JOSEPH DOV (1903-1993): Geboren in Polen, lebt in USA. Talmudgelehrter und Religionsphilosoph. Leiter einer Bewegung aufgeklärter Orthodoxie. *(S. 360f)*

SPERBER, SAMUEL (1904-1984): Tschechischer Rabbiner, Zionist, Dozent. Floh nach England, ließ sich in Jerusalem nieder. Seine Essays sind im dem Buch *Ma'amarot* gesammelt. *(S. 249)*

SPR *Sprichwörter.

SPRICHWÖRTER; hebr.: Mischle („Vergleichungen“): Spät entstandenes Buch der Bibel, gemeinsam mit *Kohelet und *Hiob gehört es zur sog. „Weisheitsliteratur“. Es enthält Aphorismen, Mahnungen, die Weisheit zu suchen, etc. Es schließt mit Eschet Chajil, dem „Lob auf die tüchtige Frau“, das traditionell am Erew Schabbat gelesen wird. (3,17: *S. 267;* 3,18: *S. 267*; u.ö.)

SPRÜCHE DER VÄTER (PIRQE AWOT): Traktat der *Mischna innerhalb der Ordnung „Nezikin“ („Beschädigungen“). Er beinhaltet eine Sammlung rabbinischer Lebensweisheiten. (2,4: *S. 73;* 2,15: *S. 479;* 2,21: *S. 455;* 4,3: *S. 75;* 4,21: *S. 73;* 4,22: *S. 73;* 5,19: *S. 72;* 5,25: *S. 267;* 6,9: *S. 519)*

STEINBERG, MILTON (1903-1950): Amerikanischer Rabbiner der konservativen Bewegung. Autor von „Basic Judaism“. *(S. 330)*

STEINER, GEORGE (geb. 1929 in Paris): Autor und Kritiker. Außerordentliches Mitglied des Churchill Colleges in Cambridge, Professor für Anglistik und Zeitgenössische Literatur an der Universität Genf. Autor von „The Death of Tragedy“ und „In Blaubarts Burg. Anmerkung zur Neuorientierung der Kultur“. *(S. 249)*

STRASSFELD, MICHAEL: Zeitgenössischer amerikanischer Rabbiner, Autor und Herausgeber. Autor von „The Jewish Holidays“; Mitherausgeber des „1st, 2nd and 3rd Jewish Catalog“. *(S. 249; 263; 348f)*

SUKKA („Hütte“): Traktat in *Mischna und *Talmud innerhalb der Ordnung *Moëd*. Er enthält Bestimmungen über das Laubhüttenfest. (37b: *S. 349;* 55b: *S. 248; 265)*

TALMUD („Lehre“): Eine Sammlung von rabbinischen Kommentaren über die *Mischna aus der Zeit zwischen dem 2. bis 5. Jh., die sowohl religiöse wie zivile Problemfelder umfasst. Es ist eine bunte Mischung von Gesetzen, Bräuchen, Diskussionen, Geschichten und obiter dicta. Der Talmud wurde die Grundlage für jüdische Praxis in der ganzen Welt. Es gibt zwei Versionen, die eine wurde um 400 n.d.Z. in Palästina zusammengestellt *(Talmud Jeruschalmi)*; die andere 100 - 300 Jahre später in Babylonien *(Talmud Bawli)*. Letzterer setzte sich schießlich als autoritativ durch.

TCHERNIKOWSKY, SAUL (1875-1943): Hebräischer Dichter, geboren in Russland, emigrierte 1931 nach Palästina. Bezog eine Stellung gegen das Diaspora-Judentum, hatte wesentlichen Einfluss auf die moderne hebräische Poesie. *(S. 62/3ff; 316/7ff)*

THE FOUNDATION OF RELIGIOUS FEAR („Grundlagen des Glaubens“): Übersetzung eines mittelalterlichen ethischenTextes durch Sir Herman Golanz. *(S. 485; 487)*

THORA („Weisung“): Im engeren Sinne die hebräische Bezeichnung für die fünf Bücher Mose (griech.: Pentateuch „Fünfbuch“); im weiteren Sinne kann der Begriff auch auf die gesamte Bibel und die folgende mündliche Auslegung bezogen werden.

TOSAFISTEN („Ergänzer“): Verfasser von *Tosafot*, d.h. Sammlungen von Erläuterungen und Zusätzen zu frühen Talmudkommentaren. Zu ihnen gehören vor allem Schüler und Enkel *Raschis. *(S. 361)*

USCHPIZIN (aram. „Gäste“): Jizchaq Luria, ein Vertreter der *Kabbala, führte den Brauch ein, zu den Mahlzeiten in der Sukka die drei Patriarchen und Josef, Mose, Aaron und David in die Sukka einzuladen. Die Idee basiert auf der Sohar-Stelle Emor 103-104. *(S. 248f)*

VIER ARTEN (hebr.: arba' minim): Vier Pflanzen, die für den Feststrauß am Laubhüttenfest verwendet werden, im einzelnen: der Palmzweig (**Lulaw*), die Bachweide (*Arawot*), die Myrthe (*Hadas*) und die Zitrusfurcht (**Etrog*). Die drei Erstgenannten werden zusammengebunden und in der rechten Hand gehalten, der Etrog davon getrennt in der linken. *(S. 348ff)*

WAJJIQRA RABBA: Ein Midrasch-Kommentar über das Buch Levitikus (hebr.: *Wajjikra* „Und er rief“). *(S. 77)*

WASKOW, ARTHUR I. (geb. 1933): Amerikanischer politischer Aktivist; seit 1969 führende Kraft einer jüdischen Erneuerungsbewegung. Autor von: „Godwrestling“; „The Freedom Seder: A New Haggadah for Passover“ und „These Holy Sparks: The Rebirth of the Jewish People“. *(S. 322)*

WEISHEIT: Nachbiblisches, deuterokanonisches Buch, das die Weisheit und die Weisen preist. Es wurde von einem alexandrinischen Juden in Griechisch geschrieben. Die Abfassungszeit ist umstritten.

WOLFSKEHL, KARL (1869-1948): Deutscher Dichter. Verließ Deutschland 1934, ließ sich 1938 in Neuseeland nieder. Er fühlte eine starke Verpflichtung Deutschland gegenüber und verfolgte die Spur seiner Vorfahren über mehrere Jahrhunderte zurück. Seine im Exil entstandenen Gedichte spiegeln sein starkes Gefühl der Verlorenheit wider. *(S. 313)*

ZARFATI, NISSIM: Zeitgenössischer israelischer Schriftsteller. *(S. 329)*

ZEF *Zefanja.

ZEFANJA: Prophet des 7. Jh. v.d.Z. Inhalt seiner Verkündigung war vor allem das Ende aller Zeit. *(3,9: S. 74; 3,20: S. 74)*

ZOHAR („Glanz"): Hauptwerk der *Kabbala; ein esoterischer Kommentar über die *Thora; zusammengestellt und herausgegeben von Moses ben Schem Leon im 13. Jh., obwohl es traditionell dem im 2. Jh. lebenden Schim'on bar Jochai zugeschrieben wird.

ABBILDUNGSNACHWEIS UND INFORMATIONEN ZU DEN KÜNSTLERN

1. SYNAGOGEN (alphabetisch)

Amsterdam, liberale Synagoge, aus: Forms of Prayer vol.. I, p. 94. *(S. 31)*

Amsterdam, portugiesische Synagoge (erbaut 1671-1672), Zeichnung von Jan Spaan, aus: C. Herselle Krinsky, Europas Synagogen, Fourier Verlag Wiesbaden 1997, S. 389. *(S. 30)*

Bamberg (1910-1938), aus: H. Friedrich-Brettinger, Die Juden in Bamberg, Bamberg, 1962, S. 23. *(S. 326)*

Berditschew, aus: Forms of Prayer vol.. I, p. 140. *(S. 104)*

Berlin-Charlottenburg, Fasanenstr. (1912-1938), aus: Forms of Prayer vol.. I, p. 79. *(S. 32)*

Berlin-Charlottenburg, Fasanenstr. (seit 1958), aus: Forms of Prayer vol.. I, p. 78. *(S. 33)*

Berlin-Mitte, „Alte Synagoge" Heidereutergasse (1714-1942), Radierung von F.A. Calau um 1795, aus: Forms of Prayer vol. I, p. 319. *(S. 144)*

Berlin-Mitte, Tucholsky-Str., Gebäude der ehemaligen Hochschule für die Wissenschaft des Judentums, aus: Wegweiser durch das jüdische Berlin, Nicolai-Verlag 1987, S. 198 (Archiv Nicola Gallinger). *(S. 124)*

Berlin-Mitte, Innenansicht der Neuen Synagoge in der Oranienburger Str., 1866, aus: C. Herselle Krinsky, Europas Synagogen, Fourier Verlag Wiesbaden 1997, S. 260. *(S. 333)*

Berlin-Mitte, Oranienburgerstr. Außenansicht (erbaut 1866), aus: Forms of Prayer vol. II, p. 322. *(S. 332)*

Berlin-Mitte, Tempel der Reformgemeinde, Johannisstr. (1854-1942), aus: H. Hammer-Schenk, Synagogen in Deutschland, Teil II, Hans Christians Verlag, Hamburg 1981, Abb. 114. *(S. 145)*

Bonn (erbaut 1879), aus: H. Hammer-Schenk, Synagogen in Deutschland, Teil II, Hans Christians Verlag, Hamburg 1981, Abb. 240. *(S. 500)*

Breslau, Reformtempel, aus: H. Hammer-Schenk, Synagogen in Deutschland, Teil II, Hans Christians Verlag, Hamburg 1981, Abb. 159. *(S. 488)*

Budweis, Reformtempel (erbaut 1888), aus: C. Herselle Krinsky, Europas Synagogen, Fourier Verlag Wiesbaden 1997, S. 153), *(S. 405)*

Den Haag, liberale Synagoge, aus: Forms of Prayer vol. I, p. 111. *(S. 574)*

Dortmund, Innenansicht der Synagoge von 1900, aus: H. Hammer-Schenk, Synagogen in Deutschland, Teil II, Hans Christians Verlag, Hamburg 1981, Abb. 344. *(S. 357)*

Dresden 81840-1938), Architekt: G.W. Semper, aus: Forms of Prayer vol. I, p. 254. *(S. 120)*

Dyhernfurth (erbaut um 1855), aus: H. Hammer-Schenk, Synagogen in Deutschland, Teil II, Hans Christians Verlag, Hamburg 1981, Abb. 129. *(S. 404)*

Essen, „Alte Synagoge“ (erbaut 1911-1913), Zeichnung nach einer Photographie von 1914, Annette Böckler. *(S. 603)*

Frankfurt a. Main, „Andachtssaal“ der Reformgemeinde im Kompostellhof, um 1815, aus: H. Hammer-Schenk, Synagogen in Deutschland, Teil II, Hans Christians Verlag, Hamburg 1981, Abb. 60. *(S. 273)*

Frankfurt a. Main, Einweihung der Hauptsynagoge in der Judengasse, aus: R. Heuberger/ H. Krohn, Hinaus aus dem Ghetto... Juden in Frankfurt am Main 1800-1950. Begleitbuch zur ständigen Ausstellung des jüdischen Museums der Stadt Frankfurt am Main, S. Fischer Verlag, Frankfurt, 1988, S. 72. *(S. 489)*

Frankfurt a. Main, Synagoge der Israelitischen Religionsgesellschaft, Schützenstr. (erbaut 1854), aus: H. Hammer-Schenk, Synagogen in Deutschland, Teil II, Hans Christians Verlag, Hamburg 1981, Abb. 92. *(S. 272)*

Fürth (1617/1697), aus: Forms of Prayer vol. I, p. 318. *(S. 164)*

Fürth, Innenansicht im Jahr 1832; Radierung von G.C. Wilder, aus: H. Hammer-Schenk, Synagogen in Deutschland, Teil II, Hans Christians Verlag, Hamburg 1981, Abb. 173. *(S. 165)*

Göppingen (erbaut 1881), aus: H. Hammer-Schenk, Synagogen in Deutschland, Teil II, Hans Christians Verlag, Hamburg 1981, Abb. 265. *(S. 276)*

Gwodsdetz, Innenansicht der hölzernen Synagoge (erbaut ca. 1862), aus: C. Herselle Krinsky, Europas Synagogen, Fourier Verlag Wiesbaden 1997, S. 53. *(S. 389)*

Hagen, Synagoge (nach dem Umbau, 1895), aus: H. Hammer-Schenk, Synagogen in Deutschland, Teil II, Hans Christians Verlag, Hamburg 1981, Abb. 141. *(S. 566)*

Hamburg, Tempel (erbaut 1842/44), aus: Forms of Prayer vol. I, p. 305. *(S. 543)*

Hameln (erbaut 1879), aus: H. Hammer-Schenk, Synagogen in Deutschland, Teil II, Hans Christians Verlag, Hamburg 1981, Abb. 252. *(S. 602)*

Hannover (erbaut 1862-1870), aus: H. Hammer-Schenk, Synagogen in Deutschland, Teil II, Hans Christians Verlag, Hamburg 1981, Abb. 152. *(S. 134)*

Köln, Glockengasse (1861-1938), aus einem Faltblatt der Germania Judaica, Kölner Bibliothek zur Geschichte des deutschen Judentums. *(S. 456)*

Köln, Glockengasse Innenansicht, aus: H. Hammer-Schenk, Synagogen in Deutschland, Teil II, Hans Christians Verlag, Hamburg 1981, Abb. 214. *(S. 457)*

Krefeld (erbaut 1853), aus: H. Hammer-Schenk, Synagogen in Deutschland, Teil II, Hans Christians Verlag, Hamburg 1981, Abb. 125. *(S. 176)*

Leipzig, Synagoge (erbaut 1855), aus: H. Hammer-Schenk, Synagogen in Deutschland, Teil II, Hans Christians Verlag, Hamburg 1981, Abb. 191. *(S. 121)*

London, West London Synagoge, Innenansicht, aus: Forms of Prayer vol. I, p. 13. *(S. 504)*

Lübbecke, Innenansicht der Synagoge um 1928, aus: H. Hammer-Schenk, Synagogen in Deutschland, Teil II, Hans Christians Verlag, Hamburg 1981, Abb. 482. *(S. 356)*

Münster/Westf. (1880-1938), aus: H. Hammer-Schenk, Synagogen in Deutschland, Teil II, Hans Christians Verlag, Hamburg 1981, Abb. 245. *(S. 542)*

Neuwied, Synagoge (erbaut 1748), aus: H. Hammer-Schenk, Synagogen in Deutschland, Teil II, Hans Christians Verlag, Hamburg 1981, Abb. 11. *(S. 566)*

Nürnberg, aus: Forms of Prayer vol. I, p. 141. *(S. 327)*

Prag, Altneuschul (erbaut ca. 1270), aus: Forms of Prayer vol.. I, p. X. *(S. 36)*

Pressburg, Heydukova-Str. (erbaut 1923), aus: C. Herselle Krinsky, Europas Synagogen, Fourier Verlag Wiesbaden 1997, S. 137. *(S. 118)*

Regensburg (erbaut 1912), aus: H. Hammer-Schenk, Synagogen in Deutschland, Teil II,

Hans Christians Verlag, Hamburg 1981, Abb. 448. *(S. 560)*

Regensburg, Innenansicht der Synagoge des frühen 13. Jh. Radierung von A. Altdorfer, 1519, aus: C. Herselle Krinsky, Europas Synagogen, Fourier Verlag Wiesbaden 1997, S. 25. *(S. 561)*

Rödelheim (erbaut 1828), aus: H. Hammer-Schenk, Synagogen in Deutschland, Teil II, Hans Christians Verlag, Hamburg 1981, Abb. 79. *(S. 573)*

Seesen, Tempel der Jacobson-Schule (erbaut 1805-1810), aus: C. Herselle Krinsky, Europas Synagogen, Fourier Verlag Wiesbaden 1997, S. 311. (S. 135)

Solingen (1872-1938), aus: H. Hammer-Schenk, Synagogen in Deutschland, Teil II, Hans Christians Verlag, Hamburg 1981, Abb. 256. (S 177)

Stuttgart (erbaut 1861), aus: H. Hammer-Schenk, Synagogen in Deutschland, Teil II, Hans Christians Verlag, Hamburg 1981, Abb. 196. (S. 277)

Warschau, Tlomaska-Str. (erbaut 1874-1877), aus: Forms of Prayer vol. I, p. 255. (S. 389).

Wien, Neudeggergasse (erbaut 1903), aus: H. Hammer-Schenk, Synagogen in Deutschland, Teil II, Hans Christians Verlag, Hamburg 1981, Abb. 379. (S. 497)

Wien, Tempelgasse (1858-1938), aus: H. Hammer-Schenk, Synagogen in Deutschland, Teil II, Hans Christians Verlag, Hamburg 1981, Abb. 216. (S. 496)

Worms, „Raschi-Haus“ (erbaut 1174), aus einem Informationsblatt des Raschi-Hauses, 950 Jahre Synagoge Worms, 1984. (S. 37)

2. SONSTIGE ABBILDUNGEN *(nach Seitenzahl)*

S. 58 Gottesdienst in der West London Synagogue, aus: Forms of Prayer, vol. I, vor p. 46.

S. 136 Schabbat-Lampe, bearbeiter Auschnitt aus Forms of Prayer vol. I, vor p. 308.

S. 146 Bearbeiteter Auschnitt aus Forms of Prayer vol III, p. 676.

S. 150 *Tiqqun Qirjat Sch'ma* („Ordnung der Sch'ma-Rezitation“), aus: Forms of Prayer vol. II, p. 331.

S. 166 JACOB PINS (geb. 1917). Geboren in Deutschland, emigrierte 1936 nach Palästina. Studien bei Jakob Steinhardt. Illustration aus dem Jahr 1946 aus der Sammlung von Jonathan Magonet.

S. 202 *Seder Tefillat ha-Derech* (Reisegebet), aus: Forms of Prayer vol. II, p. 662.

S. 206 DAVID BOMBERG (1890-1957). Britischer Maler, aufgewachsen in Whitechapel, Studien an der *Slade School*; Gründungsmitglied der *London Group*. Abb. aus Form of Prayer vol. II, p. 118.

S. 218 HERMANN FECHENBACH (1897-1986). Zeichner und Illustrator. Geboren in Deutschland, im Ersten Weltkrieg verwundet, siedelte 1933 nach England über. Er veröffentlichte eine illustrierte Ausgabe des Buches Genesis und eine illustrierte Geschichte der letzten Juden von Mergentheimer. Abb. aus Form of Prayer vol. II, p. 363.

S. 222 JAKOB STEINHARDT (1887-1986). Israelischer Maler und Grafiker. Geboren in Polen, Studien in Paris und Berlin, lies sich 1933 in Jerusalem nieder. Leiter der *Bezalel School of Art*. Abb. aus: Forms of Prayer vol. II, p. 18.

S. 234 *Ketuwa* (Heiratsvertrag). Eine Übersetzung des hebr. Textes findet sich auf S. 241. Aus: Forms of Prayer vol. II, p. 37.

S. 246 ABRAM GAMES (geb. 1914), britischer Grafiker und Designer. Von ihm stammt u.a. das Cover der Encyclopaedia Judaica und Illustrationen in Forms of Prayer vol.

III. Abb. Zelte in der Wüste aus: Forms of Prayer vol. II, p. 47.
S. 260 Jeschiwe, aus: Forms of Prayer vol. I, vor p. 350.
S. 310 Abram Games (siehe zu S. 246). Impression der Wüste Negev, aus: Forms of Prayer vol. III, 253.
S. 320 LEO PINKHOF (1898-1943), niederländischer Künstler, Illustrator und Lehrer. Er schuf zahlreiche Werke zu jüdischen Themen, einschließlich Illustrationen zu aggadischen und biblischen Motiven. Er wurde 1943 deportiert und starb im Konzentrationslager Sobibor. Abb. aus Forms of Prayer vol. II, p. 127.
S. 334 Jakob Steinhardt (siehe zu S. 334). Abb. Ruth und Noomi aus: Forms of Prayer vol. II, p. 147.
S. 346 Laubhütte, aus: Form of Prayer vol. II, p. 53.
S. 358 Miniatur Chor mit Text aus Ps 148,14 aus: Forms of Prayer vol. II, p. 833.
S. 407 IZAK GOLLER (1891-1939). Britischer Autor, Künstler und Rabbiner. Abb. Hallel aus: Form of Prayer vol. II, p. 223.
S. 430, Thora aus Forms of Prayer vol. III, vor p. 840; Text geändert.
S. 515 ILONA SUSCHITZKY, eine in Südafrika geborene Künstlerin; kam 1975 nach England, ehemalige Forschungsassistentin an der Slade School. Abb. Tänzer aus: Forms of Prayer vol. II, p. 333.
S. 516 Friedhof, aus: Forms of Prayer vol. II, p. 335.
S. 520 JOSEPH BUDKO (1888-1940). Maler und Grafiker, geboren in Plonsk, Studien in Wilna und Berlin, ließ sich 1933 in Palästina nieder. Direktor der *Bezalel School of arts and crafts*. Abb. aus: Das Jahr der Juden. Zwölf Radierungen, Berlin 1920/Forms of Prayer II, p. 338.
S. 545, *Mesusa*, aus: Forms of Prayer vol. I, p. 309.
S. 604 aus: Forms of Prayer vol. I, p. 340.
S. 606 aus: Forms of Prayer vol. I, p. 342.

QUELLENNACHWEIS

S. 72 *Nachman von Braclaw* und S. 337 *Menachem Mendel von Kotzk*, aus: Martin Buber, Die Chassidischen Bücher, Schocken Publishing House Ltd., Tel Aviv.
S. 189f Anne Frank, Tagebucheintrag vom 11. April 1944, aus: Anne Frank, Anne Frank Tagebuch. Einzig autorisierte und ergänzte Fassung Otto H. Frank und Mirjam Pressler. © 1991 by Anne Frank Fonds, Basel. Alle Rechte vorbehalten. S. Fischer Verlag GmbH, Frankfurt am Main.
S. 209, 269 Leo Baeck, Das Wesen des Judentums, Leo Baeck Werke, Bd. 1, © Chr. Kaiser/Gütersloher Verlagshaus, Gütersloh 1997.
S. 214 Franz Rosenzweig, Sprachdenken im Übersetzen. Hymnen und Gedichte des Jehuda Halevi. Gesamelte Schriften IV/1 1983, © Martinus Nijhoff Publishers, Den Haag.
S. 252 Ders., Der Stern der Erlösung, Suhrkamp Verlag, Frankfurt am Main 1988, © Martinus Nijhoff Publishers, Den Haag.

Nicht alle Quellen, Rechtsinhaber bzw. Autorenadressen konnten ausfindig gemacht werden. Der Verlag ist für entsprechende Hinweise dankbar. Rechtsansprüche bleiben gewahrt.

ANMERKUNGEN ZUM GEBRAUCH DES GEBETBUCHES

ZUM INHALT

GOTTESDIENSTE

Dieses Gebetbuch enthält die Gottesdienste für Wochentage, Schabbat und Pilgerfeste, Materialien für Kasualgottesdienste und für die häusliche Andacht.

Der Abschnitt für die Pilgerfeste *(S. 203-533)* ist eine umfassende Sammlung für diese Festtage. Man findet dort sowohl Abend- wie Morgengebete für den ersten und siebten Tag Pessach, für Schawuot, Sukkot und Schemini Azeret/Simchat Thora. Jeder dieser Gottedienste steht unter einem bestimmten Thema, passend zum jeweiligen Fest, das durch die Auswahl der Studienabschnitte, der modernen Gebete, der Lieder und Lesungen im Wechsel, den alternativen Abschnitten nach dem *Sch'ma*, usw. deutlich wird. Die Themen sind folgende:

Abendgebet für den 1. Tag Pessach:	Gottes Liebe für Israel.
Morgengebet für den 1. Tag Pessach:	Die Lehren aus der Sklaverei.
Abendgebet für den 7. Tag Pessach:	Die Herausforderung der Freiheit.
Morgengebet für den 7. Tag Pessach:	Das neugeschenkte Leben.
Abendgebet für Schawuot:	Der Bund.
Morgengebet für Schwuot:	Die Offenbarung.
Abendgebet für Sukkot::	Israels Reise.
Morgengebet für Sukkot:	Universalismus.
Abendgebet für Schemini Azeret/Simchat Thora:	Die Thora, die wir erbten.
Morgengebet für Schemini Azeret/Simchat Thora:	Die Thora, die wir weitergeben.

MEDITATIONEN UND STUDIENTEXTE

Vor jedem Festtagsgebet werden einige Meditationen und Studientexte angeboten. Sie können zur persönlichen Vorbereitung auf das Fest oder zum gemeinsamen Studium und zur Diskussion verwendet werden.

AMIDA

Um die Ungleichheit von Männern und Frauen, die in der traditionellen Liturgie vorherrscht, zu thematisieren, werden zwei alternative Versionen für den ersten Segensspruch der Amida geboten. Eine von ihnen schließt die Matriarchen ebenso ein wie die Patriarchen.

ORDNUNG DER THORALESUNG

Für Schawuot ist eine vollständige, eigene Ordnung der Thoralesung vorbereitet, die das Thema der Offenbarung am Sinai und die tradionelle Lesung der Zehn Worte enthält. *(S. 444ff)*

MUSSAFGEBETE

Bei den Pilgerfesten haben wir für jedes Fest ein kurzes Mussafgebet vorbereitet. Gemeinden, die eine traditionellere Form des Mussafgebets bevorzugen, finden dies auf *S. 473-513.*

GLOSSAR

Das Glossar enthält Informationen über bestimme hebräische Begriffe, die im Buch verwendet worden sind, Informationen über die verschiedenen Autorinnen und Autoren, die zitiert wurden, die genaue Quellenangabe des betreffenden Zitats, sofern es möglich war, diese zu finden, und kurze Kommentierungen zu einigen der verwendeten Pijjutim und Lieder.

SYNOPTISCHE ÜBERSICHT
DAS JÜDISCHE GEBETBUCH – FORMS OF PRAYER

Um die Möglichkeit mehrsprachiger Gottesdienste zu erleichtern, wurde am Ende des Bandes eine Übersicht darüber gegeben, welche Seite des Gebetbuches der betreffenden Seite in den *Forms of Prayer* entspricht. Eine normal gedruckte Ziffer gibt die Seitenzahl aus *Forms of Prayer vol I, Daily, Sabbath and occasional Prayer* an, eine kursiv gedruckte diejenige aus *vol II, Prayers for the Pilgrim Festivals*, eine fett gedruckte eine Seitenzahl aus *vol III, Prayers for the High Holydays.* Zu beachten ist dabei jedoch, dass die deutsche Ausgabe in den Schabbat- und Wochentagsgottesdiensten eine eigenständige Liturgie bringt, die auf deutsche Traditionen Rücksicht nimmt und deshalb an einigen Stellen von der britischen Vorlage abweicht.

BILDER

Die Bilder in diesem Gebetbuch erfüllen zwei Funktionen: Man findet Bilder auf den Zwischenseiten vor den Gottesdiensten, die – v.a. bei den Pilgerfesten – das Thema des betreffenden Gottesdienstes interpretieren.

Eine Abbildung auf S. 351 veranschaulicht, wie der *Lulaw* geschwungen wird.

Im Text selbst finden sich Abbildungen von vor allem deutschen Synagogen, um die Tradition des deutschen Synagogenbaus in Erinnerung zu rufen. Die Jahreszahl gibt jeweils das Jahr der Erbauung bzw. des Bauabschlusses an Die meisten der abgebildeten Synagogen wurden in der Nacht vom 9. zum 10. November 1938 zerstört. Eine Übersicht über alle in diesen Buch abgebildeten Synagogen findet sich auf S. 621ff nach dem Glossar

HINWEISE ZUR BENUTZUNG

GEBETE FÜR SCHABBAT UND WOCHENTAGE

Die Gottesdienste sind so gestaltet, dass sie das wesentliche Material zur allgemeinen Verwendung bereitstellen und eine Anzahl von Wahlmöglichkeiten (I, II, III etc) oder Alternativen für besondere Situationen bieten. Die thematischen Gebete, die Loblieder, die Lesungen im Wechsel und die Studientexte können durch anderes geeignetes Material ersetzt werden.

ZUR LÄNGE DER GOTTESDIENSTE

Eines der ursprünglichen Ziele der verschiedenen Reformbewegungen war es, einen Gottesdienst zu schaffen, der Würde ausstrahlte und von einer Länge war, die es den Teilnehmenden erlaubte, dem ganzen Gottesdienst mit der notwendigen *Kawana* – „Konzentration“ und „Hingabe“ – folgen zu können. Obwohl die Gottesdienste anfänglich radikal gekürzt wurden, gab es in den letzten Jahren eine immer stärkere Tendenz, zunehmend mehr traditionelle Stoffe wieder aufzunehmen, mit dem Ergebnis, dass die Länge der Gottesdienste zunahm. Wie die Balance gehalten wird, variiert von Gemeinde zu Gemeinde. Es muss im Hinterkopf behalten werden, dass ein Gottesdienst für einen Festtag unvermeidbar länger ist, als ein Schabbatgottesdienst, weil das Hallel eingefügt wird, gelegentlich ein *Jiskor*-Gebet und ein kurzes Mussafgebet. Es ist möglich, dies im Morgengottesdienst durch die Kürzung der Eingangsgebete vor *Bar'chu* zu kompensieren. *Bar'chu* markiert den Beginn der Stammgebete. Wir haben deshalb kurze einführende Abschnitte für jeden Morgengottesdienst vorbereitet, nach denen die Möglichkeit besteht, den Gottesdienst danach unmittelbar mit Bar'chu fortzusetzen. Gemeinden, die die herkömmlichen Eingangsgebete intergrieren möchten, finden sie auf den Seiten 366-375. Es wird empfohlen, die Gottesdienste nicht zu lang dauern zu lassen und den Gemeinden die Freiheit zu lassen, nach ihrem eigenen *Minhag* Dinge hinzufügen oder wegzulassen.

NEUMONDTAG UND HALBFEIERTAGE

Tägliche Gottesdienste: Das Gebet *Ja'ale we-jawo (S. 96/7)* wird vor der *Chatima* im Segensspruch „Habe Gefallen an deinem Volk Israel" eingefügt.
Nach der Amida wird das Halbe *Hallel* (Ps 113, 114, 117, 118; während Sukkot das ganze *Hallel*) eingefügt. Das *Hallel* findet sich auf *S. 407-423.*
Schabbat-Gottesdienste: Die Amida für Schabbat-Abend bzw. Schabbat-Morgen oder Schabbat-Nachmittag wird gebetet. Nach der Amida wird das Halbe *Hallel* (während Sukkot das ganze *Hallel*) eingefügt.

PURIM

Das Gebet *Al ha-Nissim* „Wir danken dir für die Zeichen deiner Treue und Stärke..." (*S. 196)* wird nach „Von jeher hofften wir auf dich!" *(S. 98/9)* eingefügt.
Nach der Amida wird die Esther-Rolle gelesen. Die Lobsprüche dazu stehen auf S196-197.
Als Abschlussgesang kann das Lied auf S. 197f oder ein anderes Purim-Lied gesungen werden.

CHANUKKA

Die Lobsprüche beim Anzünden der Chanukkalichter stehen auf S. 198.
Das Gebet *Al ha-Nissim* „Wir danken dir für die Zeichen deiner Treue und Stärke" *(S. 199)* wird nach „Von jeher hofften wir auf dich!" (*S. 182/3* tägliches Gebet; *S. 50/1* Abendgebet für Schabbat; *S. 98/9* Morgengebet für Schabbat) eingefügt.
Im Abendgebet für Schabbat wird Ps 30 anstelle von Ps 92 gebetet.
Nach der Amida wird das *Hallel, S. 407-423* eingefügt.
Maos Zur wird entweder nach dem Anzünden der Chanukka-Kerzen gesungen oder als Abschlussgesang des Gottesdienstes.

ISRAELISCHER UNABHÄNGIGKEITSTAG

Die Abschnitte auf S. 191ff können verwendet werden.
Das Gebet auf S. 191 kann als Eingangsgebet nach *Ma Towu* gelesen.
Einer der beiden Studientexte auf S. 192-193 wird anstelle der Studientexte auf S. 72-77 gelesen.
Ps 122 wird statt der auf S. 62-67 vorgeschlagenen Lieder gebetet.
Vor dem Kaddisch wird das Gebet zum Gedenken, S. 195, gebetet.

GEDENKEN AN DIE SCHO'A

Das Gebet auf S. 188 kann als Eingangsgebet verwendet werden. Einer der Studientexte auf S. 188-190 wird gelesen. Vor dem Kaddisch wird das Gebet zum Gedenken, S. 190, gebetet.

WORTE UND MUSIK

An zwei Stellen in den Gottesdiensten haben wir eine neue liturgische Form eingeführt, einen Wechsel zwischen gesprochenen und gesungenen Stücken, der ein wenig Vorbereitung benötigt. Im Eingangsgebet bzw. in der Wechsellesung im Morgengebet für Simchat

Thora haben wir nach jedem Abschnitt ein kurzes Lied oder einen kurzen Text eingefügt. Sie veranschaulichen das Thema des Abschnitts, die Lieder können ebenso auch später im Gottesdienst verwendet werden, wenn die Umzüge mit den Rollen stattfinden. Im Abengebet für Sukkot, in dem wir uns in das Thema der Wüstenwanderung vertiefen, werden Stationen der Wanderung genannt, unterbrochen durch Verse von Psalm 121, der gesungen wird. In beiden genannten Fällen ist es wichtig, dass der Chor oder der/die Leiter/in des Gesangs die Lieder unmittelbar anstimmt. Man sollte eine hilfreiche Form für die Beteiligung der Gemeinde finden.

VERWEISE

Da einige größere Abschnitte in allen Gottesdiensten verwendet werden, wurde versucht, Dopplungen so weit wie möglich zu vermeiden. Deshalb haben die verschiedenen Gottesdienste für die Pilgerfeste je eine besondere Eröffnung und gelegentlich unterbricht ein für den Festtag spezifisches Element den normalen Verlauf des Gottesdienstes. Wir haben versucht, durch ein umfassendes Verweissystem für jedes Fest einen Leitfaden zu geben; Die Verweise und Hinweise sind jeweils kursiv gedruckt. Sie zeigen an, wo eine Auswahl von mehreren Studientexten oder Liedern getroffen werden kann und sie verweisen auf die Seitenzahl, an der der jeweilige Gottesdienst fortgesetzt wird. Um Verwirrungen zu vermeiden, wenn dieses Buch neu benutzt wird, ist es für den Leiter/die Leiterin des Gottesdienstes wichtig, diese Verweise und Hinweise genau zu beachten.

RANDGLOSSEN

Die Randglossen neben dem deutschen Text geben das Thema des betreffenden Abschnitts oder der jetzt folgenden Passagen an. Die Randglossen neben dem hebräischen Text geben den traditionellen Namen des Gebetes an.

BESONDERE BRÄUCHE

JISKOR-GEBET

Es gibt eine beträchtliche Bandbreite in der Praxis in unserer Tradition und in unseren eigenen Gemeinden darüber, wann ein *Jiskor*-Gebet im Morgengebet der Festtage eingefügt wird. Der italienische Ritus beschränkt es auf den letzten Tag des Pessachfestes, während der polnische und einige aschkenasische Riten den letzten Tag des Pessachfestes, den 2. Tag von Schawuot und den 8. Tag von Sukkot bestimmen.

Das *Jiskor*-Gebet kann der Haftara folgen oder während des Schlussteils des Gottesdienstes stattfinden. An Simchat Thora lesen es einige Gemeinden vor dem *Hallel*, um dadurch seinen würdevollen Charakter zu bewahren.

SIMCHAT THORA

Während des Abendgebets ist es in einigen Gemeinden Brauch, eine Thorarolle vollständig auszurollen und sie in einem großen Kreis zu halten, so dass die, die in dem Kreis sitzen, zu bestimmten Abschnitten blicken.

LULAW UND ETROG

Eine ausführliche Anleitung, wie der *Lulaw* geschwungen wird, findet sich auf S. 351 in den Meditationen vor dem Morgengebet für Sukkot. Worauf es ankommt, ist, dass der *Lulaw* in alle Himmelsrichtungen geschwungen wird sowie nach oben und unten. Die genaue Folge variiert je nach lokalem Brauch. Die Stellen im *Hallel*, an denen der *Lulaw* geschwungen wird, sind besonders hervorgehoben.

ANHANG: TISCHGEBET NACH DER MAHLZEIT BEI EINER HOCHZEIT

Bei einer Hochzeit beginnt das Tischgebet nach der Mahlzeit anstelle der auf S. 594/5 abgedruckten Einleitung mit folgendem:

רַבּוֹתַי וּגְבִירוֹתַי נְבָרֵךְ:

Alle antworten:

יְהִי שֵׁם יְיָ מְבֹרָךְ מֵעַתָּה וְעַד עוֹלָם:

דְּוַי הָסֵר וְגַם חָרוֹן . וְאָז אִלֵּם בְּשִׁיר יָרוֹן .
נְחֵנוּ בְּמַעְגְּלֵי צֶדֶק . שְׁעֵה בִּרְכַּת בְּנֵי אַהֲרֹן .
בִּרְשׁוּת מָרָנָן וְרַבָּנָן וְרַבּוֹתַי וּגְבִירוֹתַי . נְבָרֵךְ
אֱלֹהֵינוּ שֶׁהַשִּׂמְחָה בִּמְעוֹנוֹ . וְשֶׁאָכַלְנוּ מִשֶּׁלּוֹ:

Alle antworten:

בָּרוּךְ אֱלֹהֵינוּ שֶׁהַשִּׂמְחָה בִּמְעוֹנוֹ וְשֶׁאָכַלְנוּ
מִשֶּׁלּוֹ וּבְטוּבוֹ חָיִינוּ:

בָּרוּךְ הוּא וּמְבֹרָךְ שְׁמוֹ:

Lasst uns das Tischgebet sprechen!
Alle antworten:
Der Name Gottes sei gepriesen, von nun an bis in Ewigkeit!
Vertilge Leid und Zorn. Selbst wer stumm ist, möge einstimmen in das Lied. Leite uns auf dem Weg der Gerechtigkeit. Beachte den Segen der Kinder Aarons.
Mit euer Erlaubnis, lasst uns Gott preisen; Freude ist in Gottes Wohnung; von Gottes Nahrung haben wir gegessen.
Alle antworten:
Gepriesen sei Gott. Freude ist in Gottes Wohnung; von Gottes Nahrung haben wir gegessen und durch Gottes Güte leben wir.
Gepriesen sei Gott und gepriesen sei Gottes Name!

Das Tischgebet wird auf S. 594/5 mit בָּרוּךְ אַתָּה יְיָ *„Gepriesen seist du, Ewiger… „ fortgesetzt.*

Vor dem letzten Abschnitt auf S. 598/99 wird ein Segenswunsch für das Brautpaar eingefügt:

הָרַחֲמָן . הוּא יְבָרֵךְ
אֶת־הֶחָתָן וְאֶת־הַכַּלָּה וְאֶת־הַשּׁוֹשְׁבִינִין:

Gott, du bist barmherzig.
Segne den Bräutigam und die Braut und alle, die mit ihnen feiern.

SYNOPTISCHE ÜBERSICHT DAS JÜDISCHE GEBETBUCH – FORMS OF PRAYER

Das jüdische Gebetbuch (S. der dt. Übers.)	= *Forms of Prayer* normal = FoP vol I *kursiv = FoP vol II* **fett = FoP vol III** (p. of engl. transl.)	*Das jüdische Gebetbuch* (S. der dt. Übers.)	= *Forms of Prayer* normal = FoP vol I *kursiv = FoP vol II* **fett = FoP vol III** (p. of engl. transl.)	*Das jüdische Gebetbuch* (S. der dt. Übers.)	= *Forms of Prayer* normal = FoP vol I *kursiv = FoP vol II* **fett = FoP vol III** (p. of engl. transl.)
145	321	73	71	15	16
147	327	74	84	15	17
149	327	75	101	17	17
151	327	76	118	17	18
151	329	77	119	17	19
153	213	79	103. *185f*	19	19
155	215	81	52	19	21
157	215	81	120. *187*	21	21
157	217	83	54. *189*	21	23
159	217	85	56. *191f*	23	23
159	219	87	59f. *193f*	23	25
163	227	89	61f. *207f*	23.25	587/8
163	557f	91	143. *211*	25	23
165	559	93	143. *211*	27	25
169	551	95	145. *213f*	29	27
171	227	97	145f.247	31	509f
171	229	99	147. *217f*	33	441
173	229	101	149f. *267*	29	35.37
173	231	103	151. *269*	39	31. *81*
175	233	105	155f. *252*	41	33. *83ff*
177	233	107	157f. *255*	43	35. *87.97*
179	235	109	160. *279f*	45	35. *99*
181	237	109	297	47	37. *99.101*
183	247	111	161f. *281f*	49	37. *103*
183	237	113	163f. *285f*	49	39
183	239	115	165. *287f*	51	39. *107*
185	239	117	167. *289.321*	51	41
188	256	119	167f. *317f*	53	41. *107.109*
189	257	121	169.*319*	53	43
190	258	123	171. *321*	55	43. *111*
191	259	127	173	57	45. *113*
192	260	129	175	60	97
193	261	131	175	61	129
194	262	131	177	62	65
195	263	133	177	63	113.115
196	264	133	179	63	81ff
197	265	135	179	65	115
198	266	139	313	67	47.49
199	267	139	315	67	66
200	268	141	315	69	**348.350** bzw. 67f
201	269	143	317	*71*	*182*
204	*1*	143	319	72	70

Das jüdische Gebetbuch = *Forms of Prayer*
normal = FoP vol I
kursiv = FoP vol II
fett = FoP vol III

Das jüdische Gebetbuch (S. der dt. Übers.)	Forms of Prayer (p. of engl. transl.)
339	*149*
341	*151*
343	*153*
345	*155*
349	*159*
350	*160*
353	*163*
355	*165*
357	*167*
360	*170*
362f	*172f*
363	*179*
365	*181*
367	*183*
369	*185*
371	*187*
373	*189*
375	*191*
377	*193*
379	*195*
381	*197*
383	*199*
385	*201*
387	*203*
389	*205*
391	*205*
391	*207*
393	*207*
393	*209*
393	*211*
397	*213*
399	*215*
401	*215*
401	*217*
403	*217*
403	*219*
405	*219*
409	*225*
411	*227*
413	*229*
415	*231*
417	*233*
419	*235*
421	*237*
423	*239*
425	*241*

Das jüdische Gebetbuch (S. der dt. Übers.)	Forms of Prayer (p. of engl. transl.)
281	*87*
283	*87*
283	*89*
285	*89*
285	*91*
287	*91*
287	*93*
299	*93*
289	*95*
291	*95*
291	*97*
293	*97*
293	*99*
295	*99*
295	*101*
297	*101*
297	*103*
299	*103*
299	*105*
301	*105*
303	*107*
305	*109*
306	*110*
307	*111*
309	*113*
312	*116*
313	*117*
313	*118*
315	*121*
317	*123*
319	*125*
322	*128*
322	*129*
323	*129*
323	*130*
325	*133*
327	*135*
329	*137*
330	*138*
331	*139*
333	*141*
336	*144*
336	*145*
337	*145*
337	*146*
337	*147*

Das jüdische Gebetbuch (S. der dt. Übers.)	Forms of Prayer (p. of engl. transl.)
205	*2*
208	*4*
209	*5*
211	*7*
211	*9*
213	*9*
214	*10*
215	*11*
217	*13*
220	*16*
221	*17*
223	*19*
225	*21*
227	*23*
228	*24*
229	*25*
231	*27*
233	*29*
236	*32*
236	*34*
237	*36*
239	*39*
241	*41*
243	*43*
245	*35*
248	*48*
248	*49*
248	*50*
249	*50*
249	*50*
251	*55*
253	*57*
255	*59*
257	*61*
259	*63*
259	*65*
263	*69*
265	*71*
267	*73*
268	*74*
269	*75*
271	*77*
273	*79*
275	*81*
277	*83*
279	*85*

Das jüdische Gebetbuch = *Forms of Prayer*
normal = FoP vol I
kursiv = FoP vol II
fett = FoP vol III

(S. der dt. Übers.)	(p. of engl. transl.)
555	285
557	286
559	311
561	313
563	287
564	288
567	291
567	292
568	292
569	293
569	294
570	294
571	295
577	295
577	296
573	297
575	298
575	431
577	298
579	513
581	513
581	515
583	299
583	300
584	300
585	301
586	301
586	302
587	302
589	305
593	331
595	333
597	335
599	335
599	337
601	337
601	339
603	339
605	341
607	343

Das jüdische Gebetbuch = *Forms of Prayer*
normal = FoP vol I
kursiv = FoP vol II
fett = FoP vol III

(S. der dt. Übers.)	(p. of engl. transl.)
491	*309*
491	*311*
493	*311*
493	*313*
495	*315*
497	*317*
499	*317*
499	*319*
501	*319*
503	*321*
505	*323*
507	*325*
509	*327*
511	*329*
513	*331*
514	*332*
519	*337*
521	*339*
523	*341*
526	*364*
527	*363*
528	*366*
529	*366*
529	*369*
537	271
539	271
539	273
541	273
541	275
543	275
544	308
545	309
547	277
547	279
549	279
550	280
551	281
553	283
554	284

Das jüdische Gebetbuch = *Forms of Prayer*
normal = FoP vol I
kursiv = FoP vol II
fett = FoP vol III

(S. der dt. Übers.)	(p. of engl. transl.)
427	*243*
429	*245*
433	*249*
435	*251*
437	*253*
439	*255*
440	*257*
441	*256*
442	*259*
443	*258*
445	*261*
447	*263*
449	*265*
451	*267*
453	*267*
453	*269*
455	*271*
457	*273*
459	*275*
459	*277*
461	*277*
463	*279*
463	*281*
465	*283*
467	*285*
469	*287*
469	*289*
471	*289*
475	*293*
476	*294*
477	*295*
479	*297*
481	*299*
483	*301*
485	*303*
485	*305*
487	*305*
487	*307*
489	*307*

תם ונשלם שבח לאל בורא עולם